叢書・ウニベルシタス　700

マリア　処女・母親・女主人

クラウス・シュライナー
内藤道雄 訳

法政大学出版局

Klaus Schreiner
MARIA
Jungfrau, Mutter, Herrscherin

目次

マリア

処女、母親、女主人

アンドレア・マンテーニャ（1431〜1506）の板絵「眠れる幼児イエスをだいてるマリア」，ベルリン国立美術館蔵（写真撮影：イェルク・アンデルス）．この神の母には光輪がない．画家は彼女を崇高な，畏敬を感じさせる女性ではなく，子ども思いな，愛情ぶかい母親に描いている．

序

オランダの作家ケース・ノーテボームは一九八三年、エクストレマドゥラ山地にあるスペインの巡礼地グァダルーペを訪れ、巡礼者たちにならって黄金の洞窟に安置されている黒いマドンナを詣でて、「大いなる母は頭から足さきまで、思わず目を見はるようなダイアモンドや真珠、金をちりばめた衣服を身につけ、コリント風の二本の柱の間に照明されてすわっていた[1]」と書きしるしている。

さらに彼はコロンブスもここにやってきたことに思いをはせた。一四九三年二月、海難にあったコロンブスはグァダルーペの神母に、自分や仲間たちを破滅から救ってくれるなら、蠟燭を五ポンド献上すると誓ったという。彼は航海日誌にこのときの苦境を次のようにしるしている。「昨夜、風は激しさをさらにまし、あらゆる方角から怒濤が襲いかかり見るも恐ろしかった。波浪はたがいにぶつかりあい、船は罠にかかったごとくであった。われわれは進むことも、頭上で砕ける大波をさけることもできなかった。私は主帆をできるかぎり引きおろさせ、かろうじて大波をしのいだ。この有様で三時間ほど経過したろうか、十五マイルほど前進したと思われる頃、風と波はいよいよたけりたち、私は危険を察知して、ただもう風のままに、もうどこへ流されようとかまうことなく進むほかすべもなかった。これ以外に逃げ道はなかった。……私はくじ引きでグァダルーペのサンタ・マリアへの巡礼者をきめるようにと命じ、くじに当たった者が、五ポンドの蜜蠟蠟燭を奉納するために、巡礼の任を引き受けるということを全員に誓わせた。そこでヒヨコ豆をもってこさせ、甲板に集まった各人に一粒ずつゆきわたる数にして、なかの一粒にナイフで十字を刻み、帽子に入れてまぜあわせ、私がまず最初の一粒を取りだした。すると何と、それが十字を刻んだ豆であった。かくして私は偶然によって巡礼者に選ばれ、約束をはたす巡礼を義務と心得たしだいである(2)」

この敬虔な航海者にして果敢な冒険家の捧げ物を、マリアは受けとったのであろう。サン・サルバドール、キューバ、ハイチなどを発見したばかりの船員たちは周知のようにこのとき命拾いしている。

悪名高いスペインの征服者エルナン・コルテスもまたグァダルーペで九日間祈りを捧げ、一五七一年レパントの沖合でトルコ艦隊を撃退した神聖ローマ帝国のカール五世（スペインのカルロス一世）の庶子ドン・ファン・デ・アウトリア（一五四七〜一五七八）もグァダルーペを訪れ、トルコ海軍の旗艦の甲板のランタンを奉納している。レパント沖合の海戦のこの戦勝記念品は現存し、スペインの歴史の全盛期をしのばせている。

今日、この辺鄙なグァダルーペへ黒いマドンナに慰めをもとめて巡礼してくる者の多くは、つらい日々の生活から解放されたいと願う農婦たちである。彼女たちはマリア像を覆っている高価な衣の裾に触れる。聖母像の黒い顔、黒い両手が信者たちを魅了し、至福の思いにひたらせるのは、彼らが次のような伝説を聞かされているからだろう。「このマリア像は使徒ルカの手になるものだが、長い年月の闇のなかに失われていた。ところが十四世紀にある牧童によって発見された。小川のほとりに死んでいた牛が息を吹き返し、処女マリアがこの牧童の前に現われ、その直後に彼は発見したのである。これを聞きおよんでアルフォンス十一世は聖所を建立させ、マリア像はヒスパニアの聖母となり、数々の奇蹟をおこなった。献上されるケープはますます美しく、ますます豊かに宝石で飾られていったが、今日でもマリアは祝日にこれをおまといになる」[3]

ケース・ノーテボームには、グァダルーペの処女マリアは別な意味をもった。彼が「若い頃に唱えた連禱に出てきた〈海の星〉のみならず、女神イシス、アシュタルテあるいは海の泡から生まれたアフロディーテの後裔[4]」でもあった。古代世界の母神性を受けついだ大いなる女性にして母なるマリアであった。つまり神的なものの女性的現象である。彼はカトリックの洗礼を受けて成人したが、さまざまに屈折した人生経験をへたいまでは、いわゆる処女マリアは「まったくの過去」のものであった。マリアはもはや「全寮制修道院付属学校」の生徒だった頃とは別であった。「私は、いつのまにか一般の道からはそれてしまった。しかしマリアは私の相続財産のひとつであり、私の遍歴する国々に、彼女がきまって独特な形で現われる。だからマリアとは定期的に出会うのである。昨日も港を発った後、私たちは出会った[5]」

本書に叙述したいのも、キリスト教に現代までつきそってきたマリア、ヨーロッパ人が今日なお「定期的に出会う」マリアである。ヨーロッパの宗教史、文化史に消すことのできない跡を遺したナザレの女性マリアについて語りたいと思う。

オランダの宮廷画家でもあり市民画家でもあったヤン・ファン・アイク（一三九〇頃〜一四四一）の聖母画像に、鸚鵡がマリアの膝の上の幼児イエスの「遊び仲間」になっているものがある。単なる思いつきではない[6]。彼は当時フランドル地方のブリュージュに住んでいたが、鸚鵡を描きこむ意味を知っていて、この鳥が生まれながらに「アヴェ」を発声できるという宗教動物学的知識にもとづいて描いたのである。緑色の羽をしたメキシコ産鸚鵡は、ナザレの処女マリアに神の知らせを告げる大天使ガブリエルの最初の挨拶語を、生まれながらに習得しているとみなされていた。

この能力のおかげで鸚鵡は、キリストの救済史における画期的な出来事の象徴ならびに目撃者にされた。

鸚鵡と遊ぶ幼児イエスをだくマドンナ．ヤン・ファン・アイク（1390頃～1441）「司教座会員ファン・デア・パエレとマドンナ」（部分），ブリュージュ，グレーニンゲン美術館（写真撮影：ガボール・フレンチュ）．鸚鵡が絵に遊戯的雰囲気をかもしだしている．「アヴェ」と鳴けるというので，天使ガブリエルの受胎告知を想起させる鳥とされていた．

雨にあたっても濡れたように見えない羽もマリアとむすびつけられた。雨も夜露も鸚鵡の羽の緑の光沢を奪えないように、マリアは肉欲に濡れることはないというので、鸚鵡は神に選ばれたマリアの処女性の象徴にされ、ある種のマリア像タイプの記号となった。鸚鵡は人間の言葉をよくし、雨に降られても羽の輝きを失わず、マリアへの天使ガブリエルの最初の挨拶「アヴェ」をしきりにくり返すありがたい鳥であった(7)。

十四世紀のイタリアの諧謔的な作家ジョヴァンニ・ボッカチョの『デカメロン』に、ある修道士が聴衆に、「あなた方が位の高い聖アントニウスをいかに熱烈に崇拝しておるか、よく存じているの」で、「とくにあなた方のために、ひと昔前、私自身が海の向こうの聖なる国よりもち帰った真に尊い聖遺物をご覧に入れようと思う。それは大天使ガブリエルがナザレのマリアを訪れた際に、彼女の部屋に落としていった羽ですぞ」と語るが、彼の説教を真に受けない利口な若者二人が、大天使の翼の名ごりなどとふれこんでいる正体は、鸚鵡の尻尾の羽だということをばらしてしまうくだりがある(8)。

まこと中世の人間たちは、家内安全を保証し、人生に意味を与えてくれるマリアのイメージづくりに空想力を惜しまなかった。しかもそれが、委細かまわぬ熱狂やまことしやかな欺瞞によって粉飾されたりもした。聖人崇拝にも聖遺物崇拝にも、山師や悪徳商人がつけこむのを防ぐ手だてはなかった。

敬虔な思いこみはまことしやかな欺瞞とは別である。中世の神学者や詩人たちが救済をもとめる信徒たちに救世主の母の神秘を理解させようと考えだした象徴は数えきれない。マリアに敬意を表して毎年催される恒例の祝祭の数々で、一年の暦はできあがっているようなものであった。神の身近にありたい、救われたいと願う心をみたそうと、霊験あらたかなマリア詣での巡礼に出かける信徒たちの心をゆり動かすような賛美歌、詩歌、祈禱、連禱文が書かれ、伝記や奇蹟物語はマリアを天上の女王として語り、マリアが

「ゴシキヒワとマドンナ」(1480年頃)，中部オーストリアの聖フロリアン教会宝物館蔵（写真提供：クレムス中世，近世初期資料研究所）．中世の絵画におけるゴシキヒワはイエスの受難と結びついていた．アザミの種をついばむのがキリストの茨の冠を想起させるというのである．伝説によれば，ゴシキヒワは十字架を背負うキリストの目に刺さる茨の冠の刺を折りとり，羽に赤い斑点があるのは，キリストの血がついたのだという．

彼女の崇拝者たちに、いかに救済の手をさしのべるかを教えた。読み書きのできない者たちには、絵画や彫刻がマリアに関する文献的伝承を呈示して見せた。

硬直したステレオタイプでは時代時代の人心を心底からゆり動かすことはできなかっただろう。典礼書、説教、造形表現などの無数の量がそれを物語っている。マリア崇拝は数多くの新しい言語表現、造形表現を生みだしていった。型通りでは真実を欺く。日常生活における信心には、マリア崇拝を単なる儀式に終わらせないものがあったにちがいない。作家ギュンター・デ・ブルインは、マリア像の表現を例にとり、芸術と生活の交錯をこう述べている。「何百年とマリアが描かれてきた。このあいかわらぬ主題が、もちろん亜流も生みだしはしているが、つねに偉大な芸術を創造してきた。表現手段の発展だけでは説明はつかない。つねに新しい現実が見いだされていったのだ。各時代の衣服、建築、風景といった外的なものもそうだが、同時に新しい生活感情という内的なものも考えてみなければならないだろう(9)」では中世のマリア崇拝の歴史から、時代の風潮の変転が読みとれるだろうか？　中世のマリア崇拝は、当時生きていた人間たちの感情、期待、関心に関して情報を提供してくれるだろうか？

こんな質問をもし中世の神学者たちにすれば驚くだろう。信心深いキリスト教信者がいだくマリアのイメージに、神の啓示の真実がふくまれているのみならず、当時の社会的現実や彼らの日常経験や欲求が同時に表明されているなど、彼らには思いもよらぬことであったろう。彼らはマリアを「三位一体の鏡」と理解していた。彼らに言わせればナザレの女性は三位一体の神が救世主をこの世にもたらすための道具であり、大事を映す鏡なのであった。つまりマリアは、教会の教理の真実を映しだすものであった。

本書の意図はしかしこれとは視点を異にして、マリア崇拝を人間の欲求や心的状態の鏡として考察することである。単に教理上のディスクールに関する情報提供におわらず、さまざまな生活経験の歴史を語りたいと思う。

マリアについて書くといっても、対象を完璧に描出するのに必要な資料をすべて読み、消化した者などいないと思う。できるのは、膨大な資料の山やこれまでの無数の研究に気おされることなく、これらから自分の学問的問題提起に相応するものだけを選ぶことくらいである。謙虚に的をしぼり、自分および同時代人の関心事にかぎらなくてはならない。本書ではテーマ選択にあたり、中世においては宗教は終始社会的、生活実践的な事柄であったという現実を念頭におきたいと思う。中世の信心は、生活の力として真価を発揮し、当時の信徒たちの日常生活の営みに深くかかわっていた。これはいくら重視してもしすぎではない。宗教と、社会的価値表象および社会生活上の関心とには相関関係があった。救済の福音の信仰は、超世俗的な財宝を仲介するのみならず、この世における悪の防止にも貢献していた。宗教は実生活にそい、またそうべきものであった。宗教の顔はまぎれもなくこの世に向いていた。マリア崇拝は社会的な絆を強め、団体や都市や地域の連帯感情をはぐくんでいた。富める者たちの支配欲を正当化し、貧しい者たちの抗議を擁護した。典礼は社会生活の重要な事柄を形にし、言葉にしていたのである。

本書ではこうした表象、イメージおよび解釈の無尽蔵な豊かさを、あたうるかぎり視野に入れたい。誕生から死にいたるまでのマリアの生涯史は、中世の人間たちの想像力の賜物だという事実を顧慮しなければならない。一女性への思慕につちかわれた想像を、文献的、造形的証拠を手がかりにしながら再構築するために、神学的、文化人類学的、美学的、文化的、政治社会学的な考察視点を織りまぜつつ、章を重ねていくにしたがって、全体としていくらかでも関連性のあるマリア像を浮かびあがらせたいと思う。中世の人間たちが生きて希望をもてるためにいだきつづけたマリア像である。一般的な年代区分の枠を意図的に超える場合もあるだろう。几帳面すぎる歴史家の思い通りには時代は動いてはいない。ヨーロッパ古代のマリア信心には変化のみならず、高度な持続性も見られる。礼拝や挙動の形式、画像や言語表現のモチーフなどは時代を超えて持続する伝統をきずいている。これらを時代区分の境界線で区切れば、中世、近世のキリスト教徒の信心のうちに連綿とつづいているものを恣意的に分割することになるだろう。

非同時代的なものの同時性がある。伝統の境界踰越がある。であるとすれば、非神話化された現代の日常の現実にも、なお生きつづけている中世のマリア崇拝の何かが読みとれるであろう。今日なお巡礼者たちは大挙して、バイエルンのアルトエッティング、スペインのモンセラート、ポーランドのチェストホーヴァなどへ出かけている。ヨーロッパ中世の大きなマリアの聖所は、いまなお伝統にむすばれたマリア信仰の精神からなる共同性が経験できる場所であり、地域的なアイデンティティー形成に寄与する要因となっており、また政治的抑圧のもとでは自由解放の拠点にもなっている。

批判的なキリスト教信者やキリスト教の批判者たちは、伝来のマリア崇拝は女の役割づくりのものだったと主張する。貞節、謙譲、服従こそ女性の生活態度の最高の美徳だということを、しめすためのものだったという。あるいはまたフェミニスト神学者たちは、マリアのうちに神の女性的相貌を見いだそうとしている。彼女たちは、女性に禁治産宣告をするようなマリア像に背をむけ、ルカ福音書のマニフィカト〔マリア讃歌〕も解放の歌として読む。イエスの母のうちに、女性たちが父権制社会の強制の桎梏から自己を解放し、自分自身の人生の主人公になるよう勇気づける姿を見る。屈従的でない、預言者的精神にみちた姿を見いだすのである。「このマリアは今日ラテン・アメリカの農婦たちの解放の闘いのシンボルである。彼女は、多くの女性たちに既存の生活環境に甘んずるなと呼びかけている。運命に卑屈に順応するのではなく、不正と抑圧に反旗をひるがえすよう要請している」(10)

マリアから霊感を得た文学、芸術の創作がオリエントおよび西洋文化の紛うかたない構成要素になっている現実も、ときには想起すべきであろう。マリアは十九世紀にいたるまで、作家や芸術家の幻想力を活気づけてきた。純粋な愛の美しいイメージとして、普遍的なヒューマニズムの表現形式として、ロマン派の創作や思惟を特徴づけている。ハインリヒ・ハイネでさえ自分の初期の作品を回顧しながら告白したものであった。「ぼくもまたときおり、こよなく恵まれた天の女性に熱狂し、その恩寵と慈愛を優しい詩句にしたものである」[11]

マリアがこのように文学や詩歌のテーマになることはもはやないかもしれない。処女にして母なる女性は、現代ではわずかに宗教的な意味連関、生活連関のうちに生きているだけである。ラテン・アメリカの教会では希望のシンボルとして、ヨーロッパの教会では神学的議論、精神修養、想い出の対象として。人間的理解の可能性を超えたマリア論教理は人を啞然とさせるだけである。いまなおマリアが共感を呼ぶとすれば、卑しめられている者たちをあの讃歌によって勇気づけたナザレの女性としてであろう。「父権制の強制からの解放を呼びかける」「自覚的、反抗的な女性の根源像」としてであろう。輝きのない日常世界を耐えうるものにする身近な信仰心の消尽点としてであろう。しかしながら、自分ばかり真理を所有しているかのように思いこむのは軽率である。中世および近世のマリア崇拝は「幼稚な迷信、屈託ない歪曲、曲解、牽強付会、空想、策謀の歴史」[12]を語るものだなどと主張する者たちは、中世のマリアの記述を中世の人間の自己記述として読む能力をもちあわせていないのである。

本書で語りたいのは、若い娘、思いやりのある若い母親、知的で情熱的な女性、悦び嘆き悲しむ女性についてである。強力な象徴的な形姿、魅惑的な恋人、天の女王にひきあげられた娘、軍勢を勝利にみちびく指揮官、都市の守護者との中世人たちの出会いである。つまるところ、この地上に生きつづけたユダヤのある母との出会いである。

信心の形態とか信心のもつ機能あるいは信心の表明を対象にする歴史家として、当然ながら宗教が生活世界にかかわった側面をわかりやすく叙述しなくてはならないと思う。神学者仲間の思弁的な仕事の解説など歴史家の役柄ではない。本書のもくろみは、マリアの助けによって自分たちの人生を克服しようとした中世の人間たちのよりよい理解の手だてになることである。「この理解がまたわれわれの時代についての熟慮へ導くことになるなら、なおさら結構なことである。というのも歴史の叙述家はつねに〈われわれのもの〉であって〈彼らのもの〉ではないからである」

第1章　幼少期、青春時代、母親時代

フラ・アンジェリコ（1400頃～1455）の受胎告知図．フィレンツェの聖マルコ修道院のフレスコ画．画家は，簡素な形式と彩色によって，奇跡的な出来事の霊的な意味を強調している．対象物から解放された画面中央の光に満ちた空間が神的なものと人間的なものの直接的な出会いを描出している．

福音書の情報はイエスの生涯についてさえひどく限られている。マリアの生涯となるとまず皆無といってよい[1]。マタイ、マルコ、ルカおよびヨハネの福音書は、キリスト救済史におけるマリアの役割に言及しているだけで、伝記にはまったく関心をしめしていない。彼女の両親、兄弟姉妹や親族について何ひとつ報告していないし、幼少期や青春時代にも一言もふれていない。生まれ育った環境もわからない。すべてイエスの活動の叙述の背後にフェードアウトされている。伝記的情報は、罪や負債からの人間の救済にとって、意味をなさなかったのであろう。だから福音記者たちは、マリアの好みだとか知的関心、感情や情熱について何も報告していないのであろう。マリアが気のやさしい女性だったか、それとも気性は激しかったか、何の言及もない。容姿、衣服や頭髪の色、美人か否かなどは、神学的報告には余計なことだろうが、聖書関係の文書には彼女の生年月日、死亡年月日さえ見あたらない。

いま挙げたようなことこそ、人はじつは知りたがるものだ。だから故意か知識不足からか福音記者たちの省略した個所を、敬虔な好奇心が補うことになった。補ってマリアの生涯をつくりあげてしまった。福音記者たちの簡素な陳述にくらべ、中世の著述家たちの知識の披瀝は驚くばかりである。しかしマリアの生涯を自分勝手な言葉で語って、うわさ話を世間にひろめようとしたわけではない。神の母の生涯について伝記的に考えうるもの、歴史的蓋然性のあるもの、神学的に主張できるものを、彼らなりに確認しようとしたのである。

母親アンナ

聖書正典には一言の言及もないが、外典の『ヤコブ原福音書』(一五〇年以後)は、マリアの両親について書いている。それによればマリアの母の名はアンナ、父はヨアヒム。両親はエルサレムに住んでいた。この夫婦はなかなか子宝に恵まれなかった。

この聖書外典の叙述するマリアの誕生前史を要約すると、ヨアヒムは敬虔な裕福な牧人であったが、エルサレムの司祭たちが、子供のない男からの捧げ物を受けとろうとしなかったので、畜群をひきつれ荒野に身をひいた。世間の軽蔑のまなざしに耐えられなかったのである。妻のアンナも自分の不妊をなげいていた。「ああ、うまずめの身がなげかわしい。子宝に恵まれぬ身が悲しい(2)」嘆きは願いの言葉にかわり、「ああ神様、わたしを祝福し、願いをお聞きとどけください。サラの母胎を祝福なさり、息子イサクをお授けになりましたように(創二一、一~三)」神は彼女の祈りを聞きとどけ、天使をつかわした。「アンナよ、アンナよ、主はあなたの願いをお聞きとどけになった。あなたは身ごもり、産むであろう。そしてあなたの子の名は全世界に知れわたるであろう」

子宝に恵まれなかった老夫婦に神の約束通りのことが起こった。アンナは七ヵ月後に女子を出産し、その子をマリアと名づけた。この経過は、アンナが自然な生殖行為ではなく、奇蹟的な仕方で身ごもったという印象を与えるだろう。この処女懐胎と早産には、マリアの神童性を暗示する意図がうかがわれる(3)。この匿名著者はさらに、「アンナがこの子をはじめて地面に立たせると二度も七歩、歩いた」と書いている。七は、神殿の幕づくりをマリアとくじで競ったダビデの家系の処女たちの数でもあり、ヨセフもまた受胎告知の七ヵ月後にもどってくる。(4) 七という数字は、将来の神の母の栄光をたかめる象徴的なものであった。

アンナは母親としてマリア養育に心をくだいた。さだめられた通りに神殿の清めの儀式に出かけ、娘は日々すこやかに育っていった。マリアが三歳になると、両親はアンナの誓約をはたすためにふたたび神殿に詣で、マリアは十二歳になるまで神殿内にとどまり、ついで高齢のヨセフに託された。ヨセフは最初これにあらがった。「私にはすでに息子たちがおりますし、歳もとっております。彼女はまだ若い乙女です。私はイスラエルの息子たちの笑いものになるでしょう」司祭はしかしヨセフの異議申したてに耳を貸さず、ヨセフはマリアを家に連れて帰った。

この陳述に歴史的信憑性はない。神殿に処女がつかえるというのは、ユダヤの神殿祭式の諸原則に反している。神殿への貢ぎ物として処女をさしだすなどということは、当時のユダヤ教の観念世界にはまったく考えられない。この匿名著者は、マリアが汚れた俗世間の誘惑から免れていたのだと言いたいがために、彼女を神殿に送りこんだものと思われる。神殿の至聖所のなかで、マリアは鳩のように清らかに、罪を犯すことなく暮らし、天使たちが彼女に食物を運んできたという。

このマリア幼少期と神殿滞在の伝説は、西方の教会にひろまっていった。ドミニコ会修道士ヴァンサン・ドゥ・ボヴェ（一二六四没）も『史的考察』にこの話を採用しているが、マリアの伝説的な幼少、青春物語を西方のキリスト教の信仰財産とするのに大いに貢献したのがジェノヴァの大司教でもあり、また中世後期に最も普及した書物『黄金伝説』の著者でもあるヤコブス・デ・ヴォラギネ（一二九八没）である。これら筆の立つ神学者たちが、将来の神の母となる娘の神殿入りおよび神殿滞在について創案したものは、宗教劇によって一般の供覧に呈されることになる。

マリアの母アンナは広く枝分かれしていった聖なる一族の始祖女として、西洋宗教史、社会史にまごうかたない痕跡を残している。ハルバーシュタットのハイモ（八五三没）によれば、彼女は三度結婚している。その複雑な姻戚関係をハイモはこう叙述している。「主の母マリアは、キリストの兄弟であるヤコブの母マリアともう一人別なマリアと異父姉妹であった。母は同じアンナである。アンナはまずヨアヒムと結婚して主の母マリアを産み、ヨアヒムの死後クレオパと再婚して二人目のマリアをこの世にもたらした。福音書のなかでクレオパのマリアと呼ばれている女性である。クレオパにはヨセフという兄弟がいたが、彼に妻の連れ子、つまり聖処女を嫁がせ、自分の娘はアルフェウスの妻にした。彼女は小ヤコブおよび二人目のヨセフとかいう息子の母となった。クレオパの死後、アンナは三人目の男サロメと再婚し、三人目のマリアを産み、彼女はゼベダイのもとに嫁いだ。彼女の息子が大ヤコブと福音記者ヨハネである」[5]まこと「聖なる氏族」の姻戚関係は複雑である[6]。

アンナが三度結婚したということは、中世を通じていたるところで議論の的になり、問題にされた。地位名声のある神学者たちが疑念を表明し異議をとなえた[7]。しかし画家や彫刻家たちは母アンナを好んで三人の夫や娘と娘婿ならびに数多い孫たちとともに表現している。彼らが創作した「聖なる氏族」はあきらかに、平信徒の一族意識や家族感情に救済史的範例を与えようという委託者たちの願望や期待にそうものであった。聖書で埋められない知識の欠如に甘んじる我慢より、系図学的好奇心のほうがはるかに大きかったわけである。

アンナはエルサレムの神殿の黄金の門の脇でヨアヒムと口づけして身ごもったという話は、いかにもこじつけだが、聖霊が「口づけによってアンナの口にとびこんだ[8]」というのである。老夫婦のこの抱擁がマリアの処女懐胎を証拠だてるものにされた。しかしイエスの祖母をこのように賛美するのは軽率だと反対する声もあった。たとえばカイザーベルクのヨハネス・ガイラー（一四四五〜一五一〇）である。ストラスブール司教座聖堂のこの語気激しい説教師は『聖母マリアに関する四つの素晴らしい説教』のひとつで、マリアの超自然的誕生説に対する反駁を試みている。「われらが愛する女性も、普通の人間のように懐妊されたのです。愚かな者たちが言うように、口づけによってではありません。私やあなた方のように男と女が一緒になったからです。この懐妊を崇拝したりはしない。これは罪でも功績でもないのです[9]」

百家争鳴。マリアの母の懐妊に関し見解の一致を見ることはなかった。処女性を主張する極端論者は、口づけによる妊娠を主張してやまなかったが、マリアは自然な方法で誕生したが、原罪の呪いは免れたというのが大半の意見であった。

純粋な教義をめぐる論争が、どれほど逸脱するものか例証するのがいわゆる「イェッツァー事件」であろう。論争の種をまいたのはヨハネス・イェッツァー（一四八三〜一五一六）というスイスのツアツァッハ生まれの仕立職人である。一五〇六年に信徒修道士としてベルンのドミニコ派修道会に参加した彼が、マリア自身から――ドミニコ派の教義通り――彼女の罪〔原罪〕ある受胎を告げられた、その際マリアが涙を流しながら彼につけたという聖痕跡が何よりの証拠だといってみせたのである。おかげで四人のドミニコ会修道士が教皇指定の特別審問所に呼びだされ、信徒修道士に幻覚的な偽装工作をやるよう唆したと弾劾され、拷問を受け、罪を告白したために詐欺、背信、偶像崇拝、無神論等のかどで火刑に処せられた。一五〇九年のことである。

中世後期の都市住民の象徴的形姿アンナ

このような神学論争もアンナ崇拝を中断させはしなかった。「キリストの聖祖母」が彼女の名誉称号で

あった。祖母、娘、孫の三世代を同時に呈示するアンナ三体像あるいはアンナが三人の娘や娘婿、彼らの子供たちにとりまかれている像は、中世後期の例外的に人気のある像のタイプであった。アンナ三体像とアンナをかこむ聖一族像を描いたパネル画、彫刻、飾り壁かけ、木版、銅版は数限りがない。平信徒も聖職者も修道僧も教会や礼拝堂、祭壇の庇護をアンナの手にゆだねた。信心会は彼女を保護者に選び、商売上しばしば水路や陸路を旅しなければならなかった商人たちは彼女を天の守護者と崇めた。ベネディクト会のヨハネス・トリテシウス（一四六二～一五一六）は古典の学識のふかい修道院長だったが、熱烈な聖アンナ崇拝者であり、王侯貴族であろうと聖職者であろうと、「学識ある者たち」であろうと「しもじもの庶民」であろうと、アンナをほめ讃え崇敬するがよい、聖アンナの庇護は身分がどうあれ、すべての人間にいきわたる、と強調したものである[10]。

アンナは崇拝者たちに安らかな死を保証した。彼女の像にふれるだけで、悪魔の誘惑にうちかてた。アンナは哀れな人間たちを煉獄から救い、病む者たちに健康を回復させた。中世末期のペスト予防札にはマリア、イエスとともにこの聖女の像も描かれていた。信者たちをペスト、生活難、戦争、神の怒りがくだす懲罰か

レオナルト・ダ・ヴィンチ（1452～1519）の「アンナ三体」（1500年から1507年にかけて），ルーヴル美術館蔵．フィレンツェの聖受胎告知教会の聖母マリアしもべ会員の僧たちの委託による．シャム双生児のように一体に見えるアンナとマリアの姿は，母娘という序列関係がなく，聖像学の伝統を破るものであった．伝統的な絵画彫刻に現われる母親アンナは通常，巨大な古代的なものを思わせる姿をしていて，はるかに小さなマリアを腕にだいていたり，ひざにのせている．幼児イエスが戯れている仔羊は，処女マリアから生まれた神の子の将来の救済史上の役割を示唆する．キリストは無抵抗な，汚れなき犠牲の仔羊として，他の罪を自らに引き受け，十字架上の死によって贖った．トゥルルナウムの教会会議（692）はもともと，「世の罪を取りのぞいた仔羊であるわれらが主キリストは，人間の姿で描くべきであり，もはや古代の羊の姿で描くべきではない」と決議していたが，この禁止条令は結果的に守られなかった．畜殺台に運ばれる犠牲の仔羊は中世のキリスト教美術において，磔刑にされるキリストの根幹象徴となった．

ら守ってくれる聖女として崇拝されていた。彼女は罪なくて殺された者を生き返らせ、子宝に恵まれない夫婦に子供をさずけ、産褥の床にある女につきそい、遭難者たちを海難から救い、不正に投獄された者たちを牢獄から解放した。社会的栄達を促して貧しい青年を資産家の市参事会員にし、挫折した法学生を声望ある司教にし、なかでも悪天候から皆を救った。雷雨に遇い生命の危険にさらされたとき、「お助けください、聖アンナ、修道僧になりますから」こう呼びかけたと若いルターは告白している。[11] ザクセン髭王ゲオルク公はエルツ山地のシュレッケンベルクに開いた鉱山およびその付属入植地を「アンナの山」と名づけた。母アンナが「鉱石をつくり」、自分を崇拝する者たちに銀や銅を豊かに採掘させるという信仰であった。[12]

教会改革者たちは、熱狂的なアンナ崇拝をとんでもない錯誤とみなした。「聖アンナに、金持ちになれますように」などと懇願したり、「アンナは貧困から守ってくれる」と信じるのは、貪欲の証拠だとマルティン・ルターは批判した。[13] ベルンの市役所書記のヴァレイウス・アンスベルム・フォン・リートは『年鑑一五〇三年』に、「貧困、病気、伝染病に苦しむ者たちがひたすらアンナにすがり、アンナはマリアその他の聖人を背後においやってしまっている」と非難している。しかしドイツでは、だれの口をついて出るのもまず、「助けたまえ、聖アンナ三体[14]［像］」であったという。

昔ながらのアンナ信仰は、少々の異議や批判にゆらぐものではなかった。アンナ崇拝は生気あふれる生活意欲に相応していたのである。市民たちにとって好ましい貴重な諸価値がアンナのうちに束ねられていた。大家族の始祖女として、畏敬すべき男の妻として、彼女はみたされた夫婦生活、家庭生活の模範像であった。アンナのおかげで、既婚者の所帯は宗教的に称賛すべき生活形態となった。幼いマリアが父の膝で遊び、両親が彼女にほほえみかけている図は、中世後期の都市市民の家族感情、一族意識にうってつけ

大ルーカス・クラナッハの木版画「聖家族」(1509／10年)，ベルリン国立美術館蔵（写真撮影：P. アンデルス）．画面中央に聖アンナ三体が描かれ，マリアの隣にヨセフ，アンナの隣には三人の夫たち，マリア・クレオパ，マリア・サロメといったマリアの姉妹たちが床に腰をおろしている．画面左のマリア・クレオパは四人の子どもたちをともない，上の二人は父親アルパヨに本読みを教わっている．画面右のマリア・サロメの膝から幼い福音記者ヨハネが滑り落ちているが，上の息子ヤコブは父親ゼベダイに伴われて学校へ行くところである．見逃せないのが，家庭内の役割分担の新しい解釈である．アルパヨ，ゼベダイなどの父親が子どもの初級教育に携わっている．中世後期のイエス幼児物語によれば，まだ両親そろってイエスを就学させていた．

であった。彼らは自然な愛情の根源を家族関係、親族関係のうちに見ていたのである。この源こそが人間間の一致した相互性を生みだすと信じ、この信仰のうちに親族は連帯関係、相互的義務感を強め、親族のだれかが苦境や貧困に陥ったときには、支えと援助の手をさしのべるという社会的ネットをつくっていた。外典聖書のアンナは、「彼らが唯一の種族に由来する」[15]ことをつねに心に留めておくようにとさとしたのである。アンナが大家族に勧告したのは、自然なつながりを無視した普遍的な兄弟愛ではない。みずからの血肉に対する愛情を倫理的な掟とみなし、宥和をたもち互いに誠実に品行方正に暮らすことであった。[16]

アンナは禁欲的な脱俗などは教えなかった。彼女の範にならって結婚し、所帯をもち、仕事について自分の義務をはたすことが、救済のために最も重要な功績の積み立て金を増やすことなのであった。マリアを養育、教育したアンナの模範は信者たちに、自分自身の子供たちをしつけ、信心深いおこないへと導く助けになるはずであった。

十三世紀後半以降、画家や彫刻家は、母親アンナがマリアに読み書きを教えるのに詩篇を使うことによって、娘に聖書を身近なものにしている情景を描出するようになる。基礎学習を印象深く表現した教育図は、中世末期および近世初期のアンナ崇拝をさらに急上昇させた。町や村の教会の祭壇画や祈禱書、信心書に描かれたABCを習うマリアの挿し絵は、神の母の幼少期をしのばせるのみならず、自らも読み書きを身につけようという思いをうながした。住民のほとんどが読み書きできなかった社会である。読み書きを習うマリアの姿をしめせば、文字教育の努力を喚起することになった。

聖アンナの活動は家庭、家族内を本領としていて、だから女性の生活や行動の範囲を自宅内の私的世界に制限することに寄与したということは、あるかもしれない。たしかにアンナは、自分の娘を公的な生活に入るように教育してはいない。教えたのは刺繡、裁縫、編み物、機織りといった女性の手仕事の技術である。その一方でしかし、裁縫や刺繍だけでは満足できない娘の教育の擁護者として、「女性解放的な」結果を生むことにもなる学習衝動も喚起し、促進した可能性は否定できない。改革論者たちでさえ初期には、敬虔な教養ある母親アンナという観念から、教育的意図に有利に働くものをひきだそうとつとめている。ルーカス・クラナッハ（長兄）は、母親アンナを中心とする『聖家族』を描いて、子供たちを通学させるよう呼びかけた。この木版画の下部には、人文主義者メランヒトン[17]の言葉が刻まれている。ヨセフが教育者として描かれていることは、たしかに子供のしつけや専門教育と父親たちとのかかわりの強さをしめしてはいるが、この呼びかけは、アンナを婦女子の教育としつけを受けもつ模範的な代表者だとする観念とむすびついていたのである。

神の使者ガブリエル

天使ガブリエルがマリアの住居に入ってきて、彼女が救世主の母に選ばれたことを告げる様子を、福音記者ルカは簡潔な飾りけない文章で記述している。神の使者は彼女に、「恵まれた女よ」と挨拶を送り、神の全能が彼女の胎内に子を懐胎させることを告げる。天使が語り、マリアは応諾する。こうして神の息子が父親なくして懐胎されることが可能となった。この対話は口頭のコミュニケーションに頼る文化段階を示唆している。文書伝達は福音記者の知るところではなかった。一言もそういう記述はない。

ところが中世の見方はちがうのである。

福音は文書にしてもたらされたにちがいない[18]、というのが中世の信仰であった。天上から地上にいたる長旅の途上で、救済に重要な知らせの言葉が失われぬよう神は配慮したはずである。ましてや神の知らせが誤報されてはならなかった。

キリスト教徒でも現代人ならこのような想定は的外れに思うだろう。聖書の言葉をすべて真に受ける者も、批判的な者も、あるいは聖書を読まない者も、天使を郵便配達人あつかいするのは、救済の出来事の理解の鍵になるどころか、聖書の有名な一節の軽薄な歪曲と感じるだろう。ところが中世の画家や著述家たちは、何の教理上のためらいもなく、ガブリエルの記憶力を無視した。ガブリエルが自らの暗記力をたのむことなく、神から委託された言葉を一語一語読みあげる様子を、彼らは描いたり叙述したりした。

彼らの想像は、封印された書簡、折りたたまれた文書あるいは羊皮紙の巻き物を天使にもたせた。神に選ばれたナザレの花嫁の部屋に入るガブリエルはときには、ぎっしり書きこまれた証書を両手で捧げもっていたりもする。父なる神の言葉を聖霊が書きとり、その内容を地上で実現すべく、息子がこれを引きとる。人類の救済の基礎をなす文書の信憑性を保証するのは三つの封印であり、三位一体の印章であった。

受胎告知の文書を天使にもたせたのは、ひとつに神学思想を絵画化しようという意図であり、ひとつには人間の交流形式の文書化傾向の反映である。シリアのエフラエム（三〇六頃～三七三）は、処女性と母性の一致を叙述するのに、マリアを封印された文書と名づけた。この文書は秘密にみちていて、死すべき人間には解読できないというのである。シリアの神学者であり司教だったセルグのヤコブス（四五一頃～五二一）もマリアと書簡の共通性について、「マリアは息子の深い秘儀を秘めた書簡としてわれわれの前に現われた。彼女の聖なる肉体を清らかな便箋として彼女は捧げ、言葉自らはその上に受肉の文字をしるした。息子は言葉であり、彼女はいま述べたように、全世界に告知する書簡なのである。したためられて後に封印された書簡ではなく、まず三位一体が封印してからしたためられたのである。封印を傷つけることなく、言葉は書簡内に入り、そこに住まう。このすばらしい女性において処女性と受胎の合致が可能

ザウバッハ（南チロル）の聖インゲヌイン＝アルブイン教会の観音開き祭壇画の受胎告知図．ミヒァエル・パッハー工房制作（1495から1500年の間）（写真提供：クレムスの中世，近世初期資料研究所）．注目すべきは，受胎告知の天使とマリアの間に十字架上のイエスが挿入されている構図である．磔刑と告知の並列あるいは組み合せは，ひとつには神の救済行為の内的連関を，さらには受胎告知の日と磔刑の日が同じ３月25日であったことを示唆している．

となったのである」(19)

フランシスコ派の説教家ブスティのベルナルディーノ（一五一三没）は、書簡の比喩をさらに発展させた。受胎告知の天使ガブリエルは、マリアを訪れたときには、少なくとも三通の書簡をたずさえていたという。父と子と聖霊の書簡である。しかもこの天使は賢明、貞潔、謙譲の三処女を伴ってやってきた。永遠なる父の書簡をマリアは畏怖しつつ開き、「アヴェ・グラティア・プレーナ」と書かれてあるのを見て、賢明の処女に助言を求めた。するとこの処女は、神の意図にあわてて急いで賛同してはならない、熟慮してからにすべきで、重大事には、決断するまでに十分時間をかけるようにと勧めた。

当惑するマリアに、ガブリエルは二番目の息子の書簡を手渡した。これには、「怖れるなマリアよ、あなたは恩寵を見いだしたのだ」(ルカ一・三〇)と書かれていた。マリアは貞潔の処女に助言を乞うた。するとこの処女は、処女生誕の贈り物を受けとるようにと勧めた。しかしながらマリアは疑念にとらわれ、男も知らない身にどうしてこんなことが生じるのか、と自問した。破瓜することなく妊娠し、出産するなど自然の理からいって不可能である。彼女は処女性を守りたく、ためらった。

そこで天使はひきつづき聖霊の書簡を手渡した。これには「聖霊があなたの上にやってくるだろう」(ルカ一・三五〜三七)とあった。そこでマリアは、謙譲の処女にたずねた。すると謙譲の処女は、「罪に落ちている全世界は、神の意志にあなたが賛同するよう願っています。使者に承認の返事を与え、神の子を受胎するのをためらわないように」と懇願した。マリアはそこでうやうやしくひざまずき、両腕をさしだし、「ごらんください。私はあなたのはした女です。御心のままになりますように」(ルカ一・三八)、と天を仰いだ。マリアがこう言い終わった直後、彼女の胎内に「キリストの受胎と胎生」が生じたのだという。(20)

天使ガブリエルが手渡した書簡には三つの赤蠟の封印がされていた。赤に意味がある。赤い封蠟の使用は本来は王の特権であった。これは「秀でた品格と権威の印」とされていたのである。封蠟の色にも階級があった。赤は最高位、次が緑つづいて黄といった具合である。中世後期の階級社会では社会的身分にさまざまな色彩が対応していたが、赤は王の色であり、自分の作成した文書に同様に赤蠟の封印を使用する支配者たちや自治都市は、王の特権を与えられているのが普通であった。文書、証書類の内容が絵や図に変形されたのは、神の受肉の秘儀を読みとれるようにしようというのである。

どの日、どの時刻に天使は来たのか？

教父アウグスティヌス（三五四〜四三〇）は三位一体に関する神学論文に、キリストは四月の暦のはじまる八日前、つまり三月二十五日にマリアに受胎されたという信仰伝承を再述している。これはキリストが受難した日でもある。[21] アウグスティヌスが挙げている日付が正しければ、マリアの受胎告知とイエスの磔刑は同一日になる。中世の三月二十五日はキリスト救済史上重要な出来事の起こった日、救済史の中心をなす日付であった。

十五世紀後半にドイツ語で書かれたミュンヘン手稿には、三月二十五日に生じたという数多くの出来事が列挙されている。神が世界を創造したのもこの日だという。アダムがつくられ、魂が吹きこまれた。アダムが蛇にだまされた日も三月二十五日に、全人類がアダムとともにキリストの十字架上の死によって救われたのも同じ日。三月二十五日、ノアの洪水によって全世界は破壊され、ソドムとゴモラの町がその罪業と悪徳ゆえに滅びた。この日、アブラハムは「神の掟にしたがい」息子のイサクを生け贄に捧げ、エジプト王ファラオの軍勢が紅海で壊滅した。サムソンが死に、それによって彼の民が滅びたのも三月二十五日。天使ガブリエルがマリアに神の知らせを告げたのも三月二十五日であった。前述のようにキリストはこの日、十字架上の死によって全世界を救い、神は強盗も天国に導いた。三月二十五日にアダムはキリストによって地獄から救いだされ、使徒ペトロはヘロデ王に投獄されていた地下牢より解放され、使徒ヤコブが斬首された。ヴェスパシアヌス帝（九〜七九）およびティトゥス帝（三九〜八一）の支配からエルサレムが解放され、ふたたび自由の国となったのも三月二十五日だが、神はまさに三月二十五日に、最後の審判をくだされるだろう、とユダヤ人たちは言う[22]。

三月二十五日偏愛は、単にカレンダー上の遊びや好みではなかった。神の救済行為を同一日にしてしまおうというあからさまな苦心である。救済の秘儀の内的連関を経験できるものにするという意図が働いていたのである。

このカレンダーの日付は、神学的象徴の機能を担った。正確な日付により、神が罪ある人類と和解する超日常的な出来事の歴史的信憑性を強めようとしたのである。中世後期の説教師たちが、天使のマリア訪問の月日、曜日、時刻について語るときにも、これを念頭においていた。告知の年月日および曜日には、議論の余地はなかった。問題はこの日の時刻であって、さまざまな見解が披瀝されたものである。

三月には聖書上の論拠があった。教会祝日歴の日付とむすびあわせれば、期日は正確に計算されるのであった。福音記者ルカは告知についてこう報告している。「六ヵ月目に天使ガブリエルは、神によってナザレというガリラヤの町のダビデ家のヨセフという男と婚約している乙女のもとに遣わされた。乙女の名をマリアといった」(ルカ一・二六)このテクストは、天使が最初、祭司ザカリアのもとに派遣された出来事と関連している。ガブリエルはこの祭司にも同様に、彼の願いが聞き入れられ、彼の妻エリザベトが男の児を産むだろう、その子をヨハネと名づけよ、と告げている(ルカ一・一三)。それまで不妊の女であったエリザベトは、天使がマリアのもとに現われる頃には六ヵ月の身重であった。ところで教会暦によれば、洗礼者ヨハネの誕生祭は六月二十四日である。彼が受胎されたのがその九ヵ月前、つまり九月二十五日。この六ヵ月後は三月二十五日であり、この日にマリアは懐胎したわけである。この日付のおかげで洗礼者とイエスの生涯の間に内的な意味連関が生まれることになった。キリストは春分に受胎され、十二月二十四日の冬至に生まれたが、対するヨハネは夏至に生まれた。受胎されたのは秋分の九月二十四日である。

夏至とともに日は短くなり始め、冬至を過ぎると反対に長くなる。アングロ・サクソンの修道士で教会史家、教会博士のベーダ・ヴェネラビリス（六七三／七四～七三五）は、洗礼者ヨハネ自身の「彼は大きくなり、私は小さくならねばならない」（ヨハ三・三〇）という言葉に、暦との関連の証言を見いだした。[23]

マリアの懐妊を三月にする神学論議はこれ以外にもあった。「出エジプト記」では、三月は「改新の月」とされている。だから救済史のはじまりとなる新しい出来事が生じたのはこの月にちがいない、というのである。また三月には大地が新しくなる。これは黙示録の約束が成就され、神がすべてを新しく創造するということであり、三月に開花する花はマリアを示唆しているという。彼女自身雅歌のなかで「野の花」、「谷間の百合」（雅二・一）と歌っているではないか、というのである。[24]

三月二十五日をキリスト救済史の重要な日ときめた「三月神学」は、いうまでもなく平信徒たちの生活にも影響を与えている。数学者、医者にして自然研究家のジェロニモ・カルダーノ（一五〇一～一五七六）というイタリア人がいた。ときおり悪性潰瘍に悩まされ、絶望的になっていたが、三月二十五日にマリアに祈りを捧げたところ、マリアが助けにきてくれたという。一五七一年に刊行した自伝『わが生涯』に、「ある日、父の遺した書類を読んでいると、三月二十五日の夜明けにひざまずいて聖処女に祈り、御子に慈悲を願ってほしいと懇願し、これに「主の祈り」と英語の挨拶をつけ加えると、聞き届けられると書いてあった。私はこれを心に留め、その通り祈りを捧げた。するとどうだろう。即座にとはいかなかったが同じ年の聖体の祝日には悪疫からすっかり解放されたのである。このずっと後年、足を痛風にやられたときにも、これを思いだし、ふたたび同じ祈禱を捧げた（というのも、父親がこの病気の快癒例を二例あげていたのである）。祈禱には効果があり、私は治癒した」この報告にこうつけ加えることも忘れなかったのはさすがに科学者である。「もちろんその際私は医薬品も使用した」[25]

懐妊時刻については意見が分かれた。ウィーン大学の学長を務めた神学者のミヒャエル・ロッホマイアーは一四八八年以降、パッサウの司教座教会の説教師として活動したが、彼は告知の時刻を教会の時禱にむすびつけ、終課から真夜中までマリアと天使の会話はつづき、夜の責務の時間つまりマトゥタ（古代ローマでは出産時）に神の受肉がおこなわれたと説いた。(26)

真夜中を聖なる時とするのは、ユダヤ＝キリスト教の伝承にもあることを、この説教家は示唆してもよかっただろう。目前に迫っているイスラエルの滅亡を告げる天使が預言者エレミアに現われたのも真夜中である。初期キリスト教の殉教者、マルセイユのヴィクトルを解放するために、イエスが獄中に天使を送ったのも真夜中だとされている。監獄のかんぬきがはじけとび、夜の闇がしりぞけられ、天の光が獄中にさしこんだという。(27)

フィレンツェの大司教アントニウス（一三八九～一四五九）は、この点に関し偽アルベルトの『マリアへのお告げの時は』（一二四六）の肩をもった。この偽名著者は、さまざまな可能性をつきあわせた結果、時刻はやはり朝であると書いている。創造と救済の間の予型論的対応関係からしてそうなるとする。神の創造の仕事は、日が昇り一日のはじまる朝に開始された。と同様に救済も夜明けにはじまったにちがいない。太陽の創造が処女マリアにおけるイエスの肉体の創造をあらわすとすれば、受胎告知は夜明けになされたという推測がなりたつというのである。また真昼説もあるが、これはイサクの誕生もヨハネの誕生も真昼に告げられているという聖書的事実をうしろだてにしていて、受胎を真昼時にすることは、磔刑の時刻にも意味を与えるという。(28)

真昼は太陽が最も強く明るく輝く時刻だというので、真昼を特別に聖化された時刻にした神学者たちもいる。光明、光輝を太陽とイエスの比喩のかなめとすれば、当然ながら神のロゴス「正義の太陽」（マラキ三・二）は真昼に人間の肉体的本質を受けとったということになる。三人の訪問客が天幕の入り口にすわっていた老アブラハムに、彼の老妻サラに一年以内に男の児がさずかると告げたのも暑い真昼時であった（創一八・一～一六）。使徒パウロが光にまわりを照らされ、イエスの声を聞き回心したのも真昼であった（使九・三～六）。真昼は神の顕現の時刻というわけである。[29]

雅歌の乙女は、「どこで群れを飼い、真昼にはどこで憩うのか」（雅一・七）教えてほしいと恋人に訴えているが、これを中世の釈義家たちは、どこで真昼にキリストに会えるのかという、教会や信者の魂の問いに変形している。「許嫁は真昼に涼める牧羊地、休息地を探している。つまり彼女は、迫害と誘惑の暑気のなかにあって、恩寵と教えの涼気をどこで見いだせるのか教えてほしいとキリストに懇願しているのである[30]」とベーダ・ヴェネラビリスは解釈したものである。夕方も日が成就する時刻と解釈することで、告知の時刻と考えられないことはない、とベーダは言う。神は「時がみちると」（ガラ四・四）自分の子を世に遣わされた。預言者の言葉からは、真夜中についても同様なことがいえそうである。「闇のなかをさまよう民は、大いなる光を見る」（イザ九・一）救済の光が輝いたときには、深い夜が支配していたのである。

いずれの時刻を採用するにしても、つねに神学的象徴が念頭にあった。三月二十五日のイエスの受胎から十二月二十五日の誕生までの日数も神学的に解釈され、意味づけられた。建造に四十六年もかかったユダヤの神殿を、イエスは三日で建てなおすと言ったのは（ヨハ二・一九）、自分の体のことを語ったのだと、福音記者ヨハネは解釈している。古い石造りの神殿を、マリアの胎内における新しい精神的な神殿の建造と比較するために、アウグスティヌスは次のような数合わせを思いついていた。ユダヤの神殿建造の年数四十六に、聖書の数の六を掛けると合計二七六となる。この二七六を月になおせば九ヵ月と六日、つまり三月二十五日の受胎から十二月二十五日の誕生までの期間である。アウグスティヌスは四十六年に関してさらに「つまりこれほど何度も主の肉体は六日間で完成され、死によって破壊され、三日目には蘇られた[31]」と主張したものである。

イエスはまったく通常の人の子であったが、同時にまた通常七ヵ月で母胎から出てきた古代の英雄や旧約の家父長たちとはまったく別である、ということが、数合わせの思弁により、根本的に証明されたことになった。

耳からの受胎

ヴュルツブルクのマリア聖堂の北玄関上方に注目すべき受胎告知の浮き彫りがある。天上に座す父なる神の口から一本の管がマリアの耳までのびているのである。しかも耳元で鳩の形に変形している管の上を幼児イエスが母親をめざして滑降している[32]。神の口とマリアの耳のこの希有な結合はしかし、中世後期になって彫刻家が思いついたのではない。神の子の受胎はマリアの耳を介しておこなわれたという信仰[33]は、すでに古代末期の教会において確固たるものとなっていたのである。

「マリアが信仰によって懐妊するための」器官として耳を象徴化したのは、秀でた詩才ゆえに「聖霊の竪琴」と呼ばれたシリアの教会神学者エフライムである。エバは蛇が耳元にささやいた言葉を信じたが、マリアは神の言葉に信頼を寄せたのだという。この文人神学者の見解によれば、「エバの耳穴から死が世界に入ってきたように、マリアの耳からは命が世界に入り、そこにみちたのである」。三六二年から三七一／二年までヴェローナの司教の地位にあったゼノも、説教集のなかのひとつに、「悪魔はエバの耳のな

受胎告知「耳を介する懐胎」，ヴュルツブルクマリア聖堂の北正面入り口上方の浮き彫り(1400年以前)．民間伝承によれば，父なる神は吹き筒をもっている．

かに忍びこんで言いくるめ、彼女を損ない破滅させた。それゆえキリストはマリアの耳から入り、あらゆる心の悪を滅ぼし、処女から誕生して女の傷をいやされた(34)」と説いている。アウグスティヌスのものとされている説教にも、「神は天使を介して語り、処女は耳を介して懐妊した」とある。

十二世紀の初期スコラ派学者や修道院神学者たちは、マリアの耳を信仰の象徴にするために、古代教会の神学者たちの見解をさらに発展させた。クレルヴォーのベルナール(一〇九〇～一一五三)は、「神の言葉を処女の魂の内と胎内に耳から投げいれるために、天使ガブリエルは遣わされた。つまり、かつて毒が入ってきたと同じ道を通って、解毒剤も入ってきたのである」と述べている。耳を介した受胎を生理学的な事実として主張したわけではない。聞き入れられ、受けとめられた神の言葉は命を生む種子の力を有するという神学的比喩を説いたのである。

耳を介したイエスの受胎という大胆なメタファーはしかし、絵画や彫刻に具象化するのは危険であった。神の口とマリアの耳が管状のものでむすばれている図は、父なる神があたかも処女の耳のなかへ、ロゴスを吹きこむために管を利用しているかのように見える。だから、はだかで十字架を背負ったままマリアをめざして滑降してくる管上の幼児イエスは誤解されかねなかった。フィレンツェの大司教アントニウス(一三八九～一四五九)は、これではイエスが身体を「生身の処女」が受けとるのではなく、天上ですでに完成されてから地上にやってくるかのように見えてしまうと、懸念した。神の言葉の受肉という教会教理に矛盾するからである。マリア崇拝者の教皇ベネディクト十四世(一七四〇～一七五八在位)はさらに一歩進んで、降下する裸の幼児キリストの図に異端グノーシス派の容認を嗅ぎつけた。すでに二世紀にグノーシス派のヴァレンティヌス(および彼の信奉者たちヴァレンティヌス派)が、キリストは天上で完成された肉体をもって地上に降下したという見解を表明していたのである。マリアのなかへは管を通って入ってきはしたが、彼女の肉体とまじることはなかったと主張していた。神の受肉を否定する見解である。ヴァレンティヌスによれば、マリアは真の母ではなく単に手段であり道にすぎなかった(35)。幼児が管上を滑降する受胎告知図に、教皇はこの異端思想を認め、この造形タイプを教理上疑わしいものとして厳禁した。キリスト教信仰の歴史にどういうことが生じていたのであろうか?

中世末期および近世初期の教会関係者、神学者、信徒たちは、この裸の幼児の姿形にイエスの霊魂先在の象徴を読むことを忘れてしまったにちがいない。絵画表現を文字通り、つまりリアリスティックに受けとり、そのため教理上の矛盾に陥ったのである。

不つりあいなカップル

ヨセフとマリアが婚約し、結婚したときそれぞれ何歳だったのだろうか?

中世盛期、後期のマリア伝記の著者たちによれば、ナザレ出身の娘が懐妊したのは十三歳か十四歳だったが、この年齢は古代イスラエルの婚姻の習慣に相応している。イスラエルの娘たちはおそろしく早く嫁がされていたのである。ラビの証書には、パレスティナの娘の婚約年齢が十二歳ないしは十二歳半とある。婚約期間は一年余り、これが終わると男は許嫁を家に連れて帰る。それまで娘は父親の監督下にあり、婚約中の性交渉は、当時の支配的倫理にもとるものとしてタブー視されていた。花婿が花嫁を家につれて帰ってはじめて夫婦生活は合法的なものとされていた。

ヨセフは聖霊によって身ごもったマリアを家に連れて帰ったとき何歳だったろうか? 四〇〇年に成立したラテン語版『ヨセフ伝』によれば、四十歳まで独身だったが、その後結婚して四十九年間妻帯し、最初の妻の死後一年、つまり九十歳にして十二歳のマリアを家に連れて帰り、マリアはその三年後イエスを出産したという(36)。この匿名の伝記作家の意図はあきらかだ。高齢を前面にだして、イエスの養父ヨセフの性的不能を証明することである。高齢を誇張することにより、ヨセフが実父である可能性を排除したのである。九十歳という年齢はマリアの処女性のための神学的論拠として役だった。生殖力のないヨセフは聖霊によるマリアの懐妊を疑いのないものにし、汚れなき処女性の信仰を強めるものではあるが、高齢の寡夫とうら若い娘の婚姻は、聖家族の模範性を説こうとする中世後期の説教師たちに、頭の痛い問題も提供することになった。性的不能な老人は男らしさの模範にはならない。ヨセフが模範的な一家の大黒柱たりうるには、精力はあっても自制し、本能衝動をコントロールできる人間だったというのでなければならない。美徳が高齢のたまものであるような男を、信者たちが模範とすべき人物として勧めることはできなかった。だから十五世紀には、ヨセフの男性的価値をあげるために、年齢をさげる試みがなされるようになる。マリアと婚約した彼は、老衰し情熱の失せた老人などではなく、二十八歳から五十歳の間の盛年の男だったという主張も現われるようになる。

十五世紀後半のある説教師は、ヨセフが若くなくてはならぬ理由を次のように説明している。老人との婚約はマリアの名誉を傷つけることになる。不信心なユダヤ人のもとで彼女が威信を保ち、受肉の神秘を悪魔の手から守るには、よぼよぼの老人ではなく、かなり若い男を伴侶とする必要があった。若い婚約者は「預言者の約束」でもある。「花婿は花嫁を喜ぶだろう。そして若者は乙女をめとるであろう」(イザ六二・五)。ヨセフが若者であってはじめて、イザヤの予言はマリアに該当するのである。家族史的に考えても、ヨセフはかなり若い。マリアの母の二度目の夫クレオパの弟である。率直にいってヨセフはマリアの継叔父であった、というのである。

叔父と姪との年齢差はまず三十歳以上ではない、というのが現実である。したがってマリアがヨセフと結婚したとき十四歳だとすれば、彼は四十歳以上であるはずはなかった。それにヨセフが老衰などしていたら、とてもあのエジプトへの逃避行という困難をのりきることはできなかっただろう。流謫の生活に耐えられたのは頑健な伴侶がいたからこそだ、という論理である。[37]

ヨセフの年齢をさげるのに呼応して、マリアのほうはあげられた。マリアが十三歳か十四歳の若い母親であって、この若さで高齢のヨセフと夫婦だったというのは尋常でない。不つりあいな夫婦である。中世後期には、このような婚姻は「老人が若い娘をものにした」といって嘲笑の的になったのである。若い娘と老人の結婚は、中世後期社会の結婚観、家族モラルに反するものであった。こういう社会風潮をマリア伝記の著者たちも考慮しないはずはなかった。マリアの年齢をなるべくあげ、ヨセフのほうは若返らせる苦心は、いわば時代の要請に応じたものである。フランシスコ派の説教師レーゲンスブルクのベルトルト（一二一〇～一二七二）は、「年とった男」が若い女に求婚してはならないとくり返していた。「若い女が年老いた男を」迎えいれて「よいことはまれにしかない」[38]のは経験からも言えることだと説いていた。ドイツ中世末期の最も著名な説教師の一人ストラスブール司教座教会のカイザーベルクのヨハネス・ガイラー（一四四五～一五一〇）もまた、オビディウス（紀元前四三～紀元後一七）を引いて、若い結婚志望者たちに、年齢差の大きな相手との婚姻をさけるように警告している。「老人と若者という不つりあいな二人が結婚するのは、相異なる二匹の動物に鋤を引かせるようなもので、前には進まない。だから似た者どうし結婚すべきである」と、オビディウスは言ったものであった。「結婚したければ似たものどうしですべきである。農夫は農婦と、若い男は若い女と、年寄は年寄どうし、美男は美女と、身分の高い者は高い者どうし結婚すべきである[39]」

バーゼルの跣足修道院の朗読家だったパッサウのオットーは一三八六年に、マリアはすべての民から称賛されていた、と書いた。「若いのに似あわず、その生活ぶりはまるで三十代のように」「落ち着いていたからである」(40) 十四世紀のラテン語の著述家も、マリアが若いにもかかわらず臈たけた女性の心をもっていたとほめている。マリアはいつしか若くして老成し、若年の陥る危機を免れていることになった。神が彼女を平凡ならざる人生に召命し、恩寵を与えたからだという理屈であった。

このような見方は同時代の美術に影響をおよぼさずにはおかなかった。聖家族の絵は、年齢からいっても似あいの夫婦に変化した。マリアからは少女らしさが消えて成熟した女性となり、ヨセフからは老人くさい容貌がなくなり、行動的な中年男性の姿になった。

中世後期の画家たちはまだ、幼児イエスのためにお粥を煮たり、おしめを洗う思いやりある白髭の老人を描いていたが、近世初期のイエス、マリアおよびヨセフの伝記作家たちは、ヨセフを威厳ある家父長に変え、マリアもイエスも恭順でなくてはならない権威ある大黒柱にしている。十六世紀後半のあるイエズス会の著述家によれば、マリアは「既婚者たちや主婦たちの鑑であった。彼女は天使たちの女王であり、まことの神の母であり、神の恵みと知恵にみちていた。にもかかわらず夫ヨセフに対しては、へりくだり、すすんで服従し、愛と尊敬をこめ平和と調和をたもっていた」(41)

バロック時代の著述家たちはさらにふみこんだ。あるフランシスコ派説教師は、一七二〇年印刷の『年間のすべての祝日のための説教集』に、天上にあってもヨセフは父親の権威をもって息子に指示を与え、これに異論を唱えることは至難であった、と説いている。だから「こよなく祝福された天の女王マリアについで、ヨセフは最高の聖人であり、神のもとにある哀れな罪人たちの最高のパトロンであり、擁護者である。他の聖人たちは神に懇願しなければならないのに対し、彼はいわば要求することができる。それほどまでに彼は地上においても天上においても大いなる力をもっているのである[42]」

ヨセフに関するこのような視点の変化に、中世末期や近世初期のキリスト教徒のすべてがついていったわけではない。教会当局がヨセフ崇敬を強く勧めたにもかかわらず、十五、六世紀になお老衰、不安、憂鬱、我欲、飲酒癖といったヨセフの老醜を描出した作家や画家はいた。十三世紀末に著された韻文伝説『古い聖者伝説集』には、ヨセフはエジプトへのつらい旅のためにすっかり疲労困憊し、マリアが食べたいという椰子の実さえ取れないありさまであった、と記述されている。ただ奇跡により、椰子の木がみずから傾いだので、マリアは熱望する実を味わうことができたというのである[43]。一二〇〇年頃、フーセスブルネンのコンラートも、野獣が現われたときヨセフは震えあがり、盗賊たちにマリアの父親だとみなされ、恐怖の度はさらにました、と書いている[44]。

ユトレヒトに暮らしていたデンマークの世俗聖職者ヤンが一五〇〇年頃書いた祝祭劇の上演にあたり、次のような指示を与えたのもむべなるかなである。ヨセフ役を演じる俳優は、不作法な男でも修道士でもなく、「貴族」のような身なりをしていなければならない、という指示である。ヨセフが恥さらしな、馬鹿にされるような格好で演じられるのを憂慮したのであった[45]。

『悦ばしきイエスの誕生に関するコメディー』（一五三六）を読むと、デンマークのヤンをいらだたせた事情がさらによくわかる。次のような場面がある。ヨセフとマリアはエジプト行きの準備中に、旅の途上の飲み物のことで口論になった。マリアが夫に必需品だけつめるように求めたのに、ヨセフは憤慨した。「おい、マリア、酒壜をおいていくなどまっぴらごめんだ。こんな重い荷を運ばなければならんというのに、わしがひ弱な年寄でわずかな酒もたしなめない、などとは言わさんぞ。とんでもない話だ。むしろ他のものをへらしたいぜ。いく先ざきでわしは酒が必要なんだ。だから酒壜をみたせ……酒は老人の気づけじゃ。百薬の長じゃ。程を心得て飲めば、心も強くなろうというものだ」旅の途上ヨセフは、マリアにも飲めとそそのかした。彼女はきっぱり断った。「女が酒に酔うなど、良風美俗に反します。女が酔って帰宅するなど恥知らずです」エジプトへの逃避行の道すがら、ヨセフは何かというと酒をしたたかに飲んだ。酒壜はたちまち空になり、彼はそのたびに旅籠に入ろうとした。マリアはこれを途方もないことに思った。しかし彼は言ったものである。「なあ、マリアよ、文句をいうでない。そううるさくとめてくれるな。飲んでこそ、わしは生きてもいられる。食うほうはどうでもよいから[46]」

　画家たちは、ヨセフを眼鏡をかけた歯ぬけや、うなだれた頭を両手でかかえている悲しげな鬱質の老人に戯画化した。幼児イエスを拝もうと、人びとがベツレヘムの厩へとやってくる光景を描いた絵のなかに、ヨセフが東方の三王が持参した宝物に貪欲な視線を注いでいるものもある。けちなユダヤ人として様式化されたヨセフは、宝物をいそいで長持ちのなかにしまいこむ。ヨセフの老齢ゆえの物ぐさ、陰鬱な気分の描写は、アイロニカルな発言を誘うことにもなった。フィレンツェの物語作家フランコ・サケッティ（一三三二頃～一四〇〇頃）は短篇のひとつに、「そして彼ら（画家ジオットと彼の仲間）は、サン・ガロのほうへと登っていった。それから帰途サン・マルコおよび聖母マリアのしもべ教会のそばを通り、習慣通り、夫ヨセフをかたわらにした聖母マリアの絵を眺めたが、仲間の一人がジオットに、〈ちょっと、ジオット、どうしてヨセフはいつもああ陰鬱に描かれるのだい〉ジオットは答えて、〈それだけの理由があろうってものだよ。彼は妻が身ごもっているのを知りながら、だれの子かわからないんだぜ[47]〉」

妊婦マリア

十八、九世紀になると、マリアの妊婦姿は敵視されるようになる。肉体にこだわるのは非正統的だとみなした教会改革者たちは、こういう表象に曇らされない信心の実践に心をくだいた。神母のまるい腹、さらけだされた腹部は、カトリックの教養市民の良風美俗に反するものに思われた。だが芸術に潔癖な倫理性を求める精神主義も、マリアの妊娠を何の屈託もなく大らかに認め、これを叙述していた時代がかつては存在したということを、忘却の淵に追いやることはできない。

ナポリ出身の近世ラテン語作家ジャコモ・サナツァーロ（一四五六〜一五三〇）は、叙事詩『処女の出産について』を一五二六年に発表しているが、二十年以上このテーマにたずさわっていたという。この著書は十六世紀内に少なくとも十七回も印刷されている。例外的に広汎な読者層の宗教的関心を引いたらしいが、処女の胎内における神の救世主創造をきわめてリアルに叙述している。

でも腹部が……
力ずくではなく、恥部を傷つけられることもなく
神秘の言葉により膨れた。高みより働く輝かしい力が
降下し、神自身が、ああ、神が全肢を通過して
身を挺して母胎とまじり、神にふれられ
ふいに内臓は震撼した(48)

ピエロ・デラ・フランチェスカ（1412頃～1492）の「マドンナ・デル・パルト〔出産のマリア〕」．テヴェレ川上流域の谷あいに位置するモンテルキ（アレッツォ）の墓地聖堂内のフレスコ画．（撮影：ガボール・フェレンチュ）マリアが妊婦姿で，旧約の幕屋を思わせる天蓋の下に立っている．天使たちが前幕を引きあけ，神が受肉した命と救いの「器」であるマリアの肉体を見せている．墓地聖堂のために制作されたこの作品はそのうえ，マリアの息子のキリストが信者たちを地上での死をこえて永遠の生に召還してくれるという信仰を強める意味があったという．

神がマリアの胎内で受肉した瞬間、彼女の肉体に何が生じたかを、作家は表現しようとした。マリアの肉体は当然ながら人間存在としての彼女のものであり、妊娠という女性の運命と精神状態を決定づける出来事を神秘のベールで覆ってしまいたくなかった。

すでに十五世紀半ばにフィレンツェ人の画家ピエロ・デラ・フランチェスカ（一四一五～一四九二）が、トスカーナとウムブリアの国境いにあるテヴェレ川上流の谷間にある小さな町モンテルキで、身ごもった処女マリアのフレスコ画を描いている。この妊婦のリアルな姿は、ナポリの作家の自然主義的な描写に勝るとも劣らない。個性的な造形と彩色に説得力をもたせた密度の高い作品である。モンテルキからほど遠くない墓地付属聖堂内にあるこのフレスコ画について、こう記述されている。「二人の天使が内張りは毛皮の天幕を開き、マリアは天幕内のやわらかな光のなかに、身体をやや左に向けるようにして立っている。ロングスカートの簡素な青いドレスが妊婦にはいささか窮屈なため、胸下から下腹部にかけてと、脇下の腰のあたりの綴じ目がいくらか開き、白い下着がのぞいている。ブロンドのおさげ髪をリボンによってたくみに束ねて縁なし帽のなかにおさめ、重いまぶたの下のまなざしを空に漂わせ、マリアは物思いに沈んでいるように見える。右手の細い指をわずかにまげ、ドレスのさけめからのぞいているまるい腹部にそっとふれ、左手の手の甲で、バランスを失いかけた身体の均衡をとりもどすかのように腰をささえている。この若い妊婦を世俗からわけているのは光輪だけである[49]」

この「出産のマリア」に宮廷的な優雅さはない。彼女の顔も衣服も姿勢すべて市民世界のものである。西欧絵画の大胆な改革者の一人ピエロ・デラ・フランチェスカの芸術は、合理的な明るさと神秘的な暗さ、形態上の厳しさと人間的なあたたかみ、禁欲的な冷静さと自然な魅力といった対立的なものを緊迫した統一体にまとめあげることに比類のない創造性をみせた。光学的＝幾何学的な計算とみずみずしい感覚性のみごとな統一を実現している。

福音記者たちのマリアの懐妊に関する言及は、ためらいがちな短いものであるが、中世末期の画家や詩人たちの関心は生身の人間の姿の描写に向いていたようだ。

ヨセフは、自分の身に覚えもないのに結婚相手が妊娠して愕然となった。福音記者マタイは、「イエスの母マリアはヨセフと婚約していたが、彼らが一緒になるまえに、聖霊の働きにより身ごもった。彼女の夫は正しい人だったので、彼女をさらし者にしたくはなかったが、ひそかに離婚を考えた」（マタ一・一八～一九）と記している。しかし天使がヨセフの疑惑を払いのける。心おだやかでない彼の枕元に現われて、マリアの妊娠は聖霊によるものだと告げる。ベツレヘムへのヨセフとマリアの旅に関連して、妊婦マリアの姿がもう一度言及されている。福音記者ルカの報告によれば、「ヨセフもダビデの一族の者であるから、登録するために、ガリラヤの町ナザレからユダヤのベツレヘムというダビデの町へのぼっていった。身重な妻マリアを伴って」（ルカ二・四～五）

これらの陳述は、身ごもったマリアの悦びと難儀にはあからさまな関心をしめしてはいない。福音記者たちは、感動させたり、感傷的な気分にさせたりする伝記的な詳細など重要視していなかったのである。妊娠中のマリアの苦労を細叙していては、神の大いなる救済事業の福音を損っていたことだろう。

ヨセフの疑念

「ヤコブ原福音書」の著者は、神に選ばれた処女の妊娠という出来事に、はるかに好奇心をいだき、少なからぬ章をさいている。といってもマリアの心身についてではない。関心の的は名誉を傷つけられたヨセフの反応である。ヨセフは家に連れ帰った許婚の早すぎる妊娠を知って、涙を流して嘆き、自分の不甲斐なさを責めた。「彼女がしかし妊娠六ヵ月に入ったとき、見よ、ヨセフがやってきた。そして家に入って彼女が身重なのを知った。彼は自分の顔を打ち、マットの上に身を投げだし、はげしく泣きながら、〈どの顔を私は主なる神に合わせればよい？ 彼女のために何と祈ればよいのだ。私は処女として彼女を主なる神の神殿より受けとったのに守れなかった。だれが私を裏切ったのか？ だれがわが家でこのような不貞を働いたのか？ アダムの歴史がまさか私の身のうえにくり返されたのであろうか？ アダムが祈りを捧げている間にやってきた蛇が、エバは独りと見てだまし汚したのと同じことが、わが身にもふりかかったのか？〉そしてヨセフはマットから起きあがり、マリアを呼びつけた。〈神に心をかけられたおまえが、どうしてこのようなことをしでかしたのだ？ 主なる神を忘れたのか？ 至聖所で養育され、天使から食物を与えられたおまえともあろうものが、どうして魂を卑しめるようなことをしたのだ？〉マリアは激しく泣いて、〈わたしの身は清らかです。わたしは男を知りません〉しかしヨセフは、〈では、おまえの腹のなかのものは何なのだ。出どころは何だ？〉彼女は、〈どうしてなのか神誓って、知らないのです〉(50)

マリアの返答は、いうまでもなくヨセフの疑念を払うにたりるものではなかった。彼は彼女をさけたが、どうしたものか考えあぐねた。「そしてヨセフは独りごちた。〈もし私が彼女の罪を隠せば、主の掟に背く人間になりさがる。もし彼女をイスラエルの息子たちの前につきだせば、彼女は死を宣告される。彼女の胎内のものが天使たちの仕業であるなら、私は罪なき者を死刑執行人の手にゆだねることになるだろう。いったい彼女をどうすればよいだろう。こっそり離婚するしかないのではあるまいか〉だがヨセフを驚愕させるようなことが夜ふけに起こった。見よ、主の使いが彼の枕元に立ったのである。〈この娘のことで怖れることはない。彼女の胎内のものは聖霊によるものである。彼女は男の児を産むであろう。その子を

南ドイツの板絵「ヨセフの疑惑」(1400年頃)，ベルリン国立美術館蔵(写真撮影：イェルク・P. アンデルス)．半円アーチ形の入り口からマリアの祝福された肉体を観察する帰宅したばかりのヨセフ．マリアは神殿の緞帳のための緋布を織っている．画面中央で，糸がマリアの胎内のイエスを横切っているのが見える．

イエスと名づけよ。彼は彼の民を救うであろう〉ヨセフは夢からさめて起きあがり、イスラエルの神をほめたたえ、ひきつづきマリアの扶養者となった(51)」

夢のなかの啓示ですべてが解決したわけではない。ヨセフとマリアは、司祭長のまえで申し開きをしなければならなかった。司祭長もまた身重の娘を詰問した。「マリア、なぜこういうことになったのだ？　至聖所で養育され、天使の手より食物を与えられ、その讃歌を聞き、天使のまえで踊っていたおまえが、魂を卑しめ、主なるおまえの神を忘れたのか？　なぜ、このようなことをしでかしたのか？」非難はヨセフにも向けられ、「おまえは床入りの儀を損ねて、それをイスラエルの息子たちに知らせもしなかったな(52)」

ヨセフとマリアの頃に、おそらくま

だ慣行されていたこの儀式は、次のような手順である。自分の妻の操に疑いをいだいた夫は、貢ぎ物をもって祭司長のもとに出かけ、不貞を働いたと思われる妻を引きあわせる。祭司長は聖所の水を汲み、これに聖所の土のちりを混ぜて陶器の壺に入れる。ついで被疑者の頭布を取りさり、彼女が邪悪な病にかかり衰弱するであろうと脅しておいてから、巻き紙を取りだし、その上にありとあらゆる呪いを書きこむ。ついでその文字を先に汲んでおいた水で洗い流し、その廃水を被疑者に飲ませるのである。女が姦通していれば、この廃水が猛毒として作用し、腰部の見分けもつかなくなるほど腹が腫れあがり、女はイスラエルの災いとして断罪されるのである。しかし女に罪がなければ（つまり妊娠していなければ）、司祭の呪いも廃水も彼女には意味をなさず、疑いは晴れるというわけである[53]。

この審査をマリアも受けるはめになったわけだが、彼女に罪のあるわけがなく、祭司長は腰をかがめるようにして、神の判決を告げ、二人は無罪放免、ヨセフは「マリアを引きとり、悦びにみちイスラエルの神をほめ讃えつつ彼女を家へ連れ帰ったのである[54]」

中世の聖書釈義家たちはこの試練の水を信じようとはしなかった。花嫁の貞節に対するヨセフの疑念を、もっと別な風に解釈した。カロリング王朝時代の神学者フラバヌス・マウルス（七八〇頃〜八五六）などは、ヨセフは、聖霊による神秘を洞察できなくて許婚をすてようとしたのではなく、この神秘的な母性の偉大さに打たれたからこそ、自分の無価値を恥じ、離縁の考えにいたった、と断言したものであった[55]。

十四世紀の宗教詩『救い』の著者によれば、マリアの過ちをヨセフは確信していた。だからといって離縁しようとは考えなかったという。マリアの過ちをユダヤの掟に裁かせれば死罪は必定だということをヨセフは知っていた。詩人は絶望した彼にこう歌わせている。

この不貞を訴えれば
彼女の命は奪われるだろう
私は彼女に死を与えることになる
私は石のように冷酷な男になっていいのか
いや　主よ　それはできません
といって口を閉ざしていれば
私も同罪にされるであろう(56)

北スイスのアールガウ州の小さな村落、ロイス河畔のブレムガルテン出身の市民階級の物書きライナウのヴァルターは、著書『マリアの生涯』（十三世紀）に、ヨセフの疑念を払拭するために七人のマリアの幼友だちを誓言保証人として登場させ、マリアの品行方正を証言させている。

乙女マリアは清らかです
およそ悪だくみとは無縁な人
彼女の身にいまなにがあろうと
奇跡が起きたのです。そうなのです
わたしたちの言葉をお聞きなさい
聖霊によって生じたのです
彼女は一度たりとも

男にふれたことはありません
わたしたちは聞いて知っています
神の御子が彼女のところにこられ
彼女は御子を胎内にやどした
でも処女のままです(57)

ヨセフは納得し、花嫁を姦通罪の恥辱からまもった。つまり彼女のもとにとどまり、離縁状をだすことも叱ることもなかった、というのである。

命の樹の育ったマリアの身体

裏切られた思いの夫の不信に反駁をくわえるのは、護教論的な目的にそうことだった。ヨセフの疑念が強ければ強いほど、処女の胎内における神の受肉の信仰も強められるというわけであった。マリアが身ごもったイエスは、中世後期にはますます日常的な感情や経験に裏打ちされた信仰の次元に入ってくる。信心の向かうところは「身ごもった神の母」、九ヵ月のあいだ「聖なる種」を宿した「聖なる体」であった。ストラスブールのシトー会修道院聖マルガレーテ＝アグネスに伝わる『マリアに敬意を表するロザリオ連禱』(一五〇〇頃)には、マリア祝詞を伴った待降節の祈りが九つある。九は、マリアがキリストを宿していた九ヵ月の象徴なのである。

この祈禱のテクストによるとマリアは、

命の樹の育った天国
神の耕した肥沃な大地
気高い神性と聖なる人性の
実をそそいだ黄金の樽
聖なる三位一体が封じこまれた黄金の社
父なる神が建設された黄金の広間
正義の太陽の住まう高貴な大空
神にして人の子のつつがなく通過した門
真の天国パンが九ヵ月つつまれていた黄金の櫃
父なる神がみずから聖別し祝福された黄金の神殿

人の子となった救世主を宿したことは、マリアにもとめる代願の祈りに重みをくわえる。マリア自身も彼女の崇拝者に、これを示唆することを忘れなかった。アレマン地方の修道院エンゲルタールのドミニコ派修道女アーデルハイト・ラングマンは『啓示』に、私たちのマリアは「神である御子のところへいき、わたしはあなたを四十週間おなかに宿したのです。ですからこの人間に慈悲を与えてほしい(58)」と、とりなしてくれたと述べている。

こうした観念から派生した類比が、中世の法生活に一役割を演じることになったのかもしれない。夫の罪の軽減や刑の執行猶予のために、妊婦が一肌ぬぐことになったのである。[59]「中世の法思想のこの社会的アスペクトは、代願における特別な優遇と支持をもとめる信者たちによって、マリアに投影されたものかもしれない」[60]

霊的な身ごもり

シトー会修道士ゲリック（一〇七〇／八一～一一五七）は、ランス近郊イグニューの僧院長をつとめ、クレルヴォーのベルナールの友人でもあったが、マリアの受胎の祝日の説教で、神の誕生の精神的な出来事とわれわれの心のなかのキリスト生成を母性、受胎、妊娠、出産にたとえ、「神の言葉に耳を傾けるよう」修道僧たちを促している。「聴くことは、心の奥底への精神の受胎である。妊婦の胎内でキリストの骨格――彼の美徳の諸力――が形成される（伝道の書一一、五参照）ように」。さらに僧たちの魂を母親にたとえ、「かく栄光にみちた子の聖なる母親らよ、〈キリストがあなた方の内に形づくられるように配慮しなさい〉（ガラテヤ四、一九）。外部からの打撃が胎児を傷つけぬよう、受胎した精神を滅ぼすようなものが胎内に入らぬよう気を配りなさい。諸君自身のことはともかく、諸君のなかの神の子のために、言っておくが、邪悪な言動をつつしむだけではなく、つまらぬ考え、神の種を枯らすような悪ふざけを起こさぬよう心しなさい。〈自らの心を守れ。そこには命の源がある〉（箴言四、二四）。実が成熟していき、いま諸君の心に隠されているキリストの命が、諸君の死すべき肉体のなかで脈打っている。諸君は救いの霊を受胎した。しかし産むのはこれからであって、まだ産んではいない。産みの苦しみが大きければ希望も慰めもまた大きい。〈女は臨月が近づくと重苦しい気分になる。しかしこどもが生まれるともはや苦痛を思いださない〉（ヨハ一六・二一）つまり小さな世界と呼んでいるわれわれの肉体の世界のうちにキリストが生まれる。いま受胎された神は、われわれの魂のなかに、またその魂は同時に神の愛の霊のうちにあり、神はわれわれの肉のうちに人間としてお生まれになり、変容の汚れない肉体のうちに生きておられる。永遠にして永遠なる神は[61]」

幻視能力に恵まれた女性たちは、身ごもったマリアの胎内に生じたことを自分で目にしている。胎内に神の子の入っていく女性は、あのゴシックのマドンナに似ていたという。マリアにならおうとする十三、四世紀の敬虔な女性たちは、彼女の懐妊を自らの身体で感じた[62]。夢や幻覚のなかで、彼女たちはわが身を神の子の母のように感じたのである。じっさい「神の子を宿し、産み、乳を与え、愛撫した。マリアにならって生きることを、これら宗教的な女性の数多くが願い、またこれを体験している[63]」が、この愛のための痛みの記述はエロチックな香のする比喩や言い回しにみちている。彼女たちの愛のメタファーにあふれた言葉の根底には、宗教とエロス、魂と肉体を相互に宥和させる生活感情がまだ生きているのが認められる。要するに、精神的な愛の欲求と霊的な身近さ、共体験と共苦を言葉にできるのは、愛する者の言語だけであろう。エロスの息吹きを欠いては、この言葉は不毛でしかない。

アッシジのフランチェスコ（一一八一／八二～一二二六）は、キリストの後継者たれという忠告に耳を傾ける者たちをキリストの花嫁、兄弟、母親と名づけた。「私たちは母親です。彼〔キリスト〕を愛にみちた心や誠実な肉体のうちに宿し、聖なる力の働きによって産むのであれば[64]」と言いきっている。ひたすら信じ愛する者の魂のうちに神は誕生する、というのは十四世紀のドイツの神秘主義者たちにしばしば認められた観念である。マルティン・ルターもまだ『キリスト生誕の説教』（一五二〇）では、「この神の子にして処女の子は、われわれ自らのうちにも生まれなければならない」と説いている。この宗教改革者はしかも、この点をことこまかに、「だからこの神の子の誕生を、われわれに役だつものとし、心を変化に応じるものにしなくてはならない。われわれは処女マリアの範例を自分の心のうちに形成し、彼女にならわなくてはならない。これ以外に道はない。彼女のうちに生じたことを、われわれの心のうちにも生じさせねばならない。この奇蹟のしるしをわれわれの怠惰によって無にしてはならない。地上の人間は処女マリアが受胎したように、このお子を受け、わが子と呼び、心より信じて、わが子の親とならなければならない。この御子を受けとらない者には、その誕生は永劫に失われるであろう」。彼はさらにつづけて、聖処女の御子に「情熱と意欲」を傾け、心の住居を提供する者は「甘美な悦ばしい慰めを得て、心えぐられることなく、あらゆる悲しみに優る平和をわがものとする(65)」と説いた。不幸がこの者を震撼させたり、人生行路を狂わせたりしない、というのである。

妊婦たちの守護聖女

ごく数年前、イタリアのトスカーナ地方出身のある信心深い女性がモンテルキの墓地付属聖堂内にあるピエロ・デラ・フランチェスカのあの『出産のマドンナ』を見た感想を述べている。「マドンナ像はどこにもあり、どれも似たりよったりだが、ここのマドンナを目にするとよい。まるで私たちそっくりで、彼女なら私たちのことを理解してくれるとわかるだろう(66)」

マリア自身、妊娠の危険を体験した。だから妊娠の意味を知る女性としても、信頼を寄せられた。ピエロの『出産のマドンナ』に助けを求めるモンテルキの女たちは、身ごもっているマリアの衣服や腹部にふれるのを慣わしにしていた。彼女たちの信仰は篤く、一九五四年にこのフレスコ画をフィレンツェの展覧会に貸しだそうという話を拒絶したほどである。美術館に置かれたのでは、マリア像に守護も助けも期待できないというのである。ところが一九八三年に、かなりの期間ニューヨークのメトロポリタン美術館に貸しだされた際に抗議したのはマリア崇拝の女性たちではなく、美術の専門家たちであった。フレスコ画が輸送途中に傷つけられることを怖れたのである。何百年の間、救いと恵みの源と信じられてきた絵画も、いまや絵画ファン向けの美術館の目玉商品になってしまった。

妊娠、出産、産褥に心身ともに苦しめられた中世の女性たちは、ことさらに神母を頼った。マリアの助産婦役を証言する資料は中世初期から近世初期にまでいたっている。ハインリヒ一世の妃マチルデ（八九六頃～九六八）はノルトハウゼンの修道院に息子のオットーを訪ねたとき、言ったそうだ。「ここ（ノルトハウゼン）で、わたしたちは、よく楽しい時をもちました。ここで神がわたしたちをお産の危険からお救いくださいました。この町でわたしはあなたの兄ハインリヒを出産したのです。父と同名ゆえに、それは可愛がられたものです。あなたの姉ゲルビルクもここで生まれました。聖処女マリアの仲介で出産の苦しみを二度も免れ、ここに修道院を建立することにしたのです[67]」

マリアをほめたたえるテクストにさえ、苦しい出産時の助けが期待されている。司祭のヴェルナーは貴族の「信心深い女性たち」に、自分の『マリアの歌』（一一七二）を書き写し、読むことを勧めた。信心の支えになるのみならず、分娩の際の助けにもなるからというのであった[68]。出産する女について書かれた祝福のお題目は、マリアが苦痛を和らげ、生命にかかわる危険を防いでくれるという希望を強めるものであった。妊産婦を助ける専門の巡礼地やマリア像も存在した[69]。ザンクト・ガレンの司教座聖堂の「私たちの愛する女性」がまさにそうであったし、トリア近郊にあるヴィンデスハイマー信心会のアウグスティーネ修道院のマリア像もそうであった。十五世紀後半、ザンクト・ガレンの修道院付属聖堂の長堂にある

「悲しみの聖母」のもとに巡礼した女性たちは、神の母に自分たちの日常の悩みをうちあけ、それから連れだって司教座教会のマリアの祭壇に詣でた。この共同の巡礼が「出産や産褥の床における相互の義務」に根ざす[70]「女性たちの連帯のネットト」を形成することになった。当時の既婚女性たちは、この共同の宗教的行為を通じ、ザンクト・ガレン巡礼を「女性の信心、社交および自己表現の貴重な器」[71]に変形したのである。ザンクト・ガレンのマリアの数多くの奇蹟に、こういうのもある。「シュヴァルツェンバッハにハイネ・ライムベルクという男が住んでいたが、彼の妻は妊娠中に病み、これが早産のもとにもなり死産した。近所の女たちも助産婦も嘆き悲しみ、死んで生まれた赤ん坊に湯浴みをさせたが息をふきかえす気配はなかった。隣の部屋で子供の死を嘆いている声を聞いた夫は、神母に呼びかけ、子供をザンクト・ガレンの〈格子のなかの聖母〉のもとに連れて行き、蠟でつくった子供を供えると誓った。この誓願から半時もすると、死んだ状態の子供が生き返り、洗礼を受けた[72]」妻は産褥の床を後にすると、夫とともにザンクト・ガレンに出かけ、マリア像に感謝の捧げ物をしたという。

モーゼル河畔のトッテンハイムの男は、再婚したが子供に恵まれなかった。そこでエーバーハルツクラウゼンのマリアに祈りを捧げ、願いが叶えられれば、新生児の体重と同じだけの蠟燭を供えると約束している。「聖なる取引」は成立し、マリアは彼の妻に男児をさずけ、約束の蠟燭を受けとった。「自然の拒む恩恵を、慈悲深い聖処女が与えたのだ[73]」という。一五〇三年の話である。

この三年後には、またある夫婦がエーバーハルツクラウゼンの神母に金貨四グルデンを寄進している。不妊症という恥から救われたいためであった。願いはたちどころに聞き入れられ、妻は一転して子沢山な母親となった。エーバーハルツクラウゼン詣では、夫の思いつきだけではなかった。姑もすでにここでご利益を得ていたのである[74]。

賽銭と蠟の寄進は増えていった。また別の子のできない女性は、身ごもれば、マリアに六ポンドの蠟を供えると誓い、「恵みの母」はこの願いを叶えた。女は「子宝」に恵まれ、約束の蠟をエーバーハルツクラウゼンに運び、ここで子供の形をした蠟燭をつくらせ、マリアのお助けを記念して、聖像の前に灯したという。(75)

マリアは、中世人たちが子どもに恵まれるよう大活躍している。子宝が高い社会的価値評価を受けるのは、伝統を重んじる社会には当然なことであった。子どもが無事に成人すれば、物質的安寧と心の安心が得られる。エーバーハルツクラウゼンのマリアは、苦しい陣痛期間を短縮し、分娩時に死にかけていた女の命を救い、死産を防いだ。仮死状態の新生児を生き返らせ、乳のでない母親に乳を与え、手に負えない赤ん坊の口を母親の乳房へと向け、産褥の床で病む女たちを癒した。

エーバーハルツクラウゼンでは性的不能の男たちも助けられたという。(76)ヴィットリヒ出身のある男は、夫婦生活の営みがこわくて神の母の庇護を乞い、男の能力を回復したという。同じく性的不能に悩むヴィットリヒ出身の別の男は、一ポンドの蠟燭を奉献した甲斐があった。(77)マリアに助けられ、生殖能力はよみがえった。キュルブルク近郊でも後継ぎはできないとみられていた男をマリアは助けている。(78)

マリアの助けは頼りにされた。これは気前のいい奉納蠟燭の量のみではかれるものではない。なみなみならぬ信仰心あってのことである。助産婦は産婦のベッドにマリアの聖像をさし入れたり、産婦の腹の上にのせ、あるいはまた妊婦は、ベッドの頭部や足部に神母の絵をかけて安心を得たものであった。『〈善き助言のマリア〉の霊験あらたかな聖像に関する希有な出来事と奇蹟のドイツ語抄本』が一七五九年に、アウグスブルクで発見されているが、この「善き助言のマリア」とは、ローマの東の外れにある巡礼地ゲネッツァーノにある聖像のことである。この聖像を描いた紙片を産婦の腹部にのせるとすみやかな効力がみられる、と書かれている。[79] バイエルン選定侯妃マリア＝アンナは、一六三六年十月、アンデックス修道院の「処女マリアのベルト」を借りだし、臨月の間しめていた。[80] 平民は「マリアの真の身の丈」と称する紙テープでよしとしなければならなかったが、このテープに嘆願、祈願の言葉や聖書引用の言葉がところせましと書きこまれた。このテープは十七世紀以降の存在が確認されている。これを「妊婦は携帯するよう勧められた」「陣痛に苦しむ女がこの紙テープに書きこんだ祈りを心をこめて唱えれば、マリアの特別なはからいと助けを期待できる」[81] からであった。十九世紀までバイエルンでは、陣痛の始まった産婦のベッドの隣に、アルト・オェッテイングの赤い蠟燭か、でなければ聖燭祭（二月二日）に聖別された白蠟燭が灯された。[82]

妊娠した尼僧院長に対する助け

色恋沙汰の結果、子どもができてしまった尼僧たちも、マリアの助けをあてにした。尼僧院長が男児を出産するという事件があった。このときもマリアは助産婦の働きをしている。シャイエルン修道院の『早朝の書』（一二二〇／一二三五頃）に、このマリアの救済行為の挿し絵入り記述がのこっている。[83] 現代の目には天衣無縫にすぎて、「奇妙なモラル」と冷笑されるかもしれないが、中世の信心家たちの受けとりかたはちがっていた。理解と赦しの必要な事柄を、狭量なモラリストの目でもって、不快きわまると突放しはしなかった。このなりゆきは次のごとくである。

尼僧たちを厳しく監督していた当の尼僧院長が、修道院の献酌侍従と関係し、妊娠してしまった。しかし彼女はそ知らぬ顔で、尼僧たちに修道院に規則の厳守を要請しつづけ、僧房外へ出歩くことを禁じたり

シャイエルン修道院の朝課書（1220／1235），バイエルン州立図書館蔵．絵１，一人の天使が昏睡状態の尼僧院長から胎児を取りだし，マリアは別の天使にこの胎児を隠修士のところへ運ぶよう指示している．絵２，両天使が胎児を切り石家屋に住む髭もじゃの隠修士に手渡している．絵３，司教が尼僧たちの訴えを聞いている．絵４，司教は妊娠しているといわれている尼僧院長の下腹部を手て触ってみるが，告発が不当なものであると確信せざるを得ない．

していたが、日がたつにつれ、妊娠がもはや隠せなくなった。目ざとい尼僧たちが、彼女の歩行や食習慣の変化に気づき、司教に訴えでて、院長を処罰するよう迫った。院長は窮地に陥り、修道院内のマリア聖堂に逃げこみ、神母に赦しを乞い、身に迫る不名誉からの庇護を願った。

マリアはものわかりがよかった。彼女は尼僧院長を深い眠りに陥らせ、天使二人を伴って現われると、尼僧院長の胎内から子供を天使に取りださせ、修道院近くに住む隠修士に託した。この直後に尼僧院長は司教から参事会に呼びだされ、不品行を問いただされた。聖職者二人が司教の命令にしたがい、彼女の腹部をさわってみた。しかし妊娠の兆候は確認できなかった。司教は二人が買収されていると見て、みずからも彼女の腹部にふれたが、妊娠を示唆するものを見いだすことはやはりできず、無益な審問をおこなった自責の念にかられ、尼僧院長の足元に身を投げだして赦しを乞い、彼女にいわれない不品行の罪をきせたとして尼僧たちを修道院から追放しようとした。ところが尼僧院長がここではじめて事の顚末を告白し、司教を驚きいぶからせた。神母の配慮は彼の理解を超えるものであった。司教はしかし尼僧院長の息子が七歳になると引きとり、学校に通わせ大学にも入れたのである。この尼僧院長の庶子は司教の死後、司教の座についたという。

この尼僧院長は性敵視イデオロギーの犠牲にならずにすんだ。マリアのおかげである。彼女を不名誉と懲罰から救ったマリアの介入は、教会の規則には矛盾する。マリアはそれのみならず、尼僧院長の息子から非嫡出の烙印を消し去り、司教の地位まで得させた。これもまた、司祭の息子や尼僧の子供は司教の座にのぼることはまかりならぬという教会法の条文に反する。だが、愛は人間的なことであり、転んだ者も倒れたままでいる必要はない。赦しを与える善意のほうが報復的な懲罰よりはるかに効果的である。この物語の作家はそう言いたかったのであろう。

イエスの誕生

同性の妊娠や出産に援助の手をさしのべたマリア自身の出産はどうだったのか。

待ち望まれた救世主の約束が成就される救済の出来事であるイエスの誕生について、福音記者ルカの記述は驚くほどひかえめである。「彼ら〔マリアとヨセフ〕がベツレヘムに滞在しているうちに、月みちてマリアは男の児を産み、布にくるんで、飼い葉桶にねかせた。宿屋に彼らのとまる場所がなかったからである」（ルカ二、六〜七）出産に関する事柄に、福音記者の関心はない。重要なのは、出産が予言された場所ダビデの町ベツレヘムでおこなわれたことである。メシアであることが実証されるには、イエスはダビデの家系でなければならなかったし、ダビデの町ベツレヘムを生地としなければならなかった。宿探しの困難をルカの叙述は省略している。聖なる夫婦が宿の亭主にむげに断られたというようなことは叙述していない。牡牛とロバがイエスの誕生を見守っていたか否かも、彼の知るところではなかった。これらの動物は、旧約の約束は新約において成就されるという観念の証人として、後代に挿入されたのである。預言者イザヤは、「牡牛は飼い主を知り／ロバは主人の飼い葉桶を知っている／しかしイスラエルは知らず／わが民は見わけない」（イザ一・三）と嘆き、預言者ハバクは「時が近づけば、二匹の動物の間にあなたは現われるだろう。時が来れば、あなたは知られる」（ハバ三・二）と予言していて、教父たちはこの牡牛をユダヤの象徴、ロバを異教徒の代表とみなしたのである。

イエスの誕生の年月日、季節や時刻についてもルカは口を閉ざしている。彼が知っているのは、生まれたばかりの救世主は布にくるまれ、飼い葉桶に寝かされたということだけである。この厩はベツレヘム近郊にあったと解するべきだろう。イエスが洞窟のなかで誕生したというのは、二世紀半ば頃から口にされはじめた話である。

初期キリスト教の教父たちは、イエスが地上の父なくして、聖霊により身ごもられたということに固執したが、マリアの妊娠や出産に関しては、自然な出来事として理解しようとしている。テルトゥリアン（二二〇以後没〇）は、マリアの妊娠期間を一〇ヵ月と計算し、分娩時には産道が開き、イエス分娩後、乳房がはり、彼女はその乳房を乳児イエスにふくませ、イエスはすべての赤児となんらかわることなく、乳を吸ったのだと考えた。彼は、これこそ神の子がほんとうに人の子となった証拠とみなしたのである。テルトゥリアンによれば、マリアとヨセフの間には他にも子が生まれている。[84]

初期キリスト教時代の著述家たちは、読者や聴衆に母と子の親密な関係を印象づけるために、きめこまやかに叙述したものである。「ああ、マリアよ、あなたはうなじを傾け、頭髪がわが児の上にたれかかる。赤児は手をのばして母親の乳房をまさぐり、上等なマナよりも甘美な乳を吸う。……そしてあなたは、天使たちもまぶしがる、輝けるわが子の顔に、したしげに顔を近づけ、〈わが子よ〉と声をかける。するとイエスもまた〈ママ〉とあなたに呼びかける[85]」まこと「このような理想的な母子のむすびつきの範例は、もはや民衆が烏合の衆ではなく、キリスト教徒の敬虔な所帯集団であるという自己理解の生じている社会には特別な力を発揮したのである[86]」

教父ヒエロニュムスの友人の一人アキレヤのルフィヌス（四一〇没）は、イエスの誕生について思念をめぐらしたとき、魅力的で人間的な女性というイメージをマリアにいだいたものの、描きだし、彼女を神秘化したいという誘惑に勝てなかったようだ。多くの先輩、後輩同様彼にもまた、イエスの母は永遠の処女であって普通の女の世界を超えていなければならなかった。マリアの母胎はイエスの誕生によって傷ついたり破水したりしてはならなかった。「マリアを介したキリストの誕生は、アテネがゼウスの頭からむりやり飛びだしてきたような奇妙な異常事態ではない。キリストの受胎、出産、養育に関しては、人間だれにでも認められる生理的プロセスが用意されていた。例外は、男の生殖行為と出産の際の破水がなかった点である」[87]ルフィヌスによれば、救世主の誕生は特別な質をもつ。性交渉や陣痛を欠くことが「生身の体に金色の光を照射していた。処女生誕でありながら、胎児を宿し分娩する。つまり自分自身の血と肉を分ける母子関係は女性一般と共有するということである」[88]

ヴェローナの司教（三六二―三七一／七二）ゼノの説教は、イエスの誕生を飾りたて、光明化している。「神は、神の子は、定められた時に一時お忍びの形をとって、天の王座を去り、あらかじめ選定されていた処女の神殿に住まわれたのである。人間となられるために、ひそかに処女の神殿にお入りになった。ご自分を保持しつつ、ご自分ならざる者とおなりになった。受肉により人間の子となられたのである。マリアの腹部が膨らんだ。男との契りではなく信仰により、精子ではなく言葉により、懐妊したのである。世界の救世主を受け入れたマリアに十ヵ月の難儀はない。出産も苦痛ではなく悦びであった。すばらしいかな！　歓呼の声をあげながら、彼女は御子をこの世に送りだした。御子はすべての被造物より長じておられた。マリアは産褥の床であえぐことなく、御子も無常の人生の始まりを告げる常である泣き声をあげられなかった。出産の苦痛に消耗し、血の気もなく横臥する母の姿もないし、御子の身体を汚すものも後産もなかった。御子に不純なものが付随しているはずもないからである。彼は人間種族の罪、汚濁、汚点を洗い流すためにこられたのである。母体の傷を一刻も争って清めるなどという必要はなかった。この若い産婦には温罨法の慣習は不要だった。兄弟たちよ、救世主をわが子として宿した女性に、どうしてこんなものが必要であったろう。ああ、大いなる神秘である。マリアは無傷の処女のまま受胎して身ごもり、処女のまま出産し、イエス誕生後も処女としてとどまった」[89]

産婦人科的事象を神学的前提にどう合致させるか思弁することではなかった。誕生の出来事がいかに比類のないものかを物語ることが目的であった。

一三〇〇年頃、ベツレヘムの誕生に思念をめぐらしたフランシスコ派の神学者は、分娩の詳細をマリアからじきじきに教えられたある信仰篤き修道士に聞いたという。「出産の時がきて、――それは日曜日の真夜中であったが――処女マリアは身を起こし小屋の柱にもたれた。神の子にふさわしい住居を提供できずにしょげてすわりこんでいたヨセフも立ちあがり、飼い葉桶から干し草を取りだし、女主人の足元に敷き、背を向けた。その直後、永遠なる神の子は母に苦痛を与えることも処女性を傷つけることもなく誕生し、彼女の足元の干し草のなかに横たわった。母は身をかがめ、御子をとりあげ、やさしくだきしめ膝にのせた。ついで頭布をとって御子をつつみ、飼い葉桶のなかに寝かせた。すると牡牛とロバが前脚をおってひざまずき、頭を飼い葉桶の縁にのせ、息吹で御子をあたためた。この寒さにみすぼらしい布一枚では乳児がこごえるのを知っているかのように。母はひざまずいて御子をほめたたえ、神に感謝した。〈あなたのお子をわたしにお与えくださった主なる神よ、わたしは永遠に生ける神とわたしの子をほめたたえます〉ヨセフも子どもをほめたたえ、それからロバの鞍をはずして飼い葉桶の脇に置きマリアをすわらせた。マリアは腰をおろしたが、終始わが子から目をそらすことなく、いとし子を見つめ、深い思いに沈んでいた」[90]

このフランシスコ派（小兄弟会）修道士は、読者がベツレヘムの出来事に参与、共体験することを望み、羊飼いをまねて神をわが主として賛美するよう促している。「挨拶されよ」と書いた。「彼の母と信心深い老ヨセフに挨拶されよ。飼い葉桶のなかの幼児イエスに心のなかで口づけし、マリアに幼児をだかせていただきたいと頼まれよ。そして胸にしっかりだきとめ、心をこめて見つめられよ。畏敬の念をこめ、悦ばしい思いにみちて、御子に口づけられよ。心安んじてそうなさるがよい。神の御子はわれら罪人のところへこられた。罪人たちをお救いになるため、罪人のもとでへりくだり、自らを糧としてさしだされたのである。だから心の思いのままに、御子にふれても、善意にみちてお許しになるだろう。不遜な行為とはみなされず、愛とお認めになる[91]」

スウェーデンの聖ビルギッタ（一三〇二／〇三～一三七三）がベツレヘムで体験した幻覚によれば、マリアは白いマントに質素なチュニカを身につけ、救世主を出産すべく洞窟のなかに入ってきた。老ヨセフは牡牛とロバを飼い葉桶のそばにつなぎ、壁ぎわに蠟燭を立て、それから出産の場所に居合わせないように外へ出ていった。マリアは靴を脱ぎ、白いマントをはずし、頭布をとって、それから二枚のリンネルのおしめと二枚の毛布をひろげた。出産が終わると、神の甘美に酔ったように、見るからに恍惚としてわれを忘れて立ちつくし、やがて両腕をひろげ天を仰いだ。ビルギッタはさらに、立ったまま祈っているマリアの胎内で御子の動くのが見えたとも報告している。そして彼女が御子をこの世に送りだしたとき、えもいえぬ光が射し、あたりはいいようもなく輝いたという。誕生はあっという間の出来事で、ビルギッタは、「身体のどこから、どのようにして」処女が分娩したのか確認できなかったという。新生児の体は汚れひとつなく清らかであった。出産前までまるかったマリアの腹部はたちまちもとにもどり、その美しい姿は比類もなく柔和であった。彼女はふるえる新生児をだきとってあたためため、ほっそりした指で臍の緒を切り、用心深く布にくるんだ。そこへヨセフはもどってきて、感涙にむせびながら御子をほめたたえたというのである。

ビルギッタは、出産時の肌の色の変化とか、普通の産婦たちに共通して見られる肉体的衰弱がマリアにはなかったと強調している。出産の重荷は、通常の女性たちが担わねばならないエバの遺産である。羊飼いたちに新生児の性別をたずねられ、マリアは「子どもの自然な姿[92]」を彼らにしめしたという。

イエス誕生の前後を通じて維持されねばならないマリアの処女性、という神学的条件が分娩器官の観察に制限をくわえていた。マリアの下腹部の描写は、神学者、説教師や幻覚能力のある女性たちには剣呑であった。彼らは、肉体的に衰弱しない母体の悦ばしさ、血に汚されない新生児の清らかさに集中する光のメタファーの背後に、マリアの羞恥にかかわる一切を隠した。マグデブルクのベギン会修道女メヒティルト（一二〇八頃～一二八二／九七）などは、全能の神はその叡知でもって、「マリアの全身を通り、至福の漂うがごとき思いに彼女がつつまれるよう働いた」と叙述し、マリアは「かろやかに悦びにみちて[93]」出産したと確言している。

イエスは、悦びあふれる至福の恍惚のうちに誕生したのである。メヒティルトは分娩器官をまったく名ざしていない。神はマリアの全身を通過してこの世に入ってきた、と言うにとどめている。メヒトヒルトと同時代の同じ身分でもある南フランスのベギン会修道女ドゥスラン（一二一四／一五～一二七四）になるとあからさまに、「幼児キリストが太陽光線にのり、処女のおなかから出てくるのが見えた[94]」と主張している。

彼らはイエスの誕生をひたすら輝かしい出来事にするために、叙述に色彩を駆使した。反対にヨセフに関する記述は妙にリアリスティックである。偽ヤコブは、ヨセフが助産婦を探しに出ていって、出産時には居合わせなかったと書いたが、スウェーデンのブリギッタも、「ヨセフは出産にじかに立ちあうことのないよう、外に出ていた」述べている。これは時代の慣習にそったものでもある。ザンクト・ガレンのハインリヒも、ヨセフはマリアの瞑想の時の邪魔にならないよう、みすぼらしい馬小屋を後にしたとして、彼を出産現場から遠ざけている。ただ、『キリストの生涯の考察』（一三〇〇頃）のフランス人匿名作家だけは、ヨセフをお産に立ちあわせた。もっともヨセフは恥ずかしげに視線をそらし、出産の目撃者になるまいとしていたと書いている。

中世後期の「奇跡本から、妊娠、出産は女性の領分であり、男は部屋から閉めだされていたことが確認できる。もっとも男たちは産褥の床のある小部屋の隣室で注意深くお産の進行に耳を傾け、陣痛がはじまるや産婦の苦しみを分かちあおうとした」。分娩室に男たちが姿を見せるようになるのは、十六世紀半ばすぎてからである。それまでは、出産を目撃したりするときびしく罰せられたのである。

産褥のマリア

中世の芸術家たちはお産の様子をかなりあけっぴろげに描写している。彼らは「産褥につくマリア」も描いた。苦もなく出産したのであれば、床につく必要はないのに、ビサンティン芸術の形象タイプにしたがう画家や彫刻家たちは、そういう論理にはお構いなしだった。この形象形式には、母親がゆったり手足をのばし、上半身だけ起こすようにして床で休息している古代の半神誕生図の影響があったかもしれない。そして産湯の場面は、新生児イエスも身体を洗う必要があったということをしめしている。西方はしかし古代末期にはまだ、寝床によこたわるマリアの姿はまれであった。カロリング朝、オットー朝時代の芸術にはじめて出産後のマリアの仰臥姿が見られるようになる。

十四世紀になると、マリアの産褥のある部屋には、市民生活の世界のモティーフをもりこもうとする試みがあからさまになる。風呂桶や水差しをもった助産婦や新生児の体を手入れするつき添い婦たちが登場する。寝床には布や枕、クッションなどがそろえられ、寝巻なしに就寝するのをよしとする中世末期の習慣にしたがい、マリアも裸の子と並んで上半身は裸である。

これらは、観る者たちに親近感を覚えさせ、神の救済事業を身近に感じさせようという努力の現われでもあった。自分の身に重ねあわせて実感させるには、中世末期のキリスト教信者たちの生活世界の内側をモデルにしなければならなかった。こうしてこそ絵画は、人の子となった神が「人間の心と胸のうちに入りくることに寄与し得たのである。

産褥のマリアの彫刻表現は、母子の緊密な関係の造形に集約された。誕生の場所はもはや洞窟や馬小屋あるいはあばら屋ではなく、聖画像の置かれる教会、修道院あるいは私的な礼拝堂のなかであった。職人同業組合や信徒信心会は、産褥のマリアを連帯的に育成された信仰心の中心にすえた。産褥のマリアの小型の絵のある家庭祭壇が好まれるようになる。フランクフルトのある都市貴族などは、「産褥のマリア」をケーキ型のモティーフにさえしている。「死の危険をともなう出産」に際し誓約され、寄進された「産褥のマリア」の絵は、当時の根本的な実存の不安の表現であり、懇願して獲得した助けを表わすものであった。

「産褥の聖母」の前で「殊に妊婦たちが熱心に」祈ったと、プフルメンのヨアヒムはビーベラハ教区年代記に記している。ビーベラハ教区教会内のカタリーナ礼拝堂内陣の左壁のこの彫像について年代記作家は記している。「聖カタリーナ内陣の壁ぎわに、産褥についている聖母が見られる。幼児イエスは飼い葉桶のなか、ロバや牡牛や何人かの天使が見まもっている」。出産を無事すませた女性は感謝礼拝の義務にしたがい、「産褥の聖母」に感謝の祈りを捧げ、「財産のなにがしか」を寄進したという。裕福な女性は糸玉、それのできない者たちは何か別なものを供えた。無一物の者は「それだけ心をこめて祈りを捧げた」[95]

「産褥のマリア」リュベック職人組合制作の祭壇のなかの板絵（1403／30）．リュベック歴史博物館蔵．産褥の床によこたわるマリアは「後には，敬意を失するものとみなされるようになった．というのはこのような人間的な場合でも，マリアの神性は毀傷されてはならないという理由からであった」（ゲーテ）．年老いた，どこかまのぬけたヨセフが赤子のためにお粥を煮ている．彼は中世においては女の仕事とされていたことをやっている．掟をかまっておれない家族の緊急事態だけが「沽券にかかわる」，「身分にふさわしくない」振舞を許す．あるクリスマス劇（1536）のヨセフの台詞に，「自分でもやれるお粥つくりにやぶさかではないぞ」というのがある．「見苦しくとも，一家の一大事とありゃ，しかたあるまい」

修道女たちは授乳する産褥期のマリアの姿をよく幻視した。アルザス地方ウンターリンデンのドミニコ会修道女ゲルトルートは、朝課の間に「とつぜん内陣のなかに置かれたえも言えぬ装飾をほどこされたベッドを見た。その上に聖母が横たわり、美しく光りかがやき、顔も衣服も明るく澄みわたり、彼女から放出されるかがやきのおかげで、内陣全体が美しい微光につつまれていた。聖母は幼児を膝にのせ、愛撫していた(96)」エンゲルタール出身のドミニコ会修道女のアーデルハイト・ラングマン（一三一二〜一三七五）は、わが子に授乳するマリアの姿を幻視するたびに至福の思いに酔ったという。「まだクリスマスのうちに、彼女はわれらが主の幼い姿を、生まれたばかりの大きさの姿を見た。その足から脇のあたりまで手のうちに入る可愛さ……彼女が深夜自分のベッドによこたわっていると、われらが女性、甘美なる女王マリアが現われ、腕にだいていた幼児を彼女に与えた。えも言えぬ姿の幼児はベッドの彼女の腕のなかで乳房をまさぐった(97)」

神秘家たちはキリストの生まれてくる人間の心を「子どものベッド」と呼んだものである。キリストと人間の出会う場を形成する心の比喩である。出産後に産褥についたマリア同様に、愛する魂は、幼児キリストとともに、心の「産褥」で安らう。マイスター・エックハルト（一二六〇頃〜一三二八）は、自分の魂のなかで、天の父に「産褥」を提供する人間たちの至福を賛美している。

中世末期の神秘家たちの比喩表現はおそろしく大胆である。マリアの母性を感覚的に体験することを望んだ修道女たちの報告は、幻視が抑圧的な生活規則の耐えがたい要請からの自己解放の手段であったかのような印象を与える。彼らのテクストに見られる宗教とエロス、精神主義と官能性の混合割合を正確に言いあてることはできないが、神学者たちは、中世の信心は肉体とむすびついたものだったと指摘するだろう。言語学者は、これら男女神秘家が比喩表現による限界経験の言語化を試みながら自分のアイデンティティーを強めたと主張するかもしれないし、心理学者たち――なかんずく深層心理学者たち――は、エロチックな特徴をもつ言語形式や経験形態の背後に、抑圧されている本能生活が把握できると断言するだろう。いずれにしても、中世末期の愛の神秘主義に典型的だというイメージ――寝床、初夜の寝室、口づけ、抱擁など――には、じつは中世盛期さらには教父時代にまでさかのぼる神学的、文法的伝統が生きているのである。中世の聖書釈義家たちは、マリアの母胎を神の休息のためにしつらえられたソロモンの「飾りつけされた御輿」（雅歌三、七／九／一〇）と同一視していた。マリアは、神が人性とむすばれるために、自らの手で飾った「花咲く床」として祝福されていたのである。

中世の教父や神学者たちは、人類の救済へのマリアの貢献を豊穣性の象徴のなかに表現しようとした。処女の母胎を、彼らは「初夜の寝所」と名づけた。神のロゴスと人間の本性がむすばれる神聖な婚姻の場所という意味である。中世初期のビサンティンの神学者たちは、三歳のマリアの神殿入りを、彼女のために神によって用意された初夜の寝所に入ることだと解釈した。偽アルキンは、説教「永遠の処女の出産について」のなかで、初夜の寝所から花婿が出てくるように、「マリアから絶大な美徳の力であるキリストが出現するのだ」と説いたものである。コルビー修道院の学僧パシャシウス・ラートベルトゥス（七八五頃～八六五頃）は、初夜の寝所の比喩から、イエスの無痛誕生の論拠を引きだして、「彼（キリスト）が、悦ばしい花婿のごとく処女の胎内より現われ出たとき、母に痛みを与え肉体を傷つけ、処女性を奪い呻吟させたなどと主張する徒輩に耳を貸してはならない」と警告した。「もしそうであれば、花婿が初夜の寝所から出てきたように、という比喩が意味をなさなくなるではないか。初夜の寝所から出てくる花婿はつねに愛にふさわしく悦ばしいのである」(98)(99)

マリアは神によって豊かに祝福された「最も高貴な果実」、キリストを生みだした「耕地」としても賛

「穂模様の衣を纏ったマリア」，バンベルク1435年頃．バイエルン国立美術館蔵．穀物の穂のマドンナは，「テラ・サンクタ［聖なる畑］」という解釈からくるもので，古ドイツの説教に，「神の種子と穀粒はこの世にもたらされ，かくして天の真のパンがわれらのところへ到る」

美された。周知のように、この観念は独特な絵画タイプの形成に寄与している。穀物の穂の刺繡のある衣を着た「穂の衣のマドンナ」[100]である。パリのクリュニー美術館に一五〇〇年頃に制作された絵画があるが、穀物畑に立っているマリアにイエスが輝く穀粒として降下してくる光景が描かれ、マリアの前にひざまずく寄進者の上方には、「マリアは穀物の育つ谷間」[101]と書かれた帯が描きこまれている。

見解の変化

男女神秘家たちは、豊穣の象徴を借用して把握しがたいものを理解できるものにしようとつとめた。産褥のマリアは、苦しむ産褥の女たちを慰め励ますものであった。しかし正統信仰や道徳的厳正が念頭にある神学者たちの目はちがっていた。「寝床」や「初夜の寝所」は、快楽、官能の悦びを思わせる。しかも産褥についているマリアは出産の苦痛を前提とするから、教理に反するのである。普通の女性たちは陣痛や出産の苦しみにあう。アダムとエバの末裔として、始祖の罪業にかかわっているからである。エバのせいでくだされた罰を免れているマリアはしかし、救世主の出産に何ら苦痛をともなわなかった、と教会は教えてきたはずである。産褥で休養するマリアと苦痛なき出産の表象は矛盾するというのである。

オランダの神学者ヨハネス・モラヌスは産褥図をうさん臭いものとみなした。一五七〇年に著した『聖画像の歴史』のなかで、産褥図に対して断固たる態度を表明している。初期キリスト教では、産褥のマリアは、キリストの人性を証拠づける手段であった。ところが中世末期から近世初期にかけては、通常の女性たちの出産の苦痛や困難をマリア像に反映させる度合いが、もはや教会関係者や神学者たちにはいかがわしいものにまでになっていたのだろう。マリアが分娩のために体力を消耗し、立つこともできず床につかなければならないかのように描かれているのを、モラヌスは厳しく非難した。床によこたわるマリアにスープを用意したりするこまめな助産婦の姿は、出産後の養生が必要な通常の女性たちを想起させる。とんでもないことであった。彼はまた、宗教劇の舞台で、産褥についているマリアの身体の下に枕やクッションを押しこむのはばかげたスペクタクルだと批判した。正統的形象性のための先駆者的闘士モラヌスは、ひざまずき両手をあわせて、わが子を賛美するマリアの描写を勧めたものであった[102]。

身ごもった神の母の身体の見方にも、近世初期には変化が現われる。救世主を九ヵ月宿していたマリアの母胎に言及する中世後期の神学者たちの賛美はとどまるところを知らなかったが、近世に入るとこれが変化する。

カプチン会のコッヘムのマルティン（一六三四～一七一二）は、救世主にとって受胎以来、母胎は苦痛の場であったと書いている。一六七七年に著した『イエスの生涯』に、「母胎の牢獄」と表現している。この敬虔な民衆作家の著書は、一七七度も版を重ね、当時のベスト・セラーだったが、彼は「キリストが胎児となり、九ヵ月も母胎のうちに留まろうとなされたのはなぜか」と問い、次のような論理を展開している。「キリストは私たちとまったく同じものになられるために、そして私たちのために苦しまれるために、そうなさったのである。じじつ幼児キリストは母胎のなかで、私たち人間の考えもおよばないほど苦しまれたのである。もし母胎内の胎児にすでに完全な悟性がそなわっているとしたら、胎内がどれほど苦痛な牢獄に思えることだろう。湿って暗く居心地悪い不快な場所で九ヵ月も過ごさねばならない。まさに牢獄ではなかろうか？……キリストはしかし受胎の瞬間から完全な神の悟性をそなえ、自分の居場所をご存じだったのである[103]」

このテクストは、メシアが九ヵ月間、ある女性の不純な肉体内に宿されていたなどという観念は、冒瀆的であるとみなす中世末期のユダヤ人たちの挑戦的な攻撃を意識してのものでもあるが、近世初期には目だつようになった教会の肉体敵視イデオロギーがマリアの身体にもあきらかに影を落としていることにも注目すべきである。

身ごもったマリアの姿から不快の念をもよおさせる性質を取りのぞいてしまおうとする信心深い心の持ち主たちが現われてきた。彼らは、「妊娠中のマリア」にガウンを着せるべきだと考えた。時代とともに羞恥閾が高くなり、妊婦の腹は見る者にあきらかに心苦しい思いを与えるようになった。だから身重な処女の腹部は、崇拝者たちの目に入らぬようにしなければならなかった。シュトラウビング＝ボーゲン郡のボーゲンベルクにある恵みのマリア像は、いまも妊娠状態を隠すガウンをまとっている。約一メートル半のこの石像は、一四〇〇年頃に制作されたものだが、「彩色され、王冠を頂いている。金髪が上にたれている青い長衣には薔薇の刺繡がしてあり、ガウンのほうは赤く、刺繡は小麦の穂である。ガウンに半ば覆われている両手は、妊娠している腹部におかれ、左胸に一ヵ所光線に囲まれた長方形の開口部があり、そこに幼児イエスが立ち、神の名が十一の言語でしるされている」(104)小麦の穂、手の仕草、妊娠している腹部、これらはすべて神母の豊穣性を思わせるものだが、十七世紀前半には、マリアのこの腹部は金の刺繡をほどこしたガウンで覆うのがふさわしいと考えられたのである。絵画、彫刻における身ごもったマリア像の扱い方に、人びとが自分自身の肉体をどう考えていたか、教会倫理にどう照らしあわせていたかが読みとれるであろう。ガウンを纏ったマリア像は、あきらかに羞恥心の敷居が高くなったことを明示している。

ニュルンベルクの聖母教会の南玄関にもとはマリアと告知天使の二像が立っていた。現在はニュルンベルクの国立ゲルマン博物館に収蔵されているが、この二像から、かつての輝かしさは放出されていない。マリアの膨れて難儀そうな身体は、着流したような長衣に隠されているが、そのいくらか開いている個所から、腹部のまるみがあらわになっている。中世の観念では、聖処女は告知の瞬間たちまち臨月近い身重になった。イエスはマリアの同意の言葉とともに、彼女の胎内で完全な五臓六腑、五体の完成された人の子となるからである。処女の恥丘にとまっていた鳩が、地上の父ではなく聖霊による生殖を象徴していた。しかし今の像にはもういない。[105] 鼻先ももげ、衣の左腕先の縁どり部分なども、この像がかなりの損傷を受けたことを物語っている。

聖職者たちの四角四面なものの考え方が、聖像破壊運動をまねいたのである。このマリア像は、一八五四年に「無原罪のおん宿り」という教理が定義づけられ、ようやく昔の重要性を回復したものの、一八七九年から八〇年にかけ聖母教会が修復された折りも、鳩は取りのぞくべしという結論を、謹厳なる聖職者たちはだしている。

こうした行動も、マリアの膨れた腹部は信仰の神秘を粗野に物質化していると感じる時代の風潮からきたものであった。十八世紀以来、神の家の尊厳にとって、このましくないとみなされた画像は、教会から取りのぞくようにという教会指令が増加している。啓蒙化された高位聖職者たちには、どれが「不必要な絵画作品あるいは装飾作品である」か、「不快の念をもよおすような、ふさわしからざる教会装飾」にいかに対処すべきか、逐一指示する資格が与えられた。ザルツブルクの大司教ヒエロニュムス・フォン・コロレド（一七七二～一八〇三）は、ある教区教会の「中央祭壇左側（福音書側）の壁にかけてある妊娠した神母はまことによろしくないから即刻取りはずすべし」[106] という指令を発している。

ナザレ出身の女性の幼少期、青春時代、母親時代について中世期に書かれた伝記は、神に選ばれた女性の伝記であった。マリアの聖性と自然性、神の子であると同時に人の子の母としての彼女の人間性が信心を高め、教会教理を挑発しつづけた。神の母マリアは、鋭敏で感情豊かな女性だったかどうか、彼女にも喜怒哀楽はあったかどうか。崇拝によってマリアとむすばれていった中世キリスト信者たちには、こうした問いに対する答えが実存的に重要なことだったのである。

第2章　悦び、羞恥、同苦、心痛

ハンス・メムリング（1433～1494）の「マリアの七つの悦び」1480年．ブリュージュの聖母教会に寄進されたのだが，現在ミュンヘンのアルテ・ピナコテーク蔵．七つの悦びとは，受胎告知，イエスの生誕，三王の跪拝，復活したイエスの出現，聖霊の降臨，キリストの昇天，マリアの死と被昇天．

ヨセフ一家がベツレヘム滞在中、行方不明になったと思ったイエスが神殿のなかにいるのを発見して、マリアはどんな思いをしただろうか。これを知りたがったリヴォー（ヨークシャー）のシトー会修道院長アエルレッド（一一一〇～一一六七）は、『十二歳の男児イエス』のなかでマリアに感情移入しようと、問いかけている。「教えてください。ああ、私のいとしい女性、私の心の母よ、あなたが最愛のお子を見つけられたとき、それも群衆のなかではなく、博士たちの間にイエスを見つけられて、どういう思いをなさったか、どれほど驚かれ、どれほど悦ばれたか、きっとだれもがお子に注目し、耳を傾け、老いも若きも、学ある者もない者も、お子の答えの賢さに驚嘆している様子をごらんになられたのでしょう？[1]」

驚くほどの好奇心である。福音記者たちにはこういう感情世界は問題にならなかった。中世にあれほど表現され、崇敬された悲しみの聖母なども、新約の伝承とは無縁である。「福音記者のだれ一人として、十字架のもとに立ちつくし、最初のキリスト信者たちのためのキリストの死の目撃者となった女性たちの感情の動きについて記述していない[2]」ただルカがさりげなく、天使が訪れてきたとき、マリアは驚いたと述べているだけである。このように彼女の反応に立ち入るのは例外的なのである。感情の動きの叙述は、新約の福音記者たちの執筆意図に反することでさえあった。彼らはむしろ、キリストの救済の出来事に、一生活個人の心理状態は何の役割もはたさないということを教えたかったのである。信仰に情緒は不要だった。使徒パウロが書簡に書き送っているように、キリスト的な生き方とは思念的反省にかかわる事柄であった。この生き方に、「情緒的な感情とか臥薪嘗胆とかは積極的なかかわりをもつべきものではない[3]」

神と人間についての教義に関してパウロもまた、「決然たる合理主義者」[4]であった。キリスト教信仰に必要なのは感情ではなく、キリストにならう強い意志だというのが彼の信条であった。しかし中世の芸術や神秘主義は反対に、マリアの苦難の経験について、福音書の「いかんともしがたい欠落部分」に甘んじておれず、信者たちに女性の苦難に自己同一化[5]させる可能性を開いた。十二世紀の神秘主義的な神学者たちも、感情の乏しい信仰に満足できなかった。血も涙もある人間として、彼らは他の人間たちの感情にも関心をいだいた。恐れ、希望、愛着などの感情こそ神を経験し、認識する道を開くものだという確信から、キリスト教を単なる宗教倫理とか救済真理の確認に還元することに抵抗し、「経験と情念が新しい信心の中心概念となった」苦悩する人の子キリストと悲痛な思いに胸を裂かれる母マリアが、信心の実践と省察の中心に置かれた。同苦する母の経験と心のうちを、信者たちにわからせようと受難讃歌がつくられるようになる。じっさい「遅くとも十二世紀以来、宗教的内容はますます厳格な典礼形式を失い、人間生活の苦労、悲哀、悦びに対する生き生きした関係のうちにおかれはじめ、民衆の広い層にとって現実的なものになった[6]」当時の平信徒たちは、キリスト教の救済の歴史において崇拝に値する人物のうちに、自分自身の困苦を再発見しようとした。とくに不治の病、死、怪我などにみまわれた者を慰めることができるのが、苦悩し悲しみにうちひしがれたマリアであった。自分の息子の苦しみと死を味わったマリアなら、死にかけている者がとりなしをもとめれば、助けてくれるにちがいない。信者たちはそう確信を強めていった。「貧しき者たちを慰める女性」マリアのもとに、苦境にあえぐ農夫や零落した町民などが庇護と救いをもとめてきた。貧困、飢餓、病魔にさいなまれている崇拝者たちが、出口を見いだせないでいるとき、マリアは介入し積極的に手を貸した。悲しみにみちた女であり母であるマリアは、その悲しみのなかにあって、人びとを勇気づけ、苦境にある者たちを助けた。しかしマリアはただ泣くだけだったのだろうか？　信徒たちの悦びの源でもあったとすれば、喜悦の感情も知っていたのではなかろうか？　マリアも笑わなかっただろうか？

マリアの悦び

ロマネスク様式の教会の半円形後陣に置かれているような王冠を頂いたマリア像は、神々しさを放射していても、心をつき動かされたり、歓声をあげたくなるような感情からは縁遠い。灰色の日常生活の辛苦のなかで、身近かに感じたくなるような暖かみには欠けている。これらの像は日常世界とは距離をたもち、畏敬、恭順、服従をもとめたのである。聖書の意味する悦びは陽気な気分ではなかった。情緒的な心の動きとは関係なかった。「悦びは喜悦ではなく」、「正義のためにすべて必要なことを、抗うことなく心安んじて遂行する静かな合理性である」使徒パウロなどが悦びとみなすものは、主観に由来するものではない。精神の賜物として外部からくるものであった。悦びの本質は「啓示の出来事および救済への人間の参入の様態に(7)」あった。

ところが中世盛期、後期の文学者たちは、マリアはその生涯において、悲しみや苦悩ばかりを経験したわけではなく、当然ながら悦びも味わったにちがいないと信じていた。マリアのうちに悦びの感情を呼び起こす状況こそが文学の素材であった。すでに初期から中期にかけて、讃歌や韻文祈禱文、祈唱などが盛んに書かれ、これらは一括して「聖母マリアに関する祝詞(8)」と呼ばれている。これらテクストが「悦びたまえ、神の生母よ」あるいはアヴェ・マリア（天使ガブリエルの祝詞）ではじまるからである。十二世紀に書かれた「悦びたまえ、処女にしてキリストの母よ、ガブリエルの告知に、耳より受胎せし母よ」は、マリアを悦ばせた神秘的な出来事を合計五つ挙げている。キリストの受胎と誕生、復活と昇天、そして自らの被昇天である。

中世末期になると、口語作家たちはこの数を増やし、「聖母の七つの悦び」を物語形式や祈禱形式に表現した。だいたい次のような出来事である。告知、訪問、キリスト誕生、三博士の跪拝、神殿詣り、神殿での再会、マリアの被昇天。着想力豊かな者たちは、さらに八つ九つと数を増やし、あげくには二十をも越えるマリアの悦びが祈禱や省察の対象として数えあげられたものである。[9]「マリアの二十五の大きな悦びの開示」を読ませようとしたある祈禱文は、慰めの確認でしめくくって、「かくしてわれわれには、われわれをあらゆる困苦から救いだしてくださる聖母マリアの二十五の悦びがある。アーメン[10]」

マリアの七つの悦びの祈りは次のような呼びかけではじまる。「われらが女性、聖母マリアよ、天使ガブリエルが現われ、あなたに送った悦びの挨拶を私に聞かせてくださるゆえに、あなたを賛美します[11]」これにつづいてマリアの生涯の七つの段階が叙述される。彼女の悦びのきっかけあるいは原因は、大天使ガブリエルによる神の知らせの告知、キリストの誕生、主の出現と洗礼、復活、キリストの昇天、マリアの被昇天とキリストとの対面である。処女マリアのこれらの悦びは、信者たちにとって崇敬すべき出来事であった。自分たちが憂き世に絶望することなく、悦びを経験することを、マリアに保証してもらうためであった。

マリアの悦びに思いをいたそうという衝動はビサンティンに由来するものである。とくにギリシア正教の典礼で歌われたアカティストス聖歌は、広汎な影響力を発揮していた。マリアに敬意を表する讃歌であるが、その神学的思想の深さと表現の魅惑的な叙情性には感嘆すべきものがある。ロマノス・デル・メローデ（五六〇頃没）の作とされているが、アカティストスというのは、この聖歌を歌うときには、歌手も合唱団も参列者も起立するからである。「あきらかに、ここで歌われる受肉の秘儀に対する畏敬の念から[12]」起立するのである。詩形式からいうと、アルファベット順のアクロスティク（行頭または行末の語を集めても意味ある言葉になる技巧詩）である。「悦びたまえ」という連禱的な呼びかけには、挨拶聖歌の性格もあり、また戦争の苦難からのマリアの解放を想起させる献呈の辞のゆえに、勝利賛歌としても歌われた。

この聖歌は、四旬節第五日曜日の前日の土曜日の礼拝に、神の生母に敬意を表して歌われていた。斬新な言い回しや比喩表現によって、神の霊の奇蹟が賛美されたこの聖歌は、「全キリスト教文学のなかでも最も美しく深遠な、しかも最も古い聖歌[13]」である。八世紀末か九世紀初頭にラテン語に翻訳された。この聖歌に駆使されているマリアに関するメタファーは西欧のマリア詩にはっきりと痕跡を遺している。

マリアへの告知の祝日のために三月二十五日に書かれたというこの聖歌は、ギリシア語のアルファベット順に並べられた二十八詩節からなっていて、その第一詩節を紹介すると、

大天使は天より遣わされた
神の生母に「悦びたまえ」と挨拶するため
そして自らの肉体をもたぬ挨拶とともに
主よ、あなたが受肉されるのを見て
天使は驚愕し、口をつぐんで立ちつくし
やおらマリアにこう呼びかけた
悦びたまえ　あなたを通じて悦びが光り輝く
悦びたまえ　あなたのおかげで呪いは消え去る

悦びだまえ　堕罪したアダムが呼びもどされる
悦びだまえ　泣いているエバが救われる
悦びたまえ　人の思いの届きえぬ高み
悦びだまえ　天使の目にもほとんど見えぬ深み
悦びたまえ　あなたは王者のいただく王冠
悦びたまえ　あなたは宇宙の担い手を担うお方
悦びたまえ　あなたは太陽を映す星
悦びたまえ　あなたは神が受肉する母胎
悦びたまえ　あなたのおかげで万物は若返る
悦びたまえ　あなたのおかげで子が創り主となる
悦びたまえ　未婚の花嫁よ(14)

「悦びたまえ、未婚の花嫁よ」で閉じられるこの「悦びたまえ」の反復は、悦びがこの詩作のライトモティーフであることをよくしめしている。

「悦びたまえ」は聖書の天使の挨拶に由来する。大天使ガブリエルが、神の知らせを告げるべく、マリアの部屋に入ってきたときに口にした言葉である。ギリシア語では「カイレ」、ラテン語では「アヴェ」となり、ドイツ語では「ザイ・ゲグリュースト〔ようこそ〕」と訳されている。ギリシア語のカイレはまだ「悦び〔カイラ〕」および「典雅、恵み〔カリス〕」とのつながりが明白であり、ギリシアの教父たちは、「マリアに対する天使のこの挨拶の言葉が、神によるエバの断罪を止揚する」と解釈した。古い呪いは恵みによって止揚され、エバを介して入りこんでいた悲哀が新しいエバに与える悦びに席をゆずるというのである。[15]

しかし誤解のないよう、言っておかなくてはならない。賛美されたマリアの生涯のいくつかの悦びの動機は、世俗的なお祭り気分や馬鹿笑いの原因や対象になるものではない。精神的な悦びの現象形式であり、生涯の終わりに罪をくだされるのではなく、神の永遠の栄光のもとに入っていくときに与えられる悦びである。

マリアも笑っただろうか?

彼女は少なくとも大笑いはしなかった、とされている。マリア伝記の著者たちは、マリアをきびしくしつけられた女性として叙述している。口数少なく、余計なおしゃべりをしない。無為に時をすごすことはなく、たえずこまめに動いているが、表を歩くときにぶしつけな視線をあたりに走らせることはなく、いつも伏し目がちであった。こういう女性がはめをはずし、浮かれさわぐはずがない。めったに笑うこともなかったが、笑うときは「成熟した大人」[16]の笑顔であったとも書かれている。

十三世紀半ばの韻文『処女マリアの生涯と救世主』の著者は、マリアがめったに笑わない女性であることを、立証するのに十八行の詩句を書いている。[17]マリアはおなかをかかえて笑ったことがない。天衣無縫に笑いころげたためしがない。だじゃれをとばしたり、他人を嘲笑することも決してなかった。他人の善行を悦ぶような機会に笑顔を見せるときでも、口は閉じ、つつましやかに微笑した、と書き連ねている。

たしかに大笑いは彼女の禁欲的な毎日に似あわなかったかもしれない。初期教会や修道院生活でも、笑いには人間的価値が認められなかった[18]。教父アウグスティヌスはこれについて、「人間は笑い、人間は泣く。そして人間は笑うことに嘆き悲しまねばならない[19]」と書いた。キリスト教の倫理家たちは、笑いを罪深い俗世肯定と同一視しようとした。

キリストの後継者は泣くさだめにあり、笑ってはならなかった。教父クリュストムス（三五四～四〇七）の言うに、キリストは三日三晩泣いたと聖書は証言しているが、彼が笑ったとは証言していない[20]。教父ヒエロニュムス（三四七頃～四一九／二〇）も、「涙の谷にある間、われわれは笑ってはならない。泣かねばならない」と断言した。子どもたちは笑いながらこの世にやってくるのではない。涙とともにである。涙はこの世の悲惨と苦難を象徴しているのだ、と彼は説明する。修道院神学も涙の賜物を賛美した。笑いのカリスマは禁欲的な生活実践には合致しないという。この神学によれば、馬鹿者だけが呵呵大笑するのである。修道院の父といわれるベネディクトは、品位のそなわった節度ある笑いのみを許した。「馬鹿笑いや人を笑わせる冗談」（修道院戒律四、八）はきびしく禁じたものである。修道僧たちは腹のよじれるようなしゃれをとばしてはならなかった。

このような見解に保証を与えたのは、イエスの山上の垂訓であった。「わざわいなるかな。いま笑っている者は、嗚咽し、泣くようになる」（ルカ六・二五）しかし山上のイエスは「さいわいなるかな、いま泣いている者は、いまに笑うようになる」とも言っている。もっともこの笑いの時の到来はずっと先である。信心深い希望の対象であり、彼岸の天国にあって、はじめて笑うことが許されるのである。

ビンゲンのヒルデガルト（一〇九八～一一七九）は、声をたてて笑うことを、破損した心根の表現形式とみなした。この心根はアダムとエバの堕罪がもたらしたものだという。無垢な天国の生活を想起すれば涙がこみあげ、笑おうとしても笑えないはずであるという。この世ではしかし悪魔がいつも一枚嚙んでいて、悦びの表現をゆがめ、抑制なく噴きだす野卑な馬鹿笑いにかえてしまう。抱腹絶倒はそのうえ健康にもよくないとされた。ビンゲン近郊のルーベルツベルク修道院の修道尼長は、「悲しみと怒りが人間を弱らせ、干涸びさせるように、節度を欠いた大笑いは脾臓を損ない、胃を消耗させ、体をよじるために、体液のバランスもこわしてしまう[21]」という見解をいだいていた。

学者作家ウンベルト・エーコは、小説『薔薇の名前』のなかで、中世の修道僧たちの笑いが許されるものか否かについての論争をたくみに叙述している。禁欲的な修道生活の伝統を墨守し、妥協を許そうとしない修道院司書ホルヘ・ダ・ブルゴスは断言する。「人びとに笑いをもたらす喜劇は異教徒が書いたものだが、これは正しくないことであった。われらの主イエスは喜劇も寓話も語られたことはない。ひたすら澄んだ比喩で話され、いかに天国に到達しうるかを、アレゴリカルに教えられたのだ」学識もあり世間にも心を開いて博愛的なイギリス人フランシスコ派修道士バスカーヴィルのウィリアムは反論する。「なぜ、あなたはイエスが笑われたかもしれないという考えに、そう頑なに反対されるのか。私に言わせれば、笑いは入浴と同じく、体液の不調やその他肉体上の悩みをとりのぞく薬であり、とりわけ憂鬱病にはよく効くものです」彼はつけくわえて、「ソールズベリーのジョンは適度の陽気さを許しています[22]」

たしかに、驚くほどリベラルな神学者で哲学者でもあったソールズベリーのジョン（一一一五／二〇～一一八〇）は、人間の笑いは節度をたもち、たがのはずれた下劣なものに堕さなければ、不快なものではないとしている。悦びを享受し、幸いをもとめ、笑うのは古代の教養人のものだというのが彼の見解であった。古代の教養人たちは、このようにして人間間の交際を心がけたのだという。彼によればキリストは、この古代に人間像とキリスト教的人間像の宥和を志向し、この世の悲惨に涙するばかりではなく、つねに人間好きなホストとして饗宴の席では、陽気な談笑や音楽を許していた[23]。

もっともソールズベリーのジョンの考えには首尾一貫しないところもあった。貴族出身の人間として、彼は都会風の雅びな交際形式を推奨し、ほどを心得た笑いも、これにふくまれていたのだが、聖職者としては、慣行のステレオタイプに逆行し、隠世と笑いとの間に壁をつくっているのである。イギリス王の尚書トーマス・ベケットに献呈した一種の倫理書『ポリクラティクス』には、「笑いは軽率の現われであって、たびかさなればかさなるほど破廉恥なものとなる。愚者は声をあげて笑う、……キリストはしかし泣かれた。キリストがお笑いになったという報告はどこにもない[24]」と書いている。

古代的人間学とキリスト教的人間学の矛盾のない宥和をもとめてトマス・アクィナス（一二二五〜一二七四）は苦心し、遊戯、冗談、笑いなど外的な肉体の動きが理性の規律にのっとった「心の動きのしるし」であるなら、美徳ある行為であると論証した。身体の動きを、彼は人間間のコミュニケーションの手段とみなした。これは抑制されたものであるならば、友情を育て、人間の好ましいものにするという[25]。トマスは冗談と笑いのキリスト教的合法性を模索し、息抜きと休養の権利を擁護した。引いた弓に人間精神をたとえ、はりつめてばかりいると、かえって萎えてしまうと主張したのである[26]。

笑いを愚者のものとし、理性に導かれるべきキリスト教徒にはふさわしくないとする禁欲的なモラルの要請に中世神学者のなかでもアリストテレス主義者たちは反対している。アウグスティノ会の隠修士アエギディウス・ロマヌス（一二四三頃〜一三一六）も、この世を笑いの種のない涙の谷にしたくはなかった[27]。彼は悲しみを追い払う手段として笑いを推奨し、悦びを積極的にもとめ体験し、享受することをむしろ人間の義務だと主張している。アリストテレスの解釈によれば、笑いは人間性のしるしである。

この規範の変遷はマリア像にどう作用したであろうか？　司祭ヴェルヘアはひかえめながら、マリアの顔に明るい表情を刻もうと試みている。『乙女マリアの三つの歌』のなかで、彼は高笑いをしないマリアの寡黙な姿をほめているが、彼女の表情の明るさは、これと調和するものだとも書いた。「彼女は相好を崩すことはまれであった[28]」笑いをこらえきれず、噴きだすようなことは決してなかった。しかしやさしく明るい微笑をたたえていて、彼女の心の明るさが他の人間にもよく伝わったという。

　フランシスコ派、ドミニコ派の神秘家のおかげで、聖家族に悦びの空気、安楽の雰囲気が出てきた。一三〇〇年頃のフランシスコ派の匿名の著者の手になる『イエスの生涯についての瞑想録』は、イエスの子育てはマリアを幸福感にひたらせたと叙述している。乳飲み子に乳を飲ませながら「神の母は生まれてはじめて、はかり知れない甘美な思い」にひたったと書いている。クレルヴォーのベルナールの叙述する老ヨセフもまた幼児をひざにのせ、にこやかにあやしている[29]。

　マリアを「心の慰めと悦び」にしていたドミニコ会の神秘家ハインリヒ・ゾイゼ（一二九五～一三六六）は、マリアとイエスの母子関係に、愛情豊かな悦びに酔った感情の交流を見ていた[30]。『二十四人の老人あるいは黄金の王冠』（一三八六）と題する禁欲的＝教化的な論文を書いたパッサウのフランシスコ会のオットーも、マリアと幼児イエスの関係を例外的に心なごむ明るいものとみなし、マリアは新生児イエスを「悦びにふるえる手、母性愛にみちた腕にだきとり、至福の思いにひたった[31]」という書き方をしている。フランシスコ会の神秘家たちは、人間の肉体に精神と心の動きを可視化する能力があると信じていた。微笑し、晴れやかな表情を見せるマリア像は、これら神秘家の信条がもたらしたものである。アウグスブルクのフランシスコ会ダーフィト（一二〇〇／一〇～一二七二）に言わせれば、心の悦び――彼の表現では、「精神の大いなる晴朗」――が「目に見える形」を取るのは神学的＝人間学的に自明の理であって、精神の喜悦は「あるときは笑い、あるときは叫び、あるときは身ぶりで、あるときはむせび泣いて[32]」自己表現するのである。

したがって托鉢修道会の勢力範囲では、涙にくれる悲痛な表情のマリアに限られたままではなかった。フランシスコ派の崇拝者たちにマリアが見せはじめた明るい気分には生命感情の変化がある。パルマの小兄弟会（フランシスコ派一派）のサリムべーネ（一二二一～一二八八以後）の幻覚体験からも、この変化が手にとるようにわかる。若いサリムべーネはマリアの出現を体験し、これは、何が何でも修道院から自分を俗世間に連れもどそうとする父親に決然と抵抗したおかげだと思った。「次の夜、聖処女は私に報いてくれた。私は祭壇の前に身を投げだして祈っていたのである。朝課に出る修道僧たちがいつもするように。すると私を呼ぶ聖処女の声が聞こえてきた。顔をあげると、ホスチアや杯の保管されている祭壇の上に、聖処女がおすわりになり、膝におだきになっている御子を、私にさしだされ、〈安心して近くへよりなさい。みなの前であなたは信仰を告白しました。私の息子に口づけなさい〉と言われた。私がためらっていると、御子も両腕を開いて、ほほ笑みながら、私をさしまねかれた。私は御子の、その明るい無邪気なお顔や聖母の寛大さに心を託して近づき、御子をだきしめ、口づけた。聖母は好意にみちた表情で、御子をいつまでも私にだかせておられた(33)」

トルガウとユーターボルクの中間に位置するラウズィッツでは、娘や女たちがマリアの祭壇の前で「歌い、踊り、はしゃぎだした(34)」ために、侯爵が禁止令をだした。『マグデブルク審判人年代記』にそう記録されていて、年代記者も、悦びに酔い痴れて踊りだすなど愚の骨頂だと注釈しているが、しかしザクセンでは禁じられたものが、スペインのモンセラートでは公然とおこなわれていた。巡礼者たちは教会内の聖母像に詣る前に、教会の外の広場で歌い踊るのを常としていたのである。

処女マリアも恥ずかしがったか？

中世になるとマリアは笑うようになったが、羞恥の感情はあっただろうか？　生涯において、恥ずかしいと思うような気まずい状況におちいったことがあっただろうか？

本音を隠し他人の視線から自分を守ろうとする羞恥心は、堕罪の事後負担である、と神学は主張する。アダムとエバが禁断の木の実を食べて、全裸が恥ずかしくなり、あわてていちじくの葉で前を覆い、神の目をのがれ身を隠しながら、林檎の実に手をのばした責任を互いになすりあった(創三)。羞恥心は不服従の罪が生んだ[35]、と中世の聖書釈義家たちは論ずる。神の掟を破ってはじめて人間は自分の性器官が、理性にしたがわない反抗的な欲望の炎のままになる肉体の付属肢であることを知ったという。堕罪以前のアダムとエバは、「精神の掟」に逆らおうとするものを肉体のうちに感じることはなかった。したがって自分の裸身を恥ずかしがる必要もなかった。肉体と魂の統一がそこなわれていないうちは、自分の身体や陰部を隠さねばならないということはない。肉体の各部分に覚える反抗的な情欲を理性の魂は恥じる。禁断の果実を口にしたために、自分の性器をいちじくの葉で、他者の目から隠さねばならないほどの欲望がめざめ、快楽と貪欲に誘惑される自らの肉体を制御できなくなった。羞恥心は、楽園追放後の人間存在の根本的精神状態を特徴づけるものだ、という理屈である。心の奥底より信じれば恥ずかしく感じることはない、とルターは強調した。「裸で歩くこと」は、堕罪前には自然な行動様式であり、これが神への信頼のしるしであった。ところが神が人間に「子孫をつくるために」与えたこの「最も誠実にして有用な身体部分」が「鄙猥な部分」にかえられてしまったのだという。十二、三世紀のスコラ派の聖書釈義も、始祖夫婦の堕罪に、裸身を猥褻なものにかえる倒錯したエロチックなまなざしの誕生を認めている。そして同時に発生したのが他を嘲り、軽蔑し、毀損する能力だという。

羞恥が堕罪と因果関係があるなら、純粋無垢なマリアは羞恥心と無縁であるし、汚れない処女より生まれた救世主イエスもまた「羞恥の原因」から免れているということになる。ゴルゴダの丘で自分の息子が自分の目前で衣服をはぎとられ、全裸で立たされ、敵対者たちの目に裸身をさらしたとき、マリアはどういう思いにとらわれたかが論究された中世後期、羞恥の問題はきわめて毒性の強いものとなった。

イエスはいつ、なぜ、どのように衣服をぬがされたかは、明快な説明を要する受難史の問題であった。神秘主義的傾向のあるコンスタンツ出身のドミニコ会修道士ハインリヒ・ゾイゼは、マリアの賛美者としても知られていたが、『永遠の叡知の小冊子』のなかで十字架のイエスに「私は衣服をすべて奪いとられ、裸で立っていた」[36]と言わせている。ゾイゼがイエスの裸身を省察の対象にしたのはなぜか。

十字架上のイエスが腰布をつけていたか否かについて論争の火の手があがった中世後期以前は、イエスの裸身は神学的メタファーであり、倫理的規範であった。中世の改革派修道士、托鉢修道会士たちは、自分も裸になってキリストにしたがおうとしたものである。教父アンブロシウスはルカ福音書注解に、衣服をつけないキリストは、罪あるおこないの後に衣をつけたアダムを裸身でもって克服したと書いている。聖書の類型論と歴史的現実との関係は、中世後期にはしばしば熱心に論究される問題となっていた。裸のイエスをめぐる論争の影響は、神学論文、説教、民間の受難思想、聖書図解、時禱集、マリアの生涯、受難劇などにも見られるようになる。

十字架にかけられたイエスの恥部は覆われていたか否かをめぐってエアフルトの隠修士ヨハネス・パルツ（一五一一没）は、賛否両論を紹介している。[37]キリストが第二のアダムとして、最初のアダムの壊したものを元に回復したのなら、救済行為を支配する類似原則からいって、十字架上の全裸を支持するのは正しい。酔って全裸で天幕のなかに横たわっていたノア（創九、二一～二三）もキリストの類型というなら、これまた十字架上のキリストが腰布をつけていなかったことの証拠になる。イエスはおそらく全裸で十字架にかけられたというヨハネス・パルツのあげる論拠は四点ある。「無垢の時代」つまり堕罪以前のアダムは裸を恥じていない。ゆえに罪なきキリストも恥じることはなかった。「木〔林檎の枝〕」に触れ、禁断の実を口にしたときアダムは裸であった。ゆえにアダムの堕罪に閉じられた救済の道を「木〔十字架〕」によって開いたキリストも裸であった。十字架上からキリストは全裸で、全世界に、天国の根源状態の「最初の正義」を更新する自らの意図を告げようとしたのだ。全裸のノアがキリストの類型であるというところに、旧約的家父長と新約的救済者の間の救済史上の共通性がある。しかしながら十字架上のイエスは両足を交差させ恥部を隠していた、というのが支配的意見だと、ヨハネス・パルツは断っている。しかも六時から九時にかけて大いなる闇がひろがった。破廉恥な者らの目にさらされているキリストの裸身を隠し、憎しみにみちた淫らな視線から遠ざけるためであったという。

逆に十字架上のイエスは腰布をつけていたことを証明するものとして、ヨハネス・パルツは、自分の師ドルステンのヨハネスを引きあいにだしている。ドルステンのヨハネスは、救済者が全裸という恥辱からは免れていた証拠を五つあげているのである。敬虔な者たちは「腰に帯をしめている」（ルカ一二・三五）と聖書にある。これは精神的に解釈すべきで、身だしなみが精神的名誉のしるしである以上、肉体的なものと精神的なものに大差はなく、礼節は精神にも肉体にも同じように関係する。旧約の掟にも、祭壇に近づく者は裾着をつけよ（出エ二八・四二）とある。恥ずかしいものを見て、たじろぐのは人間の本性である。異邦人の感受知覚様式にも、人間の本性である羞恥心はそなわっている。キリストは母親や他の女性たちの前で衣服をつけていた。たしなみからいっても、理性の判断にしたがっても当然なことである。マリア自身がこの見解をある幻覚のなかで請けあったという。スコラ学者のイギリス人教会博士カンタベリーのアンセルム（一〇三三／三四～一一〇九）の幻覚のなかで、お聞きなさい、アンセルム。私は福音記者のだれも報告していないことを話しましょう。イエスがカルヴァリの丘を登っていたとき、彼らは彼の衣服をすべてはぎとりました。私は恥ずかしさで気を失いかけました。しかし自分のスカーフをとって彼の腰にまいたのです(38)、と語ったという。中世後期の中高ドイツ語の表現では、「人殺したちが、私の子どもを殺そうと思っている場所へやってきたとき、わたしの子どもの衣服をはぎとり、彼はこの世にやってきたときとおなじ姿で立っていました。それを見て、わたしは気が遠くなり、死人のようになりましたが、気をとりなおし、わたしのベールを頭からとって、彼の聖なる体にまきました(39)」

賛否両論たがいにゆずらず、当時の神学関係者たちは口角泡をとばし、議論をたたかわせたものであった。ヤーコプ・ヴィムプフェリングとハイデルベルクの神学教授兼大学説教師ダニエル・ツァンケンリートの間に一四九九年に戦わされた論争は代表的なものであろう(40)。ツァンケンリートは聖金曜日の説教に、「キリストは全裸にされ、陰部もまる見えとなる格好で十字架にかけられた」と主張した。著名なニコラスの『その後』を引きあいにだし、イエスの時代には、「奴隷が全裸で十字架にかけられる習慣であり、自発的に辱めを受けるキリストの姿は、このようにして極限にまでたかめられたのだ(41)」と説いた。

これにまっこうから反対したヴィムプフェリングを支えていたのは、もっぱら聖書の受難史に則した受難信心であった。同情と愛とを喚起するのに、マリア他女性たちにキリストの裸身や陰部をさらす必要がどこにあろうか、とこのアルザスの神学者は主張した。彼は、十字架上のイエスの陰部は腰布で覆われていたということを、歴史上の推測と救済史的類似を通じて証明しようとした。さらに、こういう問題を説

ザルツブルク大司教ベルンハルト・フォン・ローアのミサ典礼書，1481年（バイエルン州立図書館蔵）より．マリアが素裸にされた血塗れのイエスの陰部をベールで包む場面．

教で口にすること自体、不穏当であるとして、ラテン語なら聞き苦しくない言葉でも、ドイツ語では品性の限度を越えてしまう例をことこまかに挙げたものであった。双方後に引かぬ論争は結論にはいたらなかった。ハイデルベルク大学の神学部が論争に決着をつけるべきだっただろうが、学部総会で議決されることもなかった。おそらく不可能だったのであろう。

韻文『マリアの生涯と救世主』に、叙述されている受難の場面では、マリアは息子の衣服がはぎとられるのを見て涙にくれている。悲痛な思いで彼女はスカーフを取って、マグダラのマリアに手渡し、十字架を囲んでいる男たちの一人に、これでイエスの腰に巻くよう頼んでほしいと依頼する。マグダラのマリアは、マリアがスカーフなしにこの悲惨な光景を目にするのをよしとせず、スカーフはマリアに返し、別の布を取りだし、これでもってイエスの腰部を覆うようにと他の人間に頼むのである(42)。

パッサウの司教座教会参事会員のパウル・ヴァンが一四六〇年におこなった説教の語り口はこんな風だ。イエスがカルヴァリの丘の頂上に達したとき、「死刑執行人たちは、みなの目前で、乱暴にイエスの衣服を引きおろしました。それは鞭打ちのいわば反復でした。というのは体中の傷の血糊が衣にへばりついていたからです。それをあらたに引きはがしたために、鮮血が噴きだし、全身は血まみれとなり、燃えるような痛みに引きつった。人間的な感覚の一握りでも残っている者なら、とても耐えられない光景でしょう。ところがユダヤ人たち、なかでもパリサイ派の連中は全裸にされた血まみれのイエスの姿に、残忍な笑みを浮かべ、口をあけて見とれていたのです。ああ、救世主がこのような野蛮な、冷酷なまなざしにさらされながら、耐えとおした苦痛が筆紙につくせましょうか。彼は全裸で衆目にさらされたのです。どのような死罪人の場合でも通常は腰布を残すもの。だが救世主にはこの配慮さえなかったのです。全裸のまま卑しい衆目にさらされたのです。イエスの羞恥心は、私たち万人のものより、はるかに繊細鋭敏でした。これは人類の祖の罪に由来するのではなく、本能とむすびついたもの、罪と無縁ならざるものに対する嫌悪感でした。聖ベルナールが受難週に関する第四説教において、イエスの母が自分のスカーフを取って、いそぎ息子に近づき、腰のまわりにまきつけたと推測しているのは、おそらくその通りです。清らかな心の彼女に息子の恥ずかしい姿は見るに忍びなかった。聖なる母性愛から、彼女はたとえ兵隊や死刑執行人どもに殴られようと、殺されようとひるまなかったでしょう[43]」

ここまで語って彼は感きわまり、マリアに呼びかけて、「ああ、こよなく清らかな母よ、勇気ある母よ、救世主はすでに拷問にかけられ、ピラトのもとで群衆のまえに引きだされたときも、裸で耐え通された。しかしゴルゴダの丘ほど冷酷無残なものはありません。なぜ救世主はこれほどの魂の業苦にみずからを投じられたのでしょうか？　人間たちの破廉恥を贖うため、私たちがいるこの世の仕業をすべてはぎ取られ、全裸の醜い魂のまま最後の審判の日に裁判官の前に立つようなことがないよう、守ってくださるためでありましょう[44]」彼は十字架上のイエスが全裸にされた意味をこのように説教したのである。恥辱、屈辱を最高度のものにするため、救世主の処刑に「最も悪名高い場所、最も惨めな死に方」が選ばれた。「普通なら奴隷に対して行なうのと同様に、彼を裸にして、汚れた木に釘づけにし、しかも極悪の死罪人の十字架を仲間として両脇に立てたのです。私たちしがない罪人はキリストの受けられた辱めのおかげで、悪魔の仲間入りを免れ、天使たちとの交際にめぐまれることになるのです[45]」

イエスの陰部をスカーフで覆ったというマリアの行為は信者たちの空想をかきたてた。マリアは志操堅固にして繊細な女性となり、この出来事は受難劇の舞台向きに演出され、挿し絵画家や板絵画家たちも好んでとりあげ、説教師やマリア伝記の著者たちは、民衆にこれを語り聞かせた。しかし聖書を歴史的信憑性の尺度にしようとした中世末期の教会改革者たちからは疑念と批判の声があがるようになる。ヨハネス・シュタウピッツ（一五二四没）というトマス説を信奉するアイルランドの神秘主義者は、最初はルターの説には断固反対を表明していたが、一五一七年の説教では、「神の母が、キリストの苦悩を前にして心痛に耐えかね、気を失ってくずおれたと説教壇の上から、大声で叫ぶ説教師たちを毎日のように見かける。彼女は、息子が裸のまま十字架に釘づけにされたのを見て近づき、スカーフで覆おうとした。みなは彼女を力ずくで引きはなし、その他女らしくないふるまいもやめさせたという。たしかに、神の母がキリストの苦難に同苦し、胸の痛む衝撃をうけたのはほんとうだろう。彼女は彼女の息子を世のだれにもまして愛していたのだから。だからといって彼女が女にあるまじき粗野なふるまいにおよんだなどというのはひどい話である……聖書、福音書はこの点においてわれわれと同じ見解である……だからだれしも、親愛なるマリアをその控えめな態度、美徳、謙譲を、節度をもちつつましく賛美すべきなのである」(46)

悲しみ多い母

イエスの恥部をスカーフで覆う行為を、中世の神学者たちは他者の苦悩に参入する能力、つまり同苦を証明するものと定義した。十字架のもとに立ち、わが子の死を共に体験したマリアは同苦の模範であった。比類のない感情移入力を体現したものとして、「悲しみの聖母」は、無数のテクストや絵画、彫刻を生んでいるが、ここに描写された神の母の苦悩には、崇拝者たち自身の苦悩の経験が投影されていたのである。苦痛にみちた女性の困苦、不安のうちに、彼らは自分自身を見ていたのである。彼らがイエスの苦難の道にしたがうとき、マリアが同伴者となってくれた。彼らはマーテル・ドロローサを神の恩恵を受け、自分たちの傷を癒し、恐怖から解放してくれる女性と信じた。画家たちは、十字架のもとにくずおれ、十字架をかきいだき、十字架上のわが子の足に口づけるマリアの姿を描き、ピエモントにあるシトー会のロツェディオ修道院の院長トリディーノのオグレリウス（一一五〇頃～一二一四）は、『マリアの同苦について』と題する神学論文を書いた。十字架のもとでマリアが耐えた苦痛を想起するために特別の祝日が導入され、マリアの悲しみを共同体形成とその精神生活の中心思想にする修道会や信心会が形成された。

一二四〇年頃フィレンツェに「聖母マリアのしもべ修道会」が成立したが、会員たちは、マリアの悲しみに省察を集中することを修養の柱にしたものであった。十五世紀には、聖母の悲しみに敬意を表する最初の信心会がいくつか誕生する。ケルンにあるロシア正教地方聖務院は、一四二三年、「ユビラーテ（喜びの声をあげるの主日）」つまり復活祭後第三日曜日後の金曜日に、マリアの不安と悲しみの祝日を導入することを決め、この祝祭ミサに参列する者は、四十日間の免償が見こめることになった。この祝日の導入により、同苦するマリアは、哀れな罪人たちのため十字架にかけられたわが子に絶えずとりなしをしてくれる女性として、賛美されるようになったのである。これはしかし同時に、異端に矛先を向けたものでもあった。つまりマリア信奉の示威運動であるのみならず、マリア像を汚したり、破壊したり、焼却することをためらわなかったフス派に対抗する運動でもあった。

十二、三世紀には大いなる受難讃歌が生まれた。ザンクト・ヴィクトールのゴットフリート（一一二五／三〇～一一九四）のものらしい悲歌『はかりしれぬ嘆き』[47]などは、マリア自身がある修道僧に夜ふけ、幻覚のなかで書きとらせたものだという伝説につつまれている。有能な法律家であると同時に才能ある詩人でもあったジャコポーネ・トーディ（一二三〇／三六～一三〇六）は妻の死後フランシスコ派修道会に信徒修道士として入会し、「スタバト・マーテル・ドロローサ（悲しみの聖母）[48]」を作詩した。受難讃歌のなかでも、心に訴える力に比類のない独特なもので、パレストリーナ、ペルゴレージ、ハイドン、ロッシーニ、ドヴォルザーク、ヴェルディといった大作曲家が曲をつけているのも決して偶然ではないだろう。わが子の受難を嘆くマリアの嘆きは中世後期文学の一ジャンルともなり、無数のテクストが書かれた。マリアの受けた心の衝撃を効果的に表現するために、彼女の悲しみの身振りや苦悩の姿の描写に著者たちは心を砕いた。[49]

教父アンブロシウスの観察はすべてに冷静だった。彼によれば、マリアは息子が十字架にかけられても涙を流さなかった。十字架の下に立ち、敬虔な目で息子の傷口を見つめていた。罪ある人類の救済を息子がもたらすことを、自覚していたからだという。

ところが中世盛期、後期には事情がちがったのである。苦悩し嘆くマリアは、信者たちのわが身を重ねて感じいるものとなった。「スタバト・マーテル」のテクストは、十字架の下の苦しむマリアの姿を見て、涙せぬ人間がいるだろうか、という誘導的な質問で始まるのである。

だれに　見ることができようか
キリストの母の姿を　涙なくして
悲惨のそこにある彼女の姿を
だれが　泣かずにいられるだろうか
わが子の死を悲しむ母の
苦悩をわが身にかさねて

「愛の泉」のマリアは、讃歌をとなえる者たちに、彼女とともに悲しみ、泣き、彼女の受けた衝撃に自らも打たせるために、彼女の嘆きの力を追感するきっかけを与えることになった。

ああ、愛の泉の母よ
あなたと共に悲しませたまえ
あなたの苦しみを知らしめたまえ

……

心より　共に泣かしめたまえ
イエスの苦しみと一つにならしめたまえ
わが命のあるかぎり

十字架のもとに共に立ち
あなたの嘆きを私のものとする
これこそわが心の願い

ああ　処女のうちの処女なる方よ
恵みのうちにみそなわせたまえ

あなたの悲しみを分け与えたまえ
キリストの死を苦しみ
責め苦と怖れと苦しい別れを
あなたの母の心と同じに感じさせたまえ

十字架のもとにひざをつき
キリストの血を飲ませたまえ
その傷をわが傷となさしめたまえ

マリアと心をひとつにすることで、信者たちは、十字架にかけられたキリストへの愛を燃えたたせた。聖母マリアに関する受難讃歌の著者たちは、マリアの共苦の追体験が人の子となった神の子への無条件の献身へと信者を鼓舞し、またその能力を与えると確信していた。十字架のもとのマリアの同苦の表象において、魂は受難したキリストとの接触を得ると信じていた。これは中世盛期、後期の教会の統一的な確信であった。マリアとともに同苦する者は永遠に報われる。マリアによって受難する神のしもべと神秘的にひとつとなる者は「笑うであろう」彼女の息子イエスによってもたらされる「喜び、復活」に参与するからである、という確信であった。(50)

真の信心は人間的な表象力を必要とする。中世末期の敬虔神学はこう強調した。救済の秘儀を省察して成果を得るには、イエスの言動を、現実に目にするかのように、生き生きと具象化することが不可欠だという。一四五四年に出版された『祈りの庭』は、信心のための人間的感覚の重要性に関して――そしてまた受難に関しても――次のようにのべている。「受難史をあなたの精神によく刻み、すべての筋立てを想起するために、その場所や人物を心に描いてみることが有益である。たとえば、エルサレムの町と仮定できるじっさいの町を思い浮かべてみよう。その町のなかで、受難の出来事が起こるだろうような場所を選びだそう。たとえばイエスが弟子たちと晩餐をとった食堂のある館、ついでアンナとカイフェスの家、さらにはイエスが深夜捕らえられた場所、そしてカイフェスの目前で侮辱され、鞭打たれた場所、ピラトがユダヤ人たちと話していた住居、そのなかでイエスが柱にしばりつけられていた部屋などをさがしだして、目の前に浮かべてみよう。十字架にかけられたゴルゴダの丘に似た丘を思い浮かべてみよう……。

こうした場所をすべて心に描きおえたら、自分の部屋に独りひきこもり、よけいな考えを頭から追い払い、イエスがロバに乗ってエルサレムに入場する受難史の始まりに思いをこらすがよい。出来事の一つから一つへとゆっくり歩を進め、個々の段階や局面にとめ、そして瞑想したいという思いが起これば、その甘美な献身的な感情の持続するかぎり、先に進まぬがよい……」(51)

シメオンの剣

悲しみにみちたマリアに心を寄せるのも、信者たちの表象力である。自分の息子が目の前で殺されるのを見て、母親がどのような思いをさせられるか、想像してみればよい。聖書はそのための手がかりを用意している。

神を畏敬するシメオンは、イエスを伴って彼の両親が宮参りにやってきたとき、マリアに「あなたの魂も剣に貫かれるでしょう」（ルカ二・三五）と言った。福音記者ルカは高齢の見者にこの台詞を口にさせたとき、何を思っていたろう。十字架のもとで悲嘆にくれる母親の姿を思い浮かべていたのではないだろう。マリアが十字架のもとに居合わせたとは書いていない。またマリアが被る非難や迫害を考えていたわけでもないだろう。この示唆もルカ福音書にはない。では何なのか。詩篇のなかに、敵意のシンボルとしての剣にお目にかかる（詩篇一七・一三、五七・五）が、おそらくこういう意味のメタファーとして、用いたのであろう。預言者は、マリアに強い痛みが心を貫くであろうと予言するまえに、イエスの将来の運命について、「イエスは反対を受けるしるしとなる」（ルカ二・三四）と予言的に述べている。救世主としてイエスは敵対者たちの抵抗にあう。剣は、イエスがイスラエルであう拒絶にマリアも共に苦しむことになるという意味であろう。後代の読者は、心を刺し貫く剣を「人間として卑しめられている多くの女たちの苦痛[52]」とも解釈している。

初期キリスト教時代および中世の聖書釈義家たちは、シメオンの剣を苦痛にみちた神の母に関する象徴的表現のかなめとする見解は同じでも、解釈はそれぞれちがった。東方ギリシアの碩学の神学者オリゲネス（二五三／四没）は、この剣を「キリストの神性についてのマリアの疑念」と見たが、アンブロシウスはこれに反対して、十字架のもとの信仰篤き神の母の英雄的な忍耐力を強調するものだと主張した[53]。またサラミスのエピファニウス（四〇三没）はマリアの死にざまを予見したものであると解した。マリアが殉教者として他界するであろうことが予言されていると断言している[54]。アレキサンドリアのキュリル（四四四没）の解釈は、「マリアは十字架のもとで、罪からではなく女の弱さからわいてくる何らかの疑念を克服しなくてはならなかった」というものであった。「そしてこの克服のために、ヨハネが息子としてつきそうことになる[55]」というのである。

もとアイフェルのシトー会修道院の図書館にあった細密画（14世紀前半）．十字架のもとのマリアが剣に刺し貫かれている．現在ベルリン国立図書館蔵．

中世の神学者たちは、シメオンの予言は、十字架のもとで的中したと確信していた。カルヴァリの丘の上でシメオンの剣は同苦するマリアの心を刺し貫いたのだという。十一世紀の教会および修道院に大いに貢献した一人ペトルス・ダミアーニ（一〇〇七〜一〇七二）の思想や祈禱には、マリアがいつも強く心に刻まれた現実として存在していたが、シメオンの剣を「同苦の剣」と呼んでいる。同じ頃、アルベルトゥス・マグヌスは、キリストが肉体に受けた傷を、マリアは心に受けるという意味で、剣が心を刺し貫くのだと解釈した。偽アンセルムは、『イエスとマリアの対話』（一一三八以降）のなかで、ロンギヌスが槍の矛先で、キリストの脇腹をついた瞬間にシメオンの予言は成就されたと書いている。

画家や彫刻家たちは、神学者たちが考えたり語ったりしたものを造形化した。十字架のもとのマリアの胸に一本ないしは数本の剣が突き刺さっている。初期バロックの芸術になると、「悲しみの聖母」は独立したモティーフになる。つまり十字架とは切りはなされた聖像となった。なかには七つの悲しみにあわせ、七本の剣がマリアの胸を貫いている聖画像もある。これはバロックの受難信仰のパトスに相応するものでもあった。

マリアは「遠くから磔刑を見まもっていた多くの女性たち」のなかにいたか?

福音記者マルコ、マタイおよびルカの受難の記述にマリアは登場しない。彼女がエルサレムにおけるイエスの受難を真に共体験したか否かは、彼らの供述からはわからない。彼らはただ、「多くの女性たちが遠くより磔刑を見まもっていた」としか書いていない。この意図ははっきりしていて、女性たちはイエスの磔刑の目撃者だったのに対し、弟子たちはこの屈辱的な出来事から逃げだしたということである。弟子たちは怖かったのである。それに反して女性たちは、「耐え通す力」があった。彼女たちは、「死のなかへまでしたがう忠実な心」をしめしたが弟子たちは挫折した。「彼らの歴史は、裏切り、拒否、逃亡の歴史である」[56] 十字架にかけられた国家の敵を表だって悼むことは、親戚や知人にとって大変な危険にさらされることを意味していた。「処刑された者との身近な関係を教えるようなことは、同じく逮捕、拷問、処刑という結果をまねきかねなかった」[57] のである。遠くより見まもる女性たちも、身の安全を考えてのことであった。

中世の神学者たちは批判的な釈義家ではなかったが、それでもイエスの受難において女性たちの演じた役割は見逃さなかった。カルトゥジア会修道士ザクセンのルドルフ（一三〇〇頃～一三七八）は、著書『イエスの生涯』のなかで、ギリシアの教父ヨハネス・クリュソトムスを引きあいにだしながら、女性たちが十字架のもとにいた事実を強調し賛美する一方で、それに反し弟子たちが身を隠し、こっそり逃げ去ったことを指摘し、弱き性のほうがいざとなると、より強い男性的な性であることをしめし、だから女性が救済や十字架の秘儀や復活に関する知からしめだされているなどということはありえないという。[58]

特定の週日を、特定の成人の日と定めている典礼上の日割りは、土曜日をマリアの日と定めている。マリアは受難の金曜日と復活の日曜日の間、わが子イエスの神的使命に対する信仰を堅持した唯一の人物だという意味である。弟子たちが疑念をいだき、怖じ気づき、浮き足だったのに対し、マリアはキリストへの信仰を保持しつづけたというのである。受難週の土曜日の典礼には、これが象徴化されて、まず十二人の弟子と三人のマリアを記念して十五本の蠟燭が灯され、ついでこのなかの一本を残して、他は消された。この一本は、イエスの神性への信仰を堅持した処女マリアを意味したのである。[59]

中世の神学者たちが、このようにマリアを磔刑の目撃者にしたのは、福音記者ヨハネにしたがっているのである。ヨハネはマタイ、マルコ、ルカとはちがって、マリアとイエスの愛弟子ヨハネが十字架のもとに立っていたと記述している（ヨハネ一九、二六）。しかしこれに関する今日の聖書学者の見解は分かれている。一方はヨハネの供述の歴史的信憑性に疑念を提しているが、他方はその信憑性をたのみ、エルサレムに滞在していたマリアは、「不安になり、希望をなくし、逃げ出そうとしている弟子たちから聞いたか、あるいは町中に広がっているうわさを耳にしたかで、イエスの逮捕、尋問、断罪を知った」と推測する。「したがってマリアは町を出て、十字架の立てられる山へとむかう一行の後についていき、一番最後に十字架のもとに立った」[60]というのである。

十字架上の息子は彼女に、「女よ、見なさい。それがあなたの息子です」と声をかけ、愛弟子のヨハネのほうを向いて、「見なさい。それがあなたの母だ」(ヨハ一九・二六〜二七)と教えている。マリアには子の苦悩を心にとめるように、ヨハネには母の面倒を見るように要請している。ごく家庭的なこの言葉に深刻な形而上学的言表がかくされているわけではないだろう。「イエスが死に際し、十字架の下で母親の苦しみに耐えている女性に心をとめるのは当然であり、また自分の――イエスの親族関係の納得のゆく再構成の結果、彼の従弟にあたる――愛弟子に母親を託すのも自然なことである[61]」が、もしこの場面を象徴的に解釈すれば、「十字架をはなれようとしないイエスの母は、十字架の躓きを克服するユダヤ=キリスト教、愛弟子は異邦人キリスト教を代表するということになる。後者には、自分を生んだ母を敬愛するよう、前者には、異邦人キリスト教のうちにも「わが家」を見いだす大きなキリスト教共同体に自らをくみこむよう指示された[62]」というのである。

ところが中世の象徴主義者たちの思いつきはちがっていた。死にいく救世主は、「ともに救われ至福を得たいと願う二様の人間、つまり男と女を慰めるために」声をかけたという。「そしておそらくは、他の大勢の女や男たちも、教師たちの教えにしたがい、幸福になるようにと[63]」イエスは彼の母の庇護をヨハネに託することによって、新しい母性性を根拠づけたという。「かくして聖ヨハネは、神の母の最初の精神的な息子であり、すべてのキリスト者たちは、彼女の精神的息子なのである[64]」磔刑に思いをいたす信者はしたがって次のことを自覚しなければならないという。「マリアがおまえの母なら、イエスはおまえの兄弟である。そうすればイエスの父はおまえの父でもある。イエスの父がおまえの父でもあるなら、イエスの王国はおまえの王国でもある。マリアがおまえの母であるなら、彼女の恵みはおまえの宝である。そうすればおまえの困苦は、彼女の困苦なのである。彼女がおまえの母であれば、母に愛を捧げ、いまわのときにも母を目の前にして敬い、この世に執着することなく、おまえの時のうちに彼女を迎え入れよ。そうすればマリアはおまえを永遠に彼女の栄光のうちに受けとってくださるであろう」[65]

フィレンツェの画家ジョヴァンニ・チマブエ（一二四〇／四五頃～一三〇二）のような芸術家たちは、歴史的信憑性に頓着なく、ヨハネの報告に造形的形態を与えた。ジョルジオ・ヴァザーリは著書『チマブエより一五六七年にいたるまでの秀逸画家、彫刻家および建築家』のなかで、「すでに述べたように、チマブエが何点か他の絵も描いているピサの聖フランチェスコ教会には、中庭回廊の聖堂に通ずる扉の脇の片隅にも彼の手になる水溶性塗料の小さな絵がある。十字架上のキリストが多数の天使にかこまれ、天使たちはキリストの頭のまわりに記されたいくつかの言葉を泣きながら手にとり、これを十字架の右下で嘆いている聖母や左下に立って打ち沈んでいるヨハネの耳元へはこんでいる。処女への言葉は、「母よ、あなたの息子を見よ」。聖ヨハネには、「見よ、おまえの母を」。別の天使がかかげているのは、「この時以後弟子は彼女を庇護した」である。ここに、チマブエは自分の思想を表明するために、絵画を言葉で補強するという独創的な道を開いているのを見ることができる。これはたしかに斬新な方法であった」[66]

十字架の下のマリア

中世の神学者や芸術家たちには、マリアが十字架のもとに立っていたというヨハネの陳述を疑う理由はなかった。むしろマリアが十字架のもとで何に耐え忍ばなければならなかったかを知りたがった。彼らの好奇心は福音記者ヨハネよりはるかに大きい。

マリアが十字架のもとで嘆き、涙を流し苦しんだか否かに、ヨハネは関心をしめしていない。中世盛期、後期の受難劇の中心的テーマであるマリアの同苦について、ヨハネは一言もふれていない。しかし中世盛期、後期の「マリアの嘆き」の著者たちは逆に、共に苦しむ母親の心の内を読者や聴衆に伝えようとつとめた。マリアの苦悩を思うことにより、イエスの受難を追体験する意志と能力をはぐくめるというわけであった。主の受難の道を一歩一歩進むには、マリアの同伴が必要なのであった。

もっともこの場面は最初からこうだったのではない。教父アンブロシウスは、十字架の下で母が涙を流しているなどと考えることを許さなかった。[67] カロリング朝時代の神学者たちも、十字架のもとのマリアの苦悩能力にキリストへの比類のない愛のしるしを見ていた。だから苦悩するマリアの心の動きは何も記してはいない。マリアが十字架の下で涙を流しはじめるのは十一世紀に入ってからである。そして十二世紀には「涙の洪水」となり、十三世紀には血の涙にかわる。[68]

クレルヴォーのベルナールの友人であったベネディクト会修道士ボヌヴァルのアルナルドゥス（一五六以後没）は、息子を思うマリアの心の内を、彼女もカルヴァリの丘で共に十字架にかけられたという言い方で表現している。キリストの肉体を刺し貫く槍や釘は、マリアの心に「息子を愛する母親にとって当然な同苦と恐怖の思い[69]」を喚起した。母の愛情は神との和解に大いに寄与し、衷心より苦しみを同じくするという行為によって、神の救済の働きに協力したのだという。

十字架のもとのマリアの悲痛を情緒をこめて描写するべく、受難讃歌や受難劇の著者たちは感情移入力、独創力のありったけを発揮した。マリアの苦悩が信者たちを震撼させ、その宗教心を育て勇気づけると信じ、彼らは死者を悼む一人の普通の母親としてのマリアの外的内的な痛みを表現した。悲痛な身振りの描写の激越なパトスとむきだしのリアリズムには、やさしげな同情心を呼びおこすより、心底から震撼させようという意図がうかがわれる。彼らは、聖書には記載されていない場面を創造してイエスの受難の出来事を拡大し、その受難の道行きをマリアの同苦の道行きによって補強したのである。

マリア伝記や受難に関する神学論文や受難劇は、イエスが彼の母と別れる瞬間からはじまる。マリアは大祭司カイファスの屋敷に入ろうとして拒まれる。彼女は表の門の前に立ち、息子が告発者たちから罵倒されているという噂を聞いて泣き、嘆く。ピラトの裁判の場面は彼女も直接体験するのである。彼女は遠目に「息子が、異邦の殺人者の前で手をしばられたまま立っているのを見ていた[70]」。ザンクト・ガレンのハインリヒはつづけて、「ピラトが私たちの主にくだす判決、ユダヤ人たちが私たちの主に与えるひどい屈辱をマリアは自分の目で見、耳で聞いた。なかでも彼女は、ユダヤ人たちが極悪人のほうは解き放つようもとめながら、彼女の息子にはそうしないのを、はっきり耳にしていた」。これらが聖処女の「心と魂を[71]」引き裂いたという。

マリア伝記の著者たちは、受難の場面における彼女の嘆きの身ぶり、苦痛の身ぶりをくり返し描写し、イエスの釘づけがどれほど苦痛を彼女にもたらしたかを叙述した。『聖処女マリアの生涯』の著者も、読者にマリアの心的状態を強く刻もうとこう書いている。「マリアはキリストが十字架にはりつけられるのを見て失神し卒倒する。しばし死んだようによこたわり、全身から血の気が引き冷たくなる。女たちは十字架にかけられたイエスを、またそのために死ぬばかりの母親を思って泣く。いくらか意識をとりもどすとマリアは起きあがり、キリストの足を十字架に打ちつける鎚の音を聞き、またそれを目にし、また激しく泣き、嘆きはじめ、鎚の振りあげられるたびに悲鳴をあげ、はげしくもだえてとまらない。両手をねじり胸を打ち、頭髪をむしり外衣を引き裂き、頭を打ち頬をひっかき、衣服を引きむしる。倒れてまた起きあがり、立ちあがってはまたすわりこみ、両手を息子のほうにさしのばす[72]」槍の矛先が突きささると、「子の心臓をさした剣が、彼女の魂を貫いた[73]」マリアはせめて息子の両足にふれようと試みるがかなわない。礫が高すぎてとどかない。彼女は十字架の根元を両手でかきいだき口づけた。十字架にかけられた折りに、すべて開かれたイエスの傷口からしたたり落ちる血が彼女の白い衣をまっ赤に染めた(74)。

キリスト哀悼の図は十字架降下と埋葬の間にくる山場であるが、マリアが彼女の死んだ息子をひざの上にだく姿が叙述されたり造形化されるのは、十四世紀初めからである。マリアの悲しみが超時代的に表現されるピエタという造形タイプが当時はじめて成立したのである。戦死者たちの慰霊碑に浮き彫りにされたピエタは、今日なお、無益な戦争で血を流した夫たちや息子たちの妻や母親たちの悲しみを象徴している。

一三〇〇年までは、十字架から降ろされたイエスの亡骸は埋葬されるまで、地上によこたえられていた。死んだ息子をマリアが両腕でしかとだきとめ、埋葬にも手放そうとしなかったという出来事は、中世末期の著者たちが受難の場面の悲しみを高めるために描きだしたものである。リアリスティックに記述された受難散文『キリスト受難の幻視』にはこう描写されている。「彼女は彼を腕にひしとかきいだき、まるで両手はもう彼と癒着してしまったかのようであった(75)」

イエスの埋葬後、ヨハネはマリアを自分の家に連れて帰った。彼女はここから息子の墓所に通った。ヨハネの家でようやく彼女は、「彼女の子および彼女自身の心の大いなる痛み」を思い返すゆとりを得る。思い返すうちに疑念もわいてきた。告知のおりに約束された悦びは、十字架のもとで耐え忍ばなくてはならなかった苦痛とどう合致するのであろうか？ 彼女は天使ガブリエルを非難しはじめた。彼は大いなる悦びを告知していた。だが彼女が経験したのは、言いようのない苦痛である。ザンクト・ガレンのハインリヒはマリアに次のような非難の言葉を口にさせている。「ああ、ガブリエル あなたは私にわが子について大いなる悦びを告知しました。あなたは私が彼のためにこうむらなければならない苦痛も告知すべきだったのではありませんか。あなたは〈苦痛なく〉と言いましたが、この世でわたし以上に大きな苦しみをこうむった母親がいるでしょうか。あなたは、〈恵みにみちた〉と言いました。ごらんなさい、天使よ。その恵みは、わたしの心のうちではこのように暗く、何にもまして苦しく、陰惨です。あなたは言いました、〈主はあなたとともにおられる〉。でも彼はわたしからかくも遠くはなれ、姿をみることも、声を聞くこともできません。あなたは言いました。〈あなたは女のなかで恵まれている者〉だと。わたしは、闇の心のなかから言いましょう。〈世にどれほど呪われた女でも、わたしの心に起こったことほど悲惨ではない〉と(76)」

これらは、マリアが十字架のものでどれほどの苦痛に耐えねばならなかったかということを強調している。出産のときには免れた苦痛である。アルベルトゥス・マグヌスなどは、苦痛から免れた出産の借りをマリアは十字架のもとで返さなくてはならなかったとまで言い切ったものである(77)。

抑えられた心痛

十五世紀末から十六世紀初めにかけて、改革神学者や人文主義者たちの間から、マリアの苦痛の経験を誇張してはならないと警告する声が出はじめた。度はずれた悲しみの身ぶりは、キリストの悲しみの思想にそぐわない。キリスト教信者の悲しみには節度がなくてはならず、常軌を逸したパトスは断念すべきで、これはマリアにもいえることであるという。

人文主義的な学識のあった神学者ヤーコプ・ヴィムプフェリング(一四五〇～一五二八)はマリアを、十字架の下で強いられたことを健気に沈着に耐えることのできた「英雄的な女性」としている。インゴルシュタット出身のヨハネス・エック（一四八六〜一五四三）は、マルティン・ルターと激しくやりあったカトリック教理学の熱烈な擁護者であったが、彼も、「号泣したり、失神したりするマリアの悲愴な姿」には背をむけた。カイザーベルクのガイラーやその後のペトルス・カニシウスと同様に、エックも「悲しみや痛みに圧倒された母親ではなく、美徳と神の力の支えによって文字通り姿勢を正して耐える志操堅固な女性の呈示[78]」をもとめた。

初期教会の神学者にも新しい教会の神学者にも、十字架のもとであられもなく悲嘆の声をはりあげるようなマリアは度はずれた異教徒的行為に逆転するものに思われた。初代教会では公会議で決議して、死者を悼む女性たちが、泣き女のようにふるまい、「髪を切り、服を引き裂き、呻吟し、太鼓その他の楽器を打ち鳴らしたりすること」をはっきり禁じていた。自分の息子を悼むマリアも道徳的な力、忍耐および希望を放出して、キリスト教徒たちに真にキリスト教的な悲哀の模範をしめさねばならなかった。

マリアの悲しみは信頼しうるものでなくてはならなかった。大げさなパトスや表現のどぎつさは逆効果をもたらすというのである。しかしマリアは、英雄的な女性に描かれようと、繊細で感情の波だちに身を投じる女性に描かれようと、つねに人間的な苦悩体験の象徴でありつづけた。ギリシア神話のニオベは（子どもを殺されて石となる）、石と化す苦痛を具現したが、キリスト教の悲しみの母は苦悩と愛をむすびつけたのである。

宗教的想像が宗教改革や啓蒙主義に屈折されなかった南国カトリックの諸国、諸地域では、悲しみの聖母は今日なおその感じやすい心を信者たちにしめしている。「涙の町」シチリアのシラクサでは、一九五三年になおマリア像が涙を流している。マリアの無垢の心を表したマドンナ石膏胸像が涙を流したのである。この奇蹟の起こった場末は、市の人口の最も密集し、最も貧しい地区である。そしてヴィア・デグリ・オルティ・サン・ジオルジオ通りはこの地区のスラム街通りのひとつだが、その十一番地、貧しい労働者ジャヌーソ一家の強い信仰が奇蹟を呼んだ。「この市域で、貧民街の貧しい家で、質素な労働者の家庭で、プロテスタント教会からほど遠くない地点で、〈シラクサの神の母が泣いた〉と題するショッキングなドラマが演じられたのである[79]」

中世以来、キリスト教の信心の歴史に伴う、汗をかいたり泣いたりする神母像は、敬虔な表象を感覚的に経験可能な現実にかえた。すべてが理性的におこなわれる世界の経験次元では、マリア像の涙などというのは敬虔な想像力あるいは過度な願望の産物に見えるかもしれない。しかしながら、中世にはマリアが泣いているのを見たと信じる人間が存在した事実は否定できない。マリアの涙は、苦悩する者たち、迫害されている者たちの間に連帯感情を生みだした。ときには信心深い善男善女の見たがるものや経験したがるものを、狡猾に演出する詐欺師も活躍したことはたしかである。だがより重要なのは、中世盛期、後期の受難神秘思想によってはじめて「同苦」が表現言語を獲得したことである。宗教的神秘思想の思惟形式、直感形式の助けを借りて、当時の人びとは、内的な苦悩経験を造形化したり概念化したりする能力を獲得したのである。マリアの悲しみのうちにキリスト教信者たちは、自分自身の苦悩を表現した。神母が耐えたことは、人間たちの苦悩に意味を与え、彼女が神の裁きの座のまえで、崇拝者たちのために、とりなしをしてくれるという希望を強めたのである。

古代のストア学派が理想とした人間は、情熱をもたない人間であった。同情、苦痛、悲哀といったものを知らないか、嫌悪する人間であった。ニーチェに言わせると、同情は虚弱、病弱な生を不当に評価することである。ただ強く健全な生だけが共感を得るという。しかし人間的本性の虚弱を自覚していたマリアは、同情（同苦）を教えた。中世の著述家たちは、これをマリアの「人間性の範例的な行動」のひとつに数えた。中世末期の受難に関するある神学論文には、「彼女〔マリア〕はキリストとともに十字架にかけられ、彼の傷をすべて感受し、受難者とともに苦悩した」とある。著書が強調したかったのは、迫害され十字架にかけられた救世主の苦悩をマリアほど自分のものとした者はない、ということであった。彼女の同苦は倫理的に指示された参与とはまったく別なものであった。他者の苦悩をみずからの苦悩としたのである。同苦がどういうものか、他者への共感と同一化であることをマリアは実地にしめしたわけである。

マリアの同苦を叙述した神秘主義的な著述家たちのテクストは、同感する人間性のドキュメントである。受難の叙述に、「マリアが登場し、同苦の感受性ある者たちを圧倒する。神母は心やさしい女性的、母性的情動の最高の担い手である」[80]という個所があるが、マリアに教えられ、自らも実践する同情は、情緒的なものに終わるものであってはならない。同苦、恐怖、愛の情動には、魂に神を享受する能力を与える認識力がある。クレルヴォーのベルナールの言葉を借用すると、人を賢明にするのは、理論的な知ではなく、主のいだいた恐れである。同苦が魂の目を開かせ、十字架上の「キリストの甘美」を味あわせる。「全人類をとらえる神の知覚」[81]としての同苦は、神の秘密にみちた行為を瞥見させ、神が、それまで救いのなかった人類に、自分の息子の十字架上の血なまぐさい犠牲を通して開示した救済の機会を理解させる。神の真理は経験されなければならない。悟性でもってテクストの間をさがしもとめるものではない。

マリアは自分の息子に加えられた苦痛をわが苦痛と感受してただ泣き悲しむ母親を具現しただけではなかった。中世の彼女の崇拝者たちの表象世界においては、彼女は、読み書き、思惟し論拠づける明敏な悟性をもった女性でもあった。中世期のキリスト教徒にイメージされたマリアは、感覚の繊細さと思慮の深さの両方を兼ねそなえた女性であった。

第3章　知的な女性マリア

サンドロ・ボッティチェリ（1445～1510）の「ラ・マドンナ・デル・マニフィカト［讃歌を書くマリア］」，フィレンツェ，ウフィツィ美術館蔵．

マリアは従姉のエリザベトに自分の奇蹟的な懐胎を知らせるために、ユダヤの町に向かって山地へ出立した。ツァハリアスとエリザベトの屋敷に入ると、彼女は歓呼の声をあげた。ルカはそう伝えている。神に選ばれ、受胎したときにつき動かされた心をマリアは語り、歌にした。旧約聖書の多くの個所を思わせる歌だが、このイスラエルの歴史における神の行為の賛美歌風な称賛はマニフィカトとして、キリスト教の祈禱の伝統に入っている。あるユダヤの聖書学者によれば、マリアのように「それ相応の土地柄に生まれ育った若い娘は、たとえ読み書きはできなくても、聖書の格言を数多く暗記していた。これらは地元のナザレのシナゴーグの典礼でくり返し唱えられ、サバトや祝日には家庭礼拝でも耳にするものであった。典礼のある種の常套句を、そらで言える文盲のオリエント・ユダヤ女性たちに、今日でもイスラエルの国でお目にかかることができる」[1] こう聞かされると、ルカ福音書の読者も、マリアは、ユダヤの祈禱や典礼実践から知っていた聖書の詩句をマニフィカトに引用したのだと納得するかもしれない。

一四八五年に、『ラ・マドンナ・デル・マニフィカト』を描いたフィレンツェの画家、サンドロ・ボッティチェリは、マリアは聖職者や僧たちが日毎、夕べの祈りに唱えていたマニフィカトを、書き取ったと想定している。幼児イエスが彼女の手をとって書かせているのである。だから彼女によって書かれたテクストは、人間の想像力のたまものではなく、神に吹き込まれ、保証されたのだというわけである。文字にされたということが、マリアの讃歌の信憑性を高めた。ボッティチェリはこの敬虔なエピソードを、マリアの生涯から保証されている事実として描いているのだが、彼の絵画は同時に、中世末期から近世初期にかけての文学に精通したインテリ女性の特色をそなえたマリアのイメージを伝えるものである。ボッティチェリの見方や表現様式は、歴史的現実にも相応しているのだろうか？

字を書くマリアについての供述は、新約聖書にはもちろんない。マリアはイエスの時代に聖書が読めたり、解釈できた律法学者のような例外的な女性の一人だった、とは今日の批判的聖書学者は考えていない(2)。しかし教養が「身分の高い女性たち」に限られていたわけではないことは歴史的に確かである。ラビのイェフダ（紀元前二世紀）の下女には学識があったという。これはただし例外だろう。女性たちがモーセの掟を知り、神学議論に参加すべきか否かという問題は、ユダヤ社会では意見が分れていた。娘にモーセ五書を教えることを父親たちに義務づけた律法教師たちもいたが、女性たちの宗教的教養に反対する者たちは主張したものであった。「モーセ五書を自分の娘に教える者は、彼女を堕落させる者だ」あるいは「女たちの場所は糸車である。学問は、女たちの相続財産になるくらいなら、火に食い尽くされてしまうほうがよい(3)」

こういう主張があるのは、聖書時代のイスラエルに息子の教育に娘も加える父親たちもいたということだろう。マリアの場合もこうだったか、というとその証拠になる文献はない。マリアのマニフィカトに引用されている聖書の個所の知識は、「かの時代のユダヤ女性の場合にも十分考えられるもの」である。「だから確言はできないまでもマリアが読み書きを習っていたかもしれないと想像してもおかしくはない(4)」しかし、マニフィカトを「まる暗唱」したのならともかく、彼女がその意味を知って、思想表現したのだ、ということになれば、そこまでのマリアの読み書きの力はちょっと考えられない(5)。「マリアが前述の時間に、後代になって言い伝えられた形でこの歌を歌ったというのは、ここ何十年伝統史的、歴史的に理解できるものではないとされている(6)」

スイスの牧師兼詩人のクルト・マルティは今日の人間に、「造反的な希望」としてマリアを実感させようと、こういう詩を書いている。

そしてマリアはほとんど読めなかった
そしてマリアはほとんど書けなかった
男たちが男の神に仕える
ユダヤ人たちの祈りの家では黙ってなければならなかった
でもそのかわり彼女は歌って聞かせた
彼女の長男に
でもそのかわり彼女は歌ってきかせた
娘たちや別の息子たちに
おおいなる恵みについて　そして
聖なる変革について[7]

福音記者たちは、マリアを従順な「主のはした女」と記述している。教育を受けた知的要求の高い女性とは書いていない。ルカは彼女の卑賤をほめている。だから彼女は神から選ばれたのである。今日の聖書学者や歴史家は、イエスの時代の言語習慣にしたがい、卑賤を社会的事実と理解する。マリアは現実に貧しかったのであり、「奴隷、貧民層に属していた」[8]社会的卑賤と文盲には相互前提的な関係があった。身分が低く蔑まれていた者たちには、律法学者やパリサイ人の教育施設の門戸は完全に閉ざされていたのである。

しかし神母やイエスの幼少物語を書いた中世の教父や著者たちは、マリアが字に縁のない生涯を送ったなどという考えに甘んじようとはしなかった。

中世の目で見たマリアは、本に飢えた読書好きな教育ある女性の模範であった。ダビデ王の後裔としてマリアは旧約の聖書は読んでいた。彼女は七芸にひいで、七歳になったイエスを学校にあげている。彼女は予言能力もあり、使徒の教師をつとめた。中世のマリア伝記の著者たちは、祈りと読書と労働がマリアのきちんと規則だった一日のリズムを決定づけていたのだと断言してはばからなかった。この時代の教育上の関心によって、マリアは読書する女性の典型にされたのである。この時代の貴族社会の理想像、文化的関心、宗教的モティーフが、もともとは文字とは無縁なはした女のマリアを、読み書きのできる教育ある女性に変化させたのである。

味もそっけもない事実と敬虔な想像との懸隔にはいちじるしいものがある。客観的にまちがっているものもまた、当時の現実の内側を認識させる。聖画像や象徴や物語のうちに、中世の人間たちは、自分たちの心をつき動かしたものを表示したのである。自分自身および自分の需要をマリアのうちに再発見したいという欲求が、マリアをして中世の女性たちの教育心を映しだす鏡にしたのである。中世の男女の著者がマリアにことよせた読書文化の程度は、したがって同時に、中世における女性教育の実態に関する情報も提供している。

天使の訪問時、マリアは何をしていたか？

神の母の読む能力および読書に関する中世の思念は、天使ガブリエルが、彼女に神の知らせをもってやって来たとき、何に従事していたかという問いから始まっている。[9]

さがしもとめられ、提示された答えは統一的なものではなかった。一方は、マリアは神殿のたれ幕を織っていたと言い、他方は、詩篇あるいはイザヤ書を読んでいたと主張した。これを折衷して、マリアは機織り機に腰かけ、詩篇をとなえていたとする者もあった。人間と神の神秘的一体化をキリスト教信心の頂点とみなす著者たちは、告知がおこなわれたときには、読書も仕事もしておらず、祈りと瞑想に身を捧げていたという見解を披瀝した。これらの見解はすべて中世の文書に叙述され、絵画、彫刻に表現されている。叙述、表現の可能性は、時代の関心に依拠していたのである。

聖書外典『ヤコブ原福音書』（一五〇年以後）にしたがえば、マリアは天使到来時には、神殿のたれ幕に織りこもうという緋や深紅の糸をつむいでいた。これによって、天使の告知の瞬間に、キリストがマリアの内に住まうのは、神がたれ幕に覆われた神殿内に臨在するのに等しいのだということが暗示されている。[10]

詩篇を読むマリアというのは、ヴァイセンブルクの修道僧オトフリートの創作である。『福音の書』のなかに、天から派遣された天使は、王家の血筋にある高貴な女主人が、宮殿で詩篇を読んでいるところへやって来た、とさりげなく書いたものであった。オトフリートは告知の状況をこう叙述している。

天使は高貴な居室に入り、彼女〔マリア〕が
悲しみにみちているのを見た
いつもは、貴重なより糸で
美しい布地を織りながら
最初から最後まで唱える
詩篇を両手にして[11]

オトフリートの記述を読めば、マリアが読みながら機織りをしていたというイメージが浮かびあがる。詩篇の読書と機織りを組みあわせ、マリアが実生活と瞑想生活とをみごとに統一していた様子を描きだそうとしたのかもしれない。しかし彼の意図には作用史的な力はなかった。中世盛期、後期の芸術家や文学者たちはオトフリートの意をくもうとはしなかった。彼らにはマリアが詩篇を読むだけで十分だった。

マリアは天使到来時に読みながら仕事をしていた、と叙述されたり表現されたりするのは例外的である。十三世紀半ばに著わされた韻文の『マリアの生涯』には、こう書かれている。「そして仕事中に彼女は詩篇を唱えていた[12]」この著者は、マリアがちょうど読んでいたという個所も知っていた。「あなたはあなたの国を祝福されました、主よ」（詩篇八四・二）。そしてマリアが「主が私に語られることを、私は聞くでしょう」（同八四・九）まで読み進んだとき、「われわれの救済の至福」が始まったという。

ほぼ一四一〇年から一四二〇年の間に『マリアの生涯』を書いたザンクト・ガレンのハインリヒは、マリアが天使到来時にイザヤ書を読んでいたという伝承を、聖アウグスティヌスから借用したとして、こう記述している。マリアはいつも真夜中に起きあがり、祈りを捧げ、天国に思いをはせる。「観想の生活」

に沈潜するあいまには、「預言者たちの書物を読んでいた」「そういう瞬間に天使は彼女に会った。彼女は、〈見よ、若い女が身ごもって、男の子を産み、その名をインマヌエルと呼ぶであろう、これは神はわれわれとともにあるの意である〉(イザ七・一四)という預言者イザヤの言葉を読み、読みながら、この言葉の成就されるよう永遠の神に祈っていた」マリアはイザヤの言葉を読んで、神が聖書の言葉を実現し、永遠の言葉である神の子をこの世に遣わすことを願うようになったのだという。ザンクト・ガレンのハインリヒはさらに、神の約束がマリアの生存中に成就されるようにという願いを彼女に言わせている。「永遠の神よ」「わたしが処女であることを私自身がこの目で見るのが、御心でありますように[13]」

ザンクト・ガレンのハインリヒは、読むことによってテクストが生きた現実になる出来事としてイエス受胎を読者に実感させようとする。予告を読み返し、救済予言の実現に関心を集中しようという視野に、糸をつむいだり機織りをするマリアの姿はもはやない。

マリアが教育を受けた神殿と親元

マリアの読み書きの能力を疑う理由は中世の著述家たちにはなかった。問題は、どこでだれに習ったのかということであった。

『ヤコブ原福音書』には、マリアの両親ヨアヒムとアンナが三歳の娘をエルサレルの神殿に連れていったとある。司祭たちは、「主はすべての男女のなかであなたの名前を大いなるものにされた。主はこの世の終わりにイスラエルの息子たちのため、救世主をあなたにおいて啓示されるであろう[14]」といって彼女を祝福し口づけた。マリアは神殿のなかで鳩のように育てられ、天使たちの手から食物を与えられたと記述されている。
中世のマリア伝記の著者たちは、神殿を貴族の娘たちが宗教関係の文書に接する場所とみなした。引きあいにだされるのがコンスタンティノープルの修道僧エピファニウス・モナクス（九世紀）である。いま知られるかぎりマリア伝記の最初の著者である。マリアは七歳で神殿処女となり、ヨセフと婚約する十四歳までここに暮らしたと推定されているが、この間の彼女の暮らしを詳述したエピファニウスはじつによく引用されている。[15]
『聖マリアの血筋と救世主の幼少期に関する書』という九世紀の書物は、マタイのヘブライ語をヒエロニュムスが翻訳したものと称されているが、これによると、マリアが神殿でとくに集中したのは、モーセの書とダビデ王の讃歌であった。[16] ガンデスハイムのルードルフフィンガー付属修道院の貴族出身の共誦祈禱修道女フロッツヴィート（ほぼ九三五〜九七五）は、イエスとマリアの外典物語を再述して、若い神の花嫁はダビデの讃歌に夢中になっていたと書いている。[17] 短期間のうちに、マリアは聖書をすべて読み理解したと断言しているのは、『聖処女マリアと救世主の幼少および聖春期についての生活と生活の変転についての物語』（十三世紀）である。[18]
十三世紀前半の韻文形式の『聖処女マリアと救世主の生活』は、神殿の「女の仕事」についてくわしい。[19] マリアも他の神殿処女と同じく神殿を清掃し、捧げ物の器や司祭たちの衣を洗い、なかでも麻糸、毛糸、緋や金や絹の糸でもって高価な布、衣、神殿を飾る緞帳などを織っていたとしている。「聖書も順番に」読み進んだ。著者はその順番をあげ、[20] モーセ五書、預言の書、ソロモンの書、ヨブ記、士師記、列王記、ダビデ王の詩篇の順である。マリアの関心はユディト記、エステル記、マカバ記、エスラ記、トビト記にもあったというから結局全旧約を知っていたことになる。旧約の神の啓示内容をすみやかに把握し、聖書の多層的な意味をくみとることはマリアにとってむずかしくはなかった。要するに「マリアは天上の英知の洞察力でもって全聖書を精読した」[21]のである。

マリア伝記のこのラテン語著者は、詳細のすべてに関する歴史的正当性を請けあう気はなく、文学的な方法でマリアを栄光化することが肝要なのであった。叙述のしかたに高い価値があったのである。神の母をほめたたえる詩句を書くのに「真実」か「錯誤」[22]かを判断する必要はない。それは学者たちの仕事である。彼の意図は宗教心を高めることにあり、方法論的に修練された事実史家の技能でもって、歴史的に知り得ることの限界を測定する使命など感じてはいなかった。この著者の意図は、修道院共同体に宗教心を高める精神修養の書として役だつテクストの供給であり、テクストは読書会で朗読された。マリアがじっさいに神殿で暮らし、神殿処女として聖書を読んだか否かは問題ではなかった。重要なのは、マリアの聖書への関心の真にせまった描写が修道僧や修道女たちを刺激し、彼ら自身を聖書に沈潜させることであった。これによって、精神的惰性と型通りのお勤めが信仰の遵守であるかのように思いこむあやまちから救うのが重要なのであった。

どこでだれにマリアが読むことを習ったかについて、十四世紀に新しい見解が形成されていった。母親アンナが娘マリアに詩篇や文字盤の助けを借りて、読み書きを教えている光景が絵画や彫刻に現われてくる。文献的後ろ盾がないにもかかわらず、読むことを習っている娘マリアの絵は、驚くほど数多く描かれるようになる。

娘に読むことを教える母親アンナの絵画で早いものは、十四世紀初めのイギリスのドミニコ派たちのものであろう。[23]この絵画タイプは、説教師を務める修道僧たちが彼らの教授活動の支えを聖書にもとめたためだと推測されている。確言はできない。娘に宗教的教育をほどこすよう母親たちを促すためだという別

「娘に本読みを教える母アンナ」(イエスの生誕，マリアの死，聖三王の跪拝，娘を教えるアンナを描いた板絵の部分)，英国東部のドミニコ派修道院ソーンハム分院の出．14世紀前半．現在パリ，クリュニー美術館蔵．詩篇を手にマリアは読むことを母親から習っているが，ちょうど詩篇45章11，12節を読んでいる．「アウディ・フィリア・エト・ヴィデ……聞け，娘よ，そして見よ，耳を傾けよ．王がおまえの美しい姿をもとめている」この個所は，後にマリアが神に選ばれたことを示唆しているのだという．

の解釈も可能である。

この可能性は、次のような調査結果も支持するだろう。マリアが彼女の母親アンナから教えられている場面に、同じように開いた本を両手にして祈っている女性がよく描きこまれているが、この絵を見る者がこれをどう見るか、想像がつきそうだ。よく見れば、アンナがマリアに開いて見せている詩篇の個所は「主よ、私の唇を開けてください」（詩篇五〇・一七）。時禱集もこの詩句ではじまっている。このようなアンナが娘のマリアにさせている勉強の図は、修道僧であれ修道女であれ、一日の特定時間にきまった祈禱を唱えることができるよう、本読みに親しめという要請とみなすこともできるだろう。

もちろん推察にすぎないが、雲をつかむような話ではない。歴史的な可能性は考えられる。いずれにせよこの絵画モティーフは非常な人気を得て普及した。反宗教改革期やバロック時代にもひんぱんに描かれた。芸術がアンナ伝説に人気を与えたかっこうだが、娘を教育する光景は注目され、心に留められて教育熱をたかめ、ひいては中世末期の文盲を減らすことに貢献したのである。

使徒たちの女教師

使徒行伝によれば、マリアはキリストの昇天から聖霊降臨までの期間は、使徒たちのサークルのなかですごしている。彼女と十二人の使徒たちは心をひとつにして祈っていた。この共同体には、地位身分の差はまったくなかった。

それだけではあるまい、というのがカロリング朝時代の神学者、パシャシウス・ラートベルトゥス（七八五頃～八六〇）の意見である。彼はただ祈るだけのマリアに満足できなかった。マリアはただ共同の祈

アインズィーデルン司教座図書館蔵（15世紀）の細密画より．聖霊が降臨したとき，マリアは使徒たちに聖書を解釈していたという．

禱に参加していただけではなく、受肉の秘儀について使徒たちに教えたのだと主張する。(24) 神の救済計画について、マリアのほうが使徒たちよりくわしかったというのである。ベネディクト派の神学者ルーペルト（一〇七〇頃～一一二九）は、マリアを「使徒の女教師」(25) と賛美し、「救済の出来事の事情を知っていた預言者」と名づけ、「聖書の秘密」を明かし「信仰の規則」を告知した恵まれた女性だと主張した。(26)

画家たちは、マリアが使徒のまんなかに座し、聖書を説明している光景を描いたが、バーゼルの跣足修道僧たちの朗読教師だったパッサウのオットーも、教会の草創期にキリストの出来事の注釈者としてはたしたマリアの抜きんでた役割を宣伝するため、一三八六年に『二十四人の老人』を書いた。「神の書」を「理性

リュベックのルカ信心会の祭壇部分，1484年．リュベック歴史博物館蔵．
福音記者がマリアの口述を書き取っている．

的に理解した」女性として、彼女は単に十二人の使徒と七十七人の弟子たちを教えたばかりではなく、信仰を通じ「他の善良なキリスト信奉者たち」を指導したという。さらに神学者ベーダ（六七三／七四～七三五）、クレルヴォーのベルナール（一〇九〇～一一五三）らを引きあいにだしながら、四人の福音記者たちは、すべて「われらが女性の口から聞いたものを書いた[27]」のだとまで断言している。

バーゼルのフランシスコ派も、福音記者たちの伝承した信仰や啓示の知識の源はマリアだと信じていた。天使ガブリエルの訪問時、マリアのそばにだれもいなかったし、キリスト誕生の際にもだれも居あわせなかった。三人の王が拝みにきたときも、他にだれもおらず、夫婦の神殿参りも、十二歳の少年イエスが行方不明になったときも、目撃者はなかった。マリアが彼女の十字架の下その他で息子とかわした「多くの言葉」も、すべて彼女が「息子の昇天後」に弟子たちや使徒に語り聞かせたとのだというのである。パッサウのオットーは、マリアはすべてを「四人の福音記者にのみ筆記を指示した[28]」と書いている。

福音書の成立や資料に関する当時の思念は、マリアを神の啓示の担い手兼注釈者にすることでことたりた。ミラノのアンブロシウス(三三九〜三九七)は、当時最も輝かしい神学者であったが、ヨハネ福音書の思弁的性格を、彼とマリアとの緊密な関係に帰している。「ヨハネがほかの者たちより天の秘儀について多く語っている」のは、「マリアという天の秘儀の神殿が彼の側に立っていた[29]」からだというのである。

イエス就学時のマリア

イエスの就学や読み書きの学習のことなど、福音記者たちの念頭にはなかっただろう。彼らは「歴史における神の言葉と行為」について証言しようとしたのである。イエスが良き学童であったか否かは、啓示信仰へと人の心をつき動かすものではなかった。

ところが原始キリスト教のラディカルなイエス運動が色あせる使徒以後の時代には、キリスト信奉者たちがマリアの息子である救世主の生涯に思いをはせはじめ、導きの糸となる認識の関心も変化していった。キリストの再来に直接立ちあうことはもはや期待しないキリスト信奉者たちは、彼らの宗教の創始者の人生過程、教育過程についてもっとくわしく知りたがるようになった。新約聖書には答えられない問いを提示するようになった。これが偽典、外典の著者たちに、信者たちの要望に応える話を考えだす機会を与えた。彼らは学童イエスの学校経験についても記述したものであった。中世期にマリア伝記作家もこうしたテーマを取りあげ、画家たちは造形化した。宗教劇の作者たちもこれからインスピレーションを得ている。現存する劇の断片から、イエスが授業中に教師と口論をしている場面がうかがえる。(30)

二世紀末に成立した偽トマスの幼少物語には、イエスが少なくとも三度入学を試みるが七歳にしてすでにその知識や知恵において教師たちを凌駕していたために、うまくいかなかった話がでてくる。

彼は「あなた自身がアルファの本質もまったく知らないくせに、どうして他の人間にベータを教えようとするのですか？」(31)といって最初の教師を黙りこませた。二度目の教師には、「あなたがほんとうに先生であり、字母を正しくご存じなら、アルファの意味を言ってください。そうすればぼくはあなたにベータの意味を言いましょう」と困らせた。教師は怒ってイエスを殴ったが、イエスが呪ったため失神し、卒倒する。三度目にイエスはユダヤ人たちの学問所に無遠慮に踏みこみ、書見台に置いてある書物を取り、「しかしそこに書かれいるものは読むことなく、口を開くと聖霊にみたされて、居並ぶものたちに神の掟を語り教えた」。教師は父親のヨセフに、「兄弟よ、おわかりでしょう。私はあなたの息子を生徒として引き受けはしましたが、彼は優雅と知恵にみちあふれています。兄弟よ、お願いだから、この子を家につれて帰ってほしい」(32)

学校をイエスの学習場所とするつもりは物語作家にはなかった。この学校物語は、イエスの神童ぶりをしめしたかったのである。学齢期のイエスがすでに神の知恵にみたされ、説教活動をはじめる将来を先取りしていたことを示唆したかったのである。ルカのように、成長し知恵がみちてくる、などとは語らなかった。イエスを常人の勉学苦労から解放しようという意図である。彼をグノーシス派的開示者として現出させるのに教育は余計であった。彼の超自然的な知には人間の授業は無用であった。二世紀最大の神学者

Do liesz Maria ir kit
gen schůl geen.

細密画「われらが主イエス・キリストの生涯」，アウクスブルク，1491年，バイエルン州立図書館蔵より．「そこでマリアは彼女の子どもを学校へやった」マリアとヨセフが子どもを学校へ連れて行く光景．

イレネウスの言葉を借りれば、学校風景はグノーシス派のつくりごとである。彼らのキリスト論のための教理学的論拠にするためのものである。「あたかも主が、字母を習う学童をまねて、アルファを言えという教師に、アルファと答えるが、教師がついでベータを言えと命じると、あなたがまずアルファの意味を言いなさい。そうすればぼくはベータの意味を語りましょう、と言い返したかのように述べ、キリストだけがアルファの明かす未知のものに通じていたかのような解釈をしている[33]」

偽トマスが集めたこの伝説はグノーシス派に由来する異端的な思想所産だとされた。しかし流布はとまらなかった。テクストはラテン語に翻訳され、偽マタイも『至福のマリアと幼い救世主の物語』のなかで、三度イエスが引きおこした論争を語り伝えている。ラテン語およびドイツ語のマリア文献を通じても、このグノーシス主義的色合いのある話は広く知れ渡るものとなった。[34]
中世のマリア伝記の著者たちがこの学校物語を再述する際、論争に制限をくわえているのは注目に値する。韻文『マリアの生涯と救世主』によれば、イエスと教師の論争は字母Jの解釈をめぐるものである。言葉につまった教師に「J」の意味をイエスはこう説明する。彼と彼の父はこの字母を通して彼らの本質をわきまえている。「J」は神の意味なのである。この直後イエスは放校になる。[35] この神童は、教師から指導を受ける必要はなかった。放校につながったこの論争は、教師の教養に欠陥があったためではなく、キリスト教の救世主の本質の洞察に欠けていたためであった。この教師はかたくななユダヤ教の代表者として登場させられているのである。
イエスを学校へ連れていったのは父親か母親かということにも、当時の読者の生活世界の諸事情が反映している。著述家たちが、マリアとヨセフのどちらにしているかは、興味ない事ではない。偽トマスの幼少物語では父親が責任者であった。ヨセフが「家父長」の権限でイエスを教師ツァヘウスに託した。[36] 偽マタイの場合にはヨセフとマリアが一緒にイエスを学校へ連れていく。[37] カルトゥジ修道会士フィリップもこの版に与して

マリアは子どもを学校にあげた
どのように母親は言い聞かせたのか
可愛い子は悦んでその気になり
聖処女は息子をつれ出かけていった

そしてヨセフもともに学校へ[38]

『聖処女の生活と救世主』では、マリアがひとりで息子を学校へ連れていく。[39] ライナウのヴァルターもこの見解をとって、

われらが愛するマリアは
イエスをともない学校へ
学びへの道をともに歩んだ
学校の先生さながらの心づかいで[40]

造形芸術の表現も文学的伝承の相違を反映し、はじめはヨセフ、ついでマリアあるいは両者が、子どもの手を引いて学校へ出かけている。

オーストリアの公爵ヴィルヘルムの宮廷説教師をつとめていたウィーンのフランシスコ少数派司教ヨハネス（一三九五～一四〇六）は、教育原則の効力を高めるために、神殿における十二歳のイエスの福音をもちだして、「子どもが心身ともにそれにふさわしければ七歳で学校にあげる」[41] ことを推奨した。このような教育原則は、七歳にたっした子どもたちは学校へ送るべきであるという中世末期の教育学者たちの要請に応じるだけではなく、エジプトから両親と帰還したとき七歳であったイエスにも適用された。七歳で、幼少期は終わり、「完全な理性の使用」と「けじめのある意欲」を特徴とする少年期という次の人生段階が始まるというわけである。

カプライア・ディ・ピエウェフォシアーナ（ルッカ）のマリア教会にある板絵「マリアと幼児イエス」（部分）．マリアが abc 文字盤を使ってイエスに教えている．

イエスの通学を範例的な意味をもつ出来事にしたのはことに絵画であった。ユダヤ人教師との学校内での論争はぬきにして、イエスの通学が独立したモティーフとして現われる早い例は、十三世紀初旬の上部ライン地方のふたつの聖詩歌集だが、これとほとんど同時期に、ゲルンハウゼンのマリア教会のモニュメンタルなフレスコ画にも描かれ[42]、このモティーフは例外的な人気を博し、手稿の挿し絵、ステンドグラス、壁画、彫刻あるいは印章、印刷物、後期ゴシック聖堂の要石の上など、いたるところに描きだされた。たいていはマリアがイエスの手を引いている光景である。イエスは右手に文字盤あるいは本の袋、なかには文房具や初級読本とおぼしきものを入れた篭をもっているものもある[43]。

信者用の小聖画にも入学する少年イエスが描かれているのは、ある期待がこめられていた。知に勝る少年イエスが、ユダヤ人教師をまごつかせるという話はもはやどうでもよく、両親に子どもの教育義務を想起させようというのである。ザンクト・ガレンの図解聖書には、「簡素な姿のマリアがイエスの手をひいて、鉄製の門のある二階建の学校の前に立ち、男児はａｂｃｄｅｆｇの文字の見える文字板を右手にもっている」挿し絵が描かれ、「絵の上に、息子の就学時のマリア、とはっきり書きこまれている」[44]イエス通学の図は、平信徒たちが肝に銘じるべき教育学的実例の性格をもっていた。これは聖アウグスティヌスや聖ニコラスといった聖人たちが両親によって学校に入れられている光景を描写した絵などにも見られるものである。

中世後期の画家たちは、イエスに読み書きを教えたのはマリアだと信じていたようだ。マリアがａｂｃ文字盤の助けを借りて、息子に読書術を教えている。しかし幼児教育をもっぱらマリアだけの仕事にしてしまうまいとする配慮も見られる。一五二〇年、ミュンヘンのマルメル会の教会のために制作されたヨセフの彫像などその例であろう。ヨセフは質素なベンチに腰をおろし、身にぴったりの粗布の衣を着け、十字掛けの紐で前を閉じているのが肥満体を強調しているが、重い靴をはき、髭面に職人の帽子をかぶっている。本が一冊地面にころがり、もう一冊は膝の上に開き、右腕にかかえた小児イエスに読ませている。

このようにヨセフに教育の仕事を託すのは、中世後期にヨセフ崇拝が高まるのと関連している。十五世紀が経過するうちにヨセフの相貌から、お人よしないささか単純で弱々しい老人の特徴は消えていく。イエスの養父はもっと若く行動力があり、意欲旺盛な人物になった。子どもの教育にも介入し、マリアに任せっきりにはしない。息子の倫理的、精神的教養に関する自らの責任をわきまえている。イエスに教育をほどこすヨセフは救済史的使命をはたしているわけではなく、中世後期の教育原則を実践しているのである。教育学関係の著者たちは、子どもの教養、教育に熱意をもつのは父親の義務としていた。フィレンツェの銀行業の家系の出である文士兼芸術家のレオン・バティスタ・アルベルティ（一四〇四～一四七二）

は、論文『家族について』にこう書いた。「子どもたちに礼儀作法を教える義務があるのはだれか、といえば父親である。だれが、子どもたちに知識と能力を獲得させる使命をもっているか？　彼らに芸術や学問を学ばせるという大きな責任をもっているのはだれなのか？　自明なこと、これまた父親なのである」[45]

家庭教育だろうと学校教育だろうと、精神的技能を身につけるのは骨のおれることだが、中世後期の教理家たちのイエス観はこれに合わなかった。彼らに言わせると、イエスは生まれついての神童である。[46]アウグスティノ隠修士シモン・フィダティ・デ・カシア（一二八〇頃〜一三四八）なども、イエスの生涯は神の栄光につつまれていた、と断言している。これは、人の子となった以上この世の学校義務の履行は必要であろう、という推定をしめだす。シモン・フィダティは言う。イエスは同年代の子どもたちのようには字母を習わなかった。では救世主は、どうして字母の綴りを読みとり、書を理解しえたのか、という疑問も出てくるのだが、イエスが同年代の者と似ていたのは、寝たり起きたり、食べたり飲んだりして成長するという物理的な法則、身体的欲求だけであり、精神の発展と関係する義務や習慣は似ていないのだという。[47]画家たちがａｂｃ文字盤をもった子どものイエスを描くのは「信仰に反する」というのもイエスは人間から何も習う必要がなかったからだ、というのである。[48]

人間イエスより、受肉したロゴスに強く傾いたキリスト論は、学習意欲にもえるイエスという表象をしめだした。就学したり、母親の家庭教育を受けるイエスというのは、当時の教育基準からくる表象であった。絵画に入学光景を描かせたのは、教育学的な衝動であった。ところが教理学的確信からくる少年イエス像は、すべてを知り学ぶ必要はなかった。あきらかに教育学的合理性と教理主義的真理要請は一致しない。この矛盾の根底にあるのが中世の教会の教えるキリスト論の解決しえない諸問題であった。イエスという人格のうちの人間存在と神存在の関係の問題は、さまざまな答を提出させた。イエスはマリアと血のつながった子どもであり、人間の仲間の一人だとする神学者たちには、救世主も新入生となることはいわれないことではなかった。聖霊によって生まれた神の息子は、あるがままに完全であって、学習、成熟過程を修了する必要はないにしても、学習は人間性のしるしであった。しかし神性のおかげですべてを熟知していたとすれば、家庭教育あるいは学校教育は理屈にあわないことであった。神の母マリアに関するイメージにもまたこれと似たような事情があった。娘マリアは母親アンナから詩篇を使って読むことを習ったとされ、同時に神殿処女として神的霊感により読書能力を得たともされたのである。

中世の女性教養の象徴的形姿

キリスト教的真理を説明したり造形表現したりする説教師、聖書釈義家、宗教芸術家たちは、それぞれ時代とむすびついた価値表象や規範や関心の影響下にあった。キリスト教にも、社会的環境が刻みこまれていたのである。社会の実情のうちに埋没していたとは言えないまでも。マリアへの告知の文学的、造形芸術的表現にもこれはあてはまるのではなかろうか?

ナザレ出身のマリアの住居に天使が入って来たときの状況について、ベネディクト派のオトフリート(八七一後没)の記述は明快である。ガブリエルがマリアに、彼女が神の息子の母となるように選ばれたと告げたとき、彼女は詩篇を読んでいたという。詩篇を読んでいたというのは、オトフリートの時代には、マリアが貴族の出であるということを意味した。詩篇読書は貴族の子女の教育基準に組みこまれていたからである。読書が「生活の中枢」といっても、中世初期の社会では、読書は女性のものであった。「修道院に入らなくても、中世貴族の娘たちは詩篇を読むことを習ったし、詩篇は平信徒の女性の生涯携帯の書であった。彼女たちは詩篇をまずラテン語の初級の勉強に利用したが、貴族女性の多くの学習の程度は、平信徒の男たちでもなかなか達せないほどのものであった[49]」。現存する数多くの中世盛期の高価な詩篇の書は、その大部分が女性用のものである。夫たちは鉄の甲冑に身をかため、軍馬あるいは競技馬を乗りまわして体力を誇示しても、本を読むということはまずなかった。

ザクセン法鑑（一二二五年頃成立した法書）のラント法が、単に装飾品のみならず、とくに詩篇ならびに礼拝時の使用書や愛読書を「女性の遺産」に定めているのも、貴族の女性たちがいかに詩篇を読んでいたかを推察させる。十三世紀の彫像では、詩篇は貴族女性のアトリビュートである。この頃の叙事詩にも、貴族女性をほめるのに、「毎夜、夜が白むまで彼女は詩篇を読んでいる」とか、「彼女は詩篇を手にもっていた」あるいは「ひざまずいて彼女は詩篇を読んだ[50]」という表現が見られる。

ミネザング（騎士の恋歌）の詩人たちは、女性たちが始終ダビデの讃歌に心をとられているのが嬉しくなかった。彼らの見解によれば、詩篇は愛にとって不適切であり、男らしい騎士道の生活様式を阻害するものであった。彼らの一人は、「心の恋人よ、わが女王よ、あなたは、こちこちの信心家、詩篇女になるおつもりか[51]？」と、彼らの一人は、崇拝する女性の詩篇読書に不平をもらしている。愛を渇望する男たちは、肌ふれあう親密さに憧れた。ところが教養に飢えた女性は読書にいとまがない。このように書物を友とする貴族女性たちの生活の模範が、読書するマリアであった。

マリアがこの模範機能を引き受けることになったのは、中世の聖書釈義家が、彼女の社会的、精神的位階をいちじるしく高めたからである。ナザレ出身の大工の女房が、ダビデ王家の家系に組みこまれた。王家の者だからこそ、ベツレヘムの家畜小屋で経験させられた辱めもきわだつというものであった。王族の後裔が本を読めないなどということは、貴族の自尊心が許さなかった。職人と婚約した素朴な娘は高貴な生まれの教育ある女性に変貌したのである。

ただ貴族の女性にのみ到達可能な教養の理想を象徴するという役割を、マリアはしかし中世も後期になるとすてる。それを証明しているのが、たとえば十三世紀末の模範説話集のなかの話である。ある農夫の娘が、詩篇が読めるようになりたいと言いだしたが、父親の手にはあまる。ところがマリアが手を貸した。娘に詩篇を一冊贈り、同時に読む能力も与えたという[52]。本の世界に親しむのは社会的身分の高い者の特権ではない。社会的地位のいかんにかかわらず、敬虔な者たちにはすべて開かれている世界である。ということ表明する文学的手段をこの奇蹟物語はとっている。

中世後期の口語の詩篇は、読者層の社会的多様性の拡大に非常に貢献した。理想的なケースとしては、教会で手書きの詩篇が閲覧に供された。国民のすべての層の本の読める者たちが読書にさそわれた。十三世紀のドミニコ派の朗読家、修道僧エッゲブレヒトはこう言っている。キリスト信者はすべて、「詩篇の四十の恩恵」に参与すべきである。じっさい、心をこめた「詩篇詠唱」にこのドミニコ派神学者の託すものにはなみなみならぬものがある。魂を大きくし、心を悦ばしくする詩篇は、悦びの泉であると同時に、罪のために流される涙の源であり、神への目を開き、悪魔を暗澹たる思いにさせるという[53]。

マリアには書字能力があったのか？

字の読める中世人が、みな書けるとはかぎらなかった。書くことはもっとまれな芸であった。マリアはこの字の書ける「芸を身につけた女性たち」の一人だっただろうか？

サンドロ・ボッティチェリは、マリアを書字能力のある女性として表現している。ドイツ語で書かれた中世の頌歌詩でも、マリアを「誇らしき祈禱の書記」[54]とたたえている。フランケンシュタインのアンスヘルムという名のプラハの学生は、一四〇〇年にマリアに宛てて手紙を書いている。彼にも、マリアが読めるというのはわかりきったことであった。神の母への書簡は、女王に差しだすもののような格式ある書簡作成の苦心の産物であった。他の学生たちは、書簡文の訓練に、他の受取人を考えたが、このマリア・ファンの学生は、天の女王に、「精神的な力と道徳的導き」をこいねがった。マリアはこれをなしのつぶてにはしなかった。彼女は返事を書き、このプラハの学生に愛と永遠の庇護を確約したという。[55]

ライナウのヴァルターもアンティオキアのイグナティウス（一一〇頃没）と「乙女マリア」との文通を報告している。神母は、「自らの手で」イグナティウス宛てに手紙を書いたという。これはヴァルターひとりのまったくのフィクションではない。彼は、二通のラテン語の使徒書簡——一通はイグナティウスよりマリア宛て、もう一通はマリアよりイグナティウス宛て——に依っているのである。この書簡は四世紀に殉教したアンティオキアの大司教の郵便物整理箱につけくわえられていたものであった。[56]ライナウのヴァルターは、ラテン語のテクストをドイツ語韻文に翻訳したが、原文の内容を忠実に追っている。

ヨハネの言葉を
あなたの耳が聞いたからには
イエスについて　すべては
疑いようもなく真実なのです
だから心を強くもち
良きこと　神の国を信じなさい[57]

雄々しく信仰をもちつづけ、それ相応に行動するようにと、マリアは書簡で勧告した。それを中世後期の詩人はこう韻文で歌う。

そしてもちこたえなさい
キリストへの信仰を男らしく(58)

近世初期には、さらなる書簡がくわわった。教皇ベネディクト十四世は、「列福および列聖式」に関する神学論文のなかで、マリアがイグナティウスならびにメッシーナやフィレンツェの町に書き送ったという書簡に言及し、神母がメッシーナに送った書簡の発見は当地でおごそかに祝われることになろうと書いている。(59)教皇たちは、マリアの書簡の崇敬に免償という報奨を与えたという。しかしながら、いかにして書簡崇敬を促進したものか、そしてまたメッシーナの町は独自のミサや、マリアのメッシーナの町に宛てた書簡を読む聖務日課が期待できるのか、とシチリア人たちに問われたとき、教皇庁の式部聖省の長は首を横にふっている。マリア書簡のことはそっとしておくべきだというのであった。にもかかわらず、ウィーンのイエズス会士メルキオール・イムコッファーは、一六二九年、「聖マリアのメッシーナ住民宛ての書簡の証明された真実性」と題する著書を公にしようとした。マリアの書簡の信憑性にたち入ろうとしてこの著書は、教皇庁を刺激して検閲の対象となった。著者は表題を変更し、何個所か具合の悪いところを削除することによって必要な印刷許可を獲得、教皇の是認を得て二年後出版にこぎつけた。このイエズス会士がマリアの読み書きの能力について述べたてたことを、鵜呑みにした読者もいたことだろう。

マリアとリベラルアーツ

身分制社会における教育上の障壁を取りのぞこうという努力が中世後期におこなわれていたのは明白である。その一方で、あらためて貴族と教養をむすびつけようとする伝統が培われてもいった。アルベルトゥス・マグヌスのものとされている『マリアーレ』は、マリアが最高の貴族性と最高の教養を身につけているという結論を引きだせる前提は先験的なものだとしている。このマリアのランクは、絶対最高級の形でしか考えられないし、言葉に尽くしがたいという。マリアを特徴づけているのは最高の貴族性ならびに教養だという主張を、この匿名著者は次のような論証で裏づけようとした。議論の余地ないマリアのつつましさこそ「最高の品位と最高の貴族性」を前提にしている。これこそが「貴族の血筋」の人間を他の人間からきわだたせる。完璧な謙譲が、最高度の辱めに耐えることを命じる。つまり、最高の貴族の女性であったればこそ、マリアはもっとも深い屈従の力をもちあわせていたというのである(60)。

マリアが詩篇や預言者の書を読んでいたのも証明しうることだ、と偽アルベルトゥスは主張した。だから書かれたものも理解できた。論語読みの論語知らずではない。マリアはリベラルアーツの第一のものである文法を心得ていた。これを欠いては、思惟され、書かれたものを理解することはできない(61)。

聖書を理解し、異端を論駁するには論理が役だつし必要である。ヨブ記は仮定、推論、定義、証明過程をふくんでいて、論理なしには解明できない、と教父ヒエロニュムスは書いているが、マリアには論理のルールはすべてお見通しだった。なにしろ彼女は神に選ばれたことによって、聖書の秘密を完全に把握していたのだからというのである(62)。

主の母をリベラルアーツの精通者にする著者たちの論証の型は、みな同じようなものであった。最後にはこういう結論にもなる。聖書を読み、理解するには、たんに文法的、論理的、修辞的な知識が必要なだけではない。聖書が完全に読めるには、音楽、天文学、幾何学、算術にも精通していなければならない。マリアはところがこの七芸に通じていたのだ、というわけである。神学論文の筆者には、聖書の完全な理解に必要な全能力と技能をマリアがわがものにしていたということは、あらかじめ確定ずみだったのである。[63]

アルベルトゥス・マグヌス（一二〇〇前～一二八〇）のものとされている『キリストを懐胎した処女の称賛大全』は、マリアをローマ市民法、教会法の精通者とほめたたえている。彼女は、弁護士の善き特性を完璧な形でみたしていたという。不利な立場にあっても、彼女は正しく賢明な裁判官に対しても、悪知恵のまわる相手方に対しても、勝利をおさめたという。この能力を彼女は神の前で発揮し、最後の審判に先立って、悪魔に対し訴訟をおこし、人間種族の解放を勝ちとったのだという。[64]

ボローニャで哲学を修め、一四六四年カルメル会に入会したヨハネス・マントヴァーニ（マントゥアヌス）（一四四七～一五一六）は一四八二年以降、修道会総長として会全体を統率するまでになったが、十五世紀から十六世紀への変わり目、やはりマリアの教養水準の度はずれた過大評価の誘惑に負けている。聖書のはした女を多方面に学識のある女文学者にしたてあげてしまったのである。マリアは批判精神をもって多くの書物を読み、他人にも講読の授業をおこなった。ダビデの詩篇を暗記しているだけではなく、アラビア人の書物、ギリシア人の年鑑、かのローマ人の勝利に関して記述されている書物にも携わったなどと、マントゥアヌスは書いたものである。「聖なる法例の神々しい諸巻に何がふくまれていようと、アラビア人の書物に何が書かれていようと、彼女〔マリア〕はそれらを検討し、またギリシア人の全年鑑、ローマ人の勝利の書をひもとき、どれほどのラテン人の血をカルタゴ人の武器が流したか、どのように海戦が海を紅に染めたか、どの将師たちがトロアを手に入れたか……何がどうあろうと、どのような危険をおかしても、彼女は蜜蜂よろしく、読書にいそしみ、すべてに自らの評価をくだしていった[65]」

大学の守護聖女

このような女性の愛情、厚情を大学も見逃しはしなかった。ヨーロッパの大学は、学問を教える者と習う者との組合として十三世紀以降発足したものだが、マリアは生前に神学や世俗の学問を身につけていた天の女王として、大学のために、神に影響力をおよぼしてくれるものと、マリア崇拝者の大学人たちは確信したのである。

「守護聖女」ならびに「信仰の女教師」として彼女は学問生活、学生たちの教養および専門教育活動に寄与することになった。マリアに敬意を表して大学教会が奉献され、大学ミサがあげられた。総長の首飾り、学部長や総長の笏には幼児イエスを伴ったマリアの小像の浮き彫りがほどこされた[66]。カール四世が一三四八年に創立したプラハ大学の公印は、幼児イエスを腕にだいたマリアであった。王冠を頂き、背後に光輪をつけたマリアが様式化された教会の身廊の中央に座している。典礼の頌歌や交唱のなかで、マリアは養育し至福を与える母として賛美された。プラハ大学の自己理解も「アルマ・マーテル」であった。自らを知の泉、知恵の源と自負する大学は、マリアに比較しうる使命をはたそうとした[67]。一三五六年に制作されたウィーン大学の学印は、上半分に幼児イエスをだいて王座についた神母、下半分は教壇に置かれた書物のなかの一冊を手に学生に授業をしている教授が彫られている。真理を愛する教授も学生もマリアに庇護され、保証され、援助されていると感じていた。

インゴルシュタットに州大学を創設したバイエルンのルートヴィヒ公爵が一四七二年に発布した規約にこう定めている。「細目：大印はマリア像を盾にかかげ、右手にライオン、左手にバイエルンを彫り、「インゴルシュタット大学大印」と周囲に刻印すべし。細目：小印には、腰をおろした聖母が両手にバイエルンを彫った盾をもつ。銘はインゴルシュタット大学小印と刻印すべし。事務局のためには、盾に彫った聖母は両手に開いた書物をもち、盾の周囲にインゴルシュタット大学事務局と刻印すべし[68]」

インゴルシュタット大学の公印に彫りこむ守護聖人あるいは守護聖女には、公爵の個人的好みが反映されたようである。しかし中世末期および近世初期に、マリアが法学の象徴としてめだっている傾向は大学創立者たちが推進したマリア信心からだけでは説明がつかないだろう。中世盛期、後期の讃歌文学や神学には、学問や叡知に関するマリアの意義を表明する数多くの名誉称号が考えだされた。マリアは「教師の教師」であり、恩寵に恵まれ原始教会に聖書と教会伝承を教えた聖女であり、「カトリック教義と真理の源泉でもあった。マリアと学問の間には親和関係が生じ、教える者も習う者も神母の庇護と指導に身を委ねることが得策に思われた。

女司祭マリアに対する異議と抗議

中世後期の著述家たちの陳述通りなら、大学は王国や教会とならびヨーロッパの精神生活、社会生活および政治生活の合理化に貢献する新しい普遍的な力であった。ここの教授、学士、遍歴学生たちの学問活動に、マリアは祝福を与えたが、現実の女性たちには世俗の学問および神学のもたらす知的、職業的恩恵は与えられなかった。知的女性としてのマリアの模範は新しい基準も伝統もつくらなかった。彼女の学識と教育活動は、初期教会時代から中世時代を通じ、女性に教育活動が禁じられていたことに矛盾していた。女性が読んだり教えたりすることに難色をしめさなくてはならないような原則は聖書にはない。ましてこれを抑圧したり排除したりはしていない。ところが使徒パウロはコリントの信者たちに、共同体のなかで教えるのは女たちのやるべきことではない（コリ一・一四、三五）と書き送っている。パウロ以後の世代は、テモテへの第一の手紙の「女が人を教えたり、男の上に立ったりするのを私は許さない。女はそうではなく、静かにしているべきだ」という原則を盾にとった。教え、支配するのは男にふさわしく、女にふさわしいのは沈黙と従属であるという。父権制社会の生活秩序はこうでしかあり得なかった。

サラミスのエピファニウス（四〇三没）は、女司祭を女神祭儀に近い危険なものとみなした。コリディア人の一派を証拠にあげ、この一派が、「イエスの母マリアを女神に捧げるような畏敬の念をもって崇拝し、供物を〈マリア名義に〉している」、と批判した。彼らはしかもこれを、女司祭に聖別された女性たちのとりしきる礼拝中におこなうという。女祭司たちと女神にしたてあげられたマリアの間に、エピファニウスは相互因果関係を見ていた。マリアに女性的神性の地位を認めぬことは、同時に女祭司たちを拒否することでもなければならない[69]。歴史的に歪められる以前のマリアは、祭司的な機能を行使したりはしなかったと、彼は確言する。「マリアは決して、洗礼の全権を神から委ねられなかった。――イエスが洗礼を受けたのはマリアからではなくヨハネからである――まして彼女に祭司の聖務などゆだねてはいない[70]」

中世のマリアはむしろ、女性が神学を勉強したり説教したり、あるいは叙階を受けたりしてはならないという主張の根拠にもちだされることになる。女性たちを聖職、教職からしめだすための否定的な証拠形姿にされた。プレモントレ会修道院長、フォンコーのベルナール（ナルボンヌ司教区）は一一九〇年に著

ザルツブルク大司教ベルンハルト・フォン・ローアのミサ典書．バイエルン州立図書館所蔵より，生命の樹の下のマリアおよび原罪の樹の下のエバ．エバは蛇に誘惑され，認識の樹より死をもたらす林檎を取っているのに対し，司祭姿のマリアは命の樹の救いの果実としてもいだ祭餅を与えている．

わしたヴァルド派に対抗する神学論文のなかで、マリアはベツレヘムの家畜小屋のなかで、こちらに急いでくる羊飼いたちの言葉をすべて聞きとったが、すべて心におさめ（ルカ二・一九）、説教するなどということは、ルカ福音書ではまったく問題になっていない、と論述したものである。このように、女性が教会のなかで、――公的な礼拝堂においても、信者の集会にあっても――口を閉ざしているべきだという一連の論証にマリアが引きあいにだされた。マリアとならび、エバも教育や説教を男の特権にするため、引きあいにだされた。アダムがまずつくられ、それからエバがつくられた。そして蛇にだまされたのはエバであって、男のアダムではなかった。女の性は倫理的に堅固ではなく、説教職には適していないのが、これからもわかるというわけである。男にしたがう人間である女は、学識あり高貴であろうと、公に「自由の掟」を教えるのはふさわしくないとされたのである(71)。

十二世紀の三〇年代にすでに、クリュニー大修道院の院長のペトルス・ヴェネラビリスは、説教は女にふさわしくないという見解を支持していた。女性たちは聞きしたがうべきで、説くために口を開いてはならない。男に「教えることが健全」であるように、女には宗教詩や信心の唱歌があっている、というのである。この修道院長はさらに書きそえて、男には知的省察および公的活動の責任があるが、女の本性にあうのは、敬虔な感情を胸にいだき、家庭内に引きこもっていることだとして、やはりマリアを引きあいにだした。マリアは説教するためではなく、神の言葉を産むために選ばれたのだという。復活したキリストに出会ったマグダラのマリアも、弟子たちにイエスについて説いたりはしなかった。彼女は主が言われたことを、ただ彼らに伝えただけである(72)。女性たちは才能を私的な指導に活用しても、公の場で使ってはならなかった。中世盛期の神学者たちのマリアは、女性の活動空間をひろげることには何ら寄与しなかった。神母の範例は、女性たちを家庭的な生活世界に制限することを義務づけるものであった。

尼僧院長に、礼拝時の福音書朗読や会衆のまえでの説教を禁じるために、教皇イノセント三世は、教書『ノヴァ・クアエダム』（一二一〇）で、救済史におけるマリアの位置を説いて、神母は品位と高貴さにおいては使徒すべてを凌駕していたが、キリストが「天国への鍵」を託したのは、神に選ばれた乙女ではなく使徒たちであったと主張した。[73]つまり女性たちは教会の鍵（教導権）の持ち主に任命され得ないという。この教書の「マリア論的な論証」は、人を納得させる力がないという批判的な注釈がしかし最近だされた。聖書の証がない。聖書は彼の肩をもってはいない。マリアを女性の司祭職への反証としてもちだすのは、一方では「女性を軽視」し、他方では「秘跡に関する司祭の役職を過大視」している証拠であり、これは「マリア論の粗悪化、歪曲」にひとしい。マリアの司祭資格は、「神の子を宿し出産し、彼の苦悩と死に自分のすべてを投じて参与した」ことでりっぱに証明されている。これは、神の救済行為そのものに組みこまれたキリストの司祭資格なのだ、というのである。[74]

女性を司祭職からしめだす神学的論拠は存在しない。ただ男性だけに叙階が許されるというのは、時代にむすびついた偏見である。この偏見は社会的人間学的性質のものであるが、これが現代なお生きているのは、マリアの名において、とうに修正されねばならないものを、いまなお擁護する男性社会的教会世界の神学的固陋のせいである。教会の伝統主義的公職者たちが、女性たちにならえと勧めるマリア像から、マリアの教育活動をぬきとったままにしているからである。

イノセント三世は一匹狼だったわけではない。教会法に格別精通している教皇という権威をかさにきて語ったり書いたりしたために、それらは基準として影響力を及ぼしただけである。女性たちに司祭叙階を受けることを許すまいとして、スペインのドミニコ派神学者兼教会法学者ペニュアフォルトのライムント（一一七五～一二七五）も、イエスがマリアではなく使徒たちに託したという「天国への鍵」を示唆してい

「アミアン司教座教会身廊の司祭姿のマリア」 ルーヴル美術館蔵．この板絵はマリアを教会の原型として描いている．キリストは最初はマリアの胎内に宿ったが，いまや秘跡的に教会内部に宿っている．画面右手はこの絵の寄進者ジャン・ドゥ・ボスだが，彼はアミアンのピュイ・ノートル・ダムの信心会の会長であった．毎年新しい会長に選ばれたものは，マリアの聖燭祭に処女マリアに敬意を表しておこなわれる文学コンテストのテーマとして呈示される絵を寄進するという習慣があった．1437年のテーマは，「至高の司祭に威厳ある衣を」である．衣は至高の司祭キリストが人性を得たマリアの母体のメタファーである．

る。聖処女は、使徒のすべてより品位あり、高貴であったかもしれないが、主は彼女にではなく、使徒たちへ天国への鍵を手渡された、と断言する。だから尼僧院長たちは、──いかに学識あり、信仰篤く、敬虔であろうとも──説教したり聖別したり、判決をくだしたり赦免を与えたり、破門を言い渡したりしてはならない、というのである。[75]

論争的なカトリック神学者ヨハネス・エック（一四八六〜一五四三）は、「説教したがり、巡回牧師になりたがる近ごろの女キリスト者」から告知権をとりあげるために、聖霊は「女が多弁であったり、説教することを望まなかった、と断言したものである。「彼女たちは教えるより学ぶべきである」マリアはたしかに聖霊により教えられ、聖書を理解したが、だからといって公の場で語らねばならぬなどとは思わなかった。後にパウロが要求していると同様に、控えめな態度に終始していた。「私は教会のなかで女が教えるのは許さない、と使徒パウロが禁じたように、マリアはこれを守り、沈黙していた。ところが近ごろは、多くの女が学んだことを教えたがる」[76]

芸術の分野では、穏やかながら異議の声があがった。フランシスコ派の神学者ボナヴェントゥラ（一二一七頃〜一二七四）が、マリアに関する説教のなかで、われわれの大司祭キリストは、マリアの母胎内で僧衣を身につけたのだという見解を披瀝していた。われわれが神のもとで代弁者ならびに女代弁者つまり神の息子とその母親を得るためだという。[77] 僧衣はしかし司祭的な質をもつ女性にのみ供与される。中世初期のビザンティンの神学者たちも、マリアを「司祭的な処女」と呼んでいた。七世紀あるいは八世紀のギリシア語の説教に、「処女は女司祭と名のり、同時に祭壇である。彼女は罪人たちの赦しのために天国のパン、キリストをわれわれに与えるテーブルだ」とある。十五世紀の板絵や細密画には、マリアが僧衣を着て、聖体を授けている図が見られる。ザルツブルクの大司教ローアのベルンハルトの『ミサーレ』（一四八一頃）ではマリアは、天国の樹から生命を与える聖餐式の果実をもぎ、信者たちに与えている新しいエバと表現されていた。アミアンの巨匠が一四三七年頃、当地の大聖堂のために描いた絵が現在はルーブルに収蔵されているが、この絵のマリアはまさに女大司教である。等身大のゴシック盛期の教会の中に描かれたマリアは、ミサ祭服風の礼服に飾り帯をまき、内にはストーラをつけている。胸のあたりにとめた右手には、高価な典礼用の手写本、左手で幼児キリストの左手をとり、幼児キリストは右手でダルマチカの端をつかんでいる。このマリアが、単に教会職の代表というのではなく、司祭の上に立つ教会の象徴と見るべきであることに異論の余地はない[78]。マリアが象徴化するものはしかし彼女自身以外ではない。神の直接的選出、召命による彼女の司祭性は、福音の告知および救済の恵みの仲介において秘跡のしるしを実現する教会の司祭性を指示している。だから女性たちに祝福を与えたり、説教したり、ミサをあげたりすることを禁じる論拠にマリアはなり得ないのである。

女性たちと神学との問題について、十三世紀初め、ドミニコ派修道士ゲントのハインリヒは、「神学というものは、この秘密を熟知していて、世間一般に向け、説得力をもってこれを実践し、反対者に対しては擁護できるのでなければ、だれも専攻すべきではない。……女性の悟性の弱さゆえに、彼女〔女性〕は、この学問に必要な完璧性に到達することは不可能である。反対に、この知識の隠された秘密を知りたいなどと考えると、迷路に入りこみ、抜き差しならぬことになる。……利口な学者なら、女には女に必要かつ有用な個所だけを教えるだろう。たとえ彼女がそれ以上知りたがってもである。というのも女というものは我欲が強く、自分たちに有益でないものまで知りたがる。……したがって女に適切で必要なものを教えるのは賢明だが、聖書の秘密を注釈してみせたり、また聖書を土地の言葉で読むよう勧めたりするのは、軽率のそしりをまぬがれない[79]」

産褥についているマリアと乳児イエスを世話するヨセフ．北フランス，15世紀初め．ボルチモア，ウォルター絵画館蔵．

こういう考えをいだいていたのはこのドミニコ派の神学者だけではない[80]。十三世紀半ばツィルクラエレのトマジンも言ったものだ。女というものは、「礼儀正しく、つつましやか」であるに十分な悟性があればいい。「彼女がそれ以上の悟性をもつ場合には、それを見せないだけの礼節と知恵をもちあわせねばならない」というのも「質朴」こそ婦人に似つかわしいからである。一二七〇年に他界したが、生前はロンバルディアで名声ある法学者だったフィリップ・デ・ナヴァレなどは大胆にも、読み書きの能力は女にとって有害である、と言い張ったものであった。ただ修道院にいく女性にだけ読み書きを教えるべきであるという。「というのも、読んだり、書いたりすることは、女たちにかなりの災いをもたらしている。つまり、彼女たちに愚にもつかぬことや、口説きを詩歌や物語の形にして手紙に書く男たちがいるからである。彼らは口にだしては言えぬこと、伝言も頼めないことを、手紙に書いて手渡したり、送ったり、あるいは投げこんだりする」。ところが「生れつきの女の性質の弱さゆえに」このようなコンタクトは良風美俗を危険にさらす文通に発展しかねないというのである。女性たちは糸紡ぎや裁縫を習い、良き主婦となるよう修練すべきであり、貧しい女性は、生活を営むだけの技能を身につければよく、裕福な女性は、他のものたちの仕事が評価できるだけの専門教育があればよろしい、といった具合である。

このような忠告は、中世独特のものではなかった。近世初期にもなお女性の不安定な「情緒」が「絶えず本をもとめる」のは危険だ、人を堕落させるという意見が存在していた。ジャンセニズムの信奉者たちが、女性たちも聖書は読むべきである。異端的な聖書の誤用は、女性の思考様式の自発性ではなく、男たちの高慢に帰すべきものであるという声をあげたが、一七一三年、ローマ教皇クレメンス十一世によって、重大な誤謬だと断罪されてしまう[81]。

伝統にあぐらをかいた偏見が人間を盲目にしていた。女性たちは書物の助けを借りて、自分たちの知や記憶、そして幻想力を発展させようとしたが、女性が、従来男性の頭のなかだけを合法的な住みかにしていた知を獲得しようとすると、因習と良風美俗の管理人たちは、よからぬ推量をしたものだ。この論争はいったいどういう風に理解すべきだろう。断定と反論により、神の満足する真の規範を追求するスコラ的なディスクールとして理解すべきであろうか。あやしげなモラルの薄明のなかで基本的な利害対立に決着をつけようとする両性間の道徳的美辞麗句でカモフラージュしたパンチの応酬だったのだろうか。

中世が美しい調和世界だったというのは、ロマン派のつくりごとである。社会の平安は、均衡のとれた利害関係にもとづくもので、人生における機会の不均等は紛争を生じる。伝統的な教養エリートが合法とみなすものに、疑義をいだく思想の歩みは社会的身分に関し動揺をもたらさずにはおかなかった。当該者たちは反発し、僧俗両世界のエリートの代表たちは、より高度な目的という名のもとに、伝来の境界線を存続させようと抵抗した。彼らは、強い性と弱い性を区別し、自らの観念につごうのよい使命領域、活動領域をさだめていた。男は公の活動と精神、女は感情、自然、家事といったような割りあてである。

だがよく見れば、紛争は男女間ではなく、頑迷固陋な保守主義者たちと、神学的改革者たちの間に生じていたのである。最も本を読み、宮廷文学にかかわっていたのは貴族女性たちであった。貴族たちは、奥方や令嬢の文学的な望みをかなえるための費用を惜しまなかった。しかし女性たちの読者層が形成されてくるのは、彼女たちが宗教的共同体にくわわるようになる十三世紀半ば以降である。彼女たちの書物や読書への関心が、それぞれの母国語で書かれた宗教的書物を流布させることになる。これらはその形象力や神秘的内容において、女性たちの体験世界、感覚世界に合わせるように編纂されていた。十三、四世紀には、本を読み自らも書こうという女性読者層の存在するところでは、その地方の言葉で宗教的書物が書かれ、刊行された。

フラマンの時禱書の細密画，1475年頃．ブリュージュの王立アルベール一世図書館蔵．マリアはエジプト逃避行の驢馬の上で読書し，ヨセフは幼児イエスを抱いている．

とはいえこうした宗教的書物がもっぱら女性の手になったわけではない。これに男女の区別はなかった。一五一六年にマルティン・ルターが発見し、『テオロギカ・トイチュ』と題して印刷させ、世間に知らしめたかの神秘主義的な論文は、十四世紀末にフランクフルトの修道会士が書いたものである。

読書三昧を望む女性たちが修道院に入ったり、貴族階級や裕福な市民階級の場合、時禱集、詩篇あるいは聖書を手に入れることは、中世盛期、後期に見られる現象だが、女性が生計をたてるために読み書きに携わることは、中世世界の知らないことであった。公に教えたり、まして説教したりすることは許されなかった。これを正当化する根拠はあいもかわらず使徒パウロの権威であった。「女性は何かを学びたければ、うちで夫にたずねなさい」(一コリ一四・三五)という彼の警告である。槍玉にあがった女性たちがどう感じどう反応したか、残された文献がなく、想像するほかない。

フランス王の宮廷書記に嫁ぎ、三人の子どもをもうけたが、夫と早く死に別れたクリスティーヌ・ドゥ・ピザン(一三六四～一四三〇)は、頭脳明晰で筆も立つ女性であった。彼女のように、言葉をもたない無名性の精神的環境からぬけでて、他の女性の唇が閉ざしているものを、あえて口にするのはきわめてまれな例外である。「学識のある女は格好のよいものではない。女性にそういうのはほとんどないから」といった非難に彼女はこうやり返したものである。「学識のない男はもっと格好が悪い。そういうのがごろごろしているから(82)」クリスティーヌは「知能の男女平等」に固執した。神は、「理解しうるものごとはすべて把握し、分析し、学習できるよう、女性の悟性もおつくりになっている(83)」と彼女は論証した。男女の教養の差は、社会的性質のものであるという。「庶民の娘たちでも学校にあげ、それにつづいて息子たちと同様に、学問に従事させれば、彼女たちも同様によく学び、芸術や学問の精髄を、息子たち同様に、苦もなく把握するであろう(84)」と、彼女は主張したものであった。

これに対し、アルザスの人文主義者ヤーコプ・ヴィンプフェリング(一四五〇～一五二八)などはなお、息子はギムナジウムに送り、ラテン語の学習をさせるべきだが、娘たちはむだなおしゃべりをして日を過ごすことがないよう「手芸に習熟させる」のが、「ストラスブールの幸福に寄与する」、などという見解を市民向けに披瀝している。手仕事をしてこそ娘たちは聖処女にして神の母に倣うことになる。マリアは神殿内で機織りに従事していたとヒエロニュムスも証言しているという(85)。マリアが女性の教養を促しているなどということは、このアルザス人の眼中にはなかった。人文主義者ヴィンプフェリングと一般世間とは

クリスティーヌ・ドゥ・ピザン（1364〜1430）の「女の都の書物」のなかの細密画．パリ国立図書館．読書する女性たちの模範としてのマリア．

異なった知性人クリスティーヌ・ピザンは、相異なる思考と教養の伝統を代表する人物だったといえるだろう。両者それぞれに、様々な形をとった中世時代の主流、反主流に属していたのである。

　ヴィンプフェリングのほうは一匹狼ではなかった。彼の唱えた規範は、同時代人の多くが心にいだいていたものであった。しかしこの教育構想に対抗したのが「絵画の効力」である。絵画表現されたマリアは、女性を読書にさそうものであった。「マリアへの告知」の描写は、書物への道を性別的な規範で規制しようとする試みに、真っ向から反対していた。マリアの生涯を描いた絵画は、公的な教会であろうと私的な瞑想の部屋であろうと、書物がマリアの終生の友であったというマリア論を呈示しているのである。母親アンナから読む手ほどきを受け、神殿処女の時代に聖書に沈潜し、天使ガブリエルが神の知らせをもってきたとき、詩篇あるいは、イザヤの予言「処女が息子を受胎し産むであろう」(七・一四) を読んでいたし、エジプトに向かう途上のロバの背に上でも書物を手にしていた、というマリア論である。

マリアを読書する女性の模範にした説教師や神学者たちもいたが、女の弱さを、肉体の弱さ〔デビリタス・コルポリス〕同様に精神の弱さ〔デビリタス・インゲニイ〕と定義した著述家たちは、マリアの生活形式を読書する女性のイメージにはむすびつけなかった。天使の告知を受けたときも、目を伏せていた貞淑な処女のイメージを発展させたのである。本を読んでいたはずのマリアが近世初期には、料理したり、裁縫したり、繕いものをする女性にかわり、ときにはヨセフが読み手の役を引き受け、あるいは聖家族は本に縁がなく親子ともども働く姿になっている。労働分配と労働のエトスを賛美しようという意図なのであった。

学問を身につけ、次代に伝え発展させるのは男性教養エリートの独占権だという考えは、しかし中世末期にはもはや自明ではなくなっていた。クリスティーヌ・ドゥ・ピザンは、女性たちが何の拘束を受けることなく「知と学習の甘美な喜び」にひたれる「女のシテ(都)」構想によって、世俗の教養社会のつじつまのあわない言動に対する批判を具体化しようとした。「文学の領域」に「あらゆる果実が成熟し、やさしい川が流れ、大地があらゆる種類のすばらしい物にみちる」「肥沃な豊穣な土地[86]」に、女の都の建設を彼女は夢想したものであった。

クリスティーヌのユートピアは、現行の教育制度が禁じていたものを女性に獲得させようというものであった。自立的な知の獲得、救済の主観的な模索、読書による自己発見などである。彼女はこの女の都の庇護聖所に処女マリアを選んだ。その理由を十分知ってのことであっただろう。

第4章　命の書

マリアに読み書きができたか否か、教育があり教える資格があったか否か。この論争は単にマリアの正しいイメージをめぐるだけのものではなかった。背後に中世社会における女性の役割に関する論争が隠れていた。

　神学者たちは、女を教職や司祭職から遠ざけるために、キリスト教の啓示の解釈と普及に関し、マリアの意味を弱めることに義務感のようなものすらいだいていた。マリアは使徒たちに聖書を説いたかもしれないが、つねに彼らの権威に服し、民衆のまえで説教など決しておこなわなかった、と彼らは論じた。ところが降臨祭の奇跡を描く中世の画家たちは、使徒たちにかこまれ、彼らに聖書を説明するマリアの姿を描くのがつねであった。マリアが教え、使徒たちは耳を傾けている。男の権威に服する姿はこれらの描写には認められない。このマリアの名において男社会を告発したのがクリスティーヌ・ドゥ・ピザンである。女を家父長制的に秩序だてられた社会の強制下において、教養と活動の可能性を排除していると抗議した。だが例外でしかなかった。男性的な思考様式、行動様式の化石化した因習に、この抗議は砕かれてしまった。多くの行動様式においてマリアを模範とするよう中世の女性たちは要請されたが、教育活動はまねてはならなかった。神学者たちは、現行の教会の規範と一致する行動

「苺の園で読書するマドンナ」1425年頃．スイスのゾロトゥルン美術館蔵．苺はマリアの滞在する天国の庭園を示唆する．バラの生け垣で囲み，マリアの処女性の象徴とみなされている「閉ざされた庭」（雅歌4・12）の性格をだしている．マリアが読んでいる本は，詩篇か旧約の予言の書だが，これは彼女の教養をしめすだけではなく，彼女の本質をも指示するものである．マリアは「リベル・シグナトゥス〔封印された書物〕」であり，中身を知っているのは封印した者だけであり，これを開封できるのは，処女マリアが受胎したダビデの後裔イエスのみである．彼女は救世主を出産した．「リベル・ゲネラチオニス〔誕生の書物〕」でもあり，つまるところ，人間がいかに信じ，考え，行動すべきかが読める書物にたとえられるという．

様式のみを、マリアの例を引きあいにだして正当化したのである。家父長制的にできあがっている社会では、これ以外にありようがなかった。

イエスの死後マリアのもとに寄ってきた少なからぬ信者たちに、彼女は息子の生涯とその働きについて話し、またルカにイエスの幼少期のことを語り、使徒たちとキリストの受肉について語りあいはしたが、天使や羊飼いの言葉は自分の胸の内におさめていた。インゴルシュタットで教壇に立っていた論争家の神学者ヨハネス・エック（一四八六〜一五四三）も、多くの同僚と同様に、こう確信していた。教会における男の優位にゆさぶりをかけることがないように、エックは、マリアをはじめ他の聖女たちも出席しているなかで、男のマティアスが選ばれた（使一・一二〜二六）ことを強調し、「マリアはしかし聖ペトロに聖霊の指示を伝え、ルター派のあつかましい女たちのように、信仰における統治を企てたり、説教したりなどはしなかった。……説教したり証を与えたりする使徒が選ばれねばならなかったが、女はこれには適していないし、男ほど声望はない」神は公の告知のためにもっぱら男を選ばれた。聖霊は「むしろ教えるより習うべき女性たちが多弁を弄したり、説教すること」[1]を禁じたというのである。

インゴルシュタットの神学者は、マリアの何もかもが女性たちの模範になるのではないとして選別する。身ごもった状態でマリアが山地を越えて従姉のエリザベトのところへ出かけていったことも模範にならないという。妊娠している女性がこのような旅をするのは、危険な行為だからである[2]。

ナザレの女性をもちあげたり遠ざけたりする男性社会は、自らの行為矛盾を止揚するかのように、命の書物という暗喩によってマリアを巧みに祭りあげた。

この「書物」は三位一体の神によって書かれたのだという。マリアの母胎内に、受肉の行為によってイエスの名前が刻印されたときである。彼女の肉体は書物のように神の言葉を書きこまれ、これを担った。

ジャック・ドゥ・ブザンソンの「細密画」(1480年と1490年の間に制作). パリ国立図書館所蔵. マリアの人生段階 (受胎告知, 結婚, 訪問) の順序とその救済的意味は, 神が手にしている「命の書」のうちに記載されている.

キリスト信者たちは、なぜナザレの処女が「命の書物」なのか正しく経験するために、これを読まねばならないという。この象徴は、神の母が中世の崇拝者たちに、自らの素性を教える「何千というイメージ」のひとつであった。書き記されたものの内実を宗教伝授の源泉にするのは、真理を啓示の証書にもとめる宗教に典型的なことである。これにひきかえ古代世界の宗教の神々のうちに、書物あるいは巻き物をたずさえた姿で表現されている者は一人としていない。古代の神々は狩りをし、戦い、休息し、祝い、愛し、憎むが読んだり書いたりは関知するところでなかった。彼らは文字をもたなかった。神話の生命は口頭で伝える記憶文化のたまものである。古代世界の神々の天上には学者と議論をたたかわすために人間の姿をとる神の市民権はなかった。

命の書イエス

文書宗教の救世主を特徴づけるために、中世の彫刻家、挿し絵画家、板絵画家たちはイエスの手に書物をもたせた。中世後期の説教師はイエスを、救いをもとめる者の必読の「命の書」と呼んだものである。ヨセフとマリアも「書見台の書物」[3]を読んだ。「書見台とは聖なる十字架」であるというのは、アウグスティノ隠修士パルッのヨハネスの『天の宝庫』(一四九〇)の比喩だが、「十字架のもとに立ちつくした者たち」[4]こそ、この書物の読者だという。また別な個所には、「命の書物の読者たち」について、「神の母はこの命の書物の頁を読んだ最初の弟子であり、書見台のもとに聖ヨハネ、クレオパのマリア、マグダラのマリアとともに立ちつくした」とある。[5]キリスト信者たちは十字架にかけられた命の書物の読書に全身全霊をうちこんだマリアを模範にしなくてはならないという。

「この書物を熟読暗記すべきである。五つ傷、五ヶ所の打撃の格言を読みとらねばならない。……その後にこの書物を開き、五つの留め金を二重の痛みとして、肉体的な痛みおよび精神的痛みとして読むべきである」[6] こうパルツのヨハネスは勧告する。この十字架神学の大胆な具象的表現は一見意表をつくものに思われるが、十字架を書物として読むという比喩は、じつは昔から著述家たちが宗教的な書類に利用している書物メタファーの無尽蔵な貯えに由来するものである。

アウグスティノ隠修士の発言は斬新なものではない。といって単なる剽窃と非難されるべきものでもない。彼は伝承された決まり文句や比喩を自家薬籠中のものとし、時代精神にしたがいながら、これをさらに発展させたのである。救いに重要な告知を、記憶しやすいイメージで教えようと、受難のキリストを五つの留め金で装丁された書物という比喩で呈示した。この五つの留め金を「字母のごとく読む」のは当然のことであった。これらはイエスの五つの傷口を指示し、神の遣わされた救世主が十字架上で耐えねばならなかった五ヵ所の打撃を喚起するからである。[7]

ピサのドミニコ会会士ドメニカ・カルヴァルカ（一二七〇頃～一三四二）もすでに似たような論証をおこなっている。字の読めない者たちはイエスの磔刑図を見つめ、これを救いの源とすべきである。十字架のうちに聖書のすべてが要約されているからだ、というのである。「十字架にかけられたイエスは完璧なもの、必要な叡知のすべてを教示しておられ、まことに命の書物と呼べるのである」この書物のうちに、無知な平信徒も身分のちがう者たちも「要約された掟を読み、あるいは見ることができる」というのである。十字架においてキリストはすべての予言を成就し、それまでの自らの説教の真を実証した。だから「この書物を熟読する者は全聖書を容易に学ぶことができる」[8] というわけである。

創造の書を読む

自然的啓示と超自然的啓示の統一を強調するアウグスティヌスは「創造の書」とか「文字の書」という表現を用いている。書字を学んだ者たちは神の言葉をふくむ写本を読むべきだが、読み書きのできない者たちも世界の書を読むべきだという。フランシスコ派の神学者ボナヴェントゥラ（一二一七～一二七四）の見解によれば、聖書は、神によって創造された世界の書をふたたび読めるようにしたものであった。「世界の書」は堕罪により人間の読書能力が低下し損傷したために、読めないものとなってしまったという。「創造の書をもはや読めないということは、罪人たちの永続的な心的状態をしめすものである」とボナヴェントゥラは論証した。堕罪した人間の目には、有意義なしるしにみちた宇宙としての創造物が見せかけに映るようになった。したがって「世界の書が輝きをとりもどし、比喩にみちた表現性格をとりもどす」ために、第二の書が必要となったというのである。この第二の書が聖書である。「これには世界の書に書かれてあるように、事物の類似性、特殊性および意味が叙述されている」この聖書が世界を開く鍵をなしているとすれば、イエス・キリストの十字架は、この書の理解の鍵としての実をしめしている。キリストはまさに「英知の書」なのである。この書物はキリストの十字架のもとでのみ開かれ、みなに読めるものとなる。みなはこれを手にとり、神のみ心を知るために、読まなければならない。こう彼は説いたものであった。(9)

レーゲンスブルクのベルトルト（一二一〇頃～一二七二）は弁舌さわやかな説教家だったが、彼も聖職者と平信徒のあいだの教育の差は神の意志するところだと説明するために、創造の書と文字による書というメタファーを利用している。神は聖職者階級に旧約および新約聖書の学習をゆだね、読み書きのかなわぬ平信徒には天と地を与えようとお考えになった、というのである。この書のうちに神の本質と働きを読むのに、アルファベットの知識がなくとも可能である、と彼は言う。「平信徒の諸君はわれわれ坊主のようには読めないだろうが、神は諸君にふたつの偉大な書物をお与えになった」つまり天と地というわけである。[10]

世界審判に関するフランシスコ修道会士ツエラーノのトーマス(一一九〇頃~一二六〇)の讃歌形式の詩作『神の怒り』はキリスト教徒に、キリストは買収のきかない簿記係のように、人間のすべての借り方、貸し方、すべての過ちと功績を簿記に記録するということを知らしめようとしたものであった。世界終末の審判日に、この「記録された簿記」が、「至福と災厄の記録係」として、人間おのおのの善行と悪業の差引勘定をするのにやくだつというのである。[11]

他にも読めるいくつかの書物

聖なる言葉の書、創造の書あるいはまた罪人記録簿など、書物メタファーは花ざかりであった。中世盛期、後期にはさらに新しい書物がくわわる。「理性の書」、「経験の書」、「良心の書」、「記憶の書」などであり、聖人や英雄の人並みすぐれた行為を記述した「歴史の書」というのもあった。人間の内的生活の性状を解読するために、クレルヴォーのベルナールは「心の書」、「良心の書」、「経験の書」というのを説いた。人間はその心のうちに自らについての真理を読むことができる。良心の書をひもとくことは自己検討に匹敵するという。人間のおこないはすべからく「真理の鉄筆」によって、その良心に記録されているからである。「経験の書」もまた他のふたつの書と同様に自己認識への道を開くものとされた。書物メタファーの助けをかりてベルナールは、キリスト教徒の意識は、人生の途上における神経験、人間経験、世界経験が記録される記録板、記録文書、手写本にたとえられるということを説こうとした。われわれの内面を肯定的および否定的経験でもって記述された書物として読みうるものにするためには、自らの経験の書を聖書と関連づけることが肝要であるという。自分自身について思念する信者は、「聖書と自分の経験とをさながら二冊の書物のように目のまえに並べ、互いを比較しながら、片方を他方の助けをかりて解釈する」ことができるし、またそうすべきであるという。こうするかぎり、「自分自身の経験の書において、いかに自分の肉体の堕落と地上の暮らしが自分の心を圧迫し、抑圧しているかを読む[12]」ことが考えられるという。

マリアがじっさいに読めたかどうかに関係なく、書物メタファーを書物宗教の宇宙解釈のひな型にした精神的、知的な力は神の母をもとらえずにはおかなかった。

書物としてのマリア

読み、解釈すべき書物としてのマリアは、中世期が進むにつれてますます大きく、ますます豊かになっていった。マリアの考えや行動様式を具体的に表現しようという中世後期の欲求にはいちじるしいものがあった。「書物マリア」を教化啓発の源にしようとする欲求もまた大きかった。これを読んだ者は、そぐわぬ世界に心奪われることなく、人間生活の根本的な問いに答えを見いだしたという思いをいだくことになるとされた。「書物マリア」はまた、なぜ神のもとにあるロゴスが人類を救うために受肉したのかという問いに対する答えを与えるものとされた(13)。

古代キリスト教の聖書釈義家たちは、パピルスや羊皮紙に刻まれた文書から、処女の胎内における神の受肉のためのアレゴリーをくみとろうとつとめた。この比喩の前提をなすのは、書く行為がロゴスの受肉同様に精神的なものであるという事実である。受肉によって神が可視化されるのは、書物が考えや語りを可視的に現前化する記号にもとづくのと同じである、というわけである。

「聖霊の竪琴」といわれたシリアの詩人神学者エフラエム(三七三没)は、マリアを秘儀にみち、有限な人間には読解できない「封印された書物」と賛美した。中世の説教師や釈義家たちは「封印された書物」という聖書のメタファー――聖書の意味では本来、神のはかり知れない救済の思召しであったが(イザ八一、ヨ黙五・一参照)――をマリアに適用することに何のためらいもいだかなかった。

マリア論的書物メタファーが聖書に依拠する個所は、預言者イザヤに命じたヤハウェの軍事的な言葉「速やかに奪い、即刻わがものとする」(イザ八・一)である。この短い言葉の予言的内容は、イザヤの見解によれば、アッシリアの敵勢がまもなくイスラエルを攻撃し大いに掠奪するというものであった。

この聖書の証言のうちに、古代キリスト教の教父たちは、神のロゴスの受肉を人間界の書き物に比する示唆を読みとったのであった。イザヤは、この板の上にこの言葉を書きおえると、女預言者である彼の妻に近づき、彼女は身ごもり、九ヵ月後に男の子を産んでいるではないか、というわけである。そして息子の名前はヤハウェの命令通り、文字板の言葉と同じでなくてはならなかった。両親はしたがって、息子を「マヘル・シャラル・ハシュ・バズ(速やかに奪い、即刻わがものとする)」と名づけた。教父たちは、この預言者の息子の誕生にキリスト誕生の類型を認めたのである。では出産に先立って書くという行為は救済史的に見て、何を意味しているのかということに、彼らは心をくだいたが、答えはむずかしいものではなかった。聖書のテクストを正しく読むことを心得ている者なら、板に命じられた言葉を書いた預言者は、処女マリアの胎内において神の子の超自然的な懐胎を予告したのだ、ということがおのずからわかるというのであった。

マリアとパピルスの巻物あるいは手写本との共通性

マリアの生涯を書物として説明する古代教会の神学者たちの着想には豊かなものがあった。しかしマリアを賛美する具象的な彼らの言辞は、おもしろい作り話や遊戯的な楽しみをもとめる気持ちからでたものではない。絵に描かれたものにせよ、言葉や思想によるものにせよ、これらのイメージは、キリスト教の教えの秘儀から青白い観念性を排除しようとする努力の現われであった。自然も日常事も、キリスト教信仰の媒介に役だつ象徴的機能を担うと裏の意味が出てくる。これらのもつ具象力、比喩力のおかげで、神と人間によって創造された世界の宗教的な根本性格が見えてくるのである。

サラミスのエピファニウス（四〇三没）は、異端という蛇にかまれたキリスト教徒に救いの手をさしのべるものだという書物『薬箱』のなかで、マリアが書き物に供されたパピルスの一葉にたとえられることを根拠づけようとした。イザヤは神から完全な巻き物の記述を要請されたのではなく、このなかからとりだした新しい大きな一枚の上に書くよう命じられた、ここにマリア論上の深い意味があるという。エピファニウスの論述によれば、パピルスの断片が完全な巻き物から切りとられたものであるように、マリアは男たちとの肉体的交渉から切りはなされていたのである。このパピルスのうちに、彼はマリアの汚れなき母体の符号を見ていた。これから神は筆記用紙を準備し、聖霊の助けをかりて、自分の息子に人間の姿を与えるために記述されたのだという。

ダマスカスのヨハネ（五七五頃～六四九）は、マリアの誕生の祝日に説教をおこなった際、マリアの生涯の物語を手写本の完成にたとえている。比喩的な言い方をすれば、神のロゴスがマリアを救世主の母に決めたとき、新しい手写本を用意し、聖霊がこれに神の舌を筆にして書いたというのである。マリアの夫ヨセフに神は貴重な「新しい本」を手わたされた。彼には個々の字母や言葉は見知らぬものではなかった。それを読みとることはできた。しかし書物全体のもっと深い神秘は彼には「認識」されなかった。この神学者は「認識する」に関し、精神的な認識行為と「肉において知る」という聖書における二重の意味にふみこんだ。妊娠している花嫁マリアを離縁しようとしたヨセフは、無理解と読書不能をあらわにしたが、天使が現われて、彼の妻が聖霊により不思議なしかたで身ごもった事実を了解したと、こうヨハネは言いたいのである。

ダマスカスのヨハネやクレタのアンドレアスの説教は、七、八世紀のオリエントにおけるマリア誕生の祝日の重要性のたかまりをしめしている。西方ではこの祝日の受け入れを最初ためらっていたが、十一世紀に入ると予想外の興隆を見た。当時成立したミサ定式は、マリア論的書物メタファーの習熟を促すものであった。書簡朗読にマリアの先決性をしめすものだとして聖句「主は私をその道の初めにつくられた……」（箴八・二二～三五）が使われた。彼女の地上的＝身体的な出自を説明するためには、マタイが冒頭に列挙している系図が読みあげられた（マタ一・一～一六）。

トロア近郊にあるベネディクト会修道院モンティエ・ドゥ・セルの院長セルのペトルス（一一一五～一一八三）は、マリアへのお告げの祝日（三月二十五日）のために、少なくとも七つの説教を書いているが、伝承された書籍、書き物のメタファーの蓄積から取りだしたイメージをふんだんにもりこんでいる。

五つ目の説教にペトルスはマリアを書物として賛美している。この書物は――神が右手にしている巻き物（ヨ黙五・一）同様に――、外も内も書きこまれていて、外は謙譲、うちは無傷の処女性によって書かれている。用紙は「最初の人間の皮」、くわしくいうと、原罪のために汚れ、それゆえごつごつして荒毛のはえた皮膚であったが、四つの元徳が荒毛を取りさってなめし、罫線を入れ、そこに記述されたというのである。勇気と強さが、アダムの堕罪以来人間の罪ある皮膚を覆っていた荒毛――「罪の火口」――をとりのぞき、規律と節度がなめらかにする軽石粉の役をはたして、アダムから相続された不浄をマリアの内奥から取りさり、正義が罫線を引いて、彼女が主の正義のまっすぐな道を歩めるよう導いたという。神の英知がダビデ一族の茨のなかからインク壺とインクを調達し、神の賢明が天使の挨拶を書きこみ、処女の胎内における神の言葉の超自然的な生殖を可能ならしめた。このように神の息子の受肉は、マリアの処女の胎内への書きこみとして理解されるべきだというわけである。聖霊はこの手稿の芸術的な装丁を引き受けたという。それに必要な色彩は、父なる神の君臨する天の王座の「崇高な宝角」からとってきた。詩句の冒頭の文字をとくに華やかな装飾できわだたす写本彩色師のように、聖霊は輝かしい奇蹟でマリアを飾った。そしてこの書物は規律と信仰の革紐で製本されたのだという。

神の尚書としてのマリア

マリアに関する中世の比喩表現には、当時の公文書と一致するものが見られる。この関連から、文書による交流やコミュニケーションの比重が当時大きくなり、これに応じて受肉の秘儀にぴったりくる比喩をけんめいにもとめていたのがうかがえる。

ジャン・ロランの細密画（1455年及び1460年に制作）．王立アルベール一世図書館蔵．マリア論的に解釈された神の英知．王冠をいただき，光輪をつけた英知が王座にこしかけ，右手に書物，左手に地球儀をもっている．中世の神学者や男女神秘家たちは，神のもとにある英知をマリアに関係づけていた．ヒルデガルト・フォン・ビンゲンはマリアを「マーテル・サピエンツィア〔英知の母〕」と名づけていた．

『黄金伝説』の著者、ドミニコ会士の大司教ヴォラギネのヤコブス（一二三〇頃～一二九八）によれば、マリアは天の宮廷で神の尚書の職にある。この比喩の出発点をなすものは教皇庁の「三種類の文書」であった。第一は「単純法」の文書で、命令をだしたり、単純な法律事件の判決をくだすものであり、第二は純粋な特恵答書、第三は混合形式といえるもので、司法上の判決をくだすと同時にまた恩恵の供与もふくんでいた。

これと比較できる形で、神も天上の聖庁において三人の宮内官を働かせていて、一人は単純な特典を発行する。いつも絵画に魂の秤として描かれている大天使ミカエルであり、彼は善人たちをその功績の大きさに報い、悪人たちをその不正の程度に応じて罰する。第二の職務は使徒ペトロがはたし、「混合特典」を発行する。つまり判決と慈善とを同様におこなうのである。この権限を彼は、天国の門番としてしめしている。絵画に二種類の鍵をもつ彼の姿が描かれているゆえんである。片方の鍵で彼は「正義の門」を開閉し、ここから公正かつ誠実な者たちが天国に入る。もう一方の鍵による「慈悲の門」は、行いなくしても、ひたすら神の恩寵により救いを見いだした者たちが天国にいたる門なのである。マリアは第三の宮内官であり、特恵答書を発する権限が与えられている。彼女はとくに敬虔な者たちに煉獄の火の罰の免除を文書で保証してやる。罪人たちには、正義の基本法にかんがみ、しかるべき罰をさだめる「単純法の文」を書き送る。不決断な者たちには「法と恵みの混合文」を書く。信心の分だけ恵みを与えるが、同時に煉獄の火において執行される罰も課す文書である。

中世のキリスト教徒に、信仰の内容を官庁、官房の職務にむすびつける比喩表現以上に説得力をもつものはなかったであろう。

マリアの生涯という貴重な手稿

ラテン語で展開された書物メタファーは、十三世紀を経過するうちに、諸国語の文学への道を見いだすことになった。詩人で作曲家のフラウエンロープ（一二七一〜一三〇五）の作と誤って伝えられてきたマリアの詩があるが、この詩は、マリアをヨハネ黙示録の七つの封印をされた巻き物（ヨ黙五、一以下）と関連づけていて、マリアに次のような詩句を口にさせている。

わたしはヨハネが玉座に見た書物
神の椅子の前に封印されたみごとな書物
七つの鍵で護られていて
だれもこの封印を解く勇気はない
犠牲の道を進む小羊〔イエス〕だけが
この書物を開くであろう
これに納得しないものはだれもいない(14)

マリア論的な書物思想を神秘的に深める動因となったのはマリアの出産伝説である。一三四三／四九年に『聖人伝』を編纂したヘルマン・フォン・フリッツラーはこの伝説を伝えている。「マタイは彼女〔マリア〕のことを語っている。彼女はイエス・キリストの誕生の書物である。多くの真理をふくんでいる。

この乙女には恩寵のすべて、真理のすべてが書きこまれている。彼女は神聖と美徳の多くを身につけている。ゆえにわれわれはこの書物を目にしなければならない。この聖処女という書物を。彼女の足は堅固、彼女の身体は貞潔、彼女の心臓は神性、彼女の手は柔和、彼女の肌は穏和、彼女の目は慎み深さ、耳は従順さ、口は沈黙の節度にみちている。……これがイエス誕生の書物、このうちにわれわれは美徳のすべてを学ぶことができる」

祈禱や瞑想からもまた学ぶことができた。低地ドイツ語の祈禱書のマリア連禱は、次のような呼びかけではじまる。「ようこそマリア！ 恵みの言葉にみちた書物よ！」この比喩的な省略法は、十五世紀にマリアの誕生から説きおこす規模の大きな説教と関連している。ニュルンベルクの聖カタリーナのドミニコ会修道院の図書館カタログには、「マリアは、……クニグンデ・ニクラシン姉の手になる書物に似ている」とある。いかにしてこのような比較が生まれたのか。これについて、ドミニコ会会長ハインリヒが詳述しているが、これもやはりニュルンベルクのカタリーナ修道院に由来する十四／五世紀の手稿が伝えている。彼はマリアと書物に共通する特性を十あげ、次のように記述している。

貴重な手稿の作成も、羊皮紙がよくなければ成功しない。良い紙の制作にはさまざまな工程がいる。ところがこれを霊的に理解すれば、マリアの生涯になる。最初まず獣皮から毛や肉片の残りなどがそぎ落とされるが、マリアからも「人祖のアダムとエバ」つまり「すべての人間」がそぎ落とされ、ダビデ一族に独特に組みこまれ、彼女は「神の母」に「選ばれた」のである。

この最初の粗い除去作業につづく手仕事の工程もマリアの生活なのである。皮は「湿り気を与え、柔らかく」しなくてはならない。生石灰の浴剤につけてなめし、「真珠層のような」表面をつくらなくてはならない。この工程を、ハインリヒ師は「おお、いとしいマリアよ、あなたは神の恵みにより湿り気を与えられた」と、賛美している。彼女以上に「神の恵み」を受けた地上の被造物はない。信心をこめて彼女に向かえば、「神の恩寵と湿り気にみちた彼女の心に恵み」を見いだすというのである。官能の悦びの象徴でもある「濡れ」——母マリアとその息子のお伴をする鸚鵡の羽毛は雨をはじく！——もここでは、溢れる至福を説明するものとなっているが、旧約にこの解釈を擁護する表象はある。ヤハウェはイスラエルの葡萄山に、「主なる私は、畑を湿らせ、葉が枯れぬよう見まもる」（イザ二七・三）と呼びかけている。他の個所でもイザヤは、神の霊の力強い働きを、「私は渇いた地に水を注ぎ、ひからびたところに流れをつくる」（イザ四四・三）という言い回しで説いている。このように「神の恩寵が、個々の人間の魂に天からの「灌漑」の比喩によって語られるテクストは数多い。

ついでこの皮は「湿したのち、磨き、薄く」しなければならない。磨き石で磨きなめらかにする。「かくしてなめらかで、まことの真珠色になり」「ああ、いとしいマリアよ、あなたは何と美しくなめらかに磨かれていることとか」と、ハインリヒ師は賛美する。地上の最も美しい被造物マリアの清らかで優しい魂は、「汚れのすべてと無縁」であり、「容貌はこよなく美しく、唇はこよなく愛らしく、これに匹敵する者はだれもいない」この羊皮紙から手写本をつくるために「紙葉」が細断される。すると「ああ、何とすばらしい紙葉をマリアは得ていることとか」ということになる。紙葉は、神の恵みにみち、謙譲と従順にみちたマリアの清らかな心、「あらゆる人間のほまれにみちた」身体、けだかい行状、誠実な心意気などを意味するのである。ついで紙葉には点罫線を入れなくてはならない。刺し穴を等間隔にほどこし、これによって罫線が引かれる。マリアもまた彼女の息子が「苛酷な苦難」に遭うとき、剣で刺し貫かれる痛みに耐えねばならなかった。「彼女は、どのような肉体的な責め苦にもまさる心の苦難にあったのだ。心は肉体よりけだかいのだから」次に「本の執筆」である。「マリアの本」に書きこんだ天の書記はだれだったのか？「最初に彼女〔マリア〕に書きこんだのは父なる神の全能であった。原罪も日々の罪も犯していないマリアにはその資格があった」神の子は彼女のうちに「叡知」を書きこみ、彼女は「処女の胎内に永遠の叡知を五週間、昼も夜も宿していた」

書かれたものの慎重な校正が、良い書物の作成にかかせない第七番目の仕事である。テクストの書きおろしには校正がともなう。「正しく書かれているか否か校正することが必要である。正しくないものは取りのぞく」だから「注釈の巨匠」は「いかにマリアが校正されているかを」語るのである。彼女の治癒の最初の段階は、彼女の母親の肉体である。このうちに治癒が「神の恩寵とともに」やってきた。この奇跡的な事実から、彼女が全生涯にわたっていかなる罪も犯さなかったことが説明される。そして神の子、永遠の言葉を受容したとき、完全性のさらなる高次元にいたる。神の祝福により、彼女はある形で「校正され」、それゆえ生涯にわたり、その行状に「いかなるまちがいも……決して見いだせなかった」のである。第八番目に、「この書物に赤いインクで表題をつけなくてはならない」彼女の息子の赤い血が「彼女の胸裏に」流れこんだ「聖なる十字架のもとで、ああ、あなたに表題がつけられたのだ」第九番目に「この本は装丁される」マリアもまた「神の愛によって装丁され、変わらぬ誠実さのうちに」全人類に提示された。最後の十番目に「書物は書見台におかれ、皆がこれを読み、学ぶのである」

「したがって天の女王マリアは、高みの書見台におかれた」彼女は神により天使の聖歌隊のもとにあげられたわけだが、たとえ天に君臨しようとも、各人は、「この本を読み」「自分がいかにふるまうべきか」を認識することができるという。

マリアは息子にいたる扉である。「永遠の命にいたる……本であり道標である」

フランシスコ会修道士で司教総代理をつとめたオリヴェリウス・マイヤールは一四九三年のマリアの誕

生の祝日前の金曜日にニュルンベルクの聖クララ会修道女たちに説教した際に、マリアが「イエス・キリストの誕生の本」と呼ばれる理由に、「良書にそなわる四つの特性」である汚れのない紙、美しい書体、みごとな彩飾および良き装丁をあげている[15]。

「重要な書物である神母マリア」は、「二種類の純粋な羊皮紙」からつくられているという。つまり「聖なる魂と貞潔な身体」である。この汚れひとつとない羊皮紙は、聖霊によって清められている。彼女自身が懐胎されたときにも誕生したときも、キリストを受胎したときも。単に「彼女の罪が清められた」だけではなく、ある方法で祝福されたために、「もはや罪におちることはなく」、「彼女のなかには罪への指向や傾向さえ生まれなかった」「この高貴な本」は、「晴朗な叡知、美徳、聖性によって」みごとに書きこまれている。したがってマリアは彼女の息子イエス・キリストについで、「真の正しい生き生きとした書物であり、このうちにわれわれはすべての美徳を読むのである」そしてまた「この書物がいかに表題や表紙や黄金で彩飾されているか」観察すべきなのである。赤い色彩（表題）は、「シメオンの剣に心を刺し貫かれ」、この地上における「キリストの苦難を嘆いた」マリアの苦しみをを意味し、表紙の透明塗料による彩飾は、「あらゆる美徳と恵みにみちて悦ばしい天国にある彼女の永遠の至福の悦び」を意味し、さらに黄金装飾は、「自らとひとつの神への彼女の大いなる全き熱烈な愛」を意味する。おしまいにこの書物は「だれにも壊すことのできないように」堅固に装丁されており、「だれも神が彼女のうちに与えた大いなる恩恵」を取りさることはできない。十字架上の死の苦しみのうちにあるわが子のそばに立っていたように、いまや天上にあって彼の右側に「永遠の栄光」のうちに君臨し、生きて「永劫に悦びにみちて」統治するのである。

十字架上のイエスはテクストとして読まれた。テクストはまた幼児イエスの姿をとることもできた。スイスのドミニコ会女子修道院カタリーネンタールの修道女エルスベートは、クリスマスに最初の課を読んでいると、幼児イエスが現われたと報告している。「本を開くと、おむつにくるまれた幼児イエスがそのなかに横たわっていた[16]」同じ修道院に若くして入ったラムスヴェークのアンナは、いやいや読書をしているときに、次のようなことが身に起こったという。いやいやながら勉強のための本を開くと、そのなかに「小さな子」が横たわっていたというのである。「そしてその小さな子は自分の足を手でつかみ、裸のまま彼女の目の前に横たわっていた。彼女は思った、〈ああ、なんてかわいいんだろう〉するとその子は彼女と話しはじめ、〈私は天の父にも、あなたにもなすべきことははたす〉と語った。それ以後、彼女は学習に心をうちこむようになった[17]」という。

バンベルクの写本

製本技術を宗教的なメタファーに転換することは、説教を魅力あるものにする。修道院の書記室で手稿が作成されるときのじっさいのなりゆきは、かつてのバンベルクのミヒャエル修道院の図書館の手稿に伝えらているパノラマ図のシークェンスを見れば手にとるようにわかる[18]。この手写本は一一七〇年代のものだが、ほとんど完全に写本作成の全工程を呈示している。それぞれ二つの円形図が羊皮紙の準備（c—h）、執筆（a—b）、装丁（d—g）、本の使用（e—l）を図解している。

この図解によれば、獣皮から羊皮紙は次のような手順でつくりだされる。獣皮がまず灰汁で処理され、ついで円形図（c）に見られるように、矩形の枠に張られ、半月形の切下げで毛や肉片の残りが削ぎ落とされる。頁の右側の解説図（h）では、羊皮が好みの大きさの版に切りそろえられている。

執筆の過程を呈示するために、ただちに羽ペン、インク壺、字消しナイフなどをたずさえて、書き物台に向かい手写本の紙に記述する書き手の姿を登場させず、つまり、いきなり貴重な羊皮紙に書きはじめるのではなく、構想やメモのために一般に、蠟板が使用されるということがしめされている。尖筆で字母や数字が蠟板に刻まれ、必要とあらば広がった筆尻で消される。これを図解している円形図（a）では、鵝鳥ペンの先がまるくなると、懐中小刀で削りなおされているのがわかる。

記述され、絵を描かれた紙葉は、折り畳まれ重ねられる（k）。書き手はその際、ペンを耳にはさんでいる。折り畳まれた紙葉は、製本台（かがり台）に置かれ、綴じられる（i）。表紙の制作は最も左下の円形図（d）に見られる。木製の表紙が小型斧で形よくととのえられ、おうおうにして革張りにされる。

画僧が破風模様に従事している。修道院の守護天使である大天使ミカエルが描かれている。天使の上下には、中世の僧たちの生活世界における書物の役目が呈示されている。書物は個人的な精神修養のため、哲学や神学の学問のため、ならびに修道院ではじめて読み書きをまなぶ、さまざまな修練士たちの授業のために使用されたのである。

バンベルクの羽ペン図は、並はずれてくわしい図解だが、これでも中世における写本制作に必要な工程のすべてを見せているわけではない。この点、他のもっとくわしい細密画では、羊皮紙を切りそろえた後、版面が固定され、コンパスで行間距離がしるされ、定規と尖筆で罫線が入れられるか、懐中ナイフで誤字が削りとられる様が呈示されている。

修道院で聖書や宗教書を筆写する者は、この修道院を生涯去ることなく、教会の畑に実りおおい種子を播くのである。精確な筆写の苦労は天でむくわれる。大いなる審判の日、魂の重さが計られるとき、善きおこないの秤にのせられる写本作成の重さは大きいのである。神の尚書マリアはこれをわきまえていて、判決の言い渡しのさいに尊重してくれたというのである。

書かれたテクスト、マリア

ドミニコ会士の司教、フィレンツェのアントニウス（一三八九〜一四五九）の説教「聖マリアの出生」は、伝承されたイメージや比喩にしたがっているが、機敏な着想力に富み、マリアと世俗的な執筆活動との間に新しい親近性を見つけだしている。書物が知と叡知を担うように、マリアは神の叡知の総計——神の子——をわが身に担ったというのである。さらに書物の中身を決定づける筆記用紙、テクスト、封緘もマリアの「書物としての存在」[19]と対応をなすという。

フィレンツェ出身のこの学僧は、貴重な書物が羊皮紙から作成されることに注意を喚起した。羊皮紙が信頼のおける筆記用紙として利用されるためには三度精製されなくてはならない。獣皮に付着している肉片の残りを除去し、石灰溶液にひたした後、十分に乾かされねばならない。筆の運びを阻害しそうな過剰なざらつきをなくすため軽石や白亜でみがかねばならない。マリアは生まれついて良質な羊皮紙である。「罪の肉質」を免れ、「罪の火口の液体」に濡れることなく、「過剰」とも無縁だからである。古代においては、獣皮のみならず、樹皮から写本を作成することもまれではなかった。その場合には内皮が好んで選ばれた。内皮は幹と粗い外皮の中間の繊細な層である。内皮の中間的な位置もマリアの仲介者の役に似るものとされた。救世主を出産することにより、彼女は神と人間の仲介者になったのである。

写本のテクストに関しても、マリアと書物は比較しうるものとみなされた。語られ、思索され、書かれた言葉の使命も、アレゴリカルな見方をすればマリアにあてはまる。思索された言葉に相応するのが父なる神によって創造された言葉であり、マリアはこれを受けとり、世にもたらしたのである。語られた言葉とは、預言者によってあらかじめ予告されていた神の言葉としてのイエス・キリストであり、神の言葉は「肉に書きこまれた言葉」として処女マリアに受胎されたのである。

説教家が説教台において利用する書物メタファーはこれほど深遠で難解なものではなかった。説教する聖職者や修道僧が聴衆の心をとらえ、教化し、説得しようとするには、わかりやすい表現方法が必要であった。

少なくともドミニコ会士エーンハイムのフーゴーが一四三五年のマリアの誕生の祝日にストラスブールのドイツ騎士団の教会で聴衆に対し、「イエス・キリスト誕生の書」の説明をしたときにはこれを心がけた。彼は書物を三種類にわけ、「自然の書」(これは「創造の書」の同義語とした)、「掟の書」、「誕生の書」と名づけた(20)。内容による区別である。すなわち自然な道徳律、旧約の神の掟、ならびに処女の胎内における神の受肉である。「自然の書」は神がすべての人間のうちに書きこんだもので、いわば各人の良心であり、したがって「良心の書」と同一視してよい。「掟の書」は神が石板に刻んだもので、「何らの恩恵も慈愛もなく」厳格な、心にのしかかる書であった。だから新しい書物が著わされねばならなかった。これが「恩寵の書」である。これは聖書に「イエス・キリスト誕生の書」と名づけられ、マリアとも一致するものであるという。「だから」と説教家は断言する。「マリアは正当にも誕生の書となづけられたのである。というのも、天なる父の永遠の言葉がマリアの書から誕生したからである」「この書物は、純粋な処女の羊皮紙でつくられた」とドミニコ会士は説いたものである。「聖霊が羊皮紙製作者であり、永遠なる父がこの羊皮紙に永遠の言葉を書きこみ、衆人に開示されたのである」この書物の目的は、人間が神と和解することにあるという。

空想豊かな比喩でマリアの本質を具象化する書物メタファーと、宗教改革者たちに見られるような厳格な聖書主義とはとても相いれない。ルターはマリアの誕生の祝日の説教（一五五二）において従来の伝承とたもとをわかった。マリアの誕生の祝日ミサに朗読されてきた「人の子イエス・キリストの書」は「キリストの誕生に関するものであって、マリアにではない」と彼は説いた。この見解は、マリアの本質を書物とする伝統にしたがう義務から信者を解放するものであった。マルティン・ブーサーは、聖書の教えにそぐわないマリア誕生の祝祭は全廃すべきだという意見であった。

エルンスト・ローベルト・クルティウスが批判的文学史家の目で批判しているように、「啓蒙主義が書物の権威を震撼させ、技術文明が生活事情を変革して以来」書物や手稿メタファーはもはや、「生活関連」の意識とはむすびつかないかもしれない。しかしシェークスピアには――ゲーテの格言と反省からの引用にしたがえば――「書物はまだ聖なるもの」に見えていたし、ゲーテ自身もまた、書物や手稿には神的なものの残照が存在するという見解をいだいていた。「品位ある羊皮紙」をひろげる者に、「天上のものが降りてくる」とゲーテは書いている。

マリアの書も多くの世紀を通じて、天上のものが降りてくる聖なるものであった。

最高の抽象力と手仕事上の芸術理解力でもって微に入り細にわたり、あらゆる聖書釈義の変形を展開させたマリアの書物象徴は、扱いにくい教理学と手にとるような具象性をもとめる信心の両方を満足させてはきたが、このみごとに形成された書物をもってしても、憧憬にみち、強い情感に動かされたキリスト教徒たちのマリア傾心を表現するには足りなかった。旧約の恋愛歌である雅歌のマリア論的解釈が、中世の感傷的、抒情的なもののみなぎる言語形式、愛しあう者たちが相互の愛情を表現するために使用する言語形式をともなったマリア文学を豊かなものにしたのである。

第5章　あなたの乳房は葡萄の房より甘い

旧約の雅歌をマリア論的に解釈することが、中世のマリア崇敬をますます感傷的な情愛あふれるものにした。愛の詩の光のなかで、マリアは多感で優美な麗人に変身していった。十二世紀のある著述家は、彼女の乳房は「乳や百合よりも白い。彼女の香りは花や香油より芳しい」と熱狂している。愛の対話の相手となったマリアは感情を解放し、想像力に翼を与えることになった。

『西東詩集』にゲーテは、「しばし、雅歌のもとにたちどまろう。このことよなく優しく、比類ないもののもとに、情熱的で優美な愛の表現を私たちに与えてくれるもののもとにたちどまろう」と書いている。「断片が混交し、重なりあっていて十全の堪能を許さない」ことを残念がりながらも彼は、「詩作者たちの生きていたかの状態」に感じいって恍惚となっている。「カナンの愛らしい地の微風がやさしく肌にふれ、田園生活、葡萄の栽培、園芸、薬味の栽培、いくらか都会的な制約もあるが、向こうには輝かしい王の宮殿がある。主題は、互いをもとめ、見いだし、つきはなし、また惹かれあう若い心の燃えるような愛情、さまざまに、だがきわめて素朴な状態のもとで(1)」このようなテクストをマリアに関係づけるのは、いわれのないことではなかった。マリア崇敬はマリアへの愛に変化していったのである。

雅歌の恋する男が花嫁に惹かれたのは、その小麦色の肌だけではなかった。彼女の乳房にも喜悦した。言葉豊か、比喩豊かに彼は叙述している。この乳房は「葡萄の房より甘く」と

フィロテシ（コーラ）・デラマトリーチェの「マドンナ・デッレ・グラーツィエ」（1508年頃）．キエティの美術館（旧カルメル会修道院）蔵．マリアが地獄の業火から人間たちを救うために乳を注いでいる．

はじめている（一・一）。中世末期の翻訳者はこの愛に酔う花婿の告白と感情をやはり、「あなたの乳房は葡萄よりすてきだ」という表現に集約している。彼女の胸は、恋する男に丈の高い草地で餌を食むカモシカの背を連想させる。「きみの乳房は、二匹の仔鹿、百合にかこまれ餌を食むカモシカ」（四・五、七・四も参照）と彼はほめ、また別な個所では「きみが姿はナツメ椰子、きみの乳房は葡萄の房」（七・八）、「葡萄の木になる房のようなきみの乳房」（七・九）と歌っている。娘もまたわが身を「わたしは城壁、わたしの乳房は二つの塔」（八・一〇）と誇示している。オリエントの女性が胸の間に入れていた「ミルラの匂い袋」のように恋人は彼女の胸元に憩うのである（一・一三）。

さてしかし、中世の聖書釈義家たちは、雅歌の花嫁は恋の悦びと苦しみに浮沈する女ではなく、神を渇望する魂[2]か教会、あるいはマリアを意味しているのだと解釈したものである。だが雅歌の恋人たちが魂だけではなく体をもとめあっていることを、無視してしまうわけにはいかなかった。

肉体を除外できない愛の抱擁にも解釈が必要であった。自らの解釈の前提に忠実であろうとする神学者には、愛しあう肉体が雄弁に語る性的な言葉に、霊的な意味を見いだすことがもとめられた。魂、教会の乳房あるいは神母の乳房が何を意味すべきなのか、釈明しなければならなかった。ところが彼らは、ヘブライの恋の連詩の官能性に困惑の感情もきわどい思いもいだくことはなかった。驚くほどの無邪気さで、恋人たちの言葉を、愛の神秘主義の言葉に置きかえてしまった。こうして、神秘的な神経験を教えようという「宗教的な愛の作法」が生まれたのである。「恋人たちが別れていなければならないときに思い焦がれたり、もとめ見いだしたり、こばんだり与えたり、ひとつになったりすること」が、神を渇望する魂の状態におきかえられた。花嫁の乳房は教会およびマリアの本質的特徴を明示し、納得させるものとなった。つまり知と叡知、慈悲と愛なのである。

授乳する乳房を、救いの源のメタファーに読みかえる伝統は、聖書や教父神学の書物にまでさかのぼっている。乳と蜜は、エジプトで飢えに苦しむイスラエルの民の、神に約束された奴隷も不和も飢餓もない地に対する希望とむすびついていた。使徒パウロは新しくキリスト教に改宗した者たちを乳飲み児に比し、固い食物を口にすることができないので乳を与える（一コリ三・二／ヘブ五・一二〜一四参照）と語っているが、ペトロの第一の手紙の執筆者も宛先人たちに、「まじりけのない、清らかな乳」をもとめるよう勧告している（一ペト二・二）。アンキュラのテオドール（四四六以前没）はこの勧告を、マリアの乳房から救いの乳を飲めという要請にかえている。「というのも、マリアのもとに命の泉が、精神的な汚れのない乳の与えられる乳房があるからです。この乳房より甘きものを飲むために、私たちはきそってここへ急いだのです。過去を忘れるのではなく、未来をもとめながら(3)」というのが彼の説教であった。二世紀中葉のあるグノーシス派共同体の歌の本『ソロモン讃歌(4)』では、神自身に授乳する乳房があり、神はみずからを、

私は彼らの五体をつくった
そして私自身の乳房を彼らのためにさしだし
彼らは私の聖なる乳を飲み、これによって生きることができる(5)

神の乳に救われ完全なものになる。この経験こそ至福である。だから信じる者はこう歌えるのである。

乳の杯が私にさしだされ
私は飲んだ。主の優しさの甘美にひたりつつ

御子は杯にして
乳をしぼられているのは父
しぼるのは聖霊
父の乳房ははっている
その乳をむだにすててはならない
聖霊が父の胸をひらいて
両の乳房の乳をまぜあわせ
世界に与えた。それと知らずに
これを飲んだ者は、正義の成就のうちにある(6)

宗教的な役目を具象的に表現しようとする試みが教会に肉体の外観を与えた。庇護し、世話し養育する母なる教会は乳房をもつことになった。二世紀の最も重要な教会著述家であった司教イレネウスは、「教会共同体に所属する者に流れそそぐ、救済の贈り物の比喩(7)」として、母なる教会の乳房に養われる、という言い回しを使っている。最初のキリスト教の学者アレキサンドリアのクレメンス(二一五前没)も「処女=母なる教会は、その子どもたちを呼び集め、聖なる乳で養い、子の姿をしたロゴスで育てる(8)」と書いた。「母なる教会」は「信仰の乳(9)」で子どもたちを養育する。アウグスティヌスの見解も同じであった。教会の両の乳房から「あらゆる秘跡の乳」が与えられるという表現も見られ、両の乳房とは旧約、新約の聖書の比喩なのだ(10)。『告白』のなかで、彼は赤子のときに母親から与えられた「人間の乳の慰め」を想起しながらも、神と自分の魂に思いをはせ、「乳房をみたしたのは私の母あるいは乳母自身ではなかった」

ことはわきまえていた。「〔主なる神よ〕あなたが、あなたの計画にもとづき、あなたが事物の根底にお入れになった富の充実にしたがって、乳飲み子の私に彼女を介して滋養をお与えになったのだ」[11]というミラノのアンブロシウス（三三九～三九七）も、教会の乳房を洗礼の秘跡と同一視している。[12]

教会の乳房、母親としてのイエス

中世盛期の雅歌の釈義家たちもこの比喩を継承している。セニのブルーノ（一〇四〇／五〇～一一二三）は、花嫁の両の乳房を旧、新約聖書と解した。[13] ヘブライの恋人たちが花嫁の乳房に比した二匹の仔鹿に、彼はユダヤ人と異邦人の示唆を読みとった。[14] 教会の乳房は美しいが、シナゴーグの乳房はそうではないというのである。黒い乳、よごれた澱と醜い錯誤でシナゴーグは彼女の息子たちを養うが、教会は子らに乳を与える。シナゴーグはこれに対して、私生児たちを葡萄酒で酔わせる。[15] 教会の乳房も乳のみならず葡萄酒もふくんでいるが、彼女は乳で単純な者たちを養う。賢者たちに与える葡萄酒は神洞察の能力を与え、恍惚にいたらしめ、叡知を与え、心を喜悦させる。[16]

セニのブルーノ同様に、レーゲンスブルクの修道院のベネディクト派修道僧ホノリウス・アウグストドゥネンシス（一〇八〇頃～一一四四）も花嫁の乳房を教会の乳房だとして、ユダヤ人と異邦人の原教会[17]と解釈したり、字の読めない者たちが飲む「教えの乳」として、旧約、新約の両聖書のメタファーにしたりしている。[18] 生活の現実を維持しつつ、天国の席も確保したい信者に、教会の乳房は「愛のふたつの掟」、つまり神への愛と隣人への愛を意味するだろう、と彼は説いたものである。教会の乳房は、掟の厳しさの象徴である葡萄酒より甘い。神は仮借ない掟の厳格主義より、愛の乳のほうをこのまれるというのである。[19]

彼の雅歌解釈も、他の中世の聖書釈義家と同様に、聖書のテクストは多層的な意味をもっているという想定にたっている。語体という外殻の内側に精神的な意味が隠れている、というのが中世の聖書釈義家の観点である。そしてこの中身を説くのが、言葉の四重の意味の正しい活用を学んだ神学者の役目であるというのである。

こういう考え方の土台をなしていたのは、聖書の言葉や字母には神秘的な記号の性格があるという洞察である。この記号は、次のようなルールの助けを借りて解読されねばならなかった。事実的なことは、簡素な語意〔リッテラ〕が情報を与えるが、信仰の秘儀を開くのはアレゴリー〔アレゴリア〕であり、何をなすべきかは道徳解釈〔トロポロギア〕が指示し、人間が永遠の生にいかに参与するかは、神秘的解釈〔アナゴギア〕から知る。言いかえると、単純な語意は歴史的事実を名ざし、アレゴリーは予言と成就の掟にしたがい旧約と新約をむすぶ神の救済計画を瞥見させ、比喩語法的な解釈は倫理的＝実践的生活ルールをさぐりだし、神秘的解釈は信仰心の厚い者の関心を世界終末と神の国の到来へと向けるということである。

このような解釈学から、雅歌の乳房がじつは何を意味しているのか、さぐりだそうとしたホノリウスは次のような洞察にいたった。歴史的には、花嫁の乳房はソロモンに愛されたファラオの愛娘スラミートを想起させる。アレゴリーに解すれば、旧約と新約の聖書の象徴である。倫理的＝道徳的、つまりトロポロギカルに解釈すれば、信者を教化し美徳にみちた生活へと鼓舞する神の叡知と知の源であり、世界終末的救済、つまりアナゴギアでは、緊密にむすびあった神への愛と隣人愛として、世界終末的な神の国の永遠の平和に参与させる「二つの愛の掟」を自覚させるのがこの乳房であるという。この例からも推察されるように、この四種類の解釈ははっきり互いに区別されるものではない。はっきり区別される例は、言葉通り取れば歴史上の都市、アレゴリカルに理解すれば教会、トロポロギカルには敬虔な魂、世界終末的な意味では天の神の都と解釈されるイスラエルであろう[20]。

言葉通り歴史的に受けとらず、言葉を転義的に解釈するのが、中世の聖書解釈の常道であった。外面の字母とテクストの宗教的内髄の洞察をわけたのである。ホノリウス・アウグストドゥネンシスもまた、教会の両の乳房は旧約、新約聖書を意味するなどとアレゴリカルに解釈し、「字母の乳」と「アレゴリーの乳」を区別して、字母にたいする忠実で単なる語義はユダヤ人のもの、より深い宗教的な理解はキリスト教徒のものなどと[21]、言うことができたのである。

啓蒙化された理性にはこれはうさん臭いものであった。啓蒙理性の分析的な合理主義は中世的な想像能力をもはやもっていなかった。中世の著述家には、象徴、アレゴリー、メタファーは神の真理の探求と概念的把握のための道具であった。クレルヴォーのベルナールの解釈だと、花嫁の乳房は、キリスト教徒が同苦と同慶を飲む教会の乳房である。同苦の乳房からは慰めの乳が流れだし、同慶の乳房からは活力の乳が流れでるという[22]。花嫁が花婿に口づけされたとき（雅歌一・二）、彼女の乳房は、葡萄酒より甘美な神の認識の乳ではったのだ、とベルナールは想像したものであった。葡萄酒は、世俗的な学問と理解され、愛ではなく、好奇心でもって人を酔わす。学問は養い、教化することはなく、うぬぼれさせるだけだというのである[23]。

ベルナールに教会と解された花嫁の乳房を特徴づけるものは、尽きることのない授乳であった。決して枯渇しない乳房の力のおかげで、教会は母親として養母として子らを助け、キリストの体に由来し、マリアの仲介で永遠の命の源となる命の流れのなかで自らも生きるというのである[24]。

わが子に授乳する母親のイメージでもって、中世初期、盛期の聖書釈義家たちはキリストの救いを説こうとした。オセールのハイモは九世紀に雅歌の注釈のなかで、花嫁の乳房を「キリストの乳房」とみなし、「福音の甘美」を理解すべきだとした。[25] 聖書の福音は乳同様に「信じる者たちの幼少期」を養うが、葡萄酒は旧約の掟の峻厳を意味する。だからキリストの乳房は葡萄酒よりすばらしいという。クレルヴォーのベルナールは、誘惑に苦しんでいたある修道会士に、「十字架にかけられたキリストの傷口よりはむしろ乳房から吸え」[26]と勧告している。十二世紀前半に著わされた『聖トゥルートペアターの雅歌』は、古ドイツ語で書かれた最も美しい散文であり文学とされているが、イエスの母性を次のように特徴づけている。[27]「キリストは新しい恩寵の母乳である。母親が乳をたらして子どもの目の痛みを和らげるように、キリストは乳でわれわれの目を開く。彼の恩寵と慈悲の乳房で、キリストはわれわれの痛みを癒された」。この説教家はさらに、われらの主キリストは「人性と澄んだ神性のふたつの乳房をもち」彼との連帯をもとめる者に「彼は……片方の乳房からもう片方の乳房へと導く。人性の乳房の蜜と葡萄酒から甘き神性の乳房へと」[28]と説いたものである。

マリアの乳房

雅歌をマリア論的に解釈する釈義家たちは、花嫁の乳房をマリアの乳房とみなした。マリアは乳房の片方で神の子キリストを愛し、もう一方で人の子の彼に対したという。[29] マリアを教会の元型とする神学者たちは、マリアの人格における「肉体的な母親」と「霊的な母親」を区別していた。彼女は「肉体的な乳房」から出る「物質的な乳」でもって彼女の息子を養い、懐疑家たちに対してイエスが人間の肉をもち、全能の神の息子であると同時に真の人間であることを証明し、「霊の乳房」でもって、信心深い神の民の教会を形成するイエスの子らを養う。マリアは救いの必要な人間たちをためらうことなく「恵みの乳」[30]で扶養しようと心に決めていたというのである。

憐れみぶかい母マリアという観念が、胸をあらわに乳房を見せている彼女の姿の文学的あるいは造形芸術的な表現を生みだした。息子に乳房をふくませながらマリアは、彼女の庇護に身をゆだねる者たちに、罪からの解放を叶える、とルアンの首都大司教座教会の首席司祭リシャール・ドゥ・サン・ロレンは一二三九年から一二四五年の間に著したマリア論のなかで書いている。[31]

マリアの乳房には多大の力があると信じられていた。中世盛期から後期にかけての説話集にある話だが、ある修道院で罪深い尼僧が死んだ。マリアは尼僧の魂をすでにつかまえている悪魔たちと死者の将来の運命について言い争って、らちがあかないので自分の胸をはだけ、「御子に乳を与えたのはこの乳房、さあ、私に仕えていた女をお渡し、おまえたち盗人」とすごい剣幕になったので、悪魔たちはほうほうのていで逃げ去った。[32]

マリアの天国での有効範囲、統治範囲をさだめようと、リシャール・ドゥ・サン・ロレンは、天国をふたつの領域に分け、ひとつはキリストが支配する正義の領域、他をマリアが責任をもつ慈悲の領域とした。神の正義は威嚇するが、マリアの慈悲はわれわれに助けをさしのべるのである。[33]

スコラ哲学の素養があり、神秘主義的な傾向をもつ中世盛期、後期の神学者たちがマリアの乳房の象徴性や効力性について思念したり書いたりしていることを、民衆の言葉におきかえたのが神秘主義的な女性たちであった。ベギン会修道女で、後にシトー会修道女になったマグデブルクのメヒティルトは、ラテン語は堪能ではなかったが、『神性の流れる光』に次のような幻視を叙述している。「すると天の父の左手にわたしたちの聖母が処女の姿で立っているのが見えた。あらわにされた光りかがやく乳房より、天の父の栄誉のため、地上のすべての被造物にまさってすぐれたわたしたち人間への愛のため甘美な乳がしたたっていた[34]」

ラテン語の学校神学が形成していたマリアの乳房に関する観念も、メヒティルトは神秘的考察の対象にした。マリアの乳房はイエスのみならず預言者、使徒および全キリスト教徒を養うという彼女の思念には、もはや乳房の自然な機能と神学的象徴性との区別はなかった。彼女の言い回しによれば、マリアはこう告白する。「わたしは母として多くの見知らぬ子らに、清らかな慈悲の乳のはった乳房をふくませた。わたしの誕生を予言していた預言者を養い、幼少時代にはイエスの世話し、青春時代には神の子聖なるキリストを養育し、ついには十字架のもとで、イエスの肉体を刺した剣がわたしの魂を霊的に刺し、わたしは枯れ、悲惨な姿となった[35]」

メヒティルト自身も彼女の修道院仲間同様マリアの乳房を渇望している。「聖母さま」と激情にかられたように呼びかけ、「わたしたちに乳をお与えください。あなたの乳房はまだみなぎっています。わたしに与えてくださらなければ、乳房が痛みましょう。わたしは見ました。あなたの乳房から銀の流れのように乳がわたしの唇に、魂の上に注ぐのを。その瞬間、神を怖れ苦しむ心の重荷を取り去ってくださいました。最後の審判の日にも、わたしたちをみそなわしてくださいますよう。わたしたちは心をこめ、あなたの永遠の悦びの乳を、御子イエスも口づけされた乳房を信じます[36]」

マリアがメヒティルトの願いをかなえたかどうかはわからない。この幻視者は、この問いの答えは白紙のままにしている。しかしそれまで罪深く、弱く誘惑されやすいとされてきた女性の特性や行動様式が、女性神秘主義者たちのテクストや経験世界によって、「新しい神学的尊厳と特殊な霊的言表力を獲得した[37]」ことはたしかである。感覚的に愛をもとめる態度は、従来罪ぶかい欲望だとして断罪されていた。ところが神秘的な陶酔が「神の愛への独特な入り口」[38]を開いた。つねにけなされてきた女性的実存の肉体性が「受肉の思想の感銘深い生活世界的な解釈」を可能にしたのである。キリストの人間性と貧しさを介して現われた救済の出来事を、地上の感覚にしたがって再構成することが可能になったのである。[39]

マリアの乳房が癒しを与え救済するという信仰は、彼女がメシアに授乳したという事実に由来する。中世の敬虔な者たちの念頭にあるのは、すべてから見放されたと感じ、苦しむ罪人たちの救済に尽力する「慈悲の母」であった。神に乳房をしめしながら代願するマリアの姿が、中世末期には芸術作品に盛んに登場するようになる。グラーツの司教座教会の南外壁のいわゆる神罰図も、マリアの代願が印象深い。一四八五年制作のフレスコ画だが、右手に三本の槍を下向きにもった父なる神が描かれ、銘文に「飢餓、剣(戦争)、悪疫」とあるが、マリアは自分の胸をさししめしながら、

ああ、主なる神よ、愛する息子よ
罪人たちを憐れんでください
あなたに乳を与えたこの乳房をごらんなさい
私に免じて罪人をお許しください[40]

このモティーフの広汎な影響力は、ミュンヘンの聖母教会にある中世末期の時計にもみとめられよう。エラスムス・グラッサーの設計によるものだが、彼はライン河上流地域やチロルの教会を建設した建築家で、一五〇一年にはライヒェンハルの製塩所の設備も改良していて、あきらかに機械にもくわしかった。ミュンヘンの時計は、一日の時刻を刻む文字盤と太陽の運行および月の満ち欠けをしめす文字盤との間に、観

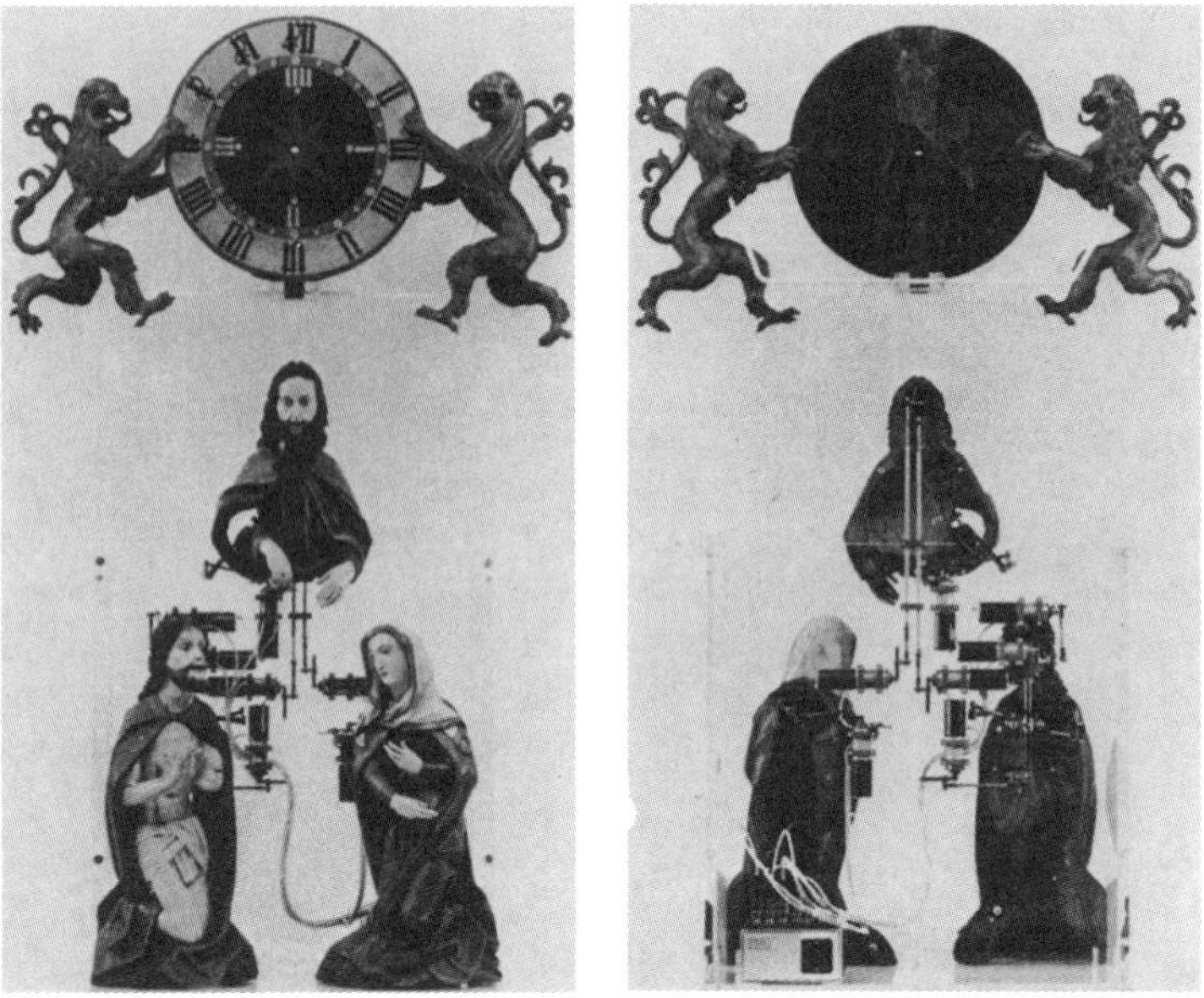

エラスムス・グラッサー（1450頃～1526後）のミュンヘン聖母教会の自動時計の一部．16世紀初頭．ペーター・フリースの図解（写真撮影：ヴァルター・ハーバーラント）．マリアの乳房を自動的に見せる．

音開きの祭壇があり、雲上に君臨する父なる神の下にイエスとマリアが見える。マリアは息子に胸を見せ、イエスは神の視線を脇腹の傷口に誘導する仕草をしている。父なる神、イエス、マリアが宗教劇の登場人物さながらに動くさまを、今世紀初頭にある観察者がノートしたものがある。「一時間ごとに、時計のなかのものが上下とも動く」[41]と、「マリアは機械じかけで腕を動かし、あらわになった右の乳房をしめす。彼女のまなざしはキリストに向けられ、キリストも機械じかけで前腕を動かし、父なる神に傷跡や脇腹の傷口をしめす。地上界と天上界とのあいだの距離を、父なる神を見あげるキリストの視線が橋わたしするが、その際に眼球も機械じかけで動く。代願の祈りを聞きとどけた父なる神は、機械じかけで右手の剣を鞘におさめるが、その際に真正面を見る目の眼球が同様に機械じかけで動く。さらには唇もやはり機械じかけで動くのである[42]」この時計の製作者に、もし父なる神に発声させていたら、おそらく彼はこう言ったことだろう。「心より悔いて死ぬ者すべてに、私は憐れみをかけるであろう」少なくとも当時の仲裁図の帯状説明文にはそう書いてある。

グラッサーのこの機械じかけの精巧な作品のなかでも、――他の同時代の表現同様に――イエスとマリアが同時に神に対する代願者として登場している。キリスト教徒が神に対するイエスとマリアの共同の代願の祈りにより、「こよなく心強い慰み」を汲みとることができるという確信は、中世の信仰の伝統に相応するものであった。この二重の仲裁は、中世盛期以来しばしば表現されたキリスト教芸術の主題である。最後の審判の表現においてはしかし、胸を開いて見せるマリアと贖罪の衣に身をつつんだ洗礼者のヨハネが、終末的な世界審判者キリストの前で代願の言葉を口にしている。父なる神に対するイエスとマリアの代願は、ひとつには、信者たちの生活苦に関係していたろうが、ひとつには何よりも、魂が肉体からはなれる死後の裁判状況に関係していた。中世末期の神学者たちは、死去時の「個人的な地域裁判」と世界終末時の「普遍的な世界審判」とを区別していた。最後の審判はヨシャパテの谷（ヨエサン・三〜一三）で、キリスト一人が裁判官となりとりおこなわれると彼らは確信していた。死の直後の裁判は、父なる神の権限であった。

キリストがマリアとともに代願者として登場するのは、死後の裁判だけである。最後の審判において代願するのは主にマリアだが、洗礼者ヨハネも彼なりの寄与をする。死の直後の神は、死者の魂がただちに天の楽園の永遠の悦びに参与してよいか、あるいはしばらくなお煉獄にあって罪業の償いをしなくてはならないか、あるいはまた地獄の劫罰を受けるさだめとなるかを判定する。最後の審判においては、キリストが生前のおこないにもとづいて最終的な判決を言い渡すが、これは魂にも肉体にも関係するものである。そう信じられていた。

マリアが神に乳房をあらわにして見せる代願者として登場するのは、信心の歴史が生みだしたものであって、新約聖書に由来するものではない。この観念の発展はしかしまた、単にマリア崇拝の生んだ想像力や霊的経験のせいだけではない。世俗の法慣行も一役買っていたのである。中世の法実践は、代願者による「寛大な処置の懇願」をともなっていた。神の慈悲深さを示唆して、裁判官の心を動かそうとつとめたのである。[43] あまりに苛酷な処罰はキリスト教の愛の掟に矛盾する。とはいえ、まさか女性たちが乳房をだして懇願したわけではない。[44] ただ『ガリア戦記』のなかにユリウス・カエサルが、ガリア人の女たちは生存を脅かされる事態になると胸をはだけて見せると書いているのは、注目してよいだろう。彼の軍団がゲルゴリアの町を攻略しようとしたとき、一家の主婦たちが「城壁の外へ衣類や銀のものを放りなげ、乳房もあらわに城壁から身をのりだし、両手をひろげ、アヴァリクムにおけるように、女子どもまで殺戮するようなことはやめてほしいと命乞いをした[45]」という。

奇跡的な恩恵をほどこすマリアの乳

マリアの代願によって救われる、と教える絵画は少なくない。苦境にうちひしがれている人間に、マリアに向かう勇気を与えようとした説教師や著述家たちも、言葉に説得力をもたすために物語の助けを借りている。神学的な省察やメタファーを物語形式になおし、奇跡的な助けに対する敬虔な期待にそうようにする必要があった。無数のイメージや意味をつつみこんだ象徴神学を歴史物語にすることは、宗教的観念の粗雑な具象化とはわけがちがう。物語に書きかえることによって生まれた伝説は、超時代的真理に役だつものであった。とはいってもマリアの乳物語は、当時の民衆の情念や時代の関心を混入させたものであることはまちがいない。人間の行動がつねに宗教的な理由づけを必要とした社会では当然のなりゆきである。

次のような物語を生んだのも宣教的、護教的な関心だろう。マリアを熱烈に崇拝する信心深いサラセン人がいた[47]。くる日もくる日も彼はひざをおりまげ、手をあわせて拝んでいたが、ある日、至高の神が処女から人間の姿を受けとるなどということがありうるだろうか、男女の交接なく精子なくして、こんなことがいかにして生じ得たのであろうか、と自問するにいたった。

彼があれこれ思念していると、目前のマリア像の乳房がふくらんできた。しかもその乳房から、小川の水源からのように、乳が流れ出はじめた。この奇跡に彼は我を忘れ、信仰上の疑念をすべて払拭して神の全能をみとめた。こうしてマリアの処女懐胎を確信したこの男は、不信の闇から信仰の光のなかへ回心し、妻子ともども洗礼を受けたという。

死の床にあったシャルトルの司教フルベール（九六〇頃～一〇二八）をふたたび生き返らせたというマリアの奇跡を伝承している韻文や散文は少なくない[48]。シャルトルの教会改革者フルベールは、教会や教区でマリア典礼を促進し、盛んにした功績を讃えられていたが、死病にとりつかれ、不安と絶望に陥った。するとマリアが現われ、乳を彼の顔の上にたらした。処女マリアの顔に気づいたフルベールは、彼女の慈悲に希望をつないではいるが、彼女の息子の審判を怖れる、と告白した。マリアは彼を慰め、息子への仲介を約束し、乳房から貴重なバルサムのような乳を三滴彼の上にたらして姿を消した。司教は病からたちなおり、将来を確信しつつ、この「天上のネクタル」を銀製の容器に入れ、奇跡の記念として保存した。

マリアがあらわな乳房を見せているシャルトルの大聖堂のステンドグラスは、この奇蹟の記憶があせないようにというものだそうである。

プリューフェニングのボトー（一一〇五頃～一一七〇頃）は、忠実な息子のように主の母につかえようと心に決めたある修道僧のことを報告している。[49] この僧は、公の聖務である共唱の祈りの後に、特定典礼の歌を歌い、神母に賛美と感謝をささげていた。ところが重病にかかり、息もたえだえになった。仲間も彼の死を予想し、すでに死者のための典礼をはじめようとしていた。と、そのとき、嘆願の声に動かされた「栄光にみちた慈悲の聖母」が白い衣姿で現われ、彼のベッドに腰をおろし、彼女および彼女の息子の忠実な従者に、このように断末魔の苦しみを与えるのはむごいと言いながら、病人の傷口に乳房から聖なる乳をたらした。すると臨終を迎えようとしていた病人が快癒したという。

ベネディクト会会士プリューフェニングのボトーは、この奇跡話を聞いたときにはまさかと思ったが、イエスが人類の救済のためにわが身に負ったもののことを想起し、すべての疑いを払拭したという。ボトーはこの話をアレゴリカルに解釈した。そうすることによって、これに信憑性と説得力を与えた。「乳の名において」慈悲や、天上からの眼差しの優しさが言い表わされたのだ、とボトーは説明する。このかぎりにおいて、栄光にみちた母マリアの善意と慈悲が彼女の忠実なしもべに、「彼女の乳房の乳のイメージ」によって表現された慈悲を与えるのは異常なことではなかったわけである。何といっても、罪深い人類のために自らを十字架にかけさせたイエスを育てたマリアの聖なる乳は、あらゆる慈悲の源泉なのであった。

病気の聖職者はマリアの乳房から治癒と慈悲の乳を飲むことが許されるのだとさえ言われた。シトー会会士ハイスターバッハのカエサリウス（一一八〇～一二四〇）は、模範的な生活を営み、ひたすらマリアを敬慕していたある聖職者が病に倒れたときの話を報告している。[50] 顔に悪性のはれものができ、口や唇も黒変し、悪臭を放ちはじめた。周囲の者たちも彼を訪ねると、みな胸が悪くなった。この男をこれ以上、不快の的にしておくのを憐れんだ天使が、ある場所に病人を連れだした。そこで彼は輝かしい天の女王マリアの姿を見たのである。マリアは彼を呼びよせ、抱擁すると乳房を与え、「愛しい人よ、私の息子、この世の救済者キリストが飲んだこの胸からあなたも飲みなさい。予言的な言葉を口にしたあなたの唇がこれ以上病気であってはなりません」聖職者はたちまち健康になり、腫物の発していた悪臭が芳香にかわったという。

神学的な知と神的英知の源としてのマリアの授乳

マリアの乳房は身体の健康の源ばかりではなかった。聖職者や修道僧たちには、神学上の知と神の英知も与えた。ハイスターバッハのカエサリウスによると、大修道院長クレルヴォーのアンリ（一一三六～一一九八）は書物の知識はそれほどでもなかったが、敬虔で志操堅固な生活を送っている人物であった。彼は教皇から十字軍遠征のための説教を委託されたとき、とてもその任にあたる器ではないと感じ、聖母マリア像に涙ながらに助けを乞うた。するとマリアが現われ、彼に聖なる乳房をさしだした。知を渇望する修道院長はその乳房から吸った聖なる乳のおかげで、神学の学識が豊かになり、ついにはローマで枢機卿の栄誉に浴したというのである(51)。世俗的な学問の教師たちも「英知」の乳房から飲んだということである。

なかでも教会の乳房によく言及したクレルヴォーのベルナールは、マリアの乳房については何も書いていないにもかかわらず、この乳房伝説からのがれられなかったようだ。一六七七年に公刊されたある聖ベルナール伝記に、「聖ベルナルドスが一度ならず聖処女マリアの乳房からでる乳を摂取したのはたしかで

「クレルヴォーのベルナールの幻視」板絵（1370／75年）．ケルンのワルラフ－リヒァルツ美術館蔵．ベルナールの幻視によればマリアが乳房からしたたる乳で彼の唇をしめして，処女であり母であることを証明したという．マリアの左手の赤いカーネーションは，キリスト受難の象徴．頭冠の白いバラは彼女の純潔，赤い五つのバラは磔刑されたキリストの五つの傷口をしめす．

あり、まちがいはない」[52]と書かれている。ヨハネス・コンラドゥス・ブルガーとかいう男の筆になる近世の口語で著わされた『蜜流れる教会教師にして聖なる父ベルナルド、総大司教にして世に有名なシトー会教団の共同設立者』は、おそらく十三世紀後半に生まれ、十四世紀前半に書き留められた伝承を要約したものであろう[53]。

一三一三年から一三三〇年の間に古フランス語でまとめられた手稿により伝承された模範説話集に出てくるマリアの授乳のモティーフでは、シャロン（シャロン・スィル・マルヌなのかシャロン・スィル・サオーヌなのか不確か）の司教のまえで説教をしなければならなかったときのベルナールの怖れをあげている。彼は聖母マリアに熱烈な祈りを捧げた。眠気におそわれそうになったとき、マリアが彼に聖なる乳房を与えた。マリアが彼を彼女の乳で養ったために、彼は彼の時代の最も神経こまやかにして思想豊かな説教者となったという[54]。

一三四〇年にアヴィニヨンで発行された免償勅書も、この同じ出来事を、シャティヨン・スィル・セーヌのサン・ウォルル教会におけることとして報じているが、アクセントの置き方がことなっている。これによると、マリアは修道院長に幼児キリストをさしだして、「この子を受けとりなさい。ベルナール、わたしの息子で、全世界の救世主を」それから彼女は彼に、神の啓示の秘儀を知らしめ、キリストの苦難の傷口をしめした。そうしておいて自分の胸に手をあて、乳を数滴、ベルナールの唇にしたたらした。この恵みのおかげで、ベルナールは偉大な説教家になり、天の女王に愛される男となった。マリアから霊感を得て、彼は彼女に敬意を表して讃歌を書いた。『サルヴェ・レギナ』もそのなかのひとつだという[55]。

ベルナールが一一四六年十二月に、シュパイアーで皇帝コンラート三世の十字軍遠征の勝利のための説教をおこなったとき、シュパイアーの大聖堂のマリア像の前で祈りを捧げたという。町の年代記編者ヴィルヘルム・アイゼングライン（一五四三〜一五八四）がその『シュパイアー年代記』に、「このマリア像もまた聖ベルナルドに向けて乳をほとばしらせた」と記録している。今日にいたるまで、「この像を詣でる信者の波」は絶えないともある。この恵みの像への巡礼はとくに「胸の痛みを訴える女たち、あるいは乳の出ない女たちであった。そしてこの像は奇蹟ゆえに大いに尊敬されていた(56)」

神母が聖ベルナールに授乳したという話は年代記編者や画家たちの空想をかきたてた。ベルナールをマリアの「弟子」としてたたえた中世末期の神学者や聖徒伝作家たちには、マリアの乳房を両者間の身近さ、親しさの象徴にしようという心づもりがあった。でなければ、マリアの乳房から乳を吸うというモティーフが、本来これには無縁な物語に入っていることの説明がつかない。啓発的な証拠が『ベルナールの高貴な生涯』にふくまれている情報である。これによると、七歳のベルナールはベツレヘムの厩におけるイエスの誕生を幻視し、体験している(57)。一四七一年および七二年にはじめてアウクスブルクで印刷され一五二一年までに五〇版を重ねたというドイツ語の聖人伝の二巻本『聖人の生活と苦難』では、「そして聖ベルンハルトは七歳にしてクリスマスの朝課をつとめ、このとき主キリストが、母親より誕生するのを目にした。彼はそれを絵に描いた。処女マリアの乳房を吸う愛児の絵であった。マリアは聖ベルンハルトを呼びよせて、彼に〈来なさい。わが子とともに飲みなさい、そうすればあなたは大いなる業を学ぶでしょう〉。マリアは愛児の口を乳首からはなすと、聖ベルンハルトに与え、飲むように促した。その後われらが愛する女性は、何事もなかったかのようにまたわが子に乳首を与えた。聖ベルンハルトはおかげで大いなる英知を受けとり、子どもにしてすでに聖書に精通したのである(58)」

マリアの乳が飲めるということは、中世盛期、後期には非常な恩寵のしるしとみなされていた。ベルナールはこの恩寵にあずかったわけで、彼を、マリアの乳房によって、神母の本質と働きに関する深遠な思想の歩みへの霊感を与えられた聖人に祭りあげることは、マリアを庇護者に選んだ教団の思惑であった。十二世紀のベルナール伝にはまだ、マリアの恵みの授乳については一言もない。ただベルナールが自分の母親の乳房から乳を吸うのをうれしがったとあるだけである。ベルナールを急ぎ聖人の列に加えようとした意図は、母親の乳房をうれしがったというベルナールの姿の叙述を、禁欲的な印象を与える表現形式にかえることにもなった。

授乳する神の母

中世末期の教育書や保健冊子は、ベルナールの実母が子どもたちを他人の乳房にゆだねることなく自分で授乳し、これによって模範的な母の性格を乳児に注いだ、ということをくり返し指摘している。マフェウス・ヴェギウスは、一四四四年に著わした『教育学』のなかで、「聖ベルナールの母親がその高貴な家系にもまして、さまざまな場合に、とくに子どもの教育においてみごとに証明された美徳のゆえに賛美されている」と書いた。彼女は「子どもの教育に心をくだいた」だけではなく、「自分の子どもには自分の乳を与えるという義務を逃れてはならない」と確信していたという。「母乳とともに母親の倫理観もまた子どもに遺伝させられる」と考えていたからである。[59]

授乳するマリアを母親らしさの理想図にしようという意図を教理問答や医学上の冊子の著者たちは、さらに強くいだいていた。画家たちも、自分の子どもを愛撫し、抱擁し、乳を与える母親の絵を構想した。模範的な母としてのマリアの姿は、貴族、市民の上層階級の女性の多くが幼児を乳母に託していた中世後期の現実に矛盾するものであった。道徳的にも医学的にも疑わしく思える乳母の存在に対し、授乳するマリアの姿は、乳児の世話の範例をしめすものであった。説教師も医者も、女たちが自分の子どもに自分の乳を与えるよう動かそうと、まちがった現実習慣に対する批判を惜しまなかった。

中世末期の神学者や教育学者はまだ、「哺乳ビンで育てられる子どもたち」の精神的、心理的発育に否定的な影響をおよぼす口腔フラストレーションは知らなかったが、「自然は女たちに乳房を子どもの養育のためというより、美や飾りのために与えたのである」などという見解を根本的にまちがっているとみなしていた。「自分自身の子どもが乳房をまさぐるのを嫌がり、世間に青春時代の美しさの損なわれていないのを鼻にかけている(60)」ような母親を非人間の象徴とみなした。マリアの例は、女たちに乳母をもとめようとする傾向に歯止めをかけようというものであった。

マリアの乳房の至福の賛美（ルカ一一・二七）に関する説教を、アルベルトゥス・マグヌス（一二〇〇頃〜一二八〇）は、「この世の女主人よ、あなたはなぜ御子に御自分の乳をお与えになったのですか」と問いの形にしてみせた。母親の授乳は、このスコラ主義者には自明なことではなかったからだ。「この世の女王は、王の息子を宿し産むだけで十分であった。出産とともに、新生児は母親からはなされ乳母に託された。女王みずから子育てをするのは難儀でもあるし、またふさわしいことではなかった」彼は、自らの問いに対してマリアに語らせる。「わたしが自分の子をだれかに託すだろうなどと考えないでください。彼を宿したのはわたしです。わたしが乳を与えます。わたしの胎内にいた彼はわたしの膝のなかにすわります。わたしの内にいた彼は、外に出てもわたしがみたしてやります。彼はわたしの胸によりそい、わたしは彼を見つめ、腕にいだくでしょう。無心に口づけ、彼に自分をさしだし、心身ともにわたしは彼にみたされるのです。神がわが身の内にあり、わが身が神の内にあるということがわたしの身に起きますように」この答えにアルベルトゥスは自分で感激し、歓呼したものだ。「ああ、炎のような母性愛ではありませぬか[61]」アルベルトゥスの影響力は伝統を形成するものであった。ミュンスターのフランシスコ厳格派修道僧ディートリヒ・コルデ（一四三五～一五一五）は、『キリスト者の心得』に、「母親たちは、天と地の女王マリアにならい、わが子にみずから授乳すべきである」と書き、さらにつけくわえて、母親の乳をもらえぬ子どもたちは、「子育て女や乳母の性質を受けつぐだろう」そして乳母の乳とともに、「ふしだらなものを吸収し、そのためにしばしば命を落とす[62]」と警告したものである。与えられる乳によって母親の美徳を得るか、乳母の悪徳、悪習を受けつぐか、どちらかだという理屈である。

授乳する神母が女性たちを彼女の範例にしたがうように動かした可能性があることを、ヴォルフラム・エッシェンバッハ（一二一六以後没）が『パルシファル』のなかで証明している。強力な王であり勇敢な戦士であったガッハムレトが、槍に突き殺されたとき、彼の妊娠中の妃ヘルツェロイドは嘆いて、「果敢な戦闘意欲が彼をわたしから奪ってしまった。いまやわたしは彼を自分のうちに宿しています、わたしたちの愛がわたしの内に埋めた彼の命の萌芽を[63]」それから彼女は両腕、両手で、すでに十八週前から胎動している子どもを宿すわが身をだきしめ、「神よ、ガッハムレトの尊い子を産ましめたまえ。これは私の心からの願いです」子に対する愛情を証明するために、「女主人はなりふりかまわず肌着の胸を引き裂くと、やわらかい白い乳房をつかみ、女らしく上気して、その赤い乳首を押さえ、心得顔に、〈おまえはわたしの子どもを養う器、この子がわたしのなかで胎動して以来、自分のために用意している器〉と話しかけた。いまや彼女は心からの願いがみたされているのを目にした。彼女の乳房の乳が彼女の心を丸屋根のように覆うのを目にした[64]」。パルシファルを出産すると、「彼女は宮廷女官とともに、男児であることを確かめた。すでにりっぱな男のような体格をした赤子は、しきりとだきしめられ、愛撫された」。彼女はわが子

大ハンス・ホルバイン（1465頃～1524）の素描「マリア・ラクタンス」
（写真提供：バーゼルの一般公開美術コレクション）．

に口づけ、「夢中で自分の赤い斑点を――つまり乳首を――つかみ、彼の小さな口にふくませた。膝にだいてあやすのは乳母であり、彼女もいかにも女らしい女性ではあったが、授乳は母親自身であった。……彼女は母親としての義務をおろそかにすることなく、けなげな母親らしくふるまった。思いにふけりながら彼女はつぶやく。〈至高の女王もイエスにご自分の乳房をさしだされた。イエスは後にわたしたちのために人の子の姿をして苦痛にみちた十字架上の死につかれ、わたしたちへの誠実を証明なされた〉」[65] この告白から読みとれるのは、授乳が母親の献身の完璧な表現だという信念である。

クリスティーヌ・ドゥ・ピザン（一三六五～一四三〇）――中世末期のこの個性的なインテリ女性についてはすでに述べたが――もマリアの十五の悦びを十五の四行詩に歌った『ノートル・ダムの十五の悦び』に、マリアが授乳の際に感受した「歓喜」を叙述しているが、そこには子どもに対するキリスト信者の義務を強調しようという努力が認められる(66)。マリアを到達できない理想世界へと追いやるのではなく、平信徒の女性が自分の生活の営みのなかでマリアを模範とみなすことができるようにしたいという意図である。

これにもかかわらず、神学者、説教師、教理問答の教師たちがマリアに与えようとした模範的な母親としての役割には、現実の制約が存在していた。これは十五世紀を通じ、フィレンツェにおける家庭礼拝像のための絵画主題に容易にうかがえる。アルプスの北側では、マリアは、職人の女房として家事や子どもの教育の役目をはたす庶民的な主婦に描かれていたが、フィレンツェの画家は、都市貴族の出である注文主の社会的な観念世界を考慮してマリアを描いた。十五世紀のイタリア画家たちはマリアに「理想的な貴族女性(67)」の相貌を与えたものである。「北方ではわが子に授乳するマドンナのモティーフの需要が多かったのに対し、フィレンツェの芸術の場合には、このモティーフが家庭礼拝像の場合、他に比してまれだった(68)」のも、これとあきらかに関係している。絵画を注文できるフィレンツェの市民層は、乳母を雇うのが普通であった。収入程度により、授乳期間中独立の所帯をもつ費用のかかる乳母にするか、低賃金の田舎の農婦を雇うかのちがいがあるだけであった。フィレンツェ絵画の母子関係は暗示的なものでしかなかった。少年が母親の衣のすそをいじくっているという具合で、「わが子に食事を与えているマドンナのような市民生活の家庭的な描写は、フィレンツェにはまったく欠けていた(69)」自分の館をマリア像で飾り、自分自身の生活様式の保証を求めようとするフィレンツェの都市貴族の世界に、皿を両手にもってわが子に与えている「スープ・マドンナ」はふさわしくなかった。貴族の目から見た貴族的な美の理想、生活の理想にあわせてつくりだされたマリアのみが、神の母の生活と自分自身の生活との間の親和力を生みだす接点を提供したのである。

イエスに授乳するマリアの神学的論拠と神秘的メタファー

授乳する神母のモティーフは、新約聖書の関知するところではない。わずかに福音記者ルカが、イエスを宿した母胎、彼に授乳した至福の乳房を賛美する民衆のなかの女の言葉を伝えている（ルカ一一・二七〜二八）が、イエスはそれに取りあおうとはせず、神の言葉を聴き、これをまもる者だけが賛美に値いするのだと強調している。これからして授乳する母親マリアの登場するような幼少物語が福音書にはないことを説明しているだろう。

福音記者たちには言及に値しないマリアの授乳姿が、しかしながら聖書外典の著者たちには大切だったようだ。古代末期の教会の著述家たちも同じ確信であった。彼らがマリアの乳房、乳児イエスの母乳摂取について思念をめぐらしたのは、教育的な意図からではなく、信仰の基礎固めと擁護のためであった。イエスが母乳を必要としたということは、人の子となった神の子は、単に受苦能力ある仮象の肉体にすぎなかったとするキリスト仮現論に対し、イエスを真の人間の子どもとして現出させるものであった。

グノーシス派やキリスト仮現論者たちを論駁するために、「アウグスティヌスをのぞくとラテン語の教会著述家のなかで最も特異で個性的だった」テルトゥリアン（二二〇以後没）は、母親の乳房と母乳をイエスが真の人間であったことの証明手段にした。その著書『キリストの肉について』において、彼は「すべてが——受胎は別として——まったく人間の形で生じたればこそマリアの乳房もはったのである」[70]と確言している。イエスは世の乳児すべて同様に授乳されたのはまちがいない事実だと主張するために、彼は助産婦、医師および博物学者まで召集したのみならず、旧約にまで類型をもとめて詩篇を引用し、それをキリスト論的に解釈して、キリストの予言的な自己表白として読ませている。「私を母の胎内からとりだしたのはあなたです。まだ母の乳房のもとにあるときより、私はあなたにすがっていました」（詩篇二二・一〇）

古代末期の教会では、キリスト論の論争に、授乳するマリアが重要な役割をはたした。アレキサンドリアのアタナシウス（二九五～三七三）は、「天使ガブリエルは、ある男と婚約していたマリアのもとに遣わされた。花婿のことが言及されている以上マリアが普通の人間であることが明らかだ」と断言している。「聖書は、彼女が子どもを出産したことを証言しており、そして〈彼女は子におむつをあてた〉と語っている。そして彼の吸った乳房は至福だと称賛された……これは処女が母親になった証拠である」分娩せずに授乳するなどあり得ないし、「とにかく自然にしたがってこの世にやってこなかった者の身体を乳で養育し、おむつをあてる[71]」など想像できないことだ、というわけである。

すでに六世紀に作成された授乳する神母像もこの思想的な文脈のものであった。授乳する神母の初期の表現に形式と内容を貸し与えたのは、エジプトの女神イシスだという推測が一般である。イシス同様にわが子に乳房を与えているマリアのうちに、キリスト教的なものと異教的なものが混合しているという。エジプトの女神イシスとキリスト教の救世主の母親が相互に融合するという形で、マリアはイシスの遺産を受けついだ。したがって、キリスト教の神母崇拝は、「イシス礼拝の名を変えた存続とみなすべきである」という[72]。

二人の女性に、比較しうる特徴が認められるのはまぎれもない。両者とも奇跡的な形で受胎し、模範的な母親であった。このかぎりでは「古代エジプトの神母像が、後代に発掘された折りに、キリスト教のマドンナ像とみなされ、崇拝された[73]」ことは驚くにあたらない。このようなイシス像がパリのベネディクト

ホルスに授乳する女神イシス．中部エジプト，4世紀．プロイセン国立美術館蔵．「エジプトの母神は高い背もたれのついた玉座にこしかけ，真正面に向き，両足をひらいている．太陽を挟んだ角状の王冠は，あきらかに後代取りのぞかれたものと見える．これはエジプトの母神が後にキリスト教のマリア像に変化させられたことを暗示しているともいえるだろう」(ペーター・ブロッホ)．

派修道院サン・ジェルマン・デ・プレにかつてはあった。女神イシスが神母マリアとして崇敬されることにがまんのならなかった枢機卿ギローム・ブリソンは、この彫刻像を排除し叩き壊させたものだ。[74]

イシスとマリアは取りちがえられるほど似ていた。「後のマリアと同様なやすらぎのただようイシスは、母親の恵みと慈悲にみちている。彼女は助けと慰めを約束してくれる。彼女にささげられる祈りはマリアへの祈禱ときわめて似ていて、熱烈な信仰の証である[75]」イシス同様マリアも「まだ生まれていない者の母でもあると同時に、子どもや、ちんぴらや、下賤な悪党や諸侯、王、教皇たち、また娼婦たちの母でもあり、神の母でさえある」彼女は勝利のうちに世界の大陸を移動し、中国人たちに対しては中国女性に、インディアンたちにはインディアン女性になることもできた。至高の天空にただよいつつ、「貧者中の貧者のもとに現われ、支配者たちは彼女を利用したが、彼女は抑圧された者たちのもとにいた[76]」しかし両者の一致点が――内容的ならびに形態的な観点からいって――どの程度までかということになると、見解は分かれる。ある者は、「授乳する神母の像はファラオの時代の公的なエジプトの宗教と民間信仰に深く根ざしたものであったが、ヘレニズム化の過程において世界的な効力をもつようになり、これらの表象が新しいキリスト教的な信仰表象のうちにとり入れられたのである[77]」と説明するが、文学的、造形美術的に確認されるイシスとマリアの類似は、「歴史的な次元での依拠性を裏づけする[78]」までにはいたらない、という主張もある。異教の女神がキリスト教に吸収されたと明白に証明できる助けとなる歴史的な証拠が欠けているから、「授乳する神の生母〔ガラクトロフォウサ〕の表現は、普及していた乳を与えるイシス〔イシス・ラクタンス〕に刺激されたものである[79]」という主張は推測の域をでないというのである。このような依拠性の事情がどうであれ――緊密なものか否か――形態上の一致は、内容的なずれ、表現意図のちがいを越えて存在している。機能上の共通性が――両女性ともに神の息子に授乳する――エジプトの住民たちに、キリスト教信仰を受け入れることを容易にさせたことだろう。にもかかわらず、古代末期の教会における信心と典礼のうちに、異教的‐神話的な観念とイメージ形態が存続していたかどうかという問いに正しい答えをだすには、「この借用が、――どのような宗教的な土壌から発生したにせよ――形象や象徴が互いに内的な類似性によるものか否か、あるいは、古代の人間たちに多かれ少なかれ共通していた言語や形象世界のせいなのか[80]」、逐一、考察する必要があるだろう。

イシス礼拝とマリア礼拝に直接的なつながりがあるのかという問いに、――どのような形式や形姿であれ――母神性を求め、またこれを生みだす魂の元型をもちだし[81]、これの歴史的な効力を言いだせば、問いそのものが問題にならなくなるだろうし、仲介を歴史的に証明しうる証拠をさがそうとすれば、空をつかむ結果におわるだろう。このような相互交換過程に関して証言力をもつ資料は存在しない。当時を生きていたキリスト者たちの自己了解は、両者の関連性や共通性の探求にあったわけではない。彼らは他との区別に、キリスト教的なもののまごうかたない主張および自己表現を見いだそうとしていたのである。

異教的な神話との区別は、コプト教会の信者にはアイデンティティーの問題であった。キリスト教の神の母マリアを崇敬する者が同時にイシスを崇拝し、自分の運命をキリスト教とは本質的に異なる神々の世界の代表者の手に託するわけにはいかなかった。その上授乳する女性は、古代末期のエジプトには広くいきわたっていた像タイプであり、イシスに限られたものではなかったのである。とはいえ授乳する母としてマリアを描こうとしたキリスト教の芸術家たちが、この宗教的には異質な像形式に刺激を受けた可能性はあるだろう。コプト教会の福音書外典は、マリアを人類の救世主キリストに乳房を与え、育てた女性として尊敬し賛美する。臨終の床のマリアにイエスは語りかけ、「ああ、マリアよ、私の処女の母よ、その乳房の祝福されてあれ、あなたはその乳房で私を育ててくださった[82]」マリアの死体の蘇りの際にも、キリストは次のような使徒にあてた言葉を口にしている。「見よ、私のいとしい母を！　この人が処女の肉体のなかに私を九ヵ月宿し、乳房から三年間私に蜜より甘美な乳を与えた女性なのだ」[83]このテクストのねらいは、授乳する女性のイメージで神的母性を具現することではなく、神であり人の子でもあったイエスをキリスト教的に解釈することである。

十四世紀から十六世紀にかけてさかんに書き写されて普及し、礼拝にくり返された読誦は、授乳の行為とイエスの磔刑との間に共通性を見いだしている。[84]十字架、――生命の木――にかけられたイエスが、幼児期にマリアの乳房をまさぐっていたことに注意を喚起している。処女も十字架の幹も、神秘にみちた木だというのである。マリアの膝のなかの子どもが両腕をひろげていたように、十字架上のイエスも全世界を抱擁し、救済すべく両腕をひろげたのだという。マリアも十字架も実りある力をもっている。十字架はマリアに育てられた実でわれわれを養う。キリストがマリアの乳房に養育されたように、われわれは十字架にかけられたキリストの脇腹の傷に養われ、十字架のもとでマリアにも出会う。マリアと十字架の連帯性は、向かうべきはマリアか十字架か、といった「甘き疑念」を解消するものであった。この讃歌の暗喩的な内容を、十三世紀のある画家が小型連続絵画に絵画化し、総決算が十字架となるよう表現している。

この讃歌も、他の多くの中世の典礼や神学テクストならびに聖徒伝同様に、当時のマリア信心が肉体的次元をともなったものであることを語っている。身体のメタファーで豊かにされた形象言語は、みだらに感じられることも不快感を呼び起こすこともなかった。しかしながら中世の乳房暗喩や愛の神秘学は、奇跡話につつまれ、比喩的に表現されてはいるものの、今日の読者や観者には、きわどいという感じをいだかせるような作品をうみだしたものであった。十四世紀来、聖徒伝や修道院の書物および造形芸術において関心を高めたマリアの乳の奇跡は耳目をひかないだろうか？「これ〔母乳奇跡〕は女気をしめだした生活を送っていた修道士たちの夢想、願望をふくんでいなかったろうか？」[85]聖職者、修道僧、修道尼らが、マリアの乳房から流れ出る乳に光明を与えられ治癒されると確信していたとすれば、それは抑圧され、言いつくろわれていた性欲が力をもりかえし、蔓延していたせいではなかろうか？

人間の性生活の深淵を測定するとなると、ジークムント・フロイトの解釈モデルが役だつかもしれない。ヘーゲルが「母マリア」は、「純粋愛、母性愛の美しい形象であろう。しかし精神と思惟はより高次なものである。形象ゆえに精神における神崇拝は失われていた。そしてキリストでさえ棚あげされてしまった」[86]と述べたのは、――彼の哲学の限界において――まちがっていないかもしれない。もっとも、中世の敬虔な信徒たちはただ精神の真理においてではなく、彼らの身体の諸力もこめて神を崇拝しようとしたのではないのか、という問いは残る。

神に創造された自然の象徴能力をキリスト教の告知に役だてるという、中世の神学者たちには正当と感じられた努力は、「あらゆる宗教的な至福感情は、性的に解釈しなければならない」[87]という強迫観念から解放するものかもしれない。乳は中世世界では不可欠の基本的食料であった。生命を維持し促進するこの力を、マリアの働きの象徴にすることは、内的、外的にも、精神的にも感覚的にも、身体も魂も区別のない全的な信心の表現だったのである。

宗教的な愛の関係にしかるべき言語表現を与えようというときに、世俗的恋愛詩形象言語を断念するなどということは、中世の詩人や作家には、不必要な自己矮小化に思われただろう。恋人たちの身体言語を、彼らはくったくなく、敬虔な精神修養のための諸形象に移した。「〈マリアの母乳〉、これは中世の人間にとってどこまでも自然的にして超自然的なもの、母性を表明し、救いを約束するものである。とにかくこれは崇敬に値いするものなのである」[88]

マリアは彼女の乳房において、母性的献身、命を与え、命を救う力といった彼女の本質を開示した。神の母の胸について否定的な発言をすることは、したがって命にかかわることであった。ドミニコ会士ブルボンのステファンは、一二五〇年と一二六一年に著した『称賛すべき諸事について』のなかで、このようなケースを報告している。ある小売り商人がいたが、キリストや他の聖人たちについて冒瀆的な言辞を弄している間は別に不都合なことは身に起こらなかった。ところが聖処女マリアの乳房について不品行な言葉を口にしたとたん、舌が口外に醜く垂れさがり、死に至ったという。神の母の栄誉を傷つけられては、寛大な神の堪忍袋の緒も切れた。この彼岸からの処罰は、世俗的な刑罰のルールにある「見せしめの罰」の原理にしたがったものであった。毒舌家は己れの舌において罰せられたのである。

聖遺物としてのマリアの乳

マリアの母乳を崇拝したり乳房を示唆することに対し、やがてあがった批判の声は主に神学的性質のものである。『聖人たちと彼らの証』に、使徒パウロのいう「理性的な礼拝」（ロマ一二・一）にふさわしい典礼と信心の実践の支持を表明したベネディクト会修道院長のギベール・ドゥ・ノジャン（一〇五三〜一一二一）は、ラオンのマリアの母乳崇拝や別の地域での幼児イエスの臍の緒や包皮崇拝を批判している。マリアが神を賛美する礼拝を豊かにするために、このような些細なものを集めたなどと想定することは、聖書の証にもキリスト教の初期伝統にももとる。些細なものへのこだわりには、不遜を思わせるものがあり、謙虚な神のはした女に似つかわしくない。太陽の輝きの前の夜明けの行灯のようなこれらのものすべてを、どうして彼女が保存しなくてはならないというのか[89]、と彼は言う。歴史的批判と神学的熟慮から、ギベール・ドゥ・ノジャンはマリアの乳に神学的根拠を与えるのをよしとしなかった。ウィーン大学の神学者ディンケルスビュールのニコラウス（一三六〇頃～一四三三）もマリアの乳が聖遺物として崇拝されるところに、「迷信のしるし」ありと言い切っている。彼は「シュバーベンの明星」とうたわれた人物だが、マリア自身が、あるいは他人の助けをかりて、他人に与えるために自分の乳房から「乳をしぼる」など信じがたい、このようなふるまいは、マリアの「処女らしい羞恥心」に矛盾し、したがって信仰に値しないと断じた(90)。

神学的理性の名における異議はしかし、マリアの乳を聖遺物として集め崇拝する傾向を止めることはできなかった。ザクセンの選定侯フリードリヒ賢明王（一四八六～一五二五）は、ルターの領邦君主でもあったが、彼のヴィッテンブルクの宮廷教会の聖遺物コレクションのなかには、「処女マリアの乳について は小量のものが五つ、マリアがバルサムの香る庭の木陰でイエスに授乳したのその木の小片が一つ(91)」ある。マリアの乳を手に入れたなどということがうさん臭いことくらいは、中世末期の知性にはわかっていた。フランシスコ会の巡回説教師シエナのベルナルディン（一三八〇～一四四四）は、聖遺物偽造者のはばかるところを知らぬ術策を糾弾している。「処女の乳を聖遺物として見せる者たちがいる。いやまったく、世界中にマリアの乳を与えるには百頭の牛でもたりないだろう。彼女の乳はイエスが必要とする以上でも以下でもなかったはずだ(92)」実際的な理性がマリアの乳の治癒力、奇蹟的な力に対する信仰をゆるがせ、人文主義的な批評家たちもこれに同調した。ロッテルダムのエラスムスはあるとき、「イギリス人の間でこよなく賛美されているウォルシンガムの処女マリア像(93)」に詣でた。ウォルシンガムの巡礼教会の中央祭壇上の水晶製の器に保存されているマリアの乳を、この敬虔だが批判的な人文主義者は怪訝に思った。彼は異議を唱えて、注意を喚起した。「まあ何と母は息子に似ていることか。彼はかくも多くの血をわれわれのために地上に遺したが、彼女はかくも多くの乳を、というわけなのか、となるとたった一度しか出産しなかった一人の女性からのものとは信じがたい。彼女の子どもが一滴も飲まなかったにしてもである」[94]

教会内を案内した聖職者が「まことと聖なる乳に口づけ」するようさしだしたとき、エラスムスは、このときのために作成していたという祈禱をとなえた。「処女の母よ、処女の乳房で、天と地の主なるわが息子イエスに乳を与える資格のあった方よ、お願いです。私たちもまた、キリストの血で清められ、悪も策略もごまかしも知らない子らの至福の鳩のような純真さを得られますように。あなたがいつどこでも父と聖霊とともに居あわせているキリストの成就にしたがい、私たちを力ある成人へとはぐくむ福音の真理の乳を、私はつねにもとめます。アーメン」[95] 聖書神学に根ざす精神的なメタファーは、聖遺物、なかでもマリアの乳を余計なものにしている。エラスムスが疑ったように、マリアの乳なるものは、「白墨をすりつぶし、卵白と少しまぜあわせたもの」[96] でしかなかった。

信じやすいマリアの乳崇拝者たちも、概してこれを否定しなかっただろう。乳聖遺物がじつはすりつぶされた石灰沈澱物だということを、彼らは知っていたのである。しかしベツレヘムの白い石灰とマリアの乳房の乳に因果関係的な関連をもたせる伝説が、聖遺物崇拝を助けていた。バイエルンのイエズス会士の聖人伝作家ヴィルヘルム・グムペンベルク（一六〇九～一六七五）は数巻にのぼる『マリア地図書』にこの伝説的な話を収録している。「主キリストが生まれた聖なる洞窟から遠くないベツレヘムの南のはずれの地下のある場所に、三つの洞窟が岩をくりぬいてつくられていて、そのまんなかには祭壇があり、ここでときどきミサがあげられる。これらの洞窟は、聖処女マリアの洞窟と呼ばれ、この話はグレゴリウス十一世の勅書にも言及されている。ここに神の母はよく彼女の息子と身をかくされ、内省的な生活をおくられた。あるとき、聖処女が乳を与えようとされて乳が溢れだし、地面にいくらか流れるということが起こった。そのために大地は、これから美徳と病をいやす力を受けとったばかりか、われらの愛する女性の乳という名のもとに全世界にもたらされることになったのである。雪のように白い乳と同じように、この土は白く精製された。洞窟からいくらか赤みがかった土をかきとると、乳鉢のなかですりつぶして粉末にし、よくかきまぜてから泉の水で洗い、雪のように白くなり、乳になるまで乾かし、また粉末にすりつぶし、病人に与えるのである。とくに乳が出ないで悩んでいる女たちにである。良薬として飲み物にまぜて摂取する。トルコの女たちでさえ飲んでいる。この洞窟に関しては、古い大きな建物が崩壊したところ、聖パウロが建設したという教会と聖処女修道院の跡だと推測されている」[97]

宗教改革による批判

ある奇蹟を別の奇蹟話で説明しようとするこの試みがプロテスタントの論争神学者たちの激しい批判に遭遇したことは、驚くまでもないことである。一六一〇年に印刷されたあるプロテスタント模範説教集のなかで、カトリックの聖人や聖遺物が吟味され、そのまやかしが暴かれ、弾劾されている。「教皇庁には聖母の乳がいくらかあり、大いに神聖なるものとして人びとに見せようというので、大勢ローマに馳せ参じたが、しかしそれはマリアのものではなく、どこかの山羊か羊の乳だった。ルターの語っているとおりである。これは破廉恥な乱用であり、われわれの謹むべく学ばねばならないところである。何人かが書いていることであるが、ロマン語圏の修道僧や修道尼の修道院で、マリアの乳を所有していないというものはないそうである。どうやって所有するにいたったのか、どうやって手に入れたのか、と尋ねてみたまえ。聖ルカも他の福音記者たちも、これについては一言も書いていないのである。羊飼いたちがベツレヘムにやって来て、幼児がおむつをあてられ、飼い葉桶に寝かされているのを見たとは、たしかに書いてある。東方の賢人たちが贈り物をささげて跪拝したとも書いてある。しかしマリアの乳を所望し、これをもち帰ったなどとはどこにもでていない。だから彼らの言うことはまったくの作り話、お伽話なのである」(98)

神学的‐組織的な検討にもとづき、マルティン・ルターは、マリアを「慈悲の母」として、救済の仲介者にするマリア像に反対した。この宗教改革者は『ヨハネ福音書第一および第二章注釈』に書いている。「聖ベルナールを描いた絵にこんなのがある。彼は処女マリアに跪拝し、彼女が息子キリストに見せている乳房から吸っている。いったいどうしてわれわれがマリアに口づけしたりしたろうか」(99) そして断固としてつけくわえて「しかし私にはマリアの乳房も乳もこのましくはない。彼女は私を救いはしなかったし、至福を与えなかった」一五四六年のある説教のなかでは、「怒る神に、キリストが傷口を、マリアはしかしキリストに乳房をしめしているような絵画」は神学的には根拠のないつくりごとであると説いている。(100) ウルリヒ・ツイングリは、マリアがしばしば罪ある女マグダレーナのように「好色に」描かれているとして憤慨したものであった。彼は断言する。「永遠に清らかで疵のない娘にしてイエス・キリストの母は、彼女の乳房をしまっていたにちがいない」(101)

この宗教改革者は自分の書いている意味を自覚していた。マグデブルクのメヒティルトは神秘主義的瞑想のなかで、恵みの手段としてのキリストの血とマリアの乳をしばしば比較していた。「恵みに由来する血は、私が私の処女の母から飲んだ乳と同様である」(102) と書いている。また別な個所では、十字架にあっては、「両者とも裸で立っていた。傷口と乳房を見せて。傷からは注がれ、乳房からは流れ出て、魂は生きと健康になった」(103) 十六世紀の経過するうちに、歳をとったアウグスティヌスは自分がどの源から精神的な栄養を摂取したのか、キリストの脇腹の傷口からか、マリアの乳房からか、についてはっきりさせね

ペーター・ルーベンス（1577～1640）の「イエスとマリアとアウグスティヌス」．マドリッドのアカデミア・サン・フェルナンド蔵．脇腹から血を流すイエスと，乳房をしめすマリアの間で教父アウグスティヌスは選択をせまられている．当時のテクストの叙述によれば，「まんなか〔イエスとマリアの間〕におかれ，どちらを向いたものか．片や〔キリストの〕傷口から滋養を与えられ，片や〔マリアの〕乳房から飲む身は」．

ばならないときに判断に迷ったという表象が生じてきた。十七世紀初頭以来、アウグスティヌスの途方にくれ、逡巡するさまが、バロック芸術のテーマになった。ルーベンスもこの主題をとりあげ、描出しているが[104]、ロッテンブーフの元アウグスティノ司教座参事会員の教会の天井フレスコ画にマテウス・ギュンターはこの出来事を次のように描写している。キリストの脇腹から噴出する血潮を聖人は顔の真んなかに浴び、――背後からは――マリアの右の乳房からほとばしる乳が頭部に注いでいるのである。

一五〇九年にアントワープで印刷された『魂の慰め』という表題の書には、イエスが脇腹の傷口からしぼりだすキリストの血と神の母の左乳房からほとばしり出るマリアの乳が同時に聖杯をみたす様子を示している。天使が血と乳の混合物を「哀れな人間たちの慰めに」煉獄に注いでいる。現在マドリッドのプラド美術館所蔵の一五一七年に描かれた絵画は、十字架のもとに立つマリアが自らの乳を与えて、「煉獄の哀れな人間たち」を助けているが、キリストもまた自らの血で同じことをおこなっている。このモティーフはバロック時代の反宗教改革的な信心まで持続していた。つまりキリストは彼の血で、マリアは彼女の乳でもって助け、救うというのである。

しかしながら、乳房とその乳に象徴化されたマリアの代願の力に対する信頼はまったくゆるぎないものではなかった。ドミニコ会士で積極的な改革者であったヨハネス・ニダー（一三八〇～一四二八）は早くからこんなことを言っている。ほんとうは神のもとではマリアの代願する母親の役割は必要がなかったのだろう。しかし人間たちは神の威厳に怖れをいだいている。だから裁きの厳しさがなく、ただ純粋な慈悲と完璧な甘美さのみをもつマリアが必要なのであろう。好意ある憐れみぶかい女性として彼女は、男性仲介者〔メディアトール〕に対し女性仲介者〔メディアトリクス〕の役割りを演じているのである。しかし同時に、世界審判におけるキリストの決定に対するマリアの影響力を抑えようとする発言も聞かれる。彼らが言うには、神の裁きの怒りをマリアが代願によって宥められるのは世界審判が最終段階にいたるまでにすぎない。最後の審判においては、キリストが仮借なき正義の諸原則にしたがい、報いたり罰したりする。するとマリアには息子の判決に影響力をおよぼす機会はもうないのだ、という。
中世末期の世界審判劇は、マリアの代願の限界を、それなりの具体性をもって演じてみせている。

私はあなたにわたしの乳房を思いおこし
罪人たちに寛容であることをもとめます(105)

キリストはしかし、生前に自ら、彼、マリアおよび聖人たちに恵みを乞うのを怠ったような罪人の場合、慈悲深くあろうとはしない。こういう場合、キリストは拒絶的な態度をみせて決然と語る。

私はいまやあなたの言葉に耳を貸さない
あなたの祈りはいまやかいもない
すべての聖人たちやあなたが
泣いて、血の涙を流そうとも
無駄なことになるだろう
彼らは地獄にいく他ない
わたしの心にもはや慈悲の場はない
私の心には慈悲はない(106)

バロックの信心における救済の象徴としてのキリストの血とマリアの乳．ザルツブルクのノネンベルク尼僧院内の瞑想画．17世紀末．

このような宗教劇は観客にあきらかに強い印象を与えた。アイゼナッハでは復活祭の十四日後、五人の賢い乙女と五人の愚かな乙女（マタ二五章参照）の「素敵な劇」が上演され、フリードリヒ大胆侯も観劇した。ヨハネス・ロート（一三六〇頃～一四三四）が『デューリング年代記』に記している。この町の市役所の書記でのちに聖母教会の付属学校の指導者になったロートは、一四〇七年と一四一八年の間に書いた散文作品にも、この経験を叙述している。「五人の愚かな乙女たちは」悔いて、善きおこないをなしたにもかかわらず、「永遠の命からしめだされ、マリアも聖人たちも、神が下そうとする判決から彼女たちを救えなかった」すると、フリードリヒ侯は「絶望に」おちいり、「しかも憤慨やるかたなく」、「マリアや聖人が祈っているのに神がわれわれに慈悲深くないとは、いったいキリスト教信仰とは、何なのだ」と叫び、彼の世界終末時の運命に関する不確かさ、神の救済意志とマリアおよび全聖人たちの代願力に関する絶望のため「五日間も怒りつづけ」、「ついに長い憤慨からくる卒中に倒れ、三年間病いの床につくことになった。そうして五十五歳で死んだ(107)」と報告はむすんでいる。最終審判において永劫の罰をくだされるかもしれないという思いに、あきらかに方伯は仰天し、悟性も言葉も健康も失う結果となったのである。

マリアがもはや影響力を行使できない神は、人間たちの救いの確信を大いにゆるがせた。マルティン・ルターと行をともにしたキリスト者たちは、これと反対に、天の王座に対するマリアの影響の衰微に不安がる必要はなかった。この宗教改革者は、神と人間の間にただ一人の仲介者しか認めなかった。つまり神から遣わされたイエス・キリストである。ルターはマリアの乳の神学的象徴力を否認することによって、救済の過程への女性的なものの関与分をへらした。「慈悲の母」として神に彼女のあらわな乳房をしめすマリアは、ルターのイエスの独占的仲介性の概念に矛盾するものであった。神の王座の前での女性代願者を彼は神学的に誤りだとみなした。古い教会の支持者たちは抗言した。それも性的な形象言語をもちいて、カトリック教会から離反した者たちは、「ルターの継母的な男の乳房」から身を解放し、「正しい信仰の母なる教会の乳房に[108]」もどるべきであると、言ったものであった。

ルターの抗議はしかし、マリアが――こっそりアレゴリカルにではあるが――プロテスタントの天空にもどってくるのを阻止することはできなかった。イギリスの作家ジル・フレッチャー（一五八五～一六二三）は、一六一〇年に「天国におけるキリストの勝利」に関する讃歌を公にしているが、この詩のなかで、神の優しさと愛を慈悲の女性として叙述している。この慈悲の女性の比類ない美しさはマリアそっくりである。彼女の乳房は、「乳の小川の流れ出る雪のように白い丘陵」とたたえられ、彼女は苦しむ地上の巡礼者たちを元気づけようと、彼らに乳房を与える。「暑気のなかで、疲労した漂泊者たちの燃えるような渇きをいやし、甘露の流れで旅の辛さを和らげるために」裁く神の無慈悲なきびしさを取り去るために、詩人は神の像に女性的相貌を与え、その憐れみ深い行動を、乳房をあらわにした美しい女のイメージで記述したのであり、天の神はかなたにあって近づきがたいのではなく、乳児にとって母親の授乳する乳房のようにとどくものである、と言いたかったわけだが、この慈悲の神的美徳はまさに中世の「慈悲の母」マリアの特徴だったのである。[109]

第6章　黒いマドンナ

ブレツニカール［ブレズニーチェ］（ボヘミア）の黒いマドンナ．1396年にヴェンツェル王の委託により制作．プラハの国立美術館蔵．彼女の光輪には，黒いマドンナであることをしめす雅歌の「わたしは黒いけれども，美しい」という詩句が書かれている．

マリアが幼児キリストに乳房をふくませる絵に、人類への母性愛を見いだそうとするのは自然だが、魅惑的といえども異様でもある黒いマドンナの場合は、どう見るべきだろう。なぜこれほど多く黒マリア像が存在するのか、理由をつきとめるのは、黒い肌の色が信者たちにどのような美的感情をいだかせたかを知ろうとするのと同じくらいむずかしいだろう。

黒いマドンナという聖像タイプは、中世ヨーロッパの芸術や教会に意外なほど普及していた。不思議といってもいい。この祭祀像は、見る者を感情移入に誘いはしない。厳しい造形と黒い肌の色のつくりだす崇高な空間は畏敬をもとめても、見る者との間に親密な感情を生みだすような生活世界的な共通性は、この黒いマドンナの彫（画）像に認めることはできない。美的な様式化、情緒的な感動、遊戯的な所作事といったものを許さないのである。ひたすら神の恩寵の働きに心を向かわせようとするかのようである。

中世の数多くの教会は黒いマドンナの所有を得意としていた。黒いマドンナ崇拝は、霊験あらたかだという信仰に培われていたようだが、宗教改革、啓蒙主義によっていちはやく疎外されてしまった。宗教改革、啓蒙主義は聖人、聖女像崇拝全般を偶像礼拝として排斥し、巡礼を神学的に愚かしいこと、救済史的に不利な信心形式だとこきおろした。少なからぬ黒いマドンナ像が聖像破壊運動の犠牲になった。にもかかわらず黒マリア聖像は今日なおキリスト教徒の巡礼の中心点をなしている。カトリック信仰の強いバイエルンでは、アルトエッティングのマリア聖堂がいまなお巡礼者たちの群れを呼びよせる場所であり、ポーランドのチェストホーヴァの黒い聖母のもとへは毎年何千というキリスト教徒が巡礼し、信心深いカタロニア人たちは今日でもなお、少なくとも年に一度は、聖なる山モンセラートの上に安置されているモレネータ（褐色の小さな女性）へ参らなくてはならないと考えている。

モンセラートの褐色のマリア

バルセロナの町の北東にそびえるカタロニア山塊上に建設されたベネディクト派の修道院サンタ・マリア・デ・モンセラートは、修道僧たちが研鑽をつむ伝統ある修道院であるのみならず、ベネディクト派の信仰の拠点でもある。カタロニア人たちにとってモンセラート巡礼は、「モレネータ」に敬意を表すると同時に、歴史的に育まれてきた自分たちの宗教の独自性を確かめる意味をもつ。褐色の聖母はカタロニアのアイデンティティーの源である。一八八一年の千年祭を機に、この聖母には公式にカタロニアの守護聖人の名称が冠せられ、現代にいたるまでモンセラートの神の母は吸引力をいささかも失っていない。

モンセラートは本来「ぎざぎざ山」という意味である。伝説によれば、天使たちがマリアにふさわしい宮殿を用意するために、金の鋸でこの山並みに刻みをいれたという。王冠をいただき、膝に幼児イエスをだいているこの聖像は十二世紀の木像だが、由来はやはり伝説につつまれている。使徒ペトロの弟子の一人によってバルセロナにもたらされたが、七三〇年頃イスラム教徒のムーア人たちの侵略にあい、人跡未踏のモンセラート山中にかくまわれた。この辺りの地理にくわしい隠者が峰のどこかに隠したのだが、隠者が死んで、像の行方はわからなくなっていた。ところが八八八年のある日、不思議な光を目にした羊飼いたちがそれをめざして山を登り、このマリア像を発見したという。知らせを聞いてかけつけたマンレーサ司祭は、それを司教座のある町まで運ぼうと背負って歩きだしたが、今日の修道院の立っている辺りで、

モンセラートの黒いマドンナ（部分）．カタロニア地方のベネディクト会修道院の聖母像．12世紀．

老齢の身に像の重みが耐えられずくずおれ、マリアは新しい故郷をここに望んだのだと、老司祭は解した。今日でもモンセラートの修道院を訪れる者たちに、この聖像が安置されていたという洞窟が公開されている。

「モンセラートの聖母」とされたマリア像に関する最初の文書は十三世紀のものである。しかし巡礼の歴史は十二世紀にまでさかのぼる。当時すでにモンセラートを訪れた巡礼者の数は「五十万人」をくだらなかったという。カタロニア地方の王や貴族たちは、「モンセラートの聖母」に神へのとりなしを願い、寄進を惜しまなかった。彼らは支配権の保証をマリアにもとめ、民や国の飢饉や災害からの保護を、とりわけ自分たちの魂の救済を願った。

十三世紀の巡礼の歌は、モンセラートの黒い聖母が貴賤、老若、男女を問わず思慕の対象となっていたことをよく伝えている。その歌詞の内容はおおよそこうだ。すべての者がやってきた。富める者たちも貧しい者たちも、領主や大貴族も、男爵や騎士や市民たちも、はたまた農民たちや職人たちも、同じく王女や貴婦人や下女たちも、すべての者がそれぞれに聖母に敬意を表し、救いをもとめてやってきた。(1)

ポーランド国民の守護女性

ヴァルテ河の上流域にあるチェストホーヴァの黒い聖母への巡礼は十五世紀にさかのぼる。ことのはじまりは修道院の創設であった。一三八二年に「明るい山」にヤゲロネン家のヴラディスラス・フォン・オッペルンが修道院を建設させると、ハンガリーからパウリーナ派の隠修士たちがここに移り住んだが、創設時この修道院に箔をつけたのは十四世紀にシエナで制作されたマリア像であった。ビサンティンの「道案内者」様式にしたがって制作されたこの黒い聖母の半身像は左腕に幼児イエスをだいている。幼児イエスは左手に書物をもち、右手は祝福のためにさしのべている。聖母の顔にのこる傷跡は、一四三〇年フス派によって加えられた損傷を想起させるものである。ヴラディスラフ・ヤギエロ王がこの損傷された礼拝像の復元をクラカウの画家たちに命じ、彼らは、破壊されたイコン画の忠実な模写でもって王の要請に応えたのである。すでに一四〇二年に、この黒いマリアのほどこした恵みを記録しておこうという計画があった。正確な文書によって忘却を防ごうという意図だが、聖母信仰そのものが奇蹟の信憑性を強め、神さびた雰囲気のこもる伝説めいた話がつくりだされ、信者たちをいやがうえにも引きつけて

チェンストハウ［チェストホーヴァ］の黒い神母．1382年来「明るい山」の隠修士修道院で崇められていたオリジナルが，1430年および1434年にスウェーデン軍に破損されたため，ヴラディスラフ・ヤギエロ王が制作させたレプリカ．

いった。

「光にみちた山」の上のマリア祠堂は十五世紀にポーランドで最も人気ある巡礼地となった。[2]このポーランドの聖所に包囲攻撃をかけたスウェーデン軍が、占領できずに退いた一六五五年以来、「光にみちた山」は「勝利の山」とも呼ばれるようになった。三十年戦争の歴史経験とマリアの介入がむすびつけられ、チェストホーヴァの恵みの聖母は、「国と宗教の自由の恒常的な象徴」[3]となったのである。祖国が一七七二年から一九一八年にかけて分割されていた時期も、この象徴が国家の統一を請けあい、ナチスの暴虐の犠牲になったときも、国家を失ったポーランド民衆の心の支えとなったが、[4]一九五四年後も何十年間か、あらためて独立のシンボル、希望と抵抗の力であった。今日なお彼女はポーランドのカトリック教徒たちに、マリアに守護された国の民であるというアイデンティティーの感情と確信を与える機能をもつ象徴的形姿でありつづけている。

黒いマリアの損傷された祭祀像を前にして、老枢機卿ヴィスツィンスキーはポーランド国民のために、宗教の営みを人間の権利として請求した。一九六六年、千年前にさかのぼるポーランドのキリスト教化が思い起こされ、ポーランド教会は、「世界の教会の自由のためのマリアの母性的謙譲」[5]の信奉を宣言し、一九六二年から一九八〇年の間に、ヴィスツィンスキー枢機卿が四十二をくだらない聖母戴冠式をおこなった事実も、[6]戦うマリアの姿をよく表している。ポーランドはマリアのもの、この国のキリスト教的遺産を破壊しようとする無神論党のものではないと主張しつづけたのである。

八〇年代の初め、ダンツィヒの造船所の労働者たちは、聖母を念頭に浮かべ、心にいだきつつ、国家権力の全体主義的行使に反抗して立ちあがった。「ストライキを実施している現場を、いくつものマリア像で飾り、礼拝や信仰告白を公然とおこなう労働者を、ドイツで想像することができるだろうか。あるいは礼拝の最前列で音頭をとり、国家の代表者たちとの交渉にのぞむとき、示威的にロザリオを首にかけていたレフ・ワレサのようなストライキ指導者を?」(7) ポーランドのマリア信心は、政治的＝社会的な実践を意味した。「批判的＝解放的な機能」をみたしていたのである。一九八二年ヴォルフ・ビアマンは、『カール・マルクスと黒い聖母』というエッセイに、ポーランドでは、共産主義者たちは「革命反対運動の側に立っている」と書いた。「革命的な労働者たちがカトリック教徒の神様と親交をむすび、チェストホーヴァの黒い聖母とむすばれていて何がふしぎだろう」

宗教を敵視する国家権力に対する戦いにおいて、チェストホーヴァの黒い聖母は真価を発揮した。(8) 政治的に蜂起する諸力を解放することとは、ポーランドのアイデンティティーの宗教的基盤を暴力的に取りのぞこうとする権力に対抗するチェストホーヴァのマリアの自己主張なのであった。社会主義体制は崩壊した。攻撃的な教会敵視政策によって、信仰心ある民衆の抗議行動を引き起こした政党はもはや存在しない。したがって、民主的な認定を欠き、教会の救済任務を妨げるような国家権力もなくなった。ところが現代のポーランドの政治的社会的状況は、この黒い聖母が自由な国民の社会の建設にどうしても必要であるという確信をもはや強めていないようである。

政治的＝社会的な多様現象が、宗教と政治の乖離の度を深めている。多元論的に構成された社会の条件下では、黒い聖母は政治的影響力を失いつつある。政権の危機を救う道は、もはやチェストホーヴァには通じていない。もとめられているのは政治的理性であり、教会や国家をキリスト教を敵視した諸権力から擁護するよう勇気づけたカリスマ的な熱狂ではない。自由な市民に成人したキリスト信者からなる社会の建設が問題となっているポーランドにおいて、チェストホーヴァの黒い聖母が新しい歴史の解放の象徴的形姿となりうるか、というと疑問である。ポーランド教会は、知ったかぶりの後見機関として政治の議論に介入するのではなく、多元論的に構成された社会における自らの役割を、自由な人間の連帯意識ある社会生活の構築の支持に限定すべきだろうが、これまた容易なことではなさそうだ。

マリアは多義的でアンビバレントな象徴である。彼女の崇敬には、時代とむすびついた関心が流れこむ。この変化する関心の影響のもとで、マリアが自らのアイデンティティーをしめせるか否か、あるいはどの程度しめせるかは、彼女の愛好者、崇拝者たちの表象と期待に依拠するだろう。どのような政治的＝社会的脈絡のなかで、彼女は純粋なキリスト教精神の擁護者として真価を発揮できるだろう？ イデオロギー的な号令に対する彼女の抵抗の限界はどのへんにあるのだろうか？ そしてマリアを日々の政治の道具として利用するのはどのへんから始まるのであろうか？

ブリュンの黒いルカ画像

キリスト教徒が黒い聖母に助けをもとめるときにいだく期待はさまざまだ。政治的紛争時には、マリア崇拝は党派的な傾向をおびかねない。実際そうなったことをモラヴィアのブリュンの黒い神母崇拝が証言している。いわゆるルカの絵といわれるもので、十四世紀半ば以降、ブリュンのアウグスティノ会修道院で崇敬されていた。これは十三世紀のローマのマリア・デル・ポポロの模写とみなされているが、まちがってはいないだろう。ただし最近では、ブリュンの黒い聖母を洗えば、八世紀あるいは九世紀の「東方からの輸入像」であることが判明するかもしれないという推測も出ている。(9)

もっともらしい伝承物語でもってブリュンの黒い聖母像の威信を高めようと、幻想が大いに活躍している。エルサレムから奇跡力あるイコンがコンスタンティノープル（現イスタンブール）に運ばれ、ここからミラノに移されたが、一一六二年に皇帝フリードリヒ・バルバロッサがミラノを占領した際に、このイコンに目をとめ、戦利品として没収し、ボヘミアの公爵ウラディミール二世への贈り物としたというのである。しかし一三五六年には持ち主がまたかわった。皇帝カール四世がこれを、弟の辺境伯ヨハン・ハインリヒが聖トマスに奉献するために建立させたブリュンのアウグスティノ修道会に遺贈した。ハインリヒの息子の辺境伯ヨドクはイコンに金と銀の枠をはめこませた。皇帝の館に隣接する修道院をビサンティン由来のイコンで飾ることは、「ルクセンブルク人の領主たちを、ボヘミアやモラヴィア地方の住民に受け入れさせる政策の一環であった[10]」信心深い民衆の共感を呼ぶような画像でもって政治を推し進めようという意図であった。「新しい領主たちは、東方からの霊験あらたかなイコンを寄進することでその権威をしめすことができた。これを礼拝することは、寄進者への忠誠をも意味することになったからである[11]」支配者に対する崇拝と服従の心を、マリアに喚起させようという思惑であった。ブリュン市民は聖母像に、効果的な庇護、実際的な助けを願った。期待は裏切られなかった。

一六四五年この町を包囲したスウェーデン軍の攻撃は不首尾に終わっている。住民たちは、神へのマリアのとりなしで、自分たちの共同体は救われると堅く信じて疑わなかった。当時の年代記者たちは、次のように報告している。「火災が家並みを襲おうとしたとき、彼女が絵のなかから歩み出て、ブリュンの町を大きな黒いマントで覆うや、嵐が起こり火を消してしまった。彼女の黒い顔貌が町の上に明るく輝いていた[12]」

ところが第二次世界大戦後、この黒いマリアが争いの種になった。勝者のチェコと敗者のドイツが同様に聖母を自分たちの味方だと言いはったのである。チェコ市民たちは自らに言い聞かせたものであった。「ブリュンの市民よ。一九五四年の春、おまえたちはいったいだれにすがったのか？　自分や子供たちの命を処女マリアに委ねたことは、おまえたちの手のなかのロザリオと聖母祈願が証明しているではないか。このように過去においても現在も、また将来も聖母が助けてくださることは、歴史の証明するところである[13]」

ブリュンを追われたドイツ人住民たちの間には、彼らの追放が始まったとき黒い聖母は、ブリュンのアウグスティン教会のイコンからぬけだし、故郷を奪われた避難民のなかにまじったという噂がひろまった。その姿は次のように描写されている。「その柔和な頬は黒檀のように黒く、まるくあどけない顎も黒く、広くけだかい弧を描く額も黒かった[14]」彼女の黒い顔からは威厳が輝き出ていた。修道院長や修道僧たちがかの不幸な日——一九四五年の聖体の祝日だったということだが——晩課に集まったとき、皆は「黒い聖母が高価な額縁だけをのこして消えていて、後には手つかずの画布がはられていたのを目撃している[15]」修道僧たちは「この画布を黒い幕で覆い」、「再びこれをとって、聖母がもどってきているかどうかたしかめる[16]」勇気が長い間なかったという。

話の結末をかいつまむと、修道僧たちは「この町の罪なき多くの住民に加えられた犯罪行為の赦しを神に乞う祈り」を捧げたという。この噂は「ドイツ住民たちを追放して聖体祝日を汚した年から数年後、追放された者たち同様、着のみ着のままの姿で亡命してきた何人かのチェコ人たちがもたらしたもので、それによると、黒い聖母はアウグスティン教会の祭壇にもどってきたが、その黒い顔の眼ざしは以前には決して見られなかったように厳しく暗く、その怒りは長くおさまることはないだろう[17]」というのである。

ブリュンの黒いマリアは、反チェコ的感情を担わされることになった。彼女は和解させたり赦したりするのではなく、暗い眼ざしによって、加えられた不正を罰することになった。調停の能力はもはやない。政治情勢が根本的に変化した現在、ブリュンの黒いマリアの眼ざしは好意的になっただろうか？　敵対する党派の紛争にまきこまれ、互いの利害の正当化に利用されると、聖人たちは面目を失う。彼らはもはや宗教的政治的価値観念の一義性をまもることはできない。本来の本質とはあわない人心操作の機能に甘んじなければならなくなるのである。

アルトエッティングの聖母像

平和な環境には、マリアに党派的な性格を与えるような動機はない。バイエルンのアルトエッティングの黒い聖母崇拝に、党派性を読みとるのはむずかしいだろう。一四八九年にはじまった巡礼は、センセーショナルな奇跡に由来する。ある三歳児があやまって川に落ちて流され、半時間ほど後に引きあげられたときには、すでに息絶えていた。母親は胸のはりさける思いでこの子をマリア聖堂に運び、マリア像の足元に横たえ必死に祈った。すると子供は息を吹きかえし、目をひらいたというのである。年代記者たちによれば、巡礼の始りは、この奇跡的な蘇生に由来する。ところがアルトエッティングの司教座参事会員のヤーコプ・イスィッケマーが一四九七年に公にした著書『旧オーディングの聖母マリアの避難所』には、巡礼は、同時代人たちの不道徳に端を発しているとある。「身の程をわきまえず、他を軽視する」高慢、聖職を売買し、暴利をむさぼり、聖物を窃盗する貪欲、姦通、野合を恐れないふしだらが神を動かし、「聖母のとりなしを介して」世の中を改めさせようとしたのだという。[18]「魂の救済と肉体の健康を念じ」、アルトエッティングのマリアに隠れ家をもとめるキリスト者は、世界を神の思召しの通りにすることに寄与するであろうというのが、巡礼の趣旨になったという。

バイエルンの領主の館とアルトエッティングの聖母との関係は緊密だったが独占的ではなかった。イスイッケマーの巡礼年代記によれば、「さまざまな国から、さまざまな生まれや身分の人間、聖職者や枢機卿も、大司教や司教たちも、修道院長や他の高位聖職者たちも、博学の学者たち騎士団長たち神学者たちも、また世俗では皇帝、王、公爵、辺境伯、伯爵、男爵、騎士、従僕、男女市民たちも」アルトエッティングへ詣で、供え物、誓願により身を捧げ、「処女マリアの助けを得た」ことを告白している。

アルトエッティングの宝蔵の財産目録には、十四世紀半ばから十七世紀半ばまでのあらゆる社会層ののが見られる。奉納物の寄進者たちが皇帝、王侯、貴族のみならず、「小作農」や「農婦」、「足軽（農民から徴募）」や「牛追い」、「日雇い女」、「ジプシー女」[19]など広範囲にいきわたっている。イスイッケマーの『避難所』の扉には、車裂きの刑に処せられた悪人がいまわの際にアルトエッティングの聖母を見やっている絵が描かれている。一六五七年十一月二十日の欄には、「モーンハイムのハンス・フロースィンガーは、その悪業ゆえに斬殺刑を宣告された日、アルトエッティングの聖母に、ミサ読誦用にと金高五十グルデンの遺品を寄進した[20]」と記載されている。

ルター派の者たちでさえアルトエッティングの奇跡に希望を託していた。一六三五年の礼拝堂大福帳を見ると、「レーゲンスブルクのミヒャエル・ヒューバーは、右腿と右腕に疾患のある総督からことづかった一〇ドゥカーテン、三フランの金貨に何本かのローソクをそえて聖堂に寄付」している。この奉納は報われたのだろう。数頁後に、この宗派の異なる寄進者が感謝の奉納をおこなっていることが記録されている。「ふたたびかのミヒァエル・ヒューバーは、先のルター派の総督の名において、六ドゥカーテン金貨を聖堂に寄進した。この者が快方に向かったためである[21]」

十三世紀後半に制作された今日の恵みの像は、六五センチメートルの木像で、中世初期の礼拝堂を思わせる六角形の御堂に安置されている。黒い像、黒い布地といった聖堂内の黒い基色は、足を踏み入れる者

アルトエッティングのマリア．1497年印刷されたヤーコプ・イスィッケマー著「アルトオーディングの神母マリアを頼る書物」の表紙木版（写真提供：バイエルン州立図書館）．注目させられるのは，木版画師がマリアを黒い肌に彫っていないことである．

に、「この黒の輝かしい神秘にまさるものがあろうか」と形容されたパルシファル劇の舞台装飾を想起させるかもしれない。

皇帝、王侯などの権力者たちもアルトエッティングの黒い聖母に敬意を表し、その助けをもとめた。たとえば皇帝マキシミリアン一世、カール五世、とくにここのマリア聖堂に代々埋葬されていたバイエルン公爵家とヴィッテルスバッハ家の選帝侯は関係が深かった。マリア像の下には、バイエルンの国をアルトエッティングの聖母に捧げると血でしたためたバイエルン選帝侯マキシミリアン（一五七三〜一六五一）の書簡が保存されている。マキシミリアンの統帥ティリーは、異教徒との戦いには、アルトエッティングの聖母を染め抜いた旗を掲げたという。こうしたマリア像との緊密な関係を、マキシミリアン・ヨーゼフ・フォン・バイエルンももっていた。銀で鋳造された彼の像がマリア像の右手に膝をついている。十歳の頃、彼は重病の快癒を願って、アルトエッティングに旅したのである。「感謝の念にみちた父君は、息子の等身大の銀の鋳造像を奉納した。つつましく華奢な少年騎士は、ふさふさとしたクッションに右膝をつき、のばした左足にサーベルがゆれている」[22]

病に倒れたときに医者を呼べず、また有名な巡礼地に出かけることも叶わぬ者たちは、黒い陶土製の「削り聖母」をもとめた。やはり黒マリアを崇拝していたアインズィーデルンでは、このような陶土製聖母を購入することができ、この黒マリアの黒土をかきとって水にまぜ、薬のように服用されたのである[23]。奇跡に関する書物には、神聖な土の薬効のことが必ずでていて、「粘土に聖所の土を混ぜて焼いた聖母像は水飢饉や火災のときにも奇跡的な力を発揮する」[24]ことを請けあっていた。

十九世紀まで、黒マリアを描いた頓服用の像も売られていた。「必要に応じて、この像を削りとり、水で丸薬のようにこね、食物に混ぜるか、パン種にいれて一緒に焼いたり、家畜の餌にまぜるとよい」[25]このような中世および近世のマリアへの期待過剰をマリア崇拝からようやくとりのぞいたのは近代医学である。これに似ているのが、バイエルンのマリア像の彫られた十八世紀のターレル銀貨であろう。これにははっきり認められる掻き傷は、削りとられた銀が病人の治癒に用いられたことを物語っている。この銀貨はやすりなどで削られ、「聖母像から銀屑を得て、聖職者たちの常備薬に加えるのに」[26]利用されたという。

黒マリアがなぜこれほど多いのか?

しかしなぜモンセラート、チェストホーヴァ、ブリュン、アルトエッティング、アインズィーデルンの聖母たちはみな黒いのであろうか？　なぜ「黒マリア」のタイプが生まれ、どのような宗教的意味を中世人たちはこれに帰したのであろうか？

最近、黒マリアは肌の黒いシバの女王に由来するのだという見解が公にされた。黒檀の色をした処女マリアは、ソロモンの知恵をためしにきた「シバの女」、「エチオピアの女王」（列上一〇・一～一〇）をまねたのだという。[27]ノイブルガーの修道院の祭壇を建造した巨匠ニコラウス・フォン・フェルドゥンは一一八一年に、彼女を黒い顔の女性として表現している。

ムーアの国のシバ出身の女王が異邦人の教会の象徴だというのが古代および中世の教会の解釈である。彼女の黒い美しさは、黒いが同時に美しい教会を象徴するという。彼女は罪ゆえに黒く、贖罪の成果によって美しいという。ソロモンがシバから訪ねてきた女性に、叡知を披瀝したように、イエスは異邦人たちを、神の救済の福音の秘儀のうちに導いたというのである。このような解釈のもとはアレキサンドリアの神学者オリゲネス（一八五～二五三）[28]である。この初代教会の学者は、花嫁が黒く美しいという告白を、異邦人の教会の自己表明とみなした。「エチオピアの女」「シバの女王」を雅歌の黒い花嫁とむすびつけ、キリストによって神の国に呼びだされた世界の民族すべてを代表するものとした。約束の古い担い手であるユダヤ教の会堂を代表するエルサレムの娘たちに対して、彼女は自分独自の美しさと尊厳を誇りとした。オリゲネスの目には、黒い肌の色は人種を分けるファクターではなかった。

エチオピア出身の女王の姿や性格が、教会の歴史と本質にかさなりあうと最初から信じられていたわけではない。肌の黒さ、すなわち非文化という感覚的偏見が、シバの黒い女支配者に悪魔的な性格を付与していた。悪魔が「黒い異教徒」に変身し、その美貌で、ソロモンを誘惑したという理屈である。だから王は悟性を失い偶像崇拝に陥ったというのである。[29]彼女は、黒という色彩に悪い象徴的意味を与えようとする知覚ステレオタイプの犠牲であった。

賢王ソロモンを誘惑して偶像を崇拝させたとなれば、シバの女王と黒マリアに共通項はない。シバの女王はキリスト教に改宗した異邦人の教会を代表している、という説を追加しても、シバとマリアに共通性を見いだすのはむずかしい。依拠性、因果関係性を主張することはさらに困難である。マリアはユダヤ出身であり、神の選民だとするイスラエルの民の女であった。この新約の神の母と、異邦人の教会を象徴する旧約の女王との間に類型的連関をしめすような文献上の証拠は存在しない。シバの女王とマリアをむすびつけたのは、おそらく雅歌の黒い花嫁である。(30) 十二世紀以来、聖書の釈義者は雅歌の花嫁に、神の母の本質的特徴と行動様式を見いだそうとしたが、十二世紀になると、シバの女王と雅歌の花嫁を同一視する風潮も出てきた。こうしてマリアもシバの女王も、雅歌の花嫁同様に黒いが美しいということになったのであろう。

古代の黒い母神もまた、黒い聖母の素性の説明によく援用される。この美的、宗教的なプロフィールをマリアは受けついだのだという。黒いマリアは、キリスト教会が異教的な神話世界を受容し自らに同化させる、つまり相続しながらこれを解釈するというプロセスのなかで生まれたものだという。この仮定に歴史的に信憑性があるかという問題は、授乳するイシスと授乳するマリアに共通性と因果関係的連関性があるかという問題と同じ性質のものであろう。授乳する黒いマリアは、イスラエル、ギリシア、ローマの父権制宗教によって何百年も否定され抑圧された大母が、文学的、造形的な形をとって再来したものだとみなすべきだろうか?

人文主義者たちの時代以降、古代の母神信仰が意識下では中世においても中断されることなく持続していたと主張されてきた。異教の女神が黒い黒檀あるいは黒いみかげ石でつくられていたのも、黒い聖母の根源と外観を説明するものだという。十六世紀初め、サンガレンの宗教改革者で歴史家のヨハネス・ケスラーは、当地の司教座教会の聖母「格子のなかのマリア」がエフェソのディアナ（アルテミス）の変装であることを暴露しようと試みている。彼は嘲笑の声をあげ、「ああ、この像が何とほめたてられ、崇めたてられたことよ。このところわが町に騒ぎをもたらしているのも、心して本来さけねばならぬうさん臭い偶像崇拝的、誘惑的な像を説教師どもがほめそやし、崇拝したせいだ。ああ、エフェソのディアナよ(31)」

この解釈の型を十九世紀の言語学者たちも利用している。彼らは原始キリスト教の聖人たちを古代の神々に還元し、方法論上の異論や躊躇をものともせず、エフェソの黒いディアナと中世盛期の黒いマリアを融合したのである。ヤーコプ・グリム（一七八五～一八三六）は『ドイツ神話』に、ディアナとマリアとの宗教史的親近性を論じて、「古代人たちも、怒れる大地の神としてデメーテルを黒く表現した。ときには冥界に墜ちた彼女の娘、美しい処女ペルセポネも黒く表わした」として、「黒いアフロディーテ」の存在をパウサニウスやアテナエウスが報告しているという。「エフェソの黒いディアナは有名だ。中世に黒いマリア像が彫られたり描かれたりしたのもしかり。つまり聖処女は、悲しみの大地の女神、夜の女神として現われる(32)」黒いマドンナ像が崇拝されていた場所として、彼はロレート、ナポリ、アインズィーデルン、ヴュルツブルク、アルトエッティング、ルピュイおよびマルセーユの名をあげている。

ゲーテは、イエスやマリアが暗い肌色で表現されるのが気にくわなかったようだ。「おそらくエジプトのアビシニア（エチオピア）が機縁だろうが、神の母を褐色につくり、ベロニカの布の上に押印された救世主の顔をムーア人の色にするというじつに陰鬱な現象がどうして入りこんできたのか。芸術史のこれに関する個所の改訂版は、もっと詳しい説明になるだろうが、それは想像以上に後代のことだろう(33)」

グリムの権威は学校文法的であった。彼の解釈は、神話なき時代に、新しい表現形態、現象形態をもとめた元型的な信仰表象に乗っかっていたのである。

エフェソの黒いアルテミスと黒いマリアの間に類似性が認められるのは疑うべくもないが、この類似性から、ただちに因果関係的な連携を推論するのは無謀であろう。紀元前二世紀の雪花石膏製の黒い顔や手足をしたアルテミス像と黒マリアの類縁性を納得させせようとして、神話的、元型的連続性を主張する者たちがもちだすのが、マリアは晩年をエフェソで過ごした（歴史的証拠なし）という説であり、エフェソは四三一年、公会議がマリアを神の母と決議した場所だという理由である。

この観念連合的な想定には歴史上の根拠はない。とはいえ古代末期および中世の教会は「良い目的」のためなら、異教の神殿をキリスト教会に転用したり、エジプトの母神イシスの彫像をキリスト教のマリアに衣がえしたり、あるいはマリアの祝日を異教の女神の典礼を解消するための催しと解することにやぶさかではなかった。

ビザンティンの皇帝フォーカスは六〇八年、教皇ボニファティウス三世に紀元前二四年に建設されたローマのパンテオンを贈っている。教皇の居所でありカトリックの総本山であるローマに、キリスト教的な体裁を与えるため、コンスタンティヌス大帝の時代もそれ以後も、多くの神殿が破壊されたが、大地の女神キュベレをはじめとして、すべての神々の聖域とされていたパンテオンだけは、ほとんど完全な姿で残されていた。教皇ボニファティウス四世は六〇九年、このパンテオンに贖罪の清めをおこない、すべての偶像を取りのぞいて、処女マリアならびに全聖人に奉献した[34]。これ以来パンテオンは「サンタ・マリア・ロトンダ」という名のもとに崇められることになるが、オリエントの母神キュベレの座にマリアがとってかわり、異教の神々にキリスト教の聖人たちが入れかわったのである。しかも聖母マリアを祀るこの神殿の円形建築は西欧建築の手本となった。バイエルンの皇帝ルートヴィヒによって一三三〇年エッタールに建立されたベネディクト派修道院は、いわば「ローマのパンテオンのゴシック新版」である。エッタールもまたローマのサンタ・ロトンダのように、神の母とすべての聖人に奉献されている。[35]

異教の祝祭をキリスト教の祝祭でもって解体したまさに古典的な例は、二月二日の「聖母マリアの清めの祝日」であろう。通称「聖燭祭」と呼ばれるように、この日蠟燭が奉献され、蠟燭行列がおこなわれるが、中世末期の年代編纂者の推定によれば、女神ケレス（農耕の女神）のため古代の異教徒たちが、「プルトン（冥界の支配者）に誘拐された彼女の娘プロセルピナ」をさがそうと、二月二日に松明を灯し野辺にくりだしていた祭礼を、六九四年に教皇がマリアのものにかえてしまったのである。[36]

異教の典礼がすべて、キリスト教を伝道する教会によって廃棄されたわけではなかった。多くの場合は異教の祝祭をキリスト教的なもので補いながら、民衆の信心を「良き目標へ」と導いた、というのは、改革神学者でもある公会議神学者のヨハネス・ゲルゾーン（一三六三〜一四二九）の弁である。かつては女神ケレスに向けられていた崇拝の念も、神の母の処女マリアに向かい、かつてケレスをたたえ、ローマの町を贖罪の犠牲によって清めるために灯された蠟燭が、マリアの栄光をたたえて灯されることになったという。[37]

マリアの聖燭祭を異教の祝祭にむすびつけるのは伝統になっていた。教皇イノセント三世（一一六〇／六一〜一二一六）は、マリアの清めの祝日の説教に、ケレスが強奪された自分の娘プロセルピナをさがしもとめ、松明をかかげて、エトナの山からシチリア全島にかけて歩き回った話をしたそうだが、教父たちも、民衆がケレスを記念して松明をかかげ町中をねり歩く習慣を排除できず、マリアの栄光を讃える祝祭に取り入れたという。だからケレスを偲ぶ催しが処女マリアの栄光のためのものとなり、いまやマリアの恵みに清められ、永遠の婚礼の祝宴にあずかる聖燭祭になったという。[38]

キリスト教の祝典に異教的な根源を見る試みには興味深いものがあるが、中世盛期、後期の著述家たちの話が歴史的事実かどうかは断定できない。決定的な証拠に欠けるのである。これは黒マリアにもいえることで、黒マリアはキリスト教的な装いをこらしたデメテルあるいはアルテミスであるという主張にしても、立証は叶わない。ローマ人たちがディアナと名づけたエフェソの黒いアルテミスと中世の黒マリアとの間には、何世紀もの時間的へだたりがあり、この溝を埋めるテクストも造形上の例証もない[39]。キリスト教的西欧における黒いマドンナ崇拝の最初の文書上の典拠は中世初期のものである。ところがユングの深層心理学的元型を援用して、黒いマドンナを永遠に女性的なものの象徴だと主張する者は、自らの方法論に疑念をもつことがないようだ。彼らは、時代を超えて持続する心理的定数を歴史的事実と称し、あまつさえ黒マリアは、男性的な自己主張の意志の傲慢をあばき、家父長制的生活秩序の有効性を掘りくずすものであると主張してやまない[40]。

このような元型の連続性でもって解釈しようとする考え方には、加えて異論がある。黒いアルテミスあるいはディアナの象徴価は、キリスト教徒が彼らの救世主の黒くぬられた母親についていだく見解とは一致していないのである。たしかにキリスト教会の黒い神母と古代世界の母神との間に機能的な共通性はある。古代人たちが女神たちに期待したと同じものを、キリスト教徒もマリアにもとめている。もっともこれは、肌の色は関係することではないだろう。

伝説的な根源

十六、七世紀には、黒マリアの原因を教会の火災に帰す根源説が生まれた。この手本となっているのは、次のような文献である。黒マリアは「聖堂が大火災にみまわれ全焼したためである。崇拝する神母も火災とともに消失したものと沈痛な思いに囚われながら、人びとが焼け跡の瓦礫を片づけていた。すると火焔に煤けて黒くなった聖母子が現われた。以来、この像を崇拝する民衆の気持ちはますます大きくなった」[41]ときには黒変した時期がはっきりしめされていることもある。アルトエッティングの聖母像の黒い色は「九〇七年に攻めこんできたハンガリーの軍勢が火を放ったが、聖母像だけが燃え残ったのだ」[42]ともいう。

アインズィーデルンの聖母像の黒変は蠟燭の煤煙のためだという。一七九八年、フランス革命軍がここを占拠したとき、この聖母像は梱包され埋められた。このときの損傷を翌年修復することになったが、それにたずさわったオーストリア最西端の州出身の画家ヨハン・アダム・フィッチャー・フォン・ルーデッシュの供述によると、「顔は真っ黒だったが、この色は筆で彩色されたものではなく、何百年もアインズィーデルンの聖堂に灯されてきた蠟燭の油煙によるものにちがいない。というのも私は、表面を覆っているかさぶた状の汚れの剝げ落ちた顔面の部分が肌色をしているのをこの目でたしかめたし、左腕にだかれた幼児の顔や頭髪部にも、母親と同じ現象が認められた。幼子イエスの身体は、だれの目にもあきらかに肌色であり、これもまた、聖母子はもともと自然の色に彩色されていた証である」

画家はまた自分のたずさわった修復作業に関し、「私は顔から剝がれるものや、簡単に洗い流せるものは、すっかりとりのぞき、どうしても落ちないところもできるかぎりこすりとった後、聖母子ともに、これまでと似た黒に塗りなおした。もとの黒色が残っていたが、効力をだすために、色をかさねた部分も何個所か認められるだろう」[43]

中世に多い「ルカの絵」は、すべて福音史家ルカの描いたものだと信じられ、崇敬されていたが、これらがまた、黒いマドンナも彼の創作だとみなす考えを普及させた。黒いマドンナは、ヘロデ王の手先を逃れエジプトに逃避した際、顔を砂漠の太陽に焼かれたマリアの姿をルカが描いたものだというわけである[44]。伝説的な作り話は、近代の合理的な説明によって、しりぞけられるようになった。彫像が黒変したのは長年の香煙や蠟燭の煤のせいか、塗られた色が黒ずんだか、あるいは銀、シナノキ、黒檀のような素材の場合は化学変化をおこして黒くなったにちがいないというのである。たしかにそうかもしれない。しかし黒色の原因や由来について、納得のいく答えをだしても、懸案の美的、神学的問題を解決することにはならない。

中世の信者たちは、どのような宗教的な象徴価値を黒色にむすびつけていたのだろうか。黒い色は彼らの日常生活にどのような機能をもっていたのだろうか。「正義の太陽」イエスの敵対者である悪魔を「黒い姿」で性格づけながら、一方で「黒い女性」あるいは「暗褐色の女性」、「ラ・モレネータ」、「ラ・モレーネ」、「ラ・ブエノ・ネグロ」、「ラ・ブルネ」、「ラ・ノアール」などをマリアの称号として通用させていた実態を、どう考えたらよいだろう。

聖人、聖女に暗褐色の肌をしたものはいない。例外は東方の三王の一人バルタザールだが、これも十三世紀以降である。二八〇年から三〇〇年の間に、サンモリッツ（スイス）のアガウヌム近郊で殉教したテーベ軍団の三人の指揮官の一人聖マウリティウヌスを、中世後期の板絵画家たちは武具をつけた黒人の姿に描き、彼が北アフリカ出身であることを造形的にも表現したのだが、黒い肌の色に積極的な象徴価値を帰すような糸口は、聖者のなかにはまず見あたらない[45]。

聖書にも黒い肌に肯定的な象徴価値を見いだせる糸口はないといっていい。モーセはムーア人の女を妻にめとったといわれたり、エチオピアの女王カンダチの財産を管理していたエチオピア出身の宦官がエルサレムを訪れた際に、使徒フィリポによって改宗させられた（使八・二六〜四〇）といったような話がせいぜいのところである。

民衆の好奇心に応えるために、イエスの姿や具体的な生活風景を叙述したものがあるが、それによれば「彼の髪は」「熟れたハシバミの実のような色」、非のうちどころない顔は「やや赤みをおびた淡い色」をしていたという。浅黒い肌でもなければ黒髪でもない。ユダヤの代官だったという架空の目撃者レントゥルスが、見たとおり記述したということになっていたが、中世の敬虔な信者たちは、これを真に受けていた。画家たちも歴史的な真実に忠実であろうとして、この陳述に頼った。イエスの姿に暗示力を与えるために、黒く描くなどと思いたつ者はいなかった。イエスは聖母子像の場合に黒いことはあっても、単独での黒い像はまったく存在しない。

古代世界の神々の祭典や死者礼拝にも、「白は天上的なものと幸運の色であり、黒は死者の国と不運の色[46]」という信仰が生きていた。天空の神々には、明るい白い毛をした動物が犠牲に捧げられ、死者の国や神々には反対に「黒いか、暗色の毛の動物が捧げられた[47]」夜や闇の象徴として黒は苦痛、不安、不幸、脅迫を表現していた[48]。

中世においても、これと比較しうるような記述にお目にかかれる。十二世紀のヒルデガルト・フォン・ビンゲンにとって、白は「光と純潔の色」、黒は「闇と不純の色」であった。神学的にいうと、「白はこの世における神的なもののあらゆる現象形態であるか、これを反映するものであり、黒は悪魔の領国のものである[49]」「白は幸福の象徴であるのに対し、黒は不幸の象徴の最たるものである[50]」とペーター・アベラール（一〇七九～一一四二）も断言している。白と黒は相いれぬ価値世界である。黒という色彩の象徴的内容に、肯定的な意味を与えるには、きわめて厳しい神学的熟慮が必要だっただろう。黒色が意味ぶかいもの、善と美を表現しうるというのは、自明なことではなかったからだ。

キリストを「正義の太陽」、悪魔を「黒い者」とする初期教会の観念世界は、古代の伝統にしたがうものであり、黒いゼウスというのも、死者の国の神にむすびつけた名称であった[51]。冥界と死の国の色として、黒には「キリスト教徒の間では、闇、悲惨、苦難、蔑み、死の意味が付与されていた」[52]黒は、「罪、不正、不幸、悲哀」[53]のものとされた。悪魔は黒い文字で、キリスト教徒のおこないの罪、言葉の罪、思いの罪を書きしるす[54]。古代末期の神学者や中世の幻視者たちは、神に敵対する悪魔たちの活動を、黒いエチオピア人のイメージでもって記述した[55]。悪魔の身体は、「醜くひきつり、黒い」[56]という。中世盛期にだれかが見たという「黒い人間の姿をした悪魔」は、ちぢれ毛をして肉太の唇をしたアフリカ黒人の姿をしていた[57]。

ヒルデガルト・フォン・ビンゲンはシナゴーグを上半身は青白く、下半身は黒い女の姿に描いている。シナゴーグはヤハウェとの契約を破り、肉欲にしたがったために[58]、汚れて黒いというのである。中世の宗教劇では、シナゴーグは黒いマントを着て暗色の頭巾をかぶった老婆の姿で演じられ、彼女の顔も目も黒い布で覆われていた。赤い旗をつけ、まんなかから折れている旗竿も黒かった[59]。

黒は悦びを喚起することも、希望にみちた気分を起こすこともなかった。この色は懺悔と罪、悲哀と死の象徴であった。説教の目的でお伽話、伝説、短篇、童話を集めた十四世紀初めの『ゲスタ・ロマノルム』に、敬虔な文盲の話がでてくる。彼は修道僧になった後、三つの字母を習った。黒と赤と白の字母である。最初は「彼の罪の思いで、二つ目は救世主の流した血の記憶、三つ目は天上の悦びへの憧れを意味していた」[60]

黒いマドンナは、どう見ても光にみちた救いの時のはじまりをもたらす女性のイメージではない。中世の神学者や聖書釈義家たちは、罪の時がマリアのおかげで恵みの時に移行するということを、「曙のイメージ」(雅六・九)を用いてこう説明したものである。「アダムからマリアの誕生までは夜が支配していた。

マリアは、暗い寒い無為の、動きもなく単調で、告白する口も神を賛美する口もないこの長い夜に終止符をうつ曙であり、また日の出を予告する明けの明星である[61]」

日常の経験生活世界における黒い肌の色

中世の人間が日常の生活世界のなかで黒い色にいだいていた観念や感情もまた、黒マリアの象徴的価値とは合いそうにない。中世後期の医者は、男たちに理想の妻の容貌についてたずねられると、「小麦色の肌の娘」はまだしも「暗褐色の女たち」はよくないと答えている。[62]

暗褐色の肌は、白い肌をもとめる美の理想に矛盾すると思われていた。十五世紀のある説話の例もこれを証明している。雅歌の審美論争にむすびつけられた説話だが、「魂と天上の花婿との神秘的な婚礼を庶民的な縁談話の形で」説いている。花婿のイエスが、父なる神に、「あなたのお気に召すなら、私は結婚し大いに子孫をふやしましょう」ともちかけた。ところが父は、息子の胸中にある相手が、黒いエチオピアの女だったのでつむじをまげる。このような結婚は不釣りあいで、家系の名誉を傷つけるものだといって反対した。そこに天使が現われ、花嫁のことをとりなす。「この娘は肌こそ黒いが、魅力に劣るところはないではありませんか。容姿端麗、そして多くの子供を生む健康な体をしています」これに答えて父は、「私の愛する息子は、彼女の肌は浅黒いという。私が望むのは、彼の嫁が若く上品で、愛らしく優雅であって、姿形のすぐれていることだ」それに対して天使は、娘の容姿端麗と美徳をほめたたえた。天使が絶賛するので、父は返す言葉もなくなり、ついに折れて息子に、「彼女をめとるがよかろう。彼女はいとしい恋人を愛するすべを心得ているのであろう。わが家の財産を彼女に十分与えるがよかろう[63]」

肌の白い者、浅黒い者、黒い肌の者が互いに接触することがまずなかった時代には、マリアの黒い顔の色はまったくエキゾチックな印象を与えるものであったろう。イベリア半島を征服した者たちや十字軍がはじめて、ヨーロッパ人に「モール人」と顔をあわせる機会をつくったのであった。皇帝フリードリヒ二世が一二三五年に、イギリス王の妹と結婚するためにヴォルムスへやって来たとき、ライン河、エルベ河間の地域の人間ははじめて黒人にお目にかかった。年代記者の記録によれば、皇帝のお供にくわわっていたのは「ラクダ、ラバ、ヒトコブラクダ、猿および豹」のみならず、「大勢のサラセン人や色黒のエチオピア人もいて、彼らはさまざまな芸ができ、護衛として仕えていた(64)」十五世紀末になると、諸侯は黒人の召使たちでもって、彼らの宮廷に彩りと異国情緒をそえようと考えるようになる。

スペイン人とポルトガル人は十五世紀末には、アフリカ大陸で奴隷の需要をみたし、おかげで「黒人」と「奴隷」とが同義概念となった。彼らスペインとポルトガルの奴隷商人たちは、十六世紀の変わり目になると、さらにこの黒人奴隷を新大陸に売る商売へと乗りだす。

人間の内と外は同じであると堅く信じていた中世の著述家たちは、美と徳、醜と罪の間に根本的連関があるとみなすのに、何のためらいもなかった。罪を犯す者は魂が黒ずむだけではなく、外貌も黒くなると信じていた。アダムが堕罪後につくった娘たちは、創世記ウィーン写本（一〇七五年以前）によれば「黒く醜く(65)」かった。

肌の黒いアフリカ人たちの評価はおのずときまっていたが、十五、六世紀には、この黒い住民たちの聖書上の祖先を見つけだそうという考えがもちあがってきて、これが重大な意味をもつことになる。旧約聖書にアフリカ人の根源をさがしもとめ、黒い後裔をつくったとする呪われた人物を見つけだしたのである。それは弟殺しのカインとか、酔っ払って天幕のなかで裸で寝ていた父を盗み見たために、兄たちの奴隷になれと命じられたハム(創九・二〇～二二)である。アフリカ黒人たちはこのカインやハムの末裔だということになった。黒い人間に神の約束を担う者はない。黒い肌の色は、神がカインに押した弟殺しの烙印に相応するものであり、災禍と呪いの歴史的遺産だと主張された。黒い存在には無知蒙昧な夜の闇に染められた魂が認められるとされ、黒い肉体は罪深い織物のしるしとなってしまった。ハムの末裔の黒人たちは、かくして永遠に奴隷たることの運命を背負わされることになった。ハムはもともと「従僕」の祖先、奴隷、農奴、百姓の祖先だという理屈である。彼はアフリカ人の人祖となって、彼らの不道徳と黒い肌のみならず、彼らの不自由も請け負うことになった。聖書に依拠するこうした構成概念が、黒人たちの奴隷化を宣言し正当化したのであった。[66]

原住民たちに先祖伝来の祭儀をやめさせようとするローマ教会の宣教師たちが助けをもとめたキリストやマリアの画像は、彼ら支配者たち同様に白い肌をしていた。意識するとしないとにかかわらず、植民地支配者の象徴言語をもちいる宗教が、支配者と奴隷との溝をますますふかめていった。黒色は民族的、社会的従属性の証とされ、相反する文化世界、社会生活世界の境界を明示するものとなった。白人の伝導教会から自己解放した今日のアフリカの教会や教派が「イエスのたとえ話を逆の人種イデオロギーの意味において」解釈し、教えているのは、偶然のなりゆきではない。マタイ福音書の五人の賢い処女と五人の愚かな処女のたとえ話などこう解釈されている。「昔、十人の処女がいた。そのうち五人は白く、五人は黒かった。五人の白人たちは愚かだったが、五人の黒人は賢かった。というのも、彼女たちはランプの油を欠かさなかったからである。十人は門のところまでやって来た。ところが白人の娘たちは、金持ちが受けとるのと同じ答えをもらった。すなわち、白人たちは地上を支配しているゆえに、黒人たちが天国を支配するのだ、という答えである。白人たちは、指先を冷たい水につけさせてほしいと乞うたが、へだめだ、だれも二度支配することはない〉と否まれた[67]」「黒いキリスト」は、このルールが守られるよう配慮しているのだという。

肌の色のさまざまな南米の住人たちの対立を克服したのは、メキシコ・シティーのすぐ近くにあるマリア巡礼地「グァダルーペのわれらの女主人」であった。一五三〇年代以来、ここで崇敬されている聖母像のメスティーソ（白人とインディアンの混血）の相貌は、インディアン文化とイベリア文化を統合するものであった。「この像そのものが母性、希望、命の糧、抑圧からの超自然的な解放と救済……を表現している。彼女は、メキシコの生活の文化の持続の象徴である。政治と宗教、歴史のさまざまな時代、インディオのもの、スペインのもの、メキシコのものをすべてむすびあわせている[68]」フェミニスト神学者クリスタ・ムラックは『マリア、キリスト教の隠れた女神』（一九八九）にこう書いている。「イエスを腕にだいている母親のなかに、何千年来崇拝してきた地母神を再確認することはむずかしいことではない。この地母神はひさしく彼らの生活をささえ、やしなってきたのである。彼らは女神への接し方をすでに心得ていた。女神が信頼できることは経験から十分承知していた。聖母によって抑圧されることはなかった。民衆はマリアを〈私たちのグァダルーペのいとしい女性〉と呼んでいる。グァダルーペのマリアのバジリカは、メキシコで最も人気ある教会のひとつである。漆黒の頭髪と目をしたマリアが青い星模様のマントをはおって立っている。肌はインディオ女性と同じく浅黒い。全ラテン・アメリカにおいて、彼女を旗印に抑圧からの解放のための戦いが今日進められている。教会の名においてではなく、教会に反抗してである[69]」

ポール・ゴーギャンの「ラ・オラナ・マリア［マリアご機嫌よろしく］」. 1891年タヒチで制作. ニューヨーク, メトロポリタン美術館像. マリアおよび幼児イエスに光輪があるのは, キリスト教絵画の伝統をふまえているが, 肌黒いのも, 衣のパレオや息子を左肩に乗せる方法も土着の女性の姿に描かれて, この土地に疎遠な女主人の姿をしていない.

美的文学的暗喩としての黒

美意識は社会意識に対応する。黒い色に宗教的、社会的な有効性をもとめようとするのは、現代的な現象である。中世の著述家たちの構想した色彩ヒエラルキーにおいては、黒色は最下位に位置していた。法学者サッソフェラートのバルトルス（一三一三／一四～一三五七）は、金色と白色を最も高貴な色彩とさだめ、「これによって光が表現されるからである」「光より高貴なものはない」と知るべきだと主張した。「白は色彩のなかでも最も高貴だが、黒は最も低級なのである」[70]

「ブラック・イズ・ビューティフル」というのは、アメリカの黒人市民権運動の戦いのかけ声だが、今日のファッション・クリエーターはこれを、黒染め繊維製品の売りこみに宣伝効果あるスローガンとして利用している。しかし現代語や現代文学のうちにも古代や中世に源を発する伝統的な意味が失われているわけではない。現代詩においても黒は脅迫、無力、没落の経験を意味している。「うなる蠅の黒布が／彼らの傷口を覆った」（ペーター・フーヘル）という詩は、第二次世界大戦末期、逃避の困苦と悲惨を、鉄道線路上によこたわり、暗い経帷子のように糞蠅の群れのたかっている屍体を描写したものである。「黒い花の春」とか、樹木の背後の「黒い太陽」というときトーマス・ベルンハルトが示唆したのは、もはや「破壊なき朝のない」世界であり、天国から地獄へと墜落した人間の運命である。「早朝の黒いミルク」というパウル・ツェランの『死のフーガ』の主題は、第三帝国における破壊的な暗い力、暴力、人間軽視のシニシズムへの注意を喚起している。矛盾するメタファーの助けを借りて、詩人は言いがたい苦悩と極悪な犯罪を名ざしうるもの、追体験しうるものにしている。このパラドクシカルな言葉の結合を利用したのは中世盛期の聖書釈義であったことを、ツェランはしかし知っていたろうか？　もっとも、旧約聖書を類型論的に解釈していた中世の神学者たちは、虐待された民衆との連帯性のうちに、この比喩をもちいたのではなかった。黒い乳は、自分たちのもともとは母であるシナゴーグと一線を画すことに、自らのアイデンティティーを見いだし、それを守ろうとした教会の語彙に属するものであった。司教セニのブルーノ（一〇四〇／五〇～一一二三）は雅歌の解釈のなかで、教会の乳房は美しく、自分の子どもたちに白く甘い乳を与えるが、美しくないのはシナゴーグの乳房であって、これは「黒い乳」、「汚れた澱」、「誤った教義」で自分の息子たちを育てる、と言ってはばからなかった。(71)

十六世紀スペインのある跣足修道僧の帝王学の書が一六〇四年に独訳されているが、このなかで、彼は「キリストの生涯と説話の健全な教えの白い乳」を「悪魔の教えと交際の黒い不品行な有害な乳」に対比させ、「ひたすら幸を与える教えと信仰のカトリック教会の白い、健全な治癒力ある乳を見捨て、異端の黒い有害な誘惑的な乳を飲み、腹にためる王侯、君主は、悪魔の道の先駆けとみなされるべきである(72)」と説いている。

「色は黒くてもわたしは美しい」

黒い色に一義的な象徴性はない。中世の文学者や審美家の場合もやはりそうであった。黒色でもって脅迫や恐怖を表そうとする一方で、崇高、優雅、品位を示そうともしていたのである。黒色に肯定的な意味内容を添加しようとする神学者や聖書釈義家は、旧約の雅歌に根拠をもとめた。雅歌のなかで、「色は黒くてもわたしは美しい」と日焼けした花嫁が歌っている。

雅歌のこの花嫁の自己記述が黒いマドンナ理解の鍵となるのであろうか？　中世の画家や彫刻家が、処女マリアの顔や肌を黒くした理由のわかる制作記録のようなものは存在しない。司祭や修道僧たちがマリア像の制作を委託した際に、顔や手をとくに黒くするようにと注文をつけた契約書があるわけでもない。要するに、黒く描かれたマリアが黒い女性として知覚されていたことを証言するような中世の宗教書も年代記もない。チェストホーヴァの画像の歴史を叙述した十六、七世紀の歴史書のなかにさえ、聖母像が「マリア・ニグラ」(73)であると述べている個所はない。十八世紀の奉納画においてはじめて、アルトエッティングの黒いマドンナが黒い女性として呈示されている。黒く描かれたマドンナが黒い肌の女性と意識されるようになってはじめて、肌の黒いマリアということになったのである。

黒く描かれたマドンナを黒い肌の女性として感受する知覚型に保証を与えたのが、まっ黒に日焼けした「雅歌」の恋人の自己描写であった。彼女が自分について歌っている言葉が、中世には、黒いマリア像を観察するときの参考書になった。証拠もある。「色は黒くてもわたしは美しい、エルサレムの娘たちよ」という詩句が黒いマリアの名声を飾る銘文となっているのである。その典型例が、もとブレズニチェの王宮礼拝堂のもので、現在プラハの国立絵画館の所蔵する中世後期の板絵だが、裏側の銘文によれば、ヴェンツェル王が一三九六年に、これを描かせたのである。王は「ルドニチェ〔ラウドニッツ〕」のマリアのイコンの模作を命じたのであった。ラウドニッツのマリア像は、福音史家ルカの作とされている非常に名声のたかいイコンであった。こういう模作は、決してまれなことではなく、ヴェンツェル王がこれの模作を命じた意図は、「正確な模作により、模範の効力を新しい場所に移す」(74)ことにあった。

ル・ピュイの「けだかい処女〔ノブル・ヴィエージュ〕」も、黒い肌をした「黒いマドンナ」であり、ルイ聖人王（一二一四～一二七〇）が十字軍遠征から持ち帰ったものだとされているが、一五一八年にかかれたある詩に、「黒いけれども、私は美しい[75]」と歌われている。
マリアに関する文学には、造形美術より早い時期から、黒く美しいという言い回しが現われていた。たとえば『金の細工』のなかでヴュルツブルクのコンラート（一二八七没）が処女マリアを賛美して、「清純なあなたは語る、私は黒く美しいと」と書いている。彼女の身ごもった神の胎児が彼女に別な肌の色を与えたのだという。「神の精神の光があなたの上に輝き、その太陽にあなたは日焼けした[76]」

もともとは相思相愛の雅歌の恋人たちの歌を、中世の聖書釈義家たちはキリストと教会、魂、マリアとの関係におきかえて解釈した。「雅歌」の個々の詩句はすでに九世紀末、マリアの祝日の典礼の朗読や讃歌に利用されていた。「雅歌」はマリアと神的な花婿である彼女の息子との間の愛を歌ったものだという確信にもとづいて、祝典にもちいられていたのである。

恋人たちの憧憬と至福が、精神的な愛の関係におきかえられてしまったのだが、旧約のテクストを、言葉通りにすなおに読めば、問題の個所は、相思相愛の状態にある若い娘の自己描写であることは明白である。

色は黒くてもわたしは美しい
エルサレムの娘たちよ
ケダルの天幕のように
ソロモンの幕屋のように
まっ黒に日焼けしたわたしを
なにもじろじろ見ないでください

太陽に肌をやかれたのです
兄弟たちがわたしにつらくあたり
葡萄畑の見はりをやらされていたのです
自分自身の葡萄畑をかまうこともできずに

ヒエロニュムスのラテン語訳聖書では、この問題の詩行は「わたしは黒い、しかし美しい、エルサレムの娘たちよ」となっている。ところが七十人訳ギリシア語旧約聖書では、この「黒い」と「美しい」との対立を抹消し、「わたしは黒い、そして美しい」と訳されている。中世の釈義家たちは、「わたしは黒い、それでも容姿端麗」と訳したものであった。

田舎の葡萄農家のこの娘は日焼けして、顔が黒い。都会の美人の尺度は別だということはわかっているが、自分の容姿に誇りをもっていて、「雅歌」の娘は率直に、「家族の葡萄畑の仕事をやらされ、自分の葡萄畑（肌）をかまっているひまがなかった」と説明している。「彼女はまさにそれゆえ恋人にとって魅力があったのである」[77] シリア地方の砂漠の遊牧民のひとつゲダルは、黒い山羊の毛で編んだ天幕に住んでいた。この天幕のように、あるいはソロモンの豪華なとばりの暗色の覆いのような肌の色をしていても、彼女は恥じることがなかった。

ヨハン・ゴットフリート・ヘアダー（一七四四～一八〇三）は、この暗褐色に日焼けした恋する娘のうちに「広大な牧草地の羊飼いの娘、都会の娘たちがうらやむ黒い田舎の娘、子どもの頃から太陽の子である娘の姿」を読みとっている。田舎育ちの「天真爛漫な娘」である彼女は、「お上品な都の色白できゃしゃな娘たち」を挑発し、「そして自分の恋人の愛を確信しているがゆえに、彼女たちのさげすむような視線に対抗している[78]」のだという。

黒い教会、黒い魂、黒いキリスト

黒いマドンナを疎遠に感じない感覚の次元を開いたのは、雅歌のアレゴリカルな解釈であった。中世の聖書釈義家たちは、イエスと親しく語りあった花嫁に、教会、魂あるいは処女マリアのイメージをかさねあわせた。このため教会や魂やマリアにキリストさえ、黒い色調をおびることができるようになった。

黒く同時に美しいのは、キリストによって救済された人間の姿である。こう教父アンブロシウスは考えた。アダムの堕罪、エバの負い目のおかげで、キリスト信者は黒いが、恩寵と救いにより美しい、という理屈である。アウグスティヌスは黒と美の同時性を教会の特徴にした。地上にあるかぎり、教会は罪人たちの隠れ家であり、善きキリスト信者、悪しきキリスト信者双方から構成されている。大教皇グレゴリウス（五四〇頃～六〇四）も雅歌の注釈書に教会は黒いと書いている。無信仰の者たちに軽蔑され、迫害されるからだという。しかし「恩寵と啓示のおかげで[79]」その姿は美しいという見解である。カロリング王朝の神学者アルクイン（八〇四没）も、こうした考えを受けついでいる。無信仰者にけられた傷口のために教会は黒い。きびしい迫害の苦境のなかで、教会は暗い色になった。だが美徳の輝き[80]ゆえに美しい、という。中世盛期の神学者たちもまた、教会はこの世でこうむった「災厄」、「迫害」ゆえに黒くなったのだと主張した[81]。

典礼学者ギレルムス・デュラントゥス（一二九六没）は、「罪を告白する」聖金曜日ならびに断食と十字架の日に、司祭たちが黒い衣を身につけるのがふさわしいと考えた[82]。修道僧たちは、「貧困と贖罪および死とのむすびつきを表わすものとして[83]」黒衣を身につけていた。これとは反対に、修道司祭基準学者と十二世紀の修道参事会会員たちは、白衣を正しいものとしている。キリストの復活と昇天の目撃者だった天使たちも白い衣を着ていたからだという。キリストも変容したときには白衣で現われた。プレモンストラトテン修道会の創立者クサンテンのノルベルト（一〇八〇／八五～一一三四）は、この修道会服の白色を「新しい解釈の出発の幸あるしるし[84]」だとしている。黒は贖罪の心を、白は新しい天使のような生活の純潔を象徴するというわけである。

ピエール・アベラール（一〇七九～一一四二）は、恋人エロイーズに「雅歌」の日焼けした花嫁がなぜ内省的な魂[85]の象徴であるかを説明するのに幻想を駆使している。黒い魂を正しい光のうちにもたらすために、彼はこう書いた。「雅歌」の「モール女」（キリストを花婿に選んだ人間の魂の比喩）は「外見は黒くても内面は美しい。この世の生活のなかで彼女〔魂〕は、試練や不快時によって肉体的に抑圧され外見は黒くなった。しかし内面は白い花嫁であり、いわば骨の髄まで白い。魂の内的美徳は強いからである」彼女の黒い容姿は「肉体的試練」と解釈すべきで、この試練が、信仰心ある者たちを「地上的なもの」への愛着から引きはなし「永遠の命にあこがれ、上方を眺め、この世のなりわいのただなかにあって内省に引きこもる」よう促す。花婿が彼の花嫁を不愉快なことに巻きこませたのは、そうすることによって、彼女が幸せゆえに傲慢になることなく、地上的な欲望をいだくことなく、この世の栄華をもとめることのないようにするためである。

アベラールはさらにつづけて、王が彼女を愛撫し、彼の部屋に誘ったと花嫁が語っているのを、神秘的な内省の天の平和のうちへと誘われた（雅一・四）と説明する。「夜、わたしの臥し床のなかで、わたしの魂の愛する人をもとめる」（雅三・一）という許婚の告白の意味を、自分の時代の美の観念をつくりだすため逆手にとったのである。当時の美の観念に黒い肌の女性に対する偏見が見られるのは疑いようがない。だから彼はこう書いた。「色黒の醜さゆえに彼女（許婚）は明るい光より人目につかない暗がりを愛する。色黒ゆえに妻は、世間の喜びより夫の与えてくれるひそかな悦びにあこがれる。公の食卓の王の側にいて輝くより、静かな居室で王に寄りそうほうがはるかに好もしいのである。色黒の女性は見た目は快くないが、それだけ心には快い。したがって公の席につれだすより、ひそかに彼女を迎えるほうがはるかに魅惑的でありふさわしいのである。彼女の夫は、だから彼女を社交界に伴うことは断念し、静かな居室で彼女と悦びをわかちあうのである」

クレルヴォーのベルナールの第二五番目の説教は、「雅歌」のテクストの本来の意味に迫っている。[86] 葡萄畑の労働のために日焼けして黒くなった娘が、色白の肌という町で支配的な美の観念の有効性を信じて疑わない恋仇たちが、彼女の顔の小麦色を欠点とみなす嫌がらせに対抗したのだと、説いている。黒色が美しく魅力あるとは一般に感じられていないことをベルナールも承知していた。そこで彼は「黒いものがすべて醜いとはかぎらない」と思慮をうながす。瞳の黒は醜くはない。黒い石は装飾品として貴重にされている。黒髪は色白の顔に映えて美しい。「色は黒いけれども、わたしは美しい」という娘の言葉は、「黒く、同時に美しい魂」の具現だという。「悔悛する謙譲」と「熱烈な愛情」が彼女をいわば「太陽の暑気」のように黒くする。こう説いて、彼は「精神の光明を、知の光を、純潔を生みだす聖なる黒よ」と歓呼の声をあげたものだ。また彼は、ことに聖人たちにも光明と黒、輝く美と黒色の飾りけなさがむすびつくとして、「われわれは聖人たちの身なり、見ばえだけを見るならば、老いぼれて、見すぼらしく、何ともむさ苦しものばかり目に入るだろう。ところが彼らの内面は、〈顔の覆いを除かれて、鏡のように主の栄光を映しだしながら、栄光から栄光へと主と同じ姿につくりかえられている〉（二コリ三・一八）のである。

これはあたかも、これらの（聖なる）魂のどれもが、黒いという非難に対して、黒いけれどもわたしは美しいと答えているようなものではなかろうか」

黒く同時に美しい聖人であったパウロ同様に、キリストもまた当然ながら、嫉妬ぶかいユダヤ人たちに対し、「私は黒いが美しい、きみたちイスラエルの息子たちよ」と言ったかもしれない。キリストの姿はまっ黒に見えたかもしれない。彼は苦悩する神のしもべであり、虫けらで非人間のように軽蔑され民衆に嘲笑されたのだから、麗しき姿には無縁であった。神から遣わされた救世主であり、自ら罪を背負った彼がどうして黒く見えないはずがあったろうか。「見たまえ、いかに彼の衣はよごれ、皮膚は傷のために鉛のような色となり、唾をかけられ、彼は死のように青ざめている。この世の谷間で、きみは彼は黒いと告白せざるを得ないであろう。だがそれから使徒たちに問うてみたまえ、彼は山上でどのような姿であったか（マタ一七・二）、あるいは天使に訊いてみたまえ、彼らがどのような顔を見たか（一ペト一・一二）。そうすれば、きみは彼の美しさを賛美することであろう。彼は内には美しく輝き、おまえには黒く見えているのだ」

イエスは真理、柔和、正義ゆえに美しく、虐待された神のしもべとして黒い。「キリストの色黒は受肉、苦難、死における自己表明のしるしである(87)」キリストの内なる美にまねび、キリストにおいて黒いものをわがものとするのが、憧憬する魂のもとめることなのである。

黒いマリア

シトー会修道士トマスは十二世紀に別な解釈の道を歩んでいる。教会およびマリアに認められる色の変化を、「最初の太陽」キリストのせいにする。キリストは誕生によって教会に輝ける色彩を与え、受難によりこの色を暗鬱にゆがめ、復活とともに輝ける色をあらためて獲得させるのだという。復活は、われわれの死すべき肉体も彼の光明の肉体と同じにつくられているという希望をいだかせるが、同じことがマリアにも生じ、キリストは受胎の瞬間彼女に色彩を与え、受難の際に色彩を消し、昇天のさいに彼女の失った色彩を返し与えた(88)という。

トマスは「雅歌」をマリア論的に解釈し、マリアの経験と行動様式に黒をむすびつけるよう要請されていた神学者の世代の一人であった。自分が黒いことをみとめている許婚は、貧しい家系の出を示唆しているが、マリアも自分が貧しい家の娘であると告白しているという。教会改革者にして聖書釈義家、博学の百科全書学者のホノリウス・アウグストドゥネンシス（十二世紀前半）の解釈も同じであった。彼女が社会的に卑賤の身であるにもかかわらず、正義の太陽イエスは、このつつましい娘を母に選んだのだという(89)。黒い肌は社会的事情をしめし、野良仕事で日焼けしなくてはならない女性たちの色であった。

マリアの黒い肌は、苦難にあい苦境に立たされる運命を引き受けたからだという。不信仰な邪悪な人間たちの目によって黒くされた神の母は、しかるべき崇敬の対象になるべきだと、十二、三世紀の聖書釈義家たちはことさら強調したものであった。マリアは自分が黒い処女であることを恥じてはいない。自分の息子が十字架にかけられた瞬間、彼女は黒ずんだ。復活したイエスを、ユダヤ部族の仲間たちが悪しざまに言うのを聞いたときも、神の福音を伝えようとする使徒たちが迫害され、拷問を受けたのを伝え聞いたときも彼女は黒変した、というのである(90)。

マリアは「この世の邪悪に耐えた」ために黒くなったが、霊的財産に身をささげ、心は愛にみちて美しく愛らしく、この財産の失われることのない光が、黒に照り輝く命を与えたのだという。試練ゆえに黒く、愛ゆえに美しい[91]、という理屈である。

シトー会修道士トマスが十二世紀から十三世紀への変わり目に書きのこしているものによれば、マリア自身が自分は黒いと言ったのは、十字架のもとで耐えねばならなかった苦痛と悲しみを意味していたという。十字架上で「死にいく息子」がマリアの顔を焼いた。十字架のもとで彼女は癩病に侵された人間の顔と化した。うちには「神の力の容貌」が隠されていたが、表には「人間的本性の弱さ[92]」が呈示された、というのである。

今日のキリスト教徒や文明人には、マリアの肌の色について思念をこらすなど邪道に思えるだろう。しかし中世の神学者たちは、単に聖書のみならず、創造の書〔リベル・クレアトゥエ〕にもこだわったのである。色彩に記号や象徴の性格を付与する多彩な創造の書である。霊的な意味を付与された色彩は、倫理的な世界観念、救済史的行動連関を表現する意味の担い手であった。今日の目には些細でつまらないものに思えるものでも、中世では倫理的、宗教的な福音を媒介するものなのである。歴史の近代史的な歩みとともに、この創造物語は象徴的な価値を失っていった。

ハノーファー近郊のマリーエナウにあるカルメル会修道院の修道僧だったヒルデスハイムのヨハネス（一三七五没）は、アレゴリカルな聖書釈義に影響されることなく、マリアはユダヤ女性だから肌は浅黒かったという考えから出発している。彼の『三博士の伝説』は、多く読まれ、手稿写本や印刷本によってかなり普及しているが、このなかで彼は、ベツレヘムの家畜小屋やマリアの容姿についてこう記述している。イエスは「生後十三日だったが、たくましく丈夫な赤子であった。彼は腕まで薄い布で覆われ、飼い葉桶の乾草のなに寝かされていた。母親のマリアは小ぶとりで、褐色がかった顔をしていた[93]」

ゲーテは一八一八年にこのヒルデスハイムのヨハネスの三博士伝説の中世末期のラテン語手写本を発見

し、グスタフ・シュヴァープに独訳を勧めているが、その際、「多くの者のために書かれたこの書に、批判の歯をむきだすことなく、想像力が優雅に提供するものを享受するように」と書いている。「そうすればちょっと目を通すだけでもさまざまなことが好ましくも明るい筆で描かれているのがわかるだろう(94)」

敬虔な詩情には心暖まる。しかし聖人伝説がいくら面白く物語られても、黒い肌に疎遠感をいだき、生活習慣もちがう人間たちにはどうしても、距離感を植えつけることは否めない。十四世紀半ばのケルンの手写本は、ヒルデスハイムのヨハネスの『三博士伝説』に関連して、オリエントを旅行した著者の報告も載せている。自国の読者に、三博士の出身地である国々の状況、風俗習慣について教えようという意図があきらかだが、カスパール王の出身国タールシスは中世の地図によると、モンゴルの辺りだとされていたが、旅行者は、この国の人間が「モール人と同様に黒く」、これが聖人の観念にも影響を及ぼしたのだと書いている。「彼らは自分たちが黒いから、どこの教会でも主なる神も聖人もみな悪魔的な方法で黒く描いたり、つくったりしている。したがって彼らは〈劣れるキリスト教徒〉であり、ヌビアのキリスト教徒のように偉大ではない(95)」

神と聖人たちの肌の色を黒くするのを、この著者は、「悪魔的な方法」とみなしている。これは、他国の民衆の思惟形式や生活様式にたいする感情移入力を示すものでは決してないだろう。黒は悪魔の色（と、この著者は暗黙のうちに前提している）なので、同時に神や聖人たちの色であるわけにはいかない。黒い肌の色を彼はさらに、倫理的欠陥の観念とむすびつけている。ターリスの黒人たちは、「劣ったキリスト教徒(96)」であり、これに対して、メルヒオールの出身国のヌビアの人びとは「最上のキリスト教の真理の象徴を認うのである。

黒い色は悪魔的な色とみなしたこのオリエント旅行者は、黒いマドンナにキリスト教の真理の象徴を認めようとはしなかっただろうが、これらの像をつくりだし、わがものとした美的知覚力は、生活世界に刻みこまれた何らかの欲求と関心に依拠するものである。中世盛期、後期のマリア像のモティーフと諸機能のもっと厳密な相互関係を視野に入れるため、さらに考察を進めなければならないだろう。

第7章　聖画像の効力と無力

中世のキリスト教聖画像世界は美しい様式、色彩や形態、対照や輪郭に対する欲求を満足させるものであった。美的な悦びを生みだすものであった。だがそれにとどまらず、日常生活にも介入している。

フレスコ画、板絵、細密画などはキリストの救済史の諸過程を想起させるが、この救済史に、世俗的な幸福も超俗的な至福も依存していたのである。これらの画像世界は、心的苦境や困苦にあえぐ信仰篤き者たちを奇蹟によって助けた聖人、聖女の生活と苦難を物語っていたからである。中世によく聞かれた決まり文句は、絵画は耳にしたもの読んだものよりもっと心を動かす、である。住民のごく一部しか読み書きできない社会にあっては、絵画の力は大きかった。画家たちは大いに尊敬されていた。中世後期以降、彼らはもはや名もない職人ではなく、「自由な」、つまり自由に生まれついた者にふさわしい芸術の代表者だと、自らを心得るようになっていた。

聖画像敵視と聖画像禁止

最初のキリスト教徒たちは旧約の聖画像禁止が心にあって、ひたすら神の

デリック・ベーゲルト（1440頃～1515）の板絵「マドンナを描く福音記者ルカ」．ミュンスターのヴェストファーレン芸術文化博物館像．本来はベーゲルトの故郷の町ヴェーゼルの画家のギルドの祭壇として制作されたと推測されている．13世紀来，ルカは画家組合の守護聖人として崇められた．ルカを精神的な組合仲間にすることによって，絵画の値打ちと画家たちの名誉が高められた．多くの画家がルカの肖像に自画像を描いた．框におかれたファヤンス焼きの壺には，画家の名前の頭の綴りベーグが書かれているが，同時にこの壺は，典礼の讃歌に，「ヴァス・エレクトゥム・ヴィタエ・エト・サルティス〔命と救いのために選ばれた器〕」と歌われたマリアを象徴してもいる．

言葉の力に信頼をよせていた。彫刻家や画家たちは、「悪魔が、人間を偶像礼拝に誘惑するためにこの世にもたらしたもの[1]」だ、と教会著述家テルトゥリアン（二二〇以後没）は断言したものである。二九五年と三一四年の間にスペインのエルヴィーラで開催された教会会議もまた、「教会に絵画はあってはならない。信仰の対象でないものを壁に描かぬように[2]」と厳しく要求している。この会議で決議された画像崇拝に反対する規範三六はしかし、時代の趨勢に逆行するものであった。旧約、新約の救済史のさまざまな出来事を造形的に呈示することがすでに実践されていた。教会会議の意義は実り少なかった。

著名な司教サラミスのエピファニウス（四〇三没）も聖画像崇拝ががまんならず、「悪魔が案出してこの世にもたらした偶像崇拝」だと聖画像を敵視した。「キリストや、神の生母、殉教者たち、さらには天使に似せた」画像を制作することはすべて偶像礼拝である。呈示された聖人たちの真の姿などだれも知らないではないか、という論法である。キリストのペルソナの秘儀は言葉にできても、「死せる色や線で描けるもの」ではない。絵画は神が人類のためになされた偉大なることを偽造する。キリスト信者たちは、「教会にも墓地にも聖像を置いてはならない」「むしろ神への思いをいつも心にとどめておくように[3]」と彼は司教座教会の会衆に呼びかけたものであった。だが彼の聖画像敵視運動も効果はなかった。感覚を排除する精神主義は、聖画像の助けを借りて信じるものを表象しようとする欲求をとめることはできず、聖画像の愛好者たちの意思が結局は勝利をおさめる。教皇大グレゴリウス（五四〇頃～六〇四）も聖画像主唱者のひとりであった。中世の教会が、造形美術的な表現から教訓、教化を汲みとろうするとき、この教皇の権威がものをいった。

絵画は読み書きできない者たちの書物

教皇大グレゴリウスは五九九年の七月、マルセーユの聖像破壊的な司教セレヌスに、神学的に正当化されない絵画攻撃を手びかえるようにと勧告した。聖画像崇拝者たちが、「手づくりのもの」を拝もうとするのをとめるのはよいが、正当な聖画像まで破壊するのは非難すべきことだとして、絵画の教化的機能を強調し、アルファベットを知らない者たちは、絵画の描かれた壁から、手稿からは読みとれない救済史の知識を「読む」ことができるだろう、と説いた[4]。

それでもマルセーユの司教は納得しなかった。六〇〇年の十月、教皇はあらためて彼の良心に訴え、呈示された絵の内容から、真に拝むべきものは何かを学びとることと、絵そのものを拝むこととはちがうのだと論説した。絵画の崇拝価値とそこに呈示されている聖なる人格の崇敬価値を区別したのであった。聖人画が魔よけのお守り的性格をおびることは、彼も阻止したかった。聖画像は示唆と代弁の役目をはたすものであって、これ自体が護符のように超自然的な力を担うべきではない。しかし聖画像を破壊する者は教会内の融和を阻害するものだと、教皇は指摘したのであった[5]。

聖画像は一義的でなく、読むのがむずかしい

宗教画は「平信徒の書物であり書簡」であるという考えの後ろ盾として、教皇大グレゴリウスは中世盛期、後期によく引きあいにだされた。だがこの考えはそれほど自明なものではなかった。八世紀末頃のカ

ール大帝の宮廷の神学者たちは、聖画像崇拝によって天に昇った者などないと確言していた。使徒パウロも「かつて描かれたものは、すべて私たちを教え導くためのものです」とは言わなかった。「かつて書かれたものは、すべて私たちを教え導くためのものです[6]」（ロマ一五・四）と言明しているではないか。絵画が読み書きできないものの聖書だというのはまちがっている。幼児イエスをともなうマリアを、幼いアエネアスをつれたヴィーナスから区別できるのは言葉であり、絵画ではどっちにもとれるだろう。絵画に表題がつけられてこそ混同がさけられるのだ、というのである[7]。

絵画が「天の王国にいたる」方法を学びとる「平信徒の書物」、あるいは「平信徒の字母」であるとよく言われるようになるのは、中世盛期、後期である。その整合性には暗黙の了解ができてしまっていて、聖書を読むように明快に読めるのか、などという批判めいたことはもう口にされなかった。プレモントレ参事会の人気説教師で著述家のドリュブールのアダム（一二一二没）は、書かれたものと描かれたものの関係について思念をめぐらし、テクストと絵画が知覚をたがいに知的、感覚的に照応しあうことを指摘した。読者と観者の課題は、両方のメディアから得た認識を一致させることであるという。読んだテクストあるいは聞いた説教の光のもとで、絵画は理解しうるものとなる。しかしまた逆に絵画が、色彩、形態および形姿の精神的内容を把握する認識の働きを促進するかもしれない。絵画の助けを借りて、「外的なものから内的なものへ、物質的なものから、非物質的なものへ、可視的なものから不可視的なものへ[8]」の進入が可能となる。有名な人文主義者でフィレンツェの尚書だったコルッチオ・サルターニ（一三三一〜一四〇六）も、「われわれの聖人や殉教者たちの描かれ、あるいは彫刻された思い出」の認識価値について思念をこらし、「感覚的なものの仲介を通して精神的な事柄の理解と認識にいたる[9]」と書いた。

中世末期の神学者や神父たちは、聖画像を信心の源泉として評価し、聖画像を見つめることにより、

「敬虔な人びとは祈禱へと動かされる」ことを確信していた。「外的なしるし」の聖画像が「学のない人びとを信仰へ、祈禱へ、善き思いへ、天上への憧れへ、その他善行へと内向的に[10]」動かすのだと、彼らは強調した。聴覚からより視覚のほうから信心により大きな影響力が行使される。見たもののほうが、聞いたものより、敬虔な考えや敬虔なおこないへの関心を起こさせる度合いがはるかに強い、というのである[11]。

キムゼーの司教ピュルスティンガー（一四六五〜一五四三）は『ドイツ神学』に、「普通なら目に見えない天使が描かれ、その挨拶を受ける処女マリアの絵に、多くの信仰深い者たちは祈りへ向かい、また別な者たちはマリアの像を眺めることによって、聖書を読む者以上に良きおこないへと覚醒される。絵を見つめていると、神への感謝へと心を動かされる。神が自らの似姿を聖像に託されているからであり、マリア自身が神の純粋な似姿であって、マリアに祈れば、神の汚れてしまった似姿であるわれわれを清めてくださる[12]」。絵画が祈禱へのきっかけを与え、良きおこないと思念への動機となる。絵画の助けをかりて神はマリアのうちに自らを具現しているのを悟った者は、ただちにまたキリストへの「慈悲深い代願者」マリアに、罪で汚れた自分の姿の清めを願って、ひたすら祈るであろうというのである。

聖書が「学ある人たち」に与えるのと同じものを、絵画は「無学の人たち[13]」に与えると、司教ベルトルトは言う。「われわれは絵画を、無学な者たちがキリストの苦難を想起するための徴しであり示唆だとみなす。敬虔な人間は、神がマリアを通じて、いかに美徳にみちたすばらしい働きをなされているか、その模範をわれわれに残されていることを心するであろう[14]」「無学な人間から絵画を取り去ることは、学ある者に聖書を禁じるようなものである。書で学ぶか絵で学ぶかにちがいはない[15]」

キムゼーのこの改革的な司教はしかし、迷信的な「絵画の乱用」の現状も知っていた。「偉大な教師」教皇グレゴリウスは、「マルセイユの司教をほめたが、彼の提供した画像を司教が受けとろうとせず、これを破壊したので、ついには罰した」[16]という。

奇跡的な力があるという画像への信仰が新しい巡礼を招来する点に、司教は画像の乱用を認めていた。「タウバータールのニコラスハウゼウンやエッティンゲン〔アルトエッティング〕、あるいは最近のレーゲンスブルクの美しいマリアに生じたように」「画像や教会へ」[17]付和雷同的に押しかける信者たちの波のうちに、彼は悪魔の陰謀を見ていた。レーゲンスブルクの「美しいマリア」に巡礼した者たちの行為が、彼の憂慮のきっかけをつくったのだが、一五二〇年五月にレーゲンスブルクの司教評議会が作成した報告書も、「私たちの聖母像のまえで、人間のものとは思えぬほどおぞましく、仰天するような声で叫び、身をよじり、ふるえ、泣き声をあげ、ふらちなふるまいを見せながら、「まるで神母が彼らをそこにひざまずかせ、彼らと語るために現われたかのように身をなげだす人間たち[18]」をきびしく批判している[19]。

キリスト教的画像崇拝が異教的な女神礼拝に逆転するのを阻止するためには、区別が必要であった。「キリスト信者は偶像として画像につかえてはならない。言いよって、助言をもとめたり、捧げものをしてはならない[20]」そうではなく「画像が何を示唆しているのか[21]」を問わなければならない。「われわれは福音書を拝んだりはしない。福音書が伝えるイエス・キリストに祈るのである。同様に画像に祈るのではなく、絵画が呈示するわれわれの主なる神に祈るのである[22]」

中世後期の画像神学

オスナブリュックのアウグスティノ会の隠修士ゴットシャルク・ホレン（一四八四以後没）は「キリストと聖人の画像について」説教したとき、キリストやマリアならびに聖人の画像の活用を正当化できる理由が少なくとも六つあると説いた。[23] ホレンは聖書と教会の伝統にもとづいて、画像崇敬が美的賛美につきるものでないことを理解させようとした。マリア像は、救済を求め、道徳的に自分を鍛練し、実生活上の困難を克服しようとする者を支援するためになる機能をはたしているのだという。

画像を眺め、われわれは未知のものを知る。そしてそこに描かれているものにならおうという気持ちになる、とホレンは画像の機能を強調する。自分の言葉に権威をもたせようと、彼は絵画は若者たちの模範となるような、有能な者たちの行為だけを永遠化すべきであるというアリストテレスの原則をもちだし、教会でも聖人たちの行為は呈示できるであろうと主張したものである。聖人たちはそれぞれに、書物や持ち物をたずさえて描かれ、これによって彼らは存命中に天国を手に入れていたとあれば、「われわれは彼らにならおう」ということになる、というのである。

ホレンはここで、どの聖人よりも、処女マリアこそ「画像を設置すること」によって崇敬されるべきだと力をこめる。彼女は他のどの聖人よりも、人類の救済に大きく貢献しているからである。しかしキリスト教の画像崇敬の神学的正当化のための考慮を、これでこと足れりとはしなかった。彼は福音記者ルカが描いた「非常に多くの絵」に対する注意を喚起している。ローマの教会に保存され崇敬されている「ルカの絵」のひとつにとくに言及している。一四七八年、教皇シクストゥス四世がこれを本物のルカの絵だとした作品である。ローマの修道会士の教会、サンタ・マリア・デル・ポポロに現存するが、ペサーロの領主で教皇庁の総長でもあったアレッサンドロ・スフォルツァが一四七〇年にマリアのイコンを画家のメルロッツァ・ダ・フォルリに模写させ、次のような碑文をかかせたのである。「これ〔イコン〕は、聖ルカが実生活を描いたものである。この板絵は真正なる肖像である。アレッサンドロ・スフォルツァの委託を受け、メルロッツァがこれを描いた。ルカが見れば、彼自身の作品だというであろう[24]」

いったいなぜルカがマリアの肖像画を作成したなどという役割を演じることになったのか？　聖書のなかでは医者だといわれている彼が福音記者のなかでただ一人、イエスの誕生および幼少の物語をくわしく記述しているので、マリアの肖像画家にするに好適だったのだろう。画家ルカは、神学者、聖職者たちの願望的思考のたまものである。彼らは、福音記者の助けを借りてマリアの絵を崇敬に値するものにしようとしたのだ。ルカがマリアを絵に描いたとなれば、画像崇拝の神学的正当性に異論をとなえる者たちを黙らせる論拠を手にすることになる。すでに存在していた絵を、ルカ伝説が「証拠書類および聖遺物」として正当化し、イエスの人の子としての幼少期の現実を強調し、八四三年に「マリアはこの絵を良いと認め、祝福した[25]」と断言したオリエントの三人の家父長の見解を裏書きすることになった。ルカ伝説に対抗して福音記者ヨハネあるいは聖なる三人の王の奴隷を神母の肖像画家としてかつぎだす伝説もあったが、長つづきはしなかった。画家ルカが勝利をおさめたのである。

信心からでたフィクションを歴史的事実にすりかえる伝説の成立時期を言いあてるのはむずかしい。テオドルス・レクトルが五三〇年の『教会史』に、コンスタンティノープルで崇拝されていたルカの絵の由来について、皇帝アルカディウスの妹で皇帝テオドシウス二世の妃であったエウドイカが四三八年から四三九年にかけて聖地を巡礼したとき、アンティオキアの義姉プルケリアに聖ルカの描いたマリアの絵を送った[26]、と記しているが、批判的学問の承認は得ていない。十三世紀の資料によれば、このいわゆるルカの絵は、かの「ホデゲトリア（道しるべ）」と名づけられているマリアイコンと同一物である。かつて盲人となった道案内人たちの施設の聖所に安置され、ビサンティン帝国に勝利をもたらす守護神像として、いたく崇拝されていたものである。

八世紀初期にはクレタのアンドレアス（七四〇没）や総大司教ゲルマヌス（七三三没）のような著名な神学者たちが、聖画像敵視的な彼らの敵対者たちに、福音記者ルカ自身が描いて、友人のテオフィリス宛てにローマへ送ったのだと言えるほどに、ルカの画家伝説は広く知れわたっていた。八三六年にエルサレムで開催された教会会議は、画家にして福音記者であったルカのものとされている「ホデゲトリア」を「聖使徒にして福音記者ルカが宮廷でこよなく聖なる神母のまことと聖なる崇敬すべき絵を描いたもの」だと判定した。「彼女がまだエルサレムに暮らしていて、シオンの聖なる山に住んでいた頃描いたもので、かくして後世の人類が汚れなき方の姿を鏡のうちに見るごとく、目にするのを可能にしたのである[27]」

中世後期になるとルカの作品伝説は次のようになる。「イエス・キリストがすべての子どもたちのなかで、最もすてきであったように、聖処女マリアはあらゆる女性のなかで最も美しかった。彼女を見る者は天にものぼる心地がした。だから使徒たちは、彼女への畏敬と愛情からその容姿を絵画にして後世に伝えようと心にきめ、聖ルカに彼女の容貌に忠実な像を彫るか描くように委託した。聖ルカとて、容貌のえも言えない美しさ、容姿の優雅さと威厳を、ただ暗示することしかできなかった。というのも地上の画家には、当時も、あるいはどのような将来においても、新約の聖櫃にして神の英知の最高の王の王座となった女性を、それにふさわしく写しとることは不可能である。しかし使徒たちはルカの絵に至福を覚え、神に感謝した。そしてマリアの被昇天後、神の指示にしたがい、ある修道院〔ローマのベネディクト修道女会修道院、テンプリのサンタ・マリア〕に運ばれ、こうして修道院はサンタ・マリアと名づけられることとなり、その教会に安置されたのである[28]」

キリスト教の伝説生成も矛盾から免れてはいない。アウグスティヌスの神学論文『三位一体』などに代表される見解によれば、だれも処女マリアの顔を見てはいないし、どのような容貌であったかだれも知らない。マリアの顔は信仰の対象でも知の対象でもない。ああだこうだといっても推測の域を出るものではない。ところが中世末期の語り手たちはしたり顔であった。時代が遠くなればなるほど、知識が正確になるかのようであった。

保証つきというオーラのおかげでルカの絵画は大いなる磁力をもつことになった。一二〇〇年に巡礼者としてコンスタンティノープルに滞在したロシアの司教ノヴゴロドのアントニウスは、ホデゲトリアが毎週、壮麗な行列に担われ町中をいく光景を目にして、聖霊がここに降臨するのだと確信している。[29]教皇イノセント三世(一一六〇/六一~一二一六)は、この絵の原作者がルカであることを追認したが、絵にマリアの霊が現在するという見解は拒絶した。ルドヴィーコ・アントニオ・ムラトーリ(一六七二~一七五〇)は、啓蒙化されていた男で、自らイタリアの歴史編集者、文書係、図書係を任じていたが、教皇の批判的所見をあらためてもちだし、ギリシア人たちのもとでは「聖ルカが描いたと信じられている神母像が、例外的に大きな崇拝を集めていた。というのは愚昧な民衆が、この絵のうちに神の母の霊が宿っていると想像していたからである。このくだらない見解は教皇イノセント三世によってまちがいだと断定されたが、このような誤りが、こうした絵画をやたらともてはやす信者たちにもとりついていないか、わかったものではない」[30]と書いている。

ルカによって描かれたとするマリアの絵がキリスト教の救済教義の真理に加担する証明力には、聖書の証拠価値に匹敵するものであった。なぜ至福のマリアの絵が福音記者ルカにによって描かれたのかという問いに、同時代の絵画を批判的に観察していたヤノフのマティアス(一三九四没)は、こう答えている。

「キリストの母が肉体とともに被昇天したにしても、魂のみだったにしても、彼女の聖なる身体の聖遺物の存在しないことはたしかである。これは、われわれ弱き者たちの誘惑を阻止する神の摂理なのである。しかしながらなさけぶかい救世主は、母生き写しの絵姿を彼の教会にのこしていかれた。それゆえ神の摂理はある信頼のおける人物に、神母に敬意を表し、かつ選ばれた者たちの信心と慰めのためにかような絵を描く全権を与えたのである。この絵はしたがって敬意に値する。といっても、命や精神ではない。絵画への敬意にすぎない[31]」

ヤノフのマティスは神学的に教育ある男であった。彼のこのような微妙な区別も、彼の改革的な態度を表明したものであろう。しかしながら、絵画をただの記号として理解せよ、というのは、平信徒たちには荷が重い要求であった。彼らは概して、マリアは彼女の絵のなかに臨在し、絵を介して働きかけるのだと確信していた。神母の画像は根本的な生存問題が解決できるよう助けてくれるはずであった。アウグスティノ修道会の隠修士ゴットシャルク・ホレンは、福音記者ルカの描いたマリア像がローマが六世紀末ペストに襲われたときに、汚染された大気を清めたことに注意を喚起している[32]。

ペストの時代の救済者

十三世紀の著者たちは、ホレンが言及した命を救うマリア像とは、サンタ・マリア・マジョーレにある聖母のことだとしている。この聖母像は、教皇大グレゴリウスによって催されたペスト行列において掲げられ、測りしれない被害から町をまもったと言い伝えられている[33]。

ドミニコ修道会士ヤコブス・ヴォラギネも、一二六七に著作した『聖徒伝』にこの画像についてくわしく記述している。この聖人伝説の集大成は、十三世紀には『黄金伝説』として他に例を見ないほど普及し、十四世紀前半にはドイツ語にも翻訳されているが、このなかで彼はこう物語っている。「テヴェレ河が氾濫し、市の外壁も越す大水となり、多くの家屋が破壊された時のことであった。多くの蛇やぞっとするほど大きな竜が海へと押し流された。彼らは大波にのまれて絶命し、浜辺に打ち返された。屍体は腐敗し、それが発する悪臭が空気を汚染して、そのために民衆の多くが腺ペストというものに罹って死んだのである。しかも人びとは、天から無数の矢が降ってくるのを目撃した。この矢に当たった者は即死状態であった。矢に最初に当たったのは教皇ペラギウスであったが、彼の即死した後、この矢にあたる者は数えきれず、そのために町のなかの多くの家屋が廃屋と化した。しかしキリスト教会は首長のいないのをよしとせず、ローマ市民たちはいやがるグレゴリウスをみんなして教皇にまつりあげようとした。さて彼を叙階する段になっても、なお死は終わらなかったので、彼は民衆に説教し、十字架行列をとりおこない、心をこめて神に呼びかけるよう勧めた。そこで民衆は集まり、神に祈りをささげたが、死は増えるばかりで、一時間内に八十人もが死んでいった。だがグレゴリウスは、主が慈悲心を起こし死に終わりをもたらすまで、祈禱をつづけるようにと民衆に勧めることをやめなかった(34)」

この伝説編纂家はさらにつづけて、教皇にどうしてもなりたくないグレゴリウスはこの祈願行列の後、町から逃げだした、と報告している。しかし森に身を隠していた彼は、光の奇跡によって見つけだされ、連れもどされて否応なく教皇に任命されたのであった。ローマは死がなお暴威をふるっていた。「そこで聖グレゴリウスは復活祭の時期に、連禱をともなう十字架行列をとりおこない、その先頭に聖母マリアの絵をおごそかに掲げさせた。この絵はローマのサンタ・マリア・マジョーレという教会に現存するが、医者であり画家であった聖ルカが描いたものであり、私たちの聖母に非常に似ているという。そして何と、

ジョヴァンニ・ディ・パオロ（1403頃〜1482）「天使城へ向かう教皇大グレゴリウスのペスト行列」．ルーヴル美術館蔵．

空中の汚れが、この絵の存在に耐えられないかのように、絵の前から見るまに逃げ去り、かわって清浄の気が絵にしたがったのである。絵の近くにいた者たちは空中に天使の声を聞いたと語りつがれている。天使たちは〈悦びたまえ、天の女王、ハレルヤ、あなたがおごそかにも担われた者は、彼の言うとおり、死からよみがえった〉と歌ったという。まもなくグレゴリウスは、クレスチェンティ城の上に天使がひとり立っているのを目撃した。天使は血塗れた剣を鞘におさめていた。それを見て、グレゴリウスは疫病死が終焉したのを知ったが、事実その通りであった。この城はこれ以来、天使城とよばれるようになった[35]」

ペストの時代の救済者である聖母「サルス・ポプリ・ロマーニ〔ローマ民衆の救い〕」の名声はローマを出てアルプスを越えた。アルトエッティングのイエズス会士クリストフォロス・カメラーは一六四九年十一月三日の説教「アルトエッティングの栄光ある処女マリアの奇跡力ある絵を掲げる行列によるありがたきペスト撃退[36]」という説教のなかで、ここの聖母像をサンタ・マリア・マジョーレに保存されているマドンナ「サルス・ポプリ・ロマーニ」に比している。「強い女性」マリアのみ、ペストの「有毒な弓矢による大量死[37]」に終止符を打てるのだということをしめしたかったのだ。マリアが身近にあって助けてくれるという希望を喚起するため、このイエズス会士は、サンタ・マリア・マジョーレのマリアの画像がローマの空気を浄化し、大量死の危険を追い払ったという教皇グレゴリウスの祈願行列についてくわしく語り、さらにつづけて、マリアのとりなしにより、神も同様に慈悲心を起こして、ミラノ、コンスタンティノープル、エルサレム、ローマをペストから解放したことを指摘し、「どうして彼〔神〕は、アルトエッティングの栄光にみちた処女の奇跡力ある画像のゆえに、慈悲をおしめしにならないわけがあろうか[38]」と説いたものであった。

防御兵器となったマリアの画像

マリアの画像はさらに、諸都市を侵略者たちの攻撃から守った。七世紀の初め以来コンスタンティノープルでは敵に包囲されるたびに、画像や聖遺物の助けを借りて市の外壁の防御力を高める慣習が根づいていた[39]。六二六年にアヴァーレン人の攻撃を受けたとき、領主セルギオスは市の城門の上にマリアのイコンをもってこさせている[40]。アヴァーレン人に対する勝利はひとえにマリアのおかげだとした同時代のある説教師は、コンスタンティノープルの外壁の上から領主が侵略者たちに対して神母の聖なるイコンを呈示し、「ある女性、神の母なる女性が汝らの無謀を打ち砕き、指揮権を取りあげるであろう。見よ、これはファラオをその軍勢もろとも紅海に沈めた方のまことの母なるぞ[41]」と呼ばわった、と述べている。一一八七年、反乱が勃発したときにも皇帝イサクは、「敵に警告を与え、城内の住民を勇気づけるために」市壁のうえからマリアのイコンを呈示した[42]。

ビサンティンでは、勝利をもたらすマリア（ニコポイア）のイコンが皇帝の凱旋行列の中心にかかげられた。ヨハネス二世は一一三三年の戦勝祝賀の凱旋車に、自分のかわりに「神母のイコンを乗せた」とビサンティンの年代記編者は書いている。マリアは「彼の悦びであり、彼女のためなら命をもすてただろう。彼は勝利は自分の側についてくれた無敵の軍司令官マリアの賜だとしたのである[43]」一一六七年に皇帝マニュエルがパイオネン人との戦の勝利を祝ったおりにも、凱旋車に神母のイコンが同乗した。彼女は「皇帝に味方した無敵の戦友であり、不屈の司令官であった。そして車の軸がきしることはなかった。なぜなら上に乗せているのは、正しからざる処女、恐ろしいアテネの女神ではなく、論理を超越した次元で、ロゴスによりロゴスを産んだ真の処女だったからである[44]」

十字軍兵士たちが一二〇四年の聖金曜日にコンスタンティノープルを占拠し、――掠奪に飢えた雑兵たちの例にもとらず――欲望のおもむくまま、掠奪をほしいままにしたおり、これらヴェネチア人たちは、ギリシア軍の司令官の戦車から「勝利をもたらす女性」を奪いとり、この恵みの像を故郷の街にもち帰った[45]。今日にいたるまで、この像はサン・マルコで崇拝されている。敵軍から宗教的武器を奪うことは、当時は、戦術や平和戦略の一貫をなすものとされていた。「サン・マルコの原像がニコポイアという名称は司令官であり勝利をもたらす女性としてのビサンティンのマリアの役目を想起させるものである。ヴェネチアでは、このイコンは、国家的な祈願行列や祝祭挙行の際に、共和国国家形態の上に立つ統治者を具現していた[46]」

この絵画掠奪は平和をもたらすものではなかった。ラテン人とビサンティン人、西方教会と東方教会の溝は深まるばかりであった。一二〇四年に受けたビサンティンの精神的外傷は、不治のラテン憎悪を引きおこした。後代の同盟努力は最初から挫折する運命にあった。マリア像掠奪のゆえに、コンスタンティノープルの首長はヴェネチア共和国に対し聖務禁止と破門を言い渡し、像を返還するまでは、教会の恵みの富に与ることはならぬとした。さらにこの破門の言い渡しに箔をつけるために、首長は、教皇イノセント三世に対し、画像を掠奪したヴァネチアに対する精神的処罰に、教皇の権威ある保証をもとめた。教皇はこの願いに応じたが、しかし但し書きをつけくわえた。「ヴェネチア人たちに奪われた像のうちに聖処女の霊が臨在するとして、慣行の神学の支持しうる度合いをはるかに超えて崇拝するギリシア人たちの見解は、迷信的だとみなす[47]」

私的な信心実践とマリア像

中世の都市共同体にとって、神母崇敬は、全市あげての公的重要事であったが、もとはといえば、マリア崇拝が生活の基本的関心事だったからだ。マリア像が私的な信心実践において重要性をましてきたことが共同行事の原動力になったのである。「マリアの絵画表現に対する要求のたかまりは、画家たちを利することになった」

マリア画像を献身の典拠にしようとしたのは特に修道僧、修道尼たちであった。ハイスターバッハのカエサリウス（一一八〇～一二四〇）は、アイフェルにあるシトー会修道院ヒメロートの平修士ビルバイスのヴァルターが聖神母の象牙製の小像を肌身はなさず持ち歩いていた話を伝えている(48)。

シレジア（現シロンスク）の公妃聖ヘドヴィヒは、二十年間の結婚生活の後、自分の創立したトレープニッツのシトー会女子修道院に入って禁欲生活をはじめたが、その『大聖伝』によれば、「畏敬し、崇敬していた聖人たちの画像や聖遺物を多数所持し、これらを礼拝に出かけるときにはいつもかかげさせたり、自分の祈禱を捧げる場所に置かせていた。こうして聖人たちを見つめ、彼らの功績を想起することにより、彼らのとりなしが自分をさらなる信心へと燃えたたせてくれるからである」「これら聖人のなかでも、とくに彼女が熱烈な愛をこめて崇敬していたのが、いうまでもなく主の母であり、彼女は象牙製の小さなマリアの肖像をつねに携帯し、両手にもっては、いとしそうに見つめていた(49)」

いまわのときもヘドヴィヒはマリア像をはなさず手ににぎっていた。彼女の亡骸をトレープニッツに建設された修道院礼拝堂に移すため、一二六七年八月十七日に墓を掘り起こしたとき、聖処女の小像をしっかりにぎっていた左手の三本の指だけはまったく損傷がみられなかったという[50]。

中世後期には私的信心実践においてマリアの画像がますます大きな役割を演じるようになっていったことを、アレキサンドリアの聖カタリーナの伝記が証明している。十四世紀の推移とともに彼女の経歴は次のように発展していったのである。「彼女〔カタリーナ〕が若い頃、キリストと処女マリアを目にしたいという思いを、ある隠者にうちあけたところ、彼は彼女に神母を描いた小さな板絵を与え、祈るときにはひたすらこれを見すえるよう指示した[51]」聖人の生活と苦難を物語るドイツ語版『聖者伝説集』では、この出来事は次のように記述されている。聖カタリーナが、イエス・キリストという最も高貴で賢明で美しい夫とどうやって結婚できるかを隠者に問うたところ、彼は彼女に、「あなたは、彼の母の助けなしに、この夫を得ることはできない。だから母親に恵みを乞うて、熱心に祈り、彼女に、あなたの欲する夫を得られるよう助けをもとめなさい[52]」と言ったという。匿名の聖人伝の著者による誇大化傾向は明白である。マリアの画像を見つめることは、霊的観察をふかめ、幻視体験を促すことに寄与するというわけだが、キリスト教初期の殉教者カタリーナは、天国の花婿との婚姻をもとめる神秘主義的な天分ある女性に変貌している。

私的な祈りのためにマリア像を所持することは修道尼や修道僧の特権ではなかった[53]。財力ある平信徒も祈禱書や時禱書をマリアの生涯のさまざまな場面で装飾することに夢中になった。マリアの絵は平信徒たちが生業を営む家の内部を飾った。聖フランシスコの伝記作家ツェラノのトーマスは、一二五〇年に著した『聖フランシスコの奇跡に関する論文』に、「ローマの貴族女性は、寡婦であろうと既婚者であろうと、とくに衣食足りて礼節を知る者は、屋敷内の離れ小部屋あるいは室内の片隅を、祈禱のために設備するのが風習であった[54]」と書いている。私的な空間にかけられ崇敬された聖人の絵は、キリスト教信心の強い個別化を推察させるものである。

十七歳のときにフィレンツェのドミニコ会に入会し、後に枢機卿になったジョヴァンニ・ドミニチ（一三五五／五六～一四一九）は、家屋内を聖画像で飾ることを家長たちの義務としたものであった。「諸君のうちに聖なる幼児あるいは聖処女の絵をしつらえよ。これらの絵に接する悦びを諸君の子どもに、いうならば、おしめのとれぬうちに与えよ。そうすれば、子どもはこのなかに自分自身の要求の表現を発見するであろう。絵は子どもの年齢に応じて語りかけるものでなくてはならない。これはもちろん立像や彫り物にもあてはまる。ふさわしいのは、聖処女マリアが小鳥あるいは林檎を手にもつ幼児を腕にだいている絵である。幼児イエスが母の乳房を吸っているか、膝にだかれて眠っているのも適切である。さらにはイエスが可愛らしく、おとなしく母親の前に立っているか、あるいはまたイエスがスケッチするのを、母が刺繡しているのもこのましい。聖ヨハネが子どもの頃、粗いラクダの毛でできた衣をまとい、荒野で小鳥と戯れ、葉群れの甘い露を飲み、大地を褥にして眠る姿もまたふさわしく、幼児イエスと洗礼者のヨハネ、あるいはイエスと福音記者ヨハネを子どもの姿に描くのもよろしい(55)」絵をこのんだこの枢機卿の助言が、絵画制作に取りあげられたか、どれほど心に留められたか、具体的に証明するものはないが、ニュルンベルクのドミニコ会会士ヨハネス・ヘロルト（一四六八没）は、ある説教に、ジョヴァンニ・ドミニチの意向にそいつつ、絵画が家庭生活においてはたす重要な役割を説いている。しかもこの会士の説教の手引きは、模写、印刷、口語訳されたりして、例をみないほど普及している。居間や私室あるいはベッドの上方に十字架上のイエスあるいは聖母マリアの絵をかけ、これを目にしてはイエスやマリアのことをあらためて心に留めることは、「このましく、救いになること(56)」だと彼は説いたものである。

聖像画で居間や寝室を飾ることは、十六世紀初め頃にはもはや裕福な市民の特権といった性質のものではなくなっていた。[57] 複製印刷術のおかげで大量に出まわるようになったからである。またマリアの生涯をモティーフにした陶板レリーフが家庭祭壇用に制作され、マリアの立像が家壁を、絵画が居間や寝室を飾った。[58] ミュンヘンの司祭ヨハネス・クーエンが一六三七年に著した三〇詩節におよぶ長詩『ミュンヘンのわれらが聖母の歌』の熱狂的な口振りを一部紹介すると、

ミュンヘンの多くの家には
マリアの像が立っている
マリアよ、われらのために祈りたまえ
この像が歩哨に立つ家に
不幸がおりることないように
それゆえ、愛するわれらの母よ
御手をさしのべたまえ
あなたの守護マントで覆われよ
このバイエルンの全土を

あなたの像をいただけぬ
家僕の日々はつらかろう
マリアよ、われらのために祈りたまえ
あなたの像の見あたらない

居間も小部屋もなくなるよう
それゆえ……

寝所にあなたの像をかけた多くの者は
これを見るたびにあなたを思う
マリアよ、われらのために祈りたまえ
朝に起床するとき、夕に就寝するとき
助けたまえ
それゆえ……

あなたの絵がかくも描かれて
かくも多くの可愛い蠟細工が
マリアよ、われらのために祈りたまえ
かくも多くの象牙の細工が
金や銀や宝石で作られた像が
それゆえ……(59)

十四世紀後半から十五世紀初めにかけて活躍したフィレンツェの商人ジョヴァンニ・ディ・パゴーロ・モレッリの『回想録』だが、一四〇六年五月、彼の息子のアルベルトが死病にとりつかれた。そこでキリストの受難図を描かせ、それを腕にかきいだいて祈り、誓いをたてた。しかし神の慈悲は得られず、アルベルトは死んだ(60)。

息子の死後一年目の命日に、祈りを捧げようと父親は、磔刑図の前にひざまずいたが、その際に十字架の右下に立っているマリアに目がとまった。マリアが十字架のもとで耐えねばならなかった苦痛を思うと涙がこみあげ、彼はサルヴェ・レギナを唱え、マリアにわが息子のための代願を乞い、ついでタブローを両手にいただいて、マリアが口づけた個所に口づけた――自らの健康の快復への思いもこめて。それからヨハネ福音書を読み、十字架の左下に立つ福音記者（訳注・福音記者ヨハネとイエスの弟子のヨハネは久しく、同一人物と思いこまれていた）を見やり、あらためてタブローを手に取ると、十字架上のイエス、マリアそしてヨハネに口づけてから床にはいり、十字を切ってから眠りについた、という。このかざりけのない率直なテクストが伝えているのは、中世の人間にとって聖画崇拝がどれほど心身の支えになっていたかということである。

無学で、また自宅に聖画をかける余裕のない信者たちは、教会へ出かけて聖画像の前で祈りを捧げた。彼らがいかに聖画像を拝める教会を利用していたかは、フランソワ・ヴィヨンの詩にも認められるところだ。この十五世紀フランスのすぐれた詩人は、辛辣な筆と聖職者階級の批判で有名だったが、自分の母親を主人公にしたマリアに捧げる祈りも書いている。「この世の、愚かで哀れな老婆のわたしめは／本を読むすべなどとうにどこへやら／わたしどもの教会の／竪琴のある天国の絵こそ慰め／罪深いやからにはあちらの地獄の絵／こちらのわたしめには救いがさずかりましょうが、あちらは苦しみ[61]」

機械的に複製したものに後で彩飾をほどこした安価な木版画が、それほど裕福ではない信者たちにも自宅礼拝を可能にした。ストラスブールの司教座教会の説教師をしていたカイザーベルクのガイラー（一五一〇年没）は、「字の読めない者たちは、紙にマリアとエリザベトが会っているところを描いた絵を一ペニヒで買うがよい」と勧めたものであった。ガイラーはさらに、「この絵を見つめ、彼女たちがいかに敬虔で、上機嫌であったかを思い起こし、それを信仰のうちに刻むがよろしい。紙の上の絵に口づけ、その前にひざまずきたまえ。マリアの名を呼び、貧しい者たちに施しをされよ。これすなわち、マリアを、そして彼女の従姉のエリザベトを崇敬することに他ならない、と知るがよい[62]」

死にゆく者たちを助けるマリア画像

マリアの画像は、臨終の時にもマリアがそばにいてくれることを保証するものとなった。というのも、天に君臨する神母は教会の教えによれば、死にいく者に安らかな死を迎えさせてくれる聖人だったからである。ウィーンの神学者にして教理教師のトーマス・ポイントナー（十五世紀）は、『安らかな死を迎える術』のなかで、死の床にある者の目のとどくところに、「われらの愛する主イエス・キリストおよび処女マリアその他、病人が生前ことに大切に思っていた聖人の絵[63]」を掲げるようにと勧めている。

このような絵画についての指示がだされているのは、家庭に宗教画があったか、あるいは終油の秘跡をおこなう教区司祭が、このような絵を持参していたからである。臨終の床に十字架を用意することは、中世の文献には頻出するが、死にいく者に励ましと慰めを与えるマリアの聖画について証言するものは、それほど多くはない。ビサンティンでは、盲人居住地区の教会に保存されていた神母イコン「ホデゲトリア」を王家のための追悼ミサにもちだしたり、王族の墓所に置くのも死者典礼のひとつであった。アトス山上の修道院で修道僧衣を贈られたセルビア王シュテファン（一一一四〜一二〇〇）は、死期の近づいたのを悟ったとき、マリアのイコンをもってこさせたという(64)。

カール五世は生涯マリア崇拝者であった。一五四一年にレーゲンスブルクからアルトエッティングまで巡礼したり、スペインのマリアの聖所であり、国の聖所でもあるモンセラートを一度ならず訪ね、死の床ではマリアの画像を両手にいだいていた。ヴィッテルスバッハ王家のバイエルン君主たちはこの例にならい、選帝侯マキシミリアン三世（一七四五〜一七七七）などは、ミュンヘンの大公救貧院にあった「悲しみのマリア」の絵を臨終の床にはこばせたりしている。

ペスト患者を看病した十七世紀のイエズス会会士たちは、病人が死を迎える際には、マリアの絵を見せてやることにしていたという。マリアは死に臨んで助けを乞う者たちに安らかな死を約束したのである。

期待の重荷を負わされたマリア

中世の敬虔な信者たちは、マリアが良き死のみならず、良き生もかなえてくれるものと期待した。平信徒たちがマリアの絵や彫像にかける期待は並大抵のものではなかった。せっぱつまり、焦る者たちのさまざまな願いがもちかけられた。

ボヘミア出身のイエズス会員ヨハネス・マロビツキー（1683没）が，ペスト患者にマリアの絵を見せている（イエズス会員たちのペスト患者看護を描いた28枚の彩飾銅版画パネルの部分．写真提供ランツベルク市立美術館）．

エンスミンゲンのゴットフリートが『ストラスブールの奇跡の書』（一二九〇）に報告している身体障害の男は、ザールブルクからやって来て、ストラスブールの司教座聖堂内にあるマリア聖堂に居すわりつづけたが、いっこうによくならない。ついに立ち去る気になり腰をあげたが、処女マリアの了承を得なくてはと、松葉杖にすがって泣きながらマリア像の前に近づき、大声で「ああ、聖なる女主人様、私に旅立ちのお許しをお与えください。あなたが私どもをお助けくださると聞き、私にもお恵みをいただきたく何度祈ったことでしょう。私はまた港の聖ニコラスにもたびたびお願いしました。が私を助けようとはしてくださらなかった。ですから、光栄ある女主人様、せめて私に旅だちのお許しをお与えください。

もうこれ以上私は待つことはできません[65]」男が涙ながらに「公衆の面前で」これ見よがしに大声をあげたと、著者は記している。マリアもあたりかまわぬ嘆きの声を放置するわけにはいかず、この男を救ってやったという。

助けをもとめる者たちは、マリアが簡単には負い目から救いだしてくれないと知ると、口で祈るのみならず全身の表現でしつこくせまった。一一四五年に、ノルマンディー地方のベネディクト派大修道院サン＝ピエール＝シュル＝ディーヴに巡礼した者たちについてこんな報告がある[66]。ここの聖母像に助けをもとめたが、望み通りの病気快癒がなかなか得られなかったために、衣服を脱ぎすて上半身裸になり、男女ともに恥も外聞も忘れ、床に身をなげだした。若者や子どもたちは中央祭壇や脇祭壇に這いずりより、病いの快癒をもとめて「慈悲深い聖母よ」とくりかえし叫んだ。司祭たちも、快癒を早めるため肉体苦行による告解と悔悛を勧め、自分たち自身も衣服をぬいで鞭打ちの苦行をはじめ、居合わせた者たちもまたこれにならったという。

エカジューからサン＝ピエール＝シュル＝ディーヴの聖母のもとにやって来たある家族は、五人の病気の子どもをかかえていたが、そのうち四人しか癒されず、マリアを責めた。子どもたちもサン＝ピエール＝シュル＝ディーヴ慣行の儀式にくわわって上半身裸になり床に身をなげだした。彼らは泣き、嘆きの声をしきりにあげ、まるで生きている人間に向かうように、祭壇上に立つマリア像にむかって、下男下女を叱るような口調で責めたものであった。「どうして、あなたのしもべの願いを聞きとどけようとしないのですか。心身ともに苦しみはて、あなたの庇護をもとめている者たちのために、どうしてお心を痛めてくださらぬか。ごらんなさい。私たちは裸です。私たちはうめき、泣いております。身を鞭で打ちさいなんでいます。これをお笑いですか。なにゆえ、このいたいけな幼児に目をとめてくださらぬか。あなたの罪なき子どもたちの悲惨な姿をごらんくださらないのは、どういうわけですか」[67]子どもたちもマリアの慈悲をもとめ、なぜマリアが五人目の子どもの病気快癒を拒むのかと嘆いた。彼らはまたおこないを正すとも誓った。他人の土地の果樹の実をもいだり、野菜や穀物を二度と決して盗まないと約束した。マリアは子どもたちの懇願を無視するわけにはいかず、彼らの望み通りの奇跡をおこなったという。

マリアに頼みを聞きとどけてもらうためには、全身で懇願の表現の可能性を追求する方法は、近代への転換期まで存続していた。具体例として、一五一九年来、短期間ではあるが、熱狂的な巡礼地となったレーゲンスブルクの例にいま一度言及しておきたいと思う。この地の「美しいマリア」の前でも似たような光景が展開されたのである。司教評議会としては憂慮に耐えないものであったが、巡礼者たちは、ここに新しく立てられたマリア像の前に「身をなげだし、身の毛のよだつような、人間のものとは思えないような叫びをあげ、身をよじりふるわせ、泣き、言語道断な振る舞いにおよんだ」という。まるで神母自身が彼らを大地になげだし、彼らと語り、心をうちあけたとでもいうかのように。

奇跡を起こすマリア像

中世のキリスト教徒たちは聖像の救済力をあてにしていた。マリア像は、救いをもとめる者たちの信頼を裏切らない、という話は無数にある。聖ヘドヴィヒも、あるマリア像のおかげで目が見えるようになったという。語りかけたというマリア像、あるいは汗を流したり、涙や血を流したというマリア像が巡礼の波を引き起こした。奇跡の話を聞くたびに、マリアの恵みの像のもとに馳せ参じればむくわれる、と人びとは思いこんだものであった。エジプトのマリアの名で知られている荒野の聖女は、もとはエジプトの娼婦だったが、マリア像との遭遇により、その生涯が根底からかわったと告白している。彼女はあるときエルサレムの聖十字架を拝もうと出かけていったが、教会の戸口の敷居のところで目に見えない力に押しもどされた。神の教会に入るのを拒まれた瞬間、彼女は自分の「不浄」を悟り、「胸を打ち、激しく泣いた」このときマリア像が救いの手をさしのべたのである。罪ある女から苦行者に変身したこの女性は、そのときのありさまをこう報告している。「しかしわたしがふと目をあげると、そこに描かれたマリアの絵が目に入りました。わたしは涙ながらに彼女に祈り、わたしの罪を赦し、聖十字架のもとにいかせてくださいと懇願しました。わたしはまた世俗をすてて、今後は身を清らかに保って生きると誓いました。すると聖処女の信頼を得て、教会のなかへ何の支障もなく入ってくることができ、聖十字架に跪拝したのでした」(68)

『古い伝説集』のなかに「コンスタンティノープルのマリア像」に関する詩があるが、韻を踏んだ詩句は、このイコン像の「うるわしい奇跡」をいまに伝えている。毎金曜日九時課の後、像にかけてある「高貴な絹の布」がひとりでにとれ、土曜日の夕刻まで像を「あらわに」し、その後ふたたびたれ幕が像を覆ったというのである(69)。

コンスタンティノープルのイコン像は「公のお告げ」の役割を担っていた。毎週の奇跡が起こらないとき、つまりたれ幕が開かないと、それは悪い予兆であった。そういうときビサンティンの皇帝は、軍の出動を延期したという。

ハイスターバッハのシトー会修道士カエサリウスの奇跡報告には、マリアの像が生身のマリアになる話が多い。こういう話もある。悪魔がある画家に、「聖母はいつも美しく描くのに、自分をみにくく描くのはどういうつもりか(70)」とつめよった。画家は平然と、「じっさいそうなのだからしかたあるまい」激怒した悪魔は、ちょうど神母の絵を教会の壁に描いている最中の画家を、足場から突き落とそうとした。ところがマリアの絵から腕がのびて、画家をだきとめ落下をふせいだという。十三世紀末に成立した韻文の聖人伝『古い伝説集』は、この出来事を対話形式の詩にして表現している。

「おい」と悪魔が声をかけた
「いいかぜひとも聞かせてもらいたいものだ
おまえは、彼女はうるわしく、やさしく
描こうとけんめいになり
じっさい、うるわしく描いておるのに
おれ様ときたら、あいた口もふさがらないほど
醜悪に描くというのは、
いったいどういう了見なのか」

これに対して画家は、

「だって、おまえさんがこの通り
貧相で、意地が悪いからさ
ほんとうならもっとひどく描いてたって
おまえさんにはあっているんだ
それに対してわが聖母さまは

徳にあふれ　美しく心やさしい
私の筆に勇気を与えてくださる
だから最善をつくして描くのさ」

悪魔が画家を足場から突き落とそうとしたとき、奇跡がおきた。

マリアの絵の前に
かけてある布のなかから
右手がのびて
彼を高くもちあげた
悪魔はたちまち逃げ去り
画家は心やすけく
天の女王をほめたたえた(71)

また別のマリアの絵は、聖職者の誘惑の言葉に負けそうになった修道女に張り手をくわせたという。そのため修道女は昏倒し、翌朝までおきあがることができなかった。重病には劇薬が必要だと、カエサリウスは注釈をつけている(72)。

モーゼル河畔のベルンカステル近郊のフェルデンツに住んでいたある身分の高い裕福な女性にマリアは罰をあたえ、零落させた。彼女が城の礼拝堂にあるマリアの立像を「古いがらくた(73)」といって、くさしたからである。罰を与えたり、びんたをくらわしたりするからといって、民衆の崇敬をマリアは失うことはなかった。むしろ逆で、彼女が積極的に介入する話は、聖なる権能を有する証拠とみなされた。

教会内部の聖画像批判

マリアの画像が教育的な力や、奇跡をおこす能力をもつという信仰は、はてしないものではなかった。主だった男子修道会では、教会の画像装飾が、彼らの規則の精神に矛盾しないものであるよう気をくばっていた。質素を旨とする生活に、絵画の華やかさがあわない場合、修道院の規則と立像が矛盾するような場合、はげしい批判の声があがった。クレルヴォーのベルナールがクリュニー大修道院の聖画像の世界を攻撃したのも、宗教的、社会的な動機からであった。クリュニー大修道院の聖堂に見られる奇怪な獣の絵や彫像は、信心から目をそらさせ、金色を使用した壁装飾も、修道僧が義務と心得ているはずの清貧の理想とは一致しないというのであった。

ドミニコ会やフランシスコ会も、規律を弱めたり、錯誤をひろめたりしそうな画像を教会から撤去することにきめた。人や動物をモティーフにしたステンドグラスは、フランシスコ会の教会では使用してはならなかった。主祭壇の背後の内陣の窓のステンドグラスに許される人物モティーフは十字架上のイエス、マリア、聖ヨハネ、フランツィスクスおよびアントニウスだけであった。フランシスコ会修道院の建物を訪れる者たちは、くり返し「画像の乱用」をいましめられた。訪問者たちは三位一体を描いたものはもちこんではならなかった。まったく身も知らぬ姿形を描いたものや、聖人聖女でもあやしげな欲情をそそるような姿態のものは許されなかった。

敬虔の念をいだかせる出来事や模範的な態度を描出した絵にむけられる目は、救いの扉となるが、感覚を刺激する絵に見とれる目は罪におちいらせる、と十三世紀のドミニコ派の総長フンベルトゥス・デ・ロマンスは警告を発した。シエナの中央広場に立っていたヴィーナス像は、魅惑的だが風紀上いささか問題とされ(74)、「一三四八年にこの町を襲ったペストによる破局の責任をとらされた。広場から撤去され、フィレンツェの地中ふかく埋められた。災厄の伝染するのをおそれてのことであった(75)」

画家が「われわれの信仰に反する事物を描いたとき」には、叱責されるべきである。そう警告したのは、ドミニコ会出身の大司教フィレンツェのアントニウス(一三八九〜一四五九)であった。彼が正統信仰や良い趣味に反するとみなしたのは、三頭像で表現された異形の三位一体図だけではなかった。「マリアの胎内に幼児イエスを描きこんだ受胎告知図は、まるで受肉が彼女の血や肉によるものであるかのように」見えるといって『神学論集』のなかで非難すべき例にあげている(76)。

幼児イエスを裸で描くのは適当か否かという問いは、さまざまな答えを呼んだが、カイザーベルクのガイラーは幼児イエスの裸身を不快がった。「おちんちんのない幼児イエスを描くことはどんな画家にもむりだろう。男児におちんちんがなくては、と修道僧も修道尼も言う」「おちんちん」のない幼児など、修道尼たちは鼻で笑うだろう。だから裸の幼児イエスを描くのはとんでもないことである。「昔の絵画には裸の幼児イエスなど見あたらない、というのである(77)。

ヨハネス・モラヌスは一五七〇年に著わした絵画に関する神学冊子に、幼児イエスの裸身は、敬虔な思いを喚起しないと書いている。婦女子が素裸の幼児イエスにつまずかぬことを彼は心より願い、裸の幼児イエスを描く画家たちが、イエスが警告を発しているつまずきをもたらす者(マタ一八・六〜七)にならぬよう心すべきだとした。昔の絵をよく見れば、幼児イエスは「つつしみ深く、行儀よく」描かれている。

ところがいまの画家たちは、古人の純朴さから逸脱しすぎている、と彼は批判したものであった。[78]

シルヴィオ・アントニアーノ（一五四〇～一六〇三）は、トレントの公会議教父たちが聖画像崇拝に関して議論を戦わせたおり、「画像の乱用の除去について」と題する覚え書きを提出して調停をこころみている。絵画はまちがった教理や危険なあやまりを表現していなければ、除去するにはあたらない。羊飼いたちは、イエスが布にくるまれよこたわっていると天使たちに告げられたが、今日の画家たちは、素裸の新生児イエスを描いている。しかしこれはまちがった教理でも危険なあやまりでもない。素裸のイエスを描くことを非難する気にはならないが、しかし同意するわけでもない。むしろ「信心深い民衆の素朴さ」がそこなわれないよう配慮すべきである。よこたわる産婦姿の処女マリアを描けば、あやまった教理を主張することになる。マリアの出産も苦痛をともなわないものではなかっただろうけれども、産褥につくマリアは「世界の教会の慣習[79]」にもとる。こう彼は強調した。

同様に、マリアが十字架の下で気絶し、卒倒して大地によこたわっている姿を絵画に描くのもつまずきを与えるという。十三世紀前半の聖アンセルムとマリアのかわした散文対話と称するものは、息子の受ける凄惨な苦しみに耐えかねて卒倒する聖母を叙述している。中世後期の独訳によると、マリアは、「人殺したちがやってきて」、彼女の息子の衣服をはぎとり、「すっぱだかに」して彼女の前に立たせたので、「わたしは気絶してしまいました[80]」と語っている。

苦痛に押しひしがれ、くずおれるマリアは、毅然として英雄的な救世主の母のイメージにそぐわなかった。カイサーベルクのガイラーは異議をとなえた。『主イエスの受難』において、彼は、「だから彼女は直立し、倒れたりはしなかった、といわれているのは正しいのである。……彼女の強靭さ、不動の姿あるいは節度、抑制こそほめたたえられ、模範とされねばならない[81]」と断言する。チュービンゲン大学の教壇に立っていた修学士ガブリエル・ビール（一四一八頃～一四九五）も、『日曜説教集』のなかで、「弟子たちは逃げだしたが、彼女（マリア）は立ちつくしていた。微動だにせず、品位ある姿勢をくずすことがなかった。ヨハネも彼女が倒れたり、すわりこんだりすることなく直立していたと明言している」[82]

ジロラモ・サヴォナローラ（一四五二～一四九八）はいっときもじっとしていられない熱血漢で、宗教的、政治的改革のために不屈の意志をつらぬいたために断頭台にのぼらねばならなかったが、フィレンツェの市民の前でおこなった説教のなかで、マリアについて歴史的にあやまった観念を普及させている「ある種の宗教芸術」を非難し、「諸君の画家たちは災いにみちている」とののしったものである。彼らは教会を「ありとあらゆる虚飾で」みたし、貧しい暮らしをしていたマリアの姿をしめす絵はひとつもない。「諸君らは処女マリアが諸君の描くような衣服を着て歩きまわっていたと思うか、言っておくが、彼女は貧しい少女のような身なりに、質素なベールをかぶっていて、顔もほとんど見えなかった、……しかるに諸君らは、処女マリアを娼婦のようないでたちに描いているではないか」[83]。サヴォナローラは聖画像破壊運動を推進するようなことはやらなかった。フィレンツェの教会のマリアの絵を破壊欲の犠牲にしたくはなかったのである。しかしながら、市民の自宅から道徳的に見て、いかがわしい絵はとりのぞくべきだとして、一四九七年に「虚妄の火刑」を提唱、猥褻書のみならず、邪悪なふとどきな考えを喚起するような彫像や絵画も焼きすてるべきだとしている[84]。

この点に関しては、サヴォナローラは一匹狼ではなかった。十六世紀の教会改革者やモラリストたちは、くり返し造形表現と聖書の所見の矛盾を指摘していた。ロッテルダムのエラスムスのサークルに出入りしていた人文主義者で、トマス・モールスとも友人関係にあったホアン・ルイス・ヴィーヴェ（一四九二～一五四〇）も、『キリスト教的な女性』と題する論文に、けだかい処女は、少なくとも十四人の王、十四人の公爵を数える家系の出であり、きわめて裕福な家庭に育ち、いつも美しく教養ゆたかで聡明であった。しかし大工の妻となって夫につかえるのを沽券にかかわるとは考えなかった、として神の処女に絹や金糸の衣を着せたり、宝石や真珠でかざりたてる絵画を批判している。こういう絵画は、マリアが高価な衣装や装飾品を好んだかのような印象を与えるからであった(85)。

ロッテルダムのエラスムス(一四六九〜一五三六)は著作『モドゥス・オランディ』のなかで、造形や色づけが感覚的な快楽を与え、見る者を信心にみちびかないようなマリアや聖アガータの描写に異議を唱え、『愚神礼賛』(一五〇八年印刷)にこう書いた。「何と多くの蠟燭が処女の神母に捧げられていることか。それも効果のないまっ昼まから。そのくせ、純潔、謙譲、天上の財宝に対する悦びに関して、彼女を目標に生きる者のなんと少ないことよ。これこそが天に住む人のもっともこのむ正しい礼拝だろうに(86)」エラスムスの言わんとしたのは、マリアの聖画像は、人心をまどわす可能性があり、正しい形式と心情でおこなわれないマリア崇拝は、真の信心から逸脱しかねないということであった。

ストラスブールのフランシスコ会修道士トーマス・ムルナー(一四六九〜一五三七)は、当時の風がわりな民衆説教家の一人であったが、彼も同じことを述べている。一五一二年に著わした『愚者の誓い』のなかで、信仰心をはぐくまず、欲情をそそるような聖画像を描く画家を辛辣な言葉で弾劾している。

崇めるようにと描かれたというが
つらつら見るに、この女性
まるで娼婦さながらに描かれている
衣服といい、はだけた胸といい

こんな姿は見たことがない
これを聖なるものと思えというのか
それとも彼女は娼家にいるのか[87]

どうやら「娼婦さながらに」表現されている女性が、マリアらしいことは、このテクストから読みとれるだろう。

マルティン・ルターは、聖書の話をテーマにした絵をくり返し見つめることは、信仰に役だつと確信していた。一五二五年に著わした『天の予言者たちに対抗し、絵画と秘跡について』のなかで、「記憶、いや知性のために」自宅の内外にキリスト救済史をテーマにした絵を描かせることをみなに提唱している。「神が世界を創造し、ノアが田畑を耕すようすを」「壁に描くこと」は、「世俗的なくだらないものを描くより、「はるかにこのましい」ことだという。「領主や裕福な者たちに説きたい。聖書のすべてをのこらず、目に見えるように描かせるなら、これこそキリスト教的に価値あることだ」この宗教改革者は、絵画を敵視する者たちが、私たちの思考の具象的性質を看過していると述べている。「キリストのことを耳にするたびに、私は十字架にかけられた姿を思いうかべる。キリストの姿を心にいだくのは、罪ではなく徳行である。心眼をもつことがどうして罪であろう。心は目より重要であり、罪に汚れることも目より少ない。ゆえにこそ、神のいます正しい場所なのである[88]」

だからルターは、「十字架あるいはマリアの絵を所持することは、それほど罪なことであろうか[89]」と問うことができたのである。キリスト論的に方向づけられたマリア崇敬を、彼は聖書的に正当化されるものとみなした。だからマリアの画像を、盲目的な聖画像破壊運動の嵐から守ろうとした。ルターには彼なりの信心があった。「だから、聖画像破壊主義者たちも、私の十字架像やマリア像には手をかけなかった。モーセの厳しい掟によれば、私が所持し、見つめているのも偶像かもしれない。しかし私はこれらを崇めるのではなく、心にきざみ記憶するのである[90]」

ルターは聖母の絵を所持していたにちがいない。おそらく書斎にかけていたのだろう。ひざのうえに眠る幼児イエスを、未来の世界審判者に関係づけている。「幼児イエスは」と彼は（おそらく壁にかけてある絵を指さしながら）語っている。「母マリアの腕のなかで眠っているが、いつか目を覚まし、私たちに尋ねるであろう。私たちが何をいかになしたかと[91]」またあるとき「ドクトル・マルティヌスは清らかな処女マリアのひざの上によこたわる幼児イエスを見つめ」、神の意志の受肉に深く息をつきながら言った。「ああ、だれしもが、神の慈悲のこのようなすばらしいみ業に目をとめ、無為の日をすごさぬことを[92]」自室にかけていた眠る子をいだくマリアの絵を、この宗教改革者はキリストの受肉という観念のもとに眺めていた。信心ぶかいマリアは恭順にこの受肉の道具となったのである。

マリアは「淫らに」描出された女性？

マルティン・ルターは新しい教会の改革運動と古い教会の慣習を仲介しようとつとめたが、もっと過激な考え方をもつ改革者たちは、聖画像をもはや眼中にしなかった。彼らのあげる批判の声のトーンはあがっていった。

チューリヒの宗教改革者フリードリヒ・ツヴィングリー（一四八四～一五三一）は、道徳的に厳格で、自身はだれより正しい神学者だと自覚していた。「かくも淫らに描かれた聖女たちは……これはもう男たちの心を刺激し、淫蕩へむかわせるものでしかない」。彼は、描かれたり、木石に彫られたりして、官能的な欲望をそそる「聖女たち」の仲間に、マリアもくわえていた。「まったく」、と彼は言ったものである。「永遠に清らかな汚れない処女にしてイエス・キリストの母も、その乳房をあらわにしている。そこにセバスチャンらしい男、マウリティウスならびに敬虔なヨハネが立っている。ちんぴら風で、挑発的で、これ見よがしなので、この絵を見る女たちはおかしな気分になってしまう(93)」といって、ツヴィングリーもまた、「こんな木石を、われらが女性だの神の母だのとは(94)」見る者に信仰心をはぐくまないと慨嘆し、マルティン・ブーサーは、「聖母像を見つめていて」しばしばふとどきな思いをいだいたと告白している。「この神の母、聖バルバラ、聖カタリーナ他の聖女ほど官能的に着こなしたり飾ったりしている娼婦はどこにもいない(95)」

こうした非難は、根も葉もない言いがかりではなかった。フランスの画家ジャン・フケー(一四一五/二五～一四七七/八一)などは、シャルル七世の愛妾を聖母子のモデルにしたものである。彼のマドンナは、身体の輪郭がはっきりわかるような身にぴったりの青いワンピースをつけ、――明白な理由もなく――左の乳房をむきだしにしている。ひざにひろげた肉色の布の上に裸の幼児イエスがすわっているが、彼は乳をもとめて母を見あげてはおらず、画面の外を眺めている。従来の絵画表現および信仰の伝統にのっとれば、むきだしのマリアの乳房は、神母が幼児イエスに授乳するか、世界審判にあたって、彼女の崇拝者のために取りなしをするときにのみ、神学的に正当化されるはずのものであった。ヨハン・ホイジンガは、マドンナとして描かれた王の愛妾について、「絵画的にはたしかに質の高いものではあるが、われわれが目にしているのは、流行の先端をいく若い女である。アーチ形に剃りあげた額、できるだけ左右にはなされた玉のようにまるい乳房、高く細いウエスト、外界に無関心なような奇妙な表情、そして彼女を

ジャン・フケー（1415／25～1477／81）の制作した二枚折り祭壇画の右翼「マリアと幼児イエス」（写真提供：アントワープのコニンクリーク美術館）．マリアは見るからに，フランス王シャルル七世の愛妾アグネス・ソルルとわかるようないでたちに描かれている．聖人を生存している人間のいでたちにあわせて描く15世紀の風潮は，激しい批判にあい，聖なるものの冒瀆という烙印を押された．フランスの画家フケーのこの絵には「教会が最も恐れている宗教感情とエロチックな感情の危険な接近が見られる」（ヨハン・ホイジンハ）．

とりまく赤や青の天使のこわばった姿形。これらすべてが、絵画にデカダントな瀆神的な雰囲気を与えていて、別の厨子の扉に描かれている寄進者（王室会計主任エティエンヌ・シュヴァリエ）と彼の聖人の力強い簡素な姿といちじるしい対照をなしている[96]」フィレンツェの画家フィリッピーノ・リッピ（一四五七頃〜一五〇二）とサンドロ・ボッティチェリ（一四四四／四五〜一五一〇）のマリア表現に関して、最近こう言われている。彼らの「ものうげなデカダントなフィレンツェの女性たちは、天の女王につくりかえられても、教父たちのみならずジオットのような画家の目にも、冒瀆と映ったことであろう[97]」

ルターも、とりなしのために息子に乳房をしめすマリア、身分のある信者たちの上にマントをひろげるマリアの慈悲を批判した。「教皇制度下にあった画家たちは、主キリストに乳房を見せ、自分のマントの下に皇帝、王、諸侯、領主たちを集めて庇護し、自分の息子に対し、怒りをしずめ彼らに罪をくださないようにと、とりなすマリアを描き、こうしてマリアをキリスト以上に崇拝するように呼びかけている。かくして処女マリアをとんでもない偶像的なものに（彼女自身には罪はないが）、つまずきの石にしてしまった。これを教皇が追認している。要するに寄進者も教父も、キリスト教に反するつまずきである[98]」

教皇制度を利するよう操作されるマリア像

ルターが非難したなかに、裏にしかけのあるマリアの絵があった。ある日付けのない彼のテーブルスピーチによると、ザクセンの選帝侯ヨハン・フリードリヒはこのような絵をまだもっていた。一五二五年、百姓一揆の事件に関連して手に入れたもので、「それを私も見ましたが、聖母子像で、金持ちが来て祈ると、幼児は罪人を見たくないかのように母親のほうに向いてしまう。そこで彼は母親にとりなしの代願を乞わなければならない。彼が修道院への寄進を約束すると、幼児はふたたび彼のほうに向きなおり、さらに多額の寄付を約束すると、好意をしめし頭上で十字をきってくれるというのであります。これは内側が空洞になっていて、錠前や紐がつけられていて、背後にはいつも道化がいてあやつり、祈禱者をだましていたのです。人びとは彼の思い通りの歌を歌わされ、坊主どもが、幼児イエスを無慈悲にふるまわせようと思う対象者には、幼児がそっぽを向くというしかけになっていたのです」しかしこのようなマリア像を破壊するのはまちがった態度であり、「こういうものを取っておいて、教皇が市井の者たちにとって、どういう人間だったか後世の者たちに伝える(99)」べきだ、というのが彼の見解であった。

テオドール・シュトルムの短篇『アキス・スブメルスス』に登場する三十年戦争時代のある新教の牧師は、自分の教会におかれていたマリアの彫像に耐えがたくなる。「この救世主の母の表情」は「伝承されたもの」ではないというのである。これも宗教改革時代の精神を表明したものであろう。彼に言わせると、このマリア像は、芸術的な想像力を反映したものであり、虚構的な性格のものであって、歴史的な真実をまげているのみならず、キリスト教的道徳を危険にさらしているのである。聖書の字義にきびしい霊魂の牧者は大まじめに言ったものである。「これらのマリア像は、官能的愉悦および教皇制度の乳母以外の何でもない。芸術はあまりにも世俗と戯れすぎてしまった(100)」

改革派キリスト教徒の避難所となったアインズィーデルンのわれらが女性

宗教改革者たちの見解によれば、ローマ教会が教え、実践してきたマリア信心は、キリストの純粋な教義をくもらせるものであった。マリアの救助力に対する絶大な信頼をキリスト教的な生活の営みの支えとしてきた習慣、ことに救済へのマリアの寄与を心に銘記すべきとされてきた敬虔な日常の習慣は廃止されるか、解釈しなおされることになった。チューリヒ市議会は一五二四年、「アインズィーデルンのわれらが主イエス・キリストの母われらが愛する女性マリアへの巡礼」を禁ずる決定をくだした。すったもんだの末の議決であったが、これに対する反応はふたつに割れた。「ある者は歓迎したが、ある者は不快に感じた(101)」

この禁止によって自分たちの新しい信仰が是認されたと感じる者たちもいれば、否定的な見解をあらわにする者たちもいた。アインズィーデルンのマリア像について、ヤーコプ・ノェッツリとかいう男などは、「何と商売女のように首飾りをつけ、これがほんものの商売女ならよかっただろうに(102)」などと言ったものだ。チューリヒの宗教改革の信奉者たちは、さらにひどいことを言いあった。「われらが女性は娼婦だ、他の娼婦たちより大物の娼婦だ(103)」。巡礼の廃止を、これまでの信仰生活の支えの喪失と受けとった者たちは、新しい信仰にしたがっても、古い習慣をすてようとはしなかった。カトリック正統信仰の雄弁な擁護者だったルツェルン市の文書官レンヴァルト・チザート（一五四五～一六一四）の報告によれば、改革派の新しい信徒たちも、新しい信仰では克服の助けにならない窮境におちいると、カトリック教会の宗教的な習慣にたちもどったという。これは当時の時代経験を反映するものであろう(104)。

アインズィーデルンへの巡礼は、重病にかかった者たちの最後の頼みのつなであった。改革派の一女性の話がよい証拠だ。彼女の十五歳の息子が「長患いの床についていた。彼女はアインズィーデルンのマリアの有名な奇跡のことを聞いていたので」、重病の子どもにかわってかの地に巡礼することを約束した。「すると息子の病は日一日と快方にむかい、まもなくすっかり健康をとりもどした」一家はそれでも「よろしくない信仰」にとどまっていたが、「母親だけはロザリオを所持し、息子ともども神の母に祈りをささげ、ほめたたえていた[105]」一家はツヴィングリー派の宗旨を変えなかったが、二人ともマリアを崇拝していた。マリアの奇跡的な力を身をもって体験したからである。

信徒の生活から伝統的な習慣はなかなか抜けきらない。ルター派の教会当局はそれだけに古い教会のマリア典礼の排除にやっきになった。一度根づいた慣習の力は、新しい教義の説得力より強く、これらに新しい解釈がほどこされることになる。アンジェルスの鐘は、今後はマリアを想起させるのではなく、「共同の平和とよき統治のため」の祈禱を要請するものとなった。一五六九年のプロテスタントの教会法令は、ブラウンシュヴァイク゠ヴォルフェンビュッテル侯国の臣民に告げて、「バプテスマには、朝に夕に特別な鐘が鳴らされ、これにより民衆に処女マリアに呼びかけるよううながされるであろう。しかし称賛すべき処女マリアは、神のみを産み、わがものと思わず、また神のみ言葉にさからわなかったということを銘記すべきなのである。……これによって民衆は、……共同の平和とよき統治のための祈禱をうながされる……だから近隣の改革派教会の祈りの鐘の平和のための響きは快いのである[106]」

聖画像破壊者たち

改革者の目には、マリアは錯誤と眩惑の象徴であった。リュベックのルター信奉者たちがマリア教会のミサを妨害しようとして、カトリック信者たちが歌っている「サルヴェ・レギナ」をルターの賛美歌でもってかき消そうとした事件[107]は、偶発的なものではなく、象徴的な性格をもつものであった。

むせかえるような官能性に陥った画像を、ルター教会や改革教会では不必要なものとされた。良心の呵

トーマス・ムルナーの挿し絵「大いなるルター派の愚者について」（ストラスブール1522年．ベルリン国立図書館蔵）より．あるルター派の愚者がマリア像に放火している．愚者のいでたちをした新教徒の聖像破壊者を描いている．

責を感じることなく、これらの聖画像は撤去された。聖書の字義にきびしい牧師、平信徒、地方自治体は、マリアの絵や彫像を教会から取りのぞくことを、神の意にかなったおこないだとみなした。マリアの絵や彫像がとりのぞかれた教会の空間は、礼拝出席者が、聖書の保証していないマリアを表象するのを妨げた。一五二五年、シュトラールズントで次のような事件が起こった。「ヨハネス教会の奇跡をおこなうといわれてきた〈七つの痛みのマリア〉の立像が、装飾品が奪い取られた後、まっぷたつに叩き割られた。その胴体はある酒亭にもちこまれ、ここで聖画像破壊者たちは嘲笑しながら、〈おい、マリアよ、奇跡の力を見せてみろ。自分を護ってみたまえ〉」[108]ついで彼らは損傷されたマリア像の身体を燃してしまった。

　ミュンスターの再洗礼派の勢力圏でも同様に、マリアの画像はカトリックの画像神学、信心神学の矛盾を論証するための槍玉にあげられた。

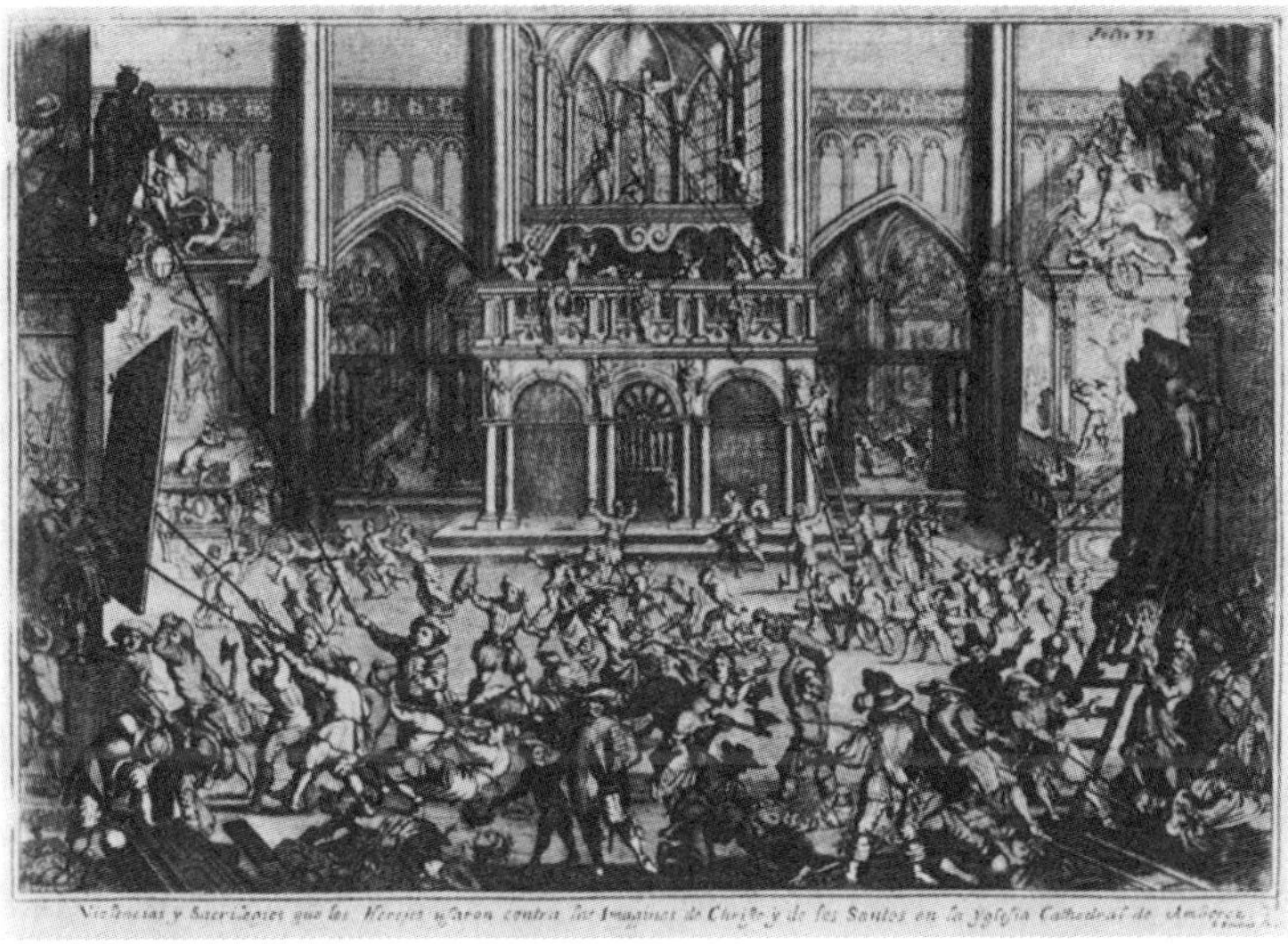

カスパール・ブターツ（1640頃～1695前）の銅版画「アントワープ司教座大聖堂の聖画像破壊」(写真提供：アントワープ市立銅版画コレクション)．画面左にマリアを彫像台座から引き倒そうとしているのがはっきり見える．

旧い教会のマリア画像を破壊することは、汚れなき真理の出現に手を貸すことであった。ミュンスターの司教座教会の十一世紀のマリア裁断も再洗礼は掠奪の犠牲になった。近くに立っていたダビデやソロモンの彫像は破壊をまぬがれている。どういうわけか、旧約の王たちは無視し、マリアにのみ襲いかかったことを、同時代の年代記編纂者は、彼らが「生涯を通じて、女性と折りあうことができなかったからである(109)」と説明している。再洗礼派は「キリストはマリアによって受肉したのではなく、彼のなかで言葉そのものが、人間の性の介入なしに肉となったのだ(110)」と確信していたので、マリアに何の価値もおかなかった。幼児イエスを腕にだくマドンナ像は、再洗礼派の聖画像破壊運動のかっこうの対象であった。「マドンナのだいている子どもの頭や手足を切りおとして、いわば偶像の胴体だけをのこし、この偶像はマリアによって懐妊されたものだと主張した」[111]。再洗礼派の聖画像破壊には、それなりの理屈があったのである。

中世初期より、マリア像は高価な王冠をかぶせられ、天の女王として崇められてきた。それがいまキリスト救済の出来事に関するマリアの意義が、きびしく聖書主義的な神学の諸傾向の影響のもとに一切否定されることになった。マリアの絵や彫刻を破壊するのは、称賛に値する行為に思われるようになったのである。一五六六年、アントワープでは、マリア被昇天の祝日（八月十五日）に、ノートルダム教会に保存されていたマリアの巨像が町の通りに担ぎだされ、あざけり笑う連中に、「マリアちゃんよ、おまえの時が到来したぞ。これが最後のお散歩よ。この町はおまえにもううんざりなんだよ[112]」四日後、像は破壊された。マリアが無力だということを証明することが、真の教えを身につけているという意識を高めた。ゲントでは、聖ニコラス教会にあった聖家族の有名な彫像に、大勢が罵声をあびせた。「おりてこい、マリエッテ。おまえさんはもう十分産褥についただろう」ついで暴徒の首謀者たちは、彫像を台座から引き倒してしまった[113]。

聖画像冒瀆、聖画像損傷

これらの記録例だけを見ると、マリア像の侮辱や破壊はすべて、宗教改革のもたらした結果だと思いたくなるが、じつはそうではない。聖画冒瀆は「信仰の時代」とよくいわれる中世にもめずらしくはなかったのである。一三八九年、異端行為のかどでプラハの教会会議で申し開きをしなければならなかったあるチェコの聖職者は、処女マリアを公衆の面前であざけり、手荒にあつかったと告白している。尋問記録に、

「私は栄光ある処女に言葉でもって狼藉をはたらいたのみならず、手にもかけました」[114]とある。中世後期の十戒の説明書の著者たちも、「わが愛する女性」をうやまうことなく、あざけったり、つばをかけ、足げにする徒輩がいると嘆いている。[115]

フランシスコ会の修道僧パルマのサリムベーネも年代記に、いま述べたような例を報告している。ある流行かぶれが一二八五年、ある城にある処女マリアに奉献された教会に火を放っておいて、教会内にあったマリアの絵に向かって、「さあ、聖マリアよ、できるものなら、身をまもってみよ」と言ったという。この瀆神行為に対する罰はたちまちくだった。「栄光ある処女は、侮辱されると、きっと報復に現われた」殉教聖人メルクーアが狼藉者の甲冑と心臓を槍でひと突きに貫いたという。[116]

この出来事は宗教改革前の時代の崇拝像、恵みの像の反応を伝える例である。これらの像は毀損をなすすべもなく甘受することはなかった。実力行使をする人物のように反応したものであった。マリアは悪人を罰する奇跡でもって、しかるべく報復したり、像が不思議にも血を流して、全世界に加えられた不正をつげたりして、抵抗したのであった。中世初期から、ユダヤ人はいつもマリア像破損、損傷の罪をきせられ、処罰をまぬがれることがなかった。聖画像はかならす復讐するのであった。

一四九三年にフィレンツェで若いユダヤ教徒の男が、多くのマリア像を汚したり、傷つけたりした。大騒ぎになった。このときマリアは直接行動にはでなかった。マリア自身は報復しなかった。したのは、マリアの委託を受けたと称する市の司法機関であった。ふとどき者は、彼が汚物を投げつけたサンタ・マリア・ヌオヴァの前で、右手を切り落とされ、ついで左手は、サンタ・マリア・ディ・カンポのピエタ像の前に連れていかれてから失った。さらにオル・サン・ミシェーレの大理石製の聖母子像の前で、彼は目をえぐりぬかれた。この裁判は、マリアがその力を証明しているのだとするさまざまな行為を実現してみせる凄惨な見せ物と化した。傷つけられ、損傷されたマリアの身体は、このユダヤ人画像破壊者の虐殺され切り刻まれた肉体に自分の似姿を見る形となったのである。

「異端の権化」ヨハネス・フスの信奉者たち、聖画を敵視するフス派信徒の場合も、似たようなことが起こった。キリスト教史の著者たちは、聖画像破壊の狂乱が、ヨーロッパのキリスト教にとって貴重なマリアの絵や彫刻の数多くを壊滅させたことを非難している。バロック時代の聖徒伝作者たちは、フス派やトルコ人たちの正体は聖画像破壊者であるという話をつぎつぎと生みだした。彼らは例外なく悪者にされ、相応の罰を受けた。マリアは自分を嘲笑する者たちをただではおかなかったというわけである。(117)

聖画像破壊は時代を超えた現象である。啓蒙主義と世俗化は、宗旨にのっとった聖画像破壊を時代遅れなものにした。かつての宗派的動機が、政治的体制の変化のもたらす攻撃にとってかわられた。最後のマリア柱が倒されたのは、一九一八年十一月十四日のプラハである。ブルーノ・ブレームは一九三一年から三四年にかけて発表した三部作『瓦解する王座』に、この事件を叙述している。「十一月四日、プラハ近郊のヴァイセンベルクで、解放を祝ったチェコのソユレン（訳注・愛国主義的体育クラブの会員）たちは、旗をかかげ、歌をうたい、歓喜に酔いしれ歓呼の声をあげる大衆をまきこみながら、旧市街の中心にある広場にやってくると、ゴシックの市役所を背景にそびえ立つマリア柱にはしごをかけて、綱をまきつけ、叫び声や歓声とともに引いた。高い柱がゆれはじめ、群衆は悲鳴をあげながら四散した。記念碑は耳をつんざくような轟音とともに大地に倒壊した」プラハの聖画像破壊者たちの行動の動機について、この小説家は、「マリア記念柱が、戦勝記念碑であり、ナポリからシレジアまで、ブライスガウからミンヘンビュルガーにいたるまでハプスブルクの国々のいたるところ、プロテスタントやトルコ人たちとの戦いに勝った記念に建立されたことは、もうどこでも忘れられていたが、しかしチェコの民衆は忘れていなかった。

墓場のなかから記憶がよみがえったのである。彼らは引き倒した碑をこなごなに打ち砕くことによって、連隊旗にマリアをあしらっていたハプスブルク家の最後の思い出も粉砕したのであった。かなたから、それは悲惨な三十年戦争の昔からのように、いまひとたびプロテスタントの〈神はわれらとともに〉に対して、皇帝派の〈イエスとマリア〉という答えがこだましてきた[118]」

ブレームの叙述はしかし歴史的にみて正しくない。記念碑を引き倒したのはソユレンではない。フランタ・ザウアーを首謀とするプラハのアナーキストたちであった。そしてザウアーも、この記念碑が一六二〇年十一月、ヴァイセンベルクの戦いの後、皇帝派の勝利を賛美し、ボヘミアの貴族たちの敗北をボヘミア国民の名折れとしてあからさまに示威するために建立されたものだと思いこんでいたらしいが、このマリア柱じつは、それから一世紀も後に、プラハをペストから守ってくれたマリアに感謝して建てられたものだったのである。

顰蹙を買ったマリア像

プラハのマリア記念碑の倒壊は、近代の聖画像批判の極端な例だが、この暴力行為は政治的な動機で、宗教的抗議とか美的な制限条件に由来するものではなかった。中世末期から近代はじめにかけてのマリア像批判を促したものはもっと別な意図や関心である。教会の正統性、啓蒙理性、良き趣味の名において異議の声があがった。ヨハン・ゲルゾン（一三六三～一四二九）は、学識、改革熱、豊かな執筆活動ゆえに「十五世紀の教父」とほめたたえられた神学者だが、胎内に三位一体像をおさめている観音開き式のマリア厨子に批判的であった。「聖書の話を造形的に歪曲しないよう、細心の注意を払わねばならない。というのは、パリのカルメル会修道士たちのもとにある像のためでもある。他の似たような像もそうだが、これらは胎内に三位一体を表示したり、三位一体のすべてが処女のなかで受肉しているかのような呈をなしている。さらに奇異なのは、厨子内の人物が描く地獄図である。いったいどういうつもりでこのような作品をつくりだしたのか解せない。というのも私に言わせれば、このような像には美しさも敬虔さも内在していない。いやがおうでも錯誤、軽蔑、不信をまねくものである[119]」

また神母がイエス出産の際に、ベツレヘムの馬小屋で、あまりの汚さに気絶しそうなほどの「聖書に矛盾する自然主義で[120]」描出されたり、三王が賛美する図のなかで、幼児イエスが、王の一人のさしだす金に、ものほしげな手をのばしていたり、イエスの養父ヨセフがまるで老いぼれた鬱病患者のような印象を与えたりするものには、文句がつけられたものであった。

オスナブリュックの司教総代理アルベルト・ルツェニウスが一六二四／二五年に作成した視察調査書は、司教区のいくつかの主任司祭管区で、「祈願節に、処女にして神の生母の旗をかかげた行列が信徒の家をねり歩いてまわる」のをとがめている。この個別訪問の参加者たちは、「かまどのまわりに集まり、女がマリア像を、男が旗をかかげ、マリアの絵あるいは立像はそれから夫婦のベッドの上におかれ、十字架あるいは旗は机の上におかれる。この迷信的な慣習は何年も前からおこなわれていて、これによってこの年の夫婦円満な生活が約束されるのだと信じているのである[121]」農民平信徒たちのこの信心ぶかい慣習も、この教会改革者の目にはくだらないものに映った。参加者が夫婦の平和、家内の安全を願うマリア行列は禁止されることになった。

ベルリンの啓蒙主義者フリードリヒ・ニコライは一七八一年の旅行書に、恵みの聖母像を崇拝するのは「ばかげている」と記している。「この聖母像が恵みをわかち与えたと称している。つまり奇跡をおこない、

ロゲンハウゼンのマリア厨子．1390年から1400年の間に成立．ニュルンベルクの国立ゲルマン博物館蔵．マドンナ内の玉座に座す神に，マリアの神の子出産における三位一体の関わりを可視的なものにする意図がはっきり認められる．受肉は「オプス・トティウス・トリニタリス〔三位一体全体の作品〕」という．厨子を開いたマリアは守護マントのマリアの機能をはたしている．マリアの右翼内には，聖俗の階級の上層，つまり供を従えた皇帝，女帝，その背後に教皇，枢機卿および司教，左翼内には，前面に寄進者とみられる高貴な服装の男二人に女一人，背後に金色の肩飾りをつけた廷臣を伴った王ならびに女王が認められる．

さまざまな病気や障害から人びとを救ったという。こんな愚かなことを真に受けるのは偏狭な頭だけだろうに、何千というカトリック信者たちは、これを何とかして伝えようとしている[122]」ウィーンのほとんどすべての教会で、このような恵みの聖母像がお目にかかれたという。総本山ステファン司教座教会では、涙を流したといって「板に描かれた聖母子像」が崇拝されていたという。ニコライは、このような奇跡信仰のばかばかしさを理性の論拠でもって暴露しようとした。「絵とは何か、板とは何か、泣くとはどういうことか、わかっているプロテスタントには、こんなことは信じられるものではないし、信じるはずもない。健全な物理学、解剖学をもってすれば、こんな話はナンセンス。涙は目の表面からではなく、内側の部分から分泌するものである。板にはそのような内側のあるはずもない。板面を流れる水は涙なんかではない[123]」

ニコライは、ウィーン郊外のマリア・ヒルフェ〔マリアお助け〕で崇拝されていた「パッサウ郊外のマリア・ヒルフェ教会の聖母像のコピー」も嘲笑した。マリア像の無力を立証するために、彼は宗教改革時代の聖画像破壊者のような口調で、一六八三年トルコ軍がウィーンに迫ったとき、尊敬されていた恵みの像が、「自分自身を救うこと」ができなかったのを引きあいにだしている。「もしこれを救出して、避難させていなければ、安置されていた聖堂もろとも焼き払われていたことだろう。しかし当時のオーストリアが埋没していたひどい迷信は、急難時に自分さえ救えない像が、他の者を救ったりできないという真実の理解を妨げていた[124]」

擬古典主義的な「素朴な崇高」趣味から、ミュンヘンの教授ロレンツ・ヴェステンリーダーは、『バイエルンの人間史年鑑』(一七八三)に、「胎内に胎児の立っているのがわかる(マリア像をはじめとする)妊婦の絵や立像」に疑念を表明している。これは、「悪趣味にも、長刀あるいは剣を心臓の両側から突きたてることによって苦しむ人間の苦痛を表現しようという考えかた」であるという。ヴェステンリーダーの批判はとくに、十字架の下で胸に剣をつきたてられた神母の苦痛にみちた表情に向けられた。これに対し彼が非のうちどころない範例として推薦したのは、「ここの美術館にある比類のないピエタ」である。「真「ラファエロ自身のものでないにしても、完全にラファエロ様式のもの」である。この作品を見れば、「真に美しく、偉大で心を感動させる高次の愛と宥和についての瞑想へ、至福のうちにある崇高な逍遙へと高めるようつくられた作品とはどういうものか」きめることができるだろう、というのである。「見たまえ、ここには飾りものも、きらめきも、歪曲もない。ここにあるのは真実の歴史である。ここにあるのは聖書に記述されている通り、気高い苦難の素朴にして崇高な表現形式である[125]」時代の変遷とともに、変化した趣味が自らの権利を主張するわけである。

『コンスタンツ司教区の参事会内の神父会議議事録』に「われわれのいわゆるピエタ像は、福音の話に反するほど不自然である」という一文がある。つまりこのピエタの絵のタイプは聖書によって正当化されないということである。十字架から受けとった息子の亡骸をひざにだきしめ、見つめている母親マリアに合致する聖書の状況叙述はない。「重い屍体をひざにのせ、苦悩に身をかがめている母[126]」など想像できないところに、この表現の不自然さがあるというのである。

「真実通りの」マリア像として、この議事録の執筆者は、イタリアの巨匠たちのマドンナを推薦している。「イタリア派の愛らしいマドンナ像は、知性と芸術感覚のおかげで、福音書が聖処女に与えられている本質的特徴通り描かれている。神の恩恵にみちあふれた天使のように清らかでつつましい処女であり、へりくだった主のはした女である彼女の、わが子キリストに関するすべてについての静かな、内省的なやさしい母性、家庭をまもる奥床しさと勤勉さ、最高の意味においてイスラエル庶民の純粋な愛国精神、救世主の母でありながら、決して同胞以上に出ようとしない節度、これらこそがわれわれのマリア像に期待する正当なものだが、たいていの像にはこれがない(127)」

絵画は、それぞれの時代に効果をおよぼすものが気に入られた。その歴史的重要性は、崇拝者たちを強く動かすものを表現したという事実のうちにある。教会、聖堂および私邸の部屋を飾った絵画は、永遠の救いを望む歴史を物語っている。これらの絵画は、魂の困窮、日常の物質的困窮にある者に助けを約束してきたのである。読んだり、聞いたりするより、はるかに強烈に心に訴えかけてくるようにマリア像を表現しようと、画家や彫刻家たちは想像力を惜しまなかった。彼らの聖母の絵画や彫刻は硬直化することなく、つねに新しい形態とモティーフを生みだしていったが、社会的な関心と経験の刻印された物の見方が、彼らの想像力のうちに混入するのも看過することはできない。十九世紀初めの聖職者たちは、マリアをつつましい物思いにふける、うちにひきこもって生活する女性として想像したものだが、中世の芸術家たちは初期も盛期も後期も、貧しくつつましい主のはした女マリアから貴族生まれの女性を、女王を創造することに心をくだいていた。なぜそうだったのであろう?

第8章　主の女奴隷から貴族女性、さらには天の女王に

ヤン・ファン・アイクの「教会のなかの女王マリア」．ベルリン国立美術館蔵．

福音記者ルカの叙述するマリアは自分を「はした女」あるいは「女奴隷」と呼んだ（ルカ一・三八）が、中世の教会のマリアは、これとは別の社会層に由来する名誉称号をもっていた。聖庁や宮廷の儀式に由来する称号のおかげで、マリアは姿をかえていった。女主人になり貴族女性となった。はした女の身分が払拭されたわけではないが、社会的外観はますます上級貴族の知覚モデル、価値観念、信心要請によって決定づけられていった。ドイツ語圏の詩人や神学者たちは、マリアを「高貴なはした女」と名づけたものであった。これが聖書的な倫理性と社会的な地位に相応する表現だったのである。

しかし聖書の名称に、世俗の階級社会における政治的社会的地位を意味する名誉称号がこれでもかとかさねられていった。マリアは「きわめて高貴な女性」として敬虔な信者の眼前に現われることになる。「天上の砦の女伯爵」あるいは「天上の女侯爵」、「全世界の真の女大公」[1]といった具合である。これら世俗の貴族社会の称号がマリアの地位にふさわしいものとみなされた。この世の大物たちの肩書きがマリアに欠けていてはならなかったのである。彼女が「やさしく高貴な真の女王」と崇められたのも、驚くにはあたらない。女王どころか女帝までくわわった。一切を包括するマリアの統治力を言い表わしたくて、「高貴なる全能者」、「天の女帝」、「天地の女帝」とまで名づけ、崇めたてまつったのである。[2]

中世の神学、詩作、信心が貴族世界の概念や価値観念にあわせたものであったことは明白である。十三世紀の詩『ラインのマリア讃歌』は、マリアを「慈悲の母」と性格づけたのみならず、「絶大な力をもつ女帝」とほめたたえ、「高貴にして賢明な女文書官」と名づけている。作者はさらに「高貴なイエスの高

象牙浮き彫りの受胎告知，12世紀初頭，ベルリン国立美術館蔵（写真：ラインハルト・フリードリヒ）．受胎告知は通常の居間ではなく，王家の宮殿でおこなわれており，マリアは神殿の前幕用の紫布を織ってもいなければ，読書をしてもいない．祈禱用床几の前にひざまずくのではなく，王座にこしかけている．驚きと謙譲の眼差しで天使を見あげるのではなく，両腕を開いて迎えている．はした女を思わせるものは認められない．受胎告知の出来事をとりまく社会的環境は，王家の女性にふさわしいものにされている．

貴な母」、「全世界で最も高貴な女性」の高貴さは、諸侯のそれを凌駕するとも書いている。彼にとって、マリアの「高貴さにみちあふれた[3]」母の美しさは、倫理的な完璧さにつきるものではなく、王家の出の女性の顔立ちを意味するものでもあった。

受胎告知を報告している使徒にとって、マリアが高貴か否かは問題にはならなかった。福音記者たちはこの点で一致している。住所についても、社会的地位についても、マリア、ヨセフ、イエス親子のことを仰々しく言いたてることはなかった。聖家族には、王家の後裔に期待できるような輝きはなかった。彼らはヨセフの職人仕事で得る収入で生計をたてていた。中世後期の画家たちの描くヨセフは、仕事場で鉋、斧、コンパスなどを使いこなしている大工であり、イエス少年は、その父親を手伝って床のおがくずを拾い集めている。生活に心配のない平和な庶民の家庭風景である。

イエスの養父を大工として描くのは、聖書の言葉に相応している。ナザレの住民たちはイエスを「大工の息子」（マタ一三・三五）と呼んでいる。じっさいにそうだったかどうかは確言できない。ギリシア語の職業名……とそのラテン語訳ファベル（手細工人、鍛冶屋）は大工以外の職業の可能性も考えさせるものである。要は木にしろ石にしろ金属にしろ、硬い材料を加工する職業である。ラテン語の教父たちは、だからイエスは鍛冶屋だったという見解をいだいていた。パレスティナに木材はとぼしいという事実が、ヨセフを石工とも推測させている。イエスの言葉にも石造に関係するものが多い（マタ七・二四、一六・一八、ルカ一四・二八）が、木材はない。しかし職種の区別があまりはっきりしていないということは、「ヨセフは石工、大工、指物師、車大工、建具屋をかねていたという意見にもある程度の信憑性をもたせてよい[4]」ということにもなるだろう。いずれにせよ、ヨセフは、職人仕事で一家の生計をささえていたのである。これは、聖家族が貧困にあえいでいたと想像する理由にはならない。職人ならば、ささやかながら一家を扶養することはできたはずである。

マリア自身は自分を主の「女奴隷」あるいは「はした女」（ルカ一・三八）と称している。マニフィカト（マリア讃歌）のなかで、ひたすらイスラエルの歴史における神のみをたたえ、「身分の低いはした女」に心をとめた神に感謝している。「身分の低さ」で、ルカは単に、「神に目をとめられたのを知った」(5)「人間の状況」を表現しようとしただけではない。聖書の「貧しさ」の概念は、社会的現実である貧困もふくんでいたのである。「身分の低さ」という社会的な含意に、神学的に大きな意味を与える言い回しは新約聖書のものではない。

マリアの「身分の低さ」は「社会層の意味」でも「人間の罪深さの意味」でもない、という想定を出発点とする近年の解釈の試みは、このことを看過している。マリアの「身分の低さ」は、「婚約時代に身ごもった若い女は、世間から白い目で見られ卑しめられた。神はしかしこの卑しめを憐れんだ」(6)と理解すべきなどとは、解釈が奇抜にすぎる。福音記者たちの報告しようとしている関心事に相応しない。マリア讃歌のなかの「身分の低さ」は、貧困と同義語である。身分が低いというのは、「古オリエントの貧民の信心世界における自己表示」(7)であった。神の受肉の道具になるマリアの心の準備は、現実の貧しさとむすびついていたのである。イエスの誕生後、マリアは清めの捧げ物に鳩のつがいを神殿にもっていく。鳩は貧しい者たちの供え物だったのである。

中世の神学者たちが、マリアは——オリエント世界の下層階級の多くの女同様に——針仕事で生計をたてていたと考えたのはもっともである。アルベルトゥス・マグヌス（一二〇〇頃～一二八〇）は、マリアを「手芸女」(8)と名づけ、フィレンツェの司祭アントニウス（一三八九～一四五九）は、世間から軽蔑される「下女の階層」(9)に入れていたし、ルターにとってもマリアは「貧しい娘」であり、「貧困の内に見すてられていた女性」に、神は「大いなること[10]」を告知するために目をとめたのであった。「彼女は貧しく、さげすまれていた両親をもち」「下層貧民のひとり娘」であったが、勤勉で思いやりある母親、苦労の多い主婦だった、というのがこの宗教改革者のマリアのイメージであった。受胎告知の関する説教に、彼は将来の神の母のことを「他に何の取りえもないが、信心深く正直な娘たちと同様に、どこか知人宅で下働きをしていた娘」と叙述している。だからこそ「天使が目にとめ、彼女に福音を告げたということは大いにありうることであった[11]」

聖家族の社会的水準を高めようとする近年の試みは、ルターを驚かすことであろう。『母ミリヤム、ユダヤ的見地からのマリア』の著者ベン＝コーリンは、ヨセフとマリアは「彼らの子どもたち、なかでも息子たちにはかなり高い教育を身につけさせ」ようと心をくだいていた、としている。これを証明するのが、ラビのような聖書解釈の方法を熟知していたイエスの学識だというのである。だから「当時のユダヤ人の教養の意味で、イエスの基礎的なしつけはできていたと想定[12]」せざるを得ないとし、またマリアも血筋からいえば、「古いダビデ王家」とつながっていたという。息子の神学上の教育程度、母方の貴族家系というふたつの想定から、このユダヤ人聖書学者は思いきった結論を導きだす。「現在は落ちぶれてはいても、高貴な血筋を引く家庭だからこそ、子どもの教育には高い水準が保証されていたのであろう。こういう現象はめずらしくはない。零落した貴族階級は、彼らの現実の社会的情況にもはや相応しない種類の水準を維持しているものである。だから、いまある生活世界に普通ではない高い知的水準をもとめる零落した地方貴族の家庭というイメージがここに浮かびあがる[13]」もっとも、この考えは斬新なものではない。十五世紀半ばすでにチューリヒの司教座聖堂参事会員のフェリクス・ヘマリーンが同じ考えを表明していた。やはりマリアが王家の血筋を引いているという想定と、現実の貧困状態とのつじつまをあわせようとしてい

謙譲のマリア（マーテル・フミリタティス）．アンドレア・マンテーニャの木版画「マリアと幼児イエス」1485／91年．ベルリン国立美術館蔵（写真撮影：イェルク・P. アンデルス）．この作品はマリアを王家の血筋の女性として描かないというイタリアで起こった絵画伝統にしたがっている．こうした画像は，貴族階級ではなく中間層，下層の庶民たちに，その生活世界と同一化できる可能性を与えるものであった．

る。ヘマリーンも、ナザレの聖家族を、中世末期にはめずらしくなかった零落貴族の元型にしたてたのである。[14]

この両者の解釈は、ルカの記述したマリアとその生活環境に合致するものではない。ルカが記述しているのは「奴隷や貧民」[15]の層に属する一人の女の経験である。マリア讃歌には旧約の模範があり、預言者サムエルの母ハナも、主が身分の低いはした女に目をとめたことをほめたたえている（上サム一・一一）。ハナが「主は貧困にも、富裕にもさせ／低めもし、高めてもくださる／弱者を塵のなかから立ちあがらせ／貧しい者を芥のなかから高くさしあげ、諸侯にならび立たせ、／栄光の座を相続させてくださる」（上サム二、七〜八）と告白したのは、変化を起こす神の力に希望を託したからであった。予言的な歌い手としてマリアもまた、いまや始まった恵みの時のなかで、神の救済行為を歌っている。「主は、その腕の力をもって／奢れる者たちを追い払い／権勢をほしいままにしている者を、その座より引きおろし、身分の低い者を高められる／飢えた者を豊かなものでみたし／富む者を無一物にされる」（ルカ一・五一〜五三）。このふたつの歌には、社会体制の変革に対する宗教的な希望と政治的希望がむすびついている。「神が彼の女奴隷の身分の低さに心をとめたのは、奢れる者を追い払い、権力の座をほしいままにしている者を滅ぼし、敬虔な貧しい者を高めるという世界終末の時がはじまることを意味しているのである」[16]

古代末期から中世盛期までの教会は、イエスと彼の母親の現実の貧しさを自覚していた。中世初期から盛期にかけて教父たちは、救世主の生まれ育った家庭がいかに貧しかったか説いている。救世主が人類を救うために、しもべの姿をとったという事実は、彼の生活様式からも読みとれるはずだという。あるクリスマス説教のなかでヒエロニュムスは、「ヨセフと主の母マリアは、奴隷を所有するような身分ではなかった。彼らはガリラヤのナザレ出身で、運搬用役畜ももっていなかった」と語っている。彼らは主人にして従者であった。イエスは洞窟で生まれ、汚い飼い葉桶に寝かされた。「異教徒に似あうのが金や銀、キリスト教の信仰にはふさわしいのは飼い葉桶です」彼は、安宿、洞窟、飼い葉桶などを示唆しながらマルツェラ宛てに書いている。「大広間のあるのはどこですか？　金ぴかに塗りたてた壁、貧民の労役、囚人の懲役で飾られた宮殿のあるのはどこですか？」[17]

聖家族の貧しさは中世の清貧神学の核心をなすものであった。養父としてイエスは貧しい大工を選んだのだ、とパリのノートルダムの司教座教会の貴族出の参事会員ペトルス・カントール（一一九七没）は強調したものである。イエスは貧しい処女の胎内から馬小屋のなかに生まれた。布にくるまれ、飼い葉桶に寝かされることを慎重にも望んだのだというのである。野原にいた羊飼いたちがまず彼の誕生の秘密を知らされた。マタイ一一章二五節に「幼子のような者にしめした」とある通りである。イエスの両親は資産のない者の例にもれず、ひとつがいの鳩を神殿への供物にしているが、彼はわずかな乳で育てられ、飾らぬ言葉で率直な真理を告知し、不名誉な責めを負って十字架上で死に、見知らぬ墓に葬られた、というのである。[18]

しかしながらマリアの貧しさの受けとりかた、解釈評価のしかたにアクセントの移動がはっきり認められるようになる。すでに教父たちのマリアのイメージにおいて、貧しさの思想は現実の社会的連関をなくしていた。「おそらく古代キリスト教世界最大の学者」オリゲネス（二五三／五四没）は、マリアを精神的に完璧なものにするため、預言者の予言について日々瞑想する旧約の知識あるマリアのイメージをつくりだした。「聖書について瞑想するというイメージは、天使ガブリエルが読書中のマリアを訪問するという思想を先取りする新しい思想である」[19]

書物が貧困の世界を念頭から追い払った。教養は社会的身分を保証する。オリゲネスは主の貧しさ、マリアの身分の低さを、もはや「社会的な抗議あるいは革命の思想」[20]とはむすびつけなかった。「奴隷の身分の低さ」は「献上の表明」[21]と解釈され、「社会の上層部の人間」がキリスト教共同体に受け入れられるようになると、「貧困のモティーフならびにマリアに関して貧困とむすびつく宗教規定」[22]はますます後退していった。古代教会の聖書釈義家たちは、「主の奴隷」という名称のふくむ社会的現実を変容し、心の状態に解釈しなおしてしまった。教父アンブロシウスは、ルカ福音書を注釈しても、マリア讃歌の権力者の失脚と貧者の昇格に関しては、口をつぐんでいる。これは単なる偶然ではない。現存の権力関係と折り合いをつけ、さらにはこれを正当化しなければならない自分の立場を表明していたのである。

フランシスコ会のボナヴェントゥラ（一二二一～一二七四）はルカ福音書注解に、イスラエルの王座につく前はサウルもダビデも羊飼いだったように、神は身分の低い者を昇格していると書きながら[23]、ここから現在あるいは将来の意味を引きだそうとはしなかったし、アルベルトゥス・マグヌスも、マリアが自分の経験や希望を歌った内容を新しい言葉にすることはできなかった。ただ意味を制限し、理性的に統治せず、恣意的に貧しい者たちを抑圧する暴君は、神により失脚させられるであろうと、解釈した。公正な王の支配権を神が危うくするような心配はないというわけである。神の革命的な力をたのむマリアの言葉は、政治的社会的次元を失ってしまったのである。

中世から近代の転換期に、マリア讃歌に内在する社会的爆発力を解き放とうと努力したのはトーマス・ミュンツァーただひとりであった。イスラエルの神が、マリアの言うように、権利を奪われた者たち、貧困にあえぐ者たち、社会的に不遇な者たちの神であるからには、キリスト教の公的団体がこれを考慮しないでいられるわけがないとして、彼は水、木および野の支配権を「共同体」に返還するようもとめた。こうした要求が聞き入れられてはじめて、キリストに約束された天国の秩序が成就される。神はそれゆえに

「権力の座にあるものを追い落とし、身分の低い者たちを高める」こうミュンツァーは説いた。アルベルト・フォン・マンスフェルト伯爵宛ての書簡に、ルカ福音書（一・五二）を引用し、神が「専制君主を退位させるために、無知の大衆をふるいたたせるかもしれない」と書いた。「キリストの母」は、伯爵や彼同様の者たちに、聖霊を介して、「権力者たちをその座から追い落とし、（あなたが軽蔑している）身分の低い者たちを高める」と予言しなかったであろうか、と。

マリアは系図のないダビデの後裔？

マリアの両親および親族に関する情報を提供する系統図は福音書にはない。福音記者マタイ（一・一～一七）とルカ（三・二三～三八）がまとめた一族の記録簿は、イエスがダビデ王の後裔だというものである。イエスを予言者の予言を成就する約束の担い手にするのは、彼がダビデの後裔たることであった。

この血筋をつなぐのは「マリアの夫」（マタイ一・一六）のヨセフで、マリア自身ではなかった。ユダヤ的に理解すれば、イエスの素性の根拠は父方である。ルカは別の個所でマリアを祭司の娘エリザベト（マタ一・三六）の親戚と述べていて、これは「マリアを、少なくともレビ族の血筋の者であることを思わせはする」[24]

こうした調査結果は問題を提起した。救世主はダビデの子孫から出現するという預言者の約束は、疑いもなくダビデの末裔であるヨセフを介してしか成就されない。マリアとダビデ一族との間には血のつながりがない。ルカによれば、ヨセフはマリアの懐妊に関係していないのである。処女生誕は聖霊と神の介入を前提としている。ダビデの後裔と処女生誕とのつじつまをあわせるには、マリアをダビデ一族にしなければならない。

古代教会の神学者たちも、この不具合に気づいていた。処女生誕を批判する者たちが、ヨセフがもうけてこそ、イエスはダビデ族に由来するのだ、と主張したからなおさらであった。古代教会の弁神論者たちはしかしあわてなかった。マリアも同じ一族の者だと断言したものである。男は自分の種族、親族の女を妻にむかえるのがイスラエルの法習慣だという確信を彼らは押し通した。マリアは「ダビデ一族の汚れなき処女[25]」なのであった。

ではなぜマタイもルカも、イエスの実父でないヨセフの家系図だけを提示したのか。この問いを教父アンブロシウス（三三三／三四～三九七）やヒエロニュムス（三四〇／五〇～四一九／二〇）もすでに取りあげている。アンブロシウスは理由を四つあげた。一族の記録簿を手がかりにしては男の家系図しか書けなかった。親族はイエスの時代にはただ男によってしか根拠づけられなかったからである。イエスの名誉のためにはヨセフの系統図も同様に必要であった。女系図ではよくない。イエスが私生児であり、父親がいなかったかのような印象を与えるからである。キリストはこの世に人の子として生まれた以上、「世の慣習」にしたがわざるを得ない。だから福音記者たちもマリアを系図から除外した。「ヨセフは正しい男であったから、自分の故郷に住む自分の氏族の出の女性を妻とした。正しい男には掟の命ずることに逆らうことなど不可能であった。掟は、イスラエルの息子たちに、故郷の町の氏族の維持に心すべく命じている。他の氏族へと移行してはならない。イスラエルの息子たちの氏族を相続する娘はすべて父と同じ民族、同じ氏族の男の妻となるべきである」ダビデ一門を相続する娘としてマリアはヨセフとともに登録するためにベツレヘムにいったのが何よりの証拠であり、ヨセフの系統図はマリアのそれをもふくむものである[26]、というのであった。

2083
HESPOIR . NE . PEVR
IN NATIVITATE.
BEATE MARIE
ratioms ihu
xpi. filij da
uid. filij abraham. A
braham genuit ysaac.
ysaac autem genuit

ヒエロニュムスもこの考えかたでマタイの系統図を注釈している。ヨセフにいたるこの家系図はヨセフが救世主の実父であることを証明しているではないか、という反論の可能性に対し、「聖書には、女性の順列を家系図に織りこむならわしがないのである。しかしながらヨセフは掟にしがたい、親族の女を妻にした」と書いている。ヨセフとマリアが同時にベツレヘムに出かけ、税金を払っているのも「彼らが一族の出であるからだ[27]」という。

中世盛期および後期の神学者たちは、最も高貴な種族（ゲネアロギア・ノビリッシマ）の出であるマリアに家系図がないという問題に少なからず心がおだやかでなかった。偽アルベルトゥスは、女性に関する種族記録簿をつくらないヘブライの慣習を示唆し[28]、だからマリアの場合も家系図は問題にならなかったのだという答えをだした。この匿名の男の説くには、この欠如は女の人間的、道徳的、宗教的な弱さのせいであるが、もとはといえば、罪深いエバが引きおこし、同性の女たちに遺贈したものである。この論拠として彼は、パウロの（ということになっている）テモテへの手紙の低い女性評価を引きあいにだしている。「女は黙っているということを、謙虚な態度でまなぶべきです。女が教えたり、男の上に立つことを私は許しません。そうではなくじっと黙っているべきです。アダムが先につくられ、ついでエバがつくられた。しかもアダムは誘惑されなかったが、エバは誘惑され神の掟を冒したのです」（一テモ二・一一〜一四）。

最初の人間の夫婦の堕罪は、女が男より「価値が低い」ことを教えているという。男が優位なのは、アダムがエバに先んじて創造されたからでもあるが、エバは原罪につい

ジャック・ドゥ・ブザンソンの細密画「ブルボンの枢機卿のギリシア語読本」（1480年から1482年の間に成立）から「ダビデ王の後裔マリア」．マリアの出産の祝日（９月８日）のミサ典礼に朗読される「イエス生誕の書」（マタイ福音書の冒頭）を図解している．図解はダビデの父イザヤからはじめられている．大地に横たわる老イザヤから系統樹が生え，花は処女マリアを象徴している．

てアダム以上の責任がある。したがってより罪ぶかいのである、というのがこの匿名作家の理屈だが、これは両性の関係において、男性は悟性や道徳意識の程度が女性より高いということを証明するための、当時の決まり文句であった。

女は女の性ゆえに男より――肉体的にも道徳的にも――「弱い」。女の性格ゆえに「弱さのしでかすこと」に傾き、また感染の抵抗力も弱い。だから女には系統図なし、という罰は正当なのである。ただしマリアはこのかぎりではない。彼女の素性は、彼女の婚約者の系統図によってはっきり説明がついている。このようにして神は彼の息子の母親にあらゆる女にまさる特権を与えた、という論理である。

一四九二／九三年にミラノで『マリア』を印刷したフランシスコ会の説教家ベルナルド・デ・ブスティ（一四四〇～一五一三）は、マリアの系統図に関してやはり偽アルベルトゥスに立ち返り、その理由づけを読者に説明しながら、この者が潜在させていた女性敵視を先鋭化している。男が女より価値が高いのは生殖行為において男の側のほうが積極的だからである。アダムがエバに先んじて創造されたのは時間的優位を証するものであり、おかげで男は女にまさる法的立場も与えられている。男は女によって堕罪した。この逆ではない。女の弱さは肉体のみならず悟性においてしかり。女はすでに証明されている通り、男より精神的にも肉体的にも弱い。だがマリアの素性はヨセフの家系図によってしめされている。これはマリアに地位と品位のそなわっていることの証しだというのである(29)。

家系の問題は、中世世界ではささいなことではなかった。マリアの家系へのこだわりは、神学的と同様に社会的な局面をもっていた。ヨセフが法的な父の資格で、実子でないイエスの世話をした、つまり養子縁組によるダビデの息子というのは、血筋のカテゴリーで考える社会にはとても受け入れられるものではなかった。中世世界は血のつながりが人生を決定した。いかなる法的領域、社会的地位に属するか、支配者になるか臣下の生活を送るかは家系が決めることであった。救世主の前提条件はダビデ王との血縁関係であったが、これをみたすのは、神自身よりもうけられ地上に実父をもたない息子の実母マリアだけであった。

マリアが王族の出だというのは、イエスおよびマリアならびに初期キリスト教徒全般に向けられていた社会的な身分の低さという非難をくつがえすものであった。「福音書の少なからぬ個所、とくにヨハネ福音書がおそらく、すでに使徒の時代にラビたちがイエスのかんばしくない素性、マリアの貧困をとがめだてたり悪く言うもとをつくっている」[30]いずれにせよ、ユダヤ人は、イエスはパンテラという名のローマの兵士との間にできた私生児だと誹謗した。これに間接的ながら反論したのがヤコブ原福音書である。

新プラトン主義の代表的な哲学者ツェルススは、一七八年に反キリスト教的闘争宣言書『真理の言葉』を書いて、社会的なものを道徳的なものと同一視し、イエスとマリアの社会的ならびに道徳的な低劣さを一ユダヤ人の口を通して語らせている。あきらかにユダヤの説話集からとりこんだものだが、「イエスはあるユダヤの村の出の貧しいお針女の子である。彼女は姦通して夫から放りだされ、みっともない姿であてもなくさまよい、イエスをひそかに産みおとした。息子は日雇い労働をしながらエジプトに流れ、ここで魔術を身につけて帰国すると、この魔術師の能力でもって自らを神と宣言したのだ[31]」

ツェルススはマリアについても、「財産もなければ、由緒ある家柄の出でもなく、追放された後は、孤立無援の状態であった。彼女を知る者はなかったからである。まして隣人などいるはずもなかった[32]」と書き、「神の霊をこのような貧しい庶民の女とむすびつける」キリスト教の処女懐妊信仰を「不遜」だと非難した。成長したイエスは見るもみじめな姿で放浪し、くだらない取税人たちや船乗りたちとつきあいながら、貧相な日々を過ごしていたのだという[33]。イエスやマリアに対するこのような軽蔑的な見方は、中世のユダヤ人たちも受けついでいる。中世のユダヤ人書述家たちも、マリアがダビデの出であることを断固として否認した。マタイの系統図からして、マリアが王族の出でないことは疑いようもないことだと断じている。[34]

しかし結局はキリスト教の護神論が、道徳的に完璧であるためにあらゆる人間を凌駕し、神より救済行為の比類なき道具に選ばれた女性というマリアのイメージを支配的なものにしていった。神学的な地位の上昇に相応して社会的な地位もあがり、「マリアは裕福な両親の娘となった」[35]のである。

教父たちが、マリアを資産家の女子相続人にしたてあげるより早く、物語作家たちはマリアを不名誉な社会的な身分から解放していた。ヤコブ原福音書は、マリアの父親ヨアキムを「裕福な男」にしている。ヨアキムは「主のための捧げ物をすべて他人の二倍さしだしていた」[36]し、多数の家畜を所有し、大勢の羊飼いを擁していた。母親のアンナには小間使いの奴隷がつかえていた。

この聖書外典の狙いは明白である。「イエスの母の貧困は、ひとつにはキリスト教に敵対する者たちの意地悪い主張であり、ひとつには聖書正典の記述に由来するものだが……原福音書のよってたつ伝統はあきらかに、この世に到来した救い主のための凱旋門をうちたてたいという願望に由来[37]」するものであった。イエスは、深窓に育ち世の「汚れを知らない」「裕福な母親」から生まれたことになった。

マリアは由緒ある裕福な貴族の出である、という主張は、ユダヤ側の見解を論駁するのが主要目的であった。ユダヤ人たちは、マリアが娼婦であり、イエスの父親はパンテラという名のローマの兵士だとしていた。[38]この挑発的な異論には、貧しく卑しい女の息子イエスを私生児、日雇い労働者として蔑視しようとする狙いがあった。救世主が社会的に低劣であるはずがないという信条からである。ユダヤ人たちのこの信条と対決することも、古代および中世の神学者の護神論的な課題であった。彼らの頼みのつなは、マリアがダビデ一門の出であるということである。だから、マリアが王の後裔であることは証明ずみである。イスラエルの祭司に数えられる家庭に育った者が社会的地位のさがろうはずはない、と彼らは反論したのであった。

中世初期の貴族社会の模範像

社会の構造が変化すれば世界像もかわる。少数派だった最初のキリスト教徒が、四世紀には国家の利益のための秩序づけや資格認定の義務をはたす公共機関へと発展をとげた。同時に教会やイエスならびにマリアの外観も変化したのである。

コンスタンティヌスの創設した国家教会では、司教たちに国の高位高官と同じ称号、表章、公民権の使用が認められた。美術に現われるキリストには、「皇帝の地位にある者の外見」が必要になった。「宝石類で飾られた王座、深紅のクッション、王者の光輪、手の甲への口づけや足への口づけ、天国の宮殿の廷臣その他もろもろ」があたりまえになった。天国は宮廷的な光景を呈するようになる。「マリアは皇帝の母となり、使徒たちは元老院議員に変身し、天使たちが天の宮廷を形成し、聖人たちは供え物をたずさえた謁見客のようにみなされ、語法もそれに応じて変化した。変容した神の子と彼の従者の滞在する天国は宮廷あるいは宮殿と呼ばれるようになり、地上の皇帝の宮殿は本質的にこれの地味な模倣にすぎないものとなった」[39] 地上ではマリアは「主の女奴隷」だったが天国では女帝として君臨する。貴族や王族の眼鏡にかなう新しいマリアのイメージが生まれた。中世初期の貴族階級に支配された教会の発展がマリアに新しい社会的なプロフィールを与えた。貴族の出であること、王あるいは皇帝のような支配権を有することが、イエスの母の本質的特徴となった。

貴族のエリート指導層をキリスト教に引き入れるには、その社会的地位にふさわしい信仰表象を与えねばならない。中世初期の貴族社会にとって、イエスおよびマリアの家柄は宣教にとって切実な問題であった。中世初期の上層貴族階級には、天上に君臨する統治者にして世界終末の審判者が下層の下女から生まれたなどということは、合点のいかぬことであった。貧しい生涯を送った母、世間から白眼視された犯罪者のように死刑に処せられた息子は、中世初期の貴族階級の宗教観念にそぐわなかった。「聖なる神母マリアの貴族性」はカロリング朝時代のマリア論の重要なテーマであった(40)。「主のはした女」と世俗的な貴族世界のマリア崇拝者たちとの間の距離を取り払うために、マリアの社会的地位を高める努力をはぐくんだのは、貴族の価値概念に方向づけられた宗教概念であった。

七九四年のフランクフルト神学審議会において、フランク人司教たちは、マリアが自由な身分つまり貴族の出、王族の出であったことに最大の神学的な意味をおいた。現世に実父をもたないイエスの貴族性は、ひとえに彼に肉体と人性を与えた処女の母によるのである。イエスの貴族家系はマリアひとりに負うものであった。単独責任論は神学上の論議を呼んだが、マリアの貴族性は八世紀末には養子論者に反対する根拠とされた。養子論者たちは、キリストが神のしもべであるという養子縁組を根拠づけるために、マリアをいやしい奴隷の身分にまで引きさげていた。カロリング王朝時代の養子論を代表する一人スペイン人のウルゲルの司教フェリクス（九一八没）は、「はした女から、しもべ以外の何が生まれうるであろうか？」と、問うたものである。

この主張の意図は明白である。「これは、養子論者がしもべキリストの身分の低さの根拠を得るために、マリアを不自由な身分の、いやしいはした女へと意図的におとしめたのである」。フェリクスは、「はした

全階層の守護女性マリア．不詳の名匠の板絵．上部オーストリア1500年頃．クレムスの司教座大聖堂の宝物展示館蔵（写真提供：クレムスの中世，近世初期の資料研究所）．

女」という言葉で、マリアの社会的地位の低さを指摘した。この言葉は、「神に対して、およそ品格を欠いた卑賤なマリアの位置を表現するはずのものである」このスペイン人司教がマリアの人格のうちに見ていたのは、「自分と同じようなものしか産むことのできない生れつき卑賤な人間」であった。イエスはしたがって、マリアの胎内や膝の上で養われている間は、神的な性をわがものとはしていなかったという。マリアはただ「まったく人間の肉体のみをこの世にもたらした」のであり、ヨルダン河で洗礼を受けたときにはじめて、イエスは神に息子として受け入れられえたのだという。この養子縁組によって、イエスのしもべの人性がのぞかれたというのである。

フランク人司教団の見るマリアは、イエスが「その人性からいっても普通のしもべではありえなかった」ことを保証する貴族女性であった。このようなマリアの地位向上は、神学のみならず社会の事情にも応じたものであった。フランク人司教たちは貴族階級の価値概念に考慮しながら、イエスを品格ある王の後裔にしたてた。これはまた、神との養子縁組の必然性を導きだすために、イエスを下層民の出にする神学上の敵対者に対抗するものでもあった。

中世初期の宣教者や教会聖職者たちは、救済の教義を貴族支配層に対し魅力的なものにしなくてはならなかった。貴族階級をキリスト教化するには、教義内容の裏づけを、彼らが自分たちの生活に刻印づけられた諸観念のうちに見いだせるようにはからわなくてはならなかった。ノーサンブリアの貴族の出であるカロリング朝宮廷神学者アルクイン（七三〇頃〜八〇四）は、養子論者による「マリアの貶め」に対抗するために、救済史上の類似例を指摘し、「神に約束された偉大なる息子は、高貴な母親から生まれ出ている」と主張した。高貴な母親とはサラのことである。アブラハムの二人の妻のうちのひとりサラの神から祝福された息子はイサクであった。彼は自由な身分の女から生まれたのであり、はした女からではない。マリアが不自由な身分のはした女だったとすれば、サラのほうがマリアより高貴であり、イサクがキリストより高貴ということになるが、これは神学的に不可能である、という結論をアルクインは引きだした。こうした考えの影響を受けたフランク王国の神学者たちにより、マリアは「王家の末裔、王侯の子孫と名づけられた」ダビデ一門の出であるマリアだけが「真に血のつながったダビデの息子キリスト」を保証するという論法であった。

古ザクセンの宗教叙事詩『ヘーリアント』はマリアを貴族出身の「王の妻」と賛美している。新約聖書

フラ・アンジェリコのフレスコ画「マリアの戴冠」1440年頃から45年にかけて成立．フィレンツェのサン・マルコ教会．マリアが被昇天後に戴冠して女王になり，キリストと玉座を共にして，天地を統括するという見解を表明したのはとくにカロリング朝時代の神学者たちであった．「主のはした女」のマリアが天の女王に昇格するのは，中世においては，天上を位階的に秩序づけられた宮廷とみなしていたという事実に関係する．この宮廷では，女王マリアのとりなしと仲介がなくては，祈願者は恩寵をえられないというのであった．マリアが女王だという観念は，中世の世俗の階級秩序に関連してつくりあげられていった．

の中心的な場所は、防備でかためられた城郭として叙述され、福音書の苦難に耐える神のしもべは主人の姿に変身し、世襲貴族のいだく男の理想の相貌を得ている。マリア、ヨセフの両親を介してキリストはダビデ族に属し、貴族の後裔であることが証明されていて、弟子や使徒は、主人への忠誠を義務づけられている貴族の従者という格好になっている。

生得にしてかつ獲得されたマリアの貴族性

フランシスコ会の説教家レーゲンスブルクのベルトルト（一二一〇頃～一二七二）が、マリアの生誕の祝日のために作成した説教はこう始まっている。「今日、私たちは、聖なる福音書により、私たちすべてに祝福を与えるために、この世にお生まれになったわれらが女性の由緒ある家系について知るのです。彼女は最大にして最高の一族の出であり、今日もっとも高貴な家系と福音書にある通りです。すなわち、四十二代のうち十四人の族長、十四人の王を輩出しているのです[41]」この能弁なフランシスコ会士は、四十二世代を四十二の美徳として解釈する。マタイが作成した系図を道徳的に解釈して、彼は次のように説いたものである。「われらが母マリアの有する二十四の美徳は、今日私たちのもとにすべて到来するでしょう。あるいは全能の神の指示のもとに、この世界に[42]」

二十四の美徳を逐一挙げ、詳細に注釈をくわえることは、彼にもくどすぎると思えたようだ。合計八つに制限している。ベルトルトの挙げる八つの美徳とは、「清く正しいキリスト教信仰」と神への「愛」ならびに「隣人愛」、「謙譲、忍耐、良きおこないへの心立て、童貞」と「柔和[43]」である。マリアの高貴さを、美徳で説明するのもひとつの可能性であった。中世後期の他の著述家たちは、マリアが貴族の出か否か、どのような家系なのかという議論に決定的な目印になるものを、もっとくわしく追求しようとした。彼らは、マリアの血縁の貴族性とはどのようなものか、彼女の精神的、内的な貴族性に典型的なものは何か、彼女の高貴性の原因、本質、作用を決定づけるものは何かを列挙したものであった。こうした分類作業の根底をなすのは、貴族性とは何か、高貴な家系か、名誉か、美徳か、権力か富裕かといった問いであった。

ジェノバの司祭で、『黄金伝説』の著者ヤコブス・デ・ヴォラギネ（一二二七／一二二八～一二九七）もマリアの貴族性として、「出自の高貴」〔ノビリタス・ゲネリス〕、「立ち居ふるまいの高貴〔ノビリタス・モリス〕」、「美徳上の高貴〔ノビリタス・ヴィルトゥティス〕」、「姿形の高貴〔ノビリタス・イマギニス〕」を挙げている。(44)

マリアが血筋からいって貴族であることは、彼女の家系が太祖、預言者、王といったきわめて高貴な三種族に由来していることから説明されるとし、「立ち居ふるまいの高貴」については、マリアはその模範的な生活態度によって、人間がその生涯において、何をつつしみ、何をさけ、何を心にとめておくべきかを教えているという。美徳の高貴さは、「美徳を所有」していることにあり、マリアが、「わたしのうちには生と真理のすべての恵みがある」と言えたのもこのせいだろうという。そしてマリアは最高度の美徳を、処女性と母性の結合のうちに得たのだとされた。姿形の高貴さとは、神の似姿だからであり、この点すべての人間も本来は貴族的なのだという。(45)

ピサの都市貴族出身のドミニコ派神学者バルトロメウス（一四〇〇／〇一没）は、マリアの身元正しい両親をさかのぼれば族長、王侯、師士、預言者、軍司令官、祭司、民族の統轄者などなど人類の祖アダムからノアにいたる少なくとも十二の種族を挙げることができるとした。(46)とにかく世俗の尺度ではかれば、マリアは最も高貴な血筋を引いていて、これを凌駕するものはないというわけである。どの家系もどの種族もその美徳はすぐれたものであったが、これらすべてマリアのうちに合流しているという。

さらにバルトロメウスは、マリアがこれら祖先の美徳をあわせもつために、王侯の品格に輝いていることを立証するものとして、旧約の神の民の王たちとイエスの母の身につけていた特性を十二以上挙げ、さらにマリアと旧約の王たちに共通する十の美徳を数えている。マリアを明るく輝く美徳の鏡にしたてあげ、これを見つめていれば、平信徒たちも心を悩ますものが見えなくなるとした。美徳の権化は泣いたり、悩みや心配をもつことがないからだという理由である。

マリアの美徳に欠けるものはもはや何ひとつない。けなげで賢明、のみならず敬虔で、世間にも掟にも通じ、勇敢であり称賛に値するという。貧しい身の上のマリアが、ダビデ、ソロモン、ヨシャパテなどがほしいままにした地上の富に匹敵するのは、その無限の精神的な富であった。神の恩寵によりマリアは身体的にも倫理的な態度においても、先祖の特質に匹敵することになった。彼女は、教会のモラリストたちが人性と美徳の一致という形で表象するものの純粋な形を具現し、血筋の貴族性と美徳の貴族性の渾然一体を実現した女性として、中世後期の貴族概念の理想を具現したのであった。

はした女か貴族女性か?

一二八〇年および一三二五年にアルベルトゥス・マグヌスが羊皮紙に書いたと称する『マリア』は、神の受肉がなぜ貴族階級の生母を必要としたかを、詳細に根拠づけようとしている(47)。救世主の母親が卑賤な娘であるなど、神の生殖の完全性からしてありえない、ということを論述するために、この偽アルベウトゥスは、規則一点ばりにこう始めている。イエスが救済の福音の告知者にした「数少ない高貴な者たち」

（一コリ一・二六）に関するパウロの見解からいうと、たしかに救世主の母親は「高貴でない」「貧しい」「庶民出身」の処女だったことになる。しかしながらパウロの言葉は、最初の弟子や使徒に適用されるものであり、救世主の母にはあてはまらない。神の完全性はマリアの側にも最高度の完全を要請するものであるからして、これより出る結論はただ次のごとくである。社会的階層の最高位にある者のみが、最も降下し、謙譲においてだれにも劣らない度合いをしめす可能性をもつ。最も深い謙譲をしめしているからこそ処女マリアは、当然ながら最高の品位と最高の貴族性がそなわっていたのである。完全な謙譲は貴族性と富裕を前提とする。というのも豊かな者の謙譲はその本質からいって、無一物の者たちのしかたないへりくだりより高貴なのである。神の命令にしたがってマリアのなしたことは、彼女がじっさいに比類なく高貴な人格であったればこそ、完全なものであった。こういう理屈である。

『マリア』の論拠づけは伝統的な型にしたがっている。教皇たちの聖性、模範性を高めるためには、身分の低い両親という出自にすることが望ましかった。教皇グレゴリウス七世の父親は大工だったということである。聖人の尋常ならざる美徳の呈示が重要であればこそ、逆方向に、出自と禁欲的な生活態度の距離の大きさをできるかぎり大きなものにしてみせるのである。みすぼらしく汚い仕事をして、貧しい暮らしをすることは、「貧しい農夫や乞食の場合より、豊かで上品な紳士や、貴族的な女性の場合のほうが称賛に値する」。クレルヴォーのベルナールが、尊敬すべき謙譲と言うのも同じ考え方である。尊敬すべき謙譲をしめせるのは、有産階級でありながら自らすすんで修道院の貧しい生活を決意する者たちだけであった。反対に貧しい生活状況にある者たちが修道院に入る場合は、その生活可能性を改善することはできる。衣食に事欠くような貧乏人が、修道僧あるいは平修士になると決心することは、それじたい何ら特別なことではなかった。このような帰依は、宗教的な動機と自由意志から社会的に自らを低めることの模範にはならなかった。

マリアの自然的ならびに超自然的貴族性について思念をめぐらす偽アルベルトゥスも同様に、世俗的な貴族階級の価値表象を代弁していた。貴族家系は、マリアのこよなく高貴な血筋のおかげで、神の救済秩序にねざす価値となった。主の母をかえりみながら、この匿名著者は、貴族の血筋は、豊かで権力ある祖先に由来する肉体的な起源のたまものであると言い切った。高貴な祖先は、子孫にも同様な体型と同様な倫理的生活態度をもたらすのみならず、祖先の美徳に劣るまいとする努力をかきたてるという。高貴な本性は、意図的に、あるいは習慣により、歪曲されるので、高貴な生活態度に反するものもふくんでいる。だから精神の美徳が万一弛緩するような場合、高貴な行動へと駆動させる家系、素性の美徳ということを言ってしかるべきなのだという。

説教師たちは、マリアの貴族性を使い分けた。貴族を非難するときにも称賛するときにも用いた。オスナブリュックのアウグスティノ会隠修士のゴットシャルク・ホレン（一四一一頃～一四八一）がマリアの誕生の祝日（九月八日）の説教において、マリアが貴族の出であることに関連しておこなった貴族称賛には注目すべきものがある。彼は大まじめに主張したものである。貴族たちは、自分が相続して富をうまく取りあつかうことができるので、不遜でも高慢でもない。彼らは貴族性を寛大さとむすびつけているから、争い好きではない。彼らは共同体の福祉に責任をもつ公共の官職についているから、無節制でも放恣でもない。衆目を集めている者たちは節度を守らざるをえない。彼らは富や財産を、営々としてもとめるに値するものだとはみなしてはいないから、他の人間を軽蔑したりしない。彼らは勤勉で教養がある。そつなく統治するためには当然ながら、知を身につけ、品行方正に行動し、富をうまく使用しなければならない。貴族が悪徳におちいるのは、悪い習慣によるものでしかない。相続した美徳と統治の使命ゆえに——品行方正な態度に関するかぎり——貴族はそうでない人間に優越するのである。こうゴットシャルク・ホレンは主張した。マリア自身とはこれは関係のないことなのだが、彼女が貴族の出であるということは、貴族のための論述にキーワードを与えたのである。

中世末期になると、人文主義的な教会批判家に対し、教会の貴族的優越性を擁護するために、いよいよさかんにマリアの貴族性が盾にとられた。チューリヒの司教座聖堂参事会隠修士フェリックス・ヘマリーン（一三八九〜一四五八／五九）は、マリアの貴族的な由来を、争いの生じている教会のなかで、貴族の優越性を正当化する重要な理由として評価した。司教や司教座教会参事会は貴族の男性がしめるのは、マリアによって正当化されるのだと言い放った。(48)カイザーベルクのヨハネス・ガイラー（一四四三〜一五一〇）も、ストラスブールの司教座教会における貴族の独占権を、マリアが貴族の血筋だということに関係づけている。(49)ガイラーはおそらく当時のドイツで最も名の知れた説教家であったが、参事会員は貴族男子に限るという規約をもっていた市の司教座教会に、最高の貴族の爵位を与えたものである。そうしてこの参事会員にふさわしい守護聖人が王族の出である処女マリア(50)であった。

馬上試合の助力者マリア

中世盛期、後期の聖人物語は、馬上試合に積極的に介入し、彼女を崇拝する騎士を助けるマリアのイメージをつくりだした。これは、公的な教会では教会裁判において禁止していたはずのマリアの役割である。(51)教会法文集、教会会議および司教会議は十二世紀末に、「俗に馬上試合大会と呼んでいる忌まわしい市や祭り」を非難している。これにさからって試合にのぞむ者は、信者の共同体からしめだされる危険を犯すことであり、また試合で落命した騎士は、教会から埋葬を拒否された。一一八三年まで英国のハインリヒ二世の宮廷に滞在していたラドゥルフス・ニゲルは、馬上試合をやる騎士たちのことを、生命と魂の救済を危険にさらすものだとののしっている。退屈しのぎに、あるいは名誉欲にかられ、たがいに闘い殺しあうのは、本来の騎士の武芸を悪徳に堕落させることだと彼は叱った。

騎士の馬上試合に対する教会モラリストたちの非難は枚挙にいとまがない。騎士たちに腕力と勇猛心を証明する機会を与えた試合を、彼らは悪魔の競技として弾劾した。馬上試合を通じて武者修業するような騎士は、キリスト教的な騎士の理想に反するというのである。人間の命を粗末にするものであり、現世の利欲にかられた所業である。虚栄的な名誉をもとめる心に発するものであって、公益につくす時間を失わせるものである。支配者としての保安義務をないがしろにし、精神的なことに従事するに必要な時間をうばうものである。こういって彼らは非難した。

トマスの弟子、アエギディウス・ロマヌス（一二四三頃〜一三一六）は、『帝王学の書』のなかで、貴族の息子たちは十四歳にたっしたら武芸の修業にしたしむべきだとしている。中世末期の峻厳な教会改革者たちは、だからといって馬上試合が必要だとか、許せるものだなどというのは言語道断だと反対したが、貴族に友好的な著者たちは、馬上試合を、軍事的な有能性の習得と確認のためのよい機会だとみなし、「公共の楽しみのため」にも歓迎すべきだという見解を表明している。

伝説がつくられ、それがまたこの傾向を促進すると、法と道徳が禁止したものにも、修正がくわえられるようになる。いつしか恵みぶかい神の母マリアが助力してくれるという信仰がはぐくまれていった。マリアと親密な関係をたもっている騎士は、馬上試合のさいに天上の女性が味方についてくれる。傷を負っても、たちどころに治癒してくれ、勝利をもたらしてくれる、と信じるようになったのである。

馬上試合の好首尾のためにマリアに助けを乞うのは、日常の困窮のすべては彼女の管轄領域にあるという考えに相応するものであった。アキテーヌ地方のロカマドゥールでは、十二世紀に、マリア崇拝の「とくに男性優先的な封建貴族的祭祀形式」がはじまった。ここでは、マリアはとくに「戦争や馬上試合で負傷した者の治癒を専門とした」シャルトルでは、騎士たちは、処女マリアの聖衣を収納している無傷の処女の厨子に自分の戦闘服を触れさせると、身をまもり、戦闘力が高められると信じていた。

騎士たちの期待が実現されたという伝説が、この宗教的な実践をうながすことになる。これらの話はきまった筋書きをもっていた。およそ次のごとくである。「ある騎士が馬上試合へむかう途中、ミサにあずかるために寄り道をした。聖母マリアの祝日には、こういうことがよくあるものだ。彼が入っていったのはマリアに奉献された教会であった。彼はミサに参列した後に、試合場に来てみると、すでに試合は終わっていた。にもかかわらず、彼は勝利者としてたたえられたのである。彼にかわって天上の聖処女が戦ってくれたのであった。彼は永遠にマリアの騎士になると決心し、修道院に入った」

これが『黄金伝説』特有の語り口である。試合におもむく騎士の名前をあげることもせず、場所も時も特定することなく語る。「謹厳な騎士がいた。彼はわれらが女性の敬虔な従者でもあった。ある時馬上試合にのぞむことになったが、その途上、マリアに奉献された修道院にたちより、ミサにあずかった。つぎつぎにあげられるミサのどれひとつとして、彼はマリアのために中座することはできなかった。ようやく修道院を出て、戦いの場にかけつけたが、どうだろう。すでに帰途についていた者たちがみな、彼を称賛するのである。雄々しい戦いぶりであったと、口をそろえて彼の勇敢さをたたえ、将来に幸あれと祈った。そこへ何人かの騎士がやってきて、彼の捕虜だといって身をゆだねた。試合に打ち負かされたからだという。当の騎士は、天の女王が自分の日頃の敬意にすばらしい形で返礼してくれたことに気づき、大声で、自分の身に起こったことをみなに告げた後、修道院にとって返し、以後処女マリアの息子に騎士としてつかえた」

フランスのドミニコ会士ヴァンサン・ドゥ・ボヴェと彼の修道会仲間のヤコブス・デ・ヴォラギネが語った馬上試合に出場するマリアの話を、一三〇〇年頃、『古い伝説集』の著者は、韻を踏んだ詩句にしている。

われらの良き女性マリアに
われらはへりくだり
たたえるミサをあげるべき

この宗教詩人は、騎士のマリアへの精神的な愛をとくに強調し、これを称賛している。

つね日頃かわることなく
さまざまな形で彼がマリアに
ささげる愛のうちに
マリアは大いなる力をしめされた

この匿名の詩人は、「マリアのミサ」にあずかるのをよしとした騎士の心情を、模範的なものだとみなした。マリアは「あらゆる困窮」のうちにある者を救い出す権能をもっている。試合に参加する騎士たちは、

「われらが女性の働き」を「果敢な男らしさ」を思わせる「騎士道精神」と受けとったという。騎士たちのマリアへの愛の強さは、かがやかしい勝利の後、世を棄て、鎧をつけたまま、修道院にとって返し、修道僧になることに現われているというわけである。

彼の神々しい心根が
まことの騎士精神を得るのだ
彼は美徳のかぎりをつくして
マリアの騎士となり
天の女王のおほめをいただく

騎士の使命は、マリアにつかえるときに、その最高段階にたっし真に成就される。教会法とは逆に、マリアは試合をうべなってくれるのである。中世後期、バーゼルではマリア誕生の祝日（九月八日）に例年馬上試合が行なわれたのもうなずける話である。古文書には、この日は、「馬上試合のための聖母マリアの祝日」と記載されている。

一三一一年から一三四一年にかけて、プロイセンに暮らしていたドイツ騎士団の司祭ニコラウス・フォン・イェロシンは、三〇年代に、彼の修道会士仲間のドゥースブルクのペーターのラテン語年代記を、ラテン語の読めない騎士仲間のために東部中高ドイツ語に翻訳した『プロイセン年代記』のなかで、具体例をだしてマリアの助力を物語っている。それは、客人に騎士の試合を挑まれたケーニスベルクの騎士団の仲間の話である。この騎士出の修道司祭は、自分の恋人（マリア）の名誉のために意を決し、マリアの助

力をたのみ、マリアの騎士として戦いの場に出かけた。年代記作者は試合の経過と結果をこう叙述している

彼〔修道司祭〕は心より愛し
奉仕をちかっていた優しい乙女に希望を託した
「マリアよ　私はあなたを清い心で愛しています」
彼は馬場におもむき試合にのぞみ
相手の騎士にいどんでみごとに突いた
最初のひと突きで相手は地上に倒れた
その武具、馬もみな貧しい者らにくれてやり
彼は馬場を立ち去った

中世後期の伝説集のなかでも、馬上試合を助けるマリアは広く読まれた話であった。『黄金伝説』からこの奇跡話をとりこんだ『古い伝説集』は、ドイツ騎士団の家々ではそなえつけの読み物であった。『黄金伝説』は当時のベストセラーである。これほど模写されたり、抜粋されたり、口語に訳されたりした書物は中世には他にない。この著作の内容やモティーフに由来する作用力は、中世をつうじて持続した。ゴットフリート・ケラーでさえなお、この素材のとりこであり、ロマン主義的な伝説集を作成する刺激をここから得ていた。(52) もっとも伝承されたものへのアクセントの置き方にはちがいが出ている。

彼の説話集『騎士としての聖処女』では、試合の傷は、騎士を改心させるのではなく、裕福な美貌の未

亡人ベアトラーデに、彼女が気にいった騎士をうちへ連れ帰るきっかけをつくる。ベアトラーデは馬上試合参加者を募り、「勝者との結婚を約束する。自分の守護聖人である聖処女が正しい男に勝利を与えると確信してのことであった」

ゴットフリート・ケラーは歴史上の事実や、その神学的解釈に関心があったわけではない。彼を魅了したのはこの伝説モティーフであり、これを彼は文学的に魅力ある散文に変化させたのであった。彼自身の言うところによれば、「騎士としての聖処女」の話は、「聖処女マリアが結婚したがっている女の守護聖人となる」「世俗的な色話」のもとになる伝説的な素材のひとつであった。

ハイスターバッハのカエサリウスの懸念

何百年も以前すでに、シトー会の慎重な総会長ハイスターバッハのカエサリウス（一一八〇頃～一二四〇以後）は、マリアの奇跡の神学的、道徳的な矛盾に心おだやかならざる一人であった。彼もマリアに助けられたという騎士の話は知っていた。後に修道僧となったヴァルター・フォン・ビルベッヒという恰幅のよい上級貴族だが、参加してもいない試合の勝利者となったのは、マリアの言語を絶する恵みのたまものであり、つね日頃献身的な騎士に、マリアが奇跡をもって報いたという話である。

修道僧にこの話を聞いた修練士は、しかし納得がいかなかった。教会が騎士に武器をとって試合をすることを禁じているのを知っていたので、マリアが試合場でどのような好意をしめそうと、教会の教義によれば死罪に値することではないかと詰問した。すると修道僧は、試合に参加することは不服従と自尊心の問題である。自尊心は名誉欲にもとづく。不服従は教会の試合禁止にそむく。したがって試合に負けて落命した騎士は、信仰正しき者たちの墓地の外に埋葬されてしかたあるまい、と平然たるものであった。

バイエルンの医師ヨハネス・アルトループは、一四四七年から一四五六年にかけてミュンヘン市長をつとめたハンス・ピュータリヒ（一四六七没）の依頼を受けてハイスターバッハのシトー会士の『ディアログス・ミラクロルム』を独訳しているが、これを読むと、カエサリウスが馬上試合に批判的だったのがうかがえる。「試合において、ふたつの大罪が犯される。うぬぼれと不服従である。うぬぼれは世俗的な名誉心のゆえに起こり、不服従は神聖なキリスト教会に逆らうことである。試合場で落命した者たちは、教会墓地への埋葬を拒まれる[53]」

ヴァルター・フォン・ビルベッヒはしかしながら試合場へおもむく途中、マリアに敬意を表してミサに参列し恭順をしめした。これは永遠の生命を得るにふさわしい行為であった。善行はこの世においてすでに報われる。マリアが天上の報いを「この世の報い」に変化させる。この愛の行為により、人間は恵みを受けられるものになる。「死罪を犯すような際でも、このように善行は神の恵みをうける[54]」アルトループはこうドイツ語圏の読者に教えている。善行は、たとえ罪深い状況のうちにあっても天上の報いを得、天上の恵みの助力をあてにすることができる。この考えがマリアの試合援助の問題を解決したのであった。

騎士社会の守護聖女

馬上試合の際に騎士たちを助けるマリアは信頼と崇敬を獲得した。マリアがどの程度貴族世界で崇拝されていたかは、騎士社会のそれが尺度になるだろう。マリア信心会が貴族社会にかぎられる傾向について、フランク公国の例が示唆に富んでいる。ヴュルツブルク司教区のハスフルトのマリア聖堂は、十七世紀が経過するうちに「騎士聖堂」と呼ばれるようになった。このように宗教と階級の自己表示の一体化が今日まで読みとれるハスフルトの教会は、歴然とした「騎士的な性格」をもっている。聖堂内陣の外壁を飾っているのは、二八四のフランケンおよびシュヴァーベン他の王国の領地を支配する貴族一門の紋章帯状装飾なのである。教会内部の墓碑銘入り記念盤もまた、この聖堂が周辺貴族の埋葬場所になっていたことをうかがわせる。ベツレヘムの馬小屋にかけつける三王の騎乗姿を描いた十五世紀中旬の正門上のタンパンも「騎士階級のマリア崇拝の象徴[55]」といえよう。このタンパンは、「聖堂に巡礼する貴族たちを、ことさら彼らの心にうったえる形で[56]」迎えるものであった。

騎士貴族色の強いこのハスフルトのマリア聖堂がだれによって建設されたかは確言できないが、貴族のマリア信心会の基金は、ほんらい聖堂建築のためのものではなかったが、教会建築に際し、「騎士階級が大いに介入したこと[57]」は証明されている。いずれにせよ、救済要求と自己表示欲との共生に特徴づけられる中世末期の貴族の信心様式にとって、ハスフルトのマリア聖堂は比類のない記念物である。

フランケン地方の騎士団とマリアの関係は、古文書からもっと正確にうかがうことができる。貴族の道徳を高めるために、騎士団は十四、五世紀に設立された。この団員は外部からの攻撃に対する相互援助を義務づけられ、キリスト教的倫理教義の原則にもとづく生活の営みをたたえ、日々の祈りを欠かしてはならなかった。この信心と信条の中心的役割をになっているのがマリアであった。

最も古い騎士団は、カール四世によって一三三五年ニュルンベルクに設立されたものである。この騎士団は、彼らの帯の黄金の留め金の標識をとって、「フュアシュペンガー団」と称した。一三七五年にはヴュルツブルクに支団が結成され、文献によると「われらが女性信心会」と名づけられている。一三九二年にはバンベルクに第二の支団が生まれ、おそくとも十五世紀初めにはニュルンベルクの聖母教会、ヴュルツブルクのマリア聖堂ならびにバンベルクの教区教会といったフランケン地方の重要な三つのマリア教会が、騎士団の居所になっている。

フュアシュペンガー騎士団は、設立ミサをニュルンベルクの聖母教会であげているが、これには意図があった。皇帝カール四世がニュルンベルク市参事会の要請を受け、ユダヤ人地区を取り払い、「ユダヤ教会堂にかわってマリアに捧げる教会を建造する」という中央広場建設の布告をだし、ユダヤ教の教会堂のあった場所に、聖母教会が建立されたのである。教会の聖遺物のなかに、貴族仲間たちが自分たちのしるしに選んだマリアの帯がある。マリアの帯の留め金にもとづいて、「主にフランケン地方の貴族からなり、二十六人に制限した団体の団員は、交差するリボン付きのこの金の止め金を結社のバッジとして、はっきり見えるようにつけ、家紋の右隅にかかげること」とされていた。マリアは連帯をつくりだし、精神的インパルスを発する統合象徴の機能をにない、一群の貴族たちの代表欲に宗教的形式を与えていたのである。

ブランデンブルクの選帝侯フリードリヒは一四四〇年、アルトブランデンブルク郊外のハーフェル河上流に位置するハルルング山上のプレモントレ会のマリア教会「われらが愛する女性」(58)に騎士団を設立した。古文書に、「処女マリアを称賛するための団体、その儀式はブランデンブルクの山上の教会においておこなわれる」(一四四〇)、「アルト‐ブランデンブルク郊外の山上にあるわれらが愛する女性の団体」(一四四三)、「ブランデンブルク旧市郊外の山上の修道院の神母マリアに敬意を捧げる団体」(年代不詳)、「われらが愛する女性の団体白鳥」などとあるが、この白鳥は、最初期の宗教的原動力が衰えた近代になって、前面に出てくる名称である。

一四五五年の団体会員名簿を見ると、フランケン地方の貴族たちが先を争ってくわわっているのがわかるが、これがまた辺境伯アルブレヒト・アヒレスに一四五九年、アンスバッハに南ドイツ支団を設立させる引き金になっている。彼は、聖グンベルト司教座教会内のマリアおよび聖ゲオルゲに奉献した礼拝堂を、団体支部教会に指定し、マリア像とその下に白鳥をつるす鎖を団体のしるしとした。半月の上に、幼児イエスをだいて光輪のなかに立っているマドンナには「アヴェ・ムンディ・ドミナ〔ようこそ、世の女主人〕」という銘がある。一四四三年の団体規約には、マリアは「月の上、太陽の輝きのなかにある、〈ようこそ、この世の女性〉という挨拶とともに」とある。「われわれがマリアを介して得た恵みを心にとめおき、決して忘れてはならない」「天の女王は、あらゆる聖人より高みにあり、月より美しく太陽より選ばれた存在ながら、女侯爵として、この世に生をもうけ、われらが始祖よりわれわれに贈られた。それゆえ慈悲をもってわれわれを守護してくださるようひとえにこいねがうのである(59)」

マリア像と白鳥は一環をなしていた。白鳥の解釈もマリアの象に応じるものであった。「白鳥は、その死を前もって察知し嘆く、このようにわれわれの主も彼の死を前もって知り、われわれがおそらく自分の死の時を知らず、それゆえいっそう慎重であるべきことをしめすために嘆かれた。いうまでもなくわれわれは死すべきものであり、この世から別れねばならない。したがっていつの時も、聖処女の無垢と助けと慰めのうちに懺悔、悔悛することが必要なのである(60)」

一四八四年の寄付行為書には、白鳥に別な意味が付与されている。白鳥はいまや貴族の自由の象徴なのである。「自由ゆえに」「自由で縛られることのない鳥」である白鳥を鎖にむすびつけたのだという(61)。目的と入会条件について一四四三年と一四八四年の規約は教示している。入会できる者は――侯爵、領主、騎士あるいは召使だろうと――嫡出子でなくてはならなかった。私生児の疑いのある者はしめだされていたが、結局は四人の先祖の証明できるということが、貴族にこの会の独占権を与えていた。「騎士たる者には四家紋がある。父方、母方合計四人の貴族を先祖に由来することが証明されるべきだという奇妙な習慣があった」
会員は毎日処女マリアに敬意を表し、騎士団のために作詞された祈りの言葉をとなえなければならなかった。一五一五年に印刷されたものは、次のようである。

ああ、こよなく聖なる母よ、あなたをキリスト教徒はほめたたえます
あらゆる時に心おきなく、かくも熱烈にあなたをほめたたえます
あなたのお子のほむべき価値を私は理解しました
ああ、清らかな処女、あなたの試練は大きく
私にこのような恵みを与えてくださり、私は悔悛します
私は勇を鼓し、あなたに忠誠をつくします
わが罪のうちに私はあなたに恵みを乞います
生涯の年月を、正しい気高さのうちにすごし
恥も悪業もなく、名誉ある死をむかえられることを
今はの時に、苦痛や苦悩に苛まれることなく
これよりまぬがれて魂は、マリアよ、あなたの慰めをえ得て
やがてこの世より去ったのちには、マリアよ、あなたに
ともなわれ天国に招かれますように　アーメン(62)

この祈禱文を毎日唱える者は、四十日間の免償を得ることができた。義務を怠ったものは、七ペニヒを

貧しい者たちに払わなければならなかった。これが読めなかったり、暗唱できない者は、主の祈り七回、アヴェ・マリアを七回唱えなければならなかった。

すべての会員は、さらに、「われらの愛する女性」祝祭を「うやうやしくとりおこない、すべての週日の仕事をさけ、前夜は誠実に断食しなくてはならなかった」だれか仲間が死ぬと、会の記章がブランデンブルクのマリア修道院の首席司祭あるいはアンスバッハのグンベルト司教区本部の首席司祭に送られねばならなかった。われらの愛する女性聖堂ではそれから「死者の描かれた家紋」が死後一年間掲げられることになっていた。

マリアの名のもとに設立された会は、中世後期の貴族社会の倫理教育の手段であった。「誠実、従順でない者は、会に対して責任をとらなくてはならなかった。「彼が釈明できなかったり、釈明をこばめば、会からしめだされ、会の記章をブランデンブルクの首席司祭に返却しなくてはならなかった」

とくにマリアが貴族の血筋であるという見かたは、芸術にも影響を与えずにはおかなかった。絵画や彫刻に表現されるマリアは、宮廷風に優雅な衣装をまとうようになる。「当時の観察者に、マリアの衣服が大工の女房のものではないことは一目瞭然であった。マリアのガウンはきわめて高貴なものの衣服である。衣服の長さが貴族である証である。これでは日々の家事や労働にあわせて身体を動かすことはできない。仕事をする女性は、もっと丈の短い衣服を着るか、ガウンを羽織るかする」(63) 十五世紀後半のイタリアの絵画作品におけるマリアは、「ほっそりとした、若々しく優雅なおとめの姿で、その立ち居ふるまいや表情には、けだかい貴族の血筋がにじみでている」(64) サンドロ・ボッティチェリ（一四四四／四五～一五一〇）のマドンナの「顔の表情は、この時代の気品ある貴族女性、詩歌にも歌われたこの時代の美の絶対的理想を具現していたシモネッタ・ヴェスプッチを想起させる」(65) 一五三五／四〇年に成立したジロラーモ・パルミニャーノ「長い首のマドンナ」は、「かわいらしい顔に伏し目、魅力的な髪型という繊細な形態により」、「ほっそりとした、華奢なよく手入れされた両手をした貴族女性」の特徴を呈示し、「だかれているのは幼児イエスではなく、ものうそうな、裸の小天使のように見える」[66]

このようなマリアの相貌には、社会的エリートの美の理想が反映している。中世に叙述されたり、崇拝されたマリアは、貴族支配層の理想像を具現するものであった。王族の出である女性として、高貴な家柄の者たちにいわば宗教的厳粛さを与えた。彼女はその伝記によって、貴族に生まれ、貴族の出であることの社会的、倫理的、宗教的な重要性を保証したのである。マリアは身分に応じた生活態度を奨励した。貴族の女性として、彼女は、教会内における彼女の世俗的な階級仲間の優越的な立場を正当化した。彼女は馬上試合の助け手の実をしめした。詩篇を読む女性として彼女は貴族生まれの女性が読むことを習い、宗教的な書物に従事する模範となった。騎士の理想主義者の女性奉仕の頂点は、処女マリアのための宗教的、世俗的奉仕であった。マリアのためにのみ生きようと心に決めたマリアの騎士は修道院に入った。聖地を異教徒から守るために海を渡った貴族たちは、マリアが彼らの闘争心に天地において報いることを確信してよかった[67]。

ではマリアとは、ひたすら「貴族の守護聖女」だったのだろうか？　彼らの利害、彼らの身分に合った理想、彼らの社会的価値確信の代表者なのだろうか？　マリアが教会の原像、すべての救済された者たちの母として、本来すべてのキリスト教信者のものであるということを思えば、これは驚くべきことかもしれない。しかしながら、全教会に対するマリアの配慮は、マリアは自分たちの宗教的観念や社会的利害をもっともよく表現し、効果的に代表するのだという中世社会の個々のグループの見解をしめだせるのではなかった。

中世の宗教は、その社会的内容と社会的特徴を、権利行使する者たちの知覚構造や占有利害に負っていた。共につみかさねられる信心は、その時々の集団がその宗教的欲求と社会的関心に表現を与えるための観念や象徴を生みだしたのである。マリアはひとつには、ある身分階層の守護聖人の機能をはたし、ひとつにはすべての信徒の救済と避難所であった。中世の芸術は、マリアが人間全体と当時に、個々の集団に意味していたものを描出している。中世の守護マントのマドンナは、神の母があらゆる階層の人間を自分のマントのなかにかくまうことをしめしている。もし特殊な守護事情が表現されるなれば、マリアはただ個々の階層や個々のグループの上にだけマントをひろげているだろう。シトー会、フランシスコ会、カルメル会といった、ある種の修道会の修道僧たちの上とか、あるいは修道尼、平信徒とか王家だとか、子供連れの市民の夫婦とかの上に。

「マリアの貴族性」という熟語は、世俗の貴族たちが貴族の生まれのマリアにむすびつけた観念であり、期待であり、利害であった。中世の奇跡物語には、マリアの守護を信頼し、神の母のもとで奇跡的な助けを得た楽士、乞食、泥棒の話がでてくる。農夫たちは、マリアに畑を祝福してもらい、家畜小屋の家畜を助けてもらうために祈った。イタリアの詩人バッティスタ・マントヴァーノが一四八〇年頃に著した牧歌に、ある農夫の聖処女への祈りがある。「田舎の生活の個々の利害の特別な守護神として[68]」聖処女に呼びかける祈りである。ところで町の住人たちはどのようにマリアを崇拝したのだろう。市民的な団体は何を神の母に期待していたのだろう?

第9章　市民の守護聖人

「処女の町シエナ」ネロッキオ・ディ・バルトロメオ・ディ・ベネデット・デ・ランディ(1447～1500)の細密画．1480年度の関税，税金簿の表紙．シエナ・アルヒーフ蔵（写真撮影：レンシーニ・ファビオ)．マリアがシエナの町を，「ヘク・エスト・シウィタス・メア〔これはわたしの町〕」と言いながら，彼女の息子の全能に委ねている．シエナ市民は，この都市の党派の対立から，カラブリア公爵アルフォンスの支配欲をかきたて，不本意な紛争に発展し，この町の平和が脅かされることになったため，1480年にはことさらにマリアのとりなしと庇護をもとめた．

古代の都市は守護神を必要としていたが、中世初期、盛期の都市は、殉教した男女聖人に守護をもとめた。いまや雲の上の天の宮廷の廷臣となった彼らが、危機的状況におちいったときには救助に介入してくれたり、神の助言を引きだしてくれるだろうと期待したのである。都市の守護聖人たちが、被保護者たちの困苦に気づかないでいるといまわしいことになった。旱魃がつづいたり、逆に長雨が終わらなかったり、ペストが猛威をふるいつづけたりした。都市の安全が外敵に脅かされることにもなる。だから定期的な典礼によって聖人に敬意を表さなくてはならなかった。そうすれば聖人たちは市民の期待通り、救助の手をさしのべてくれる。そう彼らは信頼をよせていた。

親近性

パリの神学者アラニュ・ドゥ・リール（一一二五／三〇～一二〇三）は、マリアのお告げの祝日に、神は世界と教会とマリア[1]という三つの都市を創造したと説いたものである。マリアは都市の特性をそなえているというのである。彼女は理性の力によって自分の生涯をつくりあげ、悪魔の陰謀から守られていた。これが都市に似ているというのである。マリアの志操堅固はいわば市の外壁、彼女の品行方正と節度は漆喰、勇敢さは外塁、賢明は堀であり、信仰、愛、処女性、謙譲が――東西南北四つの市門のように――防護し、阻止する働きをする、というのであった。

マリア伝記の匿名の著者も、マリアと都市の共通性を数えあげている。[2] 市民的統一は感覚と理性とに矛盾のないマリアの本質に相応する。マリアは、肉の掟が霊の掟に反することはなかった。「マリアの町」も聖霊の市参事会に統治され、彼女の由来する旧約の太祖、王、預言者たちは、いわば都市の土台というべきものであった。美徳ならびに謙譲、信仰、愛、処女性、忍耐と貧しさが礎石である。マリアの五官は市門と同じく、有害なものを閉めだし、良きもの有益なものを招き入れる。何よりマリアは、信者の希望であり避難所であった。マリアという難攻不落の塁壁のなかで、キリスト信者は安全に心晴れやかに暮らすことができる。聖霊の七つの賜物は都市を守る七重の壁、守護天使たちや処女の美徳は、都市のほまれに比することができる。こう彼は書いたのであった。

ヨハネス・ケールホフが一四九九年に印刷して売りにだした『聖なる市ケルンの年代記』[3] に、十五世紀も終わる頃ケルン市のある匿名の年代記編纂者が中世のケルン市民たちとマリアをむすびつけていたものを取りあげているが、ケルン市民には、「天の女王マリアを自分たちの同胞」とみなせるりっぱな理由があると書いている。ケルンとマリアが誕生の「時を同じく」[4] しているからだという。同時に生まれたものには、「共通の厚情、心情、悦び」があり、それは「他のもの同士の相似よりはっきりとしている」[5] マリア同様に、ケルンには母性的な女性、生母の特徴がある。「マリアは神の息子を身体的に無事出産した。同じく聖なる高貴なケルン市では、神の息子が同じく精神的に出産される」ケルンには八十以上の教会があり、この他にも私的な礼拝堂があった。これらの教会で毎日六百以上のミサがあげられている。「聖なる都市ケルンが」「マリアのための神殿」[6] と言われるのも当然だというのである。

この匿名著者はさらに、マリアが産褥についているときに聖なる三王の訪問を受け、贈り物をされたことにもケルンとの近親性を見いだす。「臭い馬小屋のなかに生まれ、寝かされて」いても、彼女の息子が王であることは彼らの目には明白だった。彼らはイエスを王として諸国に布告してまわったが、ライン河畔の聖なる都市ケルンも同じ栄誉を得ている。一一六八年にミラノより「聖なる三王」の「聖堂」がケルンにもたらされ、「聖なる市ケルンの栄光ある現実」が知られるようになった。「マリアの栄光をを大いなる贈り物でもって讃えた同じ人物たちが、マリアと誕生時を同じくする市に栄光を与えた」こう彼は書き、また他の個所で、ミラノからケルンへ三聖王の骨が移されて以来、「聖なる市ケルンの栄光と繁栄がはじまった。精神的な町、現実の町の両面が[7]」とも述べている。

「われらが愛する女性と、起源を同じくする聖なる市ケルン」の間の三つ目の最後の「相似」を次のような点に見いだそうとしている。「マリアは、わが子であるわれらの主イエスのことを、使徒たちに教え聞かせ、彼らは全世界に教えを説きひろめたが、聖なる都市ケルンも、他の諸都市へ、神の言葉をひろめる源となったのである[8]」

ケルンの名声を築いたのはアルベルトゥス・マグヌス、トマス・フォン・アクィナス、ヨハネス・ドゥンス・スコトゥスのような学者であった。「彼ら三人はケルンで教え、一派をなし、そのうち二人はここに埋葬されている」。パリには「七つのリベラルアーツと自然学の最高学府」があり、ロンバルディア州のボローニャは、「教会法と世俗法の最高学府」を誇っていたという。そしてパヴィアには「医学の最高学府」、ポーランドのクラカウには「天文学の最高学府」があったが、ケルンはこうしたなかでも異彩をはなち、「ドイツのケルンには、聖書に関する最高、最良の学校[9]」を擁していた。

ケルンは神学と叡知をはぐくむ地、マリア同様に救済の福音の源だと自負はしていたが、この年代記編纂者が解釈するような伝統は形成されていない[10]。マリアは、ここでは市民や市参事会から選ばれた守護聖女の役割をはたすことはなかった。安全と自由を守護するこの町の守護聖人は聖ウルズラ、聖ゲレオンならびに聖三王であった[11]。にもかかわらず、この年代記編者は、「神と彼の聖人以外にこのケルンの支配者はなく、この町を治める者たちはこの聖人のしもべである」とするし、つづけて「マリアのみがこの都市にふさわしい守護聖女なのだ」という確信を披瀝している[12]。

コンスタンティノープル、シエナおよびストラスブールでは、マリアの典礼を政治の波や軍事的な混乱の渦にまきこむ度合いがずっと強かった。コンスタンティノープルの皇帝、総大司教、市民、臣下はビザンティン帝国の首都は「神の母の都」だと、肌で感じていたし、シエナの市民たちもマリアの救済力をたのんで、自分たちの共同体を「処女の町」と呼び、ストラスブールでは、マリアは市の自由の権利の保証人になっていた。

神の母の都コンスタンティノープル

中世のコンスタンティノープルがマリアを守護聖人にきめたのは、経験より得た知恵であって、最初からではない[13]。三三〇年の三月十一日、都がコンスタンティヌス皇帝に設立されたときにあげた祝典がキリスト教的なものか、古代的な性格をもったものだったかは確言できない。聖別がギリシアの運命の女神テュケによっておこなわれたか、キリスト教の使徒や殉教者の神によってか、伝承資料の間に矛盾があってはっきりしない。周知のように、十一世紀が経過するうちに、皇帝はこの町をテオトコス（神の母）に捧げたという説[14]が出てきたが、――客観的に見て――まちがいだろう。しかしこういう説が普及し、信じられたということは、マリアがすでにこの町の生活において、政治的、宗教的に大きな意味をもっていたことを教えるものではある。

マリアは特別好意をよせてくれる天上の守護者だというこの都市の確信は、六世紀後半にさかのぼる。マウリキイオス帝（五八二～六〇二）はマリアをビサンティン帝国の戦勝のためのパトロンにしている。五八八年のペルシアとの戦いでマリアに助けられたという確信からである。皇帝の印章は、ギリシアの勝利の女神ニケから、王冠をいただいた聖母子にかわった。ペルシア人との戦いに勝利した記念に、円盾にはめこまれた幼児イエスをマリアが胸にだいている図である。[15] 貧しい馬小屋で出産した女性が「勝利を導く神の母」となり、諸都市と国を没落から守ることになった。西方でも、十一世紀終わり頃より、彼女は戦闘の助力者とされ、「無敵のマリア」と呼ばれるようになった。

マリアを守護聖女に選んだコンスタンティノープルでは、皇帝も総大司教も市民も、彼女をとてつもなく崇拝した。マリアはこの都市が破局の淵に立つたびに救いの手をさしのべた。皇帝ヘラクレイオス（六一〇～六四一）は自分が皇帝の座についたのは、マリアのおかげだと信じていた。カルタゴの総督だった彼は、独裁的な暴君の皇帝フォーカスを倒すために、艦隊を率いてコンスタンティノープルに向かったが、艦船のマストにマリアを染めぬいた旗をかかげた。マリアと一心同体になることは効を奏した。ヘラクレイオスは勝利をおさめ、フォーカスは退位したのである。[16]

六二二年にはペルシア人との戦争がはじまった。皇帝ヘラクレイオスは市をマリアの庇護にゆだねて出撃したがむなしく、アヴァールのハガンの威力に退却を余儀なくされ、賠償金を支払い、親族を人質にださねばならなかった。翌年三月、皇帝は反撃を試みたが、その三年後にはペルシア人、アヴァール人の二重の襲撃を受けることになる。六二六年七月、ハガンはアヴァール人、スラブ人、ブルガリア人、ゲピド人からなる大軍勢とともにまた現われ、スラブの艦隊は海からコンスタンティノープルを包囲した。ビサンティン帝国の首都が圧倒的な敵軍の脅威にさらされていた頃、ヘラクレイオスは彼の軍勢とともに遠くはなれたラツィカに駐屯していて、マリアの宗主権はあらたに重大な試練に立たされることになった。絶体絶命のなかで総大司教セルギウスはマリアの力にすがりつつ抵抗を組織し[17]、市民たちを叱咤激励し、信仰心を奮いたたせ敵に立ち向かわせた。マリアへの信頼は報われ、ビサンティンの艦隊はついに優位に立った。アヴァール人たちは包囲をとき、あたふたと退散したのであった。

聖ソフィア聖堂の説教師テオドル・シンケロスがこの出来事を次のように報告している。セルギウス総主教は、「闇の輩の迫ってくる町の西側の市門すべての上に、闇を払う太陽として、聖母子の絵姿を立てさせ」、「野蛮人や悪魔どもの大群」に向かって、「おまえたちはこのお方に刃を向けておるのだぞ。だが神母であるこのお方が、おまえたちの不遜をくじいてくださるであろう」と大声をはりあげた。「かつてファラオをその軍勢もろとも紅海に沈めた者のまことの母なるぞ」ついで彼は神と聖処女に、「キリスト教の掟の灯台であるこの町を、無傷に保ってくださる」ようにと懇願した。

町が包囲されて三日目、全能の聖処女は、ハガンに軍勢が崩壊寸前であることを知らしめたという。市壁の前にある彼女の教会のひとつの前で多数の兵士を罠に陥れ、「キリスト教徒の兵士たちを介して野蛮人たちを打ち倒し、ハガンの不遜を稲妻のように打ちのめし、敵の軍勢の士気を弱めた」

これがコンスタンティノープル市民を勇気づけた、と説教師は報告している。彼らは「神の母が町のために尽力し戦っている」のを目のあたりにした。「処女マリアはどこにも居あわせ、つねに勝利し、打ち負かされることは決してなく、自分に仕える者たちを鼓舞し、敵側には不安と驚愕を与える」

金角湾の海戦がはじまると、マリアは敵艦を転覆させ壊滅させた。野蛮人たちはマリアに奉献された教会「われらの救いの港」のまえで海の藻屑となった。敵の手から弓を奪ったのは「われらが神の力」であり、「矢を折ったのは処女マリアであった[18]」

マリアの似姿とマントが、内紛や外敵の襲撃、地震やペストの危機から市を守った。七四三年から八五四年にかけて聖画像破壊運動の嵐が吹き荒れ、一時マリア（画像）信心がぐらつきかけたが、画像に親しんでいた一般民衆や彼らの代弁者たちの宗教的欲求が、結局は画像破壊主義者たちの神学的根拠をむなしいものにしてしまったのである。

躍進するロシア王国との戦いにもマリアは宗教的、軍事的な力をしめした。マリアのマントのおかげで、八六〇年六月十八日、敵軍のコンスタンティノープル包囲は不首尾に終わった。総主教フォティオス（八一〇／一五～八九一／九八）は、ある説教に、マリアによって救われた事情をこう述べている。彼らはロゴスの母に嘆願し、神に対する「母親の仲介」と「難攻不落の城壁としての彼女の保護」をもとめた。絶望的な市民たちを擁護し、彼らの軍隊に肩入れしてくれるよう、熱烈に彼女に呼びかけ、祈願行列をおこない、聖母教会からもちだしたマントをひろげ、町の城壁の周りをねり歩いた。聖遺物の衣を海にもひたした。この直後に待ち焦がれていた救済の奇跡が起こった。暴風雨のために敵の艦船は沈没、陸地のロシア人たちも逃げ去ったという。ここで総主教は、「マントが市の城壁を覆い、町はそのなかに包まれた[19]」おかげだとして、老若男女に、庇護マントのマリアならびに神に感謝の祈りをささげるよううながした。彼としては、国家の戦勝の現実を、各人の罪の状態からの解放の戦いのイメージに解釈しなおすことにより、マリアを「武器、保塁、盾、最高指揮官」とみなすビザンティンの国家イデオロギーを霊的な原点に引きもどそうと苦心していたのである。しかし市民たちの基本的な生活欲求、生存欲求はマリア崇拝の精神化に強く抵抗した。皇帝バシレイオス一世（八六七～八八六）は、マリア・ホデゲトリアのコピーを戦場にたずさえ、マリアはその後もビザンティン帝国の皇帝や軍司令官にとって「不敗の盟友ないしは戦友として通用した[20]」のであった。

庇護マントのマリアは、個人の救済および多くの者の安寧の保証をもとめる信心の中核をなした。マリアが国家安泰の義務を負わされていたことは、ビサンティンの硬貨に証明されている。皇帝アンドロニコス・コムネノス（一一八三〜一一八五在位）の硬貨は、表にマリアが皇帝の頭に手を触れている姿、裏面は環状の城壁と六つの城門に守られているコンスタンティノープルの、その城壁の中央でマリアが庇護の両腕をひろげていて[21]、政治的秩序と精神的秩序の密接な関係をよくしめしている。皇帝アンドロニコス二世のパライオロゴス（一二八二〜一三二八）も、両面に政治的意味のあるマリアのモティーフを刻んだ金貨をつくらせ、表側はビサンティンの聖母教会の処女マリア、裏面はひざまずく皇帝を祝福するマリアの図であった[22]。

一四五三年のコンスタンティノープル陥落は信仰の危機であった。トルコ人たちが市を包囲したとき、「王国の難攻不落の城壁」であるホデゲトリアのマリアイコンは城壁の最も危険にさらされていた個所の近くにある教会にもちこまれ、壁の上には「神に守護された都市」の武器として、聖画像がいくつも立てられた。しかしヤニチャール（キリスト教徒の捕虜やその子孫からなるサルタン親衛隊）はこの教会の掠奪からはじめ、金や宝石でみやびやかに飾られていたホデゲトリアの聖母像を、戦利品の目玉として市中の凱旋行列にもち歩いたあげく、叩きつぶしてしまった[23]。

長年の信心の伝統は政治上の不幸とともに終わりをつげた。この敗北は、マリア崇拝をふたたび霊的なものにする機会を与えたはずだが、時がたつとマリアはまたあらたにギリシア人たちの政治的象徴形姿、希望の形姿となっていった。一四五三年から一八二一年におよぶトルコ人たちの支配下にあって、マリアはますます「ギリシア精神の難攻不落の保護者」とみなされるようになっていった。オスマン帝国時代に成立した賛美歌は、マリアを「奴隷にされた民族の征服されることのない希望」としてたたえている。解放戦争（一八二一〜三〇）のさなか、マリアが味方してくれるという信仰から汎ヘラス的な巡礼地ティノスが生まれた。ギリシア人たちがトルコ人に対して解放戦争をはじめた一八二一年には、三月二十五日の「マリアのお告げの祝日」が国の祭日に格あげされている。最近でも、「マリアの救助と解放の力に対する同じ信仰が、一九四〇〜四一年のイタリアおよびドイツのファシズムとの戦いを決定づけたのだ[24]」と言われたものである。解放後テオトコスの祝日は、十月二十八日に定められた。この日イタリア軍がアルバニアからギリシアに攻めこんだが、ギリシア人たちの果敢な抵抗にあって敗退したのである。

処女マリアの町シエナ

西方で自らの運命をマリアに託したのはシエナ人たちであった[25]。もちろんコンスタンティノープル市民よりずっと後代の話である。政治的モティーフの刻みこまれたマリア信心をしめす最初のものは十三世紀中旬である。

一二五〇年頃、シエナはマドンナを市の公印として採用し[26]、彼女を市の守護聖人と呼んだ。こうしてマリアとの歴史的なむすびつきを表現したのであった。一二三〇年フィレンツェと戦争状態に入ったとき、マリアが市を助けて勝利にみちびいたと、十四世紀の匿名の市の年代記編纂者は記録している。シエナ市民たちは、神の母を「われらの代願者」として崇拝していたが、フィレンツェに勝利したときには、感謝をささげる祝賀行列をくりだしたものであった[27]。

シエナはしかしフィレンツェの敵対行為により、ふたたび一二六〇年に自立が危険にさらされることになった。シエナは皇帝派のギベリン党に属し、フィレンツェは教皇派のゲルフ党が支配していた。経済的、政治的に対立していた両市は、結局また戦争手段に訴えて決着をつけねばならなかった。フィレンツェはシエナの重要な通商路を断って、その経済基盤を掘り崩しにかかり、シエナは抗戦せざるを得なくなった。

力の差は歴然としていて、シエナに勝ち目はなかった。シエナはシチリアを支配していたシュタウフェン家後裔のマンフレート王の用意してくれる傭兵の戦闘能力とマリアの介入に頼る他なかった。神の母の両手に彼らは自分たちの運命を託した。市民たちは、自己主張をマリアに熱烈な祈禱をささげることによってしめす他なかった。マリアが彼らを不可侵なものにしてくれるはずである。マリア崇拝が政治的な危機克服の原動力なのである。典礼と信心によって神の助けを待つが、神がいかに時局の舵をとるかは、マリアが代願的に介入してくれるか、どの程度介入してくれるかにかかっていた。

シエナの街頭や広場には感動的な光景がくりひろげられた。市民たちは自分たちの町を破壊から守ろうと祈願行列に集まった。靴を脱ぎ、頭の覆いをとり、マリアが守護と救いの手をさしのべてくれることを祈念しつつ大聖堂へ向けて行進し、常日頃の典礼に一層の心をこめた。

十三年前、パルマがフリードリヒ二世の軍勢に包囲されたときもやはり、マリアの守護権が頼みにされている。マリアの助けを確実なものにするために、銀製の町の模型をつくり、マリアへの奉献物とした[28]。一二四八年、フリードリヒ二世の包囲軍に打ち勝った故郷の町のことを、パルマ出身の司教座教会参事会員は、フリードリヒという名の竜の口から、彼らを救いだしてくれたのは「処女の女王」マリアであったとラテン語の詩に歌って、同胞たちの思いを代弁している[29]。パルマ人たちは戦旗にマリアの似姿を染めぬいていたという[30]。勝利して彼らは、「エサイの根は芽をふき、芽は花を咲かせた[31]」と処女マリアをたたえて歌ったものであった。

シエナの年代記編纂者たちも、モンタペルティの決戦(一二六〇)をめぐって、いかにマリアが市民の信心の焦点となっていたかを鮮明に記述しているが、シエナ市民たちのいだいていた不安と希望がよく反映されている。

シエナ市民のマリア崇拝熱は他にひけをとらないものであった。だからといって、マリアへの愛だけで、戦争に勝てると信じこむほど盲目ではなかった。代官や市参事会員たちはドイツ人傭兵に支払う金を工面するために奔走し、「民衆を指揮する者を選出し、彼に全権を与える」[32]決議をおこなっている。全会一致で選出されたのはブオナグイダ・ルカーリという非のうち所ない名望ある貴族であった。一方司教のほうは精神的支援の役をはたした。大聖堂にすべての司祭や司教座教会参事会員や市の修道士たちを呼び集め、「シエナの民衆と町のために、聖なる母にして永遠の処女マリアおよび天国の聖人たちに祈りをささげ」、町や住民、故郷の地を破壊と隷属からの守護を懇願するようもとめた。「神がかつて、一民族をファラオの手から解放し、ニネヴェを預言者ヨナの説教と断食と祈りによってお救いになったように[33]」説教の後、彼は、全員が裸足になって、大聖堂の周囲を回ってお百度を踏むよう指示したのである。

司教とブオナグイダという聖俗両方の首長は手をたずさえ、「永遠の処女マリアの祭壇にぬかずき、涙ながらに訴えた。ブオナグイダが床に身を投げだすと、居あわせた老若男女がみなそれにならったという。四半ときの後立ちあがったブオナグイダは口を開き、〈聖なる処女よ、誉れ高き天の女王よ、罪人たちの母よ、孤児の救い手、未亡人たちの助言者、見捨てられた者、貧しい者たちの保護者と、哀れ不実な罪人である私は、この町シエナと故郷の地をあなたにゆだねるものです。そのしるしにシエナ市の城門の鍵を祭壇におきます[34]〉書記がこれを文書に記録し、恭順を契約文書によってしめすことによって、マリアに救済の義務を負わせた。つまり、市の鍵を託されたマリアに、シエナ救済の尽力が期待されたわけである。

この後、市は聖クリストフェロへ向けての祈願行列の準備をととのえ、聖職者も一般信者も裸足無帽で出発した。行列のしんがりをつとめた「女たちは、裸足でほとんどみな髪をふりみだしたまま、主の祈り、天使祝詞他の祈りを唱えながら歩き、神と処女マリアに慈悲を乞うた」[35]。行列から帰ってくると、だれしも告解をはじめ、ある者は「他の者と仲直りし、侮辱を受けていた者も、宥和しようと、その相手をたずねあてた。われわれの主人の司教とブオナグイダはふたたび主祭壇にぬかずき、神と処女マリアに感謝の祈りを捧げた」[36]ついで司教は市の鍵を祭壇からとって、ブオナグイダに手渡した。そして彼はこの鍵を市の城門を監視する旗手にあずけた。

翌朝三人の伝令官が市民たちに武器をとって立ちあがるように呼ばわった。それぞれ市の三分の一担当部分をまわり、戦闘能力のある市民に、「立ちあがれ、勇敢な市民たちよ、武具を身につけ、武器を手にせよ! 神とわれらがほまれ高い母にして処女マリアの名において旗手のもとに集合し、心を神と処女マリアにあずけよ」みなは輝く白絹の市長旗のもとに集まった。処女マリアの汚れなき白衣を象徴するという旗であった[37]。

マリアはシエナ市民を見すてなかった。天空に暗い個所が現われた。彼らはマリアのマントだと解したが、次の日の夕刻――九月三日金曜日――じじつシエナの陣営の上に「マントのような影がひろがり、陣営をほとんど覆いつくした。多くの者が城壁や塔の上から目撃した奇跡である。ある者たちは陣営内で焚かれている火の煙だともいったが、煙なら漂うはずであり、あのように静止しているのは煙ではなかった。敬虔な者たちの目には、これはシエナの民を守るわれらが母処女マリアのマントに見えた[38]」

この翌日決戦の火蓋が切っておとされた。シエナ人たちは、マリア像を染めぬいた首長旗を軍勢の先頭に押したて、マリアの名において戦った。「フィレンツェ人たちが聖ツァノビや聖女リパラタに呼びかけても甲斐がなかった」「シエナ人たちが、聖金曜日に獣を屠る肉屋も顔負けなほど、彼らを打ちのめしたからである」[39]フィレンツェの敗北はその守護聖人たちの敗北でもあり、シエナ人たちの勝利は、マリアの力が勝ることの証明でもあった。

勝利を得たシエナの軍勢は、敗北したフィレンツェ人に恥辱を与えるため、彼らからの使者の一人を「ロバに後向きに乗せ、そのロバの尻尾にはフィレンツェ市の首長旗をゆわえつけ、旗を地面に引きずったままロバを歩かせ」、自分たちはオリーブの枝で身を飾り、「神と処女マリアに感謝する賛美歌を歌いつつ」[40]市内に凱旋帰還したのであった。

勝利に酔った兵士たちも、勝利の喜びをかみしめる民衆もマドンナに感謝をささげようと、大聖堂に向かった。マリアは単に代願者としてだけではなく、「キリストとシエナとの最上の仲介者」として祝われた。マリアが「聖なるマント」によってシエナを守護してくれたという自覚を彼らはいよいよ固くした。[41]

マリアの名誉が増すと、それだけマリアの名誉を傷つけるものにたいする態度がきびしくなった。マリアと名のる娼婦は、守護聖人の名を汚したとして、シエナから所払いにされ、一三二四年には、同性愛に対する厳しい法律が執行されることになった。これもまた市の特別な代願者であることよなく清らかな母にして永遠の処女マリアの労をねぎらう処置とみなされたのである。道徳にうるさい者たちは、こうすることによって守護聖人に町は損傷や疾患から守護され、安息と平和がかなえられると信じて疑わなかった。[42]

シエナが「処女の町」から「ヴィーナスの町」に変貌しかけたことがあった。古代より当時の現代芸術までの歴史について記述しているフィレンツェの彫刻家ロレンツォ・ギベルティ（一三七八〜一四五五）の『回想録』だが、「ローマやフィレンツェと似たような〔ヴィーナス〕像が一三四五年頃、シエナでも発見された。みなは喜び、台座に彫刻家リュシップの名が刻まれていた像を、専門家は巨匠のすぐれた作品だと鑑定した」[43]

しかし発掘物を悦んでいられる期間は長くはなかった。市当局がただちに介入し、ヴィーナス像を市に不幸をもたらすものとみなした。あらたにフィレンツェとの間に燃えあがった対決に破れたのもヴィーナス崇拝のせいだということになった。異教の女神を賛美したために、マリアの不興を買ってしまったと、シエナ市民も思いこんだ。天上の女守護主人の愛顧を失うまいと市参事会は全会一致で、ヴィーナス像を粉々に打ち砕いて地中に埋めることにしたが、そこからなお有害な作用の生じるのを怖れた参事会は、瓦礫をフィレンツェの地へ持っていくことをみなに勧めた。経験通りこの女神像が災厄の根源であるとすれば、被害を被るのはシエナではなく、フィレンツェでなくてはならないというわけであった。

マリアがこれまでこの都市にしめした厚情を維持するため、けたはずれな寄付金が集められた。大聖堂の建築管理部はドゥッツィオ・ブオニンセーニャに主祭壇用の新しいマリアの絵を注文し、「これまでに見たことのないような大きさと美しさをもった奉納画」によって、一二六〇年におこなわれた奉献式をいま一度催そうというのであった。十月九日ドゥッツィオと大聖堂建築管理部との間に板絵制作の契約がとりかわされ、画家は福音書に手をおいて、「神の加護のもとに、力の限りをつくし板絵の制作にあたる」と宣誓した。一三一一年に板絵は完成した。王冠をいただき、天上の壮麗に輝くマリアは、天使や聖人たちにとりまかれ、なかでも福音記者ヨハネ、洗礼者ヨハネならびに使徒ペテロおよびパウロがその前面に位置していた。板絵の銘文として、マリアに捧げる都市の祈りが書きこまれていた。「聖なる神の母よ、シエナの平和の生みの親であり給え、あなたをかくも麗しく描いたドゥッツィオに長寿を与え給え」(44)

板絵はにぎにぎしい行列行進をもって大聖堂に運ばれ、市民たちの祈願の声は終日絶えなかった。貧しい者たちに施しものがされ、「だれしもが、神とわれわれの代願者である神の母に、限りなき慈悲を乞い、とくに不幸と災厄、裏切り者やシエナの敵の手からの守護をもとめて祈った」(45)という同時代の報告がある。

大聖堂を訪れる者たちは、この絵を目にするたびに、天の廷臣たちが「シエナの救いを確実なものにする目的で[46]」この都市の守護聖人マリアのもとに集合しているような印象を受けたという。

こうだからといって、中世も後期には都市守護聖人としてのマリアの意味が後退していたことを看過してはならない。大いなる熱狂は、型にはまった慣習にとってかわられていた。機会があればマリアの祭壇の前で囚人たちに恩赦を与えるというのも日常茶飯事であり、市の支配下教区では、宗教的、政治的な献身のしるしとしてただもう慣習通りに、大聖堂に向けて、いつもながら蠟燭行列をおこない、マリア崇拝とマリアを守護聖人とする市への恭順をしめしていた。他国の首長の前にまかりでるシエナの使者は、マリアをほめたたえる言葉を大仰にくり返した。シエナ人たちが、町をあらためて敬虔な典礼のうちにマリアにゆだねるまでには二百年以上経過する。こういう機会をつくる政治的震撼には事欠かなかったが、さしせまった政治的問題の解決にあたり、伝統的なマリア信心の形式に結束して、マリアに助けをもとめる市民や市当局者がもういなかったのである。

シエナも全般的な風潮の例外ではなかった。「都市の地方自治的な発展と都市守護聖人の典礼の大いなる時代は過ぎ去った[47]」。フィレンツェは唯一の例外であった。ここの市民たちは、守護欲求と連帯意識に宗教的表現を与えるために、あいかわらぬ熱烈さで都市守護聖人を崇拝していた。シエナにもう一度遅咲きの花が咲くのは、十五世紀半ばである。一四八三年の春先、仲たがいしていた四党派が和解して共にマリアの守護をもとめた市の官吏たちに民衆も多数加わって、おごそかな行列が大聖堂に向かった。しかしマリアに保証されたはずの和解も長つづきはしなかった。早くも一四八三年四月、人民派が大商人や銀行家の党派ノヴェスキを市から追放。ノヴェスキは教皇の支援のもとに逆襲を準備する。人民派はマリアに助けをもとめた。自治都市的な理念の復興は、とくに托鉢修道会の説教師たちの影響もあって、都市守護聖人の典礼の復活とむすびついていた。

一四八三年八月二十四日、人民派はこの町をマリアにゆだね、委譲の儀式は、一二六〇年にモンタペルティの決戦を目前にしておこなわれたのと、まったく同じ形式でとりおこなわれた。この儀式は、「昔の地方自治都市の英雄的時代[48]」と現代とを関連づけるものであった。「市当局のすべての役人も多くの市民も大聖堂におもむき、ミサに与り、説教を聞いた。……祈禱ののち行政官長は全市の名において鍵を祭壇に置き、それからテ・デウムが歌われ、公証人が儀式の経過を文書にとどめ、ついで司教が、女都市守護主人への忠誠を促しつつ、鍵をふたたび返した[49]」

人民派の支配は長つづきしなかった。十五年後、自治団体的なものは、市の憲法制度にとってかわられた。一五二四年に人民派がふたたび政権をとり、一五二六年教皇クレメンス七世に支援されたノヴェスキーガ市を包囲したとき、シエナはまたもマリアにゆだねられ、城門の鍵が神の母に手渡された。またしても公証人がこの聖別式を文書にし、ふたたびマリアは首長によって自治体の女主人に任命された。一五二六年七月二十五日、人民派はいまや自由民派と称していたが、カモーリアの城門から打って出た。果敢な奇襲作戦により教皇の軍勢を圧倒し、かつてのモンタペルティの決戦の後のように、戦利品を積み、オリーブの枝の花冠を頭につけて凱旋し、町中を行進し、マリアに救助の感謝をささげるために大聖堂に向かった。「このときの楽勝は、マリアに派遣された白マントの天の騎士たちが参加した熾烈な戦いであったが、戦闘中カモーリアの城門の上から古いマリアの絵がとてつもない光を放ったのだ、という伝説をただちに生み、勝利を記念して、またモンタペルティの往時をも意識して、硬貨が鋳造された。硬貨には、古い「古きシエナ、処女の都市」に並べて、「あなたの御手が、主よ、私をおつくりになった[50]」と刻まれた。

自由民派の専制は、やがて不満を生んだ。皇帝カール五世全権委員を派遣して、仲たがいしている市の党派の仲介を試み、都市内の平和のためだとして、スペイン駐留部隊の砦を築かせると、市の管理職たちはふたたびマリアを頼った。多数の民衆をともない、彼らは大聖堂におもむき、共に祈禱をささげた後に、市の鍵をゆだねた。市議会はさらに、マリアに敬意を表するため、毎年五十人の無資産の娘たちに生活費を供与する決議をしたものであった。

一五五二年の八月初め、スペイン人とフィレンツェ人たちが築いたばかりの砦を引き払ったので、市当局の面々は城塞へと行列行進をおこない、先頭にかざしていたのは聖母の旗であった。(51) 隊長が砦の取りこわしを命じ、すべてが取りのぞかれ、地面がふたたび平らにされたとき、民衆は随喜の涙を流し勝利感に酔いしれたものだが、この感情はマリア信心と混淆したものであった。大聖堂のマリアの絵「マドンナ・デル・ヴォト」を彼らはかかげて、町の路地という路地をねり歩いた。市民だれしもが、これまでの党派の争いを忘れ、今度はたがいに平和に暮らそうという気になっていた。危機的状況にマリアが介入し、人心を統合するように働いたのであった。

だがシエナ人たちは勝利の美酒を味わいつくすことはできなかった。カール五世が、シエナ人たちが時期尚早に砦を取り壊してしまったとして、懲罰作戦にのりだしたのである。彼はフィレンツェのメディチ家の支援をもとめ、これに対しシエナはフランスからの救助負担に頼った。一五五四年、都市の包囲がはじまり、増大する困苦をやわらげようと大聖堂からマリアの絵をかかげ行列がくりだされた。食料がとぼしくなり、みなが空腹に悩みはじめた頃、フランス軍が市の穀物貯蔵庫に手をつけた。この最大の被害者は、聖マリア・デラ・スカーラ救貧院の孤児たちであった。「毎日孤児たちの群れが市中に出てきて、薪を拾い集め、パンと交換して餓えをしのいでいた。これは多くの市民たちを憤慨させた。彼らにしてみれば、サンタ・マリア・デラ・スカーラ救貧院のような敬虔な家こそ、慈悲深い救済事業ゆえに、危機に陥っているシエナの救済を、マリアがわが子〔キリスト〕に懇願してくれる希望の基盤なのである。もし神の母が、彼女の被保護者たちが敵の恣意にさらされているときに、よその人間に、彼女の子どもたちのパンが奪わせているのを目にすれば、きっと彼女は怒り、祈りを聞き届けるどころか、逆に、自分たちの過誤を罰するよう主にもとめるのではないか、と怖れたのである[52]」

飢餓にみまわれた町の暮らしは意気を沮喪させた。出口なしの感情が抵抗の意志をそいだ。一五五五年の三月には市民は逃れようのない破局に瀕していると信じるにいたっていた。「全市には、パンはもはや二十ヵ月分の量しか残っていなかった」とソッツィーニは報告している。「修道院ではすでに修道僧や修道尼のすべてが餓死しかかっていた。宗規に厳格な修道院にパンが運びこまれることはなかったために、だれもが死に瀕していた。一縷の望みは、シエナの守護聖人であり代願者であるマリアの口添えだけであった」多くのものが取りもどしようもなく失われてしまったと信じているこの町の平和を、マリアにいま一度救ってもらわなくてはならなかった。市の首長たちは、いま一度政府も当を得ているとみなす大がかりな儀式をとりおこない、「市の鍵をわれらが愛する女性の統治にゆだねることを決め、同時に市民たちに、互いに過去に侵した侮りの過ちを謝罪し、党派間の争いゆえにシエナが陥った困苦に直面しているいま、報復の考えを捨て、神に身をゆだね、神がその無限の慈悲をもって、われわれの何らかの功績に目をとめ、この町に迫っている破壊と壊滅から救ってくださるようこい願うことをもとめた[53]」

処女マリアへのお告げの日――つまり三月二十四日――責任者たちは行動に出た。市参議会員たち、軍隊長、旗手、市当局のすべての官吏が「紫の衣を身にまとい、われらが愛する女性の旗に市の城門の鍵を入れた銀の器をもって大聖堂におもむいた。……ミサの後市参議会長　ジロラモ・タントゥッチによって市の鍵の入った銀の器が、シエナの代願者、ほまれ高い処女マリアにゆだねられた[54]」この都市の状況と重大事をソッツィーニはこう記述している。「この町は、マリアの栄光あるマントの庇護のもとに入って以来、体験したことのない困苦にあったという。市当局は市民たちの犯した罪に途方にくれ、市の鍵をふたたびマリアにあずけ、戦火や外敵には扉を閉じ、平和や友人には開いてくれるようもとめ、市民たちの心をいさかいに対して閉じ、宥和に対して開くよう願ったという[55]」

マリアにはしかしもはや絶望的状況を好転させる力はなかった。皇帝とフィレンツェの軍隊が進入してきた。カールの息子で後継者のフィリップ二世は、コシモ・デ・メディチの圧力に屈し、シエナおよびこれに属する領地をメディチ家に委譲することになり、市の新しい主人は、一五七〇年に教皇ピウス五世によってトスカーナ地方の大公の座にすえられた。シエナは新しい大公領に併合され、都市国家としての政治的自立性を失った。ペストが蔓延した時代、マリアにふたたび助けがもとめられたものの、シエナ内外の平和をつかさどる守護聖女としての影響力は終わりをつげたのである[56]。

それでもごく最近までシエナ市民たちは疫病や地震、恐慌や戦争にみまわれるたびに、マリアの加護を想起したものであった。一七九九年の反ジャコバン蜂起の闘争スローガンも「マリア万歳、くたばれジャコバン党」であったし、一九四四年、連合軍の空襲が予想されたとき、市民たちは天の女王に身をゆだねた。この時の奉献のテクストは今日なお司教座聖堂内の「カペラ・デル・ヴォト」の入り口にかかっている[57]。

ストラスブールの守護聖女

ストラスブールは宗教改革以後はルター派の町となり、マリアが町の守護聖女というのは、聖書にもとづく守護聖人やマリア崇敬の観念に合わないものとされた。マリアに市民共同体を守護する権能があるという考えは、ルター神学の光に照らすと、時代遅れであり、また神学的にも正当化できないのである。十三世紀にはしかし、マリアを市の守護聖女に選んだここの市民のマリア信心は、ストラスブールの司教の支配からの解放運動とむすびついていた。彼らの政治的自立の獲得の努力と、司教の聖母教会（現司教座大聖堂）を市民の教会にかえようとする意志とがむすびついていた。

すでに一二二〇年につくられたこの都市独自の公印には、「ヴィルゴ・ロガ・プロ・クオド・プレベム・セルヴェト・エト・ウルベム（処女よ、あなたの御子に、民衆とこの町を救うよう、乞い願いたまえ）」と刻銘されていた。印章に彫られたマリアの姿は、三つの教会の塔のまえに悠然と座す女主人であり、右手に統治のしるしの百合、左手に子をだいている。マリアと市民との同盟は一二六二年最初の試練にさらされる。ヴァルトハウゼン近郊で、ストラスブール市民とストラスブール司教ヴァルター・フォン・ゲロルドゼックとの間に熾烈な戦いがくりひろげられた。戦いは、――マリアの助けのおかげで――市民側に凱歌があがったが、市民たちは同時により大きな自由への道を開いたのであった(58)。

マリア像は市民的自己表現の中核をなすものとなった。宗教的にも政治的にも、マリア像は、庇護と市民の自立性とを象徴的に表現するものであった。硬貨にも、「処女よ、あなたの町を守りたまえ」という銘が刻まれ、市の主旗には、庇護の両腕をひろげるマドンナ像が染めぬかれた。市民の倫理感を高め、信心を促進するために、議会、同職組合、警察組織などはすべて、「全能の神、威厳ある神の母マリアおよび親愛なる聖人すべてをほめたたえ、敬うべし(59)」というスローガンをモットーにしたものであった。

司教座教会に市民的な都市教会の性格を与えるための市民たちの努力は少なくなかった。十三世紀以来、熱心な寄金活動により、教会の維持は市が負担義務の最大部分を担い、聖歌隊席、司教ならびに司教座教

「ストラスブールの守護聖女マリア」ストラスブール都市法の表紙．1480年頃．アインズィーデルン司教座聖堂図書館蔵（写真提供：同図書館）．上欄に，「清き処女，都市と民の守護をわが子に求む」とある．

会参事会の専用領域を一般市民の集まる身廊からへだてている聖障のすぐ下に、都市守護聖女マリアに奉献する新たな祭壇をつくった。市の寄付金である。これだけは司教や参事会員の自由にはならない祭壇であった[60]。

一三一六年、市によって建立された大聖堂内マリア聖堂の祭壇の前であげられたミサはストラスブールの歴史の転回点を示唆するものであった。礼拝は字の読めない会衆のために絵が利用され、一四四五年にアルザス地方を掠奪してまわったアルマニヤック伯の粗暴な傭兵たちが撤退した後は、毎土曜と日曜日ここで女性専用のミサをあげ「サルヴェ・レギナ」を歌うようにという市参事会からの指示がだされている[61]。

紛争時にストラスブール市民軍を勝

利に導いたマリアに感謝をささげる礼拝を、年に五回以上はあげることが市長および市議会によって義務づけられた。そのなかに「ライン橋ミサ」と呼ばれたミサがある。動機をつくったのはストラスブール司教ヴィルヘルム・フォン・ディーンストの策謀であった。この司教は一四二八年、ライン橋に放火させて、市民たちを城外のライン河畔の草地までおびきだし、そこで壊滅的な打撃をくわえようとはかったが、思惑通りにははこばなかった。「全能の神と彼の品位ある母がこのような邪悪な謀略を打ち砕いた」[62]のである。市議員のなかには、市をあげて「華麗な賛美のミサ」をあげ、「全能の神と彼の品位ある母マリアおよびすべての聖人に敬意を表すべく」、これに参列するよう市民たちに要請する者もいた。ちなみに後の四回は、ブルゴーニュ大公カール大胆王との戦いの好首尾にもとづくものであった[63]。

ストラスブール市民たちがマリアの助力をもとめたのは、単に武運長久のためだけではなかった。疫病や自然災害にみまわれたおりにも、市参議会は、マリアに敬意を表する祈願行列を要請している。中心をなすのはマリア礼拝堂のマドンナ像であった。ドミニコ会士たちは、われらこそ最適と、この像を担ぐ特権を要求したものである。一三五六年十月十八日の聖ルカの日に、この町を不安と恐怖におとしいれた地震を記念しておこなわれる聖ルカ行列行進にも、マリア像は欠かせなかった。参事会員たちはその際に、一ポンドの蜜蠟蠟燭を担って参加した。「ストラスブール市の守護聖女である大聖堂の神の母に供える」[64]という参事会条令にもとづくものであった。

ストラスブール市民が、彼らの共同体の歴史をふりかえって思い起こすのは、この町を危機的状況から救い、彼らの命と自由を救ってくれたマリアであった。マリアは中世後期、この都市の守護聖女として歴史的な役割をはたしたのである。

ヤーコプ・ヴィムペフェリングは、市民たちが品行方正で節制をたもち、子弟の教育に心をかけていれば、「市の公印に〈処女よ、あなたの御子に、この町と市民たちの守護を乞い願いたまえ〉とある通り、主の母は、民衆とこの町を彼女の腕のなかに代願とともにつつみこんでくれるだろう[65]」という確信をいだいていた。

ストラスブールの画家たちは、自分の工房をもつ親方になるには、「三点の親方資格課題の作品」を制作しなければならなかった。この規定は偶然のものではない。ひとえに町の興亡のかかっている都市守護聖人の遍在がこの規定に反映されていたのである。一五一六年に改められたストラスブール画家規定によると、マリアをテーマとした親方資格課題作品とは次のようであった。「第一項、幼児イエスをだくマリアの座像あるいは立像の油彩。第二項、十字架像とマリア、ヨハネおよび他の女性たち、背景には馬に乗ったユダヤ人や徒歩のユダヤ人の水彩。第三項、マリアあるいは天使または少年の彫像のブロンズメッキか金メッキ[66]」

トーマス・ムルナーは一五〇二年に公にした『新ゲルマニア』に、「いかにしてストラスブールの町が聖処女の掌中にいたったか」について一章をもうけている。カール大帝と教皇のおかげで、この都市は自由の特権を文書によって保証されたことを、彼は書き忘れていない。ところが大帝の死後、その継承者たちがこの都市の所有をもとめ、市民たちがそれを不当として抵抗したために紛争状態となった。圧倒的な敵軍に市民たちはとても尋常な手段では立ち向かえない。彼らは天に助けをもとめた。ムルナーの筆によれば、敵の大軍が分裂し、「ひどい内輪もめを起こし、ふと見れば、巨大な姿の慈悲ぶかい神母が両腕をひろげ、町と民衆を庇護していた」という。「聖処女の腕のなかに入ったストラスブール市民の姿が見えなくなり、敵軍は完膚なきまでに打ちのめされた。ストラスブールは輝かしい聖処女の腕のおかげで自由を獲得したのである[67]」

感謝のしるしと公的記念行事として、毎年五回、大聖堂内のマリア礼拝堂のマドンナ像前であげられるミサは、マリアが町の信頼すべき守護聖女でありつづけていることを裏書きするものであった。この伝統を断ったのが宗教改革であった。それまであげられていた参事会ミサも、宗教改革により禁じられることになった。ために参事会は一五二五年四月、マリア聖堂のマリア像を夜陰に乗じ、もち去ったのであった。礼拝堂には絵のない板が立てられることになり、その上に「神のみに敬意を」とか「至高の神の栄光」といった金文字が書かれたという。ストラスブールの宗教改革者マルティン・ブーサーなどはすでに一五二〇年に、聖女の絵を見るたびに「邪悪な思い」がわいてくると憤慨し、「娼婦でさえ、この神の母やカタリーナ他の聖女以上に官能的で破廉恥な衣裳で飾られてはおらぬ」[68]と批判している。

宗教改革者たちにはもはやマリアは念頭になかった。マリア典礼は廃止され、戦時、破局時におけるマリアの助力の記憶も失われていった。

伝統を重んじる信者たちはそれでもマリア礼拝堂に蠟燭の火をたやさなかった。そうして不在のマリアに敬意を表したのである。市参事会は、この蠟燭の火を消すよう寺男に指令をだしている。しかしながらこの町ではマリアが憎しみの玩弄物になることはなかった。一五三五年、「祝福された処女マリア、愛されてきた神の聖人たちを傷つけたり、はずかしめたりする者は厳罰に処す」[69]という警察条令がだされている。

マリアがこの後もなお長く市の公印に姿をとどめていたのには、政治的な伝統も関係していたのかもしれない。一六二三年がおそらく、この印章が市の象徴として使用された最後であろう。大きな「ストラスブール市旗」の「敬虔な者たちの女帝」(マリア)の姿は、十七世紀後半にもまだ見られた。[70]

町々に雨を降らせ、ペストから市民を守るマリア

マリアは市民たちの避難所であった。都市共同体の守護聖女に選ぶということだけが、中世の都市市民とマリアとのむすびつきを表現するものだったわけではない。表現形式は他にもあった。

バーゼル市民たちは、市役所の正面を神母像で飾っていたが、十六世紀の二〇年代、宗教改革にくわわると、時代精神の変化を考慮しつつ、マリア像に手がくわえられた。新しい信仰には、神の母による庇護という観念はいらない。市役所のマドンナ像はしたがって、身をゆだねる対象ではなく、市民たちに因果応報の義務を負わせるものとなった。今日の彫像は、右手に剣、左手には秤をもって、正義の女神を象徴している。マリアはバーゼルの紋章にはならなかったものの、教会や市役所の窓の市紋章は、マリアの足元に描かれている。バーゼル大学も一四六〇年には、マリアを「われわれの最も慈悲深い守護聖女」と呼び、印章にマリアの姿を刻んでいた。[71]

バーゼル市民がマリアに寄せる思いはさまざまな形をなしている。富裕な市民は大いに寄進した。一五二六年、市長ヤーコプ・マイアーは、小ホルバインに、自分および家族——最初の妻および二度目の妻ならびに二人の息子と娘一人——がマリアの前にぬかずき、彼女の庇護をもとめている光景の描出を注文している。[72]司教座大聖堂内に収められているマリアの衣の端切れと称される聖遺物が尊ばれ、硬貨にはマリアの姿が刻まれ、「アヴェ・マリア・グラティア・プレナ」と刻銘されている。「恩寵にみちたマリアよ、ご機嫌うるわしく」という意味である。市議会の秘書室の封印にもやはりマリアの姿が使用されていたが、シュパーレン門の上のマドンナ像は奇跡の力があるとされたものである。赤い砂岩の等身大の石像は、一

ハンス・ホルバイン（ジュニアー）の「ダルムシュタットのマドンナ」1526年頃．ダルムシュタット王宮美術館蔵．バーゼルの市長ヤーコプ・マイアー（1482～1530／31）一家がマリアの庇護に身を委ねている．

五二九年の聖画像破壊者たちにも破壊できなかったために、「神的な力」がこれを阻んだのだと信じられたのである[73]。これまたバーゼル市民のうちに生きつづけていたマリア信心の証であろう。マリアはバーゼル市民のための「公的な教会と市参事会から選ばれた守護聖女」であり、だから「彼女の守護能力は、あらゆる生活領域において失われてしまった[74]」という主張は、必ずしも正しくはないだろう。

一四三九年、この町にもペストが荒れ狂った。ところが同年の九月ここに集まった公会議教父たちが、マリアは特別の恩寵により、生涯のはじめの瞬間から、あらゆる原罪をまぬがれていた、と議決すると、疫病がやんだ。この事件が、公会議教父の大多数をして、汚れなき懐胎という見解を教会教理にすることに、賛成させるもとになった(75)。

ニュルンベルクがペストにみまわれたときも同様にマリアに助けをもとめた。司祭たちの主導によるものではなく、市参議会の一致であった。一四八三年、市の聖職者たちに、「蔓延しているペストゆえに、毎日晩課の後、天の女王マリアをほめたたえる交唱〈サルヴェ・レギナ〉を会衆とともに歌う」よう、もとめたのは市参事会であった(76)。

行列、礼拝、祈禱は、世俗の苦しみを表現するものであった。信心これつとめることで、天の祝福を地上に引きよせれば、困苦がとりのぞかれると、皆は信じていた。とりなしをもとめる礼拝と行列行進は、「ペストや旱魃」のように、尋常な防御処置ではどうにもならないような危機的状況にあっては、この上なく重要な行事であった。最近になって、これは「都市社会のなかの社会的安全弁(77)」のひとつではなかったのか、という問いが提出されているのも当然だろうと思われる。

中世末期の信心深い者たちは、毎日マリアに祈ることを欠かさなければ、「ペスト疫病」からまぬがれるとかたく信じていた。いわゆる「ペスト護符」には、ペストに対する祈りの武器としてマリアへのロザリオの祈りをはげむよう説かれてあった。マリアのペスト予防力に信頼を寄せるのは、西欧のキリスト教の伝統であった。中世盛期の年代記編纂者たちは、教皇大グレゴリウスがペストの蔓延を防ごうと、ローマ市中をマリア像をかかげて行進させた様子を伝えている。アングロ・ノルマン人の出の聖職者兼著述家のアドガーは、ラテン語で伝承されたマリアの奇跡物語をフランス語に訳しているが、似たような例が皇帝ユスティニアニス（五二七〜五六五）の時代のコンスタンティノープルにもあったことを報告している。皇帝が異端的な考えをいだく女性と関係をもち、彼女に気に入られようとして教皇を二人も退位させるという不埒な態度で神の恩寵を無視したために、神がコンスタンティノープルにペストをみまったという。

「死者が続出し、その数を数えるのもあたわなかった。終日埋葬されないで放置される者たちも出た。埋葬から帰ってくると、死者の数がさらに増えているしまつである。屍体は塁々とおりかさなり、終油も受けられなかった」死者の数はおそろしいばかりであったという。汚染された空気によって感染するのではないかと、不安におびえていた市民たちが、この悲惨から解放されたのは、彼らがマリア像を担いで、町中を行列行進して歩いてからだったという。ようやく健康と生の悦びがもどってきた。像が通りすぎるところから悪疫と苦痛は逃げ去り、死の床で呻いていた者たちも、像を目にして慰められ、勇気づけられ、三日もすると病が癒え、生きる意欲をとりもどした。神の母に感謝をささげるため、皇帝、皇后、総大司教たちは、「聖母マリアお清めの祝日」をさだめ、多量の穀物が奉納された。祝祭がもりあがればあがるほど、ご利益も大きいと、だれもが思いこみ、マリアというギリシア女性が自分たちをあらゆる困苦から救ってくれたと信じたという[78]。

こうした期待がマリアを権能ある助け手にしていった。中世末期に旱魃のつづいたフィレンツェに雨を降らすのはマリアしかいなかった。反対に雨が降りやまないとき、土地を洪水から守るのもマリアであった。ペストが襲来するとマリアは空気を清めた。フィレンツェがとくに期待をかけていたのは、市郊外のイムプルネタに保管されていたマリア像であった[79]。フィレンツェ市民がこのマドンナ像にいかに親近感をいだいていたかは、「ノストラ・ドナ・イムプルネタ」あるいは「ノストラ・ドナ」という呼称からもわかる。彼らはマリアを「われらが町の真の守護聖女」と呼んで、自分たちの信頼度を表明していた。思いを託しているのはこの絵なのか、描かれているマリアなのか、となるとはっきりしない。この絵の買い入れについて、「処女マリアがフィレンツェにやってきた[80]」とだけ記述している同時代の年代記編纂者の言葉づかいに、それがうかがえる。

このマリアの絵が市内にもちこまれ、また出ていく際には、多くのの奇跡が生じたという。[81] フィレンツェの歴史著述家マッテオ・ヴィラーニ（一三六三没）も、「タヴォラ・ディ・サンタ・マリア・イムプルネタ」が天候の不順なときには、市内にもちこまれ、画像がおごそかな行列とともに市内に入ってくると、市民は片目で絵を見つめ、もう一方の目で、期待する雨粒が落ちてくるか、あるいは長雨が降りやむかと天を仰いだと、叙述している。

一三五四年はひどい旱魃だった。町は飢餓状態に陥ろうとしていた。祈願行列をやればやるほど空は晴れ渡って雲ひとつなく、夜は満天の星が輝いた。シニョリア〔都市国家最高機関〕は六マイル離れたイムプルネタよりマリア画像を市内に運びこむことに決め、聖職者や多数の民衆にかかげられながらマリアが、おごそかな行列とともに市内に入ってくると、空に雲が広がり、待望の曇り空が翌日までつづき、三日目に小雨が降りはじめ、四日目にはどしゃぶりになった。雨は七日つづき、暑熱になえていた田地をよみがえらせ、果実や穀物の成長を助けた。まさに「恵みの奇跡的な贈り物[82]」であった。

当時シニョリアによって発布された法律は、市民たちにイムプルネタのマドンナに捧げ物をするよう要請している。条文に、イムプルネタの処女マリアは市民が得ようと努力している「福祉の本源」であるとうたわれている。マリアのとりなしにより、フィレンツェの「異常な旱魃の追放[83]」が実現されたからであった。

一五〇九年の年代記には、聖処女の願いには耳を傾ける神の意向通り、祈願行列の翌日には雨が降ったとある。[84] 一五一一年五月二十二日、「ノストラ・ドナ」が市内に運びこまれ長雨をとめた。フィレンツェを思う母の願いに神が耳を貸さないわけがない。[85] 年代記編纂者ランドゥッチはそう書いている。「マドンナ・デル・イムプレナタ」に対する信頼は絶大な分だけ彼女が反応しないと、幻滅も大きかっただろう。

ベネデット・ボンフィーリ（1420頃～2496）のゴンファローネ・ディ・コルシアー［コルシア共同体の団体旗］1472年．マリアがコルチアーノの上にマントを広げている図柄

そういう例が一度ある。一四三五年十二月三十日、二ヵ月もの長雨に、シニョリアはマリアの搬入を決議し、初日はやんだが、また新たに降りだすと、もうとまらなかった。助けを得られないのは市民がルールに違反したからだ、と修道院長の一人が事態を解説した。まず神に向かい、それからイムプルネタのマリアに願いでるのが筋であるのに、神を通りこしてマリアに向かったため神の不興を買ってしまった、というのである。(86)

とにかくマリアの救助力に対する信頼にゆるぎはなかった。ペストの犠牲者が出たときにも、イムプルネタのマリア像が頼られた。このときの大量死を目撃したマルキオネ・ディ・コッポは一三八一年直後に著した年代記に熱をこめて書いている。[87]「一三四八年、フィレンツェおよびその領土にペストが発生した。悪質にして激越であった。一家のだれかがこれにかかると、看病する者がいなかった。というのも家族もまたこれにかかって倒れるからである。感染すれば三日以上はまずもたなかった。医者も薬も役にはたたなかった。このような疫病は前代未聞であった。医者たちにも原因はつかめず、手のほどこしようがなかった。市民は恐怖におののくばかり、なすすべを知らなかった[88]」明日の命もわからぬ状態になると、家族や近親者たちの関係も引き裂かれた。「息子は父を見限り、夫は妻を見すて、逆もまたしかり。兄弟姉妹もばらばらになった。市全体が屍体の搬送や埋葬に追われ、無数の者たちが告解するひまも、終油を受けることもなく死んでいった[89]」薬屋と墓掘人だけが暴利をむさぼった。「教会が提供する棺台がとてもたりず、薬屋と墓地管理人たちは台や掛け布、クッションを高値で売りつけた。死装束は、女の場合普通なら一人――スカート、ケープ、マント、ベール一式で――三フローリンだったのが、三十フローリンにまではねあがった。これでも、死装束をやめなければもっと値あがっていただろう。金持ちは生地に、金のない者は麻布に死者を縫いこんだ[90]」司祭たちも葬儀のお勤め料を過大に要求している。「司祭や托鉢修道士たちは大挙して金持ちのところへ押しかけ、さんざん金を支払わせ、懐をこやした」食品の輸入を禁止することで感染の危険がへることが期待された。「有害な果実を市内に搬入することが禁じられ、熟れていないスモモ、新しいアーモンドも豆も無花果も、あらゆる不健康な果物も」禁じられた。このような出口の見えない状態のなかで、マリアがふたたび助けの手を差しのべることが期待されることになる。「多くの祈願行列がおこなわれ、イムプルネタの聖マリアの聖遺物や絵が、町中を担がれて通り、みなはミセリコルディアと叫んだ[91]」と年代記編纂者は簡潔に記している。

ペスト禍に途方にくれマリア像にすがった。神母のペスト阻止力をあてにする態度は典礼にもしめされている。十五世紀後半ペルージャに定住していた画家ベネディット・ボンフィーニ（一四二〇頃〜一四九六）と彼の一派は、救いをもとめる民衆の上にマントをひろげているマリアを描いたいわゆるゴンファローニ（行列の旗）を制作したが、怒れる神が罪ある人間を罰するために放つペストの矢も、このマントがはね返してくれるというのであった。彼がコルチアーノの市民のために描いた旗絵には、「聖なるマリアよ、哀れな者たちを助けたまえ、力なき者を助けたまえ、泣いている者たちにお顔を向けたまえ、民のために乞い願いたまえ(92)」と書きこまれている。

絵画と祝祭

公共建築の集会室や法廷の壁にかけられているマリアの絵を見れば、神の母に対し市民たちが何を期待していたかがわかる。公共の福祉の指示と実践であり、死や災禍からの庇護であった。役人たちは、まちがった判定や不正な判断によって公共の福祉に反しないよう自らをいましめなくてはならなかった。危機的状況に陥った市の救助義務を天の女王にもとめる市民たちは、当然ながらマリアに敬意を表すべく、マリアの祝日には祝祭行列を催した。敬虔な行為も、あからさまな期待の裏返しである。信心は市民の利益につながっていた。利害関心が宗教的な形をとって表明されていたのである。

シエナのプブリコ広場の市議会会議室には、女主人マリアが天蓋の下に廷臣たちを左右にしたがえて君臨している。きらびやかな衣服を身につけ、冠をいただき、当会議室でなされる決議をマリアも悦ばれる、という銘文が書きこまれている。天の女王が公共の福祉に配慮し、和合と正義を促したわけだ(93)。このフレ

ジャコベロ・デル・フィオーレ（1439年没）制作のトリプティコーンの中央は「国家ヴェネチアの共同聖人マリア」．ヴェネチアのアカデミア絵画館蔵．

スコ画を十四世紀の二〇年代に制作したのはシモーネ・マルティーニ（一二八四～一三四四）である。

シエナの市議会会議室の「聖母正面図」はマリアの絵や信心形態がどんどん政治化していった典型例であろう。十四世紀になると、上部イタリアの諸都市の庁舎の多くにマリアの絵が飾られるようになる。[94] 一三六五年パドゥアの画家グアリエントは、ヴェネチアに呼ばれ、市議会会議室に「マリアの戴冠」[95]を描いている。ドーゲン邸の巨大なフレスコ画は、左手に大天使ガブリエル、右手にマリアの受胎告知が描かれているが、これもまたヴェネチアはことさらマリアの守護に身をゆだねているのだという、政治的メッセージを発するものであった。

ジャコベロ・デル・フィオーレは一四二一年、ドーテン邸の応接室を、マリア信心と政治的倫理と自治体の自己理解とが緊密にむすびついた作品で飾っている。[96] 中央には正義を具現するマリアがライオンの王座にこしかけ、右手に剣、左手に秤をもっている。彼女の左右の側面には大天使ミカエルとガブリエルがひかえている。この作品のマリア論的な関連は明白である。王座はソロモンの王座（列王上・一〇・一九）を想起させる。マリア論的な聖書釈義によれば、ソロモンの王座は、「叡知の座」なのである。神の叡知が宿ったマリアの母胎はアレゴリカルに解釈すると、「正義の女神」の王座と同一視される。ミカエルは正義を示唆し、ガブリエルはマリアの処女懐胎を告げ、この世に平和をもたらすキリスト降誕を予告した天使である。ガブリエルはマリアに闇のなかの人類を導くよう依頼しているのだという。画家ジャコベロは、正義の女神を描くことによって、政治的美徳に女性的人格を与えたわけである。ヴェネチア共和国に人間的身体を与えたマリアの肖像画(97)は、倫理的、政治的、宗教的意味内容をもつものであった。

ヴェネチア共和国の清純と不可侵性は処女マリアに比せるものとし、自らを「処女ヴェネチア(98)」と呼んだものであった。処女のように清らかで無傷だという「ヴェネチア共同体」の自己理解は、その創立以来外国勢力からの独立を純粋な形で主張しつづけてこられたことに起因する。この都市国家建設以来、これを侵すことに成功した外国勢力はなかったからである。

ヴェネチアでおこなわれる二月二日の聖母マリアお清めの祝日、三月二十五日のマリアお告げの祝日、八月十五日のマリア被昇天の祝日の祝祭(99)は市民的な催しであり、宗教と政治の緊密なつながりの認められるものだが、ゴンドラによる行列の催される聖燭祭「フェスタ・デラ・マリア」も、総督ピエトロ・カンディアーノ三世が九四五年に、スラブ人の海賊ガイドに勝利したことを想起させるためのものであった。「海賊たちは一月三十一日、古いヴェネチアカレンダーの大安の日、サン・ピエロ・ディ・カステロに集まっていた花嫁たちを最愛の相手たちもろとも奪い去った。総督はしかし大急ぎで彼らを追跡し、二日後、カオルレの港で彼らを掠奪品ともども取り返した(100)」というのがヴェネチアに伝わっている話である。ヴェネチア共和制がはじまったとする三月二十五日の受胎告知の日に、ヴェネチア市民は都市の起源「オリゴ・ヴェネチアルム」に思いをはせた。三月二十五日に建国祭を催すことが伝統となり、これが十四世紀以後、ヴェネチア人たちの歴史的表象世界を変化させていくことになる。ヴェネチアは、四二一年三月二十五日に建設されたのだという見解が台頭してきた。パドゥアからやってきた三人の執政官が、ブレンダ河口地域に、対野蛮人の防塁としてリアルト（後のヴェネチア）を建設したという。[101] アンドレア・ダンドーロ（一三〇六～一三五四）が年代記に書きとめた伝承によれば、ヴェネチアが建国の祝福を教皇アレクサンダー三世から受けたのは一一七七年がはじめてである。[102] 本来、対アリウス派、対異教徒の宗教的、政治的牙城として建設されたのだが、十二世紀の教会分裂の際、正統派信仰の中心地としての真価を発揮した、というのである。

伝説的なヴェネチア建国日の千年祭に際し、この地の歴史家ロレンツォ・デ・モナツィスは総督トマソ・モチェニーゴに宛てた「都市ヴェネチアの建設と成長についての談話」のなかで、ヴェネチア建国の日とマリアへのお告げの日とが重なることに注意を促している。[103] この二つの出来事が同一日に起こったということは、ヴェネチア人たちが信じているように、神と人間の歴史がまさにヴェネチアの歴史において進んでいる証であるというのである。モナツィスの尻馬に乗った「賛美者」たちは、神の助けなくして人類は、ヴェネチアのなしたような奇跡的成果をあげることはできない、とぶちあげたものである。

マリア被昇天の八月十五日には、一二三四年コンスタンティノープルから掠奪したマリアのイコン「勝利する者」がいわばヴェネチア共和国の守護神像として、中央広場でくり広げられる行列に担ぎだされた。しかし宗教的、政治的な意味でもっと重要だったのは、この日に祝われる「ヴェネチアの海との結婚」[104] である。結婚式に見たて、総督が海に乗りだし指輪を海中に投げる儀式によって、アドリア海がヴェネチアのものであることを全世界に公示したのである。この祝祭の起源は、一一七七年に皇帝フリードリヒ・バルバロッサと教皇アレクサンダー三世の間でヴェネチアでむすばれた平和条約にある。じつはこの条約は、対等な者たちの間の妥協ではなく、教会を皇帝の権威にまさるものにしようという意図のものであった。

教皇が皇帝の追っ手を逃れヴェネチアに避難してきたとき、ヴェネチアは教皇の和平案を皇帝にしめしたが、フリードリヒ・バルバロッサはこれをけって攻撃をしかけてきた。しかしイストリエン沿岸のサルヴォーネ沖で、半数ほどのヴェネチア海軍に敗れ指揮官の息子オットーが囚われの身になるなど、皇帝は壊滅的な打撃をこうむり、やむなく教皇に屈するという歴史があった。

ヴェネチアでは大仰な平和祭が演出された。サン・マルコの門前の王座に腰かけた教皇は皇帝を待ち受けた。フリードリヒ・バルバロッサは王座に近づくと、皇帝の紫のガウンを脱ぎ、ひざまずいて教皇の足に口づけた。その際、屈辱の度合いを弱めるため、皇帝は「この口づけはあなたにではなく、聖ペトロに」とつぶやいたが、教皇は「いや、私と聖ペトロにだ」と返したそうである。

共和国に特権を与えることによって、教皇は平和の成就に対するヴェネチアの功績をねぎらった。この特権はヴェネチアの支配権を拡大し、総督の名誉を高めた。教皇が総督に手渡した指輪にもこの目的がこめられていた。そこで総督は毎年海の結婚式をあげることにより、アドリア海は、女が男にしたがうがごとくヴェネチア共和国にしたがうのだということを世界に公言したのである。

例年、総督が公海上に乗りだす結婚式用の船の船首には、黄金の処女像がのせられていた。この像は左手に剣、右手に黄金の秤皿のついた秤をもち、これらはヴェネチアの正義の意志を告示していた。

マリアを守護者に選んだ諸都市では、マリア崇拝が市民のアイデンティティーの根源となっている。マリア典礼は、市民たちが連帯性を自覚し、都市共同体へのむすびつきを表明するための場となった。都市の建設された日、コンスタンティノープルの市民たちは歌ったものである。「この町は神の母のもの……彼女によってこの町は危機より救われ、強められる。あなたこそ地上のはてしない希望……」(105) マリアは、コンスタンティノープルを守護することにより、ビザンティン帝国の皇帝の支配権も強固なものにしたが、シエナ、ストラスブール、ヴェネチアではもっぱら市民のための聖女であった。マリアは自由を獲得しようとする市民たちを助け、シエナとストラスブールでは、市民の自決権、都市国家の自治権への意志が、処女にして母なるマリアへの傾心の強まりのうちに表明されていた。共同体の保護権をゆだねられた天の女王マリアは、市の法的、宗教的統一の象徴となった。中世の都市市民は、共同体の統治権はマリアにあると、文字通り受けとっていた。だから、皇帝に忠誠を誓うように、彼らは市の鍵をマリアに手渡している。同胞市民たちを統治する市政府の役人たちは、職務執行に関する最後の審判の日の釈明をマリアより委任され、また権限を与えられているのだという意識をいだいていた。

マリアを守護者とする考えは、市の共同体だけではなかった。国々や王国もまたマリアに統治権を委譲した。マリアを崇拝する諸侯や王たちは、マリアに国土を譲渡する。するとマリアは彼らにそれを封土として返し支配権を委託するという考えかたである。注目されるのは、領主や国王の支配領域に関するマリアは、市民共同体の場合よりはるかに勝利の女神であることだ。彼らのマリア崇拝は「勝利のマリア」という確信とむすびついて強められていったのである。

第10章　無敵のマリア

「勝利のマリア」，ドーナウ派の画家の「マリアツェルの奇跡の祭壇」の中央の板絵．1512年．グラーツの州立ヨハネス美術館蔵（写真提供：クレムス中世，近世初期資料研究所）．ハンガリーのルートヴィヒ大王（1326～1382）が1377年に，マリアツェルの神母に助けを得て，トルコの増援軍に勝利した模様を描いている．大王はすでに1266年にトルコ軍を撃退した際にも，ハンガリーの「スペシアーレ・パトローナ」のおかげだと信じ，トルコとの戦争に勝利した後，彼はマリアツェルに巡礼している．以来ハンガリーの王家とシュタイエルマルクのマリアの聖所とは緊密な関係を保つことになった．

ビリー・ワイルダーは、初期ウーファー・シリーズにメロドラマやサスペンス映画を制作していた監督のジョー・マイについて、次のような話をよくしていたものだ。

「ジョー・マイは本名ヨーゼフ・マンデルといい、父はオーストリア＝ハンガリー二重帝国の富豪であった。私の記憶が正しければ、穀物の卸商として財をなしたのだが、とにかく一九〇五年に死んだときには、二十五歳の息子に何百万クローネンという金を遺した。当時としてははけたはずれな財産であった。

息子はまた派手好きで、当時すでにレースカーを乗り回し、ウィーンのたとえば〈ターバリン〉というナイトクラブで金を湯水のように使い、美人の踊り子やバンドマンにチップをばらまき、友人たちには大判ぶるまいをやっていた。ついにある日、弁護士が、財布の紐を少しはしめないと、このままでは一年後に破産するとうちあけた。するとマンデルは残る大金を新しい化学肥料に投資し、経済をたてなおした。(靴の) チャックの特許権も取れるところだったが、このほうはけったという。懐具合がよくなると、新しいメディアである映画に乗りだした。ミヤ・マイという美人女優と結婚 (彼女は後年の「世界に鳴る女」の主人公) し、第一次大戦前に何本かの映画を撮った。戦争がはじまると、兵役にとられたが、妻と別れての兵営生活に耐えられなかった。

そこで彼は一計を案じ、オーストリア陸軍省に出かけていき、これで戦況を決定づけることができるという発明を売りこんだ。金髪美人の妻をクローズ・アップし、まぶしいほどの後光をつけ、これを大空の雲に映写する。こうすれば、ロシア軍との戦いが始まるや、彼の妻が天上の現象となって、敵軍を見おろ

「城郭のマリア」，1465年頃の木版画．バエイルン州立図書館蔵．「きみの首はダビデの塔のよう，鋸壁飾りでかこまれ，千の盾がかけられている，勇士たちの武具が」（雅４・４）

して命令をくだし退却させるだろう。ロシア人たちは天と天の女王がオーストリア側についていると思いこみパニック状態に陥り、敗北するにちがいない、というのである。

　マイはこのばかげた考えを言葉たくみに吹きこんだにちがいない。将軍も大臣もすっかりその気になり、彼は兵役を免除されてウィーンに帰り、陸軍省から資金まで得て、二、三の喜劇映画を制作したものだ。軍人たちがとんだはったりをつかまされたことに気づいたときには、すでに戦争に負けていた[1]」

　ヨーゼフ・マンデルのとんでもない着想はしかし、マリアが英雄の役を演じ、戦いの渦のなかに介入し、自分の被保護者たちを助けていた時代を想起させる。マリアが戦時に助けてくれるという、いまではすっかり廃れてしまった信仰を利用しようとしたわけである。
円卓騎士団にとくに名声を負っている伝説的なアーサー王は、盾の裏側にマリアの姿を彫らせていた。戦場で力が萎えそうになると、これを見つめたといわれる。[2] キリスト教徒のブリテン人と異教徒のザクセン人との間でくりひろげられた八度目の戦に、マリア像を肩の上にのせ、彼女の助けで輝かしい勝利をおさめたカール大帝の側近の騎士ローラント[3]は、死に際し、「多くの国を打ち破った[4]」名剣デュランデルを手にし、「ああ、デュランデル、おまえは何と美しく聖なるかな、おまえの金箔の柄頭のうちには、ペトロの歯、聖バジーリウスの血、聖デュオニシウスの毛髪、聖マリアの衣の端切れなど多くの聖遺物が収められているのだ。これが異教徒の手に渡ることがあってはならない。おまえはキリスト教徒に仕えるのだ[5]」

謙虚で平和な乙女と戦争の英雄たちをむすびつけるものは何なのか？　平和を樹立すべき神の子をこの世にもたらしたマリアが、戦争の助力者となって活動するのはどういうわけなのか？　この変化はどうして生じたのであろう？　ここにはどのようなモティーフとメタファーが決定的な力をもったのであろうか？

牙城の塔が雅歌の比喩にある。若い男は恋人の肉体的特徴をこれにたとえている。彼女を賛美して

きみの首はダビデの塔のよう、
鋸壁飾りでかこまれ
千の盾がかけられている
勇士たちの武具が（雅四・四）

「騎士のいでたちのマリア」．アルブレヒト二世がウィーンのカルメル会の教会に寄進した通称アルブレヒト祭壇部分．制作者は1430年および1450年に在住記録を残している．32をくだらない板絵に，中世のマリア教義が集められている．クロスターノイブルク司教本部．(写真撮影：リッター)

中世の聖書釈義家たちは、雅歌にマリアに関する記述が認められると信じて疑わなかった。だから彼らはマリアを塔や盾や武具と比較しうるような特性でもって性格づけたのである。[6] マリアは塔のように安全を与え、危険が迫ってくると、信者たちの避難所となり守護者となった。敵をよせつけない城壁は、マリアの美徳と品位と長所の比喩だという。「千の盾」は、マリアが彼女の被保護者たちを守る完璧性の象徴であり、この盾も敵の矢をふせぐマリアの美徳にたとえられた。武具は、マリアが悪魔の攻撃を防いでくれる正義、慈悲、信心、祈禱と理解すべきだというのであった。[7]

いわゆるアルブレヒトの匠といわれた一四三〇年から一四五〇年にかけてウィーンで活躍した画家は、一四三九年に公爵アルブレヒト二世の委託を受け、公爵がウィーンのカルメル会教会に寄進するマリア祭壇を制作した際、この塔と武具のマリア論的比喩の絵画化をこころみている。[8] マリア論的に解釈されたメタファーを造形した彼のこころみは奇抜なものであった。マリアは騎士のような甲冑を身につけ、武装した女性としてダビデの塔のとなりに立っている。塔には剣、腕当て、石弓その他、騎士たちの武具の部品がかけてある。マリアと並んでいる四人の天使も、同様に当時の騎士のように武具を身につけている。この描写を見る者は、聖書のイメージやモティーフを想起するだろう。雅歌の「ダビデの塔」や、箴言の「有能な妻」（箴三一・一〇）や、「悪魔の策略に対抗して立てるように神の武具を身につける」（エフェ六・一一）というパウロの言葉を想起するだろう。大アルブレヒトは、ある賛美歌のなかで神母を、悪魔、外敵はいわずもがな、キリスト教に対抗するすべてのものに打ち勝つ「無敵の戦士」とたたえている。

戦争になれば、傍観していないで介入し、崇拝者たちを有利に導くはずだという期待がマリアにかけられていた。どこへいけば、この強い女性に出会えるのかという問いに、ある説教師は、一六四九年アルトエッティングの栄光にみちた処女マリアの奇跡像をかつぎだす行列を前にして、「ここアルトエッティングこそこの強い女性に出会える。祭壇の上に、きみたちの目の前に立っておられるのが見えないのか？　強大な処女、われらの最も恵み深い領邦君主にして全バイエルンの庇護者。これぞ神の全能の最強の芸術、最高の傑作、神の愛の叡知、これぞ世界の全最高司令官に千倍もまして強大なるぞ[9]」アルトエッティングのマリアを「すばらしい歩哨[10]」、「強国の英雄[11]」、「バイエルンの敵には〈旗をかかげた軍勢〉（雅歌六・四）のように恐ろしい[12]」女性と、この説教師はたたえたものである。

イン河畔のミュールドルフの戦いで、バイエルン王ルートヴィヒが一三二二年オーストリアのフリードリヒ美男王に勝ったとき、バイエルン軍の男たちではなくマリアが勝ったのだと「教区民たちはうわさした」「イン河の流れの上に空色のマントをひろげて覆い、相手を驚愕させ、追い払った」というのである。「イン河を維持し」、「バイエルンのその他の地方を守った」強力な処女は「われらの将軍にして総大将だった」という。「彼女のいとしい御子はわれらの将軍であり、司令官、彼女の聖堂はわれらの保塁、彼女のマントはわれらの盾、彼女の目はわれらの矢であり火砲であり重砲、彼女の隠しだてのない心はわれらの塹壕にして日々の避難所[13]」と彼らはたたえた。マリアは自分に忠誠を誓う者たちのために戦争に介入するのだとすれば、好戦的だったのだろうか？　中世時代の戦争は、「マリアをともなった殺戮[14]」だったのだろうか？

マリアの戦闘支援

いつどのような条件下で、またどのような利害関係において、マリアは戦争支援の機能をはたしたのであろうか？　伝承された資料からは確認できないのだが、一心に祈れば、マリアの支援を得るという経験をもった中世や近世初めの人間たちは、マリアに「勝利のマリア」という新しい名前を与えた。

シャルトルの司祭と市民たちは八七六年の危機的な状況に、カール禿頭王がアーヘンで横奪したマリアの聖遺物を取りだしている。サン・クウァンタンの司教座参事会員で、一〇一五年から一〇二六年にかけてのノルマン公爵家の名声のために『最初のノルマンの公爵たちのしきたり、作法について』[15]と題する歴史書を著したドゥード（九六〇頃～一〇二六）が、外敵に対するこの聖遺物の効能について書いていて、初代ノルマンディー公（元ノルウェーのヴァイキングの首領）ロロー（八六〇～九三三）が、九一一年にシャルトルを攻めたとき、シャルトルの司祭ワルターは、ブルゴーニュのリシャール公、ポアトゥのエベール伯に軍事援助をもとめたが、両軍が決戦を前にして相対したとき、司祭は聖職者、市民たちをともない、司祭服のまま、キリスト十字架や処女マリアのチュニカをもって町を出、ノルマン人たちの大砲や剣に向けてさしだした。司祭と公爵、伯爵の共同戦線は効を奏し、ノルマン人は撤退したという。
十二、三世紀の著述家たちは、こうした話をマリア論的色彩で塗りあげた。十字軍もブルゴーニュのリシャール公やポアトゥのエベール伯の軍事援助も過小評価し、勝利の栄誉をひたすらマリアに帰そうとつとめた。『イギリス王たちの行状』（一一二五）や『マリア奇跡集』（一一四〇頃）の著者マームスベリーのウィルヘルムの筆になるとこうである。シャルトル市民たちは武器にも城壁にも頼らなかった。ただマリアに助けをもとめ、不信心な敵方に対し、城壁の上にマリアの衣服を「旗のように」ひろげてみせた。それを見て敵方は腹をかかえて笑いだした。矢でそれを射落とそうとする者もいた。神はこの冒瀆的な傲慢な態度に報いられ、包囲していた敵軍の兵士の目がつぶれ、地面に根が生えたように、その場に釘づけになってしまった。シャルトルの市民たちはノルマン人たちを血祭りにあげ、凱歌をあげた。[16]
ドミニコ会会士ヴァンサン・ドゥ・ボヴェ（一二六四没）は、マームスベリーのウィルヘルムのテクストを一言一句そのまま自分の『スペクルム・ヒストラーレ』[17]にとりこんだが、ヴォラギネの筆は、シャルトル市民たちの殺戮陶酔と神の母の間に距離をおいている。マリアを血に餓えた復讐の女神にするのは気がひけたのであろう。むしろマリアは市民たちの殺戮を罰しようとしたのだという風に書き改めている。ノルマンディー公の軍勢が町を包囲したとき、司祭は保管していた聖母マリアの衣をとりだし、槍の先に旗代わりにかかげ、民衆の先頭に立った。すると敵の兵士たちは狂気に襲われ、目が見えなくなり全身に震えがきた。城内からこれを見ていた市民たちは神罰をくだせとばかり打って出て虐殺をはじめた。これはしかし「われらが女性」の不興を買い、彼女の衣は消え、敵軍はふいにまた視力をとりもどした、ということになっている。[18]

皇帝ハインリヒ四世はシュパイアーの大聖堂の「聖マリアを庇護聖女とたのみ、自分の身および自分の運命をゆだねていた」。皇帝はどの聖人にもましてマリアを崇拝し、マリアを「聖女中の聖女」、「女主人」、「天使の女王」と名づけ、彼女のとりなしにより神の慈悲を得ようと、つねづね思っていた。[19]彼は苦況をマリアに救われたと告白している。一〇八〇年、シュヴァーベン公でドイツの対立国王でもあるルドルフ・フォン・ラインフェルデンとの決戦に備えていたとき、「神の母である処女マリア、シュパイアー大聖堂の庇護聖女にして、ここに埋葬されている父祖の番人であるマリア」[20]をたのんだ。一〇八〇年十月十四日の決戦前日、彼は奉納物目録を公にした。これにはシュパイアーの司祭と司教座参事会員たちに、シュヴァーベンのヴァイプリンゲンとヴィンタバッハにあるザリエル家の財産を遺贈すると書かれてあった。[21]遺贈の理由として彼は、「たとえすべての聖人の功績を崇拝するとしても、特に永遠の処女マリアに乞いもとめなくてはならない。彼女を介してのみ、主は信者たちすべてに慈悲を与えたもうからである」[22]と述べている。ハインリヒ四世はこの寄贈を、疑いもなく対立国王に勝つための担保とみなしていたのである。

シュパイアー大聖堂は当時、「かってないほどの象徴的な意味をもつばかりではなく、ザリエル王家の存亡にかかわる支柱であり、ハインリヒ四世の魂の救いの支えでもあった[23]」

マリアの名におけるアラブ、サラセンとの戦い

スペインのレコンキスタ〔国土回復〕に成功した王たちもマリア崇拝者であった。カスティリヤのアルフォンソ八世(一一五八～一二一四)、聖人王フェルナンド三世(一一九九～一二五二、一二一七年以降はカスティリヤ王、一二三〇年以後レオン王)たちの三日月の旗に対する戦いは、マリアの名において遂行された。マリアは、イベリア半島のアラブに占拠された地域を奪回するキリスト教徒の戦いに肩入れをしたわけである。一二一二年七月十六日ラス・ナバス・デ・トロサの戦いでアラゴンとナバラの軍勢は、アルモハーデン・カリフに勝利した。勇敢で敬虔で正義を愛すると当時の年代記編纂者が記述しているアルフォンソ八世は、対サラセンの戦いに決定的な役割を演じたが、ラス・ナバス・デ・トロサの戦いはスペインのレコンキスタにとって転換点となった。イベリア半島におけるモスレムとキリスト教徒の力関係が逆転したのである。戦いの後アルフォンソ八世が教皇イノセント三世に送った書簡の報告によれば、アラゴンの騎馬隊はキリストの十字架とともに聖母マリアを染めぬいた軍旗をかかげ、サラセン人たちの矢や投石で汚されるや猛然と奮いたち、数では圧倒的な敵軍をけちらしたという。アラゴン王はキリストが十字架の剣でスペインの敵を打ち砕いたのだと信じた。イエス・キリストとその十字架によりキリスト教徒を勝利に導きたもうた神にのみすべての栄光を、と彼は叫んだという[24]。

フェルナンド聖人王も祖父のアルフォンソの例にならった。マリアに助けられ、モール人と戦った。コ

ルドバ郊外の戦場でくり返しマリアの助けをもとめて祈り、町を攻めあぐねているのは常日頃の罪のせいだと思い、「マリア・レグム」と名づけていた携帯像に向かって、自分の罪のみならず、聖なる熱意も顧みてほしいと懇願したという。懇願はマリアに聞き入れられ、包囲攻撃は成功裡に終わった。彼は勝利を自分にではなくマリアに帰した。マリアがモール人たちの装備を破壊する策を授けてくれたのだとして、[25]凱旋行進に「マリア・レグム」像をかかげて市中に入った。携帯像はキリスト教会に造りかえられた神殿に安置されることになるが、彼はマリアに敬意を表し祭壇もつくらせている。[26]

処女マリアのはした女ジャンヌ・ダルク

マリアに助けがもとめられたのは異教徒との戦争の場合ばかりではなかった。ヨーロッパのキリスト教徒の王同士の争いにもマリアは介入しなくてはならなかった。十五世紀には、マリアはますますヨーロッパ内の紛争にまきこまれる。勇敢なジャンヌ・ダルクは悪魔の産物として一四三一年に火刑に処せられたが、一九二〇年には国の英雄として聖女に列せられた。彼女自身は自分を「処女マリアのはした女」[27]と信じていた。自分の使命の委託にマリアもくわわっているのだと信じて疑わなかった。一四三一年三月、審問官に答えている。「わたしの心はわたしを遣わされたわたしたちの主、わたしたちのいとしい女性、天国のすべての聖人のもとにあります。……わたしは神、処女マリア、天国の聖人たちによってフランス国王のもとに遣わされたのです」[28]また別の審問官には、「わたしの心はわたしたちの主、わたしたちのいとしい女性のもとにあります。彼らはわたしにつねに慰めと助言を与えてくれました」[29]彼女の時代の目撃者たちは、ジャンヌ・ダルクを処女マリアに比した。「ジャンヌが神の命令でフランス王国を救ったように、マリアは全人類を守られた」とクリスティーヌ・ドゥ・ピザン（一三六四～一四三〇）は書いている。恐れを知らぬこの少女は一四二八年から二九年にかけての冬、ドムレミの両親の家を後にしてヴォクレールにむかい、近くのマリア巡礼地のノートルダム・ドゥ・ベルモンに通った。王冠をいただいたマリア像に蠟燭を献じ、自分の「国の英国人の桎梏からの解放(30)」を懇願した。ジャンヌが戦場でかかげた旗にはマリア告知図が染めぬかれていた。兵士とともに彼女は「サルヴェ・レギナ」を歌い、オレルアン解放後の一四二九年五月八日、当地の「奇跡のノートルダム」教会におもむいてマリアに戦勝を感謝し、パリ攻撃を前にした一四二九年のマリアの誕生の祝日には、サン＝ドニ＝ド＝ラ＝シャペルのマリア祭壇(31)の前で祈りを捧げている。マリアへの愛が彼女の敢闘精神の源であった。マリア信心と好戦的愛国主義と王家への忠誠が彼女の思想と行動のなかで渾然一体となっていた。

ジャンヌ・ダルクはマリアの助けに全幅の信頼をおいていて、恩恵をたしかなものにするために寄進したり、誓いをたてたりはしなかったが、中世後期の見返りを当てにした寄進はやがて違反をゆるさない契約の性格をおびるものにもなっていった。フランス王ルイ十一世（一四二三～一四五三）などは、マリアに敬意を表してさしだした一千四百エキュが望み通りの戦勝につながらなかったといって、苦情を言ったものである(32)。期待した助けが得られない君主は失望したが、しかしマリア崇拝者ではありつづけた。彼は生涯に少なくとも三十ヵ所の巡礼地を訪れている。

同盟者たちと連携するマリア

十五世紀末のブルゴーニュ戦争で、マリアは同盟者たちに味方し、権力志向の強いブルゴーニュ勇敢公の肩はもたなかった。グランソンの戦いの後、一四七六年三月二日、同盟者たちは「全能の神とその母なる処女マリアおよび天の聖人たち」に「えも言われぬ大きな恩恵」を感謝している[33]。

一四七六年六月、ベルンとバーゼルの傭兵隊長らがブルゴーニュ公に対する戦略を協議したとき、ベルンの司令官は、バーゼルの同盟者たちに誓った。「われわれは神の御名のもと、あなたがた兄弟のもとにやってきた。貴下の命令のもとに、われらが生命財産を兄弟愛と忠誠心をもって提供するであろう。貴下の命令のもとに、永遠なる神の御名のもと、天の女王処女にして母なるマリア、すべての聖人の名において、水曜日には貴下の戦陣にくわわり、正義のために、われらが生命財産を忠誠心をもって投げうつであろう。しかして三日目の土曜日には戦端が開かれるだろう。さすれば聖なる一万の騎士たちがわれらのために、われらが全能の神への代願者、神の母の威厳に敬意を表し、参加するであろうことを期待する[34]」戦略会議にバーゼル人たちがマリアを呼び入れたのは偶然ではなかった。バーゼルはマリア崇拝のさかんな町だったのである。

一四七六年六月二十二日、ムルテン郊外でくりひろげられた戦いに、同盟者たちは「全能の慈悲深い神、至福の女王乙女マリア、聖なる一万人の騎士たちの名において大胆不敵に[35]」進撃したが、戦いの後、彼らはブルゴーニュのカール大胆公に対する戦いへの天上からの介入に感謝しなければならない、という思いをいだいた。「永遠に全能なる神、品位ある無垢で清らかな処女にして母マリア、聖なる一万の騎士たちがわれわれにかわって戦ったのである。というのもこれは人間の力を超えたことであったからだ[36]」

マリアと古いチューリヒ戦争中の画像

スイス内の事件にもマリアは引っぱりこまれた。敵対する相方がマリアの助けを当てにするから、状況はパラドクシカルであった。

十五世紀の四〇年代、チューリヒとシュヴィーツが戦闘を交えているとき、シトー会修道院のマリアツェル＝ヴルムスバッハの教会で奇跡が起こった。聖母像が汗をかきはじめたのである。五百人以上の者たちが五日間つづいて起きている奇跡をひと目見ようとシュヴィーツ他からヴルムスバッハに押しかけた。チューリヒ市参事会員ハンス・アムプトと船大工組合の親方ハンス・ヴィルツはみなを驚愕させた汗のしたたる像の目撃者として、一四四四年六月二十日、チューリヒで、市長と市参事会の委託を受け、司教座教会主任司祭の聴聞に、供述をおこなっている。この調書作成の意図は、戦争責任をシュヴィーツとその援護者に帰すことであった。翌年三月の中旬におこなわれるとりきめになっていた交渉に、この供述書をもちだそうという狙いであった。[37]

箇条書きにされた戦争の残虐行為は軍事行動と教会破壊行為がからみあっていることを示唆している。シュヴィーツの目的もそこにあった。敵方の助けとも守りともたのむ聖画像を破壊することによって、その精神的な力の源を絶つというのが、シュヴィーツの戦略であった。デューベンドルフで彼らは、十字架像や「われらが愛する女性の画像」を教会からもちだし、めちゃめちゃに叩き壊している。クローテンでは、マリアに敬意を表して設置されていた献金箱をこじあけ、なかのものを奪った。[38]

こういう場合マリアは「勝利のマリア」にはならなかった。傭兵たちの憎しみ、あざけりにさらされた無力な女性であった。あまりにも無力であった。二人の目撃者の次のような証言にも、これが読みとれるだろう。「アルトシュテッテンでチューリヒの使者が敵に襲われ、教会のなかに逃げこみ、マリアに保護をもとめた。彼女の腕にしがみつき、熱心に祈り、呼びかけた。後を追ってきたシュヴィーツ人たちは、彼をなぐり、〈神の母がおまえなんぞ助けるものか、くたばれ〉とわめきながら、マリア像からむりやり引きはなしにかかったので、マリア像の腕が折れてしまった。彼らはそのまま使者を教会の外につれだし、殴り殺した[39]」

タールヴィルで教会を凌辱していたシュヴィーツ人たちに、教区司祭が聖祭餅をしめし、少なくとも秘蹟を象徴するものは敬えと勧告したが、彼らは相手にしなかった。「あんた、そうやって神の母を、あんたの神のそばにかかげているがいいさ。助けてくれるこったろう[40]」被保護者の急場を救えない天上の女王など恐れ多くも何ともなかった。彼らは冒瀆行為をやめようとはしなかった。

ホルゲンでは「われらがいとしい女性の像」を祭壇からとりはずし、教会の扉の後に立て、「お元気？何やってるのこんなところで」などとののしり、冒瀆をきわめるために、教会内で「女とみだらな行為」にもおよんだ。「人目もはばからず、破廉恥にも」「娼家のなか[41]」同様にふるまい、神とマリアの聖性をかぎりをつくして汚したのである。しかしマリアは黙したまま傍観していた。

キリスト教徒のはずのシュヴィーツ人がまさかと思うかもしれないが、じじつそうだったのであり、マリア像を破壊したのである。しかし彼らはマリアそのものを軽蔑していたのではない。冒瀆的な聖画像破壊は、マリアが敵に加担するのを阻止するためであった。敵を助ける聖画像は破壊すべき対象物であった。「というのも、真の奇跡の権能をもつ神の母が敵陣営にいるはずがなかったからである。マリアはアインズィーデルンの小暗い森のなかにましまず[42]」のであった。

シュヴィーツ人の聖画像破壊は、政治的次元から考察しなくてはならないだろう。スイス同盟派の兵士たちは、一四四三年六月、グリューニンゲン占領後、干し草の取り入れにまにあうよう、戦場を後にして帰宅を急ぐ道すがら、「アインズィーデルンのわが愛する女性」のもとに立ち寄り、「勇敢に戦う敬虔な同盟者たちを助けて勝利にみちびいた、恵み豊かな神の母[43]」に祈りをささげているのである。

シュヴィーツ人たちは、アインズィーデルンの神の母が彼女のライバルたちに勝つのを助けるために、チューリヒ地域のマリア画像を破壊してまわったのかもしれない。「古チューリヒ戦争」のおかげで、アインズィーデルンのマリアは、スイス同盟派の庇護聖女ということになってしまった。ペーターマン・エタリーンは一五〇七年、バーゼルで印刷した『誉むべき同盟の年代記』を、聖地「小暗い森のなかのアインズィーデルン」創設のくわしい話からはじめ、「敬虔な同盟者たちの庇護聖女マリア」への祈りでしめくくっている[44]。

チューリヒとシュヴィーツ（スイス同盟）の武力対決に見られるような宗教の実践は、普遍的な友愛につながるものではなかった。信心の中核をなすものは、聖人崇拝であったが、これのご利益は、普遍的な性格のものではなく、影響力は局所的なものであった。敵方の利益に与する聖人は崇拝の対象にはならなかった。マリアはこうした利害を超越する存在ではなかった。

市民や農民への助け

シュタウフェン家に忠誠をつくすロイトリンゲンが一二四七年の聖霊降臨祭にシュタウフェン家の敵に包囲されたとき、聖処女マリアに市壁の内側に聖堂を建立すると誓って、助けをもとめた。ご利益があっ

ティチアンの「ペサロ家のマドンナ」．ヴェネチアのサンタ・マリア・グロリオーサ教会の副祭壇の板絵．1519年から1526年にかけて制作．画面のトルコ人は，この絵の寄進者の司教ジャコポ・ダ・ペサロが1502年8月30日にサンタ・マウラをトルコ軍より取り返したイオニア海の海戦を示唆している．

て敵軍は撤退していったという(45)。

一三一六年四月二十日、バイエルンの軍隊が、皇帝直属都市ウルムに深夜、ウルム側の裏切り者の手引きを得て、夜襲をかけた。恐れおののく市民は混乱状態におちいった。「町の指導層」は、マリアにすがった。マリアはこの懇願をむげにはしなかったと信じられている。シェルキンゲンのウルリヒ伯およびエラーバッハのブルクファルトが援軍を率いてかけつけたのである。この解放戦争は、ウルム市民の目には「あきらかな奇跡」と映った。この解放の日をながく記憶にとどめるために、全市の教区司祭や修道僧はこぞって、例年ウルムを救ったマリアに敬意を表するミサをあげることになった[46]。

ルカ・レンドゥッチ(一四五〇～一五一六)は、『フィレンツェ日記』に、フィレンツェ市民がピサ、皇帝同盟軍に対する勝利を、マリアの介入によるものと信じていた様子をくわしく叙述している。「一四九六年十月三十日、われわれはサンタ・マリア・イムプルネタの板絵〈ノストラ・ドナ〉をもってこさせた。絵がフィレンツェに到着したのと同時に、フランス艦隊の十二隻の船が穀物を積んで入港し、ピサ、皇帝同盟軍の乗組員四〇人を戦死させ、大砲を除去したという報告がリヴォルノからとどいた。これは聖母マリアに捧げた崇拝ゆえの神の御業であった。このニュースはマドンナがフィレンツェに到着した、ちょうどそのときにもたらされたのであるが、さらにわかったのは、マリア像を取りにいく協議をおこなった日、艦隊はマルセーユを出港しており、板絵を搬入する体勢をととのえた日、艦隊はリヴォルノに達していたということであった。これは、フィレンツェを救おうというマリアの意志であり、マリアの奇跡力の好例である[47]」

フランシスコ会の教会に祭壇画を寄進したいというペサロ家の委託を受け、ティチアンが一五一九年から一五二六年の間に描いたマリアの絵のモティーフも、マリア崇拝と戦勝記念のむすびつきであった[48]。ジャコポ・ダ・ペサロが一五〇二年、教皇の艦隊の艦長として、サン・マウラ(レヴカス)沖のイオニア海でトルコ艦隊を打ち破った戦勝記念である。異教徒に対する勝利というマリアの贈り物を、彼女の手に返すキリストの兵士ジャコポ・ダ・ペサロのひざまずく姿が絵の左下方に描かれ、その背後の騎士姿の聖ゲオルクは、片手に月桂樹の冠で飾られたペサロの紋章と教皇アレクサンダー六世の三重冠をいただいた紋章のある旗をもち、ムーア人を一人マリアの王座の前にひきだしている。この『ペサロ家のマドンナ』は、注文主とその家族の面目のためのみならず、ジャコポ・ダ・ペサロの輝かしい海戦の英雄としての自分の姿を、後世の者たちの記憶にとどめたいという思いをこめたものであった。

北海沿岸のエルベ河口とアイダー河口のあいだに位置するディートマルシェンは、組合同盟的な自治体を形成していたが、ここの領主、教会区民こぞって、自分たちの国を「マリアの国」[49]と称して宗教改革の波に対抗したものであった。ディートマルシェンは救世主の母マリアを昔から最高の守護聖女として崇めていた。どの教会にも少なくともひとつはマリア祭壇をそなえ、外敵を退けてきたのはひとえにマリアの助けのおかげであると信じ、マリアに敬意を表して修道院を建設している。一四〇四年のハメ郊外の勝利の後、王冠をいただき光輪を背にしたマリアの姿をディートマルシェンの公印に刻み、一五〇〇年のヘミングシュテット近郊の戦いには、農民兵士たちは「助けたまえ、慈悲深いマリア」を唱えながら行進し、デンマークやホルシュタインの攻撃をはねのけた。このときもまたマリアに敬意を表し、ヘミングシュテットに尼僧院を建設している。マリアに庇護されているのだという堅い信仰は、新しい信仰の教えが説くものを受けつけようとしないばかりか、ディートマルシェン教区のマリア崇拝をますます強めることになった。

「われら騎士団の最大の女性であり庇護者」

ドイツ騎士団の大団長ディートリヒ・フォン・アルテンブルク（一三三五〜一三四一）は、マリアを「われら騎士団の最大の女性にして庇護者」と名づけていたが、「信仰の敵を強き手で」[50]打ちのめし、力ずくでキリスト教に改宗させることを目標にしていた騎士団社会の宗教的観念のなかで、マリアはどのような役割を演じていたのだろうか？

ドイツ騎士団の歴史は最初からマリアとむすびついていた。この騎士団の歴史はつまり、一一八九〜九〇年の第三回十字軍遠征中に、港町アコンの郊外に建てられた救貧院とともに始まっている。「聖なる神の生母処女マリアが開いた」救貧院を、彼らは「エルサレルムのドイツの家の聖マリア救貧院[51]」と名づけた。エルサレルムの名前が取り入れられたのは、設立者の聖地制覇の希望がこめられたわけである。この同胞愛から生まれたという「ドイツの家」の騎士団の由来について、十五世紀に次のような説明がある。「最初の騎士団の兄弟たちは貧しい巡礼者たちを宿泊させたり、滞在させたりするために結成されたので、救貧院は「精神的同盟」ともいうべきものだったのであり、「われらが愛する女性」の称号は、「ことに神の生母処女マリアに帰依していた兄弟が、彼女に敬意を表し、この騎士団を結成したことを」しめすものであり、「ドイツの家」というのは、「この団体の宗徒がドイツ人だった」からだ。つまり貴族出のドイツ人で、キリストの福音を守り、聖なるキリストの十字架の敵を武力でもって制圧する意図を持つ者たちによって結成されたのがドイツ騎士団であるという[52]。

慈善活動をおこなう「エルサレムの聖マリアに奉献されたドイツ人救貧院」の兄弟たちの連合は一一八九／九〇年から一一九九年にかけて、正式の騎士団に発展していった。団体制服としてドイツ騎士団の騎士たちは、――テンペル騎士団員と同様――黒い十字架のついた白いマントを着用した。一二一〇年から一二三九年にかけて騎士団の大団長をつとめたチューリンゲンの家士の出のヘルマン・フォン・ザルツェは、プロイセンに団体のあらたな活動領域を開き、もはや病人などの世話ではなく、自分たちの国家を建設し、ロシアの異教徒たちと戦い、屈伏させ、改宗させることを騎士団の使命にした。マリアはこの騎士団の行動を正当化する象徴的形姿となった。十字軍遠征、異教徒への伝道、統治権の確立などの好首尾をマリアに期待する前提となっているのはマリア崇拝であったが、彼らの崇拝ぶりにはなみなみならぬもの

ドイツ騎士団の守護聖女ならびに象標であるマリア．マリーエンブルクのマリア教会東聖歌隊席の窓外アーチ内の８メートルのマリア像．（写真撮影：レッヒ・オコンスキー）

があった。マリアが彼らの守護聖女であることを明確にするために、規約、典礼文のみならず、平生は言葉づかいにいたるまで神経をつかい、騎士団加入者は、誓願式において、「マリアの従順な使者[53]」たることを誓わねばならなかった。一二八〇年、騎士団の本拠として建設された城は、通称「マリーエンブルク〔マリア城〕」あるいは「ウンザー・フラウエン・ブルク〔われらが女性城〕」といったが、一三〇九年には、これが大団長の居城としてドイツ騎士団国家の統治中央機関になり、大団長の宮廷生活にあわせ、十四世紀を通じ増築をかさねていった。この高城のなかのマリア教会は、北ドイツの赤煉瓦建築のみごとな例だが、この東内陣の窓の外側の抱き石のうえには、八メートルもの高さのマドンナ像が立てられている。

この等身大をはるかに超えるマリア像は、いわば城と騎士団の紋章であった。十九世紀の詩人アイヒェンドルフは、この古城について、こう叙述している。

「マリーエンブルクの旧蹟のうちでも、城館教会の大きなマリア像が最も有名であろう。城の堀に接した教会の東南側の外壁の壁がんに立っている二五フィートの聖処女像である。左腕に幼児キリストをだき、前にのばした手には、金箔の輝く金属製の王笏をもち、その先端は樫の葉や実の飾りになっている。金色の衣に金色の小鳥を刺繍した赤い外套をはおり、頭に白い尼僧風の折り目のついたベールをかぶり、きらびやかな王冠をいただいている。壁がんの床は前方に急傾斜をなし、黄と緑のタイルが光っている。壁がんの背面は金色、青い両側面には金色の星をちりばめている。

この建物の列柱にかこまれた広間は廊下のすべてを支配している霊が強烈に現われでたかのようである。他の城館の霊のように、陰気な夜に徘徊するのではなく、明るい輝かしい朝の光のなかにたち現われるのである。朝日と同様な光線を放ち燃えたっている。だがこの巨像は、可愛らしく穏やかなマドンナではない。近く寄って見ると、この大きさは恐ろしいほどである。まさに超人的な高みの栄光のうちにある天の女王である」(54)

十四世紀初め、ドイツ騎士団はしばしば苦境におちいっているが、苦境におちいると、典礼にしめるマリア祈禱の度合いはますます大きくなった。当時の大団長ジークフリート・フォン・フォイヒトヴァンゲン(一三〇三年から一三一一年まで務める)は、各定時課後、司祭資格をもつ修道士は、交誦「サルヴェ・レギナ」に「困窮のうちにあって」および、「主よ守り給え」をつけ加え、信徒修道士は、「アヴェ・マリア」を唱えることを定めている。これもまた、聖処女を崇めることによって、何とか苦境をきりぬけたいという心情の現われであった[55]。

ドイツ騎士団の重要な役職にある者は、騎士団の庇護聖女像を公印に使用した。「大団長は王座につくマリア、騎士団長や他の役職にある者は、マリアの胸像[56]」を封印に刻んでいた。印章の図柄には、天使告知、キリスト誕生、三王の礼賛、エジプトへの逃避など、マリアの生涯のさまざまな場面が選ばれている。戦場のドイツ騎士団たちがかかげる「騎士団旗」も同様に、王冠をいただく天の女王が染め抜かれていて、騎士団規約によれば、これに背を向けて逃亡することは重罪であり、苛酷な禁固刑に処せられた。マリアのために戦うものは、マリアのために死ぬ覚悟でなくてはならなかった。

マリアの騎士

ドイツ騎士団と、宗教上のみならず世俗上の利害に関しても密接なつながりをもっていた当時の聖職者著者たちは、団員のことを「マリアの騎士」と呼んだものだが、団員もこの呼称を誇りにしていた。いずれにせよ、この呼称は、キリスト教信仰に貢献するのが騎士団の職責だと心得ていたことをしめすものだったのであろう。

マリアの騎士たちは、マリアの祝日に戦端を開くことをつねとしていた。一二八〇年から一二八二年にかけてプロイセンにおける騎士団長をつとめていたマーネゴルト・フォン・シュテルンベルクは、マリアのお清めの祝日（二月二日）も、クラジーエンに侵入し、ペーター・フォン・ドゥスブルクの報告によれば、ここを「掠奪と放火で[57]」荒廃させ、有力な貴族だったスカウマントの家屋敷を灰燼に帰せしめたという。そうして百五十人の男たちを捕えて殺害し、掠奪品をもち帰っている。マリアの祝日に事を起こせば、幸運の星のもとの成功が保証されるかのようであった。戦歴を誇る団員に対し、マリアは被害者に対する同情を喚起することはなかった。彼女はひたすら勝者の凱旋を支持するばかりであった。

戦争行為に、マリアの祝日の効果をあてにするのは中世の伝統であった。「奇妙なことに、軍事行動に最も人気のあるのが、八月十五日のマリアの被昇天の祝日」であった。オットー三世は九九三年のこの日にスラブに出兵し、カール四世は一三六〇年、ヴュルテンベルク伯に対して戦端を開いているが、この間にも、数多くの戦いがこの祝日に開始されている。とくにイタリア半島における記録が多い。最初の十字軍遠征も一〇九六年八月十五日であった。この他にも、マリア誕生の祝日(九月八日)もかなり重要な役を演じている。一二二七年のこの日、フリードリヒ二世は、十字軍遠征の船を出港させ、シュヴァーベン公コンラディンは、一二六七年の九月八日、不運なイタリア遠征を始めている[58]。

しかし中世末期になると、マリアへの愛と戦略とをむすびつけるのを、快しとしない神学者たちがでてきた。彼らはこの両者間に調停不能な矛盾の存在することを認めたのである。フランスの王位の救済者ジャンヌ・ダルクは、一四二九年のマリア誕生の祝日に、彼女の軍隊に首都攻撃を命じることによって、この祝日を汚したとして、パリ大学の教授たちから非難されたものであった。この不適切な時日におこした軍事行動は、彼女が「地獄の使者[59]」であることを暴くものであったという。フランスの審問官代表のドミニコ会会士ジャン・ルメートルに、「パリをわれらが愛する女性の誕生日に攻撃したのは正しいことであったか?」と尋問されたジャンヌ・ダルクは、「われらが愛する女性の祝日は敬うべきだと思います[60]」と答えているが、この戦闘的な処女の、祝日を敬うという理解は、神学者や審問官たちとはちがっていた。フランスの王政のために戦うことは、オレルアンの乙女にとって、マリアから与えられた使命であり、マリアから命じられたことを、マリアの祝日に実践することは、ジャンヌ・ダルクにとって、マリアの誕生日を汚すことにはならなかった。

マリアの祝日と戦争行為とは一致しうるのか？　ドイツ騎士団にこの問いがつきつけられたとき、騎士団は伝統に固執したが、コンスタンツ公会議において、ポーランド王位の利害を代表していたクラカウの市参事会員パウルス・ウラディミール（一三七〇頃～一四三五）は、騎士団員が不信心者たちに対する戦いをいつもマリア被昇天の祝日にはじめるのは、キリスト教の精神と教えにもとっていると批判し、異教徒に対する支配欲にかられた戦争行為は、神における平安を破壊するものだと非難した。(61)

騎士団を弁護するドミニコ会会士ヨハネス・ファルケンベルク（一三六四頃～一四二九）の見解は異なっていた。とくに大切なマリアの祝日に不信心な異教徒に対し、信仰を守るために遂行される戦いは、迷信とは関係なく、戦争行為のもつ宗教的性格に相応するものであった。この戦争は「精神的な活動」の実践であり、聖書の安息日の掟にそむくものではない、と主張したものであった。(62) このドミニコ派の神学者はこう主張したのみならず、実利的な見解まで披瀝している。つまり二月二日という冬の期日は雨期のはざまにあって、これ以前あるいは以後の数週間、数ヵ月より有利だというのである。また夏のマリア被昇天の日も、冬より軍隊の食料の補給が楽であると述べている。

マリアを戦乱に引きこんだ典型例が、一三四八年ドイツ騎士団がリトアニア人に勝利したメーメル河支流のストラウヴァ河畔の戦いであろう。大団長コンラート・フォン・ヴァレンロート（一三九三没）の紋章官ヴィーガント・フォン・マールブルクが一三九四年に書きあげた韻文年代記は、断片しかのこっていないが、そのラテン語散文翻訳が歴史的内容を伝えている。それによると、戦いはマリアのお清めの祝日（二月二日）におこなわれた。マリアの旗のもとで戦死した騎士団員は五十人、だが一万八千人のリトアニア人を倒した[63]。ザームラントの一目撃者の報告では一万人ということだが、とにかく「主と祝福された生母処女マリアが先頭に立って戦われた」ために、「彼らは一万人以上の不信心者を打ち殺し、まことに勝利をおさめたが、他の逃げ去った[64]」騎士団員たちはこの勝利をマリアの特別な介入〔インターヴェンチオ〕に帰した。ヴィーガント・フォン・マールブルクのものだという折紙つきの詩句の断片には、マリアの庇護がこう歌われている。

われらが女性の御姿は
いつもは柔和に
まなかいにうかび
キリスト信者に
支援の恵み
そして助けはひとえに
マリアよりもたらされる[65]

勝利を確実なものにしたくて、当時の大団長ハインリヒ・ドゥーゼメアは修道院寄進を誓った。ロェーベニヒト（後代ケーニヒスベルクに併合）のシトー会尼僧院がそれである。寄進書にも動機がはっきり記述されている。「われらが主、神のしめされた恵みを記念して[66]」

彼の後任者ヴィンリヒ・フォン・クニプローデは、前任者の思念を、騎士団規約という形にして受けついだ。神と処女マリアを賛美するための出兵が告示されるときには、修道尼たちは出征兵士の武運長久を

願って、祈願行列をおこない、三位一体、すべての聖人、聖処女マリアを敬うミサをあげるべし、というのである。(67)

マリアは教会迫害者を、キリスト教の先兵に変身させる機能も発揮した。教会を迫害していたプロイセンのスカウマンド侯が、「キリスト教徒のためのほめたたえるべき指導者」となったのも、マリアの協力のおかげだったという。ペーテー・フォン・ドゥスブルクの記述によれば、彼は死の床にあって、司教から改宗の理由を問われたとき、「改宗前の私はろくでもなく、善行といえばただ一度、ポーランドの異教徒たちが聖母子像を奪い、引き裂いたのを拾いあげ、自分の衣で汚れをぬぐいとり、しかるべき所に返したことだった(68)」と答えて、息をひきとった。スカウマンドが彼女の像を心にかけたことに対し、マリアがどういう方法で報いたかは、直接記述されていないが、マリアがプロイセンの領袖を改宗へとみちびき、安らかな死を与えたことは、これからもはっきり読みとれるであろう。

スダウエンのルシゲヌスという名の貴族の改宗物語も同じ雛型のものである。この改宗者も死の床で、生前の善行の有無を問われると、多くのキリスト教徒を殺害したが、大軍を率いてポーランドを襲ったとき、ただ一度、あるスダウエン人が奪い去った聖母子像を、兵士たちが帰途、槍の先につきたてておもしろがっているのを見て、画像に同情を禁じえず、力ずくでこれを取りあげ、あるキリスト教徒に「おまえの神の像をしかるべき畏敬をもって扱われる場所へもっていけ」といって手渡した。するとその後、美しい衣の聖処女が夢に現われ、「あなたがわたしの像に対してしめしたおこないは、わたしの息子の王国で報われるでしょう(69)」と告げたという。

死にゆく戦士たちには慰め、敵には恐怖

ペーター・フォン・ドゥスブルクのマリア物語を韻文に独訳したニコラウス・フォン・イェロシンの『プロイセン年代記』(一三四四)では、原書のマリアの特性がさらに強められ、「戦場で死に瀕している戦死に現われる慰め手」になっている。瀕死の兵士の前に現われるマリアは、信仰のために戦った功労に対し、三日以内に天国の報いを得るだろうと約束するのである。マリアは「やさしく」兵士に語る。

ああ、わたしのいとしい戦士よ
この苦しみに喜んで耐えるがよい
三日目には、あなたの嘆きも
おわりをつげるでしょう
あなたはここで死んでも
天の報酬を得るでしょう
わたしのために死に赴いたあなたは
これまで得たすべてにはるかにまさる
大いなる悦びを受けとるのです(70)

被保護者たちの敢闘精神を心にかけているマリアは、提げ香炉をもって戦場に現われ、戦死者たちに香煙

で祝福を与える。騎士団員へアマン・フォン・リヒテンベルクは「高貴な生まれ」にも「まして勇気が高貴」[71]であったという。素肌に鎧をつけ、すり傷だらけになり、聴罪司祭に鎧をぬぎ、武器だけで戦うよう忠告されても聞かなかった。ところが彼の傷は「奇跡のしるし」によって快癒した。夜のうちに「清らかな処女マリア」が現われ、「彼女のやさしい手」[72]で傷を癒してくれたという。

マリーエンブルクのマリア像も奇跡力を発揮している。一四一〇年ポーランド王がタネンベルクの戦の後マリーエンブルクを包囲した。だが包囲を八週間つづけても落とすことはできなかった。ポメルンの司教区裁判所首席判事ヨハン・フォン・ポジルゲが一四一九年まで書きつづけた『プロイセン年代記』に、「また大いなる奇跡が生じた。王の射手が市門の上のマリア像を射ち落とそうとして、目がつぶれたのである」[73]と報告している。

ヨーゼフ・フォン・アイヒェンドルフもタネンベルクの戦いの後の騎士団の状況やポーランドの射手の暴挙について叙述している。「タネンベルクの戦いの後十日目であった。城の鋸壁から敵軍の先頭集団の姿が見えた。彼らはシュトゥームの森から姿を現わした。彼らの通過する街道の村は炎をあげていた。殺害、掠奪がおこなわれ悲惨ははかりしれなかった。プラウエンの和平案はヤギェエルの傲慢にくじかれ、勝利に酔った集団はたちまち城を取り囲んだ。彼らは投擲弾で、火災をまぬがれたヨハニス教会にも穴をあけ、とくに城の中央部と騎士団長の居所を狙った。〈よし！〉プラウエンは叫んだ。〈神と聖処女がわれらを救ってくださるだろう。マリーエンブルクからは一歩も退くものではない〉[74]」

マリアはこの信頼に応え、騎士団の守護神像を破壊しようとしたポーランド人射手を罰したのである。「古い年代記によれば、投石器をマリア像に向けた王の射手は的をはずしたが、冒瀆行為のため、目がつぶれてしまった。この出来事は、ポーランド軍内に驚愕と恐怖をひろげた[75]」

マリアの助力に対する騎士団の信頼は大きかった。ほとんど不動のものであった。敗北を喫しても、マリアへの忠誠心はかわらなかった。敵軍に勝った場合には、領主や都市はマリア聖堂を建立するのがならわしとなっていたが、ドイツ騎士団は一四一二年、タネンベルクの戦場に戦死者の魂をマリアの保護に託するためにマリア聖堂を建てている。

神の母の世襲地

伝統を重んじるドイツ騎士団の最後の大団長となったアルブレヒト・フォン・ブランデンブルク＝アンスバッハ（一四九〇〜一五六八）は、ポーランド王との戦いに、マリアの助けへの希望を団員たちの間に呼び起こそうと懸命であった。[76] 光背のあるマリア像と「救いたまえ、ああ、処女！　あなたの沽券にかかわることです[77]」という文字を刻んだ記念メダルを鋳造させたりした。マリアに助けを乞う理由は大いにあって、対ポーランド戦争は破局の縁にたっていた。皇帝の助け船により、停戦協定がむすばれたが、これの代償が高かった。アルブレヒト・フォン・ブランデンブルク＝アンスバッハは、ポーランド王に世俗の領主として忠誠の誓いをたて、封臣として依存することになったのである。「プロイセンのアルブレヒト大団長の領国国家」は政治的主権を奪われ、騎士団国家が世俗の侯爵領に変化する端緒となった。

対ポーランド戦争を、アルブレヒト・フォン・ブランデンブルク＝アンスバッハは、ひたすらマリアにかかわるものとみなしていた。だから一四六六年の二度目のトルンの和平条約によって失った領土と主権をわが手に取りもどすべく、ポーランド王に送った宣戦布告に「プロイセンの地」を「神母の世襲地」と名づけ、「騎士団が神の母のために[78]」正当に所有するものだと記したものである。解体寸前の状態にあった騎士団を、大団長は、二百年前にプロイセンを「キリストの母の国[79]」と名づけたニコラウス・イェロシンの伝統を呼びもどすことによって、立て直そうとはかったのである。騎士団に不利なトルンの和平条約は、彼の目には「神の母の国の掠奪」でしかなかった。ポーランドに対して開いた戦端を、彼は「われらが愛する女性の国の奪還[80]」の企てとみなした。騎士団の国と権利を侵害することは、マリアを軽蔑し、その名誉を傷つけることにひとしかった。一五二一年戦端が開かれると、彼は誓いをたてた。「私は騎士団の……ことどもが整いしだい、神を讃え、神の祝福された母マリアに特別の敬意を表するため、騎士団の国の全領域において、聖母御宿りの日を教会の内外で祝賀させるであろう[81]」

一五二三年、彼がダンツィヒで印刷させた『プロイセンの大団長がマリアに呼びかける歌』は、敬虔な情熱と政治的利害関心が緊密にむすばれあっている。なぜかくも、マリアの所有地が不正にみまわれなければならないのか、と彼は問う。

ああ、われらが女性よ、どうして/あなたの国へのこのような大きな不正に
耐えられましょうか?
ドイツ語で私は乞います。われらが女性よ、どうか
恵みと温情をお送りください　あらゆるときに……
あなたは聖母、私はしもべ/あなたの愛する子は私の主
ああ主と聖母よ、私をはねつけないでください。そして正義のもとに
とどめてください。……

そしてあなたのしもべに恵みを与えてください、すべての団員の
生命財産をお守りください
われらを守護し、われらすべてをあなたに仕えさせてください[82]

「神のすべての戦いにおける勝利者」

一四九二年の秋口、フランス王シャルル八世はナポリ王国の支配権を主張してアルプスを越えた。外国勢力の権力闘争の渦にまきこまれたイタリアでは、マントゥーラのフランチェスコ・ゴンツァーガ辺境伯が反フランス戦線を組織し、一四九六年七月六日フォルノボ近郊の戦いで獅子奮迅の働きをしたが窮地に陥った。彼は神の母の庇護に身をまかせ、救出されたあかつきには画像を贈呈すると誓った。誓いは報われたという。

生きのびた辺境伯は、戦いの後誓い通り、自分に久しくつかえていた宮廷画家のアンドレア・マンテーニャに絵を委託した。今日ルーブルに収蔵されている『マドンナ・デラ・ヴィットリア〔勝利のマリア〕』[83]がそれである。大理石の高座にこしかけている神母は右手をひざまずく辺境伯の上にのばして祝福を与え、大天使ミカエルがマリアの庇護マントを彼の上にひろげている。一四九六年六月六日の戦いの一年後、マンテーニャの絵は、新しく建立されたマリア・デラ・ヴィットリア教会に移された。

先頭に立って戦う女戦士、「神の戦いの勝利者」として、トルコ人や異端者に対するキリスト教徒軍の守護聖女として、マリアは十六、七世紀の政治的宗教性を決定づける役割をはたしている。一五七一年十

月七日朝、コリント湾のヴェネチアの海の要塞レパントの傍をトルコ軍に対してキリスト教信仰を守る共同戦線をはるため、「聖なる連合」艦隊が出港したのは特異な歴史的瞬間であった。四時間の海戦に二四三隻のスペイン、ヴェネチア、教皇、ジェノバ、サヴォア、マルタの艦隊は勝利をおさめた。ちょうどローマのロザリオ信心会がいつも祈願行列をおこなう十月の第一日曜日だったことから、マリアは海戦の勝利の生みの親として讃えられ、教皇ピサ五世は一五七二年三月、「われらが愛する勝利の女性を記念して」毎夏レパントの戦いの日、感謝の祝祭を催すことをさだめた。

レパントの記憶は、自分たちが真の信仰に生きマリアを最も高貴な救済計画の道具としている全能の神を崇めているという確信につながるものであった。聖俗の支配者たちがマリア典礼をおこなうところでは、どこでもマリア崇拝は、宗教的国家的アイデンティティー形成の一要素となっていた。この時代の著者たちがマリアと国との相互関係をどのように表象していたか、よくわかる例がレットラントのハインリヒ（一一八八頃～一二五九）の『リーフラント年代記』だろう。彼はリーフラントを「至福の処女の国」と名づけ、エルサレムの「息子の国」に対しては「母の国」とみなした。母を愛する息子は、自分の国が失われるのを望まないのみならず、「自分の母の国が危険にさらされることも[84]」望まないだろうというわけである。海の星として、マリアはつねに「彼女のリーフラント」を見守っているという。世界の女支配者にして、すべての国の統治者であるマリアは、「彼女の特別の国」をつねに見まもっている、というわけである。

このような見解と期待が年代記編纂者たちの筆に熱をこめさせた。「見よ、神の母は彼女に忠実に仕えるリーフラントの彼女の身内に対し慈愛にみちているのである。彼女は彼らの身を敵から守ると同時に、ここに侵入したり、この国の信仰や彼女の息子の栄光を傷つけようと企む者たちには情け容赦しない。見よ、どれほど多くの権力ある王たちを、彼女は罰したことか、どれほど多くの背信の徒、異教の徒を彼女は地上から撲滅したことか、いかにしばしば彼女は彼女のしもべたちに、敵に対する勝利を与えたことか。要するに、彼女はつねにリーフラントの彼女の旗を庇護していた……そしてみなに勝利の凱旋をさせた」[85]

マリアを崇拝しこれを宣伝する王国の歴史理解、自己理解にはマリアが長く影響をおよぼしている。とくにハンガリーがそうであり、近世のバイエルン、オーストリア、フランス、ポーランドもまたそうであった。マリア崇拝に共同体の禍福をゆだねた国では、あきらかにマリアが政治的なまとまりに一役を買っていた。

ハンガリー王ステファン（九九七～一〇三八）およびラディスラウス一世（一〇七七～一〇九五）の伝記は、ハンガリーのアルパデン一族の王たちが、何よりマリアの庇護に身をゆだねていたことをうかがわせる。ステファンはマリア被昇天の祝日に戴冠式をおこない、王冠を聖処女からの贈り物とみなした。マリアに敬意を表し、彼はシュトゥールヴァイセンブルク（アルバ・レギナ）に教会を建立させ、彼の世継たちはここで戴冠式をおこない、ここに埋葬された。ステファン王は、「神の生母にして永遠の処女マリアの手助けにより」[86]外敵との戦いに勝利をおさめたのだという。なかでも聖ラディスラウスの時代、ハンガリーは聖処女の王国という観念が形成された。十六世紀初頭の賛美歌は、ラディスラウスを王国を彼女の庇護のもとにおいた王、真にマリアに敬虔に身をゆだねた王と讃えている。[87]

ベラ四世（一二三五～一二七〇）がマリアに敬意を表して創設したトゥロク修道院の創立文書には、栄光にみちた処女マリアはハンガリー王国の守護聖女、女主人にして代願者と記されている。[88]アルパデン家の最後の王アンドレアス三世（一二九〇～一三〇一）も、シュタイマルクの韻文年代記によれば、聖処女の国ハンガリーを無傷のまま維持することを誓っていたという。

アンジュ家のハンガリー王たちは、「マリアの王国（ルグヌム・マリアスム）」の伝統を受けついだ。一三一七年に制作されたフレスコ画は、カール・ローベルト・フォン・アンジュがマリアから王冠を授けられている様式を表現している。彼の息子ルートヴィヒ大王（一三二六～一三八二）は、一三四二年以降ハンガリー王、一三七〇年以降ポーランド王でもあったが、ハンガリーを「ルグヌム・マリアヌム」と名づけ、硬貨に王国の「特別な守護聖女であるマリア」の像を刻印させ、毎日のように「ハンガリーの大いなる女支配者」に祈り、彼および彼の家族ならびに彼の国に救いの手をさしのべるよう乞うた。一三六六年、オスマントルコとの戦いには、彼は軍隊の先頭にマリア像をかかげさせた。天の女王はこの信頼に応え、ハンガリー王は勝利を収めた[89]。トルコの軍勢に四度の戦いで壊滅的な打撃を与えた彼は、王は今日も訪れる者の多いシュタイアマルクの巡礼地マリアツェルに巡礼して、イコンを奉納したばかりか戦勝の感謝のしるしに、教会の塔およびマリア礼拝堂を増築させている。トルコ人に対するルートヴィヒの勝利を描いた「小さなマリアツェルの奇跡の祭壇」の中央の図も彼を想起させるものだが、教会正面入り口には、彼の等身大以上のバロック様式の彫像が立っている。これを見るにつけても、巡礼地マリアツェルの往時の吸引力がしのばれる。

ルートヴィヒ王は、ポーランドのチェストホーヴァの修道院の創設にも関与しているが、ここの黒いマドンナは現代にいたるまで、ポーランド国家の象徴という機能をはたしている。クラカウ大学の教授グレゴール・フォン・ザムボアは一五六八年、チェストホーヴァと題する詩を書いて、このなかでこの黒いマリアを「ポーランドの女王」と呼んだり、「聖なる公正な信頼のおける守護聖女」と描写したりしているが、一六五五年この修道院はスウェーデン軍の攻撃に対する最後の砦となり、一年後には、ポーランド王ヨハン・カジミール・ヴァザをしてここの黒マリアを、「ポーランド女王（レギナ・ポロニアエ）[90]」と公にさだめさせている。
マリアをある一国の女王として崇拝することには、もちろん政治的な意味があった。だからこそ、女帝マリア・テレジアは、ポーランド総督を通じ、マリアを公的な祈禱において、ポーランド王国の女王だとか守護聖女だとか呼んではならないという通達をだしている。一七七二年、ポーランドがオーストリア、プロイセン、ロシア三国によって分割されると、マリアの呼称も「新しい状況」に相応するものでなくてはならなくなった。マリアはガリシア人とかロドメリア人たちといった一地方人たちの守護聖女にすぎず、統一ポーランドの意識を蘇らせるような崇拝は阻止された(91)。チェストホーヴァの巡礼も禁じられたのである。

この政治的打算による禁止は「汚れなきマリア」崇拝が中心的位置をしめてきたハプスブルク家のこれまでの信心「オーストリアの仁慈〔ピエタス・アウストリアカ〕」には矛盾していた。無傷、無誤謬の処女マリアのしるしのもとに、フェルディナンド二世は「無傷で無誤謬の教会の真実のための戦い(92)」を遂行し、マリアを「彼の大元帥」「最高の軍師(93)」と名づけたものである。オーストリアの旗もマリアの姿を染めぬいていた。一六四七年、王は「全国を栄光の処女マリアの庇護のもとに置く(94)」と宣言したのであった。レオポルト一世も帝国をマリアの封土、「同様にまた先祖伝来の地(95)」とみなし、皇帝戴冠式をすませると、巡礼地アルト・オェッティングでマリアの聖体の秘跡を受けている。一六五八年の九月五日のことであったが、皇帝の権威をマリアによって証明しようとしたわけである(96)。また一六七六年にマリアツェルに巡礼したときには、『メモリアル』に、「私はこよなく聖なる処女マリアを戦時においては指揮官とあおぎ、和平交渉時には全権代表とするつもりである(97)」と記し、ウィーンとハンガリーの解放を神に感謝して、彼もまた聖王ステファンにならって、ハンガリーを「天の地の女王」、「大いなるハンガリーの女主人〔マグナ・フンガリアエ・ドミナ」(98)にゆだねている。

十七世紀、ハプスブルク家の由来を調査したある歴史家は、「マリアゆえにオーストリアの支配者たちは統治し、命令をくだし、勝利し、和解する」(99)と書いたものだが、マリアをフランスの守護聖女にしたフランス王ルイ十三世（一六〇一〜一六四三）や、神母を国の守護者に選んだバイエルン侯マキシミリアンについても、同じことが言えるだろう。ルイ十三世は、王国を一六三八年マリアに捧げ、彼女から封土として受けとった。文書に記した誓いに、マリアを「われらが王国の特別の女守護者〔プロテクトリツェ・スペシアレ・デ・ノストレ・ロヤウムメ〕」と名づけ、この「強大なパトロンヌ〔プイソン・パトロンヌ〕」ゆえにフランスは無敵なのだと確信していた。マキシミリアンもマリアを「パトロナ・バヴァリアエ」として、中世末期にさかのぼる伝統にのっとっている。

バイエルンの庇護女性

バイエルン、フランケンおよびシュヴァーベン地方のマリア信心には由緒がある。中世初期から盛期にかけてマリアはバイエルンで非常な崇拝の的であった。教会や聖堂、道の辺や家屋正面の立像、町なかのマリア柱といった無数のマリア聖域がこれを物語っている。大、小規模の巡礼はバイエルンのマリア信心の結晶核をなすものであった。バイエルンは「マリアの国」といまでもなお言われている。

バイエルンのヴィッテルスバッハ家の侯爵や選帝侯たちは例外なくマリア崇拝者であった。マリア崇拝が自分たちに、天上においても地上においても利益をもたらすというのが彼らの確信であり、政治的信念であった。マリアは個々の信者の救済と同時に、国全体の福祉にもとりなしをしてくれるというのであった。

皇帝ルートヴィヒ、バイエルン王（一二八二～一三四七）は、ドイツ選帝侯の過半数により選ばれアーヘンで戴冠すれば、教皇の認可なくとも、正当な支配権を行使できるのだという見解を、教皇および教皇庁に文書で送りつけたのみならず、武力紛争も辞さなかったが、このような教会との争いも、彼にとってはマリアへの献身をしめだすものでは決してなかった。イン河畔のシュールドルフの戦い（一三二二年）で、オーストリアのフリードリヒ美王に壊滅的な打撃を与えた後、彼は「処女マリアに敬意を表し、ゲルツェン上流のフィルス河畔に聖堂」を建立させ、[100] またミュンヘンのリープフラウエン教会に祭壇を奉献して、毎日ここでミサをあげさせ感謝表現の態度をしめした。

一三二四年、ミュンヘンの「アルト・ホーフ」のマルガレーテ聖堂に、寄進された浮き彫には、マリアのとなりにひざまずくこの皇帝の姿が刻まれ、彼の二度目の奥方となったオランダ出身のマルガレータ・ベアトリスが神母に教会の模型を手渡している。彼はまた一三三〇年に上部バイエルンにベネディクト会修道院も建立させている。これまた「神をたたえ、われらが女性に敬意を表して」[101] 寄進したものであったが、一三四七年十月十一日、狩りの最中に突然の死にみまわれ、神母に「甘き女王、われらが女王よ、わがいまわのときまであらせられよ」と乞いつつ息を引きとったという。

一流の芸術家でもあったジギスムント公爵は、バエイルン王国の首都にして居城都市ミュンヘンの聖母教会の新築に貢献し、トルコ軍の来襲の危機に直面したアルブヒト五世（一五二八～一五七〇）は、臣下にアンジェラスの鐘の音とともにマリアに祈ることを命じている。「すべての者、何人の例外もなく、路上にあろうと仕事中であろうと鐘の鳴る間は帽子をとってひざまずき、少なくとも主の祈り、アヴェ・マリアを唱えるべし。一家の主人も主婦も子どももも奉公人もこれを守るべし。違反者ははじめこそ警告ですまされても、やがては罰金刑に処せられるであろう」[102]というのが一五六六年の公布である。

彼は一五七一年に、ヴュルム湖（シュタルン湖）で水難にあったが、「国の女守護者」マリアに祈り、アルトエッティング巡礼を誓って助かったが、インゴルシュタットの司教座聖堂にも「やんごとなき天の女王マリアに敬意を表し」、「主祭壇」[103]を奉献している。その中央の絵は雲上に君臨するマリアとともに、自分および妻子を描きこませたものである。画家は彼の「輝く甲冑姿」[104]を描いたが、その甲冑は今日のこっており、胸部には幼児イエスをだくマリアが刻みこまれている。これは中世後期にさかのぼるミュンヘンの武具師の慣わしであった。一四六八年のミュンヘン市参事会の条令に、「ミュンヘンの鎧の胸あての金属技工は、神母を像を打ちだすべし」[105]とさだめられている。

ヴィルヘルム五世は、イタリアのアンコーナにある西欧で最も重要な巡礼地の一つロレートに巡礼し、ここの聖母マリアに「二十四の腕のある釣りランプ、八十ポンドの銀、黒檀と銀でつくられたヨセフのエジプト逃避行像、金とダイヤでできたキリスト復活像他多くの宝石を献じた」り、「スイスの最も有名な恵みの聖所」アインズィーデルンをたずねたりしている。[106]

ミュンヘンのマリア

公爵はミュンヘンをマリアの特別の庇護にゆだねていた。ミュンヘン公会堂の礼拝堂にマリアの彫像を寄進し、聖母教会にマリア信心会を創設した。この信心会の会員は、「神母に大いなる崇敬をいだくのみならず、異端的書物や画像をすべて撲滅」するとと誓約しなくてはならなかったが、一五七六年には聖ローレンティウスの連禱を唱えることも定められた。さまざまな肩書きでマリアに呼びかける祈禱である。オルランド・ディ・ラッソに作曲もされているが、これも公爵の意向をくんだものであった。

ヴィルヘルム公爵統治下のミュンヘンは、マリア崇拝の花ざかりであった。一五九二年の聖体の祝日の行列はマリアの生涯を再現するものであった。「粉屋たちはマリアの婚礼を演出し、白衣の旗手に神殿神輿がつづく。銀の燭台二つに火がともされ、行列からいくらか離れるようにして、淡青色の衣をまとった花嫁姿のマリアと僧侶帽つきの衣を身につけたヨセフがこれにつづく。この後に（イエズス会員や主任司祭から司教帽を借りた）大司教が助祭を二人をともない、受胎告知は穀物商たちが演出する。緑色の服の旗手につづいて、緑衣の四人の天使に担われた処女マリアの部屋、上方に聖霊がただよい、その後に、さきほどとほとんど同じ花嫁姿のマリアが（宮廷から借りてきた）金箔の木彫の翼と天使の頭髪とをつけた天使ガブリエルをしたがえて進み、釘職人と弓職人によるご訪問祝日のグループの前には、小山が押されてゆく。布裁断師たちによるキリスト誕生の演出グループは、黒と黄の旗手につづいて色とりどりのストラ姿の天使九人、ついで四人の力強い赤い衣の天使が飼い葉桶と赤子キリストを担い、つづいてマリアとヨセフ、三聖王は、毛皮加工職人のグループ、旗手がすでにエキゾチックな衣を着ている。にぎにぎしく各王――メルヒオル、バルダザル、カスバの順に――の前には、貴族生まれの小姓が旗と笏をもって露払いをつとめ、従者が馬をひき、最後の馬は白馬、各王には親衛隊が赤と白、青と白ないしは黄と白の衣服を着てしたがう。彼らは十文字槍ないし鉾槍をもち、その後になお二人のモール人。そしてマリアとヨセフが子どもと彫り物の牡牛と驢馬も加えて入っている家か小屋がつづくのである」(107)

処女の「奴隷」選帝侯マキシミリアン

ヴィルヘルム公爵の息子でバイエルン最初の選帝侯マキシミリアン（一五七三～一六五一）は、幼少期から「至福の処女マリアに熱烈な愛」をいだいていたことでほまれ高い。十一歳でイエズス会設立のミュンヘン・マリア信心会に加入し、ドイツのマリア団体の総督に任命されている。若い王子は天使祝詞、ロザリア祈禱、マリアに関する職務に加え、平信徒たちが朝昼晩あげるマリアへの祈りも自分の日課にふくめていた。

一六四五年彼は、アルトエッティングの聖像の下に、「奴隷」として処女マリアに身を捧げると、自分の血でしたためた紙片を置いたものだ。マリア信心もここまでくると異様、奇矯、ヒステリックに思えるかもしれないが、この露骨なポーズは敬虔心からだけのものではなかった。

バイエルン選帝侯のマリア崇拝は、まったくの私事というわけではなかった。個人的な信心と政治的な思惑とに区別がなかった。マリア崇拝は個々の信者の魂を救済すると同時に、国の利益にかかわるものでもあった。彼の君主統治は一五九八年のアルトエッティング巡礼とともに始まっているのである。一六〇一年彼は、すべての臣民に、ロザリオを携帯し、アンジェラスの鐘とともに、在宅中であろうと路上であろうとひざまずき、「主の天使」に祈ることを義務づけた。こうした宗教的統一が、共同体の政治的社会的団結に役だったのである。宗教は二重の機能をはたしていた。永遠の生命を約束し、倫理的な行状を義務づけ、国家の目的に協力していたのである。(108)

選帝侯マキシミリアンは、ミュンヘンに新築した城館の正面壁がんにマリアの銅像を立てさせた。彫刻家ハンス・クルムパーの手になるものだが、右手に笏をもち、頭に王冠をいただいている。これは天の女王の伝統的なアトリビュートだが、右足で罪深くはかない世界のしるし三日月を踏んでいる。太陽を身にまとい、月を踏みつけ、十二の星をいただいて天に現われる黙示録の女を思わせる姿である。碑文には「バイエルンの守護聖女(109)」とある。

マリアをバイエルンの守護聖女に選んだマキシミリアンは古いキリスト的な伝統、中世の信心の伝統を守り通そうとしたのであろう。キリスト教の聖人崇拝は、最初から守護の思想とかたくむすびついていた。オリエントおよび西洋のキリスト教徒によって崇拝された聖人たちは、古代末期の都市や神や英雄たちの果たしていた守護任務を引きついだのである(110)。中世盛期以降、西洋のマリアのマントが庇護の象徴となった。すべての大きな団体は、神の王座への強力な代願者によって庇護されようとして、マリアのマントのなかへ逃げこんだ。シトー会、カルメル会、ドイツ騎士団、イエズス会士たちも、マリアに守られることを願ってやまなかった。諸都市もマリアを守護聖女に選んできた。「自らを真のバイエルン統治者のマリアの代官」と心得るマキシミリアンにとって、マリアを国の守護聖女とするのは当然のことであった(111)。

天上の処女の勝利

マキシミリアンは一六一八年、三十年戦争にマリアとともに出陣した。軍勢の旗印はマリア。片面はイエスをだいたマリアの姿に、雅歌六章四節から引用した「統制のとれた軍勢のように恐ろしい」、裏面にはイエスとマリアの名前とともに「敵に対する力を与えたまえ」という祈願が書きこまれていた。王はことあるごとに旗に祈った。「悦びたまえ、処女よ、邪教をあなたはひとりで克服された(112)」

「勝利のマリア」，ヴォルフガング・キリアン（1662没）の銅版画「バイエルン選帝侯マキシミリアン（1573～1641）賛美」．ウィーンのアルベルティーナ版画コレクション蔵（写真提供：オーストリア国立図書館の絵画史料館アルベルテイーナ基金）．天幕の前にバイエルン選帝侯が，三十年戦争の間，自分の軍隊を託したマリア軍旗（恵みの母マリア）を立てている．この銅版画のテーマは，マリアがプラハ近郊のヴァイセンベルクにおける戦いにおいて，かつてレパントにおける（1571）対トルコ艦隊におけると同様に，神の戦いにおける勝利者の実をしめしたことを想起させることであった．画面左のハイデルベルクのオベリスクの上に黙示録の（太陽をまとい，月を踏み付け，十二の星のきらめく王冠をいただいている）女性が現われているが，左手に聖霊（鳩）がとまり，マリア・イマクラータ〔無原罪のおん宿り〕と同一化されている．バロック時代の神学，芸術，信心生活は共通して黙示録の女性をマリアと同一視したものであった．画面右のミュンヘンの円柱上には，天の女王マリアが炎の車を美徳の霊に牽かせて現われている．皇帝城の上方に浮遊する勝利の女神は勝利の冠をかざし，ミュンヘンの円柱の上空には皇帝の鷲が選帝侯冠と帝国宝珠をもって飛来している．ミュンヘンの円柱は，碑文がしめしているように，「バイエルンが恩寵に守られたので」建立されたのであった．この恩寵へのマリアの仲介は決定的なものであった．

対ボヘミア戦争を彼は信仰の不信仰に対する戦いとみなした。若い頃からマリアを幻視していたというカルメル会のカリスマ的人物ドミニクス・フォン・イエズスマリア（一五五九〜一六三〇）を戦線にともなっていったが、この司祭はマキシミリアンに茶色のスカプラリオ〔肩衣〕を授けた。伝説によれば、マリア自身が十三世紀半ばある修道会士に、天上の救いの担保に手渡したもので、死に際して身につけていれば、死んで最初の土曜日には、すでに煉獄から解放されるというのであった。

当然ながら将兵たちもこの肩衣をほしがった。公爵はミュンヘンの夫人のもとに、「兵士がスカプラリオをもとめ、この聖なる恵みの衣を身につけずには、武器をとってたちあがろうとしない(113)」と書き送った。しかしミュンヘンだけではとても調達がおぼつかなかった。リンツで告解や聖体拝領の後に兵士たちに配られていたものまで、軍隊に転送させなくてはならなかった。

一六二〇年十一月八日ヴァイセンベルクにおいて戦端が開かれ、「聖マリアよ」という雄叫びがあがった。獅子奮迅の神父ドミニクス・フォン・イエズスマリアは、たじろぐ指揮官たちに、「狂信的なボヘミア人たちに目を射抜かれたマリア像をしめし」、「この像が貴殿たちのために戦い、勝利をもたらしてくれるであろう(114)」と叫び、ぼろぼろのマリア像をかかげて軍勢の先頭に立った。

ボヘミア戦線から凱旋したマキシミリアンの軍隊は、ミュンヘンの聖母教会で戦勝祝賀を催したが、戦勝の最高指揮官は新しい中央祭壇を寄進した。背面に、「最善、最高のバイエルンの守護聖女に、諸侯の特別の庇護者に、勝利に輝く助け手に、バイエルン公マキシミリアンによりボヘミア制圧して帰還後、一六二〇年を記念して建立(115)」と刻まれている。一六二三年にはさらに「クリュペウス・オムニブス・イン・テ・スペランティブス」と刻まれた。「あなたに望みをかける者たちの盾(116)」という意味である。公国の臣民たちは、教会と国家の期待に応えてマリアと親密な関係をむすぶことを良心の義務と心得、さらにはバイエルン国立大学本部のあるインゴルシュタットでは、一六二三年ここに設立された「聖マリア・デ・ヴィクトリア信心会」の会員たることが著名市民たちの階級的義務であった。十八世紀のある著者は、「ここでは市民すなわち信心会員なのである。この町ではマリア・デ・ヴィクトリアの信心会に入会することなく市民であることはあたわなかった」(117)と書いている。インゴルシュタット市民は、勝利のマリアを「町の守護」、「市民の守護聖女」(118)として崇拝し、マリアに庇護された町の市民であるという信仰が、連帯性の感情をはぐくんでいた。

マリアが守護聖女であるという意識を市民の間に強く刻んだのは、シュランンネン広場（現マリア広場）(119)に建立されたマリア柱である。スウェーデン軍の来襲による危機が公国に迫った一六三五年、マキシミリアンが、首都ミュンヘンおよび領土が敵の破壊の手から逃れられるなら「神のお気に召すもの」をつくると誓った、その誓いの形をなしたものがこのマリア柱であった。彼は建設の準備作業の始まった一六三七年の十二月、ミュンヘン市に書状を送って、「愛する忠実な諸君、先の敵が来襲し、われらが首都にして居城都市ミュンヘンを占拠した折り、全能の神が、あきらかに至福の天の女王にして神の母マリアのわが国の特別な庇護聖女としてのとりなしにより、この町を火災その他の敵の不埒な行為よりみごとに救ってくださったことを、この目で経験したがゆえに、われわれは負い目ある感謝にみちた心を証明すべく、神の尊厳を寿ぎ、天の女王の栄誉と永遠の思い出のために、記念柱を建立し、そのうえに聖母の像を立て、輝かしい門出を来る月曜日に迎えようとするものである。ここにわれわれは善意の心をもって諸君に通知し、恵みを与えるものである」(120)

一六三八年十一月七日、ヴァイセンブルクの戦いの前夜、マリア記念柱はフライジングの領主司教によって祝別された。柱の土台に刻まれた最初の碑文は、「全能の神および神の処女生母に、祖国、諸都市、軍隊、領主および彼の一家ひいては彼の希望を存続されしことを感謝して」と刻まれ、これにイエズス会士の詩人ヤーコプ・バルデのものと思われる言葉「国の現状を、支配者を、政府を、故郷を、信仰を守りたまえ、処女マリアよ、あなたのバイエルンを[121]」がつけくわえられた。

バイエルン戦旗のマリア

バイエルンのマリア信心は同胞意識をはぐくみ王国思想を強めた。一九一七年キリスト昇天の祝祭後の日曜日、ミュンヘンではじめて「パトロナ・バヴァリア」の祝祭が催された。これはルートヴィヒ三世が教皇ベネディクト十五世を介して導入したものだが、「いわば死にゆく王国のための葬儀の前日の祈りのようなものであった[122]」マリア像は第一次大戦までバイエルンの戦旗を飾っていた。世界大戦においてもなお、マリアの旗に慰めがもとめられたが、一九一八年バイエルンの軍隊は敗北して帰還した。マリアはもはや紛争状態に陥った党派間の調停には役だたなかった。過去の経験を想起してもむなしかった。ナザレ出身の女性マリアは、戦いの助け手という役割を果たすまでに、さまざまな歪曲に甘んじてきたのである。本来彼女は、福音記者たちが記述しているように、国家とも戦争とも無縁である。マリアをトルコ軍に対する好戦的な軍神にしたてあげることに異議を唱えたマルティン・ルターは、このことを感じていたにちがいない。彼は、七月二日のマリアの御訪問の祝日に関する説教のなかで、この祝日は教皇が、「トルコ軍を追い払うために」さだめたものだと述べている。ミサの歌課に、「山を越えていった処女マリア」とあるように、「マリアがトルコ人たちを踏みしだいてくれるよう、乞い願わなくてはならない」というが、「いつまでも祝祭を催し、マリアに乞い願っていればいるだけ、トルコ人たちにますます踏みつけられる」

ことは経験からわかっているはずであり、問題解決にこのような祝祭を催すのは、動機が不純である。「この日に生じた輝かしい啓示のために神に感謝するという神学的動機のみが正しいのである」祝祭のきっかけになるモティーフは「マニフィカト」だという。これこそがこの祝日に、敬意を表し、説き聞かせ、理解につとめるべきものなのである」(123)とルターは説いた。

マリアが自らおよびイスラエルの神ヤハウェの歴史形成を「マニフィカト」のなかで表明していることは明白である。マリアに地上的な利益追求の援助がもとめられたために、彼女は平和を愛すると同時に好戦的でもあるという二義的な形姿になったが、戦争助力者としてのマリアは神学的見解の創造物ではなく、人間的欲求の産物であった。神の名において勝ちたいという党派に助力させられ、彼らの欲求の肩をもたされてきたのである。

であるとすれば、マリアもまた「古代の先輩たち、愛と戦争の女神イシュタルテや戦闘的な処女神アテネなど」のように、「偉大なキリスト教の血の復讐の女神」として「戦場と大量殺戮の聖母」として西洋のキリスト教の思考と行動を規定してきたのだという見解は正しいのであろうか。「マリアとともに殺害(124)」するのが「古く敬虔な慣習」であったというべきだろうか。このような判断はしかし、現代とは別な時代の人間の精神構造への感情移入力も、昔の社会の特殊性の理解も阻むものであろう。

あらゆる行動に宗教的根拠づけが必要な社会では、戦争行為も宗教的な符号のもとに処理されねばならなかった。戦争に引きこまれるマリアは、人間が神の母および自分自身から生みだすものについて、情報を与えてくれる。自分の行動の指針と正当化をマリアにもとめる彼らは、神の母を自分たちの願望にしたがって変形した。マリアに帰せられた役割の矛盾した多様性は、人間の利害の矛盾にもとづくものであった。宗教が国家のアイデンティティー形成の一要素であるような諸国では、マリア崇拝のうちに国家の利害や紛争が反映されている。ポーランドの司教たちは一八六一年になお、「九世紀来ローマ・カトリック教はポーランドにおいて国の生活の構成要素をなしている。この宗教はわれわれの先祖の貴重な遺産である。われわれの国家の本質的必需であり、国の幸の要素のひとつである」(125)と主張できる根拠をもっていた。このような政治家の脈絡のなかで、マリア崇拝は、一義性と普遍性を失っていき、社会的、政治的利害のうずのなかに吸いこまれていったのである。ユダヤ教徒とキリスト教徒の間の論争におけるマリアの役割にも同じようなアンビバレンツがみられる。マリアはユダヤ人女性として平和を樹立したはずなのに、分けへだて、憎しみをはぐくみ、敵対感情をあおることになった。利益を押し通そうとする意志のほうが、聖書の教えを実現する心の準備より大きかったからである。

第11章　ユダヤ人の母

エルサレムのヘブライ大学で教壇に立っている聖書学者ダーフィト・フルサーは最近「マリアとユダヤ人の苦難」について論文を書き、当時よくある名前だったミリヤムという名のイエスの母は、「教会のみならず、彼女の出身のユダヤ人共同体の象徴[1]」でもあるとしている。家系からいっても、運命のめぐりあわせからもユダヤ女性のマリアが、信条の枠を超える「普遍的人間的な妥当性[2]」を有していたということ。キリスト教徒が苦痛にみちた母として崇敬するマリアは、同様に「彼女の民族ユダヤ人の絶えざる苦難の道の一部[3]」であり、「残酷に殺害された自分の子どもを悼んで泣くユダヤの母親たち[4]」の一人だという。また別のユダヤ人神学者で比較宗教学者のベン＝コリンは、マリアの苦悩に思いをはせ、「そしてあなたのまわりには何千何万というユダヤ人の母たちが立っている。彼女たちは子どもをアウシュヴィッツ、マジャネクおよびトレブリンカのガス室や他のゴルゴダと称する死の住居のなかで失った。……あなたは自分の息子のために震え、彼をイスラエルの敵の手によって死なせなくてはならなかったユダヤの母だ[5]」と書いている。

ユダヤ教徒とキリスト教徒をむすびつけてもよかった架橋を、中世のマリアはかけることがなかった。キリスト教の救世主をこの世にもたらしたユダヤの女性は、連帯意識を呼び起こすどころか、へだて、除外し、論争、紛争をまき起こした。マ

ピントゥリッキオ（ベルナルディーの・ディ・ベット）「少年イエスに読むことを教えているマリア」1497年頃．この絵は，画面右にひざまずいている教皇アレクサンデルの甥の司教ドン・フランチスコ・ボルジアが，自分が建立したハティバの教区教会内の「カピラ・デ・ラス・フィエベルシ［火の礼拝堂］」の委託を受け寄進したもの．ヴァレンシアのサン・ピオ美術館蔵．ユダヤの信仰原理を心得ていたマリアは，少年イエスに，シナゴーグでモーセの書を読む際にもちいられるトーラ［モーセ五書］棒をもたせている．神の聖なる言葉は人間の指で直接触れてはならなかったのである．

アムブロジオ・ロレンツェッティの「神殿詣で」(部分) 1342年. ウフィツィ美術館蔵.
マリアはユダヤ女性として描かれているのがイヤリングにみとめられる. ロレンテウェッティが他に描いたフレスコ画のシエナのキリスト教徒の女性にはイヤリングは見られない.

リアは人の子の母として、イエスの人性を保証すると同時に、奇跡的な受胎と無垢の出産によりイエスの神的出自にも保証を与えたが、彼女の内で人間となった神のロゴスはしかし中世には、ユダヤ教徒とキリスト教徒の間に激しい論争の主テーマとなった。異宗教に非寛容な精神的態度が対話を困難にした。イスラエルの神は嫉妬ぶかい神(出エ三四・一四)である。自分以外の他の神々を容認しなかった。ましてや人間の肉を受けた息子にがまんするはずがなかった。他方キリスト教会は、われこそ全人類の終末的救済に責任を担っていると自負していた。キリストに啓示された救いに到達しうる正しい信仰とは何かをさだめる権限をわれこそ神より委任されているのだとわきまえていた。自らのアイデンティティーに固執する心が紛争をまねいたのである。

ユダヤ人の目から見れば、キリスト教徒は背教的な偶像崇拝者であった。トーラのなかに神よりしめされた表現不可能な名に、人間の名前を与える、つまり自称神の息子イエスの名を与えることはまったくの偶像崇拝であった。キリスト教の神学者は同様な頑固さで、ユダヤ人たちは盲目でかたくなで、心は石だと主張した。目がベールに覆われているためにキリストとマリアを指示する聖書を正しく読み、解釈することができないという。ユダヤ人たちは、改宗をすすめた預言者を殺害し、さらにはイエスを十字架にかけて、彼らの罪の度合いをこの上ないものにしたのだという。(6)

マリアはいったいだれだったのか、救済史においてどのような役割を演じているのかについても、互いの偏見ゆえに、ユダヤ教徒とキリスト教徒の間に対話の気運は生まれてこなかった。ユダヤ人に無理やり押しつける論究とか説教は、自由で検閲のない意見交換の機会にはならなかった。教会の代表者たちはただ改宗を迫るばかりで、ユダヤ教の信仰の光のなかで、彼ら自身の見解を相対化するなど思いもよらぬことであった。キリスト教信仰の真理は、彼らによれば議論の余地のないものであった。ラビが、キリスト教の教義について自分の考えを表明することは、瀆神的行為として罰せられる危険を犯すことであった。キリスト教徒とユダヤ教徒の立場にはあきらかに力の落差があった。キリスト教会は神概念やイエス、マリアに関する見解を、いざとなれば力ずくでも押しつけられる支配権を手中にしていたのである。

「あなたをめぐって少なからぬ争いがおきている」

二世紀に書かれた外典ヤコブ原福音書に登場するサロメという不信心な乳母がマリアに、「あなたをめぐって少なからぬ争いがおきていている」[7]と言う。救済史におけるマリアの役割に関するいさかいをよくしめしている台詞である。キリスト教徒はマリアを処女の神母だと信じたが、ユダヤ人に言わせると、イエスはガリラヤの一女性がパンテラという名のローマ兵士と関係し不本意にできた私生児である[8]。キリスト教の救世主の存在は、つまりマリアの過ちの結果であるという。キリスト教会はこのような見解を瀆神とみなし、神学者たちは、この名誉毀損に反論を試みた。その目的にかなうものとしてとりあげられたのがこの外典の幼児物語である[9]。

ヨセフは産婆をさがしあて、妻の引きこもっている洞窟に帰って来た。すると洞窟のなかは暗雲がただよい、マリアの出産の様子は彼にも産婆にも見えなかった。しかし子どもが誕生した瞬間、洞窟のなかにまぶしい光が輝いた。母親にだかれて乳房を吸う新生児を目にして女は歓呼の声をあげた。「前代未聞の光景を目にするなんて、今日はなんと偉大な日なのでしょう」洞窟を後にした彼女はまもなく同僚のサロメに出会い、悦びにみちた声で、「自然に反することだけれど、処女が子どもを出産したのよ」と告げた。サロメはそれを聞いても、自分の目でたしかめるまでは信じようとはしなかった。「わたしがこの手の指で、彼女の状態をしらべでもしないかぎり、神かけて、処女が出産するなど信じるものですか」サロメはそれから洞窟に入り、マリアに言った。「横になりなさい。あなたをめぐって少なからぬ争いがおきているのです」しかしサロメはマリアを調べようとしたとたん激痛に襲われた。彼女は耳をつんざくような金切り声をあげ、「ああ、この不遜、この不信心に災いあれ！ わたしは生きた神を試してしまった。ああ、指が焼け落ちる！」彼女が自分の不遜を悔いたので、天使が現われ、「御子をいだけ、そうすれば癒されよう」と告げた。彼女はしたがい指ももとにもどった。

この治癒の奇跡がユダヤ人の乳母を救世主の処女誕生の生き証人にした。あきらかに初期キリスト教会のもくろみには、彼らの真理要請をユダヤ人の証人に保証させようというのがあった。

このヤコブ原福音書が書かれたのは、西暦一五〇年以後である。マリア崇拝に貢献するために、文学的空想力が駆使された。だから正典には採用されなかったが、この外典は、芸術、信心生活、中世のマリア論にあなどりがたい影響をおよぼしている。この書の明示するマリアの処女性が、ユダヤ、キリスト教徒間の論争の火種となり、両者がマリア像について合意にいたるのを困難に、というよりむしろほとんど不可能にしたのであった。

マリアの姦通という反キリスト教的伝説

キリスト教徒にとって、マリアは、自らを全能の神の子と呼んだ男の母親であったが、ユダヤ教徒には、ふしだらな男関係をもった女の名前であった。殉教した哲学者ユスティノス（一六五頃没）のユダヤ教徒に対する抗議から、二世紀頃のシナゴーグの会衆たちがどのようなマリアのイメージをいだいていたかがうかがえる。このキリスト教の護教家は、処女マリアから生まれたイエス・キリストがユダヤ民族に約束された救世主だということを納得させようと、二日間にわたりユダヤ人学者と論争したという[10]。もっとも、議論をじっさいに戦わせたか、思念上のものだったかは、たしかでない。またプラトン学派のセルススが『真の言葉』と題するキリスト教を論難する著書を書いている。これに反駁をくわえたオリゲネスが、セルススに情報を提供しているユダヤ人の言葉を引用していて、それによると、「セルススのユダヤ人は、イエスの母マリアは大工と婚約していながら、兵士パンテラと関係をもった結果イエスを産んだなどと言っている[11]」、「彼女は糸を紡いで手間賃を得ていた田舎女で、貧しく家財もなく魅力もなかった[12]」イエスは

「貧しい手仕事女の息子ゆえに」軽蔑され、「食うに困って国を去り、エジプトで賃金労働者をしていた」[13]というのである。マリアを悪しざまにいうのはユダヤの伝統であった。ユダヤ教の教義や典礼、生活実践に関する基本的な二冊の書物『ミシュナ』と『タルムード』のなかにも、同様なことが記述されている。ユダヤ教文献の専門家たちは、西暦紀元後の何世紀間、かなりのラビのテクストに、イエスを娼婦の息子と記されているのを発見している。『ミシュナ』には、二世紀はじめエルサレムの神殿で、イエスの呼び名「ペロニ」が、疑わしい素性のものだとわかる系図を見つけたというラビの言葉が引用されている。[14]『タルムード』にも、イエスの正体はパンテラとミリヤムの間の私生児だと記述され、イエスの母ミリヤムは、女の頭髪を編むというつまらない職業の女とされている。古代末期のキリスト教徒は、復活したイエスが母親の魂を天国に運ぶために再び地上に降りてくると信じていたが、ユダヤ教徒のほうは、四世紀はじめには、頭髪編み女のマリアはユダヤ教の掟の規範にあわない生活をしていたために、早く死ななければならなかったと主張している。[15]

『タルムード』によれば、イエスはパンテラとミリヤムの間の私生児ということだが、意味するところは、古代、中世の教会神学者たちが口をそろえて非難したほど明白なものではない。ユダヤ教徒とキリスト教徒の宗教対話に参加した中世のラビたちは、『タルムード』が言及しているイエスと、キリスト教の救世主とは同一人物ではないという見解を表明しているからである。[16]

しかし両者間の険悪な空気のなかで、このような微妙なちがいに耳を貸すキリスト教徒のいるはずもなかった。相互の関係を決定づけたのは、『タルムード』をキリスト教徒側がどう受けとめ、判断するかであった。フランシス派の語気激しい説教師レーゲンスブルクのベルトルトは『タルムード』に言及し、聴衆に向かって、こんなものに書かれている邪悪な内容にいちいち取りあう気はないが、これをひろめた異端思想ゆえにユダヤ人たちはキリスト教徒のもとで暮らす権利を失った、と言い放った。

『ドルドト＝イェシュ文献』と呼ばれているもののなかの、マリアのイメージはもっとひどい。このユダヤ民間伝説集の成立時期はさだかでなく、一部は八世紀前、一部は十二世紀とみられているが[17]、この反福音書によれば、キリスト教の救世主と処女生誕の関係はこうである。ベツレヘム生まれのミリヤムはヨハンナという敬神の念の厚い男と婚約していた。ところがこの婚約者の友人でヨセフという男が彼女に横恋慕して、サバトの夜にミリヤムの部屋にうまく忍びこみ、性的欲望をとげるためにヨハンナだと偽った。ヨハンナのほうはヨセフに飲まされた酒に酔って眠りこんでいたのである。ミリヤムは月経中であったため、ヨセフが「汚れの期間中の女に近づく」[18]ことを拒んだ。しかし相手は欲望を抑えることができない。そこでユダヤ人に通用する規範をでっちあげた。つまり花嫁の婿だけは、「たとえ彼女の汚れの期間でも」彼女と寝てよいというのである。「月経直前、直後の女は妊娠するが月経中は妊娠することはない」とくどいた。「ミリヤムは聡明でない女の例にもれず、彼の言うことをうのみにして」、後はなるようにしかならなかった。マリアは、花婿と思いこんだ相手のいいなりになり、ヨセフは彼女と床をともにして夜明け近くまでとどまり、またしても彼女に迫り、またしても彼女をだいたという[19]。

この情事がミリヤムの生活を一変してしまった。「これを境に、彼女は彼のみならず、言いよる男には、愚かな娼婦のように、いつ何どきでもところかまわず身をまかせ」、九ヵ月後に男の子を出産した。彼女は恥を隠すため、「男と寝ることなく子どもを産んだかのような噂をひろめた」。単純な人間は真に受けても、まともな人間は彼女の「嘘話[20]」に耳を貸さなかった。花婿のヨハナンはミリヤムから受けた屈辱からのがれるため、バビロンに去った、というのである。

このユダヤの伝説は、イエスの誕生に二重の落ち度があると主張している。つまり月経と姦通である。

月経中の女が性交渉をもつことをユダヤ教の掟は厳禁していた。中世の神学者や説教師も、月経中の性交渉によりもうけた子どもは、軽愚になるか癲癇をわずらうという見解であった。月経中に懐妊されたイエスは、正統派のユダヤ教徒によれば、「マムザー〔私生児、娼婦の息子〕」あるいは「月経中の息子」であった。

こうした見解も、ユダヤ教徒とキリスト教徒が、信条のちがいを平和裡に論究する用意があるうちなら重大な結果をまねくこともなかったかもしれないが、ローマ教会が自己の真理を、疑念や異論を一切許すことなく押し通す支配権をわがものとして以後は、事態はちがった。力関係の差ができると、論駁は強者にのみ許されることになる。

もっとも、ユダヤの民衆本『トルドト＝イェシュ』に伝承されているイエスとマリアの話も、ユダヤ教徒とキリスト教徒の相互理解を呼び起こすのに、何の役にもたたないのはいうまでもない。最近「反歴史」とか「民間伝承物語」が重宝がられるが、ユダヤ共同体のなかで流布していたものは、「喧嘩を売るような民間伝承[21]」であった。アルトドルフ大学教授のヨハン・クルストフ・ヴァーゲンザイル[22]は一六八一年に印刷されている『サタンの火の矢』という意味ありげな表題の反ユダヤ論文集に寄稿した神学論文のなかで、邪悪なる悪魔のでっちあげた嘘をふくむ「まったく卑劣な本トルドス＝イェシュ[23]」と憤慨している。ハイデルベルクのオリエント学者ヨハン・アンドレアス・アイゼンメンガー（一六五四〜一七〇四）は、根深いユダヤ憎悪と品格ある学識とを同居させていた学者だが、彼もまた「トレドト（あるいはトレドス）イェシュという呪わしい極悪の書のなかで……悪魔がわれわれの救世主に向かってあらゆる悪意と毒を投げつけている[24]」と怒り、十九世紀の著者たちも、「トルドト＝イェシュ」を反キリスト教的中傷文書、誹謗文書と名づけている。レッシングの友人だったユダヤ系哲学者モーゼス・メンデルスゾーン（一七二九〜一七八六）は、チューリヒのプロテスタント牧師ラファーター宛て書簡のなかで、トルドトは、「伝説の時代の奇形児」という言い方をしている。同じユダヤ系の十九世紀の歴史家ハインリヒ・グレーツは、このユダヤ伝説集も、「タルムードの断片的な伝承を寄せ集めてきた惨めな駄作」と記している。ただ弁解的に付言して、キリスト教徒たちはユダヤ人の血を流した。だからユダヤ人は仕返しにインクを流したのである。もっともトルドトの場合はやりすぎではある、と書いている。トルドトの機能について、グレーツの答えは明快であった。ユダヤの側でつくりだされた反キリスト教的伝説は、キリスト教会の反ユダヤ主義に対する反応である。「上品ではないが、しかし無力な民族の理解しうる反応である」[25][26]

この物語形式で提示された異議や抗議は、秘密教義の性格をもつものではなかった。イエスとマリアを誹謗する話をふくんだユダヤの民衆本をキリスト教の神学者たちに教えたのは、おそらく改宗者たちであった。神学者たちは、ユダヤ人の間に流布されていた「作り話」に挑発を感じた。自分たちの信仰教義に加えられた難癖を取りのぞくべく、態度表明を迫られているのだと感じた。リヨンの大司教アゴバール（八四〇没）も、トルドト資料に言及しているが[27]、彼の弟子で後継者のアモロ（八五二没）もこれについて、「ユダヤ人たちは、イエスのことを彼らの言葉で〈ウスム・ハミズリ〉と呼んでいる。彼らの民族を離散させたエジプト人という意味である。彼らにとってイエスは、神を怖れぬマリアを誘惑した異邦人パンデラの神を怖れぬ息子である」[28]と書いている。後の中世の宗教論争——一二四〇年パリ、一二六三年バルセロナ、一四一三／一四年トルトサなど——においても、この書物が念頭におかれていたことははっきり認められる。言語学に造詣の深いスペインのドミニコ会会士ライヌンドゥス・マルティニ（一二八四没）は、トルドト＝イェシュの「作り話」をラテン語に訳し、ジェノアのカルトゥジア会修道士ポルチェトゥス・デ・サルヴァティチス（一三一五頃没）は、一五二〇年に印刷した自著のなかで、このユダヤの反福音書をとりあげている。マルティン・ルターがこのテクストをドイツ語しか読めない読者層に紹介した際に利用した原典は、ジェノアのカルトゥジア会修道士のラテン語版であった。ルターもまた、マリアが娼婦でありイエスは娼婦の子どもだというような主張は、悪質な誹謗とみなし、こう反問したものである。「貧しい乙女マリアが彼らに何をしたというのか？　何を証拠に彼女を娼婦だなどと言うのか？　彼女はイエスという息子を身ごもっただけではないか。若い妻が子どもを産んで何が悪いのか？　それとも、子どもを身ごもった女はみな娼婦とでもいうのか？」

キリスト教徒はこんな風にユダヤ人たちの妻を誹謗するなど思いもよらないという。「われわれは、彼らがわれわれの愛するマリアに言ったように、彼らの女たちを汚らわしい賤民とはいわない。聖なる神の子どもゆえに、なぜこのような残忍な怒りと嫉妬と憎悪の的にならねばならないのか[29]」ルターはマリアが不適切な時期（月経中）に妊娠したために馬鹿者を産んでしまったというユダヤ人たちの主張を、真理の卑劣な歪曲だと断じた。

インゴルシュタットの教授ヨハネス・エック（一四八六〜一五四三）は、信仰の戦いの時代の不撓不屈なマリア擁護者であったが、キリストを「私生児」、「月経中に性交した女の息子、吊された男」などというユダヤ人は処罰せよと主張したものである。女王マリアを「けがわらしい賤民」、「すさんだ女」などといって傷つけるのも、使徒を「つまらぬ異端者」とあざけったり、キリスト教徒を「無頼の民」と軽蔑するのも当然ながら処罰の対象になると主張し、皇帝マキシミリアンの時代に『タルムード』ならびに「キリストとマリアに反する二冊の悪書」をユダヤ人たちから取りあげようとしたパリ、ケルン、ローヴェン、マインツ、エアフルトなどの大学の運動を支持している。

人文主義者ヨハネス・ロイヒリン（一四五五〜一五二二）も、『検眼鏡』のなかで、「トルドト＝イェシュ」と対決しているが、学術論争と民間論争とは区別していた。したがって彼は、和平に貢献せず、嫌悪を催させ、憎しみをかきたて暴力沙汰を正当化してしまったこのテクストを冷静な目で読んでいる。

中世のキリスト教徒とユダヤ教徒の間の論争は、この伝説をめぐる次元にとどまるものであったが、旧約、新約にもとづく神学論争となると、また別であった。

十二世紀中葉、ユダヤ人に平等な市民権を与えず、彼らに敵対的な傾向をもつ環境世界に一矢をむくいるため、レーゲンスブルクのラビ、エフライム・ベン・イザークは、神学的論証にトルドト＝イェシュのモティーフを取り入れた。潜在的な嫌悪感があからさまな攻撃性に転じるところではつねに暴力的な迫害をくわえられる環境世界に生きねばならないユダヤ人たちの代弁者として、彼はキリスト教徒の十字軍の手に落ちたエルサレムについて、幻滅と不快の念をこめて書いている。「憧憬の都シオン、ここを訪れるすべての者にとって貴重なこの都が墓に与えられてしまった」墓という言葉をエフライム・ベン・イザークは、自分ひとりがイエスの墓の所有者だと主張するヨーロッパのキリスト教のメタファーとして使用しているのである。エルサレムは、彼によれば、「だれにでも股をひろげる女の息子の屍体のゆえに」正当な所有者から奪われてしまったのである。「イエス自身は魔術的な言辞を弄した。まこと、魔術は〔神への〕反抗の罪である[30]」

この論争書は「生活に根」をもっていた。環境世界に挑発されて、その輪郭をあからさまにしたために、相手のアイデンティティー擁護に役だってしまった。およそ寛容なところのない「エフライムのキリスト教徒およびその宗教の論難」に対し、十二世紀のキリスト教神学者たちのヨーロッパ規模の反ユダヤ論が、それまでに見られなかったような少数派誹謗と罵倒の域にまで達したことは無視できない。「エフライムの誹謗」は、当時のキリスト教の著述家たちに、ユダヤ人たちの宗教を差別するための「似たような反陣

営」を形成させてしまったのである。(31)

しかしレーゲンスブルクのエフライムの言辞は、ユダヤのラビが自分たちの信仰を擁護するために用いる言葉づかいの典型例ではない。ユダヤ教とキリスト教の神学者が、反対の立場から宗教的真理の問題をめぐってかわす論証は、普通は神学的な性質のものであった。神の不変に固執するユダヤの神観念は、イエスの人格における神性と人性の一致に強く反対した。「神はある女から生まれた」ということをのぞまれた」という観念とは、ユダヤ教の神観念はあわないのである。神の受肉というキリスト教思想の不合理なことを証明するために、「不可視、不変の神がまさか子をもうけるだろうか」とユダヤ人学者たちは問うた。どうして永遠に同じである神が、変身し人間の姿をとったりするのであろうか、と彼らは疑念を表明した。イエスが精子なしに約束の救世主として処女から生まれたという観念は、彼らの見解によれば、聖書の約束に矛盾するのである。この約束によれば、救世主はアブラハムの種に由来するはず(創二二・八)である。(32) 神学的思弁と聖書の証拠がたがいの理解に境界線を引いた。彼らの聖書の歴史的な語義にこだわるユダヤ人は、キリスト教徒とはちがい、このなかにマリアを示唆するものを見いだすことなどできなかった。救世主をこの世にもたらす処女について、ダビデの詩篇は預言者の書をアレゴリカルに解釈するということなど、ユダヤ教徒は断固として受けつけなかった。

イザヤの予言は「処女」それとも「若い女」?

中世のキリスト教の聖書釈義家たちは、聖書のより深い意味をくみとらねばならないとして、旧約の予言者たちのテクストを、未来の救済実現の予告、キリスト到来と処女による生誕の予告として読んだ。彼らはエゼキエルが、ただ主なる神のみが開けて入ることのできた神殿の外門「ポルタ・クラウサ〔閉じられた門〕」（エゼ四四・二）を指摘する。神殿の閉じられた外門とは、キリストが「性交による精子なくして」懐胎されたマリアの母胎のことだと解釈するのである。[33] 予言者が、約束された救世主の母がつねに処女であること、「出産前も分娩中も出産後も」処女であるということを言おうとしたのだという。キリストは誕生の際に、傷つけることなくマリアの母胎を去ったという。これよりもしばしば引用されるキーポイントは、イザヤ書七章一四節である。中世のラテン語のヴルガタ聖書によれば、「見よ、乙女が身ごもり、男子を産み、その名をインマヌエルと呼ぶ」とある個所である。

よく知られている中世のユダヤ教対キリスト教の論争文献のなかで、ユダヤ人学者側が、ヴルガタ翻訳のイザヤ七章一四節が誤りだと指摘していない文献はまずない。ラテン語の「ヴィルゴ〔処女〕」にあたるヘブライ語「アルマ」は「処女」ではなく「若い女」という意味だからである。すでにユスティノスはユダヤ人のトリュフォンにアルマはギリシア語では「パルセノス〔処女〕」ではなく「ネアニス〔若い女〕」と訳さなくてはならなかったのだと指摘されて言葉に窮している。ユスティノスが根拠にしていたのは、処女生誕の解釈に都合のよい七十人訳ギリシア語旧約聖書であったが、トリュフォンはヘブライ語の原書にもっと忠実なギリシア語訳を指摘したのであった。[34] 批判的聖書学の時代の今日では、イザヤ書七章十四節を、マリアの処女性のための証文と考える者はもはやいない。約束されたインマヌエル、ユダヤ王の息子ヒスキアに関連づけるトリュフォン解釈も現代の聖書釈義にはなじみのないものではない。もっともこの解釈は多くの可能性のひとつにすぎない。

言語に通暁していたオリゲネス（二五三／四没）は、トリュフォンの言語学的論拠に影響されることはなかった。母親がユダヤ人キリスト教徒らしくヘブライ語もできたオリゲネスは、「一ユダヤ人が字義に拘泥して、聖書には〈見よ、処女が〉ではなく、〈見よ、乙女が〉と書かれていると主張するというのであれば、こう答えようではないか。七十人は処女と訳し、他の者は乙女と訳したまでのことである。アルマという語は、申命記でも処女を意味している[35]」と異論を唱えている。マルティン・ルターはマリアへのお告げに関する説教に、伝統的な解釈の主流を要約して、「アルマとは乙女、はした女、まだ男をしらない処女であり、その彼女が身ごもったことが世界初めてのことなのである[36]」

キリスト教の神学者たちがイエスの処女生誕を根拠づけるために活用する聖書の個所は多彩である。イザヤの予言や神殿の閉ざされた外門以外にも、燃えても炭化しない茨のしげみ（出エ三・二）がある。神がモーセにしめした火は燃えても、茨の茂みを黒焦げにしなかったように、マリアの火は処女性を傷つけることはなかった、というのである。

中世の聖書釈義家たちはさらに、神の啓示は、イザヤの誕生予言にしめされているごとく、尋常でない特別の女性、つまり処女が約束された子どもを世にもたらすときに、それとわかる性質のものだと主張する。彼らはイエスの処女生誕を旧約の約束の成就と解釈したのである。聖書を峻厳な証拠書類とし、ユダヤ人たちも正しく見る目、正しく聞く耳があるなら、これにしたがえるはずだとした。しかしイザヤの予言のマリア論的解釈は、キリスト教神学者たちの解釈基盤に賛成する用意があってのみ受け入れられるものである。

彼らの解釈によれば旧約と新約は一致する。新約は旧約の約束の成就であった。正しく読めば、旧約はイエスの到来ならびに処女生誕、苦難、復活を啓示しているのだという。旧約と新約は神の霊によって書かれていて、より深い意味を秘めている。だから核心と表皮からなる語形から、より深い意味を取りだすのが聖書釈義の任務であるという。旧約の語形の表皮の背後にかくされているものが新約に開示されているという。ユダヤ人たちは、聖書の「霊的な理解」の意志もなければ能力もない、とキリスト教の聖書釈義家たちは批判したものであった。彼らの考え方は、肉によるものであるから、字母にばかり拘泥し、聖書が秘めている生きた霊に対し、盲目なのであるというのであった[37]。

イエスの処女生誕について、議論相手のユダヤ人たちを納得させるために、キリスト教神学者たちは、ユダヤ人が護教的に主張してうたがわない神の全能を盾にとった。神の受肉を可能とみなさないのは、神の全能を疑うことだという論法である。処女が神の母であるということは、ヤハウェが旧約のなかで彼の全能をしめした神的な偉大の行為に比すべきものであるという。ヤハウェはエバを愛撫や男の種によらず、アダムの肋骨から創造し、紅海をわけてイスラエルの民を通し、荒野でマナを与えた（出エ一六・一以下）。水を与えるためにモーセに岩を打たせ（出エ一七・六）、茨のしげみに火をつけて炭化させなかった（出エ三・二）。一二〇〇年頃、あるオランダの神学者は『対ユダヤ論争』のなかで「処女が男なしに出産するのに何の支障があろう」と反問している。「ヤハウェは、驢馬に言葉を語らせ（民二二・二一以下参照）た。どうして処女を身ごもらせることができなかろうか？　茨の茂みは火によって燃えつきなかった。どうして処女が神を宿して傷つこう？　神はライオンの口を閉ざし、洞窟のなかのダニエルに危害をくわえさせなかった（ダ六・二二）。炉に投げこまれた若者たちを炎は焼かなかった（ダ三・二四）……神は掟を石板に筆なくして書きしるし、荒野でパン種なくしてパンをつくりだした。神は処女を傷つけることなく身ごもらせたのである[38]」彼はユダヤ人を「会計検査の役人のように神意を」検査したがるといって非難した。処女生誕の奇跡を理解できるものにしたのは、新約が旧約に予示されているという予型論である。「アダムの肉体が純粋な土からつくられたとすれば、処女の肉体から純粋な土からのように、新しいアダムがつくられた[39]」のは必然的であり、首尾一貫したことなのであった。

預言者イザヤの処女をマリアに関係づけたのは、中世の聖書釈義の秘密事項でも何でもなかった。旧約の預言者がイエスの処女生誕を予告していたという考えは、中世のキリスト教の宗教的共通財産であった。中世の「貧者の聖書」では、ガブリエルによるマリアへの告知の叙述に、きまってイザヤ書七章一四節が引用されているし、口語による「マリアの生涯」の読者には、ガブリエルが訪れたとき、マリアはちょうどどこの個所を読んでいたのだと教えている。天使がマリアに、神に選ばれたことを告げたとき、旧約の約束ははたされたのであった。「マリアの生涯」の著者たちが書いたことを、画家や彫刻家は造形した。イザヤ書を読んでいるマリアを描いたイーゼンハイムの祭壇はその好例である。中世の教会の正面や入り口を飾る予言者群のなかで、たいていイザヤは「エッケ・ヴィルゴ・コンツィピエト・エト・パリエト〔見よ、処女が身ごもり、産むであろう〕」(イザヤ七・一四)という碑文のかかれた帯板をかかげている。

ユダヤの律法学者たちの異議

イザヤ書七章一四節が、非常な神学的説得力をもつのは、福音記者マタイがとりあげ、イエスの処女生誕は預言者の言葉の成就したものだと書いているからである。イザヤの予言のマリア論的解釈は、神の霊感を受けた福音記者の権威が後ろ盾になっていた。

キリスト教の聖書釈義家たちが預言者イザヤのテクストを根拠にして提示する証拠を、ユダヤの律法学者たちが無効視するのは、言語学的に不正確というだけの理由からではなかった。イザヤ書七章一四節のマリア論的解釈は、誕生の予告の日付をいうことも可能な当時の歴史的な脈絡を無視していたからである。なかでも旧約から引きだされた処女懐胎と救世主の誕生は、理性の規範にもとるものだという。

聖書に造詣の深いラビたちは、教父ヒエロニュムスが旧約をラテン語に訳した際に、テクストにキリスト教的な意味内容をねじこむために、ヘブライ語の原書を意図的に曲げたと非難した。ヘブライ語原典の現在の出来事に関係する動詞形を、イエスの到来、生誕といった将来の出来事に関係づけるために、意図的に未来形にしてしまったというのである。十五世紀初頭イザヤの言葉の正しい解釈に関する論争に介入したラビのヨセフ・アルボ（一四四四没）は、著書『信仰の基盤の書』にこう書いている。「この個所は、王国アラム（シリア）とイスラエルは滅びるであろうが、王国ユダはダビデの家の出の女王たちのもとで存続するというしるしとして、イエスの約六百年も前の〔王〕アハスのことを意味している。これは、子どもだって知っている。しかしどうしてイエスの処女生誕がアハスのためのしるしということになるのか？」[40] ラビの論証によれば、イザヤはこの個所で、ユダの王アハス（西暦前七四一～七二五）のことを予告していたのであり、若い女とは彼の奥方の意味である。彼女が息子を産むことにより、アハス王朝がたしかなものになる。イザヤに約束されたアハスの息子の名前のインマヌエルは象徴的な性質のものであり、アハス王朝への神の助力を確言したのだという。

一二六三年バルセロナの宗教論争おけるユダヤ教徒側の首唱者であった有名な聖書解釈家で神秘家であり、タルムード学者でもあったナハマニデスは人間的理性に訴えた。彼はアラゴンの王ヤコブ一世に、「親愛なるわれらが主人の王よ、あなたはキリスト教徒でありキリストの息子であらせられる。したがって聖職者たち（およびフランシスコ会会士やドミニコ会会士）からイエスの生誕について耳にタコができるほどお聞きになっているでしょう。……しかしあなたがたが信じることどもは、――これはあなたがたの信仰の根本原理でしょうが――知性には受け入れがたいものですし、自然の理の許すものでもありません。また預言者たちもこのようなことは口にしていません」イエス誕生の奇跡について、ナハマニデスは、

マルティン・ションガウアー（1491没）制作の脇祭壇の受胎告知図部分．1476年以前に成立．この祭壇はフランス革命の始まるまで，アルサスのイーゼンハイムのアントニーター修道院にあったが，現在はコルマーのウンターリンデン博物館蔵．イザヤの予言を成就するマリアの処女出産．光輪にイザヤの言葉「エッケ・ヴィルゴ・コンツィピテ……見よ，処女が身ごもり，息子を産むであろう．そして彼の名前はインマヌエルと称されるであろう」（イザ7・14）が読める．

「天地の創造主が、あるユダヤ女性の胎内に入り、ここで七ヵ月育って小さく生まれ、その後大きく成長し、やがて彼の敵に引き渡されて、死刑を言い渡され殺害された。そしてあなたがたは、彼は蘇り、最初のところへもどっていったという。こんなことはユダヤ人の知性、いや人間だれの知性にも耐えられないことです[41]」

すでに一世紀前に、文法学者、聖書釈義家でもあった南フランス出身のラビ、ダヴィド・キムィ（一一六〇～一二三五）は、妊娠する処女についてのイザヤの言葉は奇跡の予告ではなく、自然な真実を伝えているのだと述べている。この処女は妊娠する瞬間にはもちろんもはや処女ではない、として、生母が処女であったり、分娩しない処女が生母であるはずがない。「葡萄畑でないのが田圃であり、田圃でないのが葡萄畑[42]」というがごとしと付言している。

キリスト教の説教師や聖書釈義家がユダヤ人の釈義家の異議に同意するのは例外中の例外にとどまった。神学者の身で、イザヤの救世主の約束をマリア論的に解釈しない者は、「ユダヤ人とともにユダヤ的な観点を代弁する」異端者とみなされた。トマス・ストックという名のドミニコ会修道僧が、リスボンで審問官のもとで、イザヤ書七章一四節のユダヤ的解釈の責任を取らされたのが、この例であった。彼は、自ら法廷で告白したように、スペインその他でおこなった説教に、イザヤの予告は聖処女マリアのことではなく、預言者の下女あるいは情婦のことだという見解を披瀝していたのであった。とんでもない話だと、予審判事は怒り、イザヤという比類なき預言者が「掟にそむいて」情婦をかこっていたりするはずがない。自分の情婦が懐妊し男の子を産むなどといって、どうしてユダの王に助力する神のしるしの確約になるのか。処女からのメシアの誕生を予告したのであり、情婦が息子を産むなどと言ったのではないからこそ、預言的約束の比喩的な性格、奇跡的な性格を云々できるのである、と断言した[43]。この事件は、アレゴリカルな文書解釈に楯つくことがいかに危険かをしめす例であった。教会の規範から逸脱する文書釈義は、異端審問を招いたのである。

女からの神の誕生の不可能性について

ユダヤ人著述家たちのマリアの処女母性批判は、キリスト教的聖書釈義に対する異議につきるものではなかった。一人の女を介する神の受肉の拒否は、肉体的構造と生まれつきの精神的素質のちがいゆえに男のほうが勝れているのだという思想とむすびついていた。十三世紀あるいは十四世紀のラインラントで成立し、格別に規模の大きな、ほとんど完璧な形で残っているキリスト教『論難の書』[44]は、キリスト教徒との議論のなかで、彼らが処女懐胎とイエスの生誕について、「神聖なものが女性の胎内という悪臭を放つ場所に入った」などと主張するのは、見当ちがいもはなはだしいと説いている。「なぜなら、全世界のなかで、女性の胎内ほど軽蔑すべき場所はないからである。粘液質の汚物と月経のたびに不純な血を排出し、男の精子を受け入れる汚れにみちた場所である」女の胎内で神が受肉するという主張は、不可避的に、世界の創造主が祭式上の不純という条件下で人性を得るという結果を生む。しかし神の本質は、このような品位を落とす人間化の形式をしめだすものである。シナイにおいて神が顕現したとき、イスラエルの民はすべて三日間、女から遠ざかっていなくてはならなかった（出エ一九・一一／一五）。だから「聖書が神の顕現のために禁じている方法で、神の子がこの世にやってくる」など信じられないことだという。旧約の掟のさだめによると、純潔な者のみが神の顔を見ることが許された、とすれば、神自身が女の胎内で人間になり、そのような者として肉体を得るということは考えられないことである。分娩によって汚れ、清めの日まで汚れている女には、聖化されたものとむすびつく資格はないというのである。

マリアもこのことに感じていたにちがいないという。だから彼女は出産後、神殿に出かけ、掟によって指示されている清めを受けている。母親の不純に相応しているのが生まれた場所である。家畜小屋という汚れと悪臭と廃物にみちた場所で、イエスは牡牛とロバの間で生まれた。キリスト教神学者たちが清貧神学の中核にしている誕生の事情を、ユダヤ人の著者たちは不純の現象形態と査定した。著者の意図は明白である。彼の見解によれば、マリア自身決してそうでなかったし、ありえないし、またあろうともしなかった処女を、攻撃することによって、キリスト教徒が信じているナザレのイエスの神人性の矛盾を論証しようというのであった。マリアの処女性が単なるフィクションであったことを暴くために、彼は古代末期以来ユダヤ教徒とキリスト教徒間で論争になっている言い回しでもって異議を唱えた。イエスに血のつながった兄弟があった。彼自身使徒に、自分はヨセフとマリアの息子だと言っている。カナの婚礼の際に母親に向かって、女よ、と呼んでおり、処女よ、とは言ってない（ヨハ二・四／一二）。この呼びかけは、既婚を前提としたものだ、というわけである。

イエスがダビデの後裔であり得るのは、ヨセフが父親であってこそである。ヨセフは大工の身でもダビデ王家の血筋は引いている。イエスが父無し子であれば、ダビデ王の後裔にはならない。マリアの家系については何もわかっていないのである。ヨセフとマリアが同族の出であるなら、イエスの家系をヨセフ方にもとめるのは非論理的である。マタイが作成している家系図は、言葉の論理からみても、事柄の論理からいっても、ヨセフとマリアが尋常な夫婦生活を営んでいたことをしめしている。教会典礼がこれを否むのはまちがっている。マタイの系譜図はさらに、福音記者たちがマリアの素性を知らなかったことを物語っている。つまりマリアが王家の出ではないということである。

処女生誕を聖書的に立証しようとするキリスト教徒の詩篇や預言者の扱い方もまた否定すべきものである。イザヤ書七章一四節「見よ、おとめが身ごもり、男の子を産み、インマヌエルと名づけるであろう」の意味を理解する鍵は、これにすぐつづく預言者の供述「それから私は女預言者のもとにいき、彼女は身ごもって男の子を産んだ」（イザ八・三）である。要するに「アルマ」は救世主の処女母ではなく、結婚したばかりの預言者の若い妻のことなのである。

神が太陽に幕屋を設け、花婿が部屋から出てくるように、太陽はそこから現われでるという詩篇作者の供述（詩篇一九・五～六）を、キリスト（花婿）とマリア（幕屋、部屋）に関係づけるのはばかげている。イエスの誕生と預言者の供述との間には何の共通性も見いだせない。花嫁の寝室から花婿が出てくるのにたとえるなら、救世主誕生はもっと別な形をとっていたにちがいない。事実はしかしこのようなアナロギーを許さない。イエスは――他の子どもたち同様――粘液にまみれた新生児として分娩され、飼い葉桶のなかに寝かされているのに、比喩通りに解釈すれば、イエスは母胎を後にするや、たちまち通りに走り出て、一時間以内に成人していなくてはならないことになる。それにどうしてマリアが幕屋に比されようか。幕屋が下方に開いている。マリアの母胎はイエスの胎児を身ごもって閉じ、彼は生まれるまですっぽり胎盤のうちにおさまっていた。つまり妊娠中のマリアが幕屋にたとえられるわけがない。理性ある者なら、詩篇の詩句がマリアとイエスに関係するものだというキリスト教徒の主張が、でっちあげであることを洞察するだろう。

『論難の書』の著者はこうしてアレゴリカルな聖書解釈の不当を提示しようとした。テクストの語意を曲解し、歪曲を暴露しようとした。敵対するキリスト教徒たちのアレゴリカルな解釈を、歴史的事実のように真に受けたユダヤ人釈義家たちが、このように批判を表明するのは避けがたいことであった。耳を介するマリアの懐胎も誤解を招いた。中世のマリア論のテクストにはマリアは唯一の息子を耳から受胎したのだという主張が出てくる。中世盛期のマリア讃歌には、「悦びたまえ、ガブリエルが神の福音をあなたに告げたとおり、耳から受胎したキリスト処女の母よ」とある。耳というのは、ここではキリスト教徒の信仰を聞くことの結実としてわからせようとしたメタファーである。耳を介しての受胎はマリアを、神の福音に耳を傾けたために、救いの必要な人類に救済の道を開いた第二のエバとして性格づけようとしたものである。最初のエバは、悪魔的な蛇の囁きに耳を貸したために、罪をこの世にもたらしたのであった。

受胎の耳としてのマリアの耳は、ユダヤ側を挑発して次のような異議を発せしめた。理性的な人間ならだれでも、人間であろうと動物であろうと、すべての生物は、母胎から出てくるのは、生殖行為の際に精子の入ってくるところからである。この法則性からして、イエスが耳から生まれたにちがいないというのは、あらゆる理性と自然の法則にもとるものである[45]。

こうした批判は、女性の月経の血は有害な作用をおよぼすという古代医学から受けついだ教えを利用したものであった。十三世紀のあるラビは、人間の新生児が動物のように生後すぐ立ちあがれないのは、九ヵ月の間胎児が摂取する腐敗した悪臭ある月経の血のせいであると主張したものであった。動物のほうは母親の胎内にある間、清らかな心臓の血で養われているという。もしイエスが、キリスト教徒が主張しているように、聖霊によってもうけられたのなら、母胎内で不潔な月経の血を摂取していないはずである。しかしイエスは――他の新生児同様に――生後すぐ立ち上がることもしゃべることもできなかったという事実が、聖霊による受胎など問題ではないことのまぎれもない証拠である。

医学のみならず、マリアという綴りのアナグラムもこの批判的論証の根拠にされた。十三世紀後半に

『ユダヤ教のキリスト教論難概説』を著したナルボンヌ出身のヨセフ・ハメカンヌ〔狂信者ヨセフ〕がそうであった。このハンドブックは、十二、三世紀のユダヤ人の著者たちによるマリアの処女性、イエスのメシア性に対する論難をすべて収録していた。論難の目的のために、このユダヤ人批評家は、「キリスト教の名前や名称を音の似た卑語にかえていた」のである。この方法はキリスト教教義に対するタルムード的論難にはめずらしいものではなかった。マリアのかわりに彼はハリアを使用した。訳せば、「排泄物といった意味の語」である。マルティン・ルターはこれをマリアに対する粗野な誹謗と受けとった。彼は「愛するキリストの母をマリアではなくハリア、汚物の山と呼ぶのは邪悪な心のラビならではだ」と述べている。

キリスト教の神学者とユダヤ教の神学者のコミュニケーション

ラビたちは、自分がキリスト教のマリア像を疑問視する意味を知っていた。イエスのメシア性もキリスト教の神の三位一体もこのマリアの神母性にかかっていたからである。処女に息子を産ませて、その息子と支配権を分かつために、神が結婚などするはずがない、というユダヤ側の主張が正当ならば、キリスト教の教理は根本の土台を奪われることになるのである。

キリスト教の神学者たちも、この挑発の危険性を察知したから反論をくわえた。彼らの護教的関心が大量の論争書を産出した。ユダヤ人たちとの対話や論争およびユダヤ人を論難する神学論文には二重の意図があった。キリスト教の信仰の真理を、疑念や異議に対して弁護するのは不可避的な義務である意味と同時に、相手方を改宗させようという意図もこめられていた。修道院改革者、神学書の著述者でもあった司教枢機卿ペトルス・ダミアーニは、「ユダヤ聖書解釈に反対する論証を与えて」ほしいという下位の聖職者の申し出に応えて、『ユダヤ人に対する抗弁』を著している[46]。

文書上の論争と並び、口頭での論争もおこなわれた。ユダヤ教徒との論争は神学の専門家たちの任務であって、平信徒には基本的に禁じられていた。偶然のなりゆきではない。フランシスコ派の説教師レーゲンスブルクのベルトルト（一二七二没）が警告しているように、キリスト教徒が「無学」なのに対し、ユダヤ人たちは「書字によく通じて」いたからである。神学的な教養のない聖職者たちは論争に参加してはならないと厳しく言いきかされていたのも、同じ理由からだったのだろう。「単純な者たち」は、とベルトルトは警告したものであった、「キリスト信者の諸君、聖職者もまたユダヤ人たちと信仰に関して話しあってはならない。彼らは書に通じている[47]」

ユダヤ人とキリスト教徒の間で公式、非公式におこなわれた対話にはいろいろな形のものがあった。ケルンのベネディクト会修道院の院長ロドルフ（一一二〇頃没）は、この町に住むユダヤ人たちと「穏やかに話しあった」と死後も評判であった。自説を押しつけたり、高飛車にでたり、非難がましい口調になったりすることなく、話相手のユダヤ人に、キリスト教の教えの真理について、がまん強い論証によって納得させようとしたという。だからケルンのユダヤ人たちに愛され、彼らの妻たちも彼と会って話したがったという。

普通はこうはいかなかった。クリュニー修道院で十三世紀半ば、修道僧とユダヤ人が論争したときには、次のようなことが起こったそうだ。「その場に居あわせた一人の騎士がラビの一人に、処女にして神の母なるマリアの尊厳を信じるかとたずね、相手が否定すると〈呆れたものだ。おまえらは、信じもせず、気にも入らぬという聖処女の家に入ってきおって〉とわめくや相手に襲いかかり、滅多打ちにしたために、このラビは瀕死の重傷を負い、仲間に担ぎだされねばならなかった[48]」

この柔和と暴力沙汰は両極端の例だが、世俗的な支配階級が公的に提唱したり、準備させたりした強制的な討論会は、規則にしばられたものであった。ユダヤ側を代表するラビたちに「表現の自由」は許されていたというものの、議論が平等の原則にもとづいておこなわれることを保証するものではなかった。キリスト教徒側の論争者たちは、安んじてユダヤ教をくそみそにけなすことができた。彼らは真理はわが手のうちにあり、自分たちが支配的な権力の後ろ盾をもった教義を語っていることを自覚していた。これに対しユダヤ側は、「危険をおかし、相手を怒らせ、キリストを侮辱し、キリスト教と教会を誹謗した、といって告訴され処罰される[49]」ことがないように、発言に慎重を期さねばならなかった。一二一五年のラテラノ公会議において、マリアの処女性を疑うことは、瀆神と規定されていた。信仰に対する疑念にこのような評価がくだされる以上、用心しなくてはならなかった。

要するに両者間の議論は、検閲のない自由な思想交換といったものではなかった。教会の代表者たちはただ相手の改宗だけを念頭においていて、ユダヤ教の光にあてて、自分自身の観点を相対化してみるなど夢にも考えたことはなかった。キリスト教信仰の真理は議論を許すものではない、というのが彼らの見解であった。論争がさまざまな形を見せるのは流布されていた書き物においてのみである。

聖書に通じたジェノアの商人インゲット・コンタルドがユダヤ人律法学者と一二八六年にマヨルカ島でかわした議論は、「論争書にしては例外的に穏やかな調子」がきわだっている[50]。議論に際して、この素人神学者は、自ら言うように、ユダヤ人、キリスト教徒、サラセン人も他の信仰の掟に違反することなく共通して唱えられる祈禱文を書いて見せている。「この共通の祈りの理念の基底をなすのは、この三つの一神教には多く共通するものがあるのだから、互いの宗教感情を傷つけあうことなく一緒に祈りをささげることはできるという観念である[51]」

こういう融和的な心構えを、公的な論争にもとめてもむだである。じっさい「公的な論争つまり宗教論争は、およそ互いを納得させるというようなことはなく、つねに憤慨を強めるのであった[52]」一二四〇年にパリでルイ聖王を前にしておこなわれた論争もこの例である。このときユダヤ人背教者ニコラウス・ドーニンはタルムードは公共の利益にとって有害であると述べ、焚書を要請した。これに対し、パリのラビ、イェヒエル・ベン・ヨセフはタルムードの告発された点に抗弁した。タルムード告発の三十五項目のうちには、ユダヤ人たちはイエスやマリアを冒瀆的な方法で誹謗することにやぶさかでないというのもあった。マリアはパンテラという名の男と姦通してキリストを懐妊したと言っているという非難に対し、ラビのイェヒエルは、勝手な憶測にすぎないと言い返した。これについて議事録には次のような覚え書きがある。「ラビのイェヒエルはマリアの息子イエス・ノッツェリが安息日の前日に吊されたことを認め、姦通の子でティトゥスの時代に生きていたと述べた。だが彼は、これはわれわれのイエスとは別人物だと主張した。しかるに、この人物がだれなのか言えなかった。これで彼の嘘が暴露された」。タルムードが提示している素性の問題を、キリスト教徒たちは言い逃れであり、信憑性のない自己弁護であるとみなした。議論に参加したラビたちの別の一人ユダも、タルムードの著名な教師イェヒエル同様な論証をしている。ユダは「問題になっているのはタルムードのなかで軽視されているイエスとマリアのこと」であるのは認め、「このイエスは復活祭の準備の日である金曜日に吊された」と述べたが、「このイエスがキリスト教の創始者とは同一人物ではないことを」証明しようと努力した。この論争は、押収したタルムードを焼却するという結論にはいたらなかった。ユダヤ人たちが教皇イノセント四世に訴えたからである。この教皇は「ユダヤ人たちに彼らの書物を、キリスト教にとって危険なものでないかぎり、出版させてやるがよい。彼らはこれがなければ、自分たちの宗教を守ることができないのであるから」という思いやりある書簡をパリに送っている。だが二年後の一二四二年の九月二十九日、タルムードに対し、教会の審査委員会は異端書という判決をくだし、少なくとも荷車で二十四台分のタルムードがパリで焚書にされ、その後もなお数台分が摘発されている[53]。

この宗教対話の挫折は、――ユダヤ人たちが井戸への毒物投入した、儀式殺人をおこない、ホスチアを毀損した、といった非難のように――ただちにユダヤ人迫害を引きおこしたわけではないが、悪影響を残さずにはおかなかった。パリ（一二四〇）やバルセロナ（一二六三）でまた論争があると、きまってその後にタルムードの手稿が焼却された。バルセロナ論争の直後には、アラゴン王が、「ユダヤ人もモール人も必ずドミニコ会会士の伝道説教に耳を傾けねばならない[54]」と指令をだしている。キリスト教の信仰の自由の原則に矛盾するものだが、王はさらにユダヤ人たちに、「彼らの書物のなかの」、パブロ・クリスティアニ〔ユダヤ人家庭の出だがキリスト教に改宗しドミニコ会会士となった〕がはっきり供述している「神、キリスト、処女マリアを冒瀆する個所」は、すべて抹消すべしという布告もだしたのである。

しかしながら宮廷に影響力をもつユダヤ人たちの努力のかいがあったにちがいない。王は一二六三年、八月三十日、前日の指令を撤回している。彼はつまり言いなおして、「ドミニコ会会士の伝道説教を聞くために、ユダヤ居住区から何が何でも出ていくことはない。修道士たちがシナゴーグに現われようと、彼らの言葉を聞くか聞かないかはユダヤ人たちが自由に選択してよろしい」

教皇クレメンス四世は、バルセロナにおけるユダヤ側の主唱者ナハマニデスの処罰を要請している。一二六六年教皇は、アラゴン王ヤコブに、「彼の面前で兄弟のパウルと論争し、この対決に関して嘘八百の書物を書き、自己宣伝のためにこれを諸国に送ったかのユダヤ人に釈明をもとめてほしい」と書き送った。

国王ヤコブはこの干渉を気にとめなかったが、ナハマニデスはパレスティナに向けて出立している。憤慨してか、身の危険を感じてかは不明である。一二七〇年彼はアッコンで生涯を閉じた。バルセロナでおこなわれた論争の議事録はキリスト教徒側、ユダヤ側とも残っている。どちらも相手が敗れたとしており、いずれも自分に有利な信仰宣伝の記述であり、事実経過の記録とはいえない。

非常に流布していたキリスト教側の論争文献もまた虚構的な性質のもので、この結果いったい教会側の著者たちがユダヤ人に攻撃されたマリアをどのように弁護したか、問いなおしてみなければならないだろう。

これまた文学的なフィクションかもしれないが、司教オド・デ・カムブライが一一〇〇年に著した『対ユダヤ論争』のなかで、議論相手のユダヤ人に語らせていることは、ユダヤ教理に相応するものであった。「一点については、あなたがたには笑ってしまう。あなたがたは狂っていると思う。つまりあなたがは、神が身ごもった母親の胎内に忌まわしくも幽閉され、〔この運命を〕九ヵ月間耐えしのび、十ヵ月目に、普通なら恥じる出口から出てきたなどと主張するからである」司教オドは、彼の議論相手が神の非肉体性の名において、ならびに旧約の清潔規定に関連して提した異議を、霊化された清潔概念でもってしりぞけようとした。すべてを創造した神にとっては罪だけが不潔の源であって、肉体そのものはそうではないというのである。

ユダヤ教―キリスト教の対立が私的な領域でどのような経過を見せたか、十五世紀スペインのサラマンカに暮らしていたユダヤ人医師カイム・ベン・ムーサが次のような出来事を語っている。「ある日、私が雇われていた高官宅で、ある学識あるキリスト教徒と議論になった。この男は高官に〈ご存じですか、ご主人、ユダヤ人たちはたった一冊の神学書しかもっていません。それも思いちがいしている者たちの手引書です。それにひきかえわれわれキリスト教徒は、宮殿でもふさがるくらい多数の書物をもっているのです〉と述べたてた。私は最初黙っていたが、この家の主人が私に意見表明を促したので、私は〈ユダヤ人たちはじっさいそんな多量の書物をどうすればよいのでしょうか。われわれの宗教の十三の教理は一頁でたりるのです。それにひきかえあなた方は、神はアダムの原罪より人類を救済するために、自らを死なせる、つまりある女の胎内で受肉し、恥辱と苦痛のはてに死ぬよりましなことを思いつかず、人間のほうはあいかわらず罪のために地獄に落ちなくてはならないというような教理を教えこむためには、世界中の全書物をもってしてもたりないでしょう〉と言ってやった。私の主人はこの答えにすっかり混乱してしまい、彼の居る前でこのような議論をつづけ、彼を迷わせないでほしいと頼んだので、彼のためにわれわれは論争を中止した(55)」

マリアの名における反ユダヤ的伝説の形成

宗教論争が伝説を生みだし、その伝説がまた、救済史におけるマリアの役割をめぐる論争に利用された。キリスト教徒の著述家たちは、わが子の死を悼むマリアの嘆きを反ユダヤ思想の発言器官にした。「ああ、あなたがた、神を恐れぬユダヤ人たちよ、キリストの殺害者たちよ」というのは、十三世紀のある『マリアの嘆き』の台詞である。「あなたがた神に対し、あなたがたの創造主に対し不正をはたらいたのです。彼はあなたがたに荒野でマナを与えませんでしたか」とマリアは非難がましく問う。「モーセに紅海を分け、あなたがたを無事に通過させませんでしたか？　あなたがたを約束の地にみちびきませんでしたか？(56)」同じく十三世紀おそらくフランスのベネディクト派修道院フレーリ＝シュル＝ロアールで成立した

『マリアの嘆き』でも、マリアはユダヤ人を粗暴な犯罪的な民だといってとがめている。憎しみしか知らない、哀れむべき盲目の嘆かわしい人種だという。十四世紀後半のことだが、ザルツブルクのザンクト・ペーター修道院の修道僧はラテン語の読誦「スタバト・マーター・ドロローサ」を独訳した際に、イエスの死はユダヤ人のせいだということを何としても後世に伝えようという意図から、原文に一詩節書きくわえている。

あなた〔マリア〕は同じ場所で
三位一体の王冠を目にされた
(それはキリスト、吐く息、心の鼓動)
ユダヤ人が鋭い槍をしごいて
わき腹を貫き通した　ああ
激越な大いなる苦痛を目にされた(57)

槍でわき腹を突いたのは、ローマ兵士ロンギヌスだと、ヨハネ福音書は伝えているのに、それがユダヤ人になっている。

十五世紀の受難劇の主人公マリアは自分に加えられた「心痛」を「不実なユダヤ人たち」のせいにしている。彼女の愛する子を十字架にかけるおりに、衣服をはぎとって、かれを凌辱したのは「邪悪なユダヤ人たち」だった。「貧しいわが身でわが子の体を」覆い隠したいというマリアは次のように嘆く

ああ痛ましや　あなたの繊細な体
邪悪なユダヤ人にくさびを打ちこまれて(58)

磔刑でもって「呪わしい、邪悪なユダヤ人たち」が「慰め」を奪ったと、(59)マリアは嘆く。十五世紀も終わりに近いスイスでは、ほとんど三時間もつづく共同礼拝「盟約者たちの大いなる祈り」は、「ああ、なんと悲惨なかわりよう！　ああ、何とユダヤ人たちとこの世の罪があなたを、十字架上での死を見とどけたあなたとわからないほどにそこなってしまったことか(60)」とマリアに嘆かせている。

ベンツハウゼンとヴァルトキルヒの子ども殺しを詩句にした十六世紀初めの詩は、これがユダヤ人たちの儀式殺人だとする非難を、ユダヤ人たちが神の子を殺したというマリアの嘆きの声に密接にむすびつけている。キリストの血をもとめて十字架にかけたのも同じ考え方だとするわけである

われらはキリスト信者なるゆえに
かつまた聖なる教会の尊いがゆえに
ユダヤ人を避けねばならない
彼らはいたるところに徘徊している
彼らはかぎりなく不実であり
このことを天の女王はよく御存知だ
苦痛なく御子をお産みになったのに
その御子に責め苦を与えるという

彼らは言語道断の仕儀にいたり
無慈悲にもその場に立っていた
何とも愚かな心根の徒輩は
キリストの血になお飢えて
日夜もがいている有様である
……
彼らは心の底から盲目で
聖なる信仰をに敵対してやまない
それゆえ彼らは苦痛を受けなければならぬ
永劫に呪われてあらねばならぬ

十四、十五世紀の「マリア被昇天劇」は、神の母の遺体の埋葬を妨害しようとするユダヤ人たちが罰を受け、改宗するという筋書きである。彼らの手はひからび、盲目となり、地面に倒れる。罰を受けても処女マリアを信じられない邪悪な者は悪魔に拷問され、地獄に引っぱられるのである。中世後期の宗教劇が演じるマリアの埋葬式は、反ユダヤ主義をはぐくむものであった。

ユダヤの男の児の事件

マリアが、彼女の崇拝者たちの共同体と嘲笑者たちの共同体とを峻別したのである。ユダヤ人たちとキリスト教徒が、信仰信条の違いにもかかわらず許容しあって平和的に共存することなど実現不可能であった。ユダヤ人たちと隣づきあいができるのは、敵対的な彼らにマリアの力を知らしめるような奇跡でも起これればの話である、というのがキリスト教徒の言い分であった。好例としていたるところで語られていたのが「ユダヤの男の児の伝説」である。あきらかにある欲求の産物だが、中世盛期、後期のどの伝説集をひもといても、散文か韻文のちがいはあっても、ラテン語であろうと何語であろうと中身は同じであった。「六世紀から十八世紀までに、ギリシア語、ラテン語、ドイツ語、フランス語、スペイン語、アラビア語、エチオピア語で報告されてきた[62]」ユダヤの男の児の運命話は三十以上のバージョンがある。

トゥールのグレゴール（五九四没）の語った話の筋はこうである。あるユダヤの男の児がキリスト教徒の遊び友だちと神の母マリアの奉献された教会にいき、いっしょに聖体拝領を受けた。これに激怒した父親は息子を炉の火のなかに放りこんでしまった。しかし彼は処女マリアによって奇跡的な方法で死から救われた。町中から馳せ参じたキリスト教徒やユダヤ人に、男の児は、彼が聖餅を受けた教会の祭壇上で幼児キリストをひざにだいているマリアが、マントで自分を覆い、火にのまれるのをふせいでくれたと、救助の奇跡を語った。男の児は信仰を告白し洗礼を受け、ユダヤ人たちの多くも彼にならって救われた。男の児の父親は憤慨した大衆によって逆に火にくべられ、ほぼ完全に燃えつき、骨さえほとんど残らなかったという。

この話の伝承史において面白いのは、一二〇〇年頃の新版の著者が「ユダヤ教徒の共同体に対する融和的な態度をしめしている[63]」ことである。父親はもはや冷酷なサディズム的な男ではなく、息子のことで裁判所に出頭する。父祖伝来の信仰をすてた息子に有罪判決をくだし、父親の意に反して火刑に処すのはユダヤ共同社会である。このテクスト改作には、「ユダヤの隣人たちを好意的に描こうという態度があきらかに感じられる」(64) 十三世紀末頃に成立した韻文伝説『古い伝説集』になると、さらに変化して、財をなした裕福なユダヤ人が息子をキリスト教徒の学校へ入れ、息子の出世を望んでつぶやく

彼が成長したあかつきには
教皇様ともお話できよう
ラテン語の書物について
さすればわれわれも
栄誉ある地位をうけるだろう

通学路でこのユダヤ人の学童はいつも門前にマリアの「美しい彫像」の立っているある教会の前を通りかかる。学校長に言われたとおり、彼は彫像の前でお辞儀をしていたが、あるとき級友の一人にお辞儀に何の功徳があるのかとたずねた。すると級友は

この像はわれらが愛する女性
神の母マリアを彫ったもの
けだかく、まことのおかた
われらはつねにこの方に呼びかけ
いついかなるときも頭をさげる
この像の前では

この方が忠実につかえる者たちに
助けの手をさしのべられることは
いくたも語られている
友よ、この方を信じるのは
よいことなのだ　この方は守ってくださる
きみを邪悪なあざけりから
よき助け手ゆえ、きみを
神の前におみちびきになる

「ユダヤの子」は、像の前にひざまずき、アヴェ・マリアを唱えるのをつねとした。あるとき彼は像がほこりにまみれていて、蜘蛛の巣がはっているのに気がつくと、「一張羅の服をぬぎ」、それでもって像の「埃と巣を」ぬぐい去った。復活祭のミサに参列していたとき、彼は幻覚を見た。司祭が「こよなく美しい幼児」の肉をちぎって、人間たちの口に入れていたのである。彼も「聖なる食物」もとめ聖体を拝領し、「悦しげに」帰宅して、「マリアが担っていた」「聖なる遺体」受領したと告白した。ために災いが始まった。父親が名誉を失う恐れから、われを忘れ失神したのである。彼は子どもの行為について親族に判断をまかせた。苦渋にみちて父親は叫ぶ

あなたがたの望むことを私にすればよい
私はこの子がいとおしい

殺すことなどとてもできない

子どもは炉に放りこまれたが、マリアが現われ、彼を「完全な庇護」下においた。マリアに助けられ、救われた様子を彼は語る

女王にして解放者の
神の母マリアよ！
天の保護者は
力強い歩みでもって
救助にかけつけてくださり
ぼくはこの火のなかでも
心地よく楽しめたのです

炎のなかから救いだされた子どもは、自分の父や親族より信頼をよせている「キリスト教徒たち」が来るまで、炉から離れようとしなかった。救出のこの「奇跡的な兆候」は父親の心にも作用して、「信仰の光」をもたらした。彼は祝賀行列にやってきた教皇や司教に招待され、司教は「悦ばしい腕」で子どもをだきよせ、「音楽や賛美歌いりで」教会へ伴い、洗礼をさずけたという。

とりこわされ、マリア教会にかえられたシナゴーグ

中世後期には、マリア崇拝とユダヤ憎悪とがゆゆしくむすびついていった。ユダヤ人がマリア像を冒瀆したと書きたてたキリスト教徒の著述家たちの攻撃的な冷たさにうかがえるだけではない。シナゴーグやユダヤ人学校をとりこわした跡にマリアに奉献する教会を建てたという事実も、ユダヤ人に対するキリスト教当局の態度がますます非寛容で暴力的な形になっていったことを物語っている(65)。

一三四九年に着手されたニュルンベルク中心街の再開発などは、先鋭化された反ユダヤ戦線の典型例といってよい。市役所書記ヨハネス・ムルナーが十七世紀初めに著した『帝国直属都市ニュルンベルク年鑑』のなかに報告されているのだが、皇帝カール四世は、「ニュルンベルクが破壊後再建されて以来、ユダヤ人が市の最も快適な最上地に住み着いているという、市にとって大いなる弊害を市当局も市民も許しているという現状に鑑み」「ニュルンベルクの福祉と再開発」を促進するために、中央広場に面したユダヤ市民たちの住宅をとりこわし、「物売りのための」広場として、ここには「永久に」「建築物を建ててはならない。ただしユダヤ人学校をとりつぶした跡地には、聖マリアに奉献する教会を建立すべし」という指令をだしている。

アウグスブルクのベネディクト会会士のジギスムント・マイスタリーン(一四三二頃～一四九一後)は一四八八年に著した『ニュルンベルク年代記』のなかで「ニュルンベルクのこのマリア聖堂がなぜ建立されたかという理由」を読者に教えるために「特別な章」をもうけている。ニュルンベルク広場の聖母教会とニュルンベルクのユダヤ人追放のあいだには因果関係があった。マイスタリーンの事業報告書は、マリア

敬慕の促進に貢献するのみならず、ユダヤ人追放の神学的正当化のイデオロギーの機能を果たすものでもあった。

信心深く、人文主義的な教養もあったマイスタリーンがこう強調している。「ニュルンベルクには、天の女帝、神の生母、高貴な処女マリアが自分の教会をもっていないという大きな欠陥」があった。これは、十字架にかけられた子の母は、自分の子を殺害した残虐な種族から逃れ、特に彼らの寄り集まっている場所はこのまれなかったからである」といって、マリアの祝福と助けを断念することは、この町にとってよろしいことではなかった。しかしいま「永遠の叡知のやどる神殿」マリアは「卑劣な民」に打ち克ち、ことすべては「すばらしく」進捗した。

ニュルンベルクにマリア教会をもたらした「みごとな摂理」というのは具体的にいえば、カール四世がこの都市を自分の居所にしようという考えをいだいたことである。「なぜならこの都市は美しい家並み、広い通り、美しい広場をもっているから」だ。彼がニュルンベルガー出身の相談相手ウルリヒ・シュトローマーにこの考えをうちあけると、シュトローマーは「神の清らかな生母マリアの秩序をおもんぱかって、口を開き」、「まことにほむべきことであります。ユダヤ人たちが彼らのものにあらざる贅沢な最上の家屋敷や場所を占領していて、その数も多く、いたるところで幅をきかせているために、キリスト教徒は片隅に押しやられているのです。いったい主は、われらがキリストなのか、モーセなのかと疑いたくなるしまつです」

カール四世は「処女神母」に敬意を表する処置を講ずる決心をした。「ユダヤ人に一年内に中央広場の周囲の持ち家を売却するよう命じ、キリスト教徒には、聖像をつくるよう指令すべし」という布告をだし、さらに、「ユダヤ人学校をとり払い、皇帝の寄進する聖堂を建設し、神聖ローマ帝国の守護聖女、清らかな処女マリアに奉献すべし」と命じた。事業はうまくはこび、ユダヤ人たちは町から追放され、一三六一年に「貴重な祈りと大いなる精励とともに建立された聖堂」と称する聖母教会の落成式がおこなわれ、市民たちは、天の女帝に促進されたこの都市の福祉に感謝の祈りをささげた。福祉と信心のかさなりをマイスタリーンはこう記述している。「市場の陽気なにぎわいを目にする者はだれも、優しい天の女帝のもたらしたこの都市の繁栄に気づいた。市場に店をだして商売する者たちも、マリア聖堂のおかげだとわかっていた。人びとは捧げものをし、週のどの日も、われらが愛する女性を歌い、ミサに参列し、夕べの祈禱をあげた」

年代記の読者に彼は「さて、諸君はすばらしい歴史、すばらしい聖堂、すばらしい市場をもつことになった。したがって神と神の母マリアをほめたたえねばならない。かつての異邦人のようにミネルヴァをではなく、マリアをほめたたえよ[66]」と勧告している。この人文主義者のベネディクト会修道士は、マリア崇拝がユダヤ人に犠牲をはらわせたものであることに、一片の良心の呵責も感じていない。

一四二三年には、ケルンのユダヤ人たちも一年以内に「永久に」町を去らなくてはならなかった[67]。追放者たちは、市民の仇敵であるケルンの大司教と結託していたと非難されたものであった。ケルン市民たちはシナゴーグをとりこわし、そこに市参事会聖堂を建て、一四二六年九月八日、マリアの誕生の祝日に、「エルサレムのマリア」に奉献された。以前ユダヤ信徒たちが礼拝をおこなっていた場所で、いまや市参事会はミサとともに会議を催すことになった。シナゴーグのとりつぶしと市参事会聖堂の建立は、「全能の神とその敬愛すべき母、女王のような処女マリアをほめたたえる」ためにおこなわれたものだと、市長も市参事会員たちもサンクト・ロレンツ教会の司祭も断言してはばからなかった。彼らは、「ケルンに定住していたユダヤ人たちがマリアおよび彼女の愛しい子の救世主にしてかし、とくに市役所の向のユダヤ人学校で実践していたあらゆる卑劣行為」をとりのぞこうとしたのだという。このような「ユダヤ人の卑劣行為」を彼らはあがない、「愛する主なる神とその柔和な母に今後は敬意を」しめそうとしたのだという。一四二三年のユダヤ人追放を記念して、毎年市参事会員たちは、教会奉献式をおこなったマリアの誕生の祝日に、この聖堂に集まって荘厳ミサをあげた後、祝宴をはった。まさに対ユダヤ敵対感情の想起をこととする記念修養会であった。

十五世紀の諸都市は、ユダヤ人たちの合法的追放の理由をさがしもとめたが、マリアを傷つけたというのがこのんでもちだされる口実であった。チューリヒの市参事会が一四三五年から三六年にかけて、統治下にあったユダヤ人たちを市内から追放したときも、「神とわれらが愛する女性をほめたたえ、敬意を表する」ことを口実している(68)。

ヴュルツブルク司教史の著者ロレンツ・フリース(一五五〇没)は、一三四九年のユダヤ人迫害と追放の際に、「ユダヤ人が多数殺され、彼らのシナゴーグや住居がとりこわされたり、破壊された」と伝えている。「とりこわされたシナゴーグの跡にはキリスト教会が建設され、処女マリアに奉献された」最初は木造建築であったが、一三七七年に石造に改築されている。「ユダヤ広場に建てられた聖マリアの聖堂」という銘文がいまも読める。

宮中伯ルプレヒト二世も一三九〇年に、ハイデルベルクに定住していたユダヤ人たちを排斥している。「彼は彼らの地所、シナゴーグ、ユダヤ浴場、墓地、十一ヵ所のユダヤ人集会所を押収したのみならず、シナゴーグの在庫品や書物も没収し、すべて大学に寄付した(69)」ルプレヒト二世および三世は、ヴォルムの司教エーグハルトにシナゴーグを、三位一体とマリアと聖ステファンに奉じる教会に改築させている。五年後の一三九〇年の十二月、以前はユダヤ人学校だった場所に落成した聖堂が、マリア聖堂と名づけられているのも偶然のなりゆきではない[70]。ユダヤ教の過去とキリスト教の現在に境界線を引くためには、マリアの名前は三位一体よりはるかに大きな象徴価値をもっていた。ユダヤ人たちがマリアに対し冒瀆的にふるまったというのは、キリスト教神学者たちの論争書や説教において好まれた論証のひな型であり、わかりやすく好んで受け入れられた。これを読んだり聞いたりした者はだれでも意味はわかる。ユダヤ人たちがマリアについてじっさいに冒瀆的な言辞を弄したか否か、あるいは何と言ったか、判定はむずかしい。なかにはまぎれもない捏造もある。これら非難の正当性を検討できる資料は残されていない。一四八五年にインスブルックでおこなわれた魔女裁判で、「洗礼を受けていたユダヤ人女性」が「われらが愛する女性を悪く言った」かどで弾劾された。他の者たちを呪って彼女は、「マリアの膣からイエスが出てきたときの痛みにもます苦痛をおまえたちの魂に[71]」と叫んだという。これは告訴の事実を文書的に裏づけるものであっても、中身の信憑性はそのかぎりではない。このユダヤ女性がたとえこう言ったとしても、これがユダヤ女性たちのマリアについていだいていた思想を代表していたか否か、という問いは依然として残るだろう。この問いに対する科学的な根拠のある答えは存在しない。

シナゴーグがマリア典礼の場所につくりかえられた所はいずれも、ユダヤ人迫害、排斥があった。レーゲンスブルクのユダヤ人たちが一五一九年に皇帝の庇護を失って、町から追いだされた事情も同じである。ここでも市民たちの都合を正当化するために、マリアが決め手として担ぎだされている。

ユダヤ人たちは、レーゲンスブルクの市民に対して犯したとされる邪悪な行為を、元シナゴーグの場所に建設されたマリア聖堂によって償わされた。市民たちのほうはユダヤ人に加えた暴力という汚点を、マリア崇拝の感情によって帳消しにしているのである。「マリアが望みどおりの奇跡を起こしたとき、天自らがユダヤ人迫害を是認しているように思われたのである。シナゴーグをとりこわしていた際に瀕死の重傷を負った大工が翌朝にはまた元気になって、建築現場に現われた。これはマリアの行為を示唆する天のしるしである[72]」大聖堂説教師バルタザール・フープマイアーによって新しいマリア典礼が宣伝された。彼はしかしまもなくルターの宗教改革に参加し、再洗礼派の陣営に移り、一五二八年ウィーンで、教区民にとって危険なセクトに属する者として火刑に処せられている。

フープマイアーは市の参事会に、シナゴーグを閉鎖せず、これを「われらが愛する女性に敬意を表して」そのまま聖堂につくりかえるよう提言している。一五一六年にレーゲンスブルクにくる前は、インゴルシュタットの「美しいマリア」教会で司祭をつとめていたが、レーゲンスブルクの聖堂も「美しいマリア」と名づけてマリアに奉献した。「美しい」は「清らか」、「非のうちどころない」、「無垢の」と同義語であった。マリア聖堂の建築によって、ユダヤ人たちが汚していた処女マリアの清らかさが回復されたと、説教のなかで断言したものである。「美しい」という表示は、神学的および社会的象徴価値をもっていた。この表示は、原罪の汚れのないマリアを想起させると同時に、完璧な、明るく輝くマリアの世界と、不潔で陰鬱なユダヤの世界の境界線を引くものであった。

レーゲンスブルクの「美しいマリア」巡礼の爆発的流行に、賛否両論が後をたたなかった。人文主義者ヤーコプ・ロッヒャー(一四七一〜一五二八)はラテン語の頌詩『レーゲンスブルクのユダヤ人追放後の広場に恵み豊かにいます偉大な奇跡の光輝く美しいマリアに』を書いている。ロッヒャーの詩句は、詩人が治癒を望んだ手足の蠟の模像にそえて聖堂にかけらたのかもしれない。民謡がシナゴーグのとりこわしとマリア聖堂の建築をこう歌っている。

シナゴーグはまもなくこわされて

ここに美しいマリアが愛でられた
天の女王に敬意を表し、みんなして
ユダヤ街の路地をとりこわした[73]

……

セバスチアン・フランク（一四九九～一五四二）は、「この出来事を一種の集団ヒステリー[74]」と解釈している。レーゲンスブルクの恵みの像が引きおこした自制のきかない情緒、言動は、彼にはヒステリックに思われた。ルターはレーゲンスブルク巡礼を偶像崇拝として糾弾した。アルブレヒト・デューラーは、「（巡礼の）幽霊がレーゲンスブルクで聖書に反して現われ、司祭にそそのかされ、世俗的な利益ゆえに排除されない。主よ、私たちがあなたの敬愛する母をはずかしめることのないよう、マリアをイエス・キリストの名において尊敬するよう、助けたまえ[75]」と書いている。

一五二〇年にはローテンブルク＝オプ＝デア＝タウバーからユダヤ人たちが追放された[76]。この直後、ニュルンベルクの職匠歌人クンツ・ハスは『ローテンブルク・アン・デア・タウバーとユダヤ人追放の新しい歌』を書いている。詩人は、マリアの清らかさを言葉をつくして長々と歌いあげ、彼女の奇跡をほめたたえ、ユダヤ人がローテンブルクの市民たちをだまして破廉恥にも私腹をこやしていたことに気づいたローテンブルク在住の説教師トイシュラインのことを称賛している。シナゴーグのあった場所に建てられた聖堂は「清らかなマリア」に捧げられた。清らかな、無傷の神の母マリアはユダヤ人に勝利したというわけである。

ローテンブルクの「清らかなマリア」への巡礼を宣伝すべく、一五二〇年にちらしとして印刷された新しい歌の最初の六詩節はこうである。

タウバー河畔の帝国直属都市は
ローテンブルクと名づけられた
ここに久しくユダヤ人が住み着き
高利と狡猾な策略でもって
大いに悪事をはたらいた
おかげで多くの敬虔な者たちが
零落するはめとなった

ところがこの事態をだれも
いまのいままで気づかないでいた
やがてこれを見てとったのは
トイシェルという名の博士
彼は自分の説教活動が
ユダヤ人追放をもたらすまでは
昼も夜も休むことがなかった

この洞察はしかしながら

彼自身からでたものではない
これは清らかな乙女マリアからの
特別な賜なのである
語ること　そして悪者どもを追いだすこと
これはマリアが彼に与えた
神の御意志だったのである

彼女がこれをなすのは当然なこと
彼女の御子は大いなる苦難にあわれ
ついにはみずから
辛い死に向かわれた
このときのマリアにもたらされた
大いなる苦痛を
だれの心も思うてみるがいい

われら敬虔なキリスト信者はみな
これを疑うことはない
大いなる奇跡の数多く
すべての日々に生じることを

われらのあまねく教会のなか
祈りとともに懇願しよう
マリアに清らかな乙女に

ユダヤ人たち男もそして女たちも
すべて追いだしてから
こうしてローテンブルクに
聖堂の建設がはじめられたのだ
御子の助けにより
大いなるしるしをしめされる
清らかな乙女マリアを崇めて

ローテンブルクに「清らかなマリア」に敬意を表して建立された聖堂は完全な新築ではなかった。ローテンブルク市参事会とヴュルツブルクの補佐司教は、シナゴーグをとりこわさず改築することで了解しあった。シナゴーグの東側に聖堂内陣が増築された。入り口の上方に十字架を描くか彫りこむかして、かつてのシナゴーグがキリスト教の典礼の場所に変じたのをわかるようにして、内部にマリア像を安置した。

当時の報告によれば、一五二〇年一月八日のシナゴーグ押収の際すでに、「われらが愛する女性マリア、神の母の画像がかけられ、……そしてわれらが愛する女性の像がこのシナゴーグのなかに置かれた」[77]一五二〇年二月、ローテンブルクの市役所書記トーマス・ツヴァイフェルはヴュルツブルクの司教とシナゴーグ改築について話しあったとき、市参事会が「彼ら自身および市民全体の祈りによって」シナゴーグを「全能の神および処女マリアをたたえる」教会にかえ、司教に聖別していただきたいと主張した。神とマリアは、ユダヤ人たちによって軽蔑されはずかしめられていたという場所で、いまや崇拝されることになった。

トイシュラインはこれに不快感を表明している。この神学的扇動者は、友人のバルタザール・フープマイアーがレーゲンスブルクでやりとげたように、シナゴーグを完全にとりこわしてから、教会を新築することこそ、マリアにさしだす「純粋で完全な捧げ物」なのだと、説いてやまなかった(78)。

はずかしめられ傷つけられたマリア画像

ユダヤ人たちは神の像を刻むことを禁じられていた。だから宗教的な画像をかたくなに拒否した。おかげでキリスト教の年代記編纂者や聖徒伝作者たちに、マリア像を傷つけては、この像の奇跡力の犠牲になったと後ろ指をさされた。マリアは決して嘲笑や歪曲を許さないというのである。画像を毒したとしてユダヤ人たちはそれ相当の罰を受けた。

ユダヤ人たちがマリア画像を殲滅してしまおうとやっきになっている様を、公にしなければならないと考えた修道院長ヒュのアダムナヌス（約六二四〜七〇四）は、自著『聖なる場所』に、その例を列挙している。「コンスタンティノープルのある家に、処女マリアの小さな画像があった。それを耳にしたユダヤ人が激怒し、絵を盗みだして便所の汚物のなかへ投げこんだ。ある敬虔な男が汚物にまみれている絵を発見し、取りだして慎重に汚れをのぞいた。するとふしぎなことに絵画から油がしたたりはじめた」この奇跡的な油の流れは、父なる神が「彼に聖なる油を塗った」（詩篇八九・二一）あるいは、「神があなたに、他のだれよりも悦びの油を塗られた」という「主の母マリアの品位」を意味する。そうアダムナヌスは解説している。

カスティリア王アルフォンソ十世（一二二一～一二八四）はこの奇跡を一篇の詩にして、聖マリアに敬意を表した。一二六五年直後に成立しているスペイン王アルフォンソの『マリアの歌』と題された手稿では、この絵画シーンが先鋭化されている。コンスタンティノープルの通りであるユダヤ人が、美しいマリアの絵を盗んで、肥壺のなかに投げこんだ。侮辱された絵ははずかしめをなすすべもなく受けてはいなかった。絵をはずかしめたユダヤ人は悪魔にさらわれてしまった。ギリシア帽でそれとわかるキリスト信者が、この絵を発見し、糞尿にまみれているのもかまわずとりあげると、絵は芳香を発散しはじめた。キリスト信者はその絵をうやうやしくその場に安置すると、絵は奇跡的な聖油の泉となって彼の行為に感謝したという。

マリアの絵の話は、ユダヤ人たちの不実を強調するために、歴史的な例を手がかりにして、さまざまにつくりだされていった。こういう話のもう一例だが、コンスタンティノープル出身のあるキリスト教徒の商人が、金策に困り、苦しまぎれにユダヤ人アブラハムにマリアの絵を担保に金を借りた。彼はしかし返済期限が守れなかった。海が荒れ、仕事先のアレキサンドリアからコンスタンティノープルへ帰ることができなかったのである。しかし彼は借金を返すために、ユダヤ人アブラハムに返す総額を箱に入れ、小さなボートにのせた。ボートは風と波にもまれながらもコンスタンティノープルのアブラハムのもとに届いた。ところがこのユダヤ人は、後日、商人がやって来たとき、金など受けとっていないと言いはったが、マリアの絵の前で無罪宣誓を余儀なくされたとき、マリアの絵が語りはじめ、彼の嘘をとがめた。虚偽がばれ、彼は恥じてひきさがり、その後は貧しい者たちに善行をおこなったという。

マリアの絵は中世後期の信心生活に、いくら評価しても評価しすぎることがないほどの役割を演じた。マリア崇拝が危険にさらされると法律上の協定でさえ効力を失いかねなかった。マントゥーアで一四九五年、ダニエレ・ノルサという名のユダヤの商人が、聖人たちに囲まれたマリアを描いたフレスコ画のかかっていた一軒の家を購入した。彼は教会当局から、この装飾画をとりはずす許可を得ていたにもかかわらず、聖画像破壊の罪をきせられることになる。画像を冒瀆したとして、反ユダヤ感情の矢面にたたされたのである。商人の留守中に、「意地悪い連中が、もとの絵あるいは別のを、同じ場所にかけなおし、しかもキリスト教信仰を侮辱する誹謗文を書きくわえた。収穫祈願行列の最後の日、大勢の者たちがマリア被昇天の祭日の前夜に、この屋敷の角を通りかかって、これを目にとめ、暴れだした。彼らの掠奪行為を阻止するのは大変であった」。フォロノヴォの戦い（一四九五年七月六日）に、マドンナのおかげで一命をとりとめたと信じていた辺境伯フランチェスコ・ゴンツァガは、マントゥーア司教区の司教総代理を務めていた弟のジギスモンド宛ての一四九五年七月三十一日付け書簡にこの出来事について、「われらが愛する女性の絵」を家の壁からはがし取ることはほまれ高い母に不正を働き、「われわれの聖なる信仰を凌辱する」ことである。このユダヤ人を、彼が「できるかぎり立派な美しいフレスコ画を再制作」させないかぎり処罰するということにしたい、と書いている。

しかしフラ・ジロラーモ・レディニという名のアウグスティノ会隠修士が、それよりユダヤ人の家をとりこわし、その跡に「勝利の聖マリア」に奉献する教会を建てるほうがいいという考えを辺境伯に吹きこんだ。アンドレア・マンテーニャに祭壇画を描かせ、ユダヤ人に百十ドゥカーテン拠出させるというのである。事はその通り運ばれ、一四九六年七月六日勝利のマリアの教会は完成し、マンテーニャの絵を掲げた行列がマントゥーアの通りをねり歩いた。説教師は会衆に、聖処女マリアの決定的な介入があってこそ、伯爵の勝利がもたらされたのだと説いたものだ。マリア像は、ノルサの邸宅跡に建てられた教会のなかに新しい居場所を見いだした。この新しい教会を担当することになったフラ・ジロラーモと修道会士たちは、この地のある無名画家に、創設の歴史を描かせている。マドンナの足元に二人のユダヤ人男性と二人のユダヤ人女性を描かせたのだが、黄色い斑点でユダヤ人とわかる人物——ノルサと妻や親族たち——は放心したように画面外に視線を投げている。彼らとマリアの間には何のつながりもない。この孤立状態はいうまでもなく意図的に描かれたものであり、マドンナの上方に浮遊する天使たちのかかげる標識には「ユダヤ人たちの不遜は打倒された」と読める。このユダヤ人たちは、ただ自分の権利を主張しただけのことであったが、マリアの名においてマリアのために行動していると思いこんでいた公権の担い手たち相手には、最初から勝ち目のあるはずもなく、恣意的な法の歪曲の無力な犠牲者になるしかなかった。

「マリア像の凌辱と汚辱」

ユダヤ人たちが打ち負かされた者、あるいは冒瀆的な画像破壊者、として描かれている絵画は不平等な力関係を表現するものである。反ユダヤ的絵画の注文主が政治的支配権をもち、自分たちの行為の合法性を確信しているのであってみれば、この絵画による差別にユダヤ人たちは抗うすべもなかった。

皇帝マキシミリアンはコルマーの説教師たちの教会に、ユダヤ人たちがマリア像に「破廉恥な行為」をしかけている場面を描いた絵をかけさせた。マリア像が十四世紀以来多くの巡礼者たちをひきつけていたベルギー領へネガウのシトー会修道院カムブロンに、彼が一四七七年に滞在していたおりに、この地であ

反ユダヤパンフレットの木版画，1515年，ストラスブール．ベルリン国立図書館蔵．

ったユダヤ人たちの「冒瀆行為」を聞かされたのであった。それは匿名の著者――おそらくはフランシスコ会会士トーマス・ムルナー――が『マリア凌辱』のなかに記述し、一五一五年『ユダヤ人によってなされたマリア像の凌辱と汚辱』と題してストラスブールで印刷したものだが、二年後には、ゲンゲンバッハのパムフィリウスは、『マリア像をあざけり、つき破った五人の下劣なユダヤ人の恐るべき話』と題するちらしを公開した[79]。彼は題材にことかかなかった。少し以前に著わされた『マリア凌辱』を、幾重にも改作しては広めたものである。十六、十七世紀に印刷されたマリアの奇跡の資料集も、このマリア像を侮辱し破損した五人の下劣なユダヤ人の話をのせ、一般読者に提供している。

　モンス近郊の修道院カムブロンにおける絵画凌辱の歴史的真相は次のようなことで

ある。ある悪者があるマリアの絵を何度もつき破った。あるユダヤ人が疑われたが、彼は無罪を証明した。しかし四年後になって、幻視により改心した金銀細工師が、自分との決闘により彼の無罪を公的に証明すべきだと要請した。ユダヤ人は負け、自白し、犯人ということになった。

一五一〇年、コルマーからユダヤ人たちは追放された。さらに「儀式殺人」の非難がユダヤ人迫害のきっかけをつくった。ユダヤ敵対的な気運と行動が皇帝を動かして、コルマーの説教師教会におけるユダヤ人による冒瀆的絵画凌辱の光景を描かせる環境をつくりあげた。『マリア像の凌辱と汚辱』の著者によれば、この絵画連作は、単にマリアの絵画を凌辱したのみならず、「われわれの子どもを殺す」儀式殺人もはばからない「ユダヤ人行為」を決して忘れないためのものであった。こういう組合せにマリアを引きこんだのは異例だが、絵画凌辱は、儀式殺人に比すべき悪業ということになったのである。

匿名著者による誹謗文は事のなりゆきをこう叙述している。五人のユダヤ人たちが道すがらある教会に入った。祭壇上のマリアの絵を五人のうちの一人があざけって、

これは愚かな呪われた女だ
彼女から出たのは邪悪な被造物
よろしくない男が生まれ出た
おかげでわれらはいやな目にあう
と言って絵に唾をかけはじめた(80)

二人目は尻をまくって見せ、さらに次のがあかんべえをやり、残る二人も悪態をつき、嘲笑し、「破廉

恥行為」におよんだ。

こういうふるまいはユダヤ人の伝統なのだと、匿名の著者は訴える。ユダヤ人のヨハネス・プフェッファーコルンは改宗前には、キリストを背負っているクリストフォロスをあざけって、

背高のっぽの道化者、と彼は早口に語った
おまえがおぶっているのは娼婦の子
こいつの母は娼婦だというわけさ
いまごろ娼家のなかにござるだろう(81)

ユダヤ人改宗者フェッファーコルンの凌辱は、まったくのつくり話ではなかった。これは『洗礼を受けたユダヤ人ヨハネス・プフェッファーコルンの話と告白』に由来する。プフェッファーコルンは、一五〇四年にキリスト教徒になった。ヨハネス・ロイヒリンとの間でおこなわれた文筆による果たしあいで、芳しくない評判をとったが、この熱狂的で情け容赦ない改宗者は、ラビの文献を根絶し、ユダヤ人たちに改宗するか排斥されるかの選択を迫れと主張したものである。改宗前のマリア画像軽蔑者だった頃の彼は、「トルドト＝イェシュ文献」の決まり文句を自家薬籠中のものにしていた。マリアを娼婦と記述したり、魔術師、民衆扇動者の母親として軽蔑するのがこの論争書の目的であった。

ユダヤ人たちがキリスト教の聖画像を侮辱する常習犯であることをあばくために、著者は東ローマ皇帝フォーカス（六一〇没）時代のキリスト像凌辱を示唆している。これを最初に報告したのはトゥールのグレゴールであった。この中世末期の詩人は書いている。

フォーカスの時代
こんなことが起こった
一人のユダヤ人が槍でもって
壁のキリスト画像をつきさした
すると奇跡の血が吹きだして
そのしぶきがユダヤ人にかかった
それでただちに犯行がわかり
ユダヤ人はとらわれた(82)。

最後には五人のユダヤ人の一人が「娼婦」の絵を槍でつきさす決心をしたという。当然の罰を彼は受けねばならなかった。絵をつき破ったユダヤ人は、告訴され、拷問を受け、処刑された。マリア、清浄な乙女は、自分に対する嫉み、不当行為、はずかしめには報復するのだという見せしめであった。

寛容の擁護者、ヨハネス・ロイヒリン

こうした好戦的な反ユダヤ的マリア論のなかで、これに抗議するヨハネス・ロイヒリンの声にはほっとさせるものがある。ヨハネス・プェッファーコルンは、ユダヤ人たちは誤れる書物によって「主なる神とわれらが愛する女性(83)」を軽蔑し凌辱したのであるから、これら「邪悪の書」を押収し焼却すべしという意見であったが、ロイヒリンは一五一一年に印刷された『検眼鏡』にユダヤの文献を取りあげ、「これらの

書物がイエスおよびマリアを凌辱し、われわれおよびわれわれのキリスト教的秩序を疑うものだ」という非難があたっているかどうか再検討にとりかかる努力をしている。

こうした再検討や意見修正がそれまでおこなわれていなかったのはいうまでもない。十把一からげの判断にしたがうほうが時間もエネルギーも節約になった。タルムードの書物は、神を冒瀆し、イエスとマリアを凌辱している。そう思いこむだけでことたりていた。一般に流布しているものを検討することもなく、根をおろしている決まり文句を利用するのが、中世のユダヤ＝キリスト教論争における習わしであった。アレクサンダー・フォン・ハーレスは、その神学要約に、「タルムードと称する彼らの書物のなかには、キリストおよび処女マリアを凌辱するものが多くふくまれている」と書き、冒瀆的なものがふくまれている書物は本来焚書にすべきであるという確信にいたっている。旧約の掟によれば、公に神を冒瀆する者は死罪になりかねないのである。だからユダヤ人たちの神の冒瀆を容認してはならず、それ相応に処罰すべきで、度しがたい奴は死をもって償わせよ、という考えの展開であり、キリスト教徒は、聖地を占領する異教徒に対し戦端を開くであろう。ユダヤ人の犯した不正は、救世主の軽蔑であり、キリスト教徒はこういうふるまいを「死にいたるまで追及し、克服」するのが本筋である、とまで主張したものであった。

ハーレスはしかし神学的、法的に可能なことを、実際の規範にすることは拒否した。彼は寛容を説くと同時に、モーセの掟の権威主義的解釈の書タルムードの焚書を主張したのである。この裁断は矛盾しているが、これは中世のキリスト教徒社会に暮らすユダヤ人たちが耐えねばならなかった計測不可能な「寛容と迫害の共存(84)」をよくしめしている。中世のユダヤ人たちの暮らしを決定づけていた不確かさの度合いは、この両要素の混合関係、力関係次第であった。だが中世後期にキリスト教徒の対ユダヤの行動形式、感情思想の動きがますます非寛容になるのはまごうかたない。

レーゲンスブルクの司教座聖堂付属神学校長コンラート・フォン・メンゲンブルク（一三〇八頃〜一三七四）は「ユダヤ人の質の悪さ」におよそ寛容ではなく、彼らは「われわれの女性やすべてのキリスト信者の敵」なのだと断言してやまなかったが、一四三一年には、ここの市長および市参事会がジギスムント王宛の書状に、七年前のケルンのユダヤ人追放を、「全能の神とその母マリアに敬意を表し、多くのいまわしいことを取りのぞくため」のものだったと正当化している。一五二三年ルターの宗教改革に参加したローテンブルクの説教師ヨハネス・トイシュリンは、「イエス・キリストおよびその母マリアをほめたたえ、敬意を表し、かたくなで盲目のユダヤ人たちに対抗して(85)」発言したり書いたりしていたが、いつかは改宗するだろうとしてユダヤ人たちを容認する考えは、神やマリアの栄誉にはなじまないと論証している。ユダヤ人はキリスト教徒市民にとって精神的にも世俗的にも有害であるから、ローテンブルクから追放せよとトイシュリンは情け容赦なく迫った。キリストを源とし、マリアを介して流れてくる恩寵の流れが、疑う余地もなく「われわれの大いなる罪ゆえに」弱まっている。この大いなる罪の最たるものが「ユダヤ人と高利貸しの容認(86)」だという論法であった。

ケルン市民の自己正当化の試みにしても、トイシュリンのユダヤ敵対的な攻撃にしても、市内からユダヤ人を追いだす唯一の口実は、傷つけられたマリアの栄誉であったことがわかる。一四九八／九九年のニュルンベルク、一四三八年のシュヴェービッシュハル、一四七六年のハイルブロンでは、ユダヤ人排斥は「公益と生活上の必要から」おこなわれたとされている。(87)ひどい損害から町を守るためであったという。ユダヤ人たちの高利貸し商売が損害をもたらしたというのが、共通している。この場合でもマリアが経済上の利害の口実、隠れ蓑にされていたという気がしてくる。スペインからユダヤ人を追いだした後、女王イザベラは一四九二年、教皇使節に、「わたしは〔ユダヤ人追放によって〕大きな破局をひきおこした。

諸都市、諸州、王国の住民を激減させてしまった。しかしこれはキリストおよび彼の聖母への愛からなしたことであって、わたしが金銭欲からやったなどと言いふらしているのは嘘つきや中傷者にすぎません。わたしは押収した財産からたったの一〈マラベーディ〉（当時の金貨）さえ手をつけていないのです(88)」

ユダヤ人たちを容認せず、被保護の既得権を取り消すことを正当化する理由、口実、動機の症候群のなかで、ユダヤ人たちによる（事実上のあるいは憶測上の）マリアの栄誉損傷も他と並ぶひとつであった。この主張の確実性が問題にされた。何が単なる偏見で、何が文献的に証明可能な事実か？ ユダヤ人たちの文書のなかでマリアがはずかしめられ、あなどられるということを、どのような証拠書類によってはっきり証明できるのか？ ヘブライ語をよくしていた人文主義者ヨハネス・ロイヒリンは、そこを知りたがった。イエスおよびマリアに関してほんとうはユダヤ人たちの書物に何が書かれているのか、ユダヤ人著者たちは、どのような意図をもって書物を著わしたのか、その読者たちはこれをどう利用したのかを知ろうとした。

この問いに従事したロイヒリンは、一五一一年に発行した『検眼鏡』のなかで、ユダヤ文献を少なくとも七種類に分類している。「聖書」からはじまって「タルムード」、「カバラ」そして「注解」、「注釈」および哲学的学術書をへて「韻文、お伽話、詩歌、物語、風刺、そして手本集」。これら後半のものは、「大半がユダヤ人自ら虚偽のつくりものだとみなしている」とロイヒリンは説明している。最後に名をあげたお伽話、物語、風刺および手本集のなかには明白に「愛する主なる神イエスとその敬愛する母マリアおよび使徒たちならびに聖人たちをあざける悪口や冒瀆的発言」の存在することを彼は認めている。しかしそういう本を彼自身は二冊しか手元にもっておらず、「ひとつはニツァホン、他はトルドト＝イェシュで、ユダヤ人自身、典拠のうたがわしい書とみなしている」という。フリードリヒ三世の宮廷で、そこに居合わせたユダヤ人たちから彼は、「このような書物は彼らによって廃棄処分され、二度とこのようなことを書いたり、口にしたりすることは禁じられている」ということを聞いたという。これからロイヒリンは「われわれの主なる神イエス、その敬愛する母マリア、聖人あるいはキリスト教徒の秩序をあなどり、はずかしめ否定するあからさまな言辞を弄している書物を、何らかのユダヤ人のもとで発見した場合、皇帝の命令によって押収し、自身で処分し焼却しなかったユダヤ人を罰すればよい」という結論をだした。このような措置こそ「公正な」ものと述べている。

ロイヒリンは、「タルムードについては不明」だと公言した。というのは、この書物が瀆神の書か否か検討しようにも入手できなかったからだという。タルムードについて知っているのは、これを非難する「われわれのほうの書物だけ」であり、タルムードがイエスを「単に貧しい大工と貧しい女との間の息子で、悪魔と結託し、神を冒瀆する者」であり、「民衆の扇動者」だったといって中傷しているというのは、否定するわけにはいかないが、しかしこれはタルムードを焼却する理由にはならないという。これの内容についてくわしく知っている者はいないからである。「ドイツ全国内でタルムードを勉強したキリスト教信者の人間を一人も」知らないという。「洗礼を受けたユダヤ人」のなかにも、ドイツには「タルムードを読んで理解していた」という者はいなかったそうである。タルムードは「聖書のように純粋なヘブライ語で書かれたものではなく」、他のオリエントの言葉が混淆していて、だから「ユダヤ人の多くにはタルムードは理解できない。ましてキリスト教徒にわかるはずがない」要するにキリストやマリアに敵対する叙述があると想定されているタルムードの知名度は限られているということであった。ユダヤ人からこの書物を取りあげて焼却するのは、「神をほめたたえることにもならなければ、キリストを信仰する役にもたたず、礼拝の促進にも不必要だ」というわけである。ロイヒリンはアウグスティヌスの考えをとりあげながら、ユダヤ人は、われわれが「われわれの信仰の証書をとりだすことのできた」書物の管理人なのだと確言する。彼らの書物をユダヤ人たちは「彼らの神のために、そして彼らの信仰の守護のために」作成したのであって、他の者たちに「恥辱や損傷を加える」ためのものではない、と主張した。

「このような書物はイエス、マリアおよび十二人の使徒、それにわれわれおよびわれわれのキリスト教の秩序を凌辱する」という論証に対し、彼は、そういう書物は二冊だけ、先にあげたニツァホンとトルドト＝イェシュ・ハ・ノツリだけだと答えるしかないという。これ以外に自分がこれまで読んだ書物に「誹謗」は見あたらなかったと断言している。ユダヤ人たちが「イエスは神ではない」と主張しようとも、それは彼らの信仰であって、これでもって彼らはだれかを誹謗しようとしているのではない。教会の伝統はこれを確証、確認しているという。イエス、彼の母および使徒に「神的なものは何も」帰属しないというユダヤ人の信仰信条を、「キリスト教会は十四世紀間容認してきていて、これを凌辱とは受けとっていない」この観点からそれる理由など、ロイヒリンの見解によれば、存在しなかった。

別な考えかた、別な信心にたいする寛容は、中世末期から近世の初めにかけては、文献学上の鑑定や歴史的事実のとらえ方にのみ依拠しているのではなかった。キリスト教徒がユダヤ人に対し、寛容な態度をとるか、非寛容にふるまうかには、したたかな利害関心もからみ、とくに独断的になされる価値決定がものをいった。ロイヒリンは、博愛主義的なキリスト教の立場に立ち、ユダヤ人たちの法的資格を彼は、同胞の法律としてのローマ法にならって定義した。同胞とは、あらゆる市民権が与えられ、公権の保護のもとにおかれ、私的な恣意にさらされてはならないという者のことである。彼はユダヤ人たちをキリスト教徒が義務のひとつである愛する「隣人」に数えようとしたのであった。[89]

ヘブライ学者ロイヒリンは寛容の運動を呼び起こすことはできなかった。しかしながら、キリスト教徒と非キリスト教徒、旧教徒と新教徒の関係のますます険悪になる時代にあって、彼が相互寛容を擁護したのは注目すべきことだし、記憶すべき価値のあることである。ロイヒリンはユダヤ人とキリスト教徒の関係をあからさまにアグレッシブなものとしていた時代の支配的精神に抗ったのであった。悪意のある境づけと敵意は、中世後期のマリア崇拝にも無視することのできない痕跡をのこした。

シナゴーグを力ずくでマリア教会にかえてしまうのは中世後期の現象である。ドイツ圏内――バイエルン、フランケン、ザクセン、ボヘミア――でも一三四九年および一五一九年に、少なくとも十六のシナゴーグがマリア教会にかえられ奉献されている(90)。シナゴーグに建築上の変更をおこなうことなくマリアの聖所にかえたり、すっかり取り壊して、その跡に教会を新築しては勝利感に酔ったのである。教会がシナゴーグに打ち勝ち、死せる字母に生きた霊が勝利したという確信に裏打ちされた勝利感であった。

中世後期のキリスト教の著述家たちがユダヤ人弾劾にいそしむ口調には、いちじるしく残忍なものがあった。これがキリスト教徒の間の反ユダヤ主義の育成に大いに貢献したのだが、ユダヤ人たちは神の殺害者のみならず、神に選ばれた処女を侮辱する敵対者にもなったのである。「以前にはユダヤ教徒だったが、いまは神の摂理により貧しい一介の説教師であるカルベンのヴィクトール」は、一五一一年に公にしたちらしのなかで、「ユダヤ人たちは処女マリアおよび彼女から生まれたイエス・キリストに対する根っからの嫉み以外に信ずるものをもたない」ということを確定事実とみなした。自らを「われらの聖女主人マリアの甘き歌い手」としていたスペインの神学者ライムンドゥス・ルルス（一二三二/三三～一三一六）は、キリスト教徒がマリアを崇拝しながら、ユダヤ人と友好的に接触するのは矛盾していると主張した。ライムンドゥスの見解によれば、心からマリアを愛しているキリスト信者なら、ユダヤ人と売り買いはしないし、金を借りたり、品物を売ったりしないはずだという。ユダヤ人たちが彼らの共同体のただなかで暮らしているのを許すキリスト教徒は、自分たちの態度が、ユダヤ人たちの処女マリアに対する冒瀆的な発言を容認し、よしとしているのだということを認識しなくてはならない。キリスト教の神の母に対する愛が距離と境界を命じたのであった。

説教や書き物によって聴衆や読者にキリスト教の寛容の掟を理解させるべきはずの司祭、説教師、口語の神学著述家たちが相互の尊敬、寛容、愛ではなく憎悪を語った。古フランスのマリアの奇跡を豊富に集めたベネディクト会修道士コエンシーのゴーティエ（一一七七／七八～一二三六）は、「聖霊は彼ら〔ユダヤ人たち〕をひどく憎んでいる」と書いている。さらにつけくわえて、「私もそうする。そして神も彼らを憎まれる。私は彼らを憎む。みなも憎まねばならない。というもの彼らは彼らの欠陥を除去しようとしない。彼らには書物の知識はあっても、救済作用も聖書の力も理解しない……ユダヤ人たちは黙せる獣より愚かである。疑う余地はない。彼らは盲目である。何も見えないからだ。奇跡も予言も彼らに言い聞かせるどのような理由も彼らの心を和らげることがない[91]」

「神かけて」、とこのベネディクト会修道士は『ノートル・ダムの奇跡』（一二一八年から一二二八年にかけて著述）のある個所に書いている。「私が、レーム、ローマあるいはロイェでもよい、一日でも王であったならば、〔ユダヤ人を〕一人として生かしてはおかないだろう。彼らからこうむらねばならないのは大いなる恥辱である。ところが聖なる教会は、われわれが銘記すべき聖なる死に鑑み、彼らを容認している。十字架とユダヤ人が神の死をわれわれに想起させるというのである。平信徒にはこれ以外にキリストの苦難の歴史を教える書物がない」ユダヤ人の存在がイエスの十字架上の死を証言しているというのが、キリスト教徒の共同体内にユダヤ人たちが暮らしているのを、がまんせざるを得ないとする伝統的な論拠であった。さらにユダヤ人は旧約聖書を蒐集して伝えるという形でキリスト教教会の信仰財産を救ったという見解も、寛容精神を形成するように作用した。

ユダヤ人たちがキリストの十字架上の死の証人であったという指摘、この否定的な記憶の刻まれた指摘が寛容につながる程度は知れたものであった。ゴーティエなどは、公的教会の寛容な態度は正しくないと、異論を唱えている。ゴーティエの願望的思考や、境界線を引けというライムンドゥス・ルルスなどの主張は、十六世紀初めには、説教師トイシュラインのようなはっきりとした排斥運動になっていった。キリスト教徒とユダヤ人との間の葛藤は目に見えて大きくなっていった。ユダヤ人たちとつきあい、彼らの存在に甘んじ、町から追放しない者は、「神の寵愛とマリアの援助」を失うだろうと、トイシュラインは言ったものである。ユダヤの「蛭ども」、「血の搾取者」をのんきに庇護したり容認している者が「神からもマリアからも恵みを授からない」のは自業自得だというのである。「悪魔の種族」ユダヤ人に対する厳しい非寛容のみが、マリアからの報いをあてにできる、という理屈であった。マリアがユダヤ人の一母親であったというわきまえは、中世盛期、後期のキリスト教の著述家たちがユダヤ人に対して展開した論争のなかで、完全に失われてしまった。

このような抑圧と忘却はマリアの死の受けとり方や記述を特徴づけている。古代末期の著書『マリアの帰天』などのマリアの死の場面の描写は、ユダヤの習慣にのっとっていたが、これをそのまま受けとり、マリアの生活スタイルがユダヤ教的であったなどとする気は、中世神学者たちには毛頭なかった。彼らにはユダヤ教徒の典礼形式、信仰形式は疎遠なものだったから、神の母の死に関する古代末期の報告にあるユダヤの死の習慣を明るみにだすのはつらいことだったろう。

第12章　死

マリアは病人を慰めた。死にゆく者たちを助けに来た。ことに恩寵に恵まれた者たちの臨終の床には現われた。しかし彼女自身の死は、初期キリスト教の共同体の救済のモティーフにも想起の糧にもなっていない。キリスト論を主調とする神学や信心生活にとって、マリアの死と帰天は重要ではなかった。キリスト教会の発展史においても最初の四世紀間は、マリアがいつ、どこで、何歳で世を去ったか、信頼にたる情報は存在しない。信心生活をあるいは好奇心をみたすフィクションが形成されるのは四世紀以後のことである。マリアの救済の意味をイエスの救世主の役割とむすびつけたいという欲求が物語を形成するように作用した。マリアが天上に君臨し、とりなしによって神意に影響を与える女王として崇敬されるのであれば、いつ、どのようにして彼女が息子を追って天国へのぼったのかという問いに、答えなくてはならなかった。

マリアの帰天

福音記者たちにはまったく関心のなかったマリアの生涯を、信心の生む想

レンブラントの銅版画「マリアの死」，1639年．ベルリン国立美術館蔵．レンブラントは中世後期から近世初期にかけての絵画伝統を回避している．つまり，マリアの死の床をとりかこんで嘆き悲しんでいるのは，使徒の群れではなく，オリエント風の衣装をまとったユダヤ人の家族である．現実味をだすことがマリアの死の歴史的な真実内容を裏づけるという意図だったのだろう．使徒がマリアの臨終に居合わせたということは聖書によって証明されるものではない．画面で注目されるのは，聖俗の臨終介護がひとつになっていることである．詩篇が朗読され，司祭が床の横に立ち，医者がマリアの脈をとっている．中世末期の死の術には，命を長らえさせるかもしれない医者の助けを拒むことは罪であると，強く説かれていたのである．

像力が再構成した。五世紀に成立した論文『恵まれた処女マリアの帰天』は、あきらかに伝記的完璧を期したいという欲求をしめすものである。出所不明のこの虚構の死亡調書には、神の処女の死と被昇天に関する詳細が書かれている。六世紀の『書物の採用可否決定』は、この書を神学的に疑わしく、しりぞけるべきものだとしているが、匿名の多くの著述家が、読者の敬虔な好奇心を満足させようとして、マリアの帰天に関していろいろ考えだしたのであった。偽典『マリアの帰天』の著者は、息子の受難以前にすでに、彼女は息子から、死の三日前にはそれを彼女に予告するという約束をとりつけていたと、主張している。イエスみずから、彼女の肉体から離した魂を天国に運ぶことを約束し、さらに彼女の臨終には、すべての使徒を立ちあわせるとも確言したという。そして約束通りになった。マリアの死の三日前、一人の天使が現われ、彼女に棕櫚の葉を渡し、三日以内に彼女は臨終をむかえると告げ、その後、神が彼女を天国に迎える意向だとつづけた。死の天使の使命を、ライナー・マリア・リルケは『マリアの生涯』にこう叙述している

かつて受胎の告知をもってきた
同じ大いなる天使が立っていた
彼女が自分に気づくまで待ち
そして語った。いまやあなたの召されるときである
彼女は以前と同様におどろき、そして
以前同様に、はした女として、はいと答えた(1)

天使の告知を受けとった後、マリアは自分の死の迫っていることを知らせるために、親戚や知人たちを呼び寄せたという。だれに聞くともなく、使徒たちもみなやって来た。不思議な雲が彼らを乗せてきて、彼女の家の戸口のまえで降ろした。マリアは彼らに、「祈り、わたしとともに目をさましていてください。主が現われ、わたしの魂を受けとられるときに、目ざめているあなた方をご覧になるように」と言ったということである。

使徒たちはこの願いを成就した。一晩中一睡もせず彼女のもとで待ちつづけた。ランプをともし、詩篇を唱え、賛美歌を歌った。キリストは約束の時間にやってきた。天使たちがお供をしていた。中世の挿絵画家たちは、この叙述通りに絵を描いている。

中世の画家たち、神学者たちは、マリアの死に関するこの偽典の報告を、彼らにイエスの母の救済の意味を信じさせるテクストとして読んだ。中世の読者たちは、マリアの死に関するこの偽典の匿名の著者が、旧約の手本にしたがっていることには気づいてはいなかった。[2] キリスト教の神学者たちも、このテクストはユダヤ教的なものを背後にしているなどということを調べてみようなどとはつゆ考えなかった。

旧約外典では、アブラハムに彼の死が迫っていることを教えるのは大天使ミカエルである。大天使に手渡される棕櫚の小枝の象徴性は、ユダヤの著述家たちの比喩表現に相応するものであった。ユダヤ教的表象でもキリスト教的表象でも、棕櫚の小枝は、天国の生命の樹を示唆するものであった。両方の宗教ともに、これは勝利と正義の象徴である。[3] 使徒をマリアの臨終の床にまで運ぶ雲は、旧約聖書では、神が自らの行為の場所へ赴くときの手段である（出エ一九・九／詩篇一〇四・三）ヤハウェは雲のなかから語り、雲を通して栄光を開示する。ヤハウェが彼の民を守護し救うということを具象化するために、ユダヤ人の著述家たちは、雲がイスラエルの民を危険な状況から運び去るというように描写したものであった。[4] ランプはユダヤ教徒の死の儀式に必要なものであり、同時に公正のしるしであり、魂の象徴であった。ランプが消えるときが命の消えるときであった。(5)

埋葬を邪魔したユダヤ人たち

マリアが住んでいたシオンの山から使徒たちがマリアの遺体をヨシャパテの谷に運んでいたとき、ルーベンというユダヤ人がマリアの棺を使徒たちの肩からつき落とそうとした。彼の両手はひからび、棺の側面にはりついてはなれなくなった。彼は使徒たちに、何とかとりなし、助けてくれるよう泣きついた。身体が再び自由になったら、キリスト信者になると約束した。使徒たちは、神にとりなしてやった。彼らの懇願が効を奏し、このユダヤ人は洗礼を受け、イエスの名を衆に知らせはじめた。この出来事を忘れないために、八世紀のキリスト教徒たちは、エルサレムの市門の前に柱を建てた。この柱の頭は十字架で飾られ、ユダヤ人たちがマリアの遺体をはずかしめ、奪おうとしたかの場所をしめすものとなった。(6)

反ユダヤ的伝説の賜物であるこの妨害工作が、ビザンティンの神学者たちの手にかかるとさらに大げさなものになる。彼らの主張によれば、マリアの棺に暴力をくわえようとした大祭司の両腕は切断されてしまったという。福音記者ヨハネのものだとされたマリアの死についての書物は、ユダヤ人イェフォニアスの冒瀆的なふるまいに神の委託を得て報いたのは、「前代未聞の力を有する主の使い」であったと報告している。彼は火の剣でもって、マリアの棺につかみかかろうとしたユダヤ人の両腕を腕のつけ根から切り落とし、切断された腕は棺の側にはりついたままになった。イェフォニアスと彼の信奉者たちは、イエスの神性と、永遠に処女であるマリアからの彼の誕生を認めると告白した。すると、使徒ペトロのとりなし

により救済の奇跡が生じた。いまや信仰心をもつようになったこのユダヤ人の腕や手がもとにもどされたというのである。(7)

十三世紀後半よりビサンティン芸術には、大天使ミカエルが、神の復讐者として介入し、剣で、屍体凌辱者の両腕を切り落としている光景が現われる。十六世紀のベルグ・アトスの絵本では、マリアの臨終の部屋へユダヤ人が侵入してくるさまが描かれている。彼女の臨終の光景は、文書の叙述によれば、「ある家の部屋に彼女は死んでよこたわっていた。手を胸の上でくみ、両側にはランプが灯されてる。ベッドの前には両腕を切断されたヘブライ人が立ち、切り落とされたその腕はベッドにぶらさがっている。彼の前には抜き身をもった天使が立ちはだかっている……」(8)

このような叙述や表現は西洋の教会では伝統的なものにはならなかった。ビサンティンのマリア論者たちがマリアの永眠と被昇天について述べた観念を、西洋の教会にひろめたのはライヒナウにある十世紀の手稿である。これには八世紀のギリシアのマリア説教集のラテン語訳がふくまれ、マリアの死と埋葬もあつかっており、天使ミカエルが介入し、両腕を切り落とすとは書いてないが、――ギリシア語の原書や口承にしたがって――やはり「両手の切断」の話は出てくる。(9)

教会の祝祭となったマリアの「永眠」

奇跡的なできごとを報じるテクストは何となく生成するものではない。古代末期の匿名著者が、「マリアの他界」について物語を叙述したのは、あきらかに典礼上の必要に応じたものである。(10)五世紀来、エルサレムでは八月十五日に、「マリアの永眠」の祝祭が催されていた。マリアの永眠と埋葬を記念してマリアの墓が（推定上か実際にか）掘られたと五世紀来文書にもしるされているケデロンの谷間のマリア教会で祝祭がとりおこなわれ、七世紀、八世紀にヨシャパテの谷（訳注・ヨエル書に出てくる最後の審判の場所。これがケデロンと同一視されてきた）の聖マリアの教会に巡礼した者たちも、みなマリアが被昇天するまでよこたわっていたという空の墓のことを口にしている。

アイルランド人の大修道院長イオナのアダムナヌス（六七九〜七〇四）は非正統的な思想の持ち主であったが、エルサレム巡礼者のガリア人司教アルクルフのエルサレム旅行見聞話を書きとめている。アルクルフもヨシャパテの谷のマリア記念教会を訪れたが、教会の東の部分の右側にマリアがしばしの間よこたわっていたとされている「岩をくりぬいた空の墓所」はあったという。しかし、いつ、だれによってマリアの「聖なる身体」がもち去られ、どこでマリアは復活を待っていたかは、だれも確信をもって語ることはできないという。アイルランド人の遍歴修道僧で、後にアイヒシュテットの司教をつとめたヴィリバルトも七二四年から七二六年にかけてエルサレムに滞在し、同様にヨシャパテの谷のマリア教会を訪ねている。彼の報告では、この教会のこの墓は、マリアをじっさいに埋葬したものではなく、ただマリアに思いをはせる記念碑としてつくられたのだという[11]。

ひかえめに表明された疑念も、中世後期には幻視が保証する確信に追い払われてしまう。死の直前の二年間をエルサレムですごしたスウェーデンのビルギッタ（一三七三没）の墓所訪問時の幻視によれば、輝かしい光をともなって聖処女マリアが現われ、十五日間ここによこたわった後、限りない歓呼のうちに天国にのぼったのだと告げたという。超自然的な幻視が歴史的な正しさの担保となった。この幻視女性を信じる者たちは、マリアの墓の信憑性に関する疑念などまったく問題にしなかった。一九七二年、この教会のクリプタの発掘作業がおこなわれ、岩を掘りぬいた墓所がつきとめられた。考古学者たちはこれを一世紀のものと推定している。墓が空なのはマリア他界伝説と符合し、「新たに発見された空の墓所は十中八、九はイエスの母の埋葬場所」と推定されるという調査報告をだしている。

この教会で、厳かな形式でマリアの死に注意を喚起する者は、同時にこの祝祭の根拠と内容に情報と保証を与えなくてはならない状況にあった。『マリア帰天』の著者は、この欲求に応じたものであった。

作用

聖書外典のテクストはヨーロッパのマリア崇拝の歴史に大きな痕跡をはっきりのこしている。帰天伝説は中世盛期、後期には大いに読まれ、書き写され、造形的に表現された[12]。自然のなりゆきではなく、救済に重要な信仰書の正典からは抹消された文書がもとになっているのである。公的に承認されていなくても中世の詩人や画家、説教師、伝説編纂者たちは『マリアの帰天』を利用することをはばからなかった。マリアの生涯を歌ったり、説教したり、物語ったり、マリアの死を造形表現したり、宗教劇で上演して目に見えるものにしようと、これを歴史的な源泉として利用した。

『マリアの帰天』の偽典的性格を公然と非難した「聖ゲラシウスの教令」なるものが、何百という手稿によって伝承され、正典的、教父神学的、典礼的なものとして一般に流布していた。この偽ゲラシウス「教令」は一一四二年頃には「聖ゲラシウスの教令」とみなされるようになり、準公的な「禁書目録」の性格をもつようになった。にもかかわらず、マリアの被昇天に異論を唱える声を主流にすることはできなかった。肉体のまま天に現在するマリアにすがり、救済の機会を大きくしたという願望には勝てなかったのである。死んで墓に埋葬されているマリアではなく、肉体も魂も昇天し、心優しい「とりなし」でもって神の裁断に影響を与えるマリアに、中世の敬虔な信者たちは帰依したのである。

偽典『帰天』や、同様に偽ゲラシウスの教令に批判されたイエスの誕生や幼少時代の物語は全中世を通じて人気ある読書資料であった。これらは、色彩豊かに語られる話に慰めと確証をもとめる民衆の期待にそうものであった。そしてこれら偽典的物語を、字が読めず、書物の世界からしめだされている者たちに仲介したのが絵画や彫刻であった。

『マリアの帰天』が西方および東方の教会の信心生活、芸術、文学におよぼした影響はいくら評価しても、評価しすぎるということはまずない。五世紀の匿名の著述家が「マリアの帰天」に関して考えだしたことが、教会の信仰財産となったのである。歴史的事実の衣をきせられた『マリアの帰天』は説教師たちに、神の王座のもとにあるマリアの仲介力に心を託すよう平信徒に説く機会を与えた。神学者たちは、マリアの死と被昇天の物語の信憑性を聖書的類推によって強固なものにしようとつとめた。民間のマリア伝記の著述家たちも、――『マリアの帰天』のおかげで――西欧のキリスト教の信仰財産となったモティーフの貯えに素材をもとめた。マリアの死、野辺の送り、ユダヤ人たちの冒瀆的なふるまいなどを上演するマリア被昇天劇も、外典の影響下にマリア伝記の著述家たちが創作したものを舞台にかけたものであった。この永眠物語の書き物を手元あるいは自宅にもっている者は、悪魔につきまとわれることがなく、息子を癲癇や恐ろしい狂気、聾唖や盲目から守れるという信仰が写本を大いにうながしたという。

留保、批判、疑念

『マリアの帰天』はしかし、万人に信じられ賛同されたわけではない。正典と外典の文書財産を区別できたローマ教会の神学者たちは、条件をつけた[13]。カロリング時代の神学者アンブロシウス・アウトペルトゥス（七八四没）の「永遠の処女マリアの誕生に関する」説教は、聖書外典の伝えるマリアの誕生やマリアの帰天に距離をおいている。マリア被昇天の祝日の説教でも、マリアが肉体のまま天に迎えられたという報告は教会の承認したものではなく、教会に批判され無視されている外典偽典にこの問題に関する証明力はないと述べている。コウリビエのパシャシウス・ラドベルトゥス（八六五没）は、他人から聞いた話のようにつくろって、教父ヒエロニュムスに書きとらせた書簡「パウラやエウストヒウムに」のなかで、「帰天」を信じこんでいる多くの同時代者たちを話題にしている。この書簡を書く動機を彼に与えたのは、ソアソンの聖マリア修道院の尼僧たちであった。典礼の聖母被昇天の祝いの意味と形式について不確かなため、神学の専門家に教えを乞いたいというのであった。『マリアの帰天』を検討してみて、確かなのはただ一ヵ所、つまり八月十五日にマリアが天寿をまっとうしたという事実だけである、というのがラドベルトゥスの診断であった。教会があらゆる聖人の命日を盛大に祝うように、神の母の命日も今日も祝っているが、ヨシャパテの谷の空の墓所は肉体のままの被昇天を証明するものではない。遺体がもち去られたか、復活したか、だれにもわからない、という。

ラドベルトゥスは、『マリアの帰天』を礼拝時に朗読しないようすすめている。もっともらしいテクストに興味をいだく修道女たちに、「疑わしいもの」を「保証付の現実」と思いこむ誘惑に負けてはならないと忠告している。「軽率な、信頼するにたらない不透明な資料にもとづいた肉体のままの被昇天信仰」に水をさしたのである。「処女被昇天を語る外典を祝日朗読からしめだそう」という彼の意図であった。

『黄金伝説』の著者ヴォラギネも、マリアの被昇天の資料が外典のものであることはよく知っていた。彼は信じていい伝承と「真実というよりはむしろ文学」だという善意のつくりものとを区別していた。マリアが疑心暗鬼のトマスに遺贈したとされている不思議な帯に関連して、「私たちがここに書いたことは、外典の物語かもしれないが、この物語についてヒエロニュムスはパウラやエウストヒウムへの手紙や話のなかで〈この書物はたしかに外典的なものとみなすべきだろう。が、このなかの若干は、信じる価値があり、聖人たちにとって保証されている。それは九種類あって、聖処女の慰めの言葉、使徒の集合、安らかな死、ヨシャパテの谷の墓所の用意、盛大な埋葬式、キリストと天の軍勢の出現、ユダヤ人のいやがらせ、さまざまに示される奇跡、肉体をともなった魂の昇天である。だがこれについてもっと別な風に書かれているものもあるが、トマスはいなかった。遅れてやって来たが疑ったという点は別としても、他の似たような話は、真実というよりむしろ文学かもしれない〉と書いている」

ヴォラギネは、聖人伝を調べ、報告する義務を感じていた。民衆を教化しようとした。だから聖人伝を批判しても、「聖人の生涯」を読ませて宗教心をたかめるという教化目的が危うくならない程度のものであった。十四、五世紀のマリア被昇天に関する宗教劇は、神の母の遺体の埋葬を邪魔だてしようとしたユダヤ人たちが罰を受け、改宗するなりゆきを効果的に舞台にかけた。彼らの両手がひからび、両目がつぶれ、肉体がぼろぼろになるのである。この罰の奇跡によっても処女マリアを信じるにいたらぬ邪悪な徒輩は、悪魔に鞭打たれ、地獄に引ったてられていく。中世後期の宗教劇で公演された伝説的なマリアの葬儀行列は、飽くなき反ユダヤのプロパガンダであった。

叙述内容は歴史的現実だろうか、という疑念が生じてきた。襲いかかって罰を受け、改宗するというユダヤ人たちの話には聖書の裏づけはない。つまり非歴史的な話である、と批判し警告する声がそのうちに大きくなった。批判の声は、十五世紀前半よりマリア被昇天の祝日に「マリアの遺体の埋葬」を上演するのをつねとしていたイギリスの司教座都市ヨークの石工や大工があげた。マリアの棺を攻撃するユダヤ人たちの首領フェルグスが鞭打たれる劇の内容を証明するものは、聖書のどこにもないではないか、と彼らは言いはじめた。聖書に基礎をもたない劇は、信心の心よりむしろ哄笑と騒ぎを引き起こし、やがて観衆どうしの争いや殴りあいの喧嘩の原因になった。

過去の事実構成と現在の関心の一致の追求が、マリア被昇天の報告をどう読み、どう変化させ、拡大するかを決定づけていた。死を目前にしての情緒の高まりが、激しく泣き慰めをもとめる使徒たちのうちに表現された。当時の死と埋葬の典礼の知覚型、解釈型によってマリアの死と埋葬への視線が、ますます強められるということがくわわった。偽典の「マリアの帰天」の陳述にしたがえば、マリアによって信仰の秘儀に導かれた使徒たちが、自分たちの女師匠を、詩篇を唱えながら墓所に運んだ。ヴォラギネによれば、その個所は、詩篇一一四番「イスラエルは、エジプトを去る、ハレルヤ」である。ヴォラギネの創作ではない。中世初期の死者のための典礼儀式書には、流謫の地からのイスラエルの民の帰還を想起させる詩篇一一四番を魂が肉体をはなれるときに、唱えるようにという規定があったのである。

正しい死にざまを指示するマリアの死

中世の敬虔な信者たちにマリアの死を銘記させたり、目にふれさせたりしたテクストや絵画は、のぞましい規範を代弁するものであった(14)。マリアの死に関する叙事的表現や絵画表現のうちには模範となる行動様式が織りこまれていた。この行動様式をまもる者は、キリスト教徒にふさわしい死を迎える確信がもてるというのである。模範的なマリアの死がそれを約束していた。

時代にむすびついた表象、規範および典礼の光に照らして記述され叙述され、表現されたマリアの死は、中世の葬送典礼に、救済史的次元を与えるものであった。マリアの臨終を描写した絵画は、生きている者や死に瀕している者のための行動規範を具象化するものであった。マリアの臨終を表現し、希望を束ね、世界終末の審判において神より追放されるという不安から解放すべきものであり、また解放しようとしたものである。マリアの臨終に関するテクストや絵画に仲介された叙述は、死に際し教会の秘跡を受けることは報われるという信仰を強めた。テクストや板絵の言葉の伝える福音の意味は、キリスト信者にとって遺族たちに囲まれている場所こそ、キリスト信者にふさわし臨終の場と神に望まれているのだというのである。

中世のキリスト教信者がマリアの臨終の何を模範的なものとして感受し、また感受すべきであったか、想像をたくましゅうすることもない。『死の術』を読めば、中世の「マリアの生涯」の書述家たちの筆致から、彼らの期待している行動様式が読みとれる。彼らは、規範概念をいわば物語体の神学に翻案しているのである。

マリアがキリスト救済史に演じた無比の役割は、臨終においても表現されている。彼女の死は尋常ならざる出来事として記述された。といっても、——奇跡的な出来事とは異なり——一般信者には不可能なこととして書かれてはいない。マリアの生活の営みは、中世の教父、神学者たちがくり返し強調しているように、模範的であり、いわば生活の規範だとすれば、一般信者の教化を旨とする著述家たちは、マリアの臨終にも、一般との共通点を忘れてはならなかった。だから『マリアの帰天』は、歴史的出来事のみならず、同時に——時空を超えて——信者の読者や聴衆にもとめる期待を語っているのである。

偽典伝説が模範として提示されているのは、次のような光景である。マリアは死の三日前、神の啓示により自分の死期を知った。臨終を知ることは、中世においてはよき死のしるしであった。マリアはひとりではなかった。使徒や隣人や親族たちにかこまれていた。生きてのこる者たちの立ち合と彼らの親密の情に、彼女は慰められていた。使徒たちは詩篇を唱えていた——臨終を迎える者を助けるために遺族たちに祈禱を義務づける典拠となるものだが——。そして祈りを唱えている間ランプが灯されていた。悪の諸力の入りこむのを阻む救済力あるしるしは、よき死に必要なことであった。これは、心の準備もかなわぬ突然の悪い死から守られたいという古代教会の信者たちの欲求の表現でもあるが、中世のキリスト教信者たちもこれを受けつぎ、拡大したのであった。

マリアが模範的に実現してみせたのは、自らの死を知るという美徳である。マリアは時代を超えた人間実存の根本問題を解決可能なものにすべく呼びだされたわけである。ノルベルト・エリアスは、今日の社会における死の考え方をこう性格づけている。「じつは死ではなく、死を知ることが問題をつくりだしている」また別な関連において、「知る権利は存在しない。しかし知ろうとしない権利はある」パウル・シュミットは、「いつ自分が死ぬだろうか、知ろうとしない権利のみならず、知ろうとしない義務をもっている、と言いたい」

ところが中世は、死について思念し自身の生の有限をわきまえることが生涯を通じての義務とみなされていた。マリアの例にならい、自分の死期を早めに知ることを熱心に乞い願った。十四、五世紀のミサ書や礼拝書は、「死の三日前に、迫っている帰天を教えられる恩寵を得ることを、希望する助けとなる宗教的実践の手引き」をふくんでいる。特別な祈禱書が考案された。この祈りを唱えていれば、マリアが死の三日前に急ぎ助けに来て、死の時刻を教えてくれるという希望をもてるというのであった。マリアが三日前に現われ、迫る死を教え、永遠の生命にいたれるよう助けてくれたというマリア崇拝者たちの話を中世後期の模範物語は伝えている。中世のマリア信心は、自身の有限性を知るまいとする排除のメカニズムなのではなく、自覚的な死への手引きであった。マリア信心は、無自覚な急死を免れる保証であった。人生

マリアが世界審判において，魂の秤を手で押さえ，助けている．雪花石膏の彫像．15世紀．ルーヴル美術館蔵．

の罪を悔いて告解し、秘跡をうける間もないという死は救いのないものとみなされていたのである。

マリアは、自分を生前に崇拝していた者たちの臨終に現われ、「慈悲の母」の実をしめしてくれるという信者たちの希望を、伝説や模範物語は伝えているが、神の母は、死者の魂が吟味される際にも助けるという。十三世紀後半に成立した『罪人の夢』は、死者を悪魔の要求から救うためにマリアが、手にもった秤の善行の皿の方を下に押す光景を叙述している。

『死の術』の著者たちは、死期の近い病人たちに、マリアのとりなしを乞い願えと勧めたものである。ウィーンの司祭で神学者のトーマス・ポイントナーは『救われる死の術』

（一四三四）に次のような祈禱テクストを提示している。「ああ、天の女王よ、慈悲の母よ、あなたはすべての罪人の避難所、あなたは、神とわれわれ哀れな人間たちの仲介者にして調停者と、あなたのいとしい御子、わたしの公正な審判者に対して私の魂をとりなしたまえ、彼があなたの愛ゆえに私の罪を赦し、私の慈悲を与え、彼の栄光のうちに受け入れられますよう、願いたてまつります[15]」臨終を迎える者にポイントナーが勧めたこの祈禱は、改革神学者でパリ大学の事務局長でもあったヨハネス・ジェルソン（一三六三～一四二九）に由来するものである。

「社会的な死」

マリアの死は、キリスト教的な死と共同体との関連を神の救済史のうちに定着させる規範となった[16]。「要するに中世社会は、人生が今日より短く、抑制不能な危険の度合いも大きかった。死はしばしば今日より苦痛にみちたものであり、死後の罰に対する罪の不安もよりあらわだった。しかし個々人の臨終の際、枕元に集まる他の人間はより多かった。今日は死の苦痛をかなりの場合、和らげるすべを知っている。罪の不安もはるかに除外されている。しかし臨終の枕元に集まる人の数はずっと少ない[17]」マリアの臨終に「立ち合った者たち」はどうだっただろうか？　マリアは独りで死にたくなかった。あくまで使徒たちがそばにいてくれることをもとめた。この行為がマリア崇拝者たちの希望や憧憬を請け負ったのである。彼女の死に関する物語は、死に直面した人間の動かすものが何かを教えている。マリアの臨終に使徒たちが立ち合ったことを、『マリアの帰天』の著者は、奇跡的な、決して日常的でない出来事として語っているが、独りぼっちにされて死にたくないという欲求は、ごく自然な日常的なものであった。

マリアの生涯の著述家たちが、マリアの死に立ち合う使徒たちに与えた役割を、中世の教会ではたしたのは、死の助け手であった。彼らに――修道僧、聖職者あるいは平信徒たちであったが――死の苦しみのうちにあるキリスト信者の兄弟姉妹を助けることがもとめられた。ヨハネス・ジェルソンは、『死ぬ術』のなかで、臨終を迎える者に教会の秘跡を受けられるよう――つまり告解させ、聖体拝領し、終油を塗られるよう――手伝うのが、誠実な真の友だと呼んでいる。死の助け手はさらに、死に行く者に、聖人伝説を読み聞かせたり、祈りを唱えたり、キリスト十字架像をさしだして不安をしずめたり、快癒するというあだな望みをもたせないようにすることが求められた。ヨハネス・ジェルソンによれば、死の時にしめされる真の友情は、神の目にはしばしば、人間が生涯のうちでキリストのためになした尽力以上に誉められるものであり、より大きな救済価値があるものと映るということである。

「ストラスブールの教会の高らかに鳴り響くトランペット」と呼ばれたカイザーベルクのヨハネス・ガイラー(一四四五~一五一〇)は、死の助け手がどのような特性をもち、どのような役目を果たさなくてはならないかについて、次のように書いている。「彼は学識ある者である必要はない、どういう職であろうと、あなたに勧告し、祈禱を唱えることができる者である。受け答えについては、ジェルソンの教えていることを、私はドイツ語に訳して印刷させた。一ペニヒで購入できるから、友人とともにこれを手元においておけるだろう」

ガイラーはジェルソンの書を独訳する前から、ストラスブールの司教座大聖堂で、死の助けについて説教していた。つまり、彼が一四八二年に印刷した手引書『臨終を迎える者の枕元でいかにふるまうか』は、説教の続きと考えてもよいものであった。死者の助けは場合によっては、家族や友人、職人組合の仲間などのなかで本の読める平信徒が聖職者にかわって受け持ってもよかった。一四九二年にはさらに『死のいろは』を出して、ガイラーは、死の時に、「誠実な友」をこさせるのは、キリスト教徒すべての義務だと書いたものである。「誠実な神を畏敬する友を呼ぶこと、彼はあなたの臨終の苦しみの時に、勧告、朗読、朗唱によって助けてくれる誠実な神を畏敬する友を呼ぶ」というのが彼の主張する処世訓であった。

ガイラーは、ストラスブールの市参事会を相手に　この都会の病院で病人の看護、死にゆく者への心づかいがないがしろにされていると弾劾し、死の助けの欠如を政治問題にした。「問題は、多くの者が死んでいることだ」と彼は書いた。「多くの場合、だれも彼らを助けにこない。聞くだけでなく、私自身目にもしたが、彼らのために祈ったり、信仰告白の助けをしてやれない。死んでよこたわっているのに、だれも知らない。これは非キリスト教的ではあるまいか。信仰告白を書いた告知板をたて、信者たちはこれを暗記して、瀕死の者たちのために読んできかせてやるべきであろう」ガイラー以前に、カルトゥジア会修道士ヤーコプ・パラディース（一三八一～一四六五）も平信徒たちに、ある修道兄弟の臨終の床に全員集まり、彼のために、信仰告白を唱えてやり、詩篇や「これに倣って最後の時を成就するべく」イエスの受難の話を朗読してやった修道僧たちのことを想起させている。

ガイラーが概嘆する死の無名化は、都会社会内部の除外プロセスを示唆し、都会の社会的グループの統合力の低下を表示している。修道院に根づいていたこの習慣は、ガイラーの見解によれば、修道院の外でも、冷たい、無情な無名性のうちに死を阻止するのに有効なはずであった。ガイラーは、「だれも居合わせない」で孤独に死んでいく多くの者のために声をあげたのであった。字の読める平信徒は、死を人間的、キリスト教的にするために寄与すべきであるという。平信徒はしかし、これまでもっぱら聖職者たちのはたしてきた課題をひき受けるには、まず読むことを習い、臨終を迎える者のために朗読できる口語の聖書や信心の書のテクストを取りあげることができなくてはならなかった。平信徒による死の助けには、民衆語の読書文化の育成が前提となった。平信徒による積極的な死の助けをこれまで阻んでいたのは、世間を除外しようとしてきた聖職者教会のラテン語文化であった。

死ぬことを助ける朗読

キリスト教的な死という共同体連帯は、本の読める聖職者や平信徒による宗教的なテクストの朗読によって、とくに表現された[18]。五世紀の帰天伝説には、「死にいくマリアの枕元で、使徒たちはまんじりともせず、祈りや詩篇朗読や賛美歌とともに、一夜を明かした」とある。

著述家たちは、使徒たちを祈禱や賛美歌をそらんじている人物にしているが、中世後期の板絵の使徒たちは、書物を利用している。視力の弱った年老いた使徒は眼鏡をかけている。読書文化が口伝えにとってかわっているのが見てとれるが、この変化はすべてそうかというと、そうでもない。

中世のマリアの生涯の著述家たちの報告する使徒たちは、マリアのベッドをかこんで泣いたり、嘆いたり、祈ったりしているが、書物の使用については一言もない。『黄金伝説』の著者ヴォラギネは、使徒の歌声を死者のミサの式典と解釈している。中世のマリア論的なテクストのなかに、マリアの死にかかわるもので、知られているかぎりでは、使徒は朗読していない。造形美術のほうの伝承と文献上の伝承とは、マリアの死の場合には一致していない。絵画や彫刻では使徒が書物を利用しているのを見ると、これは、中世後期の典礼や死の術が、司祭や平信徒に、臨終の床における朗読を義務づけていたためだろうと想像される。死の助けが、臨終の床を朗読の場にしたのである。

トーマス・ポイントナーは『安らかに死ぬ術』に、「急死ではなく、なおしばし救済的なことどもを思念する余裕がある場合には」、その者のために、彼が生前気に入っていた「よい話や信心書から」朗読してやることを勧めている。「またわれらが愛する主の言葉を彼に読み聞かせ、死ぬまえに、生前いかに多くこれに背いたかを想起、自覚、考慮させ、同時にまた別な救済的な話を語り聞かせたいものである。たとえばわれらが愛する主の受難、その他の苦難の話、あるいは聖人たちの死、マリアも信じた主の祈りを(19)」

受難の話とならび、臨終を迎える者の助けになったのは、ことに詩篇の朗唱である。キリスト信者の死を詩篇の祈りでもって弔うのは、初期キリスト教の伝統であった。アウグスティヌスの母モニカが死んだとき、彼の友人が詩篇を手にとり、百番を歌いだし、その場の全会衆が一詩句ごとに、「あなたの慈悲と正義をほめたたえん」(詩篇一〇〇・一)と応答した。教皇大グレゴリウス(六〇七没)は、『対話』のなかである通風患者のことを語っている。この病人は死期の近づいたとき、彼の邸宅に立ち寄る客に、ともに詩篇を誦読してくれるよう頼んだ。彼は見知らぬ男たちと歌いつづけ、ついにその声が天上の合唱の歌声にかき消され、死者の魂は天国に迎え入れられたという。

カール大帝は息を引きとる前に、目をとじたまま小声で詩篇を朗唱したという。「父よ、あなたの両手のうちに、私の霊をゆだねます」(詩篇三〇〔三一〕・六)女帝アデライドの伝記を書いたクリュニーの修道院長オディロ(一〇四八没)は、彼女の臨終を次のように報告している。アデライドは終油を塗られ、聖体を拝領した後、居あわせた聖職者たちに、「悔悛詩篇」を歌い、教会の習慣通り聖人たちの名を呼ぶよう要請した。ついで自身も詩篇朗唱に声をあわせ、神が慈悲の声をかけるまで皆とともに祈りつづけた。臨終の床のマリアにならったのだという。

中世後期の「死ぬ術」は、「特定の詩篇を死にゆく者のために祈る」ことを司祭に義務づけている。修道僧、聖職者、平信徒たちが死の時に詩篇を手にするのは、理由のあることであった。中世の教会では、詩篇は、「救いの大全」とみなされていた。ラオンのアンセルムがカスィオドールを引用しながらまとめているところによれば、詩篇は、すべての掟、預言者および福音を含んでいたのである。ヴュルツブルクの司教ブルーノは詩篇注解のなかで、「詩篇を歌えば、天使の助けを呼び、悪霊を追い払う。……詩篇はすべてを教えてくれ、すべてを、来たるキリストを示唆する意味において指示している。あらゆる悪を詩篇は絶つ。詩篇を知り、愛する者の祈りはいたずらになることはなく、最後には、つまり死後および最後の審判後、悦びのうちに神のもとにいることになるだろう」

死の時の朗読を平信徒たちの間にも定着させることに貢献した修道院共同体では、臨終の者に詩篇あるいは受難史を朗読することは、典礼化された死の準備であった。中世盛期の改革修道院ヒルサウでは、死がまじかとみられる修道僧は、灰をまいたマットによこたわり、彼に意識のある間、修道院長は、「仲間の一人に彼に受難史を朗読する」よう指示するのがならわしであった。彼が息を引きとるのがのびれば、「一人から四人の兄弟たちが、あきらかに臨終とわかるまで、たえまなく詩篇を歌いつづけた」

修道院では、根づいた習慣を持続させたのは規則や典礼であったが、これに対し、口語の祈りの文句や朗読資料から、死の助けに効果あるテクストを選ぶのは、中世後期の平信徒の信心生活の慣例によっていた。一四九四年に成立したある祈禱書には、「なお詩篇のつぎの八詩句は、悪魔が聖ベルナールに効力ある有効なものとして見せたものである。毎日これを口にする者は、急死することなく、死の三十日前に死期を知り、神と和解する」とある。ヨハネス・フォン・シュタオピッツは著書『キリストの自発的な死の後追いについて』(一五一五)のなかで、聖ベルナールが悪い急死を防ぐものとして推薦したという「力ある詩篇の詩句」に留保の態度をしめしている。これらは魂の整える手段としては価値があるだろうが、これ自体に価値はないというのであった。ロッテルダムの人文主義者エラスムスとなると、あざけって、「毎日七つの詩句を唱え、それゆえ最上の至福がまちがいなく約束されると信じている者たち以上に愚かな、つまり幸せな者たちがいるだろうか？　これは、狡猾というよりほら吹きだった剽軽な悪魔が、……聖ベルナールにしめしたものだと思う」さらにつけ加えて、「私自身は口にするのも恥ずかしくなるような愚かなことどもが賛同を得ている。それも下層民だけではない。宗教についてあれこれ能書きをならべる連中も賛同している。彼らならもっとましな機知がありそうなものだが」あきらかに基本的な心の求めに応じた伝統には、エラスムスもほとんど歯がたたなかった。十七世紀のプロテスタントの追悼説教にもあいかわらず、臨終を迎える者たちが、賛美歌を歌って聞かせるか、あるいは詩篇または説教などによく引用される聖書の一節を朗読するようにと要請する話がでてくる。

神的な言葉への信頼は宗派を超えて持続したが、こちこちの聖書主義は袂を分かった。十六世紀後半にフランスのカトリック教徒とプロテスタントの間でくりひろげられた激論や紛争のなかで、秘跡と聖書が宗派間の信条の不一致を象徴するものとなった。前者は後者の言語依拠を嘲笑し、後者は前者の秘跡主義と聖遺物信心を攻撃した。これは死者の扱いにも影響をもたらした。激昂したカトリック教徒はプロテスタントの敵対者の屍体の口や傷口に聖書の紙葉をつっこみ、シニカルにこう言ったということである。「きみらは、きみらの神の真理を説いてきた。彼に助けをもとめるがよい」

攻撃的な乱用に対して詩篇は抵抗力はなかった。中世期における詩篇の高い評価は、祈禱者たちが自分たちの憧れや苦しみや胸の思いを詩篇のうちに再発見していたという事実にとくにもとづいている。もっとも詩篇は、憎しみ、復讐、さらには他の死を望む欲求さえ、キリスト教的信心の表現形式として正当化するテクストもふくんでいる。聖職者たちがまだ生きている人間のために死者ミサをあげるときは、憎悪と復讐の感情が典礼形式を借りているようなものであった。平信徒も気に入らない相手をあの世に送ろうと、詩篇の百八（百九）番に手をのばしたものであった。詩篇百八（百九）番では、旧約の祈禱者は、敵の命をちぢめてほしいとヤハウェにせがんでいるのである。中世後期の聴罪集の著者は、詩篇百八（百九）番の助けを借りて、他人が死ぬように祈る慣習にあくことなく反対している。ただ「共同体の福祉」が危険にさらされている場合のみ、旧約の復讐詩篇によって相手の死を願う思いの表現も合法的だという。マルティン・ルターが一五四二年あるテーブルスピーチにおいて、「だからわれわれは公爵モーリッツの死を祈らねばならない。われわれの祈禱によって叩き殺さねばならない」と述べたとき、この原則に固執していたのかもしれない。詩篇は、救うと同様に破滅もさせる宗教的なもののアンビバレンツをふくんでいた。

しるしと儀式

キリスト教の死の儀式にはさらに聖なるしるしが属していた[20]。使徒たちがマリアの臨終の部屋で大きな蠟燭を灯していたという古代末期の『マリアの帰天』の記述は驚くにあたらない。初期キリスト教時代、主として夕方あるいは深夜におこなわれていた礼拝には蠟燭がつきものであった。四世紀末以降エルサレムでは聖母マリアお清めの祝日（聖燭祭）には蠟燭行列が催された。中世盛期のマリア聖燭祭における蠟燭奉祝別のための祝別儀式書は、光と火の象徴力を記しているのみならず、聖燭祭の蠟燭に内在する悪魔払いの力も強調している。罪人であろうと義人であろうと臨終に際し、祝別された蠟燭は悪魔に対する有効な防御力を発揮する。当時はそう信じられ、書かれてもいる。

十三世紀の教区司教たちは、臨終を迎える者の手に祝別された蠟燭をもたせるか、彼の前にかかげるよう指示している。福音書の五人の賢明な処女たちが火のついたランプをもって花婿のもとに急いだように、死ぬ者は蠟燭を手に天の救済者のもとへといくべきだというわけである。厄払いの力と終末的な記号性を有するものとして蠟燭はキリスト教的に死ぬための慰めの手段となった。中世ドイツ語圏のマリア伝記の著述家たちが、マリアの臨終場面で、蠟燭に言及していないのは奇妙だが、画家たちは絵に描いている。マリアは手に火の灯った蠟燭をもっているし、彼女の臨終の床のそばにも蠟燭が灯っている。もっとも、『マリアの帰天』の使徒が灯したのは「ランプ」であった。

画家や注文主はマリアの死を思い通りに解釈した。使徒のだれかに聖水盤や提げ香炉をもたせたりした。伝記には、臨終のマリアが祝別された水や香で祝福を受けるなどという叙述はない。香煙や水は、単に敬神の象徴的なしるしのみならず、ともに魔的なもの防ぐ力をもつものとして、死の儀式に使用されていたのである。十一世紀前半のある典礼書によれば、香煙はあらゆる種類のデーモンを追い払い、聖水は悪の力を砕き、救済をもたらす手段であり、自分の家屋、動物、葡萄山や田畑に聖水をまいてお払いをするのがよしとされていた。

水による祝別のための中世初期の儀式書は、聖水がこの世の悪を効果的に追い払うという信仰を強めた。敵の武力を砕くために水に祈りがこめられた。祝別により、水は悪魔の非行を阻止し、根絶する力を得たのである。

中世後期の画家や彫刻家は、マリアに聖水や香煙の超自然的な力に参与させることに何のためらいもなかった。中世後期には、マリアの死の光景を描くには、聖水盤や香炉は必須の小道具となった。臨終のマリアが聖水と香煙で祝福されたことは、教会の秘跡の救済効果への信頼を促進するものであった。

臨終者に授ける秘跡

マリアの死の教会典礼化は、蠟燭、聖水、香煙に限られなかった。さらには、マリアもまたみなと同じような臨終の聖体拝領――悔悛の秘跡、終油、聖体祭儀――を受けなかったろうか、ということが問われた。[21] ザンクト・ガレンのハインリヒは、受けた、という見解であった。「そうだ。優しく賢明な処女はすべての秘跡を品位ある態度で受けとった。おそらく彼女は神からの賜物、罪の追い払うもの、恵みをますものをわれわれにしめしたのである」なるほどマリアはすべての恩寵に恵まれ、原罪の汚れからまぬがれていたから、本来秘跡による助けは必要ではないが、「限りないつつましさゆえに」聖体の秘跡を受けたのであり、このようにして、われわれに「聖なるキリスト教の掟に従順」であるべきことを教えたのであるという。[22]

ザンクト・ガレンのハインリヒは、マリアは聖ヨハネに告解したと言い切っている。十三世紀末に収集された資料である偽アルベルトゥスの『マリア』をハインリヒも利用し、書き写してもいるが、これには悔悛の秘跡とならんで、聖体の秘跡や終油についての言及も見られる。「大陸の各地の印刷所からつぎつぎ刊行され、どこの図書館にもこれがないということはまずない数多い重要な説教集」の著者であるハンガリーのフランシスコ会厳格派修道士テメスヴァールのペルバルト・ラディスライは、マリアは神の掟はすべて守り、終油も受けたと強調したものである。神は、「衰弱も死の苦しみなく」死ぬに値するとみなす者たちに与える特別の恩恵をマリアに与え、彼女を終油からまぬがれさせることはできただろう。しかし、マリアはつつましさゆえに、そのような特権を断念したのだというのである。彼女の全生涯を刻印づけていた謙譲の美徳を、彼女は最後の最後までしめそうとしたのだという。

臨終者の受ける秘跡は、魂を邪悪な敵からまもり、永遠の生命にいたる救済手段ならびに将来の復活の担保となるものだが、「臨終の聖体拝領」といっても、もともとは聖体祭儀だけであり、これだけが臨終者のための本来の秘跡であった。だから教会会議は四世紀から七世紀にかけては、死者たちの口にホスチアを入れる慣習と戦っていた。「臨終を迎える者の死が遅れる際には、同じ日に何度も聖体を授ける」「聖体祭儀の力を非常に物質的に捉えていた」この習慣は、接触によって物質的な力が伝達され、「実際に、臨終の瞬間に聖体祭儀の守護力が発揮される」という思いを証明している。

このような慣習を背景にして、マリアはホスチアをうやうやしく口にする模範にされた。彼女はホスチアをイエスの受難の思い出のしるしとして、信心のおつとめとして、彼女の息子の肉体的不在に対する慰めの手段として、聖体を拝領した。

マリアは特権的な死を死んだのか？

マリアの死の様子は、中世の平信徒たちは、自分たちには到達できないユートピアに思えたかもしれない。[23] マリアは原罪の呪いから解放されているというのであるから、神の力と悪魔的な力の板挟みになって奮闘したり、魂を救うために悔悛、悔悟しなければならないということはなかった。臨終の部屋も悪霊から免れていたし、悪魔の誘惑にも彼女は聖性のおかげで負けることはなかった。犯した罪の罰としての死も恐れる必要はなかった。苦しみも悲しみも恐れもなく、マリアはこの世を去った、とテメスヴァールのペルバルトは断言する。マリアは人間が死ぬときの三重の苦しみに対抗する三重の恩恵を神から与えられていて、愛にみち、瞑想的な女性であったから、魂が彼女の肉体からはなれていくとき何の苦痛も感じなかった。愛と瞑想の甘美が、普通なら肉体が死のなかで崩れはてる際に生じる苦痛を、奪い去っていたのだという。使徒たちがどこにいても彼女を慰め、慰めはさらに天使たちも与えていたし、何といっても、彼女を天国へ連れていったキリストこそ慰めであった。彼女が天国の門に到着したとき、迎えにきた天の廷臣たちもまた心なごむものであった、というわけである。

マリアが「どのような恐れもなく、最大の救済の確実性をもって」死にいたったのは、彼女が比類なく、度外れて恵まれていたからであるという。自然な実存の不安はマリアには疎遠なものであった。生涯を通じて罪がなかったから、救済に関して不安をいだく必要もなかった。彼女の息子から、魂が肉体からはなれる際、悪霊に出あうことはないという約束、呪わしい霊やサタンの暴力にあうことはないという約束を取りつけていた。息を引きとるとき、どのような悪霊を見ることもなかった。悪霊が迫るのを天使が阻止したのだという。

ペルバルトにはマリアの死の時点も特別であった。彼女の死んだ八月は太陽が処女宮に入る月であり、「拡大する」という意味の「アウグストゥス」とマリアの天への受け入れとの間には、象徴的な意味関連があるという。神の栄光の輝きにつつまれた女性マリアは、「天上の悦びにみちた共同体」を拡大した。神の救済計画におけるマリアの特権的な位置は、常人のようにベッドで息を引きとらなかったことにもしめされているという。彼女は膝をまげ、神に向かって両手をさしのべながら逝去したというのである(24)。

ベッドのなかで死ぬ必要がないことを、ペルバルトは神に選ばれて宗教的完全性のしるしとみなした。この考えを採用した画家たちは、臨終を迎えるマリアをひざまずかせたり、すわらせたりしている。

尋常でない女性には尋常でない死に方が相応していた。しかしながら中世の敬虔な信者たちにとっては、

ハンス・ホルバイン（シニア）の「マリアの死」，1501年頃．（写真提供：バーゼル公開美術コレクション）．マリアは高い背もたれのついた椅子にこしかけたまま臨終をむかえている．

臨終に際しては、教会によって恩恵を強められ、慰められることを望み、人生の苦楽をともにした者たちの共感と立ち会いをもとめるマリアのほうが身近であった。中世の信者たちは、自分が教会に教えられ、要請されていた死の儀式を、マリアの臨終に確認したがった。マリアの遺体は身体をのばした背臥位であった。彼女の顔は、キリスト信者の慣習通り日の出に向けられていた。ギレルムス・デュランティス(一二九六没)は、『ラツィオナレ・ディヴィノルム・オフィツィオルム』に、キリスト信者が東方に向いて死ぬべき理由を述べている。死者を西枕にして足を東に向ければ、キリストが世界審判にやってくる東方に視線が向けられる。足は「魂が肉体からはなれやすくなるように」まっすぐのばさねばならない。「当時の見解によれば、足先から魂はまず分離しはじめ身体から退き、口から出ていくのである。ラクタンティウスも〈しだいに魂は肢体からはなれる。まず足先からはじまり〉と言い、テルトゥリウスにも似たような観念がみとめられる」マリアの両腕はたいてい身体の側にまっすぐ伸ばされていたが、死者の両手を胸の上でくみあわせる習慣が根づいた中世後期には、マリアもそのように描かれた。絵画に描かれている天使たちがマリアの目や口を閉じている光景は、死期を迎える信者が家族、隣人、組合仲間から受ける愛の助力の具現化である。使徒が死にいくマリアに別れの口づけをするのは、修道僧が終油を受けた仲間に別れの口づけをするのを想起させる。マリア自身も自分の息子を悼んで、その傷口や唇に口づけている。近世はじめの画家たちが描いたマリアの臨終の部屋は市民世界を反映していて、医者が彼女の脈をとっている。

中世のテクストや絵画が表現したマリアの死からは、いかに当時の「生きる術」と「死ぬ術」が相互に因果関係をもち、互いにからみあっていたかがうかがえる。教会の教えや救済提供に依拠して生きる中世のキリスト信者たちは、死ぬことはないかのように生きていたし、生前の生活が単なる悪夢、悪い悲劇、

コンラート・フォン・ゾェースト（1370頃～1422）「マリアの死」（部分），1420年．ドルトムントのマリア教会の祭壇画の中央部分（写真撮影：ブリジット・コーリー）．死者の目と口を閉じるというキリスト教徒の死者に対する最後の礼節義務を天使たちがはたしている．

大いなる錯誤であったかのようには死ななかった。自身の有限性、見通しのきく社会的生活圏のなかの連帯性の経験、希望、公正で愛してくれる神の判決への信頼を知っていることが、生きている者も死者も分離しない意味作用をうちたてていた。

けばけばしく、おどろおどろしく、死の驚愕を描くバロック時代の地獄の説教のうちには、中世のキリスト信者なら自分を見いだすことはむずかしかっただろう。だれかの臨終に立ちあうことは、十七、八世紀のイエズス会士の説教によれば、憂鬱な気分になるものであった。「臨終を迎える者の床に近づいても、すぐに立ち去った。青白い顔をして言葉もなく、物思わしげに」あるいは「人が臨終の床によこたわり、十字架像を手に、すべての人間にくだされる判定の最後の瞬間をいかに待っているか、思い描くのは想像以上に恐ろしいことである。こうなると、生前どれほど親しかった人間にもどうすることもできない」死の助け手として、死にゆく者と最後まで心をひとつにできる誠実な人間がいるというような観念は、バロックおよび啓蒙時代のイエズス会士には、なくなっていた。ヴァインガルテンの修道院バジリカには臨終を迎えるヨセフの絵がある。カルロ・カルローネが描いたものであるが、床のそばについているのはマリアだけで、黙って両手を膝の上におき、視線をヨセフの上に投げている。夫のために彼女は何かを朗読することもなく、目蓋を閉じてやることもない。生きている者と死者との距離はずっと大きくなっている。

近代的世界では死にゆく者の孤独は、「人間的存在の象徴」になる。「仲間内のなかで生き、死ぬことを望むのは、大いなる弱さのしるしである」とE・M・キオランは書いた。「最後の最後の瞬間になお光明がありうるだろうか？　どこかで独り見すてられて死ぬほうがましである。他人の目をのがれ、身がまえることも、お芝居もなく消えることができる。感銘を与えようとして、いまわの際にもなお自制して格好をつける人間に、私は吐き気をおぼえる。熱い涙が流れるのは独りっきりのときだ。いまわのときに友人たちに囲まれようとする者はみな、最後の息を独り引きとることのできない不安にかられているのである。決定的な瞬間に彼らは死を忘れていたいのである。なぜヒロイズムに生気を与えられないのか、なぜ、明快さと想像を絶する恐怖をもって、身の毛のよだつような心持ちを耐えるために彼らはすべての扉に閂をかけないのか？　……光が死の原理になろうと、死とは深刻な有機的なものの死滅である。この瞬間おまえは生からも愛からも微笑からも友人たちや死からさえ切りはなされる。そしてパラドクシカルにおまえは自分と世界の空虚以外に何が存在するかと問うであろう(25)」

死に対する態度も歴史的に変遷する。死に際して、神も人間も必要としないヒロイズムは、中世のキリスト信者にはなじみないものであった。最後の瞬間に神からも人間からも見離されることは、良き死の観念に矛盾するものであった。マリアが模範をしめしていた。使徒たちがマリアの死に際して模範をしめした共同性が、生者と死者「いまに死ぬであろう者とすでに死んだ者」[26]との連帯を保証していたのである。

エピローグ　多大な歴史的影響力をもった象徴形姿

マリアは意義ある生への欲求をみたした。慰め、庇護し、助けた。彼女は芸術的、私的インスピレーションの無尽蔵の源泉であった。マリア崇拝の歴史は、人間たちが憧憬し——宗教的な意味付け、苦しい時の頼み、神へのとりなしなど——天に昇った女性から期待したものを表現する象徴形姿の歴史であった。西洋のキリスト教徒の信仰、思惟、感情にマリア以上にその象徴力を通じて決定的かつ持続的な刻印をおした女性はいない。

　中世キリスト信者の信心や典礼や日常生活にはつねにマリアが存在していたが、だからといって、イエスの母という歴史上の女性と崇敬の対象となったマリアとの間には、埋めることのできない懸隔があることを無視するわけにはいかない。崇拝されるマリアは測り知れぬ強大な影響力を発揮したが、福音記者たちがイエスの母について報告していることは、あまりにも少ない。これから肉体をもった一人間を表象したり、その生涯を追ったりすることはとてもできない。

　矛盾した話に聞こえるかもしれないが、そうなのだからしかたがない。史実とはほとんど、あるいはまったく無縁な内容の観念もまた歴史や物語を形成するように働くのである。だからマリアがヨーロッパの信心生活、典礼、

ミケランジェロ（1475～1564）の素描「聖家族」，ポートランドのデューク・コレクション（写真提供：バイエルン州立図書館）．ミケランジェロの素描は，ユダヤ人の母親ミリヤムの自然な姿をみごとに描きだしている．マルティン・ルターの書物から，この改革者自身も，このような眠る幼児イエスをともなったマリアの絵を，おそらく書斎にかけていたらしいのが読みとれる．この眠れる幼児イエスに，ルターは将来われわれに「何をなしたか」を問う世界審判者を見ていた．しかしこのような見方は画家の意図を相応しているだろうか？　別な解釈も可能である．眠りは古代や中世では死の兄弟とみなされていた．そう見れば，ミケランジェロの素描の子どもの眠りは，将来のキリストの十字架上の死を教えていることになる．「眠れる子をだくマリアは，いわば死んだ息子を膝に嘆く母親の絵の原型である」．（ヴィルヘルム・H. ケーラー）

文化、政治に、そして中世の人間の思考、感情、行動様式に及ぼした影響力はどのような性質のものだったか、考えてみる必要があるだろう。マリアは上流社会の女性の自由の歴史に必要だったのか？　それとも、マリア崇拝は抑圧のメカニズムに比すべきもので、女性の自己発見の道を閉ざし、遮断するものであったのか？　マリアのとりなし、加担、援助といったものは、いったい支配者層、被支配者たちのどちらの役にたったのか？　彼女は古代とキリスト教的中世との間の宗教的連続性を樹立しただろうか？　それとも彼女は、別な神、別な救世主をもつ世界からの影響は終始はねつけていたのであろうか？　マリアは、古代世界の母神像との親近性により人心を魅惑しつつ、キリスト教的父権制の生活秩序の理想を具現したのであろうか。西洋キリスト教の「内密な」「輝かしい」女神だったのであろうか。

神話と神秘主義

冒頭に引用したオランダの作家ケース・ノーテボームは、マリアをありがたく感じていた。なぜなら、彼は「サンチャゴへの回り道で」マリアを「大いなる母」、「イシス、アシュタルテ、海の泡から生まれたアフロディーテの後裔」として体験したからである。(1)　ヘルマン・ヘッセの『テッシンのマドンナ祭り』には、マリア、ヴィーナス、クリシュナたちが崇拝すべき神像として登場する。アルボストラ山上の巡礼教会の「黄金製マドンナ」は、「私のような人間にとって、真に神聖なものだろう。したがって私がカトリック教徒ではないために、彼女にきちんと祈りを捧げられないのは残念である」とヘッセは告白している。「しかしながら聖アントニウスや聖イグナティウスには寄せられない信頼を、私はマリアには寄せる。マリアはわれわれ異教徒も理解し、認めてくれるという信頼である。私はあえて独自なマリア典礼をおこない、独自な神話をかかげる。彼女は私の信心の神殿のなかに、ヴィーナス、クリシュナと並んで安置されている。しかし魂の象徴として、世界の両極間、自然と精神の間を漂い、愛の光をともす生きた救済的な光輝の比喩として、神の母は私にはあらゆる宗教のなかで最も聖なる形姿である。そしてかなりの時間、私は正統派の信仰をもつ敬虔な巡礼者に負けぬくらい全身全霊をこめマリアを崇拝していると思う(2)」

近代の文学者たちのマリアへの関心は、異教徒の神話をキリスト信者の神秘主義とむすびつけようとする努力によってはぐくまれている。中世の敬虔な信者の場合もそうだったのだろうか？ 彼らはむしろ、マリアからあらゆる異教的なものを除去しようと懸命だったのではなかったろうか？ 宗教史家、教会史家がこの問いに出す答えは、歴史学にもよく見られるような、矛盾したものである。ある者たちは、エフェソ公会議（四三一）で神の生母の地位に高められたマリアは、かの地で崇められていた女神を引きついだのだと主張している。マリアが神母であるとする教理は、ほとんどすべての世界の宗教がよりどころにしてきた神的な母の秘儀を形あるものに表現しているという。別の者たちは、聖職者、神学者たちが、マリアの形姿にふくまれていた古代母神の特徴を抹殺し、マリアの処女性の象徴形姿を男性的な神の救世主に役だつものとすることに成功したがゆえに、中世の教会のマリア典礼は、女性敵視的な特徴を獲得したのではないのか、と問う。

こうした論争は歴史が長い。ヘーゲルは、『美学講義』のなかで、感情豊かな母マリアと職階制的に硬直したイシスの間に共通性を見いだしていない。同じ神的な女性でも、どう把握し、どう表現しているかとなると、そのちがいは途方もないという。エジプトのイシスには「母性的なもの」は何もないという。「優しさも、魂の感情の動きもない(3)」「微笑や愛撫の気配もない(4)」これに対し彼は、ラファエロ他のイタリアの巨匠たちの「聖母子は」「何という感情の深さ、何という精神的生命、何という親密さと豊かさ、何という高貴な魅力、人間的でありながら、しかし何と神的な精神につらぬかれた情愛が語りかけてくることか(5)」とほめたたえ、「マリアを純粋な愛情の美しい比喩(6)」とみなし、したがって中世を「恵まれた処女の母性愛が最高にして最も聖なるものの一部をなし、この最高のものとして崇拝され、表現された時代(7)」と名づけている。

ヨハン・ゴットフリート・ヘルダー(一七四四〜一八〇三)は『ヒューマニズム促進のための書簡』のなかで、「ギリシア人たちはすべてわれわれに先んじており、彼ら以後、彼らの背後に何か別のより繊細で倫理的な理想が可能だろうか」と問うている。ギリシア人たちおよび彼らの創造した倫理的ヒューマニズムの理想にしたがう諸時代にも、「観念を形成する精神」は死滅していないことを証明するために、ヘルダーは、中世のマリアの理念と肖像をわれわれに想起させている。ヘルダーによれば、暗い霧の長い世紀ののちに、当時人間的な精神がふたたび「ある程度明るい概念に」達したという。「祈禱と愛がこれへの道をちぢめた。そして明けの明星のように白む夜のなかから輝きだすかの肖像が現われ、こうして宗教概念がヒューマニズム化された。祝福された処女、救世主の母が何より独自の理念のうちに歩み出てきた。この理念を教えたのは、ギリシアのミューズたちではない。教えたのは彼女を神に愛された女性と呼んだ天使の挨拶であり、自分は主のはした女だと答えた彼女自身の謙譲である。この両者から流れでた彼女の魅力ある本質が、人間の心を信頼でみたしたのである。詩人たちは天使のような声、親密な言葉でしきりに挨拶し、信頼をこめた祈りのうちに彼女に愛情ゆたかに呼びかけた。さらに美術がくわわり、彼女とその腕のなかの御子を描いた。至福の母にして聖なる処女を描いた。つまり貞潔と母性愛、心の無垢、高みにある自分を知らず、深い貧困において人間種族中最も幸福な者の謙譲、この人類の新しい形式、マリアという性格が天に呼びだされたのである。この性格の比類のない特徴はこう言ってよければ、自分自身について、自分の栄光についていて、彼女の子どもについてほとんど何も知らないように見える母親のキリスト教的な天衣無縫である。しかも彼女はわが子を愛情ぶかくいだき、人間たちへの好意にみちているのである(8)」

中世末期のマリア像を古代末期のイシス像と比較するヘーゲルは、市民的な母の理想像の影響下になかったとはいえない。古代末期の宗教事情の脈絡のなかでイシスとマリアの関係を問えば、答えは別な形になる。古代末期の異教的な世界にあっては、「強烈な女性的シンボル」なしには、キリスト教は受け入れられなかったというのは、納得がいく(9)。新しい救済教義が信仰を得るのは、本質的に、古代宗教の機能を受けついでいるか否かにかかっていた。宣教の首尾は、新旧の形式上、内容上の収斂を前提とする。キリスト教の典礼像は、「神像、皇帝像、死者の肖像といった三重の遺産(10)」を相続した。マリアのイコンは、「大母」の典礼にとってかわった。新しい宗教は、「旧い宗教に(これのもつ問い、あるいは疑わしさに対する答えとして)説得力ある論駁をくわえようというのであれば(11)」これとのつながりを得なくてはならなかった。

当時のキリスト教信者は、彼らが信頼をこめて献身しているのは聖書の証明する救世主の母なのだという確信をいだいていた。これはしかし、古代末期および中世の教会におけるマリア崇拝が聖書的なマリア教義の慎重な発展と理解すべきだという結論にはならない。教会のマリア像には、人間たちが——いわば彼らの精神的心的基本装備として——身につけている神話や夢、憧憬や欲求が流れこんでいる。誕生と死をつつみこみ、庇護マントを諸都市、諸国に広げるマリアの表象は、聖書の記事からは導きだせない。中世人たちが自分たちの心配事や苦しみをうちあけたマドンナは、スコラ哲学的な概念によって特徴づけられたマリアではなく、救済され守られた状態をもとめる欲求の擬人化である。このような要求の投影は、マリアと古代世界の母神の間の類似性をしめしている。

キリスト教的マリアの異教的鏡像はしかしながら、時代的距離がますとともに忘却されるか、意図的に排除されていった。中世のキリスト教信者にとってマリアは、救世主を産み育てた母性的女性の権化であって、イシスやキュベレと機能的な等価値を有するものではなかった。中世の説教師たちは、もはやマリアが古代女神より霊験があるということを証明してみせる必要に迫られることはなかった。

近よりがたい女神、それとも母性的女性?

このような調査結果は、中世の教会は地上の女性を軽蔑するために、マリアを天にあげたという非難を裏書きするものであろうか? マリアの処女性とエバの弱点は、婚姻共同体のなかで暮らしている女性たちを、誘惑されやすく、また誘惑的な人種にしたてあげるために利用されたということは、幾度も証明されている。テクストや造形的表現の形で中世のキリスト教信者の信心実践を決定づけていたマリア像は、模範的に信仰し、預言者的、使徒的な能力でもって教え、効果的に援助し、思いやりぶかく、心あたたかく世話をする自覚的な女性の表象を生みだしたのもまた事実である。マリアは、受難と復活の間でゆるがぬ「真理の柱」であることを証明した女性として賛美された。(12) 弟子も使徒もイエスの神性に対する疑念に襲われたが、マリアひとり信仰を堅持し、教会を救ったのだという。このような解釈は、ことに奇矯な感じをうける白髪老齢のヨセフの姿を想起するにつけても、中世の時代には、「女性たちは終始男性に抑圧され、搾取され、蔑視されていた(13)」という主張の証拠とは、まるでちがっていることがわかる。こうした粗野な弾劾判定は歴史的事実の認識にはほとんど役にたたない。

中世のマリア崇拝を単なる聖職者階級の男たちの道具としてしか認識できない今日の男女著作家は、女性たちがじっさい、女性敵対的な禁欲主義者たちから勧告され指示された謙譲のひな型にしたがっていたかどうかを検証してみたことはないのだろう。中世の女性たちが美徳ある純粋なマリアを眺めるたびに、自己卑下、自己軽蔑の感情に圧倒されたという見解の出所はどこにあるのか？　中世の神学者の思想が中世の女性たちの思いでもあったとするのは、自分の観念を即座に事実に、概念を現実におきかえてしまう短絡というものである。

宗教的に刻印づけられた生活指針は、宗教的なもろもろの価値や規範や概念の関連と受容にもとづいている。このような過程を究明することはおそろしくむずかしい仕事である。近年、中世に「禁じられていた快楽」について、中世教会の女性敵対的道徳について、およびマリアの名における女性差別についてかかれた論文や著書は、現実からかけはなれた精神史、理念史のように読める。これらは、平信徒たちが、規範や自己解釈について教会より与えられ、要求されたものを自己のものとしたか、どのようにしたかという問いを決して提示することもなく、ましてこの問いに答えることもない。証明されなければならないことを、軽率にも前提にしているのである。

だから、中世および近世のキリスト教信者たちのマリア崇拝は、今日まで否定的に過大宣伝されている。教会によって助成され宣伝されたマリア典礼は快楽敵視、女性敵視をはぐくみ、天国のためにいじけた宦官を生みだすためにだけ存在していたという。素朴な敬虔な信者たちを、精神的に未熟な、ひたすら服従的な人物におとしめたという。このような批判の正当性を否認するなど、歴史にもとる護教論だという。しかし中世のマリア崇拝をたんに疎外、抑圧症候群としか認識できない者は、中世および近世初期のマリア崇拝の文化的形態の多様性、情念の豊かさ、意味形成的な力に対する知覚能力が欠如しているのではないのか、と自らに問うてみるがいいだろう。

過去何世紀かの間、マリアに慰めと助けを求めた何百万という女性を「ただ盲目で、だまされていたとみなす」のはむりである。「そこには抵抗もあったはずである」[14]謙譲、服従および貞節を女性の生き方の本質にしたマリア像に対する抵抗である。中世の資料を逆向きに読める者は、中世および近世初期の女性たちの思考や行動には、今日の解釈者たちが信じているより、我意があったという示唆を得るだろう。資料からは「マリアを美徳、貞潔、服従の拘束力ある模範に高めようとする」教会の努力に対する「女性の抵抗や反抗」が浮かびあがる。年代記や奇跡物語は平信徒たちによって実践されたマリア信心の形式や意図を記述しているが、この信心は「マリアの処女性の修道院的‐禁欲的強調ときわだったちがい」[15]をみせている。女性たちの意識状態が推論される巡礼報告や奇跡報告は、巡礼の女性たちが、マリアを助けになる女友だちとして体験し、規律を押しつける教会ののばす腕とは感じていなかったことをしめしている。女性たちは天の女王から気力をそがれ、おとしめられるために、マリアのもとに避難所をもとめたのではない。マリア像の前で彼女たちは、「何より自分自身の利害関係のための言葉」[16]を、「それによって自分の心配や不安の解釈」[17]を見いだしたのである。女性たちがマリアとの間にきずいた情動的関係は、「マリアがものわかりよく、邪心なく、あらゆる人間の心配事にわけへだてなく大いなる好意をもって傾心してくれる」[18]という確信にもとづいている。

さらには、「女性神秘主義」「女性信心」とか「宗教的女性運動」といった語結合は、女性たちがどのような仕方で、新しい信心様式の形成および口語による神秘主義的文献の生成に参与したかを識別しやすくしている。神秘主義的な信心の育成発展に、「敬虔な女性たち」がはたした役割は決定的である。十二、三世紀のキリスト教信心の変化に関して、「女性とともに神秘主義的な霊性は新しい次元を獲得する」[19]といわれた。神秘主義的な経験をすることは、女性にはとくに能力があるらしい「術」とみなされていた。当時の著述家たちによれば、女性の「柔和の心」が彼女たちを、男たちより無邪気に、直接的に、親密に神と彼の息子の受難とひとつにならせたのだという。

尼僧たち、ベギン会修道女や隠遁修道女が残している神秘主義的な書き物は、女性の劣等性の告白の証拠となるものではない。逆である。これらのテクストに認められる支配的モティーフは、マリアの謙譲、服従の姿ではない。これら女性の精神的関心は、はるかに強く神を受肉させたマリアの肉体性に向けられている。[20] 神秘主義的才能ある女性たちの信心の中心的内容は、神の受肉の場となったマリアの肉体なのである。その書き物のなかで、彼女たちは、女性の性的特徴から神学的メタファーを得ている。彼女たちはイエスを産み育てる母[21]と記述している。女の姿のうちにシェーナウのエリザベート（一一二九～一一六四）は「主イエスの聖なる人性[22]」を見ている。

キリストはその肉体をマリアから受けとったから、女性の肉によって世界は革新されたのだ、とビンゲンのヒルデガルトは言ったものである。マリアの肉体は、神の肉体が形成され、九ヵ月間安らっていた容器であり、神殿であり幕屋であるとみなした。聖別されたホスチアを保存する聖櫃あるいは聖体容器はマリアの肉体と記述している。司祭たちはその権威を、キリストは彼らの手にする容器のなかで、処女の肉体のなかでのように人の子となった事実に負っていたのだという。[23]

マリアの身体、滋養を与える彼女の乳房、胎児を孕んだ彼女の母胎への敬虔な関心は、神の母と崇拝者たちの間に相互に結ばれているという雰囲気をかもしだした。これは羞恥心や罪意識をうみだすのではなく、同一化をまねいた。中世の女性たちの経験世界にあっては、マリアは到達しがたい超人ではなく、女の性の危険や苦難に同じように見舞われる女性であった。妊娠し分娩し、貧困に耐え、疎外され、逃亡の悲惨を味わい、わが子を奪われた女性であった。奇跡や巡礼の報告から得られる情報によれば、女性たちは子宝が授かるように、男たちも世継が得られるようにとマリアに祈っている。彼らの崇拝するマリアは、崇拝者たちの性的な問題には無関心な、完全に性を超越した禁欲者といった印象を与えはしない。奉納物でもってせがまれ、懇願されるマリアは、妊婦を助け、新生児を悪霊から護り、死の床にある者を助けた。天上にあっては、彼女は彼女を愛する者たち、崇拝者たちの弁護人であった。主なる神に彼女は乳房をしめし、寛大な処置をうながした。母性的な力を人間たちのために発揮したのである。彼女にはしあわせな生と良き死のための権限が同様にあった。

中世末期に描かれたマリアは、俗世とは隔絶された雲上の崇高な神母ではなかった。子どもの養育にひたむきな母として描かれているマリアは、中世末期の市民たちの日常生活に参与していた。中世末期の板絵のマリアは、尋常ならざる女性ではなく、母親の責務を心得、配慮にみちた優しい女性であった。ヘーゲルは美学講義のなかで、信心様式、表現形式の変遷を次のように特徴づけている。「ことにキリストの誕生と養育、御子をいだいたマドンナが好ましい対象へとたかまり、生き生きとした家庭的な親愛、優しさ、親密さ、人間的なものおよび感情豊かなものへと導かれていった」[24]彼の見解によれば、この十五世紀中葉の表現にきわだつのは、ひとつには「活気の高揚と自然らしさ」、ひとつには「敬虔な心情の深み、信仰における魂の無邪気な親密さ」[25]である。

マリアを崇拝する中世人たちは、自己確認を絵画にもとめた。神に祝福されたマリアは美人でなくてはならなかった。美こそ聖である。しかし美しく描こうとすれば、官能の香がどうしてもただよう。教理上からすれば許しがたいものが、宗教画に現われてきた。宗教的なものの具現化が、人間的な諸要素を出してきたのである。宗教改革時代になって、美しいマリア像は感覚を誘惑し、祈禱に有害であるという非難の声があがった。十字架上のイエスの血だけを救済の唯一の象徴としたプロテスタント教会は、マリアの乳や乳房をヨーロッパ神学の造形在庫品から除去し、マリアが人類の救済に本質的にかかわっているという思想を、非聖書的なフィクションだと弾劾した。救済はもっぱら男の事柄、男性的な神、男のメシアの仕事となった。中世後期の信心が女性的直感形式や絵画、メタファーから吸収したものはすべて、プロテスタント教会においては市民権を失った。男性的な正義の仮借ない神の補正機関としてのマリアは消失したのである。

中世の女性の生活のなかで、マリアがどのような役割を演じていたかを解明しようというなら、ものごとを区別して考える心構えが必要である。中世期のマリア崇拝は、キリスト教を女性敵視的蔑視的な男性宗教にするための認定証書を与えるものだという確認をくりかえす十把一からげな頑固な態度は、小心な道徳家たちの見解が中世の女性たちの見解でもあったとする仮定にもとづくものだ。マリアに向かい、敬虔で信心ぶかかった彼女たちの現実の姿をさぐれば、別なことがわかるはずである。

弱い者たち、軽蔑されていた者たちのマドンナ

中世のマリアは、何層にも分裂していた社会にあって、ほんとうはだれの味方だったのだろうか。この問いに決着はついていない。「移行、多様性と多元論の時代」(ウンベルト・エーコ)である中世には、マリアもまた多くの顔をもち多様な機能をもっていた。マリアが担う関係事項は多様どころか矛盾しあってさえいる。人間生活に介入することになったマリアは、この生活によって呼びだされ、生活によって形づくられた。中世的マリアの相貌にみられる矛盾は、矛盾にみちた相克の世界を反映しているのである。

マリアは平和を命じ戦争を支援した。連帯を樹立し区別だてをした。彼女は罰し、慈悲ぶかかった。大物も小物も擁護した。屈従をうながし権力を保護した。彼女は自分の援助が国家や教会の法的な規制活動にあっているか否か問うことなく介入した。マリアはダンサーや旅芸人や泥棒にも気に入られた。彼女は神聖視されている規範に違反した者たちも苦境から救っている。

マリアの庇護マントの下に避難所をもとめたのは王や地方自治体、航海者、征服者たちや軍司令官たちだけではなかった。マリアが奇跡的な救いの手を伸ばした者たちにはこの他、体の弱った罪人、世間から白い目でみられている芸人や曲芸師、姦通者、強盗や人殺しもいた。マリアがいかに教会の懲罰措置の裏をかいたかを、シトー会会士ハイスターバッハのカエサリウス（一一八〇頃～一二四〇以後）は、ある修道院の敬虔な世話係の例をあげて叙述している。ベアトリクスという名の修道尼がある聖職者を愛し、修道院と教会の鍵を処女マリアに預けて、駈け落ちしたが、十年か十五年後、これを悔いて修道院にもどってきた。ところが驚くなかれ、彼女の多年の不在に仲間の修道尼たちは気づいていなかった。マリアがその年月、彼女の職務を代行していたのである。彼女に生き写しのマリアから鍵を返してもらうと、ベアトリクスは、かのあやまちなどなかったかのように、昔通りの職務を遂行したという(26)。

説教によって都市の大衆を魅了した能弁な修道会士レーゲンスブルクのベルトルトは旅芸人たちを「悪魔のふいご」と名づけたものだ。教会法も曲芸師や辻音楽師をひさしく信者の共同体からしめだしていた(27)。しかしマリアはある旅芸人に好意のしるしとして蠟燭を贈っている。彼女の絵の前で身をくねらせて踊ったダンサーを十字のしるしでもって祝福している。しかも彼の臨終の床にも現われ、彼の魂を両手に受けとり、胸におしあてた。踊りによって神の母を賛美した男は永遠の命に値するとされたのである。

マリアが一四七六年に幻視を与えた村の音楽家は、ハンス・ベヘムという名のティンパニー奏者であっ

（左）ゴーティエ・ドゥ・コエンシーの挿し絵「処女の奇跡」から．絞首台の泥棒を救うマリア．パリ国立図書館蔵．
（右）同．楽士に蠟燭を贈るマリア．

た。神の母が彼に告げたことを、彼は当時ニクラスハウゼンのタウバータールへ巡礼に来た多くの者たちに語り、ニクラスハウゼンのマリア崇拝者たちに、「完全な恩寵[28]」を約束した。マリアの委託を受けて、彼は、教会録をためこみ、世俗的事業によってびた銭をかせごうとしていた僧侶階級に反対する説教をおこない、皇帝を「悪漢[29]」呼ばわりしたものであった。魚や森は「公共のもの」である。諸侯、公爵や騎士たちも、「公共のものはわれわれなみ[30]に所有すればよい。そうすれば、みなに十分いきわたる」要するに、キリスト教の意味における財産共同性は、所有の差、生まれの差を追放すべきであるという。太鼓打者の社会的抗議はマリアの後押しがあったのだ。ヴュルツブルクの司教が彼を火刑に処したとき、彼は声が煙にむせるまで、ドイツのマリアの歌を歌いつづけたという。[31]

踊る旅芸人や辻音楽師のみならず、とくにマリアを信心している泥棒にもマリアは肩入れした。『黄金伝説』のヴォラギネが「至福の処女マリアの誕生」につづいて、記述している奇跡物語のなかに、こういうのがある。「さんざん盗みをやった泥棒がいた。だが彼はマリアを畏敬し、しばしば彼女の挨拶の言葉を語っていた。あるときまた盗みを働いてつかまり、絞首刑を宣告された。いよいよ吊されると、処女マリアが現われて、絞首台の彼を両手で、彼の思うに三日間ささえてくれたので、彼には苦痛がなかった。彼を吊した者たちが、偶然通りかかってみると、彼は死なずに、嬉しげな顔をしていた。彼らは縛りくびは効果がないので、剣でもって打ち殺そうとした。しかしマリアが手で剣をとめるので、彼に危害を加えることができない。彼は彼らに、マリアに庇護されているのだと語った。彼らは驚き、絞首台から彼をおろし、マリアの名において放免した。すると泥棒は修道院に入り、神の母に生涯仕えた[32]」。他人の財産を台無しにしたが、マリアを崇拝していたので、彼女から救われた詐欺師の話は、説教や類例集や奇跡話集によって広く普及していた。[33]これらの話はあきらかに相殺的な権利欲求に相応するものである。処刑された泥棒がみごとに救われた事実に納得した者たちは、裁判官が判決をあやまる可能性を認めただろう。人間が——意識的にしろ無意識的にしろ——まちがった場合にはマリアが修正することになっていたのである。

ヴェネチアになぜこう神の家が多いのか、という問いに、ヴォルフガング・ゲッペンは「ヴェネチアは、教会の途方もない影響下にあったか、人びとは絶望のときが多く、ひっきりなしに教会に出かけて祈り、災厄が過ぎるのを望んだためだ」と答えたものだ。これに反論するのはむずかしい。ヴェネチアの教会が、——中世のキリスト教の諸都市同様に——発揮した影響力はたしかに大きかった。これはしかし、この作家が推測するように、総督たちがヴァチカンに従属し、「小さな聖職者階級の独裁者」がヴェネチアの歴

ウルリヒ・テングラーの「新平信徒典範」1511年（ヴォルフガング・シュミッツ編，1512年発行の101頁）より，悪魔の訴訟．世界審判において悪魔が罪ある人間たちを告発すると，マリアが彼らを擁護する．

史を決定していたという意味ではない。中世時代のヴェネチア人たちには、彼らの教会や政治上の重要事は、教皇の臣下としてではなく、自覚ある市民として決定するだけの気概があった。教会の影響は、地上の苦難や永遠の劫罰にたいして効果的に守ってくれるという評判の聖人たちの力によるものであった。小説家自身、「人びとはじっさいまた非常に敬虔であった」とか、「非常に絶望し、貧しく、死をひどく恐れていた」[34]とも書いて、まさにこれを表現している。この筆舌につくせぬ恐怖のために中世の信者たちはマリアのとりなしにすがった。病魔におかされ、困苦、苦悩にさいなまれ、彼らは彼女の庇護マントのもとに逃れたのである。

だから中世のマリア崇拝の中核をなすのは、貞潔な処女マリアではなかった。裁く神、裁くキリストに慈悲の気を起こさせるのはマリアの処女受胎ではなく乳房であった。マリアに助けをもとめる信者たちは、マリアの母性に身をゆだねたのである。マリアがつねに処女であったというからには、息子の出産前のみならず、分娩中も出産後も処女であるはずだなどと思念をめぐらすのは神学の専門家たちの問題であって、平信徒たちのマリア信心の主要な対象は、庇護ととりなしであって、手のとどかぬ禁欲的な生活実践の理想ではなかった。

マリアはこの世のあらゆる困苦における「強力な助け手」であり、神の前で「すべての人間種族のための代願者」[35]であるという確信を強める祈禱や絵画、物語は数かぎりないが、恐怖と困苦にさいなまれている者たちの上にマリアがマントを広げている図など、神の母の庇護力への信頼が強力に表現されている。世界審判劇や、悪魔訴訟の物語に登場する悪魔が、キリストに、罪深い人間どもの所有権を主張すると、これに対抗してマリアは、世界終末の仮借ない裁判官キリストの前で劫罰をくだされようとしている人類のために情熱的な弁護人、「人間種族の代表者」[36]を演じる。魂の救済を得たいとする中世人たちは、マリアの「母性的な助け(37)」にすがった。「彼女のマントのなかは」、「人間種族の大きな群れ」が、「おお、慈悲の母よ、われら人間種族を、呪わしい地獄の邪悪の悪しき敵からまもりたまえ(38)」という呼び声にみちていたという。

このような信頼が裏切られることはなかった。イエスを九ヵ月おなかに宿し、乳房を与えた「こよなくやさしい母」マリアに懇願されると、キリストは、「検事悪魔(39)」の訴えをしりぞける。マリアは「代願者、代表者」として、人類が彼女にもとめる「人間種族の救い」を実現してくれたのである。

マリアの救済力を最も強力に証言しているのが司祭テオフィルスの救済伝説である。彼は司祭職を失うが、それを取りもどすために、あのファウストのように悪魔と契約をむすぶ。悪魔に支払う代償は高い。神とマリアからの離反を誓わされたのである。テオフィルスは誓ったが、神を忘れた自分のふるまいにたちまち後悔する。マリアは悔悛するテオフィルスを助け、悪魔から契約書を奪いとり、祭壇の前で眠りこんでいるに彼に返してやる。宗教劇、造形美術表現、普及していた奇跡伝説集などはみな、中世のキリスト教信者たちが、テオフィルスの経験したような話を楽しむようにできている。どの時代も時代独自の悪魔との盟約者がいて、社会を動かしているものを表現しているということはたしかだが、テオフィルス伝説の意味は明快で、マリアのとりなしによっても神の許しを得られないほど大きく救いがたい罪はないということである(40)。

こうした資料から、中世には、ファティマ、ルルド、シラクサのマリアあるいは十九世紀のナザレ派のマリアより、感覚的で明るく、現実味があって強固で、自分を通し、型にはまらないマリアが存在していたという結論が出る。敬虔なナザレ派のマドンナは、自意識の強い女性というより、しとやかな市民の娘という印象を与える。チュービンゲンの美学者テオドール・フィッシャーは、オーバーベックのフランクフルト派絵画『医術における宗教の勝利』（一八三二～一八四〇）に描かれているマリアを憤懣やる方ないという調子で皮肉り、「きみたちのマドンナは、古い教会のマドンナではない。彼女たちは祈禱の時間に読書し、一年たらず女子寮か女学校ですごし、茶を少々たしなんでいる。この絵のマリアなど鵜鳥ペンなど手にもち、見たまえ、ロココ様式のアラベスクの縁飾りのついたアルバムから一枚とりだしジャン・パウルからの引用を書き込んだりしている。——いや、この美少女が、かのマリアの後裔とは思えない。彼女たちはあまりにもしとやかで、聖霊もまた別な趣味に変わったらしいが、ちと品がない。彼女たちが大工と結婚したなどとは考えられない。むしろ教会か学校に務めている道徳的で最高の模範青年か宮廷説教師でも相手に推薦してやりたいものだ[41]」

マリアを回顧する目がかわれば、過ぎ去ったもののイメージもかわる。マリアの姿がさまざまな時代に別な輪郭を得るのは驚くにあたらない。フェミニズム神学者や今日の女性神学者たちは、聖書にもとづいたマリアのイメージこそ信頼がおけるとした。つまり「マニフィカト」は解放の歌として読む。これを唱えた女性は、自由な自己決定において、神の召命にしたがったにちがいないとして、彼らはマリアの処女性にも別な認識を試み、今日の女性に納得のいくものにしようとする。処女性は、フェミニスト的解釈によれば、もはや性的禁欲と同じ意味のものではなく、他に従属しない、他に由来しない自ら決めた生活を営む「女性の自立性の象徴[42]」である。マリアの潔白さは、父権制の桎梏からの解放とみなされた。このように理解された処女性とむすびつく母性は、女性を全人にするはずであるという。この見方からするとマリアは、「いだき庇護し、生み育て、自主的に創る[43]」生の営みの表象である。権力と富と合理性をもとめる男性社会の恐るべき強圧に対する防波堤という考えである。マリアは、過去においてそうだったように現代もなお、時代とむすびついた利害、憧憬、挑戦の鏡像でありつづけている。宗教全般についてヤーコプ・ブルックハルトの言ったことは、とくにマリア崇拝にあてはまる。彼女は「すべての民族および時代のある偉大な他者への投影[44]」なのである。

中世の信心の形態と機能に従事する歴史家にもとめられるのは、宗教と生活世界との関連をわかりやすいものにしてみせることである。教理上の神学論争に介入することは分ではない。生の営み、思考や行動様式の象徴としてのマリアおよび彼女の実生活上の問題の克服や芸術や政治への影響を展望するという魅力ある課題に専念すべきである。

本書は、マリアの助けによって人生を克服しようとした中世人たちに対する注目と関心を喚起しようして著述したものである。マックス・ヴェーバーは、「宗教的意識内容が生活実践、文化および民族性に対してもった意味を、実際通りに想像することは[45]」現代人にはむずかしいという。その意味では、中世のマリア崇拝の実効性について適切なイメージを描くことは、今日の健全な人間悟性の把握力を超えることかもしれない。

これは、マリアの倫理的模範性がました分だけ、社会的政治的な効力を失っていった近・現代の現実とも関係するだろう。宗教が個々人の責任で決着をつけるべきものになっていった十九世紀には、政治色のあるマリア信心などは、ただもううさんくさい時代錯誤的な試みの形でしか存在しなくなった。慈悲ぶかく悲しみ多い「天の女王」として崇拝された女君主プロイセンのルイーゼ女王（一七七六～一八一〇）を聖なる星形の冠で飾り、プロイセンのプロテスタントのマリアにしたてあげようとした試みとか[46]、トリアの司教マネが一八〇三年、「フランスで以前からとくに盛んであった八月十五日のマリアの被昇天の祝祭」を、毎年祝うべきナポレオンという神から遣わされた「祖国の救済者」による「フランスの宗教の復興を感謝する日」にかえたのがその例である。カトリック教徒たちは、「ナポレオンが八月十五日に生まれ、八月十五日に最初の執政官に選ばれ、そして教皇ピウ七世がマリア被昇天の祝日に政教条約の締結を公式に伝えた」のは神の摂理とみなした。「この祝祭のナポレオン的催しは一八〇六年さらにはでになった。この年ローマが皇帝の希求に屈し、マリアに関する祝祭を聖ナポレオンの祭りとむすびつけた。聖ナポレオンというのは、それまで典礼的にはまるで注目されていなかった無名のエジプトの殉教者であったが、ナポレオンと同名のために最高の栄誉を得ることになったのである(47)」

「マドンナなんて、われわれにはとんでもない存在だ」と書いた毒舌家のフリードリヒ・テオドール・フィッシャーは、すでに啓蒙化され、宗教的魔力の失われた近代の時代精神に沿っていた。われわれは「燕尾服とネクタイの時代の子ども」であり、「カトリックの原理や基本情緒を母乳とともに吸収しはしなかった(48)」という見解の持ち主である。

しかしながら。マリアはヨーロッパ文化の最も魅惑的な歴史的形姿にして象徴のひとつである。マリア崇拝の歴史には、マリアという天に君臨するナザレ出身の女性が、良き、意味ある人生の探求を助けてくれるという確信をいだいていた人間たちの夢や憧憬、洞察や経験、進む道や迷う道が反映されているのである。他者の成功した、あるいは挫折した人生物語に関心をいだくこと、過去の時代や時期の幸不幸について思念をめぐらすことは、時代を越えた連帯の行為というだけではない。われわれ自身の由来を知ることは、われわれが何者であるかを知ることにも貢献するかもしれないのである。

訳者あとがき

本書は Klaus Schreiner: *MARIA, Jungfrau, Mutter, Herrscherin*, Carl Hanser Verlag, München/Wien 1994 の全訳である。

本書の内容、執筆意図などについては、原著者自身が序文にくわしく語り、またエピローグまでもうけて総括しているので、訳者がこれ以上概観的なことをつけくわえても蛇足にしかならないだろう。したがってくり返し的なことは控えるが、書物をひもとくと、まず、あとがきを読むという習慣をもつ読者のために、いくらかことわり書きをしておきたい。

周知のように、ヨーロッパ史において、キリスト教内の隠れた女神といわれるまでに発展し、信仰生活のみならず、ヨーロッパ文化全体に深い影響力を行使するにいたったナザレ出身の女性マリアについては、すでに無数といってよいほどの書物が書かれ、さまざまな角度からの考察がなされてきているが、訳者の知る限り、本書ほど、ヨーロッパ中世の人間たちの日常生活、社会生活の現実とマリア崇拝との密接なむすびつきを、豊富な資料を引用しつつ、具体的に語りきかせてくれる書物はない。最近、中世への関心の高まりに合わせるように、中世人の生活に関する書物もまた少なからず出版されているが、本書を知った後には、これら中世関係の書物がマリア崇拝に深く言及していないのが奇妙に思えてくるほどである。

一九三一年生まれの著者は、長くビーレフェルト大学で中世の歴史、とくにマリア崇拝に関する講義を担当してきた中世史の専門家である。訳者が著者の名前をはじめて知ったのも二十年ほど前に、彼のマリアの読書に関するエッセイを読んだときであったが、本書はこの著者の長年の調査研究の集大成なのであろう。

最後に、なかば訳者のくり言になるが、原著者の利用、引用している膨大な資料の多くは中世、近世ドイツ語（中高ドイツ語をはじめ古高ドイツ語、初期新高ドイツ語、さらには低地ドイツ語）で書かれたものであり、その中世ドイツ語といっても長い中世の時期や地方によってかなりちがっているのに、著者はこれらの文献を引用するにあたり、一部は現代ドイツ語に訳したり、原文のまま引用したり、その基準がはっきりせず、翻訳にかなりてこずった。中世の宗教劇を共に読んでくれたりして、このたびの翻訳にも直接、間接に助力を得た京大時代以来の友人のドイツ人中世学者 Dr. Trauden、ある詩句の理解確認のためお手をわずらわせた伊東泰治名大名誉教授にお礼を申しあげたい。またドイツ語以外のイタリア語、ラテン語文献についても著者は、独訳書を使用している個所、衒学趣味か原文のまま挿入したりしている個所が恣意的で、こういう場合の邦訳によくあるように、ドイツ語以外の言語からの訳だとして、ルビをふったり、カタカナ訳にしてみせる芸は、読者にわずらわしいだけの無意味なことなので、一切おこなわなかった。またマリアに付された長い称号などのくり返しも省略したところがある。さらに邦訳書のない（つまり定訳のない）書物の題名を、殊にラテン語などの場合原文のままカタカナ書きにしておくべきかと迷ったが、これまた意味が通じなくては、と思いなおし私訳を載せた。原書を知りたい方は、著者が付している註及び参考文献表をご覧いただきたい。なお引用された中世文原註の量がまた多いので、この上に訳註までほどこすのは控えることにした。なお引用された中世文と本書テクストの文体は当然ながらちがうが、翻訳に生かせなかったのは訳者の能力不足として、お許し願わなくてはならない。
原著作に必要であった年月には比ぶべくもない話ではあるが、翻訳に予想以上の時間がかかった。いろいろ尽力くださった上、辛抱強く待っていただいた法政大学出版局編集部の藤田信行氏には、末筆ながら心よりお礼を申しあげたい。

二〇〇〇年秋

内藤道雄

著　者

クラウス・シュライナー（Klaus Schreiner）

1931年生まれ．テュービンゲン大学歴史地誌研究所長を経てビーレフェルト大学教授，中世史および南西ドイツ地方史の講座を担当．マリア論と中世精神史に関する数多くの学術論文を歴史書，事典などに寄稿している．

訳　者

内藤道雄（ないとう　みちお）

1934年生まれ．現在，京都大学名誉教授．専攻：ドイツ文学，美学．著訳書：『詩的自我のドイツ的系譜』（同学社），『聖母マリアの系譜』（八坂書房），『言語と形象』（共著，世界思想社）．シャルガフ『証人』『不可解な秘密』『過去からの警告』（共訳，法政大学出版局），イェーナー『ドイツ表現派ブリュッケ』（共訳，岩波書店）ほか．

《叢書・ウニベルシタス 700》
マリア——処女・母親・女主人

2000年12月25日　初版第1刷発行
2011年11月30日　新装版第1刷発行

クラウス・シュライナー
内藤道雄 訳
発行所　財団法人　法政大学出版局
〒102-0073 東京都千代田区九段北3-2-7
電話03(5214)5540 振替00160-6-95814
製版，印刷：平文社／製本：誠製本

Printed in Japan

ISBN978-4-588-09949-6

原　註

序

1．Cees Nooteboom : Der Umweg nach Santiago. Frankfurt a. M. 1992（オランダ語より H. Beuningen 独訳），161頁．

2．Robert H. Fuson (hrs) : Das Logbuch des Christoph Kolumbus Bergisch-Gladbach 1989（Andreas Venzke 独訳），308頁以下．

3．Nooteboom：同書，162頁．

4．同書，240頁．

5．同書，239頁．

6．“Madonna mit dem Kanonikus van der Paele” の成立時期と聖像学については，Purtle : Marian Paintings of Jan van Eyck, 85～97頁参照．

7．鸚鵡の言語能力と宗教的象徴性については，Hanns-Peter Fink : Der Papagei auf dem Donop-Epitaph in St. Nikolai zu Lemgo. Seine Stellung im Kreis der Papageienbilder in der Kunst des späten Mittelalters und der Renaissance（Lippische Mitteilungen 53, 1984に収録，49～67頁），Gertrud Roth-Bojadzhiev : Studien zur Bedeutung der Vögel in der mittelalterlichen Tafelmalerei, Köln=Wien 1985, 50頁以下，Kraut : Lukas malt die Madonna, 90～92頁，Nitz : Artikel “Papagai”（マリア事典第５巻，83頁）など参照．

8．Giovanni Boccaccio : Das Dekameron, München 1962（独訳），504頁．

9．Günter de Bruyn : Jubelschreie, Trauergesänge. Deutsche Befindlichkeiten, Frankfurt a. M/1991, 60頁以下．

10．Ruth Misselwitz : Wo Himmel und Erde sich treffen. Maria-eine Frau, die über sich hinauswächst und Grenzen überschreitet（Publik-Forum Nr. 24, 1992収録，21頁）．

11．ハイネは死の２年前の1854年にこう述懐している．Kuschel : Maria trat aus ihren Bildern, 39頁参照．

12．Arthur Drews : Die Marienmythe, Jena 1928, 181頁．

第Ｉ章

1．Schelkle : Die Mutter des Erlösers, 9頁．

2．Hennecke-Schneemelcher : Apokryphen, 280頁．ヤコブ原福音書の機能については，Vielhauer : Geschichte der urchristlichen Literatur, 672頁．「この書物がある種の祝祭の礼拝時に市民権を得ていたか（後の東方教会におけるごとく）は，確言できない．しかしこれの成立時期〈２世紀中葉〉には，教会用の書物の数を制限する教理典範は形成されていなかった．いずれにせよ

マリア論へのヤコブ原福音書の影響は大いに考えられることである」

3．マリアの七ヵ月の身ごもりについては，Peter Willem van der Horst : Seven Month's Children in Jewish and Christian Literature from Antiquity (Ephemerides Theologicae Lovanienses 54, 1978に収録，346～360頁）参照.

4．Perler : Protoevangelium, 27頁.

5．Haimo von Halberstadt : Epitomae historiae sacrae (Migne PL 118頁, Sp. 823頁)，Dörfler-Dierken : Verehrung der heiligen Anna, 129頁，註28, Arnold : Heilige Familie, 172頁，註19参照.

6．Arnold : Heilige Familie, 157頁．複雑な家系図を提示している.

7．Dörfler-Dierken : Verehrung der hl. Anna 137頁以下参照.

8．同書，50頁.

9．同書，51頁.

10．同書，102頁.

11．Hans Puchta : Luthers Stotternheimer Gelübde, Versuch einer Deutung (Archiv für Reformationsgeschichte 84, 1993 収録，311～318頁).

12．これが従来の見解（同書91頁参照)．Dörfler-Dierken はこれに対して疑念を提示，異論をとなえている.

13．同書，22，23頁註26.

14．Dörfler-Dierken : Verehrung der hl. Anna, 24頁，Arnold : Heilige Familie, 158頁参照.

15．Dörfler-Dierken 前掲書，225頁.

16．同書.

17．Chirstiane D. Andersson : Religiöse Bilder Cranachs im Dienste der Reformation (Lewis W. Spitz 編 Humanismus und Reformation als kulturelle Kräfte in der deutschen Geschichte. Ein Tagungsbericht Veröffentlichungen der Historischen Kommission zu Berlin 51, 1981に収録，43～79頁)，48頁.

Klaus Arnold : Mutter-Kind-und Familiendarstelungen in der Kunst des späten Mittelalters und der Renaissance (Bild und Bildung. Ikonologische Interpretationen vormoderner Dokumente von Erziehung und Bildung, Wolfenbütteler Forschungen 49 Wiesbaden 1991収録)，184頁以下参照.

18．Horst Wenzel : Die Verkündigung an Maria. Zur Visualisierung des Wortes in der Szene oder : Schriftgeschichte im Bild (Maria in der Welt 収録，23～52頁）参照.

19．Kalinowski : Versiegelte Briefe, 166頁.

20．同書，363頁.

21．Aurelius Augustinus : De trinitate IV, 5 (Migne PL42 Sp. 893) 5世紀中葉に由来する Martyrologium Hieronymianum にとって，3月25日は告知

と磔刑のみならず，世界創造の日でもある．

22．Cgm. 683, f. 1^r-1^v この手稿の日付，由来，内容については，Die deutschen Handschriften der Bayerischen Staatsbibliothek München Cgm, 501～690頁参照．Karin Schneider による新記述（Catalogus codicum manu scriptorum Bibliotheace Monacensis 54 Wiesbaden 1978に収録，400～405頁），Lenda aurea, 225頁．Hans Vollmer (hrs) : Die Neue Ee, eine neutestamentliche Historienbibel, Berlin 1929, 25頁．

23．Beda : In Lucam I（CChr. Ser. Lat. 120収録）25頁．

24．1488年以降，パッサウの司教座聖堂説教師をつとめた Michael Lochmayr のマリアへのお告げの祝日の説教にこう語られている．Sermones de tempore et de sanctis, sermo XXXIIIc : De annuntiatione beatae Mariae virginis, f. k 2^v.

25．Hieronymus Cardanus : De vita propra ca. 1571 Des Girolamo Cardano の自伝（独訳 ミュンヘン1969年）より引用，130頁．

26．Michael Lochmayr : Sermones, sermo XXXIIIc, Hagenau 1507 f. $k3^r$.

27．Wolfgang Speyer : Mittag und Mitternacht als heilige Zeiten in Antike und Christentum (Vivarium. Festschrift Theodor Krauser zum 90. Geburtstag. Jahrbuch f. Antike u. Christentum, Ergbd. II 1984収録，314～326頁)，320～324頁参照．

28．Antoninus archiepiscopus Florentinus : Summa Theologica tit. XV. c. 9, Pars. 4, Verona 1740 (Graz 新版　1959年) Sp. 968-970.

29．聖なる時刻としての真昼については，Gertrud Chappuzeau : Die Exegese von Hohelied 1, 2a. und 7 bei den Kirchenvätern von Hippolyt bis Bernhard (Jahrbuch für Antike und Christentum 18, 1975に収録，90～143頁)，113～129頁参照．

30．同書，124頁．

31．Augustinus : De trinitate b. IV, c. 5. Michael Schmaus の独訳「教父聖アウグスティヌスの三位一体に関する15冊の著書」第１巻（Bibliothek der Kirchenväter 2, 13 München 1935)，152頁．

32．父なる神とマリアの耳が管か光線でむすばれ，その上を幼児イエスが母親をめざして滑降してくるモティーフは，オッペンハイムの聖カタリーナ教会の正面口にも見られる．Donart de Chapeaurouge : Wandel und Konstanz in der Bedeutung entlehnter Motive, Wiesbaden 1974, 41頁参照．フライジングのベネディクト会教会のガラス絵では，父なる神が吹き筒でもって，ロゴスを処女に吹きこんでいる．Gössmann : Verkündigung an Maria, 279頁，註３参照．ゲーゲンバッハの聖福音集にはマリアをめざして垂直に降下する鳩の「嘴から彼女の耳まで１本の赤い線が引かれ，耳を介しての受胎が暗示されている」同書，127頁．

33. Bauer : Leben Jesu, 53頁，ならびに Leo Steinberg : How Shall This Be ? Reflections on Filippo Lippi's Annunciation in London, Part I（Artibus et Historiae 16, 1987に収録，25頁～44頁），26頁～32頁参照.

34. Guldan, Eva und Maria, 27頁.

35. Huhn, Geheimnis der Jungfrau, 25頁以下参照.

36. Masser : Bibel, Apokryphen und Legenden, 108頁参照.

37. パッサウ司教座参事会員パウル・ヴァン（1489年没）の待降節第４日曜日の説教から. Sermones de tempore : Dominica quarta in adventu sermo IX, Hagenau 1497 f. d7^{v}-d8^{r} 参照

38. Berthold von Regensburg : Predigten, Bd. I, 320頁.

39. Euangelia mit ußlegung des hoch gelerten Doctor Keiserspergs, Straßburg 1517 f. 200^{r}. Signori : Verlorene Ehre 参照.

40. Otto von Passau : Die vier und zwanzig alten, Straßburg 1500, f. g. III^{r}.

41. Luca Pinelli : Maria Lilgenstöcklin, Augsburg um 1615, f. 3^{v}.

42. Erlemann : Heilige Familie, 152頁.

43. Alte Passional.

44. Konrad von Fußesbrunnen : Kindheit Jesu, 17頁.

45. Albert Ampe : Jan van Denemarken's processiespel（Koninklijke zuidnederlandse Maatschappij voor Taal-en Letterkunde en Geschiedenis 32, 1978に収録，5～19頁）18頁.

46. Benedict Edelpöck : Comedie von der freudenreichen Geburt Jesu Christi, 1536（Karl Weinhold : Weihnacht-Spiele und Lieder aus Süddeutschland und Schlesien mit Einletung und Erläuterungen, Wein, 1875から引用），282頁.

47. Franco Sacchetti : Die wandernden Leuchtkäfer. Renaissancenovellen aus der Toskana. 序文は Luigi Malerba, 後書きは Alice Vollenweider, Berlin 1991　98頁. Huizinga : Herbst des Mittelalters（邦訳，中世の秋），196頁.

48. Hanna-Barbara Gerl : Geschenk der Natur und des Himmels Zur Mariologie der Renaissance（Maria für alle Frauen 収録），130頁.

49. Ingeborg Walter : Piero della Francescas Madonna del parto. Ein Kunstwerk zwischen Politik und Devotion, Frankfurt a. M. 1992，9頁.

50. Hennecke-Schneemelcher : Neutestamentliche Apokrypghen Bd. I 285頁.

51. 同書.

52. 同書，286頁.

53. Ben-Chorin : Mutter Mirijam, 61頁以下.

54. Hennecke-Schneemelcher 前掲書，286頁．中世文献にある検査方法については Lenger : Virgo-Mater-Mediatrix, 118～123頁参照．

55. Masser : Bibel, Apokryphen und Legenden, 148頁．

56. 同書，147頁．中世文献にあるヨセフの疑惑については，Lechner : Maria Gravida 110～116頁「ヨセフの疑惑」参照．

57. Walthers von Rheinau : Marienleben, 61頁．

58. Lechner：前掲書，56頁．

59. 同書，55頁，121頁，註5．

60. 同書，95頁．

61. Ruh : Mystik, Bd. I, 324頁．

62. 中世後期の修道尼たちが幻視した妊婦姿のマリアと幻視者の自己同一化がさまざまに彼女らの肉体的症状と結びついていた件について，Dinzelbacher : Rollenverweigerung 48頁以下，および Heilige oder Hexen (Dieter Simon hrsg. : Religiöse Devianz. Untersuchungen zu sozialen, rechtlichen und theologischen Reaktionen auf religiöse Abweichung im westlichen und östlichen Mittelalter, Frankfurt a. M. 1990収録) 57頁，Claudia Opitz : Von Kinderwunsch und Kindsmord. Mutterschaft und Mütterlichkeit vom 13. bis zum 15. Jahrhundert (Opitz : Evatöchter und Bräute Christi に収録)，70～78頁．

63. Herbert Grundmann : Religiöse Bewegungen im Mittelalter, Darmstadt 1977, 414頁．

64. Epistola ad fideles 2, 53 (C. Esser 編　Opuscula S. Patris Francisci Assisiensis, Grottaferrata 1978収録)，122頁以下．

65. WA Bd. 7, 189頁以下．

66. Walter : Madonna del parto, 51頁．

67. G. H. Pertz 他編　Geschichtsschreiber der deutschen Vorzeit, Berlin-Leipzig 1890の第22章 “Das jüngere Leben der Königin Mathilde”. 43頁．

68. Priester Wernher : Maria. 139頁，Michael Curschmann : Hören-Lesen-Sehen. Buch und Schriftlichkeit im Selbstverständnis der volkssprachlichen literarischen Kultur Deutschlands um 1200 (Beiträge zur Geschichte der detuschen Sprache und Literatur 106, 1984収録)，254頁．

69. Signori : Ländliche Zwänge, 32頁参照「神の母の妊娠，出産，産褥がしだいに注目されるようになると，彼女が女性たちの行動の可能性，自己同一化の可能性を以前より以上に与えることになった．……中世後期の平信徒の信心生活においては，マリアの処女性の思想は神母性の思想に圧倒されてしまう」

70. Signori : Stadheilige im Wandel, 64頁．

71. 同書，60頁．

72．Signori : Bauern, Wallfahrt und Familie, 139頁.

73．Hoffmann u. Dohms : Mirakelbücher, 121頁　Nr. 191.

74．同書，126頁，Nr. 202.

75．同書，98頁，Nr. 621.

76．同書，185頁，Nr. 318.

77．同書，221頁，Nr. 419.

78．同書，326頁，Nr. 696.

79．Beinert : Handbuch der Marienkunde, 934頁.

80．同書，935頁.

81．同書.

82．同書，934頁.

83．Renate Kroos : Die Bildhandschriften des Klosters Scheyern aus dem 13. Jahrhundert（Hubert Glaser 編　Wittelsbach und Bayern, Bd. I, I Die Zeit der frühren Herzöge. München, Zürich 1980収録），481頁以下.

84．Bauer, Leben Jesu, 54頁以下，72頁以下.

85．同書，454頁.

86．同書.

87．同書，454頁.

88．同書，455頁.

89．Marienpredigten aus der Väterzeit（独訳 Otto Bardenhewer）München 1934, 37頁以下.

90．Des Bruders Johannes de Caulibus Betrachtungen vom Leben Christi, I. Teil（独訳 Vincenz Rock）Berlin 1928, 53頁以下．また Isa Ragusa and Rosalie B. Green : Meditations on the Life of Christ. An illustrated Manuscript of the Fourteenth Century, Princeton 1961, 32～35頁参照.

91．同書，57頁.

92．Birgittas Revelacionses, 191頁.

93．Mechthild von Magdeburg : Offenbarungen, 148頁.

94．Dinzelbacher：前掲書，21頁.

95．Albert Schilling : Die religiösen und kirchlichen Zustände der ehemaligen Reichsstadt vor der Einführung der Reformation, geschildert von einem Zeitgenossen（Freiburger Diözesan-Archiv 18, 1886収録，3～91頁）35頁以下.

96．Elizabeth Vavra : Bildmotiv und Frauenmystik-Funktion und Rezeption 205頁.

97．同書，206頁．マルガレータ・エープナーは，揺りかごに入れた幼児キリスト（人形）を母親のように世話し，乳房も与えねばならないと思いこんでいた．Manfred Weitlauff : dein got redender munt machet mich reden-

losz... Margareta Ebner und Heinrich von Nördlingen, (Dinzelbacher: Religiöse Frauenbewegung に収録, 303〜352頁), 341〜343頁参照.

98. Ps.-Alkuin: De nativitate perpetuae virginis (Migne PL 101, Sp. 1301収録) 神学および教父学の聖書釈義における花婿の部屋としての処女の母胎については Joseph Schmid: Artikel "Brautgemach" (Reallexikon für Antike und Christentum, Bd. 2, Stuttagrt 1954, Sp. 524〜528), 参照.

99. Scheffczyk: Mariengeheimnis, 231頁.

100. Florian Trenner: Artikel "Ährenmadonna" (ML Bd. 1, 45頁以下.)

101. Walzer: Darstellung der Maria im Ährenkleid. 84頁.

102. Johannes Molanus: De historia sacrarum imaginum et picturarum pro vero earum usu contra abusus, Libri 4, Löwen 1594 45頁以下. ゲーテもイエーナ大学の図書館にある「オットー・フォン・フライジンゲンの年代記」の装飾画を描写したとき, この実情を指摘している. Ernst Beutler 編 Gedenkasugabe der Werke, Briefe und Gespräche. Bd. 14 Zürich 1950, 284頁.

103. Lechner: 前掲書, 100頁.

104. Rudolf Kriß: Die Volkskunde der Altbayrischen Gnadenstätten, Bd. 2, München-Passing 1955, 229頁.

105. Nürnberg 1300〜1550. Kunst der Gotik und Renaissance, München 1986, 118頁.

106. Lechner: 172頁.

第2章

1. Ruh: Mystik, Bd. I, 337頁.

2. Mulack: Maria, 103頁.

3. Klaus Berger: Historische Psychologie des Neuen Testaments Stuttgart 1991, 159頁.

4. 同書.

5. Mulack: 前掲書, 104頁.

6. Erich Wimmer: Das Buchner Vesperbild und cdie Pieta-Wallfahrten (Wolfgang Brückner 編 Maria Buchen. Eine fränkische Wallfahrt, Würzburg 1979収録), 10頁.

7. Berger: 前掲書, 161頁.

8. G. G. Meersseman: Von den Freuden Mariens および Der Hymnos Akathistos im Abendland, Bd. 2 Gruß-Psalter, Gruß-Ovationen, Gaude-Andachten und Litaneien, (Spicilegium Friburgense 3) Freiburg (Schweiz) 1960, 38〜43頁. Joseph Szövérffy Die Annalen der lateinischen Hymnendichtung, Motivik der Hymnen. Ein Beitrag zur Geschichte der mariani-

schen Lyrik im Mittelalter, Leyden 1985, 31～37頁参照.

9．Deutsche und niederländische Gebetbuchhandschriften der Hessischen Landes- und Hochschulbibliothek Darmstadt, Gerard Achten u. Hermann Knaus による記述（Die Handschriften der Hessischen Landes- und Hochschulbibliothek I）Darmstadt 1595, 399頁（索引 Freude の項）

10．Hilg : Marienleben, 403頁.

11．同書，427頁.

12．Meersseman : Hymnos Akathistos, Bd. I, 36頁.

13．Stirnimann : Marjam, 55頁，註34.

14．Heiser : Maria 127頁以下.

15．Narrationes de vita et conversatione beatae Mariae virginis, 127頁.

16．同書，8頁.

17．Vita beatae virginis Marie, 33頁以下.

18．Gerhard Schmitz : Der Unwert des Lachens in monastisch geprägten Vorstellungen der Spätantike und des frühen Mittelalter（Franz Quarthal/Wilfried Setzler 編　Stadverfassung, Verfassungsstaat, Pressepolitik. Festschrift für Eberhard Naujoks zum 65. Geburtstag, Sigmaringen 1978, に収録），3～15頁.

19．Augustinus : Sermo 31（Migne PL 38, Sp. 194）.

20．中世後期の著述家たちは反対に，悦びのない救世主の顔に甘んじようとはしなかった．イエスも笑ったという事実に人間性のしるしを見ようとした．カルトゥジア会のフィリップがマリア伝記（1330頃）に書いているように，「泣いたり，笑ったり」，「食べたり，飲んだり，眠ったり」することもまた，幼児イエスの「子どもらしいふるまい」のうちであった．

21．Hildegard von Bingen : Heilkunde. Das Buch von dem Grund und Wesen und der Heilung der Krankheiten（Heinrich Schipperges 訳編 Salzburg 1957），225頁.

22．Umberto Eco : Der Name der Rose,（独訳）München 1982, 168, 169頁.

23. Johannes von Salisbury : Policraticus VIII, 9-10. Joachim Suchomski : "Delectatio" und "Utilitas". Ein Beitrag zum Verständnis mittelalterlicher komischer Literatur, Bern/München 1975, 46～49頁参照.

24．同書，50頁．Policraticus V, 6. 参照.

25．Thomas von Aquin : Summa Theologiae, II^{a}-II^{ae} qu. 168a. 1. Suchomski：前掲書，55～61頁参照.

26．Schreiner : Hof und höfische Lebensführung, 113頁参照.

27．C. Schrübbers : Regimen und Homo Primitivus. Die Pädagogik des Ägidius Romanus（Augustiniana 32, 1982に収録），366頁以下.

28. Gabriele Lenger : Virgo, mater, mediatrix. Untersuchungen zu Priester Wernhers Driu liet von der maget, Frankfurt a. M., 1962, 162頁.

29. Ragusa-Green : Mediations, 55頁 Arnold : Wandel der Mutter-Kind-Darstellung, 254頁.

30. Heinrich Seuse : Bücherlein der ewigen Weisheit c. 16, (Karl Bihlmeyer 編, Deutsche Schriften, Stuttgart 1907, に収録) 23頁.

31. Otto von Passau : Die vierundzwanzig Alten oder der goldene Thron, f.

32. David von Augsburg : De profectu religosorum II, 73. (Bonaventura : Opera omnia, Tom. 12, Paris 1868に収録) 430頁.

33. Cronica Fratiris Salimbene de Adam, ed. Oswaldus Holder-Egger, Hannover 1963, 41頁.

34. Herbert Grundmann : Jubel (選集第3巻 Bildung und Sprache, Stuttgart 1978に収録, 130～162頁), 162頁.

35. Klaus Schreiner : Si homo non peccaset... Der Sündenfall Adams und Evas in seiner Bedeutung für die soziale, seelische und körperliche Verfaßtheit des Menschen (Klaus Schreiner/Norbert Schnitzler 編 Gepeinigt, begehrt, vergessen. Symbolik und Sozialbezug des Körpers im späten Mittelalter und in der frühen Neuzeit, München 1992に収録59～68頁), 参照.

36. Seuse : Büchelin der Ewigen Weisheit c. 15, 260頁.

37. Johannes von Paltz : Werke 1. Coelifodina (Christoph Burger/Friedhelm Stasch 編), Berlin/New York 1983, 51～54頁.

38. Dialogus beate Marie et Anselmi de passione Domini (Migne PL 159, Sp. 282) Erich Petzelt のドイツの羊皮紙手稿 1-200 はミュンヘンの国立図書館蔵, München, 1920, 249頁以下.

39. Sant anshelmus frog vnd vnser liben frawen clag, (Cgm. に収録134, f. 55^{v}-56^{r}).

40. Gustav Knod : Jacob Wimpfeling und Daniel Zanckenried (Archiv für Literaturgeschichte 14, 1886に収録, 1～16頁), Florenz Landmann : Das Predigtwesen in Westfalen in der letzten Zeit des Mittelalters, Münster i. W./1900 157～159頁参照. Otto Herding/Dieter Mertens 編 Jakob Wimpfeling, Briefwechsel, Kritische Ausgabe mit Einleitung und Kommentar, Erster Teilband, München 1990, 30頁参照. 論争については, 90～95, 297～319頁参照.

41. Herding/Mertens, 前掲編著, 30頁.

42. Vita beate virginis Marie et salvatoris rhythmica, 171頁 v. 5024-5033. Wimmer : Maria im Leid, 32～35頁参照.

43. Paul Wann : Die Passion des Herrn (Passauer Passionale). Franz Xaver Zacher によるラテン語からの編訳　Augsburg 1928, 97頁.

44. 同書.

45. 同書，101頁.

46. Hans Düfel : Luthers Stellung zur Marienverehrung, Göttingen 1968, 48頁.

47. 旋律つきのかなりの手稿によって伝えられているこの表現豊かな嘆きはベネディクト派の受難劇に採用された (Carmina burana 16*). Bernt : Artikel “Gottfried von St. Viktor” (ML2, に収録694頁).

48. Szövérffy : Marianische Motivik, 114頁.

49. Wimmer：前掲書，Dronke : Laments of the Maries, Sticca : The Planctus Mariae Artikel “Compassio BMV.” und “Planctus” (ML 2, 82～85頁，5，247～250頁) 参照.

50. Wimmer：前掲書104頁.

51. Baxandall : Wirklichkeit der Bilder, 61頁以下.

52. Heister : Maria, 60頁.

53. Scheffczyk : Mariengeheimnis, 309頁.

54. 同書，162頁.

55. 同書，308頁.

56. Monika Fander : Die Stellung der Frau im Markusevangelium unter besonderer Berücksichtigung kulutr-und religionsgeshichtlicher Hintergründe, Altenberge 1990, 141頁.

57. 同書，140頁.

58. Wimmer：前掲書57頁以下.

59. Büttner : Imitaito Pietatis, 98頁参照.

60. Schelkle : Maria, 83頁.

61. Miegge : Maria, 24頁.

62. Rudolf Bultmann : Das Evangelium des Johannes, Göttingen 1941, 521頁.

63. Johannes von Paltz：前掲書，212頁.

64. 同書，215頁.

65. 同書.

66. Giorgio Vasari, Leben der ausgezeichnetsten Maler, Bildhauer und Baumeister von Cimabue bis zum Jahre 1567 (Ludwig Schorn/Ernst Förster 編訳　Worms 1988), 56頁.

67. Ambrosius : De obitu Valentiani c. 39 (CSEL 73, に収録)，348頁.

68. Wimmer：前掲書，136頁参照.

69. Arnald von Bonneval : Libellus de laudibus beatae Mariae virgnis

(Migne PL189, Sp. 1731).
70. Kurt Ruh編, Der Passionstraktat des Heinrich von St. Gallen, Thayngen 1940, 44頁.
71. 同書, 57頁以下.
72. Wimmer：前掲書, 36頁以下.
73. Kesting編 Maria als Buch, 124頁.
74. Anshelmus：前掲書 (Migne PL 159, Sp. 283).
75. Wimmer：前掲書, 77頁.
76. Hilg: Marienleben des Heinrich von St. Gallen, 276頁以下, Wimmer：前掲書, 105頁参照.
77. Albert Fries: Marienkult bei Albertus Magnus (De cultu mariano saeculis XII-XV, Acta congressus mariologicimariani internationalis Romae anno 1975 celebrati, Vol. 4, Romae 1980, 632頁以下.
78. Klaiber: Ecclesia Militans, 67頁.
79. シラクスの神の母が泣いたということについて, Ottavio Musumeci編, Die erste offizielle Darstellung mit umfassender Dokumentiation und einem Geleitwort des Erzbischofs Ettore Baranzini, Wiesbaden 1955, 22頁以下参照.
80. Ruh: Abendländische Mystik, Bd. 1, 260頁.
81. Otto Langer: Affekt und Ratio, Rationalitätskritische Aspekte in der Mystik Bernhards von Claivaux (Clemens Kasper/Klaus Schreiner編 Zisterziensische Spiritualität. Theologische Grundlagen, funktionale Voraussetzungen und bildhafte Ausprägungen im Mittelalter, St. Ottilien 1994に収録, 33～52頁), 48頁.

第3章

1. Ben-Chorin: Mutter Mirjam, 57頁以下.
2. Heister: Maria, 41頁.
3. Ben-Chorin：前掲書, 84頁.
4. 同書.
5. Heinz Schürmann: Das Lukasevangelium, Teil 1. Kommentar zu Kap 1, 1-9, 50 Freiburg i. Br./Basel/Wien 1969, 79頁, 註277も参照.
6. 同書, 79頁.
7. Kuschel: Maria trat aus ihren Bildern, 72頁以下より引用.
8. Vogt: Ancilla domini, 242頁.
9. Schreiner: Marienverehrung, 318～331頁参照.
10. Hennecke-Schneemelcher: Neutestamentliche Apokryphen, Bd. 1, 284頁.

11．Gisela Vollmann-Profe：Kommentar zu Otfrieds Evangelienbuch, Teil 1, Bonn 1976, 191頁.

12．Vita beate virginis Marie et salvatoris rhythmica, 58頁，V. 1527.

13．Hilg：前掲書，153頁.

14．Hennecke-Schneemelcher：前掲書，283頁.

15．Narrationes de vita et conversatione beatae Mariae virginis, 8頁.

16．Liber de ortu beatae Mariae et infantia salvatoris, 71頁.

17．Hrotsvitha：Maria（Paul von Winterfeld編 Hrotsvithae Opera, Berlin/Zürich 1965, に収録），14頁，V. 335.

18．註15，同頁.

19．Vita beatae virginis Marie et salvatoris rhythmica, 28頁，V. 606, 27頁，V. 575-590, 28頁，V. 606-614などを参照.

20．同書，28頁，V. 615-630.

21．同書，28頁，V. 629-630.

22．同書，9頁以下，V. 1-46.

23．Christopher Norton, David Park, Paul Binski, Dominican Painting in East Anglia. The Tornham Parva Retable and the Musée de Cluny Frontal, The Boydell Press, 1987.

24．Scheffczyk：前掲書，271，291頁.

25．Salzer：Sinnbilder und Beiworte Mariens, 467頁参照. Riedlinger：Maria und die Kirche 280頁以下も参照.

26．Spilker：Maria-Kirche, 313頁.

27．Otto von Passau：前掲書，Straßburg 1500, f. h VI^{r}.

28．同書，f. h VI^{v}.

29．Huhn：Geheimnis der Jungfrau-Mutter Maria, 220頁.

30．Johannes Bolte：Der Jesusknabe in der Schule. Bruchstück eines niederrheinischen Schauspiels（Jahrbuch des Vereins für niederdeutsche Sprachforschung, Bd., 14, 1888に収録，4～8頁）.

31．Hennecke-Schneemelcher：前掲書，295頁.

32．同書，297頁.

33．Bauer：Leben Jesu, 92頁，O. Cullmann：Kindheitsevangelien（Hennecke-Schneemelcher 前掲書に収録），300頁参照.

34．Liber de ortu beatae Mariae et infantia salvatoris.

35．Vita beatae virginis Marie et salvatoris rhythmica, 98頁，V. 2784-2801, V. 2798-2799も参照.

36．Hennecke-Schneemelcher, 前掲書，295～297頁.

37．Liber de ortu beatae Mariae et infantia salvatoris, 100頁.

38．Philipps des Carthäusers Marienleben, 108頁以下，V. 3985-3990.

39．Vita beatae virginis Marie et salvatoris rhythmica, 98頁．V. 2784-2785.

40．Marienleben Walthers von Rheinau, 109頁，V. 5460-5463.

41．Ernst Englisch: Deutsche Predigten als Vermittler zwischen Gelehrtenkultur und Volkskultur（Peter Dinzelbacher/Hans-Dieter Mück 編 Volkskultur des europäischen Spätmittelalters, Stuttgart 1987に収録），150頁．

42．Elisabeth Landolt-Wegener: Zum Motiv der Infantia Christi（Zeitschrift für Schweizerische Archäologie und Kunstgeschichte Bd. 21, 1961に掲載），166頁．

43．文献にあげたHans Wentzelの仕事を参照されたい．

44．Wentzel: Das Jesuskind an der Hand Mariae, 259頁より引用．

45．Leon Battista Alberti: Über das Hauswesen（Della Famiglia）（Walter Kraus 独訳　Zürich/Stuttgart 1962），50頁，Mathias Winter: Kindheit und Jugendim Mittelalter, Freiburg i. Br. 1984, 209頁以下参照．

46．教父たちは，救世主の幼児期を「あまりにも奇跡的なものに」高めないように気を配っていた．「というのも自然な幼児期および何より自然な生涯こそ，キリストが人の子であったことを保証する」からである．しかし精神的発展およびイエスの知の源泉に関しては条件をつけていて，「われわれと同じ普通の子どもではあったが，教師は神以外にはいなかった」としている．（Christian Gnilka: Aetas Spiritualis, Bonn 1972, 241頁，註76）．

47．Simon Fidati de Cassia: Gesta salvatoris domini nostri Jesu Christi seu commentaria super IV. Evangelia, Regensburg 1733, 157頁．

48．フィレンツェの司教アントニヌス（1389～1459）は，“Summa theologica”に，人間から教育を受ける必要などなかったはずの幼児イエスに文字盤をもたせた姿を描くのは，神学的にあやまりであると述べている．

49．Herbert Grundmann: Die Frauen und die Literatur im Mittelalter. Ein Beitrag zur Frage nach der Entstehung des Schrifttums in der Volkssprache（選集第3巻に収録　Stuttgart 1978, 67～95頁），71頁．

50．Joachim Bumke: Höfische Kultur. Literatur und Gesellschaft im hohen Mittelalter, Bd. 2, München 1986, 474頁．

51．同書．

53．Helga Unger: Geistlicher Herzen Bavngart. Ein mittelhochdeutsches Buch religiöser Unterweisung aus dem Augsburger Franziskanerkreis des 13. Jahrhunderts. Untersuchungen und Text, München 1969, 443頁．

54．Salzer：前掲書，570頁．

55．Michael Stolz: Maria und die Artes liberales. Aspekte einer mittelalterlichen Zuordnung（Opitz: Maria in der Welt に収録，106～109

頁），参照.

56．Patres Apostolici : Ed. Franciscus Diekamp, Vol. 2, Tübingen 1913, 321頁以下.

57．Marienleben Walthers von Rheinau, 284頁，V. 14260-14265.

58．同書，284頁，V. 14272-14273.

59．Benedictus Papa XIV, Doctrina de servorum Dei beatificatione et beatorum canonizatione, in synopsim redacta ab Emmanuele de azevedo, Tom. 1, Venedig 1765, 452頁以下.

60．Pseud-Alebertus Magnus : Mariale quaest. 53～54頁.

61．同書，159頁以下.

62．同書，161頁.

63．同書，163頁.

64．Shmitz : Teufelsprozess, 71頁.

65．Hanna-Barbara Gerl : "Geschenk der Natur und des Himmels" Zur Mariologie der Renaissance (Gössmann : Maria für alle Frauen oder über allen Frauen? 129頁).

66．Walter Paatz : Die akademischen Szepter und Stäbe in Europa. Systematische Untersuchungen zu ihrer Geschichte und Gesalt, Heidelberg 1979, 65頁.

67．Stolz：前掲書，104～106頁参照.

68．Karl von Prantl : Geschichte der Ludwig-Maximilians-Universität in Ingolstadt, Landshut, München, Bd. 2, Aalen 1968, Urk. Nr. 3, 16頁以下.

69．Nürnberg : "Non decet neque necessarium est, ut mulieres doceant", 72頁.

70．Raming. Ausschluß der Frau vom priesterlichen Amt, 122頁.

71．Bernardus abbas Fontis Calidi : Liber contra Waldenses c 8 (Migne PL204, に収録　Sp. 805-828), I.

72．Petrus Venerabilis : Epistola 94 (The Letters of Peter the Venerable, Ed. by Giles Constable, Vol. 1, Cambridge 1967), 241頁.

73．Innocentius III. papa, Regenstorum lib. XIII, 187 (Migne PL216, Sp. 356).

74．Raming：前掲書，125頁.

75．S. Raimundus de Pennaforte : Summe de iure canonico, ed. a Xaverio Ochoa et Aloisio Diez, Rom 1975, Sp. 137f.

76．Klaiber : Ecclesia Militans, 135頁.

77．Bonaventura : Sermones de beata virgine Maria, sermo 4 (Opera omnia, Tom 9, Ad Claras Aquas Quaracchi) 1901, 673頁.

78．Caroline Bynum : Holy Feast and Holy Fast, 409頁参照.

79．Henricus a Gandavo : Summa quaestionum ordinariarum, Paris 1520 (Reprint Louvain/New York/Paderborn 1951)，84頁（Margot Schmidt 他編，Grundfragen christlihcer Mystik に収録されている Joris Reynaert の独訳，Mystische Bibelinterpretation bei Hadewijch より引用）．

80．Schreiner : Marienverehrung, Lesekultur, Schirftlichkeit, 340頁以下参照．

81．同書，368頁．

82．Marina Warner : Maria. Geburt, Triumph, Niedergang-Rückkehr eines Mythos ? München 1982, 223頁．

83．Christine de Pizan : Das Buch von der Stadt der Frauen. (Margarete Zimmermann の古フランス語からの独訳）Berlin 1986, 95頁．

84．同書，94頁．

85．Jacob Wimpfeling : Germania (Ernst Martin 訳)，Straßburg 1985, 77頁以下．

86．Christine de Pizan：前掲書，48頁．

第 4 章

1．Klaiber：前掲書，135頁．

2．同書，133頁以下．

3．Kesting. 前掲書参照．

4．Johannes von Paltz : Die himlische funtgrub (Werke 3, Opuscula に収録)，228頁．

5．同書，274頁．

6．同書，231頁．

7．Johannes von Paltz : Coelifodina（Werke 1, に収録）108頁以下．

8．Carlo Ginzburg : Volksbrauch, Magie und Religion（Eva Maek-Gérard 編訳　Die Gleichzeitigkeit des Ungleichzeitigen. Studien zur Geschichte Italiens, Frankfurt. a. M. 1980)，243頁．

9．Hermann F. Schalück, Armut und Heil. Eine Untersuchung über den Armutsgedanken in der Theologie Bonaventuras, München 1971, 125～131頁参照．

10．Berthold von Regensburg : Predigten, Bd. 2, 233頁．Schreiner : Laienbildung, 330頁参照．Georg Steer : Die Stellung der "Laien" im Schrifttum des Straßburger Gottesfreundes Rulman Merswin und der deutschen Dominikanermystiker des 14. Jahrhunderts（Ludwig Grenzmann und Karl Stackmann 編，Literatur und Laienbildung im spätmittelalter und in der Reformationszeit, Stuttgart 1984に収録，650～657頁）も参照．

11．Hans Blumenberg : Lesbarkeit der Welt, Frankfrut a. M. 1981, 34頁．

12．Ulrich Köpf : Religiöse Erfahrung in der Theologie Bernhards von Clairvaux Tübingen, 1980, 176頁.

13．Schreiner : Aufsatz “wie Maria gleicht einem puch” 参照.

14．Karl Stackmann/Karl Bertau 編, Frauenlob : Leichs, Sangsprüche, Lieder, Bd. 1, Göttingen 1981, 202頁.

15．Max Straganz : Ansprachen des Fr. Oliverius Maillard an die Klarissen zu Nürnberg (Franziskanische Studien, Quartalschrift, 4. Jg. 1917に収録), 75頁.

16．Elisabeth Vavra : Bildmotiv und Frauenmystik-Funktion und Rezeption (Peter Dinzelbacher / Dieter R. Bauer 編, Frauenmystik im Mittelalter, Ostfildern bei Stuttgart 1985, に収録), 208頁.

17．同書.

18．Staatsbibliothek Bambert, Ms. Patr, 5, fol. 1^r.

19．Antoninus archiepiscopus Florentinus : Summa theologica tit. 15 c. 8, Pars 4. Verona 1740 (Nachdruck Graz 1959) Sp. 962.

20．Luzian Pfleger : Zur Geschichte des Predigtwesens in Straßburg vor Geiler von Kayersberg, Straßburg 1907, 48～50頁参照. ベルリン国立図書館蔵.

21．Ernst Robert Curtius : Europäische Literatur und lateinisches Mittelalter, Bern/München 1963, 352頁.

第5章

1．Johann Wolfgang Goethe : Westöstlicher Divan. Noten und Abhandlungen (トゥルンツ版全集第2巻128頁).

2．Ruh : Geschichte der abendländischen Mystik, Bd 1, 260頁.

3．Otto Bardenhewer 編訳, Marienpredigten aus der Väterzeit, München 1934, 91頁以下.

4．Vielhauer : Geschichte der urchristlichen Literatur, 40頁.

5．Michael Lattke : Die Oden Salomos in ihrer Bedeutung für Neues Testament und Gnosis, Bd. 1, Göttingen 1979, 101頁.

6．同書, 129頁.

7．Theodor Klauser : Artikel “Brust II” (Reallexikon für Antike und Christentum, Bd. 2, Stuttgart, 1954 Sp. 662).

8．Hugo Rahner : Die Gottesgeburt. Die Lehre der Kirchenväter von der Geburt Christi im Herzen des Gläubigen (Zeitschrift für Kathol. Theologie 59, 1953に掲載), 343頁.

9．Klauser：前掲論文, Sp. 662.

10．同書, Sp. 663.

11. 同書.

12. Augustinus: Confessiones 1. I, c. 6. また1. IV, c. 6も参照.

13. Bruno von Segni: Epositio in Cantica Canticorum (Migne PL164, Sp. 1235; 1257; 1277).

14. 同書，Sp. 1257.

15. 同書，Sp. 1259.

16. 同書，Sp. 1280.

17. Honorius Augustodunensis: Expositio in Cantica Canticorum (Migne PL172, Sp. 414).

18. 同書，Sp. 361.

19. 同書，Sp. 363.

20. 同書，Sp. 361-363.

21. Hans-Jörg Spitz: Die Metaphorik des geistigen Schriftsinns. Ein Beitrag zur allegorischen Bibelauslegung des ersten christlichen Jahrtausends (Münstersche Mittelalter-Schriften 12) München 1972, 184頁.

22. Bernhard von Clairvaux: Super Cantica Canticorum sermo 10 (Bernardi opera, Vol. 1, rec. J. Leclercq, C. H. Talbot and H. M. Rochais, Rom 1957), 49頁.

23. 同書，sermo 9, 48頁.

24. 同書，sermo 9, 49頁.

25. Haimo von Auxerre: Comment in Cant. 1, (Migne PL 117, Sp. 295) K. Lange: Geistliche Speise. Untersuchungen zur Metaphorik der Bibelhermeneutik (Zeitschrift für Deutsches Altertum und Deutsche Literatur Bd. 95, 1966に掲載)，93頁も参照.

26. Bernhard von Clairvaux: Epistola ad Hugonem novitium (Bernardi opera, Vol. 8, Rom 1977) 257頁，Bynum: Jesus as Mother, 117頁参照.

27. Friedrich Ohly: Süße Nägel der Passion. Ein Beitrag zur theologischen Semantik, Baden-Baden 1989, 457頁より引用.

28. Wilhelm Wakkernagel編 Altdeutsche Predigten und Gebete aus Handschriften. Darmstadt 1964 (Nachdruck der Ausgabe Basel, 1876), 171頁.

29. アラヌス・デ・インスリス (1125頃～1203) の雅歌注釈のなかの言葉. Alanus de Insulis: Elucidatio in Cantica Canticorum (Migne PL210, Sp. 62; 79) Seidel: Ubera Matris 59頁参照.

30. ニューバーグのウィルヘルムの雅歌注釈 (1196以前) のなかの言葉. John C. Gorman: William of Newburgh's Explanatio Sacri Epithalamii in Matrem Sponsi, Freiburg i. Ü. 1960, 328, 184頁，Seidel：前掲書，68頁参照.

31. Richard von St. Laurent: De laudibus Beatae Mariae Virginis, 113

頁.

32. A. Mussafia : Studien zu den mittelalterlichen Marienlegenden. 1. (Sitzungsberichte der phil.-hist. Klasse der Kaiserlichen Akademie der Wissenschaften Bd. 113, Wien 1886, 947頁.

33. Richard von St. Laurent：前掲書，355頁.

34. Mechthild von Magdeburg : “Das fließende Licht der Gotheit”, 40頁.

35. 同書，19頁.

36. 同書.

37. Ursula Peters : Frauenliteratur im Mittelalter? Überlegungen zur Trobairitzpoesie, zur Frauenmystik und zur feministischen Literaturbetrachtung (Germanisch-Romanische Monatsschrift Bd. 69, 1988に掲載), 49頁.

38. 同書.

39. 同書，50頁.

40. Friedrich Zauner : Das Hierarchienbild der Gotik. Thomas von Villachs Fresko in Thörl, Stuttgart 1980, 130頁.

41. Peter Friess : Mechanisch bewegte Skulpturen von Erasumus Grasser (Oberbayerisches Archiv Bd. 115, 1991に収録，171～176頁)，171頁.

42. 同書，173頁.

43. 中世の法習慣によれば，妊婦は法廷で自身および親族のために情状酌量をもとめる特権があった．このような法思惟は，マリアが息子にとりなしてくれるという信者たちの希望に由来するものであろう．Lechner : Maria Gravida, 95頁参照.

44. おそらく古代の文献にも「母親（あるいは乳母）が近親者のための命乞いの仕草として乳房をあらわにして見せる方法」は知られていたのだろう．Marti u. Mondini : Marienbrüste und Marienmilch, 80頁参照.

45. Caesar : Bellum Gallicum VII, 47, 5, Eugen Drewermann : Der Krieg und das Christentum. Von der Ohnmacht und Notwendigkeit des Religiösen, Regensburg 1982, 77頁，註47参照.

46. Paule-V. Bétérous : Apropos d’une des légendes mariales les plus répandues : Le “lait de la Vierge” (Bulletin de l’Association Guillaume Budé, 4. série, 1975に収録，403～411頁）参照．Signori : Regina coeli-regina mundi, 28頁以下参照.

47. Gautier de Coincy : Les Miracles de las Sainte-Vierge, Genf 1972 (Reprint de l’édition de Paris 1857)，505～516頁参照．A. Mussafia : Über die von Gautier de Coincy benutzten Quellen (Denkschriften der königlichen Akademie der Wissenschaften zu Wien, Wien 1896に収録，37頁）参照.

48. Hieding Kjellman 編 La deuxième collection anglonormane des Miracles de la Vierge, Genève 1977 (Nachdruck der Ausgabe Paris/Uppsala 1922), 171頁以下.

49. Potho Prunveningensis: Liber de miraculis, S. Dei Genitricis Mariae, ed. by Thomas Frederich Crane, Ithaca 1925, 36～39頁参照.

50. Alfons Hilka 編 Die Wundergeschichten des Caesarius von Heisterbach, Bonn 1933, 209頁.

51. Klaus Schreiner: Caesar von Heisterbach und die Reform zisterziensischen Gemeinschaftsleben (Raymund Kottje 編 Die niederrheinischen Zisterzienser im späten Mittelalter. Reformbemühungen, Wirtschaft und Kultur, Köln 1922に収録, 75～99頁), 90頁参照頁.

52. Jannes Conradus Burger: Wunderbaum/Oder Wunderbarlichs Leben vnd Wandel deß Honigfliessenden Kirchen-Lehrers vnd heiligen Vatters Bernardi, Patriarchen/vnd Mit-Stiffters des weitberühmten H. Cistercienser Ordens, Freyburg im Breißgaw 1677, 135頁 c. 33.

53. Luara Dal Prà: Bernardo di Chiaravalle. Realtà e interpretazione nell' arte italiana, (Bernardo di Chiaravelle nell'arte italiana dal XIV al XVIII seculo, a cura di Laura Dal Prà, Firenze 1900に収録, 29～88頁) 64～68頁参照.

54. Jacques Berlioz: La Lactation de Saint Bernard dans un exemplum et une miniature du Ci nous dit (Cîteaux, Commentarii Cistercienses, Vol. 39, 1988に収録, 270～283頁) 272頁以下.

55. Eich : Maria Lactans, 137頁以下参照.

56. J. C. Burger：前掲書, 135頁.

57. S. Bernardi: vita prima (Migne PL185, Sp. 229).

58. Leben der Heiligen, 44頁.

59. ロンバルディアの人文主義者マフェオ・ヴェージョの言葉 (K. A. Kopp 編訳 Mapheus Vegius Erziehungslehre, Freiburg i. Br. 1889, 42頁).

60. ヴェージョの言葉 (Arnold: Kind und Gesellschaft 153頁より引用).

61. Arnold：前掲書, 120頁より引用.

62. Christoph Moufang 編註, Katholische Katechismen des sechzehnten Jahrhunderts in deutscher Sprache, Hildesheim 1964, 42頁.

63. Wolfram von Eschenbach: Parzival, Bd, 1: Buch 1-8, Mittelhochdeutsch/Neuhochdeutsch, Stuttgart 1981, I, 2, 189頁.

64. 同書, 191頁.

65. 同書, 195頁.

66. Hanna-Barbara Gerl：前掲論文 (前掲書収録), 127頁参照.

67. Kecks: Madonna und Kind, 154頁.

68．James Bruce Ross : Das Bürgerkind in den italienischen Stadkulturen zwischen dem vierzehnten und dem frühen sechzehnten Jahrhundert（Lloyd de Mause 編　Hört ihr die Kinder weinen. Eine psychogenetische Geschichte der Kindheit, Frankfurt a. M. 1980に収録，263～325頁），265～285頁参照.

69．Kecks：前掲書，154頁，註12.

70．Bauer：前掲書，73頁.

71．P. P. van Moorsel : Die stillende Gottesmutter und die Monophysiten（Erich Dinkler 編　Kunst und Geschichte Nubiens in christlicher Zeit. Ergebnisse und Probleme auf Grund der jüngsten Ausgrabungen, Recklinghausen 1970に収録），283頁より引用.

72．Mulack：前掲書，114頁．Manfred Görg : Mythos, Glaube und Geshichte. Die Bilder des christlichen Credo und ihre Wurzeln im alten Ägypten, Düsseldorf 1992, 110頁，並びに Drewermann : Frage nach Maira, 103頁以下も参照.

73．Müller : Isis mit dem Horuskinde, 35頁.

74．同書.

75．Mulack：前掲書，112頁.

76．同書，123頁.

77．Müller：前掲書，34頁.

78．Strirnimann : Marjam, 46頁.

79．Theodor Klauser : Artikel “Gottesgebärerin”（Reallexikon für Antike und Christentum, Bd. II. Stuttgart 1981, Sp. 1099）.

80．Ronig : Zum theologischen Gehalt des Bildes der stillenden Muttergottes, 199頁以下.

81．こういう見方が Ean Begg に特徴的なものである．Ean Begg : Die unheilige Jungfrau. Das Rätsel der Schwarzen Madonna, Bad Münstereifel 1989. この著者のように心的連続性を信仰する元型主義は，歴史的な関連の証明を不必要にしてしまう.

82．Eich：前掲書37頁より引用.

83．同書．アイヒの拠り所は，J. A. Robinson : Text and Studies. Contributions to biblical and patristic literature, Vol. 4, Nr. 2 : Coptic Apocryphical Gospels, Cambridge 1869, 39～77頁.

84．Ronig : Zwei Bilder der stillenden Muttergottes in einer Handschrift des Trierer Bistumsarchivs, 362～370頁中の366頁以下.

85．Signori : Regina coeli-regina mundi, 29頁.

86．G. W. F. Hegel, Vorlesungen über die Philosophie der Geshichte（グロックナー版全集第1巻，481頁）.

87．Huizinga：前掲書，234頁.

88．Anecdotes historiques, légendes et apologues tirés du recueil inédit d' Étienne de Bourbon, dominicain du XIIIe siècle, ed. A. Lecoy de la Marche, Paris 1877, Nr. 389, 342頁以下.

89．Schreiner : Discrimen veri ac falsi, 33頁参照.

90．Nikolaus von Dinkelsbühl : Tractatus de adoratione ymaginum, Staatsbibilothek München, clm 2800. f. 217vb.

91．Heiko Oberman 編　Kirhen-und Theologiegeschichte in Quellen, Bd. 2, Neukirchen 1981, 17頁.

92．Schreiner：前掲論文，37頁より引用.

93. Erasumus von Rotterdam : Vertraute Gespräche (Colloquia Familiaria), (Hubert Schiel 編訳，Köln 1947), 89頁.

94．同書，101頁.

95．同書，102頁.

96．同書.

97．Kretzenbacher : Schutz-und Bittgebärden der Gottesmutter, 88頁より引用.

98．Ernst Heinrich Rehermann : Das Predigtexempel bei protestantischen Theologen des 16. und 17. Jahrhunders, Göttingen 1977, 488頁より引用.

99．Martin Luthers Werke, WA Bd. 56, 663頁.

100．Martin Luthers Werke, WA Bd. 51, 128頁.

101．Huldreich Zwinglis sämtliche Wekre (Emil Egli 編) Bd. 4, München 1982, 145頁.

102．Ingrid Flor : Die gotischen Fresken der Frontbogenwand von St. Prokulus zu Naturns in Südtirol. Zur Bildsprache der Mystik im späten Mittelalter (Herwig Ebner 編　Geschichtsforschung in Graz, Graz 1900), 52頁.

103．Mechthild von Magdeburg：前掲書，19頁.

104．John B. Knipping : Iconography of the Counter Reformation in the Netherlands, Heaven on earth, Nieuwkoop/Leiden 1974, 273頁以下.

105．Berner Weltgerichtsspiel. Aus der Handschrift des 15. Jahrhunderts (Wolfgang Stammler 編), Berlin 1962, 30頁，V. 736-737.

106．同書，V.　788-795. マリアのとりなしの不成功例としては，Franz Joseph Mone : Schauspiele des Mittelalters, Aalen 1970, 296～299頁参照.

107．Düringische Chronik des Johann Rothe, (Thüringische Geschichtsquellen Bd. 3) Jena 1859, 547頁以下，Cronica S. Petri Erfordensis (Monumenta Erphesfurtensia saec. XII, XIII. XIV., Jena 1899) 351頁参照.

108．Friederich Förner の言葉 (Palma Triumphalis Miraculorum Ecclesiae Catholicae, Ingolstadt, 1621/22, 85頁).

109. Bernhard Lang u. Clleen McDannell : Der Himmel. Eine Kullturgeschichte des ewigen Lebens, Franfurt a. M. 1990, 224頁以下参照.

第6章

1. Szövérffy : Marianische Motivik, 359～361頁.

2. Witkowska : Artikel "Czenstochau" (ML 2), 120頁.

3. 同書 : Artikel "Polen" (ML 5), 261頁.

4. 同書 : Artikel "Chzentochau", 120頁.

5. Johanna von Herzogenberg : Zur Krönung von Gnadenbildern vom 18. bis zum 20. Jahrhundert (Frank Büttner/Christian Lenz 編 Intuition und Darstellung, Erich Hubala zum 24. März 1985, München 1985に収録, 281～288頁), 284頁参照.

6. 同書.

7. Johannes Thiele : Madonna mia. Maria und die Männer, Stuttgart 1990, 39頁以下.

8. Wolf Biermann : Karl Marx und die Schwarze Madonna (Verdrehte Welt-das seh ich gern, Köln, 1982に収録), 165頁.

9. Belting : Bild und Kult, 374頁.

10. 同書.

11. 同書.

12. E. Valasek : Artikel "Brünn" (ML 1) 596頁.

13. Fröhlich : Bildnis, 62頁.

14. 同書, 63頁.

15. 同書, 64頁.

16. 同書, 65頁.

17. 同書.

18. Jakob Issickemer の言葉 "Das buchlein der zuflucht zu Maria der muter gottes in alten Oding, o. O. 1497, f. A Ⅲ^{v} (Ostbairische Grenzmarken, Passauer Jahrbuch für Geschichte, Kunst und Volkskunde 1964/65に収録, 207～236頁).

19. Maria Angel König : Weihegaben an U. L. Frau von Altöttinge. Vom Beginn der Wallfahrt bis zum Abschluß der Säkularisation, Bd. 1, München 1939, 283～288頁参照.

20. 同書, 288頁.

21. 同書, 290頁.

22. Rosmin Finkenzeller : Nicht der Nabel der Welt, aber Jerusalem in Altötting. Ein Gnadenbild, das geholfen hat, und fünfhundert Jahre Wallfahrt (Frankfurter Allgemeine Zeitung vom 14. 1. 1989, Nr. 12に掲載).

23. Roman Ostern : Wallfahrtsbrauchtum (Zu Fuß, zu Pferd. . . Wallfahrten im Kreis Ravensburg, Biberach a. d. Riß 1990 24～47頁), 45頁.

24. Heidelinde Dimt : Heiligenverehrung auf Münzen und Medaillen (Peter Dinzelbacher und Dieter R. Bauer 編, Ostfildern 1990, 201～244頁), 215頁.

25. Ostern 前掲書, 46頁.

26. H. Hochenegg : Die zerkratzten Marientaler (Tiroler Heimatblätter 41, 1966, に掲載), 128頁.

27. Peter Martin : Schwarze Teufel edel Mohren, Hamburg 1993, 34, 55, 77頁以下.

28. Ernst Benz : "Ich bin schwarz und schön" Ein Beitrag des Origenes zur Theologie der negritudo (Hans-Jürgen Greschat/Herrmann Jungraith mayr 編, Wort und Religion. Studien zur Afrikanistik, Missionwissenschaft, Religonswissenschaft. Ernst Damman zum 65. Geburtstag, Stuttgart 1969に収録, 225～242頁) 参照.

29. Martin : 前掲書, 25頁以下. Andreas Mielke : Nigra sum et formosa. Afirkanerinnen in der deutschen Literatur des Mittelalters. Texte und Kontexte zum Bild des Afrikaners in der literarischen Imagologie, Stuttgart 1992, 31頁.

30. Karl-August Wirth : Wer aber die... chvnigein (von Saba) sey gewesen, daz vindet man selten gechriben (Heimo Reinitzer 編, Deutsche Bibelübersetzungen des Mittelalters, Bern 1991に収録, 471～533頁), 504頁, 528頁, 註103.

31. Johannes Kessler : Sabbata (Der Historische Verein des Kantons St. Gallen 編, St. Gallen 1902), 312頁. Signori : Maria als Bürgerheilige, 42頁参照.

32. Jakob Grimm : Deutsche Mythologie, Berlin 1844, 289頁.

33. Goehte : Briefe und Gespräche (Beutler, Zürich 1949).

34. Platyna Historicus : Liber de vita Christi ac omnium pontificum (A. A. 1-1474) (Rerum Italicarum Scriptores 3, 1, Città di Castello 1723に収録), 100頁.

35. Robert Suckale : Die Hofkunst Kaiser Ludwigs des Bayern, München 1993, 40頁以下参照.

36. Kessler : 前掲書, 52頁参照. Leo Zehnder : Volkskundliches in der älteren schweizerischen Chronistik, Basel 1976, 185頁参照.

37. Jean Gerson : De directione cordis (Oeuvres complètes, Vol. 3, Paris 1971), 109頁以下.

38. Wilhelm Imkamp : "Virginitas quam ornavit humilitas". Die Marien

verehrung in den "sermones" Papst Innocenz' III (De cultu mariano saeculis XII-XV, Romae 1980, 380～382頁).

39. A. Hermann : Artikel "Farbe" (Reallexikon für Antike und Christentum, Bd. 7, Stuttgart 1969, Sp. 442).

40. Ean Begg : Die unheilige Jungfrau. Das Rätzel der Schwarzen Madonna, Bad Münstereifel 1989のテーゼ. この著書はとてつもない推論の混淆だが, 伝記は詳細. 247～252頁参照.

41. Sökeland : Dunkelfarbige Marienbilder, 282頁.

42. Rodolf Kriß : Die Volkskunde der Altbayrischen Gnadenstätten, Bd. I, München-Pasing 1953, 63頁.

43. Joachim Salzgeber : Die Schwarze Muttergottes von Einsiedeln, Einsiedeln 1987, 18頁以下.

44. Oliva Wiebel-Fanderl : Die Verehung der Altöttinger Muttergottes (Lenz Kriß-Rettenbeck/Gerda Möhler 編, Wallfahrt kennt keine Grenzen, München/Zürich 1984に収録), 500頁参照.

45. Gude Suckale-Redlefsen : Mauritius, Der heilige Mohr. München/Zürich 1987, 255～256頁参照.

46. Franz Joseph Dölger : Der heilige Fisch in den antiken Religionen und im Christentum, Münster i. W. 1922, 13頁.

47. 同書, 353頁.

48. Gerhard Radke : Die Bedeutung der weißen und der schwarzen Farbe in Kult und Brauch der Griechen und Römer, Jena 1936, 69頁.

49. Christel Meier : Die Bedeutung der Farben im Werk Hildegards von Bingen (Frühmittelalterliche Studien 6, 1972), 251頁.

50. Abaelard : Die Leidensgeschichte und der Briefwechsel mit Heloise, (Eberhard Brost 編訳, Heidelberg 1963) 119頁.

51. Franz Joseph Dölger : Der "Schwarze" als Benennung des Teufels. (Antike und Christentum, Bd. 3, Münster 1975) 282頁.

52. A. Hermann : 前掲記述, Sp. 432.

53. 同書.

54. Peter Dinzelbacher : Die Bedeutung des Buches in der Karolingerzeit (Archiv für Geschichte des Buchwesens 24, 1983に収録 Sp. 257-288) Sp. 284.

55. Jean Marie Courtès : The Theme of "Ethopia" "Ethopians" in Patristic Literature (Jean Devisse : The Image of the Black in Western Art, Vol. II, 1, New York 1979, 9～32頁, 210～213頁).

56. Peter Martin : Schwarze Teufel, edle Mohren, Hamburg 1993, 21頁.

57. 聖フルセウス (649没) の言葉. Dinzelbacher : Mittelalterliche

Visionsliteratur, 45頁，179頁参照.

58．Hans Liebeschütz : Synagoge und Ecclesia. Religionsgeschichtliche Studien über die Auseinandersetzung der Kirche mit dem Judentum im Hochmittelalter, Heidelberg 1983, 178頁以下.

59．Karl Young : The Drama of the Medieval Church, Vol 2, Oxford 1933, 430頁参照.

60．Gerard Achten : Das christliche Gebetbuch im Mittelalter. Andachts- und Stundenbücher in Handschrift und Frühdruck, Berlin 1980, 30頁.

61．Freidrich Ohly : Die Gestirne des Heils. Ein Bildgedanke zur Heilsgeschichte von der Schöpfung bis zum Jüngsten Tag. (Euphorion 85, 1991), 251頁.

62．Leon Battista Alberti : Über das Hauswesen [Della Famiglia] (Walter Kraus 独訳，Zürich/Stuttgart 1962), 141頁.

63．Huizinga：前掲書，198頁以下.

64．Martin：前掲書，18頁以下.

65．Mielke : Nigra sum et formosa, 23, 85頁以下.

66．Mielke：前掲書，72～77頁参照．Martin：前掲書，278～288頁参照.

67．Victor Turner : Das Ritual. Struktur und Anti-Struktur, Frankfurt/New York 1989, 181頁.

68．R. Nebel : Artikel “Guadalupe”（ML 3, 38頁）Erich R. Wolf : The Virgin of Guadalupe, A Mexican National Symbol（Journal of American Folklore 71, 1958に収録，34～39頁），39頁も参照.

69．Mulack：前掲書，74頁.

70．Baxandall : Wirklichkeit der Bilder, 103頁，Baxandall : Giotto and the Orators. Humanist observers of painting in Italy and the Discovery of pictorial composition, Oxford 1991, 114～116頁.

71．Bruno von Segni : Expositio in Cantica Canticorum（Migne PL 164, Sp. 1259).

72．Spiegel eines Christlichen Fürsten, durch Egidium Albertinum Bayrischen Secretarium verteutscht, München 1604, 28頁.

73．Translatio tabulae beate Marie virginis, quam sanctus Lucas depinxit propriis manibus, 1474（Henryk Kowalewicz 編，Najstarsze historie o Czestochowskim obrazie panny Maryi XViXVI wiek, Warschau 1983に収録，66～74頁）参照．Petrus Risinius : Historia pulchra, et stupendis miraculis referta, imaginis Marię, quo et vnde in Clarum montem Czastochouuię et Olsatyn ad uenerit, Grachoviae 1523（同収録，168～180頁）参照.

74．Belting : Bild und Kult, 375頁．Adolf Reinle : Die Ausstattung deutscher Kirchen im Mittelalter. Eine einführung, Darmstadt 1988, 289頁参照.

75. Marie Durand-Lefebvre : Etude sur l'origine des Vierges Noires, Paris 1937参照.

76. Edward Schröder編 Die Goldene Schmiede des Konrad von Würzburg, Göttingen 1926 V. 1932-1933, 1938-1944.

77. Günter Krinetzki : Hoheslied (Kommentar zum Alten Testament) Würzburg 1985, 9頁.

78. Johann Gottfried Herder : Salomons Hoheslied (Herders Wekre, Bd. 1, Belrin/Weimar 1978, 55頁).

79. Grégoire le Grand : Commentaire sur le Cantique des Cantiques. Indroduction, traduction, notes et index par Rodrigue Bélanger, Paris 1984, 118頁.

80. Alcuinus : Opusculum terium : Compendium in Canticum Caticorum (Migne PL100, Sp. 643-644).

81. Beda Venerabilis : In Cantica Canticorum allegorica expositio (Migne PL 91, Sp. 1089). Petrus Daminiani : Collectanea in Vetus Testamentum : Testimonia de Canticis Canticorum (Migne PL 145, Sp. 1143) Honorius Augustodunensis : Expositio in Cantica Canticorum (Migne PL 172, Sp. 368), Pseudo-Honorius Augustodunensis : Expositio in Cantica Canticorum (Migne PL 172, Sp. 520) Philipp de Harveng : Moralitates in Cantica Canticorum (Migne PL 203, Sp. 564).

82. G. H. Buijssen編, Durandus' Rationale in Spätmittedlhochdeutscher Übersetzung. Die Bücher I-III nach der Hs. CVP 2765, Assen 1974, 243頁. Rudolf Suntrup : Liturgische Farbendeutungen im Mittelalter und in der frühen Neuzeit (Gertrud Blaschitz他編, Symbole des Alltags. Alltag der Symbole. Festschrift für Harry Kühnel zum 65. Geburtstag, Graz 1992) 461頁.

83. Suso Frank : Angelikos Bios. Begriffsanalytische und begriffsgeschichtliche Untersuchung zum "engelgleichen Leben" im frühen Mönchtum, (Beiträge zur Geschichte des alten Mönchtums und des Benediktinerordens 26) Münster i. W. 1964, 100頁.

84. Klaus Schreiner : Mönchtum zwischen asketischem Anspruch und gesellschaftlicher Wirklichkeit. Spiritualität, Sozialverhalten und Sozialverfassung schwäbischer Reformmönche im Spiegel ihrer Geschichtsschreibung (Hans-Martin Maurer/Franz Quarthal編, Speculum Sueviae. Beiträge zu den Historischen Hilfswissenschaften und der geschichltichen Landeskunnde im südwestdeutschen Raum. Festschrift für Hansmartin Decker-Hauff, Stuttgart 1982に収録, 250～307頁), 272頁参照.

85. Abaelard : Briefwechsel, 119～122頁参照.

86. S. Bernardus: Sermones super Cantica Canticorum, sermo 25, (Bernardi Opera, vol. 1, rec. J. Leclercq, C. H. Talbot u. H. M. Rochais, Romae 1957, 163～169頁).

87. Ruh: Geschichte der abendländischen Mystik, Bd. 1, 261頁.

88. Thoma Cisterciensis: Commentarii in Cantica Canticorum, Migne PL 206, Sp. 79.

89. Honorius Augustodunensis: Sigellum beatae Mariae (ubi exponuntur Cantica Canticorum, Migne PL 172, Sp. 500).

90. M. Pigeon: Marie dans l'oeuvre de Serlon de Savigny (Cîteaux. Commentarii Cistercienses 26, 1975, 52頁) Philipp von Harvengt: Commentarii in Cantica, Migne PL 203, Sp. 224-225, Alanus von Insulis: Elucidatio in Cantica Canticorum, Migne PL 210, Sp. 57.

91. Philipp von Harvengt：前掲書, Sp. 226-227.

92. Thoma Cisterciensis: Commentarii in Cantica Canticorum, Migne PL 206, Sp. 84-85.

93. Johannes von Hildesheim: Die Legende von den Heiligen Drei Königen, München 1963, 37頁.

94. Goethe: Briefe und Gespräche (Gedenkausgabe der Werke, Bd. 14), 296頁, Hans Hofmann: Die heiligen drei Könige. Zur Heiligenverehrung im kirchlichen, gesellschaftlichen und politischen Leben des Mittelalters, Bonn 1975, 113頁参照.

95. Röhricht und Meisner: Ein niederrheinischer Bericht über den Orient (Zeitschrift für Deutsche Philologie 19, 1887に掲載), 13頁.

96. 同書. Ugo Monneret de Villard: Le leggende orientali sui magi evangelici (Studi e testi 163) Città del Vaticano 1952, 208頁.

第7章

1. Peter Plank: Das ambivalente Verhältnis der Alten Kirchen zum Bild (H.-J. Schul zu. J. Speigl 編, Bild und Symbol, Würtzburg 1988に収録), 51頁.

2. Bernhard Kötting: Von der Bildlosigkeit zum Bildkult (同, Ecclesia peregrinans. Das Gottesvolk unterwegs, Gesammelte Aufsätze, Bd. 2, Münster 1988, 172頁).

3. Plank：前掲書, 57頁.

4. Gregorius Sereno episcopo Massiliensi 599, Jul., (Registrum epistularum libri VIII-XIV, ed) Dag Norberg: Turnholti 1982 (CCSL 140 A, 768頁).

5. 同書, 600, Oct., ebd. 873～875頁.

6. Hubert Schrade : Vor-und frühromanische Malerei. Die karolingische, ottonische und frühsalische Zeit, Köln 1958, 114頁.

7. 同書, 115頁.

8. Christel Meier-Staupach : Malerei des Unsichtbaren. Über den Zusammenhang von Erkenntnistheorie und Bildstrukur im Mittelalter (Wolfgang Harms 編, Text und Bild, Bild und Text. Stuttgart 1990), 50頁.

9. Michael Baxandall : 前掲書, 61頁, 註21.

10. Bertholds : Bischofs von Chiemsee, Tewtsche Theologey, 593, 597頁.

11. Hermann Schadt : Die Darstellungen der Arbores Affinitatis, Bildschemata in juristischen Handschriften, Tübingen 1982, 15, 23, 32, 191～194, 206, 212頁以下参照.

12. Bertholds : 前掲書, 596頁.

13. 同書, 598頁.

14. 同書, 601頁.

15. 同書.

16. 同書, 598頁.

17. 同書, 599頁.

18. 同書.

19. Carl Theodor Gmeiner : Regensburgische Chronik, (Heinz Angermeier 編, Bd. 3, München 1971, 393頁以下. 註762. Stahl : Wallfahrt zur Schönen Maria, 70頁参照. Barbara Schuh : Die Gewalten des Wunders. Zeichen der Machtausübung im Bereich einer spätmittelalterlichen Wallfahrt (Ingrid Matschinegg 他編, Von Menschen und ihren Zeichen, Bielefeld 1990, 77頁参照).

20. Bertholds : 前掲書, 600頁.

21. 同書, 593頁.

22. 同書, 598頁.

23. Schreiner : Marienverehrung, Lesekultur, Schriftlichkeit, 351頁参照.

24. Belting : 前掲書, 382頁.

25. 同書, 72頁.

26. Wolf : Salus Populi Romani, 142頁以下.

27. Florian Trenner : Artikel “Lukasbild” (ML 4, 183頁) より引用.

28. Klapper : Erzählungen des Mittelalters, 73頁. Wolf : 前掲書, 162頁以下参照.

29. Trenner : 前掲論文, 183頁参照. Belting : 前掲書, 89頁参照.

30. 同書, 89～91頁.

31. 同書, 601頁.

32. Schreiner : Marienverehrung, Lesekultur, Schriftlichkeit, 352頁以下.

33．Wolf：前掲書，131～160頁参照．

34．Legenda aurea, 222頁．

35．同書，223頁以下．

36．König：Weihegaben, Bd. 2, 447頁．

37．同書，456頁．

38．同書，458頁．

39．Belting：前掲書，75頁．

40．Paul Speck：Zufälliges zum Bellum Avaricum des Georgios Pisides, (Miscellanea Byzantina Monacensia 24) München 1980 41, 47～49, 105頁以下，121頁以下．

41．Belting：前掲書，75頁．

42．同書，89頁．

43．同書，571頁．

44．同書．

45．同書，220頁．

46．同書，373頁．

47．Innocentii Ⅲ papae regestorum libri Ⅸ, Reg. X, 243, (Migne PL 215, Sp. 1078)

48．Caesarius von Heisterbach：Dialogus miraculorum, Vol. 2, 54頁．Carl Wilkes：Die Zisterzienserabtei Himmerode im 12. und 13. Jahrhundert, Münster i. W. 1924, 104頁．

49．Vita S. Hedwigis viduae (Acta Sanctorum Octobris, Tom. 8, Brüssel 1853, 236頁．Der Hedwigs-Codex von 1353. Sammlung Ludwig, (Wolfgang Braunfels 編) Bd. 2, Berlin 1972, 94頁．

50．同書，263頁．

51．Klasu Krüger：Bildandacht und Bergeinsamkeit. Der Eremit als Rollenspiel in der städtischen Gesellschaft (Hans Belting/Dieter Blume 編，Malereri und Stadtkultur in der Dantezeit. Die Argugmentation der Bilder, München 1989に収録)，190頁．

52．Leben der Heiligen, 189頁．

53．Gerhard von Fracher：Lebensgeschichten dominikanischer Ordensbrüder (Monumenta ordinis fratrum praedicatorum historica) Rom/Stuttgart 1847, 149頁．Hans Belting：Das Bild und sein Publikum im Mittelalter. Form und Funktion früher Bildtafeln der Passion, Berlin 1981, 96頁参照．

54．Hubert Schrade：Vor-und frühromanische Malerei. Die karolingische, ottonische und frühsalische Zeit, Köln 1958, 83頁から引用．

55．Arnold：Kind und Gesellschaft, 140頁以下．

56．H. Siebert：Die Heiligenpredigt des ausgehenden Mittelalters (Zeit-

schrift für katholische Theologie 30, 1906に掲載)，484頁.

57. Lucien Febvre : Das Gewissen des Historikers (Ulrich Raulff 編訳, Berlin 1988, 177頁).

58. カルトゥジア会修道僧ヨドクス・フレディス（1540年没）は「平信徒の家庭祭壇のための浮き彫りのための」モティーフとしてとくに聖母子や汚れなき処女の像タイプを利用した（Werner Freitag: Artikel “Münster” ML 4, 531頁).

59. Michel Hofmann : Herzogin zu Franken und in Bayern. Wanderungen und Wandlungen eines Marienliedes (Würzburger Diözesan-Geschichtsblätter 23, 1961に収録，301頁).

60. Richard C. Trexler : In Search of Father : The Experience of Abandonment in the Recollections of Giovanni di Pagolo Morelli (History of Childhood Quartery. The Journal of Psychohistory 1975, Vol. 3, No. 1に収録，225～252頁) 238～247頁参照.

61. François Villon：全集，München 1991, 101頁.

62. Stephan Beißel : Geschichte der Verehrung Marias in Deutschland während des Mittelalters, 510頁.

63. Thomas Peuntners “Kunst des heilsamen Sterbens” nach den Handschriften der Österr. Nationalbibliothek, (Rainer Rudolf 編) Berlin 1954, 45頁.

64. Belting：前掲書，217頁.

65. Miracula S. Mariae Argentinensia, retractata a Gotfrido de Ensmingen, (MGH SS. 17, 116頁). Signori : Hagiographie, Architektur und Pilgerwesen, 272頁.

66. Haimo von Saint-Pierre-sur-Dive : Lettre de l’abbé Haimon, sur la construction de l’église de Saint-Pierre-sur-Dive, en 1145, ed. L. Delisle (Bibliothèque de l’École des Chartes 21, 1860, 122～123頁). Gabriela Signori : Maria überall und nirgends. Sozial-und mentalitätsgeschichtliche Studien zur Entstehung und Entwicklung des marianischen Wallfahrtswesens im hohen und späten Mittelalter, Masch. Diss. Luzern 1991, 136～156頁.

67. Lettre de l’abbé Haimon, 138頁以下.

68. Legenda aurea, 288頁.

69. Alte Passional, 67～70頁. Manfred Lemmer 編訳，Mutter der Barmherzigkeit. Mittelalterliche deutsche Mirakelerzählungen von der Gottesmutter, Wien/Köln 1987, 33～35頁.

70. Caesarius von Heisterbach : Liber tertius miraculorum 43, (Aloys Meister 編，Die Fragmente der Libri VIII Miraculorum des Caesarius von

Heisterbach) Rom 1901 173頁. Egid Beitz : Caesarius von Heisterbach und die bildende Kunst, Augsburg 1926, 41頁.

71. Alte Passional, 84～86頁.

72. Caesarius von Heisterbach : Dialogus miraculorum VII 33, 41頁以下.

73. 同書, VII, 44, 62頁.

74. Humbertus de Romanis : Expositio regulae beati Augustini (Joachim Joseph Berthier 編, Opera de vita regulari, Marietti 1956, 286頁. Joannes Gersonius : Expostulatio ad potestates publicas adversus corruptionem juventutis per lascivas imagines et alia hujusmodi (Louis Ellies du Pin 編, Opera omnia, Antwerpen 1706 (Reprint Hildesheim/Zürich/New York 1987) Sp. 291～292.

75. H. W. van Os : Marias Demut und Verherrlichung in der sienesischen Malerei 1300-1450, s'Gravenhage 1969, 73頁.

76. Baxandall : Wirklichkeit der Bilder, 58頁.

77. H. Siebert : Die Heiligenpredigt des ausgehenden Mittelalters (Zeitschrift für katholische Theologie 30, 1906に掲載, 485頁).

78. David Freedberg : Johannes Molanus on Provocative Paintings. De historia sanctarum imaginum et picuturarum, Book II, Chapter 42, (Journal of the Warburg and Courtauld Institutes, Vol. 34, 1971, 283頁.

79. Paolo Prodi : Ricerche sulla teorica delle arti figurative nella riforma cattolica (Archivio italiano per la storia della pietà, Vol. 4, Rom 1965), 210頁.

80. Cgm 134, f. 55^{v}-56^{r}.

81. Donat de Chapeaurouge, Zur Symbolik des Erdbodens in der Kunst des Spätmittelalters (Das Münster 17, 1964) 45頁.

82. 同書, 46頁.

83. Peter Burke : Die Renaissance in Italien. Sozialgeschichte einer Kultur zwischen Tradition und Erfindung. (Reinhard Kaiser 独訳) Berlin 1984, 145頁.

84. 同書, 146頁.

85. Joannes Lodovicus Vivus : De christiana femina I, 8. (Opera, Vol. 4,) 119頁.

86. Erasmus von Rotterdam : Das Lob der Torheit (Alfred Hartmann 独訳, Basel/Stuttgart 1966) 97頁.

87. Thomas Murner : Narrenbeschwörung (Spanier 編) Berlin/Leipzig 1926 375頁.

88. Martin Luther : Wider die himmlischen Propheten, von den bildern und Sakrament (M. Luther : Werke WA 18), 82頁以下.

89．同書，80頁．

90．同書，70頁．

91．Martin Luther : Tischreden (M. Luthers Werke WA, Tischreden, Bd. 2,) 207頁．

92．同書　WA Tischreden Bd. 5, 623頁．

93．Jaritz : Zwischen Augenblick und Ewigkeit, 79頁．

94．Huldrych Zwingli : Von den bilden (作品集)．

95．Jaritz：前掲書，79頁．

96．Huizinga：前掲書，186頁．

97．Linus Birchler und Otto Karrer 編，Maria. Die Madonna in der Kunst, Zürich, 1941, 15頁．

98．M. Luther : Auslegung von Matthäus 18-24 (Luthers Werke WA 47), 257頁．

99．M. Luther : Tischreden (Luthers Werke Tischreden, Bd. 3), 232頁．

100．Theodor Storm：全集第１巻　Darmstadt 1967, 999頁．

101．Hans-Dieter Altendorf und Peter Jezler 編，Bilderstreit. Kulturwandel in Zwinglis Reformation, Zürich 1984, 52頁．

102．Emil Egli 編　Aktensammlung zur Geschichte der Züricher Reformation in den Jahren 1519-1533, Aalen 1973, 110頁以下．

103．同書，463頁．

104．Therese Bruggiser : Frömmigkeitspraktiken der einfachen Leute in Katholizismus und Reformierentum. Beobachtungen des Luzerner Stadtschreibers Renward Cysat (Zeitschrift für historische Forschung 17, 1990に掲載)，18頁．

105．同書，16頁．

106．Martin Wandersleb : Luthertum und Bilderfrage im Fürstentum Braunschweig-Wolfenbüttel und in der Stadt Braunschweig im Reformationsjahrhundert (Jahrbuch der Gesellschaft für nidersächsische Kirchengeschichte 66, 1968に収録)，51頁より引用．

107．Robert W. Scribner : Flugblatt und Analphabetentum (Hans-Joachim Köhler 編，Flugschriften als Massenmedium der Reformationszeit, Stuttgart 1981に収録), 70頁．

108．Sergius Michalski : Das Phänomen Bildersturm. Versuch einer Übersicht (Bob Scribner 編　Bilder und Bildersturm im Spätmittelalter und in der frühen Neuzeit, Wiesbaden 1990に収録)，94頁．

109．Martin Warnke : Durchbrochene Geschichte? Die Bilderstürme der Wiedertäufer in Münster 1534/1535 (Martin Warnke 編，Bildersturm. Die Zerstörung des Kunstwerks, Frankfurt a. M. 1988に収録)，83頁．

110．同書，81頁.

111．同書，83頁.

112．John Lothrop Motley: The Rise of the Dutch Republic, Vol. 1, London 1910, 588頁.

113．Phyllis Mack Crew: Calvinist Preaching and Iconoclasm in the Netherlands 1544-1569, Cambridge u. a. 1978, 11頁以下.

114．Bredekamp: Kunst als Medium sozialer Konflikte, 244頁.

115．Karin Baumann: Aberglauben für Laien. Zur Programmatik und Überlieferung spätmittelalterlicher Superstitionenkritik, Bd. 1, Würzburg 1989, 459頁参照.

116．Die Chronik des Salimbene von Parma, bearb. von Alfred Doren, Bd. 2, (Die Geschichtsschreiber der deutschen Vorzeit 94) Leipzig 1914, 285頁.

117．Leopold Kretzenbacher: Das verletzte Kultbild-Voraussetzungen, Zeitschichten und Aussagewandel eines abendländischen Legendentypus, Sitzungsberichte der Bayerischen Akademie der Wissenschaften, Phil.-hist. KL. 1977, 1. Jg. München 1977, 参照.

118．Bruno Brehm: Die Throne stürzen. Romantrilogie, München/Zürich 1992, 594頁以下.

119．Bibliothèque Nationale Paris, ms fr. 7282, f. 60^{r}. (Die Philos. Fakultät der Universität Freiburg/Schweiz 編，Lebendiges Mittelalter. Festabe für Wolfgang Stammler に収録されている Schmid の論文に引用されているフランス語テクストの独訳).

120．Hubert Jedin: Entstehung und Tragweite des Trienter Dekrets über die Bilderverehrung (Theologische Quartalschrift 116, 1935に収録)，164頁.

121．Theodor Penners: Zur Konfessionsbildung im Fürstbistum Osnabrück. Die ländliche Bevölkerung im Wechsel der Reformationen des 17. Jahrhunderts (Jahrbuch der Gesellschaft für niedersächsische Kirchengeschichte 72, 1974に収録)，33頁以下.

122．Georg Pheilschifter: Friederich Nicolais Briefwechsel mit St. Blasien, Sitzungsberichte der Bayerischen Akademie der Wissenschaften, Phil.-hist. Abt., Jg. 1935, 2, München 1935, 89頁.

123．同書.

124．同書.

125．Professor Westenrieder: Betrachtungen über unsre Kirchenzierden (Jahrbuch der Menschengeschichte in Bayern, Bd. 1, Teil 2, München 1783).

126．Archiv für Pastoralkonferenzen in den Landkapiteln des Bisthums Konstanz, Jg. 1806, Bd. 1, 423頁.

127．同書．

第８章

1．Salzer : Sinnbilder und Beiworte Marias, 447, 455頁．

2．同書458頁以下．

3．Adolf Bach 編，Das rheinische Marienlob. Eine deutsche Dichtung des 13. Jahrhunderts（Bibliothek des literarischen Vereins in Stuttgart Sitz Tübingen 281）Leipzig 1933, 3頁，V. 45 ; V. 60 ; 18頁，V. 543 ; 66頁，V. 2170, 67頁，V. 2210 ; 68頁，V. 2219 ; V. 2225.

4．Josef Schmid : Artikel “Arbeit der hl. Familie”（ML 1, に収録）216頁．

5．Heister : Maria aus Nazareth, 40頁．

6．Ben-Chorin : Mutter Mirjam, 57頁．

7．Norbert Lohfink : Lobgesänge der Armen. Studien zum Magnifikat, den Hodajot von Qumran und einigen späten Psalmen, Stuttgart, 1990, 15頁．

8．Albertus Magnus : Opera omnia（Stephabnus C. A. Bornet 編，第22巻 Paris, 1894）332頁．Albert Fries : Die Gedanken des hl. Albertus Magnus über die Gottesmutter, Freiburg i. Ü. 1958, 295頁参照．

9．Antoninus archiepiscopus Florentinus：前掲書，Vol. 4, Sp. 962.

10．Martin Luther, Predigt am Tage der Verkündigung unser lieben Frauen. 25. März 1523（Martin Luthers Werke, WA 12, 458頁）．

11．Christian Rogge : Luther und die Kirchenbilder seiner Zeit, Leipizig 1912, 117頁より引用．

12．Ben-Chorin : Mutter Mirjam, 84頁．

13．同書，85頁以下．

14．Felix Hemmerlin : De nobilitate et rusticitate dialogus, Opera Vol. 2（s. 1. et a.）fol. 16v.

15．Vogt : Ecce ancilla domini, 242頁．

16．同書，246頁．

17．同書，261頁．Michael Baxandall : Die Kunst der Bildschnitzer. Tilman Riemenschneider, Veit Stoß und ihre Zeigenossen, München 1984, 66頁参照．

18．Klasu Schreiner : Zur biblischen Legitimation des Adels. Auslegungsgeschichtliche Studien zu 1. Kor. 1, 26-29,（Zeitschrift für Kirchengeschichte 85, 1974に掲載）328頁．

19．Vogt：前掲書，253頁．

20．同書，252頁．

21．同書，253頁．

22．同書，256頁．

23．Schreiner : Sozialer Wandel im Geschichtsdenken und in der Geschichtsschreibung des späten Mittelalters（Hans Patze編，Geschichtsschreibung und Geschichtsdenken im späten Mittelalter, Sigmaringen 1987に収録，237～286頁）248頁以下参照．

24．Heinz Schürmann : Das Lukasevangelium, Teil 1 : Kommentar zu Kap. 1, 1-9, 50,（Herders theologischer Kommentar zum Neuen Testament 3）Freiburg i. Br./Basel/Wien 1969 42頁，56頁，註113も参照．

25．Hennecke-Schneemelcher : Neutestamentliche Apokryphen, Bd. 1, 284頁．

26．Huhn : Geheimnis der Jungfrau-Mutter Maria, 99頁～101頁．

27．Niessen : Mariologie des heiligen Hieronymus, 84頁．

28．Pseudo-Albertus Magnus : Mariale qu. 26, 58～60頁．

29．Bernardinus de Busti : Mariale. De singulis festivitatibus beate virginis, Argentine 1496 Pars Ⅲ, f. 107^{r-v}.

30．Vogt : Ecce ancilla domini, 248頁．

31．同書，251頁．

32．同書．

33．同書．

34．Berger : The Jewish-Christian Debate, 167頁，Nr. 154.

35．Vogt：前掲書，262頁．

36．Hennecke-Schneemelcher：前掲書，280頁．

37．Bauer : Leben Jesu, 20頁．

38．同書，第2章参照．“Antichristliche Legendenbildung : Marias Eheburch”.

39．Theodor Klauser : Kleine abendländische Liturgiegeschichte, Bonn 1965, 40頁．

40．Schreiner : Nobilitas Mariae, 218～221頁参照．

41．Berthold von Regensburg : Predigten, Bd. 1, 249頁．

42．同書．

43．同書，250～257頁．

44．Jacobus de Voragine : Mariale : sine sermones de beata Maria virgine, Venetiis 1497, f. 44^{r}-44^{v}.

45．Bartholomaeus de Pisis : De vita et laudibus Beatae Mariae Virginis libri sex, Venedig 1596, 72～81頁．

46．同書，81～91頁．

47．Pseudo-Albertus Magnus：前掲書，53～57頁．Schreiner : Nobilitas

Mariae 222頁以下も参照.

48. Gottschalk Hollen : Sermonum opus, Hagenau 1517, Sermo 15 L.

49. Schreiner : Nobilitas Mariae, 223頁参照.

50. 同書.

51. 同書, 223～227頁参照.

52. Gottfried Keller : Die Jungfrau als Ritter (Clemens Heselhaus編, 全集, 555～565頁).

53. Karl Drescher編, Johann Hartliebs Übersetzung des Dialogus miraculorum von Caesarius von Heisterbach, Berlin 1929, 62頁. Kälin : Maria, muter der barmherzekeit, 116～121頁も参照.

54. 同書, 63頁.

55. Josepf Düninger : Die Marianischen Wallfahrten der Diözese Würzburg, Würzburg 1960, 63頁 m.

56. Franz Machilek : Frömmigkeitsformen des spätmittelalterlichen Adels, (Laienfrömmigkeit im späten Mittelalter. Formen, Funktionen, politisch-soziale Zusammenhänge 〈Schriften des Historischen Kollegs 20〉, München 1992に収録) 188頁.

57. Josepf Düninger : 前掲書, 63頁.

58. Holger Kruse他編, Rotterorden und Adelsgesellschaften im spätmittelalterlichen Deutschland. Frankfrut a. M. 1991, 324～346頁参照.

59. Schuhmann : Die Markgrafen von Brandenburg-Ansbach. Eine Bilddokumentation zur Geschichte der Hohenzollern in Franken, Ansbach 1980, 402頁から引用.

60. Theodor Däschlein : Der Schwanenorden und die sogenannte Schwanenordens-Ritter-Kapelle in Ansbach (63. Jahresbericht des Historischen Vereins für Mittelfranken, 1927に収録) 8頁.

61. Schumann : 前掲書, 402頁.

62. Franz Machilek : 前掲書, 185頁より引用.

63. Robert Suckale : Die Hofkunst Kaiser Ludwigs des Bayerun, München 1993, 55頁.

64. Kecks : Madonna und Kind, 80頁.

65. 同書, 80頁, 註110.

66. Clemens Jökle : Artikel "Parmiginanino" (ML 5) 100頁.

67. Friedrich-Wilhelm Wentzlaff-Eggebert : Kreuzzugsdichtung des Mittelalters, Studien zu ihrer geschichtlichen und dichterischen Wirklichkeit, Berlin 1960, 287頁参照.

68. Jacob Burckhardt : Die Kultur der Renaissance in Italien, Stuttgart 1988, 352頁. Beatus Baptista Mantuanus : Ex operibus anthologia, ed.

Adelbertus Lokkers, Traiecti ad Mosam 1936, 221～234頁参照.

第9章

1. Alanus de Insulis, Sermones, sermo 2 (Migne PL 210 Sp. 200-201).

2. Richard von St. Laurent: De laudibus beatae Mariae virginis XI, 1, 539～565頁.

3. Die cronica van der hilliger stat van Coellen, 1499 (Die Chroniken der niederrheinischen Städte. Cöln, Göttingen 1968に収録), 286～289頁.

4. 同書, 286頁.

5. 同書.

6. 同書, 286頁以下.

7. 同書, 287頁.

8. 同書, 289頁.

9. 同書.

10. Walter Schulten: Kölner Reliquien (Anton Legner編, Ornamenta Ecclesiae. Kunst und Künstler der Romanik in Köln, Bd. 2, Köln 1985に収録), 61頁参照. 原本として, Aegidius Gelenius: De admiranda sacra et civili magnitudine Coloniae Claudiae Agrippinensis Augustae Ubiorum urbis, Köln 1645, 2～4, 95頁参照.

11. Hans Jürgen Becker: Stadtpatrone und städtische Freiheit (Gerd Kleinheyer/Paul Mikat編, Beiträge zur Rechtsgeshcichte. Gedächtinissschrift für Hermann Conrad, Paderborn 1979に収録, 23～45頁) 参照.

12. 同書, 456頁.

13. Norman H. Baynes: The Supernatural Dedenders of Constantinople (Analecta Bollandiana 67, 1949), 165～177頁. Averil Cameron: The Theotokos in Sixth-Century Constantinople. A City finds its symbol (The Journal of Theological Studies NS. 29, 1978), 79～108頁. Cameron: Images of Authority (Past and Present 84, 1979), 3～35頁. Cameron: The Virgin's Robe: An Episode in the History of Early Seventh-Century Constantinople, (Byzantion 49, 1979), 42～56頁. Françoise Jeanlin: Konstantinopel, die Stadt der Theotokos (Röckelein, Maria-Abbild oder Vorbild?), 48～57頁. Gudrun A. B. Schneeweiß: Artikel "Konstantinopel" (ML 3), 623～635頁.

14. Franz Tinnefeld, Artikel "Konstantinopel, Fest der Gründung" (ML 3,), 635頁以下.

15. Schneeweiß：前掲論文, 626頁.

16. Ernst Lucius: Die Anfänge des Heiligenkultes in der christlichen Kirche, Frankfurt a. M. 1966, 470頁. Georg Ostrogorsky: Geschichte des

Byzantinischen Staates, München 1963, 85〜87頁参照.

17. Schneeweiß：前掲論文，626頁以下参照.

18. Ferenc Makk: Traduction et commentaire de l'homélie écrite probablement par Théodore le Syncelle sur le siège de Constantinople en 626 (Opuscula Byzantina III) Szeged 1975，21頁以下，25頁以下，30頁以下，32頁以下，35頁，41頁以下，45頁参照．Belting: Bild und Kult, 551〜553頁も参照.

19. Belting-Ihm: Sub matris tutela, 43頁.

20. Schneeweiß：前掲論文，628頁以下.

21. Françoise Jeanlin：前掲書，49頁.

22. 同書，51頁以下.

23. Schneeweiß：前掲論文，635頁.

24. Georgios D. Metallinos: Artikel "Griechenland" (ML 3) 27頁.

25. Hans Conrad Peyer: Stadt und Stadpatron im mittelalterlichen Italien, Zürich 1955, 49〜55頁．Titus Burckhardt: Siena. Stadt der Jungfrau, Olten/Lausanne 1958. Judith Hook: Siena. A City and its History, London 1979, 125〜147頁参照.

26. Münchner Jahrbuch der bildenden Kunst, 3. Folge, Bd. 21, 1970, 82頁参照.

27. Antje Middeldorf-Kosegarten: Sienesische Bildhauer am Duomo Vecchio. Studien zur Skulptur in Siena 1250-1330, München 1984, 75頁.

28. A. Bömer: Eine Vagantenliedersammlung des 14. Jahrhunderts (Zeitschrift für deutsches Altertum und deutsche Literatur 49, 1907に掲載), 211〜217頁.

29. 同書，214頁.

30. 同書，215頁.

31. 同書，217頁.

32. Cronaca Senese di Paolo di Tommaso Montaurit (Rerum Italicarum scriptore. Raccolta degli storici intaliani dal Cinquecento al Millecinquecento..., ed. L. A. Muratori, N. E. Bd. XV, Teil VI, Bologna 1931/39, 201頁.

33. 同書.

34. 同書，202頁.

35. 同書.

36. 同書，203頁.

37. 同書.

38. 同書，207頁.

39. 同書，212頁.

40．同書，216頁．

41．Casimir Chledowski : Siena Bd. 1, Berlin, 1923, 47頁．Middeldorf-Kosegarten：前掲書，81頁参照．

42．Hook : Siena, 134頁以下．

43．Burckhardt : Siena, 73頁．

44．Belting：前掲書，456頁．

45．Burckhardt：前掲書，36頁．

46．Belting：前掲書，454頁．

47．Peyer : Stadt und Stadpatron, 52頁．

48．同書，53頁．

49．同書，52頁以下．

50．同書，53頁．

51．Burckhardt：前掲書，107頁．

52．同書，110頁以下．

53．Diario delle cose avvenute in Siena dai 20 luglio 1660 al 28 giugno 1555 scritto da Allesanndro Sozzini, Florenz 1842, 385頁．Burckhardt：前掲書，120頁参照．

54．Sozzini：前掲書，391頁以下．Burckhardt：前掲書，120頁参照．

55．Peyer：前掲書，55頁．Sozzini：前掲書，392頁，註２参照．

56．Peyer：前掲書，55頁．

57．Hook：前掲書，128頁．

58．Jakob Twinger von Königshofen : Kanoniker im Straßburger Thomasstift, (Die Chroniken der oberrheinischen Städte. Straßburg, Bd. 2, Leipizig 1871に収録) 663頁．

59．L. Pfleger : Die Stadt-und Rats-Gopttesdienste im Staßburger Münster, (Archiv für elsässische Kirchengeschichte 12, 1937) 2 頁．

60．同書，４～６頁．Lucien Pfleger : Maria als Stadtpatronin des alten Straßburgs (Neuer Elsässer Kalender 1935), 89～91頁参照．

61．同書，15頁．

62．同書，17頁．

63．同書，18～20頁．

64．同書，52頁．

65．Jacob Wimpfeling : Germania (Ernst Martin, 翻訳解説) Straßburg 1885, 84頁．

66．Hans Rott : Quellen und Forschungen zur südwestdeutschen und schweizerischen Kunstgeschichte im XV. und XVI. Jahrhundert, III. Der Oberrhein, Quellen I,. Stuttgart, 1936 221頁．

67．Joachim Knape : Dichtung, Recht und Freiheit. Studien zu Leben und

Werk Sebastian Brants 1457-1521, Baden-Baden 1992, 460頁より引用.

68. Signori : Stadtheilige im Wandel, 21頁参照. Jaritz : Zwischen Augenblick und Ewigkeit, 79頁参照.

69. Pfleger : Ratsmessen : 54頁以下.

70. Hans Reinhardt : La grande bannière de Strasbourg (Archives alsaciennes d'histoire de l'art 15, 1936), 8頁, 註 1 参照.

71. M. v. Sury-v. Roten : Die Marienverehrung am Oberrhein zur Zeit des Basler Konzils, (Zeitschrift für Schweizerische Kirchengeschichte 48, 1954), 170頁以下参照.

72. Günther Grundmann : Die Darmstädter Madonna. Der Schicksalsweg des berühmten Gemäldes von Hans Holbein d. J., Darmstadt 1972, 参照, Christ Auge : Zur Deutung der Darmstädter Madonna, Frankfurt a. M. 1993, 参照.

73. Auge : 前掲書, 15頁.

74. 同書, 15頁.

75. M. v. Sury-v. Roten : 前掲書, 175頁.

76. Karl Schlemmer : Gottesdienst und Frömmigkeit in der Reichsstadt Nürnberg am Vorabend der Reformation, Würzburg 1980より引用.

77. Heinrich Dormeier : St. Rochus, die Pest und die Imhoffs in Nürnberg vor und während der Reformation. Ein spätgotischer Alter in seinem religiös-liturgischen, wirtschaftlich-rechtlichen und sozialen Umfeld, (Anzeiger des Germanischen Nationalmuseums Nürnberg Jg. 1985, 35頁.

78. Adgar's Marienlegenden. Nach der Londoner Handschrift Egerton 612 (Carl Neuhaus 編) Wiesbaden 1968, 220～223頁参照.

79. Trexler : Florentine Religious Experience : The Sacred Image ; Franco del Grosso, La leggenda del ritrovamento della sacra immagine, (David Herlihy/Richard Trexler 編, L'Impruneta, una pieve, una santuario, un commune rurale, Florenz 1988, 95～109頁) 参照.

80. Trexler : 前掲書, 47頁, 註29.

81. Trexler : Public Life, 63頁.

82. Trexler : Sacred Image, 44頁, 註21.

83. 同書, 55頁, 註55.

84. 同書, 45頁.

85. 同書, 47頁.

86. 同書, 52頁.

87. Die Pest 1348 in Italien. Fünfzig zeitgenössische Quellen, (Klaus Bergdolt 編) Heidelberg 1989, 65～73頁.

88. 同書, 65頁以下.

89．同書，67頁.

90．同書，69頁以下.

91．同書，70頁以下.

92．Francesco Santi : Gonfaloni umbri del Rinascimento, Perugia 1976, 23頁. Tafel XI 63頁. Peter Burke : Die Renaissance in Italien. Sozialgeschichte einer Kultur zwischen Tradition und Erfindung, Berlin 1974, 118頁も参照.

93．Helmut Philipp Riedl : Das Maestà-Bild in der Sieneser Malerei des Trecento : unter besonderer Berücksichtigung der Darstellung im Palazzo Communale von San Gimignano, Tübingen 1991, 49頁参照.

94．Germaid Ruck : Brutus als Modell des guten Richters. Bild und Rhetorik in einem Florentiner Zunftgebäude, (Hans Belting/Dieter Blume 編，Malerei und Stadtkultur in der Dantezeit. Die Argumentation der Bilder, München 1989に収録）115頁以下参照.

95．Sinding-Larsen : Christ in the Council-Hall, 86頁以下. David Rosand : Venetia Figurata : The Iconographty of a Myth (David Rosand 編，Studi di storia dell'arte in onore die Michelangelo Muraro, Venedig 1984に収録，180～188頁)，参照.

96．Sinding-Larsen：前掲書，56頁. Tafel XCIX ; Rosand : Venetia Figurata, 182～184頁参照.

97．Rona Goffen : Piety and Patronage in Renaissance Venice. Bellini, Titian and the Franciscens, New Haven and London 1986, 150頁.

98．Rosand：前掲書，185頁.

99．Rona Goffen：前掲書，138～154頁参照.

100．Kretschmayr : Geschichte von Venedig, Bd. 1, Aalen 1964, 106頁以下.

101．同書，19頁以下.

102．同書，20頁.

103．August Buck : "Laus Venetiae" und Politik im 16. Jahrhundert (Archiv für Geschichte 57, 1975に収録）189頁以下. Edward Muir : Civic Ritual in Renaissance Venice, Princeton 1981, 71頁以下も参照.

104．Klaus Schreiner : Vom geschichtlichen Ereignis zum historischen Exempel （Peter Wapnewski 編，Mittelalter-Rezeption. Ein Symposion, Stuttgart 1986に収録，145～176頁）参照.

105．Gudrun B. A. Schneeweiß :前掲論文（ML 3,）636頁，Jeanlin：前掲書，48頁以下も参照.

第10章

1．Billy Wilder : Eine Nahaufnahme von Hellmuth Karasek, Hamburg 1992, 100～101頁.

2．Robert Holkot : Super libros sapientiae cap. 18, lectio 52.

3．Historia Britonum cum additamentis Nennii, IV. Arthuriana（Theodorus Mommsen 編，Chronica minora saec. IV. V. VI. VII., Vol. 3, Berlin 1989）199頁以下.

4．La Chanson de Roland（H. W. Klein 独訳）München 1963, 130頁以下.

5．同書，132～135頁.

6．Genoveva Nitz : Artikel “Davidsturm”（ML 2,）153～154頁参照.

7．Richard von St. Laurent : De laudibus beatae Mariae virginis, 574頁以下.

8．Eva Sebald : Artikel “Albrechtsaltar”（ML 1,）87～90頁参照.

9．König : Weihegaben an U. L. Frau von Altötting, Bd. 2, 453頁.

10．同書.

11．同書，457頁.

12．同書，453頁.

13．同書，454頁.

14．Karlheinz Deschner のエッセイのタイトル（Opus Diaboli. Fünfzehn unversöhnliche Essays über die Arbeit im Weinberg des Herrn, Hamburg 1987に収録，231～240頁）.

15．J. Lair 編，Dudo sancti Quintini, De moribus et actis primorum Normanniae ducum, c. 23,（Memoires des antiquaires de Normandie 23）Caen 1865, 162頁.

16．Wilhelm von Malmesbury : De gestis regum Anglorum II, 27,（W. Stubbs 編，The Chronicles and Memorials of Great Britain and Ireland during the Middle Ages, Bd. 1, Londen 1889に収録），138頁.

17．Bellovacensis : Speculum Historiale, Graz 1965, 978頁.

18．Legenda aurea, 589頁.

19．Stefan Weinfurter : Herrschaftslegitimation und Königsautoriät im Wandel. Die Salier und ihr Dom zu Speyer（同者編　Die Salier und das Reich, Bd. 1, Sigmaringen 1992），94頁，註197.

20．Karl Schmid : Die Sorge der Salier um ihre Memoria（Memoria. Der geschichtliche Zeugniswert des liturgischen Gedenkens im Mittelaler, München 1984），704頁.

21．同書，677頁.

22．Weinfurter：前掲書，94頁.

23．同書，95頁.

24．Julio Gonzales : El reino de Castilia en la época de Alfonso VIII., Vol. 3 : Documentos 1191-1217, 570頁以下．

25. Chronicon S. Fernandi regis Castellae et Legionis, (Acta Sanctorum Maii collecta, digesta, illustrata a Godefrido Henschenio et Daniele Papebrochio, Tom. 7, Antwerpen 1688に収録，353～355頁)．

26．Biografías de san Fernando y de Alfonso el Sabio, (Boletín de la Real Academia de la Historia, Tom. 5, Madrid 1884に収録) 317頁．

27．Sabine Tanz: Jeanne d'Arc. Spätmittelalterliche Mentalität im Spiegel eines Weltbildes, (Forschungen zur mittelalterlichen Geschichte 33) Weimar 1991, 167頁．

28．同書，164頁．

29．同書，167頁．

30．Waltraud Hahn : Artikel "Johanna von Orléans", (ML 3,) 385頁．

31．同書．

32．Waltraud Hahn : Artikel "Ludwig XI." (ML 4) 173頁．

33．Leo Zehnder : Volkskundliches in der älteren schweizerischen Chronistik, Basel 1976, 161頁．

34．Hans Knebel (1414/16-1481)の言葉．Diarium (Wilhelm Vischer編 Basler Chroniken, Bd. 3, Leipzig 1887に収録)，8頁．

35．Leo Zehnder：前掲書，161頁．

36．同書，166頁．

37．Marchal : Metz zuo Neisidlen, 309～322頁参照．

38．同書，311頁．

39．同書．

40．同書．

41．同書，312頁．

42．同書，313頁．

43．同書，314頁．

44．同書，317頁．

45．Christoph Friedrich von Stälin : Geschichte Wirtembergs, Bd. 2, Stuttgart 1847, 198頁註 3 参照．

46．Gustav Veesenmeyer編，Ulmisches Urkundenbuch, Bd. 2, 1, Ulm 1898, 4頁．

47．Luca Landucchi, Ein Florentiner Tagebuch 1450-1516 (Marie Herzfeld編訳，Jena 1912)，192頁以下．

48．Hans H. Aurenhammer, Tizian. Die Madonna des Hauses Pesaro, Frankfurt a. M. 1994, 参照．

49．Urkundenbuch zur Kirchengeschichte Dithmarschens besonders im

16. Jahrhundert（C. C. Rolfs 編）Kiel 1922, 57頁参照.

50．Rosenberg：Marienlob im Deutschordenslande, 416頁．Marian Dygo：The Political Role of the Cult of the Virgin Mary in Teutonic Prussia in the Fourteenth and Fifteenth Centuries（Journal of Medieval History 15, 1989に掲載，63～81頁）も参照.

51．Udo Arnold：81頁, 参照.

52．Walther Hubatsch編，Scriptores rerum Prussicarum. Die Geschichtsquellen der preussischen Vorzeit（Udo Arnold 改訂版）Bd. 6, Frankfrut a. M. 1968, 120頁.

53．Rosenberg：前掲書，323頁.

54．Eichendorff：Die Wiederherstellung des Schlosses der deutschen Ordensritter zu Marienburg（作品集第 4 巻，Stuttgart 1958, 1045頁）.

55．Peter von Dusburg：Chronica terre Prussie III, 305.（Klaus Scholz/Dieter Wojtecki 編訳）Darmstadt 1984, 416頁.

56．Rainer Kahsnitz：Siegel als Zeugnisse der Frömmigkeitsgeschichte（Gerhard Bott/Udo Arnold 編，Achthundert Jahre Deutscher Orden. Ausstellung des Germanischen Nationalmuseums Nürnberg in Zusammenarbeit mit der Internationalen Kommission zur Erforschung des Deutschen Ordens, Gütersloh 1990に収録），368頁.

57．Peter von Dusburg：前掲書，324頁.

58．Dieter Schaller：Der heilige Tag als Termin mittelalterlicher Staatsakte（Deutsches Archiv 30, 1974），15頁.

59．Tanz：前掲書，205頁，註19.

60．同書，168頁.

61．Die Staatsschriften des Deutschen Ordens in Preußen im 15. Jahrhundert, Bd. 1, Göttingen 1970, 146頁.

62．同書，216頁.

63．Theodor Hirsch 他編，Scriptores rerum Prussicarum. Die Geschichtsquellen der preussischen Vorzeit, Bd. 2, Frankfrut a. M. 1965, 511頁以下.

64．同書，511頁，註13.

65．同書，512頁.

66．同書，513頁，註425.

67．同書，616頁.

68．Peter von Dusburg：前掲書，340頁以下.

69．同書，322頁以下.

70．Nikolaus von Jerouschin：Kronike von Pruzinlant, Scriptores rerum Prussicarum, Bd. 1, 386頁，V. 7263-7272.

71．同書，455頁，V. 13184-13185.

72．同書，455頁，V. 13214-13217.

73．Johann von Posilge : Chronik des Landes Preußen (Theodor Hirsch 他前掲編書，Bd. 3) 321頁以下.

74．Eichendorff：前掲書，979頁.

75．同書.

76．Rosenberg：前掲書，329頁以下.

77．同書，327頁.

78．同書.

79．Nikolaus von Jeroschin：前掲書，V. 27497.

80．Rosenberg：前掲書，327頁.

81．Erich Joachim : Vom Kulturzustande im Ordenslande Preußen am Vorabende der Reformation (Altpreußische Forschungen H. 1, Königsberg 1924), 18頁.

82．Rosenberg 前掲書，328頁.

83．Jan Lauts : Andrea Mantegna の Die Madonna della Vittoria, Berlin 1947参照.

84．Heinrich von Lettland : Livländische Chronik (Albert Bauer 編訳) Darmstadt 1975, 136, 268, 276頁参照.

85．同書，270頁以下.

86．Vita Stephani regis Ungariae, (MGH SS. Bd. 11) 232頁．Carl Erdmann : Die Entstehung des Kreuzzugsgedanken, Darmstadt 1974, 259頁，註45も参照.

87．Nagyfalusy : Le culte de la Sainte Vierge en Hongrie, 650頁.

88．同書.

89．Maria Puskely : Artikel "Ludwig der Große" (ML 4,) 175頁.

90．Szcepan Zachariasz Jablonski : Z dziejów kultu Matki Boskiej Częstochowskiej W XVI w, (Studia Claramontana 2, Jasna Góra 1982) 74頁.

91．Boleskaw Kumor : Austriackie wladze zaborcze wobec kultu Królowej Polski i pielgrzymek na Jasna Góre (1772-1809) (Studia Claramontana 1, Jasna Góra 1981), 93頁.

92．Anna Coreth : Pietas Austriaca, München 1959, 50頁.

93．同書，51頁.

94．同書，52頁.

95．同書，55頁.

96．同書，54頁.

97．同書，57頁.

98．同書，58頁.

99. 同書，59頁.

100. Karl Josef Baudenbacher : Die Marienverehrung in Bayerns Königshause, Altötting 1918, 48頁.

101. Florian Trenner : Artikel “Ludwig IV, der Bayer” (ML 4), 171頁.

102. Baudenbacher：前掲書，48頁.

103. 同書，57頁.

104. 同書，58頁.

105. 同書，58頁，註1.

106. Michael Hartig : Patrona Bavariae, München 1948, 37頁. Baudenbacher : 前掲書，64頁.

107. Alois Mitterwieser : Geschichte der Fronleichnamsprozession in Bayerun, München 1930, 38頁より引用.

108. Dorothea Diemer/Peter Diemer : Maximilian und die Religion (Hubert Glaser 編 Katalog der Ausstellung Wittelsbach und Bayern, Bd. II-2, München/Zürich 1980), 227頁以下.

109. Michael Hartig：前掲書，9～23頁参照. Gerhard P. Woeckel : Pietas Bavarica, Weißenhorn/Bayern 1992, 52～58頁参照.

110. Jochen Martin : Die Macht der Heiligen (Jochen Martin/Barbara Quint 編, Christentum und antike Gesellschaft, Darmstadt 1990に収録), 448頁以下，466頁以下参照.

111. Florian Trenner : Artikel “Maximilian I.” (ML 4), 369頁.

112. Baudenbacher：前掲書，90頁以下.

113. 同書，91頁.

114. 同書，93頁.

115. Hartig：前掲書，39頁より引用.

116. Woeckel : Pietas Bavarica, 50頁以下参照.

117. Siegfried Hofmann : Maria de Victoria—Nachruf auf die einstige Kirche der Kongregation Maria vom Sieg (Sammelblatt des Historischen Vereins Ingolstadt 85, 1976) 85頁.

118. 同書，93頁.

119. Woeckel：前掲書，58～98頁参照.

120. Hartig：前掲書，40頁.

121. 同書，40頁以下.

122. Geoprg Schwaiger : Maria Patrona Bavariae (同者編, Bavaria Sanct. Zeugen christlichen Glaubens in Bayerun, Bd. 1, Regensburg 1970), 36頁.

123. Martin Luthers Werke, WA 36, 207頁，WA 52, 682頁参照.

124. Deschner : Morden mit Maria 233頁.

125. Archiv für katholisches Kirchenrecht 7, 1862, 159頁.

第11章

1. David Flusser: Maria und das jüdische Martyrium (Die Gestalt der Mutter Jesu in jüdischer und christlicher Sicht, mit Essays von David Flusser, Jaroslav Pelikan u. Justin Lang, Freiburg i. Br. 1985, 13頁.

2. 同書, 16頁.

3. 同書, 9頁.

4. 同書, 16頁.

5. Schalom Ben-Chorin: Wie meine Seele dich erblickt. Die Mutter Jesu in jüdischer Sicht (Bibel heute H. 79, 1984), 159頁.

6. Rosemary R. Ruether: Nächstenliebe und Burderschaft, Die theologischen Wurzeln des Antisemitismus, München 1978, 119, 151, 167頁.

7. Hennecke-Schneemelcher: Neutestamentlische Apokryphen, Bd. 1, 288頁.

8. Antichristliche Legendenbildung: Marias Eheburch の章参照. Heinz Schreckenberg: Die christlichen Adversus-Judaeos-Texte und ihr literarisches und historisches Umfeld, Frankufrt a. M. 1990, 161, 230, 484, 504, 526頁も参照.

9. Hennecke-Schneemelcher: 前掲書, 187頁以下.

10. Schreckenberg: 前掲書, 182~200頁参照.

11. Bauer: Leben Jesu, 459頁.

12. 同書.

13. Origenes: Gegen Celsus 1., 29 (Des Origenes acht Bücher) 41頁.

14. Manns: Le rēcit der la dormition de Marie, 206頁.

15. 同書.

16. Alexander Kisch: Die Anklageartikel gegen den Talmud und ihre Vertheidigung durch Rabbi Jeschiel ben Joseph vor Ludwig dem Heiligen in Paris, (Monatsschrift für Geschichte und Wissenschaft des Judenthums 23), 158頁.

17. Günter: Ein jüdisches Leben Jesu, Tübingen 1982, 2頁, Ben-Chorin, Mirjam, 34頁参照.

18. Schlichting: Ein jüdisches Leben Jesu, 63頁.

19. 同書, 651頁.

20. 同書, 77頁.

21. Joel Edward Rembaum の言葉, The New Testament in Medieval Jewish Anti-Christian Polemics, Los Angeles 1975, 115頁以下.

22. R. Po-chia Hsia: The Myth of Ritual Murder. Jews and Magic in

Reformation Germany, New Haven/London 1953, 214～216頁参照.

23. Christoph Wagenseil: Confvtatio Libri Toldos Jeschv, (Tela ignea Satanae, Vol. 2, Altdorf 1681) 10頁.

24. George Foot Moore: Christian Writers on Judaism (Harvard Theological Review 14, 1921に収録), 212頁以下. Jacob Katz: From Prejudice to Destruction. Anti-Semitism 1700-1933, Cambridge/Mass. 1980, 219頁以下. Patschovsky: Talmud-Jude, 31頁以下参照.

25. J. B.: Artikel "Toledot Jeschu" (Jüdisches Lexikon, Bd. 4, Berlin 1927, Sp. 973f.) Ben-Chorin: Mirjam, 34頁.

26. Ben-Chorin: Mirjam, 35頁.

27. Schreckenberg：前掲書, 484頁.

28. 同書, 504頁.

29. Martin Luthers Werke WA 53, 515頁.

30. Hans-Georg von Mutius: Die Anfänge der religiösen Poesie im mittelalterlichen bayerischen Judentum, (Manfred Treml 他編, Geschichte und Kultur der Juden in Bayern, München 1988に収録), 119頁.

31. 同書.

32. Blumenkranz: Jüdische Beweisgründe, 135頁以下, 142～144頁参照.

33. Schreckenberg：前掲書, 371頁.

34. H. Bietenhard: Kirche und Synagoge in den ersten Jahrhunderten, (Theologische Zeitschrfit4, 1948) 181頁.

35. Origenes: Gegen Celusu I, 34, 47頁.

36. Walter Tappolet 編, Das Marienlob der Reformatoren, Tübingen 1962, 42頁.

37. Marianne Awerbuch: Christlich-jüdische Begegnung im Zeitalter der Frühscholastik, München 1980, 87頁以下参照.

38. Wolfgang Bunte: Religionsgespräche zwischen Christen und Juden in den Niederlanden (1100-1500), Frankfurt a. M. 1990, 435～437頁参照.

39. 同書, 537頁.

40. Erwin J. Rosenthal: Jüdische Antwort (Kirche und Synagoge. Handbuch zur Geschichte von Christen und Juden, Bd. 1, Stuttgart 1968に収録), 334頁.

41. 同書, 340頁以下.

42. Ephraim Talmage 編, Joeph Kim chi, Sefer ha'-berit (Buch des Bundes), Jerusalem 1974, 43頁.

43. Wilhelm Wattenbach: Über das Handbuch eines Inquisitors in der Kirchenbibliothek St. Nicolai in Greifswald (Philosophische und historische Abhandlungen der Königlichen Akademie der Wissenschaften zu

Berlin aus dem Jahre 1888, IV, Berlin に収録), 21頁以下参照.

44. David Berger が英訳校訂版を出している．タイトルは The Jewish-Christian Debate in the High Middle Ages, Philadelphia, 1979.

45. David Berger : Christan Heresy and Jewish Polemic in the Twelfth and Thirteenth Centuries (Harvard Theological Review 68, 1975), 289～292頁参照.

46. Awerbuch：前掲書，194頁.

47. Peter Browe : Die Judenmission und die Päpste, Rom 1973, 88～92頁参照.

48. 同書，64頁以下.

49. 同書，67頁.

50. Ora Limor 編 Die Disputationen zu Centa (1179) und Mallorca (1286). Zwei antijüdische Schriften aus dem mittelalterlichen Genua (MGH Quellen zur Geistesgeschichte des Mittelalters 15) München 1994, 29頁以下.

51. 同書，233頁.

52. Kisch : Anklageartikel gegen den Talmud, 13頁.

53. Patschovsky：前掲書，15頁参照.

54. Hans-Georg von Mutius : Die christlich-jüdische Zwangsdisputation zu Barcelona. Nach dem hebräischen Protokoll des Moses Nachmanides (Judentum und Umwelt 5) Frankfurt a. M. 1982, 302頁参照.

55. Browe : Judenmission, 87頁.

56. Peter Dronke : Laments of the Maries : From the Beginnings to the Mystery Plays (Gerd Wolfgang Weber編，Idee, Gestalt, Geshichte, Festschrift Klaus von See. Studien zur europäischen Kulturtradition, Odense 1988に収録)，100頁参照.

57. Hans-Joachim Behr : Stabat mater dolorosa Zum Verhältnis von Vorlage und Bearbeitung in der Lieddichtung des Mönchs von Salzburg (Zeitschrift für deutsches Altertum 116, 1987に掲載)，92頁より引用.

58. St. Galler Marienklage des 15. Jahrhunderts にそうある．Franz Joseph Mone : Schauspiele des Mittelalters. Aus Handschriften herasugegeben u. erklärt, Bd. 1, Aalen 1970, 200頁，V. 22-23参照.

59. Edith Wenzel : "Do worden die Judden alle geschant" Rolle und Funktion der Juden in spätmittelalterlichen Spielen, München 1992, 180頁，註269.

60. Peter Ochsenbein : Das Große Gebet der Eidgenossen, Bern 1989, 101, 308頁.

61. Firedrich Pfaff : Die Kindermorde zu Benzhausen und Waldkirch im Breisgau, Alemannia 27, 1899), 252頁.

62．Wernfried Hofmeister : Das Jüdel im Kontext mittelhochdeutscher literarischer Kindesdarstellungen, (Alfred Ebenbauer/Klaus Zatloukai 編, Die Juden in ihrer mittelalterlichen Umwelt, Wien 1991に収録)，92頁．

63．Hofmeister：前掲論文，93頁．

64．同書，96頁．

65．Helga Röckelein : Marienverehrung und Judenfeindlichkeit im Mittelalter und früher Neuzeit (Opitz : Maria in der Welt に収録，279～308頁）参照．

66．Gerhard Pfeiffer 編，Nürnberg－Geschichte einer eruopäischen Stadt, München 1971, 90頁参照．

67．Dorothee Van den Brincken : Das Rechtfertigungsschreiben der Stadt Köln wegen Ausweisung der Juden im Jahr 1424 (Mitteilungen aus dem Stadtarchiv Köln 60, 1971に収録，305～339頁）参照．

68．Peter Aufgebauer/Ernst Schubert : Königtum und Juden im deuts chen Spätmittelalter（Susanna Burghart 他編，Spannungen und Widersprüche. Gedenkschrift für Frantisek Graus, Sigmaringen 1992）314頁，註281．

69．Arge Maimon 編，Germania Judaica, Bd. 3, Tübingen 1987, 525頁．

70．Jürgen Miethke 編，Die Rektorbücher der Universtiät Heidelberg, Bd. 1, Heidelberg 1986, Nr. 1, 126, 127, 145, 419参照　Röckelein：前掲書，290頁も参照．

71．Hartmann Amman : Der Innsbrucker Hexenprocess von 1485 (Zeitschrift des Ferdinandeums für Tirol und Vorarlberg 24, 1890に掲載)，13頁より引用．

72．Belting : Bild und Kult, 507頁．

73．1519年の民謡．Liliencron 編，Die historischen Volkslieder der Deutschen vom 13. bis 16. Jahrhundert, Leipzig 1867, 324頁．

74．Barbara Schuh : Die Gewalten des Wunders. Zeichen der Machtausübung im Bereich einer spätemittelalterlichen Wallfahrt (Matschinegg 他編，Von Menschen und ihren Zeichen, Bielefeld 1990に収録)，77頁．

75．Belting：前掲書，507頁．

76．Ludwig Schnurrer : Die Wallfahrt zur Reinen Maria in Rothenburg, 473～485頁参照．

77．Ludwig Schnurrer：前掲書，483頁，註131．

78．同書，479頁．

79．Adam Klassert : Entehrung Mariä durch die Juden. Eine antisemitische Dichtung Thomas Murners (Jahrbuch für Geschichte, Sprache und Literatur Elsaß-Lothringens 21, 1905に収録，78～155頁)．

80. Entehrung Mariä, 112頁 V. 87-91.

81. 同書, V. 112-115.

82. 同書, V. 116-123.

83. Pfefferkornの言葉 (Judenspiegel). Winfried Frey: Der 〈Juden Spiegel〉 Johannes Pfefferkorn und die Volksfrömmigkeit (Peter Dinzelbacher/Dieter R. Bauer編, Volksreligion im hohen und späten Mittelalter, Paderborn 1990に収録) 191頁より引用.

84. Erwin I. J. Rosenthal: 前掲書, 308頁.

85. Alfred Haverkamp: Heilige Städte im hohen Mittelalter (František Graus編, Mentalitäten im Mittelalter. Methodische und inhaltliche Probleme, Sigmaringen 1987) 156頁より引用.

86. Heiko A. Obermann: Flugschriften als Judenspiegel, 283頁, 註44.

87. Gertrud Rücklin: Religiöses Volksleben des ausgehenden Mittelalters in den Reichstädten Hall und Heilbronn, Berlin 1933, 157頁以下.

88. Cees Nooteboom: Der Umweg nach Santiago, Frankfurt a. M. 1992, 300頁.

89. Friedrich Lotter: Der Rechtsstatus der Juden in den Schriften Reuchlins zum Pfefferkornstreit (Arno Herzig他編, Reuchlin und die Juden, Sigmaringen 1993に収録, 65～88頁) 参照.

90. Röckeleinの結論. Opitz: 前掲編著.

91. Peter-Michael Spangenberg: Judenfeindlichkeit in den altfranzösischen Marienmirakeln. Stereotypen oder Symptome der Veränderung der kollektiven Selbsterfahrung? (Rainer Erb編, Die Legende vom Ritualmord. Zur Geschichte der Blutbeschuldigung gegen Juden, Berlin 1993に収録) 167頁から引用.

第12章

1. Rainer Maria Rilke, Das Marien-Leben, Frankfurt a. M. 1991, 21頁.

2. Manns: Le récit de la dormition de Marie, 121頁.

3. 同書, 122～131頁.

4. 同書, 131～137頁.

5. 同書, 137～144頁.

6. Schreiner: Tod Marias, 262頁.

7. 同書, 303頁, 註5.

8. Karl Simon: Die Grabtragung Mariä (Städel-Jahrbuch 5, 1926), 76頁. Christa Schaffer: Koimesis. Der Heimgang Mariens. Das Entschlafungsbild in seiner Abhängigkeit von Legende und Theologie, Regensburg 1985,

81～83頁および96頁の写真参照．Schreiner : Tod Marias 266頁参照．

9．Schreiner : Tod Marias, 263頁．

10．同書，263頁以下．

11．古代末期から中世初期にかけて伝説化されたマリアの埋葬地にエルサレムとエフェソのふたつがあるが，クレメンス・コップはこの伝説の学問的調査の結果，マリアの墓も埋葬地もつきとめることはできなかったが，可能性としてはエルサレムのほうが大であるという結論をだしている．1970年代初めに，エルサレムのマリア墓地教会において考古学的発掘調査がおこなわれた．その結果『マリアの帰天』に叙述されているような墓所が発見され，考古学者たちの所見では，これがマリアの「安置場所」であった可能性は大だという．Clemens Kopp : Das Mariengrab. Jerusalem ?—Ephesus ? Paderborn 1955, B. Bagatti/M. Piccirillo/A. Prodomo : New Discoveries at the Tomb of Virgin Mary in Gethemane, Jerusalem 1975, 参照．典礼史的，聖人伝学的，考古学的な証拠の総計結果からすると，「イエスを産んだ女性はエルサレルムに生まれ，エルサレムで死に，エルサレム郊外の葡萄山の西斜面，ゲッセマネの庭から遠くない，ヨサファトの田地の近くの岩窟の墓所に埋葬された」(Stirnimann : Marjam, 397頁以下) 可能性が最も大きい．

12．Stirnimann : Marjam, 265頁以下．

13．同書，267～271頁参照．

14．同書，271～273頁参照．

15．Rainer Rudolf 編，Thomas Peuntners “Kunst des heilsamen Sterbens” nach den Handschriften der Österr. Nationalbibliothek, 1956, 37頁以下．

16．Schreiner : Tod Marias, 273～288頁．

17．Norbert Elias : Über die Einsamkeit der Sterbenden in unseren Tagen, Frankfurt a. M. 1982, 28頁．

18．Schreiner : Tod Marias, 289～295頁．

19．Peuntner : Kunst des Sterbens, 44頁以下．

20．Schreiner : Tod Marias, 295～297頁．

21．同書，297頁以下．

22．Hilg : Marienleben, 314頁．

23．Schreiner : Tod Marias, 299～302頁．

24．ヨハネス・エック（1486～1543）も同見解．Klaiber : Ecclesia Militans, 65頁以下．

25．E. M. Cioran : Auf den Gipfeln der Verzweiflung, Frankfurt a. M. 1989, 11頁以下．

26．Arno Borst : Drei mittelalterlihce Sterbefälle（同著者，Barbaren, Ketzer und Artisten. Welten des Mittelalters, München/Zürich 1990, 598頁．

エピローグ

1．Cees Nooteboom：前掲書，240頁．

2．Kuschel: Maria trat aus ihren Bildern, 87頁以下．

3．Hegel:全集（Stuttgart-Bad Cannstatt 1964）第14巻，13頁．

4．同書第3巻，456頁．

5．同書，14頁．

6．同書第11巻，481頁．

7．同書第2巻，153頁．

8．Johann Gottfried Herder：全集（Frankfurt a. M. 1991）第7巻388～391頁．

9．Johannes Thiele: Madonna mia. Maria und die Männer, Stuttgart 1990, 53頁．

10．Hans Belting：前掲書，38頁．

11．Hans Robert Jauß: Über religiöse und ästheteische Erfahrung（Merkur 45, 1991に掲載），936頁．

12．Die von Christoph Burger, Aedificatio, Fructus, Utilitas. Johannes Gerson als Professor der Theologie und Kanzler der Universtiät Paris, Tübingen 1986, S. 191 Anm. 235, zusammengetragenen Belege.

13．Demosthenes Savramis: Die Stellung der Frau im Christentum: Theorie und Praxis unter besonderer Berücksichtigung Marias,（Schöpsdau, Mariologie und Feminismus）41頁．

14．Dorothee Sölle: Maria eine Sympathisantin,（Stationen feministischer Theologie, München 1987に収録，170～174頁）174頁．

15．Gabriela Signoriの言葉．（Signori: Maria zwischen Kloster, Kathedrale und Welt）Claudia Opitz/Gabriela Signori: Metamorphosen einer Heiligen. Marienverehrung in sozial-und geschlechtergeschichtlicher Perspektive（Opitz, Maria in der Weltに収録），16頁も参照．

16．Rebekka Habermas: Weibliche Erfahrungswelten. Frauen in der Welt des Wunders（Bea Lundt編，Auf der Suche nach der Frau im Mittelalter, München 1991に収録），75頁．

17．Habermas: Wallfahrt und Aufruhr. Zur Geschichte des Wunderglaubens in der frühen Neuzeit, Frankfurt a. M. 1991, 74頁．

18．同書．

19．Ruth: Abendländische Mystik, Bd. 2, 18頁．

20．Bynum: Holy Feast and Holy Fast, 269頁．

21．同書，261，266頁参照．

22．Gertrud Jaron Lewis: Christus als Frau. Eine Vision Elisabeths von Schönau（Jahrbuch für internat. Germanistik 15, 1983に収録，70～80頁），

75，78頁.

23. Bynum：前掲書，265，268頁以下. Purtle: Marian Paintings of Jan van Eyck, 10～13頁参照. Miri Rubin: Corpus Christi. The Eucharist in Late Medieval Culture, Cambridge 1993, 142～147頁参照.

24. Hegel 全集第3巻，112頁.

25. 同書，113頁.

26. Caesarius von Heisterbach: Dialogus, miraculorum VII, 34, Vol. 2, 42頁以下.

27. Schreiner: Hof. 107頁参照.

28. Klaus Arnold: Niklashausen 1476. Quellen und Untersuchungen zur sozialreligiösen Bewegung des Hans Behem und zur Agrarstruktur eines spätmittelalterlichen Dorfes, Baden-Baden 1980.

29. 同書，107頁.

30. 同書，109頁.

31. 同書，123頁.

32. Legenda aurea, 687頁.

33. Roger Chartier: Die wunderbar errettete Gehenkte. Über eine Flugschrift des 16. Jahrhunderts (Die unvollendetet Vergamgenheit. Geschichte und die Macht der Weltauslegung, Berlin 1989, 83～119頁.

34. Wolfgang Koeppen: Ich bin gern in Venedig warum, Frankfurt a. M. 1994, 17頁.

35. Geiler von Kaysersberg の言葉. Siebert: Die Heiligenpredigt des ausgehenden Mittelalters (Zeitschrift für katholische Theologie 30, 1906) 490頁参照.

36. Schmitz: Teufesprozeß, 103頁.

37. 同書，101頁.

38. 同書，99頁.

39. 同書，121頁.

40. Florens Deuchler: Der Ingeborgpsalter, Berlin 1967, Tafel XXXI. Erläuterungen zu dem Inhalt der Bilder ebd. 67～69頁参照.

41. Friedrich Theodor Vischer, Overbecks Triumph der Religion (Robert Vischer 編，Kritische Gänge Bd. 5, München 1922)，29頁以下.

42. Catharina J. M. Halkes: Maria, die Frau. Mariologie und Feminismus (Schöpsdau 編，Mariologie und Feminismus)，61頁.

43. 同書，62頁.

44. Jacob Burckhardt: Weltgeschichtliche Betrachungen, Oxford 1982.

45. Max Weber: Gesammelte Aufsätze zur Religionssoziologie, Bd. 1, Tübingen 1920, 205頁.

46. Wulf Wülfing/Karin Bruns/Rolf Parr: Historische Mythologie der Deutschen 1798-1918, München 1991, 85頁以下, 105頁以下. Günther de Bruyn: Mein Brandenburg, Frankfurt a. M. 1993, 24頁も参照.

47. Andreas Heinz: “Waffensegen” und Friedensgebet (Trierer Theologische Zeitschrift 99, 1990に掲載), 201頁以下.

48. Vischer：前掲書, 30頁.

参 考 文 献

d'Ancona, Mirella Levi, The Iconography of the Immaculate Conception in the Middle Ages and Early Renaissance, (Monographs on Archaeology and Fine Arts 7) New York 1957.

Angenendt, Arnold, Heilige und Reliquien. Die Geschichte ihres Kultes vom frühen Christentum bis zur Gegenwart, München 1994.

Arnold, Klaus, Kind und Gesellschaft in Mittelalter und Renaissance. Beiträge und Texte zur Geschichte der Kindheit, Paderborn 1980.

Ders., Der Wandel der Mutter-Kind-Darstellung am Beispiel der Kölner bildenden Kunst des späteren Mittelalters, in: Gepeinigt, begehrt, vergessen. Symbolik und Sozialbezug des Körpers im späten Mittelalter und in der Frühen Neuzeit, hrsg. von Klaus Schreiner und Norbert Schnitzler, München 1992, S. 243–261.

Ders., Die Heilige Familie. Bilder und Verehrung der Heiligen Anna, Maria, Joseph und des Jesuskindes in Kunst, Literatur und Frömmigkeit um 1500, in: Opitz, Röckelein, Signori, Marchal (Hrsg.), Maria in der Welt, S. 153–174.

Ashley, Kathleen, and Pamela Sheingorn (Ed.), Interpreting Cultural Symbols. Saint Anne in Late Medieval Society, Athens – London 1990.

Auge, Christ, Zur Deutung der Darmstädter Madonna, Frankfurt a. M. u. a. 1993.

Aurenhammer, Hans H., Tizian. Die Madonna des Hauses Pesaro. Wie kommt Geschichte in ein venezianisches Altarbild?, Frankfurt a. M. 1994.

Bauer, Walter, Das Leben Jesu im Zeitalter der neutestamentlichen Apokryphen, Darmstadt 1967.

Baxandall, Michael, Die Wirklichkeit der Bilder. Malerei und Erfahrung im Italien des 15. Jahrhunderts, Frankfurt a. M. 1987.

Bagley, Ayers, Jesus at School, in: The Journal of Psychohistory 13 (1985), S. 13–31.

Beinert, Wolfgang und Heinrich Petri (Hrsg.), Handbuch der Marienkunde, Regensburg 1984.

Beißel, Stephan, Geschichte der Verehrung Marias in Deutschland während des Mittelalters. Ein Beitrag zur Religionswissenschaft und Kunstgeschichte, Freiburg i. Br. 1909 (Nachdruck Darmstadt 1976).

Ders., Geschichte der Verehrung Marias im 16. und 17. Jahrhundert, Freiburg i. Br. 1910.

Belting-Ihm, Christa, Sub matris tutela. Untersuchungen zur Vorgeschichte der Schutzmantelmadonna, (Abhandlungen der Heidelberger Akademie der Wissenschaften phil.-hist. Kl. 3), Heidelberg 1976.

Ben-Chorin, Schalom, Mutter Mirjam. Maria in jüdischer Sicht, München ^{7}1991.

Benzinger, Carl J., Eine illustrierte Marienlegende aus dem XV. Jahrhundert, Straßburg 1913.

Berger, David, The Jewish-Christian Debate in the High Middle Ages. A

critical edition of the Nizzahon Vetus with an introduction, translation, and commentary, Philadelphia 1979.

Ders., Mission to the Jews and Jewish-Christian Contacts in the Polemical Literature of the High Middle Ages, in: The American Historical Review 91 (1986), S. 576–591.

Ders., Christians, Gentiles and the Talmud: A Fourteenth-Century Jewish Response to the Attack on Rabbinic Judaism, in: Religionsgespräche im Mittelalter, hrsg. von Bernard Lewis und Friedrich Niewöhner, Wiesbaden 1992, S. 115–130.

Berliner, Rudolf, Zur Sinnesdeutung der Ährenmadonna, in: Christliche Kunst 26 (1930), S. 97–112.

Bernardinus de Busto OFM, Mariale: De singulis festivitatibus beate virginis, Argentine 1496.

Berthold von Regensburg, Vollständige Ausgabe seiner Predigten mit Anmerkungen von Franz Pfeiffer. Mit einem Vorwort von Kurt Ruh, Bd. 1–2, Berlin 1965.

Bertholds, Bischofs von Chiemsee, Tewtsche Theologey, neu hrsg. von Wolfgang Reithmeier, München 1852.

Beumer, Johannes, Die marianische Deutung des Hohen Liedes in der Frühscholastik, in: Zeitschrift für katholische Theologie 76 (1954), S. 411–439.

Ders., Die Mariologie Richards von Saint-Laurent, in: Franziskanische Studien, Bd. 41 (1959), S. 19–40.

Biegger, Katharina, »De invocatione beatae Mariae virginis«, Paracelsus und die Marienverehrung (Kosmosophie 6), Stuttgart 1990.

Den heliga Birgittas Revelaciones bok VII, utgiven av Birger Bergh, Uppsala 1967.

Blamires, Alcuin, and C. W. Marx, Woman Not to Preach: A Disputation in British Library MS Harley 31, in: The Journal of Medieval Latin 3 (1993), S. 34–49.

Bolte, Johannes, Der Jesusknabe in der Schule. Bruchstück eines niederrheinischen Schauspiels, in: Jahrbuch des Vereins für niederdeutsche Sprachforschung, Jg. 1988, S. 4–8.

Brown, Peter, Die Keuschheit der Engel. Sexuelle Entsagung, Askese und Körperlichkeit am Anfang des Christentums. Aus dem Englischen von Martin Pfeiffer, München – Wien 1991.

Bühler, Hannelore, Die Marienlegenden als Ausdruck mittelalterlicher Marienverehrung, Köln 1965.

Büttner, Frank O., Imitatio Pietatis. Motive der christlichen Ikonographie als Modelle zur Verähnlichung, Berlin 1983.

Bynum, Caroline Walker, Jesus as Mother: Studies in the Spirituality of the High Middle Ages, Berkeley – Los Angeles 1982.

Dies., Holy Feast and Holy Fast. The Religious Significance of Food to Medieval Women, Berkeley, Los Angeles, London 1987.

Cameron, Averil, The Theotokos in Sixth-Century Constantinople: A City Finds Its Symbol, in: Journal of Theological Studies, NS. 29 (1978), S. 79–108.

Ders., The Virgin's Robe. An Episode in the History of Early Seventh-Century Constantinople, in: Byzantion 49 (1979), S. 42–56.

Carroll, Michael P., The Cult of the Virgin Mary. Psychological Origins, Princeton 1986.

Cohen, Jeremy, Towards a Functional Classification of Jewish Anti-Christian Polemic in the High Middle Ages, in: Religionsgespräche im Mittelalter, hrsg. von Bernard Lewis und Friedrich Niewöhner, Wiesbaden 1992, S. 93–114.

Covi, Dario A., Lettering in Fifteenth Century Florentine Painting, in: The Art Bulletin 45 (1963), S. 1–17.

Deuchler, Florens, Der Ingeborgpsalter, Berlin 1967.

Dinzelbacher, Peter, und Dieter R. Bauer (Hrsg.), Religiöse Frauenbewegung und mystische Frömmigkeit im Mittelalter, Köln – Wien 1988.

Dörfler-Dierken, Angelika, Die Verehrung der heiligen Anna im Spätmittelalter und früher Neuzeit (Forschungen zur Kirchen- und Dogmengeschichte 50), Göttingen 1992.

Drewermann, Eugen, Die Frage nach Maria im religionswissenschaftlichen Horizont. Die scheinbare »Grundlosigkeit« der Mariologie, in: Zeitschrift für Missionswissenschaft und Religionswissenschaft 66 (1982), S. 96–117.

Dronke, Peter, Laments of the Maries: From the Beginnings to the Mystery Plays, in: Idee, Gestalt, Geschichte. Festschrift Klaus von See. Studien zur europäischen Kulturtradition, hrsg. von Gerd Wolfgang Weber, Odense 1988, S. 89–116.

Düfel, Hans, Luthers Stellung zur Marienverehrung, Göttingen 1968.

Ebenbauer, Alfred, und Klaus Zatloukal (Hrsg.), Die Juden in ihrer mittelalterlichen Umwelt, Wien – Köln – Weimar 1991.

Eck, Johann, Ains Judenbüechlins verlegung, Ingolstadt 1541.

Eich, Paul, Die Maria lactans. Eine Studie ihrer Entwicklung bis in das 13. Jahrhundert und ein Versuch ihrer Deutung aus der mittelalterlichen Frömmigkeit. Masch. Diss. Frankfurt a. M. 1953.

Erlemann, Hildegard, Die Heilige Familie. Ein Tugendvorbild der Gegenreformation im Wandel der Zeit. Kult und Ideologie (Schriftenreihe zur religiösen Kultur 1), Münster 1993.

Esser, Werner, Die Heilige Sippe. Studien zu einem spätmittelalterlichen Bildthema in Deutschland und den Niederlanden, Bonn 1986.

Flor, Ingrid, »Accipe coronam gloriae«. Ein Veroneser Darstellungstyp der trinitarischen Marienkrönung, in: Forschungen zur Rechtsarchäologie und Rechtlichen Volkskunde 15 (1993), S. 135–172.

Dies., Staats- und kirchenpolitische Aspekte bei mittelalterlichen Marienkrönungsdarstellungen, in: ebd. 12 (1990), S. 59–92.

Freitag, Werner, Volks- und Elitenfrömmigkeit in der Frühen Neuzeit. Marienwallfahrten im Fürstbistum Münster, Paderborn 1991.

Ders., Sichtbares Heil – Wallfahrtsbilder in Mittelalter und Neuzeit, in: Imagination des Unsichtbaren. 1200 Jahre Bildende Kunst im Bistum Münster, Münster 1993, S. 122–146.

Fries, Albert, Die unter dem Namen des Albertus Magnus überlieferten mariologischen Schriften. Literarkritische Untersuchung (Beiträge zur Geschichte der Philosophie und Theologie des Mittelalters 37, 4), Münster i. W. 1954.

Ders., Die Gedanken des heiligen Albertus Magnus über die Gottesmutter, Freiburg (Schweiz) 1958.

Fuhrmann, Horst, Zu den Marienwundern in der Vita Gregorii VII papae des Paul von Bernried, in: Ecclesia et Regnum: Beiträge zur Geschichte von Kirche, Recht und Staat im Mittelalter, hrsg. von Dieter Berg und Hans-Werner Goetz, Bochum 1989, S. 111–119.

Gössmann, Elisabeth, und Dieter R. Bauer (Hrsg.), Maria für alle Frauen oder über allen Frauen? Freiburg i. Br. – Basel – Wien 1989.

Gössmann, Elisabeth, Mariologische Entwicklungen im Mittelalter. Frauenfreundliche und frauenfeindliche Aspekte, in: Maria für alle Frauen oder über allen Frauen?, hrsg. von Elisabeth Gössmann und Dieter R. Bauer, S. 63–85.

Gössmann, Maria Elisabeth, Die Verkündigung an Maria im dogmatischen Verständnis des Mittelalters, München 1957.

Gorski, Horst, Die Niedrigkeit seiner Magd. Darstellung und theologische Analyse der Mariologie Martin Luthers als Beitrag zum gegenwärtigen lutherisch / römisch-katholischen Gespräch, Frankfurt a. M. – Bern – New York – Paris 1987.

Graef, Hilda, Maria. Eine Geschichte der Lehre und Verehrung, Freiburg – Basel – Wien 1964.

Grimaldi, Floriani, Nuovi documenti Lauretani. Santa Maria porta del paradiso liberatrice della pestilenza, Ancona 1987.

Guldan, Ernst, Eva und Maria. Eine Antithese als Bildmotiv, Graz 1966.

Ders., »Et verbum caro factum est«. Die Darstellung der Inkarnation Christi im Verkündigungsbild, in: Röm. Quartalschrift 63 (1968), S. 145–169.

Heiler, Friedrich, Die Madonna als religiöses Symbol, in: Eranos-Jahrbuch 1934, Bd. II, Zürich 1935, S. 263–303.

Heister, Maria Sybilla, Maria aus Nazareth, Göttingen 1987.

von Heisterbach, Caesarius, Dialogus miraculorum, ed. Joseph Strange, Vol. 1–2, Köln u. a. 1851.

Held, Jutta, und Norbert Schneider, Sozialgeschichte der Malerei vom Spätmittelalter bis ins 20. Jahrhundert, Köln 1993.

Held, Jutta, Marienbild und Volksfrömmigkeit. Zur Funktion der Marienverehrung im Hoch- und Spätmittelalter, in: Frauen, Bilder, Männer, Mythen. Kunsthistor. Beiträge, hrsg. von Ilsebill Barta u. a., Berlin 1987, S. 35–68.

Hennecke, Edgar, Neutestamentliche Apokryphen in deutscher Übersetzung, hrsg. von Wilhelm Schneemelcher, Bd. 1–2, Tübingen [4]1968.

Hilg, Hardo, Das »Marienleben« des Heinrich von St. Gallen. Text und Untersuchung (Münchener Texte und Untersuchungen zur deutschen Literatur des Mittelalters 75), München 1981.

Hinderer, Diemut (Hrsg.), Das Marienleben der Königsberger Hs. 905, in: Zeitschrift für deutsches Altertum 77 (1940), S. 108–142.

Hoffmann, Paul, und Peter Dohms (Hrsg.), Die Mirakelbücher des Klosters Eberhardsklausen (Publikationen der Gesellschaft für Rheinische Geschichtskunde 64), Düsseldorf 1988.

Hook, Judith, Siena. A City and its History, London 1979.

Hubbard, Nancy J., Sub Pallio. The Sources and Development of the Iconography of the Virgin of Mercy, Illinois 1984.

Huhn, Josef, Das Geheimnis der Jungfrau-Mutter Maria nach dem Kirchenvater Ambrosius, Würzburg 1954.

Huizinga, Johan, Herbst des Mittelalters. Studien über Lebens- und Geistesformen des 14. und 15. Jahrhunderts in Frankreich und in den Niederlanden, hrsg. von Kurt Köster. Mit 100 Abbildungen ausgewählt von Konrad Hoffmann, Stuttgart 1987.

Jaritz, Gerhard, Zwischen Augenblick und Ewigkeit. Einführung in die Alltagsgeschichte des Mittelalters, Wien – Köln 1989.

Jensen, Anna, Gottes selbstbewußte Töchter. Frauenemanzipation im frühen Christentum, Freiburg 1993.

Jordan, William Chester, Marian Devotion and the Talmud Trial of 1240, in: Religionsgespräche im Mittelalter, hrsg. von Bernard Lewis und Friedrich Niewöhner, Wiesbaden 1992, S. 61–76.

Kälin, Beatrice, Maria, muter der barmherzekeit. Die Sünder und die Frommen in den Marienlegenden des Alten Passionals, Bern u. a. 1994.

Kalinowski, Lech, Der versiegelte Brief. Zur Ikonographie der Verkündigung Mariä, in: Ars auro prior. Studia Ioanni Białostocki sexagenario dicata, Warszawa 1981, S. 161–169.

Kecks, Ronald G., Madonna und Kind. Das häusliche Andachtsbild im Florenz des 15. Jahrhunderts (Frankfurter Forschungen zur Kunst 15), Berlin 1988.

Kern, Peter, Trinität, Maria, Inkarnation. Studien zur Thematik der deutschen Dichtung des späteren Mittelalters (Philol. Studien und Quellen 55), Berlin 1971.

Kesting, Peter, Maria als Buch, in: Würzburger Prosastudien I. Wort-, begriffs- und textkundliche Untersuchungen, hrsg. von der Forschungsstelle für deutsche Prosa des Mittelalters am Seminar für deutsche Philologie der Universität Würzburg (Medium Aevum, Philologische Studien 13), München 1968, S. 122–147.

Von der kinthait vnsers herrn Ihesu Cristi genannt vita Cristi. Buechlin von der kindheit vnnd dem leyden vnsers herren Jhesu Cristi auch von dem leben Marie seiner lieben můter. mitt sampt der legend von den heyligen drey künigen, Augspurg 1491 (Hain *4060).

Klaiber, Wilbirgis, Ecclesia Militans. Studien zu den Festtagspredigten des Johannes Eck (Reformationsgeschichtliche Studien und Texte 120), Münster i. W. 1982.

Klapper, Joseph (Hrsg.), Erzählungen des Mittelalters in deutscher Übersetzung und lateinischem Urtext, Breslau 1914.

Klassert, Adam, Entehrung Mariä durch die Juden. Eine antisemitische Dichtung Thomas Murners. Mit den Holzschnitten des Straßburger Hupfuffschen Druckes, in: Jahrbuch für Geschichte, Sprache und Literatur Elsaß-Lothringens 21 (1905), S. 78–155.

Ders., Zu Thomas Murners Entehrung Mariä durch die Juden, in: Jahrbuch für Geschichte, Sprache und Literatur Elsaß-Lothringens 22 (1906), S. 255–275.

Kleinschmidt, Beda, Das Trinubium (Dreiheirat) der hl. Anna in Legende, Liturgie und Geschichte, in: Theologie u. Glaube 20 (1928), S. 332–344.

Ders., Die heilige Anna. Ihre Verehrung in Geschichte, Kunst und Volkstum, Düsseldorf 1930.

Klinkhammer, Karl Joseph, Adolf von Essen und seine Werke. Der Rosenkranz in der geschichtlichen Situation seiner Entstehung und in seinem bleibenden Anliegen. Eine Quellenforschung (Frankfurter Theologische Studien 13), Frankfurt a. M. 1972.

Köhler, Wilhelm H., Hans Holbein der Ältere. Die Madonna auf dem Altan (Madonna Böhler), Berlin 1993.

Köpf, Ulrich, Religiöse Erfahrung in der Theologie Bernhards von Clairvaux (Beiträge zur Historischen Theologie 61), Tübingen 1980.

Kolb, Karl, Maria Patronin Frankens. In der Kunst der Jahrhunderte, Würzburg 1982.

Konrad von Fußesbrunnen, Die Kindheit Jesu, hrsg. von Hans Fromm und Klaus Grubmüller, Berlin 1973.

Konrad von Würzburg, Goldene Schmiede, hrsg. von Eduard Schröder, Göttingen 1926.

Kraut, Gisela, Lukas malt die Madonna. Zeugnisse zum künstlerischen Selbstverständnis in der Malerei, Worms 1986.

Kretzenbacher, Leopold, Legende und Sozialgeschehen zwischen Mittelalter und Barock, Österreichische Akademie der Wissenschaften, Phil.-hist. Kl., Sitzungsberichte, 318. Band, Wien 1977.

Ders., Schutz- und Bittgebärden der Gottesmutter. Zu Vorbedingungen, Auftreten und Nachleben mittelalterlicher Fürbitte-Gesten zwischen Hochkunst, Legende und Volksglauben. Bayerische Akademie der Wissenschaften, Phil.-hist. Kl., Sitzungsberichte, Jg. 1981, H. 3, München 1981.

Kuschel, Karl-Josef (Hrsg.), Und Maria trat aus ihren Bildern. Literarische Texte, Freiburg, Basel, Wien 1990.

Landolt-Wegener, Elisabeth, Zum Motiv der »Infantia Christi«, in: Zeitschrift für Schweizerische Archäologie und Kunstgeschichte 21 (1961), S. 164–170 (und Tafel 59, 60).

Das Leben der Heiligen. Eine Auswahl aus der ältesten deutschen Druckausgabe von Heiligenleben, hrsg. von Severin Rüttgers, Frankfurt a. M. 1986 (Nachdruck der Ausgabe von Frankfurt 1922).

Lechner, Georg Martin, Zur Symbolik der Majolika-Vasen auf mittelalterlichen Verkündigungstafeln, in: Mitteilungen des Kremser Stadtarchivs 17/18 (1978), S. 89–104.

Ders., Maria Gravida. Zum Schwangerschaftsmotiv in der bildenden Kunst, München – Zürich 1981.

Die Legenda aurea des Jacobus de Voragine, aus dem Lateinischen übersetzt von Richard Benz, Heidelberg o. J. (Nachdruck der Volksausgabe Jena 1925).

Lenger, Gabriele, Virgo – Mater – Mediatrix. Untersuchungen zu Priester Wernhers »Driu liet von der maget«, Frankfurt a. M. u. a. 1980.

Liber de infantia Mariae et Christi salvatoris (aus einem Stuttgarter Codex) Halle (Saale) 1870.

Liber de ortu beatae Mariae et infantia salvatoris, in: Evangelia apocrypha, hrsg. von Constantin von Tischendorf, Leipzig ²1876, S. 100–102; 107–108.

Lindgren, Mereth, Life of the Medieval Woman in the Mirror of Eve and

Mary, in: Man and Picture. Papers from the First International Symposium for Ethnological Picture Research in Lund 1984, ed. by Nils-Arvid Bringéus, Stockholm 1986, S. 133–145.

Loewe, Heinrich, Die Juden in der katholischen Legende, Berlin 1912.

Magli, Ida, Die Madonna. Die Entstehung eines weiblichen Idols aus der männlichen Phantasie, München – Zürich 1990.

Manns, Frédéric, Le récit de la dormition de Marie (Vatican grec 1982). Contribution à l'étude des origines de l'exégèse chrétienne, Jerusalem 1989.

Marchal, Guy P., Die »Metz zuo Neisidlen«: Marien im politischen Kampf, in: Opitz, Röckelein, Signori, Marchal (Hrsg.), Maria in der Welt, S. 309–322.

Marienlexikon, hrsg. von Remigius Bäumer und Leo Scheffczyk, Bd. 1–5, St. Ottilien 1988–1993.

Marti, Susan, und Daniela Mondini, »Ich manen dich der brüsten nun, das du dem Sünder wellest milte sin!« Marienbrüste und Marienmilch im Heilsgeschehen, in: Himmel, Hölle, Fegefeuer. Das Jenseits im Mittelalter. Katalog von Peter Jezler, hrsg. von der Gesellschaft des Schweizer Landesmuseums, Zürich 1944, S. 79–90.

Martin, Josef, Exkurs: Die Empfängnis durch das Ohr, in: Würzburger Jahrbücher für die Altertumswissenschaft 1 (1946), S. 390–399.

Masser, Achim, Bibel, Apokryphen und Legenden. Geburt und Kindheit Jesu in der religiösen Epik des deutschen Mittelalters, Berlin 1969.

Ders., Bibel- und Legendenepik des deutschen Mittelalters (Grundlagen der Germanistik 19), Berlin 1976.

Mechthild von Magdeburg, »Das fließende Licht der Gottheit«. Nach der Einsiedler Handschrift in kritischem Vergleich mit der gesamten Überlieferung, hrsg. von Hans Neumann, Bd. 1: Text, besorgt von Gisela Vollmann-Profe, München 1990.

Meersseman, G. G., Von den Freuden Mariens. Ein Beitrag zur Geschichte der niederdeutschen Mystik, in: Lebendiges Mittelalter. Festgabe für Wolfgang Stammler, Freiburg (Schweiz) 1958, S. 79–100.

Ders., Der Hymnos Akathistos im Abendland, Bd. 1–2, Freiburg (Schweiz) 1958/60.

Meinardus, Otto F. A., Zur »strickenden Madonna« oder »die Darbringung der Leidenswerkzeuge« des Meisters Bertram, in: Idea, Jahrbuch der Hamburger Kunsthalle 7 (1988), S. 15–22.

Meiss, Millard, The Madonna of Humility, in: The Art Bulletin 18 (1936), S. 435–464.

Miegge, Giovanni, Die Jungfrau Maria. Kirche und Konfession, Göttingen 1950.

Miles, Margaret R., The Virgin's one Bare Breast: Female Nudity and Religious Meaning in Tuscan Early Renaissance Culture, in: The Female Body in Western Culture. Contemporary Perspectives, ed. by Susan Rubin Suleiman, Cambridge u. a. 1986, S. 194–208.

Miner, Dorothy, Madonna with Child Writing, in: Art News 64 (1966) S. 40–43; 60–64.

Müller, Hans Wolfgang, Isis mit dem Horuskinde. Ein Beitrag zur stillen-

den Gottesmutter im hellenistischen und römischen Ägypten, in: Münchner Jahrbuch der bildenden Kunst 14 (1963) S. 7–38.

Mulack, Christa, Maria. Die geheime Göttin im Christentum, Stuttgart ^{3}1988.

Narrationes de vita et conversatione beatae Mariae virginis et de pueritia et adolescentia salvatoris, hrsg. von Oscar Schade, Halle 1870.

Neumann, Erich, Die Grosse Mutter. Der Archetyp des Großen Weiblichen, Darmstadt 1957.

Niessen, Johannes, Die Mariologie des heiligen Hieronymus, Münster i. W. 1913.

Nürnberg, Rosemarie, »Non decet neque necessarium est, ut mulieres doceant«. Überlegungen zum altkirchlichen Lehrverbot für Frauen, in: Jahrbuch für Antike und Christentum 31 (1988), S. 57–73.

Ochsenbein, Peter, Des Notker Balbulus Mariä Himmelfahrt-Sequenz »Congaudent angelorum« als musikalisch-sprachliches Kunstwerk, in: Philologia Sacra, hrsg. von Roger Gryson, Freiburg i. Br. 1993, S. 639–653.

Opitz, Claudia, Evatöchter und Bräute Christi. Weiblicher Lebenszusammenhang und Frauenkultur im Mittelalter, Weinheim 1990.

Opitz, Claudia, Hedwig Röckelein, Gabriela Signori, Guy P. Marchal (Hrsg.), Maria in der Welt. Marienverehrung im Kontext der Sozialgeschichte 10.–18. Jahrhundert, Zürich 1993.

van Os, H. W., Marias Demut und Verherrlichung in der sienesischen Malerei 1300–1450 (Kunsthistorische Studiën van het Nederlands Historisch Instituut te Rome, Deel I), 's-Gravenhage 1969.

Päpke, Max (Hrsg.), Das Marienleben des Schweizers Wernher, Berlin 1920.

Parkhurst, Charles P., The Madonna of the Writing Christ Child, in: The Art Bulletin, Vol. 23 (1941), S. 290–306.

Marienlegenden aus dem Alten Passional, hrsg. von Hans-Georg Richter, Tübingen 1965.

Paterson Corrington, Gail, The Milk of Salvation: Redemption by the Mother in Late Antiquity and Early Christianity, in: Harvard Theological Review 82 (1989), S. 393–420.

Perdrizet, Paul, La Vierge de Miséricorde. Étude d'un thème iconographique, Paris 1908.

Perler, Othmar, Das Protoevangelium des Jakobus nach dem Papyrus Bodmer V, in: Freiburger Zeitschr. für Philosophie und Theologie 6 (1959), S. 23–31.

Peters, Ursula, Religiöse Erfahrung als literarisches Faktum. Zur Vorgeschichte und Genese frauenmystischer Texte des 13. und 14. Jahrhunderts, Tübingen 1988.

Pfister, Oskar, Hysterie und Mystik bei Margaretha Ebner (1291–1351), in: Zentralblatt für Psychoanalyse, Jg. 1, H. 1/12 (1910), S. 468–485.

Bruder Philipps des Carthäusers Marienleben, hrsg. von Heinrich Rückert (Bibliothek der deutschen National-Literatur 34), Quedlinburg – Leipzig 1853.

Plummer, John (Hrsg.), The Book of Hours of Catherine of Cleves, New York 1964.

Pseudo-Albertus Magnus, Mariale super evangelium Missus est, in: Albertus Magnus, Opera omnia, Ed. Augustus et Aemilius Borgnet, Bd. 37, Paris 1898.

Purtle, Carol J., The Marian Paintings of Jan van Eyck, Princeton – New Jersey 1982.

Radler, Gudrun, Die Schreinmadonna »Vierge ouvrante« von den bernhardinischen Anfängen bis zur Frauenmystik im Deutschordensland mit beschreibendem Katalog (Frankfurter Fundamente der Kunstgeschichte 6), Frankfurt 1990.

Raming, Ida, Der Ausschluß der Frau vom priesterlichen Amt. Gottgewollte Tradition oder Diskriminierung? Köln – Wien 1973.

Reinitzer, Heimo, Der verschlossene Garten. Der Garten Marias im Mittelalter, Wolfenbüttel 1982.

Das Rheinische Marienlob, hrsg. von Adolf Bach (Bibl. d. Litterar. Vereins Stuttgart 281), Leipzig 1934.

Richard von St. Laurent (Ricardus de S. Laurentio), De laudibus Beatae Mariae virginis. Das Werk ist veröffentlicht in: Albertus Magnus, Opera omnia, Ed. Augustus et Aemilius Borgnet, Bd. 36, Paris 1898.

Riedlinger, Helmut, Maria und die Kirche in den marianischen Hoheliedkommentaren des Mittelalters, in: Maria et Ecclesia. Acta congressus mariologici-mariani in civitate Lourdes anno 1958 celebrati, Vol. 3: De parallelismo Mariam inter et ecclesiam, Rom 1959, S. 241–289.

Ringler, Siegfried, Viten- und Offenbarungsliteratur in Frauenklöstern des Mittelalters. Quellen und Studien (Münchener Texte und Untersuchungen zur deutschen Literatur des Mittelalters 72), München 1980.

Röckelein, Hedwig, Claudia Opitz, Dieter R. Bauer (Hrsg.), Maria – Abbild oder Vorbild? Zur Sozialgeschichte mittelalterlicher Marienverehrung, Tübingen 1990.

Röckelein, Hedwig, Marienverehrung und Judenfeindlichkeit in Mittelalter und früher Neuzeit, in: Opitz, Röckelein, Signori, Marchal (Hrsg.), Maria in der Welt, S. 279–308.

Rösel, Martin, Die Jungfrauengeburt des endzeitlichen Immanuel. Jesaja 7 in der Übersetzung der Septuaginta, in: Jahrbuch für Biblische Theologie, Bd. 6 (1991), S. 135–151.

Ronig, Franz J., Zwei Bilder der stillenden Muttergottes in einer Handschrift des Trierer Bistumsarchivs (Ein Beitrag zur Ikonographie der Maria lactans.), in: Archiv für mittelrheinische Kirchengeschichte, Bd. 8 (1956), S. 362–370.

Ders., Zum theologischen Gehalt des Bildes der stillenden Muttergottes, in: Die Gottesmutter. Marienbild im Rheinland und in Westfalen, Recklinghausen 1974, S. 107–214.

Rüttgers, Severin (Hrsg.), Unser lieben Frauen Wunder. Altfranzösische Marienlegenden, Leipzig 1914.

Ruh, Kurt, Geschichte der abendländischen Mystik, Bd. 1: Die Grundlegung durch die Kirchenväter und die Mönchstheologie des 12. Jahrhunderts, München 1990; Bd. 2: Frauenmystik und Franziskanische Mystik der Frühzeit, München 1993.

Salzer, Anselm, Die Sinnbilder und Beiworte Mariens in der deutschen Literatur und lateinischen Hymnenpoesie des Mittelalters. Mit Berücksichtigung der patristischen Literatur. Eine literarhistorische Studie, Seitenstetten 1886–1894 (Nachdruck Darmstadt 1967).

Scaraffia, Lucetta, Bemerkungen zur Geschichte der Mater Dolorosa, der Schmerzensmutter, vorzüglich in Süditalien, in: L'Homme. Zeitschrift für feministische Geschichtswissenschaft, Jg. 1 (1990), S. 59–71.

Scheffczyk, Leo, Das Mariengeheimnis in Lehre und Frömmigkeit der Karolingerzeit (Erfurter Theol. Studien 5), Leipzig 1959.

Schelkle, Karl Hermann, Die Mutter des Erlösers. Ihre biblische Gestalt, Düsseldorf 1958.

Schine Gold, Penny, The Lady and the Virgin. Image, Attitude and Experience in Twelfth-Century France, Chicago – London 1985.

Schmid, Alfred, Die Schreinmadonna von Cheyres, in: Lebendiges Mittelalter. Festgabe für Wolfgang Stammler, hrsg. von der Philosophischen Fakultät der Universität Freiburg (Schweiz), Freiburg (Schweiz) 1958, S. 130–162.

Schmidt, Leopoldt, »Sankt Joseph kocht ein Müselein«. Zur Kindbreiszene in der Weihnachtskunst des Mittelalters, in: Europäische Sachkultur des Mittelalters, Wien 1980, S. 143–166.

Schmidt, Margot, Maria – Die »weibliche Gestalt der Schönheit des Allerhöchsten«. Das Marienbild in Mystikertexten des Mittelalters, in: Theologisches, Nr. 8, August 1991, Sonderbeilage Nr. 21, M 183–M 189; M 398–M 407.

Schmitz, Wolfgang (Hrsg.), Der Teufelsprozeß vor dem Weltgericht nach Ulrich Tenglers »Neuer Layenspiegel« von 1511 (Ausgabe 1512), Köln 1980.

Schneegass, Christian, Schluckbildchen. Ein Beispiel der »Populärgraphik« zur aktiven Aneignung, in: Volkskunst 6 (1983), S. 27–32, bringt Beispiele.

Schnitzler, Norbert, Brüchige Idole. Theologischer Bilderstreit und ikonoklastisches Handeln während des 15. und 16. Jahrhunderts, Masch. Diss. Bielefeld 1994.

Schnurrer, Ludwig, Die Wallfahrt zur Reinen Maria in Rothenburg (1520–1525), in: Würzburger Diözesangeschichtsblätter 42 (1980), S. 463–500.

Schönbach, Anton (Hrsg.), Das Grazer Marienleben, in: Zeitschrift für deutsches Altertum 17 (1874), S. 532–560.

Schöpsdau, Walter (Hrsg.), Mariologie und Feminismus, Göttingen 1985.

Schreckenberg, Heinz, Die christlichen Adversus-Judaeos-Texte (11.–13. Jh.). Mit einer Ikonographie des Judenthemas bis zum 4. Laterankonzil, Frankfurt a. M. u. a. 1988.

Ders., Die christlichen Adversus-Judaeos-Texte und ihr literarisches und historisches Umfeld (1.–11. Jh.), Frankfurt a. M. u. a. ^{2}1990.

Schreiner, Klaus, »Discrimen veri ac falsi«. Ansätze und Formen der Kritik in der Heiligen- und Reliquienverehrung des Mittelalters, in: Archiv für Kulturgeschichte 48 (1966) S. 1–53.

Ders., Zum Wahrheitsverständnis im Heiligen- und Reliquienwesen des Mittelalters, in: Saeculum 17 (1966), S. 131–169.

Ders., »... wie Maria geleicht einem puch«. Beiträge zur Buchmetaphorik des hohen und späten Mittelalters, in: Archiv für Geschichte des Buchwesens 11 (1971), Sp. 1437–1464.

Ders., Laienbildung als Herausforderung für Kirche und Gesellschaft. Religiöse Vorbehalte und soziale Widerstände gegen die Verbreitung von Wissen im späten Mittelalter und in der Reformation, in: Zeitschrift für Historische Forschung 11 (1984), S. 237–354.

Ders., Hof (curia) und höfische Lebensführung (vita curialis) als Herausforderung an die christliche Theologie und Frömmigkeit, in: Gert Kaiser und Jan-Dirk Müller (Hrsg.), Höfische Literatur – Hofgesellschaft – Höfische Lebensformen um 1200 (Studia humaniora 6), Düsseldorf 1986, S. 67–138.

Ders., Konnte Maria lesen? Von der Magd des Herrn zur Symbolgestalt mittelalterlicher Frauenbildung, in: Merkur 44 (1990), S. 82–88.

Ders., Marienverehrung, Lesekultur, Schriftlichkeit. Bildungs- und frömmigkeitsgeschichtliche Studien zur Auslegung und Darstellung von Mariä Verkündigung, in: Frühmittelalterliche Studien 24 (1990), S. 314–368.

Ders., Laienfrömmigkeit – Frömmigkeit von Eliten oder Frömmigkeit des Volkes? Zur sozialen Verfaßtheit laikaler Frömmigkeitspraxis im späten Mittelalter, in: Laienfrömmigkeit im späten Mittelalter. Formen, Funktionen, politisch-soziale Zusammenhänge, hrsg. von Klaus Schreiner unter Mitarbeit von Elisabeth Müller-Luckner (Schriften des Historischen Kollegs 20), München 1992, S. 1–78.

Ders., »Si homo non peccasset ...« Der Sündenfall Adams und Evas in seiner Bedeutung für die soziale, seelische und körperliche Verfaßtheit des Menschen, in: Gepeinigt, begehrt, vergessen. Symbolik und Sozialbezug des Körpers im späten Mittelalter und in der frühen Neuzeit, hrsg. von Klaus Schreiner und Norbert Schnitzler, München 1992, S. 41–84.

Ders., »Peregrinatio laudabilis« und »peregrinatio vituperabilis«. Zur religiösen Ambivalenz des Wallens und Laufens in der Frömmigkeitstheologie des späten Mittelalters, in: Wallfahrt und Alltag in Mittelalter und Früher Neuzeit, S. 133–163.

Ders., Der Tod Marias als Inbegriff christlichen Sterbens. Sterbekunst im Spiegel mittelalterlicher Legendenbildung, in: Der Tod im Mittelalter, hrsg. von Arno Borst u. a. (Konstanzer Bibliothek 20), Konstanz 1993, S. 261–312.

Ders., Nobilitas Mariae. Die edelgeborene Gottesmutter und ihre adeligen Verehrer. Soziale Prägungen und politische Funktionen mittelalterlicher Adelsfrömmigkeit, in: Opitz, Röckelein, Signori, Marchal (Hrsg.), Maria in der Welt, S. 213–242.

Ders., Fetisch oder Heilszeichen? Kreuzsymbolik und Passionsfrömmigkeit im Angesicht des Todes, in: Zeitschrift für Historische Forschung 20 (1993), S. 417–461.

Seidel, Max, Ubera Matris. Die vielschichtige Bedeutung eines Symbols in der mittelalterlichen Kunst, in: Städel-Jahrbuch 6 (1977), S. 41–98.

Signori, Gabriela, Hagiographie, Architektur und Pilgerwesen im Spannungsfeld städtischen Legitimationsstrebens. Gottfried von Ensmingens Straßburger Wunderbuch der »heiligen Maria«, in: Zeitschrift für historische Forschung 17 (1990), S. 257–279.

Dies., Regina coeli – regina mundi. Weiblichkeit im abendländischen Prozeß der Individualisierung am Beispiel der hochmittelalterlichen Marienvereh-

rung, in: Auf den Spuren weiblicher Vergangenheit, Beiträge der 4. Schweizerischen Historikerinnentagung, Zürich 1988, S. 23–41.

Dies., Ländliche Zwänge – städtische Freiheiten? Weibliche Mobilität und Geselligkeit im Spiegel spätmittelalterlicher Marienwallfahrten, in: Frauen und Öffentlichkeit. Beiträge der 6. Schweizerischen Historikerinnentagung, Zürich 1991, S. 29–61.

Dies., Bauern, Wallfahrt und Familie: Familienbewußtsein und familiäre Verantwortungsbereitschaft im Spiegel der spätmittelalterlichen Wunderbücher »Unserer Lieben Frau im Gatter im Münster von Sankt Gallen« (1479–1485), in: Zeitschrift für Schweizerische Kirchengeschichte 86 (1992), S. 121–158.

Dies., Maria als Bürgerheilige. Das St. Galler »Münster« im Ringen zwischen Abt und Stadt: Münsterbau, Bauverwaltung, Münsterstiftungen und Wallfahrt im ausgehenden 15. Jahrhundert, in: Unsere Kunstdenkmäler 43 (1992), H. 1, S. 33–50.

Dies., Stadtheilige im Wandel. Ein Beitrag zur geschlechtsspezifischen Besetzung und Ausgestaltung symbolischer Räume am Ausgang des Mittelalters, in: Francia 20 (1993), S. 39–67.

Dies., »Totius ordinis nostri patrona et advocata«: Maria als Haus- und Ordensheilige der Zisterzienser, in: Opitz, Röckelein, Signori, Marchal (Hrsg.), Maria in der Welt, S. 253–278.

Dies., Die verlorene Ehre des heiligen Josephs oder Männlichkeit im Spannungsfeld spätmittelalterlicher Altersstereotypen. Zur Genese von Urs Grafs »Heiliger Familie« (1521), in: Verletzte Ehre, hrsg. von Klaus Schreiner und Gerd Schwerhoff (im Druck).

Sökeland, Hermann, Dunkelfarbige Marienbilder, in: Zeitschrift des Vereins für Volkskunde 18 (1908), S. 281–295.

Spangenberg, Peter-Michael, Maria ist immer und überall. Die Alltagswelten des spätmittelalterlichen Mirakels, Frankfurt a. M. 1987.

Ders., Die altfranzösischen Marienmirakel im Kontext von Heiligenverehrung und der Verschriftlichung gesellschaftlicher Komplexität, in: Wallfahrt und Alltag in Mittelalter und Früher Neuzeit, S. 317–351.

Ders., Judenfeindlichkeit in den altfranzösischen Marienmirakeln. Stereotypen oder Symptome der Veränderung kollektiver Selbsterfahrung, in: Rainer Erb (Hrsg.), Die Legende vom Ritualmord. Zur Geschichte der Blutbeschuldigung gegen Juden, Berlin 1993, S. 157–177.

Spilker, Reginhard, Maria-Kirche nach dem Hoheliedkommentar des Rupertus von Deutz, in: Maria et Ecclesia. Acta congressus mariologici-mariani in civitate Lourdes anno 1958 celebrati, Vol. 3: De parallelismo Mariam inter et ecclesiam, Rom 1959, S. 291–317.

Squilbeck, Jean, La vierge à l'encrier ou à l'enfant écrivait, in: Revue Belge d'archéologie et d'histoire de l'art 19 (1950), S. 127–140.

Stackmann, Karl, Magd und Königin. Deutsche Mariendichtung des Mittelalters (Bursfelder Universitätsreden 7), Göttingen 1988.

Stahl, Gerlinde, Die Wallfahrt zur Schönen Maria in Regensburg (Beiträge zur Geschichte des Bistums Regensburg 2), Regensburg 1968, S. 35–282.

Sticca, Sandro, The Planctus Mariae in the Dramatic Tradition of the Middle Ages, transl. by Joseph R. Berrigan, Athens – London 1988.

Stirnimann, Heinrich, Marjam. Marienrede an einer Wende, Freiburg (Schweiz) 1989.

Tappolet, Walter (Hrsg.), Das Marienlob der Reformatoren, Tübingen 1962.

Transitus Mariae, in: Apocalypses Apocryphae, hrsg. von Konstantin von Tischendorf, Hildesheim 1966 (Nachdruck der Ausg. Leipzig 1866).

Urner-Astholz, Hildegard, Die beiden ungeborenen Kinder auf Darstellungen der Visitatio, in: Zeitschrift für Schweizerische Archäologie und Kunstgeschichte 38 (1981) S. 29–57.

Verdier, Philippe, La Vierge à l'Encrier et à l'Enfant qui Ecrit, in: Gesta. International Center of Medieval Art 20 (1981), S. 247–256.

Vielhauer, Philipp, Geschichte der urchristlichen Literatur. Einleitung in das Neue Testament, die Apokryphen und die Apostolischen Väter, Berlin – New York 1975.

Visotzky, Burton L., Anti-Christian Polemic in Leviticus Rabbah, in: American Academy for Jewish Research 56 (1990), S. 83–100.

Vita beate virginis Marie et salvatoris rhythmica, hrsg. von Adolf Vögtlin, Tübingen 1888.

Vogt, Joseph, Ecce ancilla domini. Eine Untersuchung zum sozialen Motiv des antiken Marienbildes, in: Vigiliae Christianae 23 (1969), S. 241–263.

Wallfahrt und Alltag in Mittelalter und Früher Neuzeit. Österr. Akademie der Wissenschaften, phil.-hist. Kl. 592, Veröffentlichungen des Instituts für Realienkunde des Mittelalters und der Frühen Neuzeit, Nr. 14, Wien 1992.

Walter, Ingeborg, Piero della Francesca Madonna del parto. Ein Kunstwerk zwischen Politik und Devotion, Frankfurt a. M. 1992.

Das Marienleben Walthers von Rheinau, hrsg. von Edit Perjus (Acta Academiae Aboensis humaniora 17, 1), Abo ^{2}1949.

Walzer, Albert, Noch einmal zur Darstellung der Maria im Ährenkleid, in: Beiträge zur schwäbischen Kunstgeschichte. Festschrift zum 60. Geburtstag von Werner Fleischhauer, Konstanz – Stuttgart 1964, S. 63–100.

Warner, Marina, Maria. Geburt, Triumph, Niedergang – Rückkehr eines Mythos? München 1982.

Weis, Adolf, Die Madonna Platyterra. Entwurf für ein Christentum als Bildoffenbarung anhand der Geschichte eines Madonnenthemas, Königstein / Taunus 1985.

Wellesz, Egon, The Nativity Drama of the Byzantine Church, in: The Journal of Roman Studies, Vol. 37 (1947), Parts I and II, S. 145–151.

Wentzel, Hans, Maria mit dem Jesusknaben an der Hand. Ein seltenes deutsches Bildmotiv, in: Zeitschrift des Deutschen Vereins für Kunstwissenschaft 9 (1942), S. 203–250.

Ders., Die Madonna mit dem Jesusknaben an der Hand aus Welver, in: Westfalen 34 (1956), S. 217–233.

Ders., Ad Infantiam Christi. Zur Kindheit unseres Herren, in: Das Werk des Künstlers. Studien zur Ikonographie und Formgeschichte. Hubert Schrade zum 60. Geburtstag dargebracht von Kollegen und Schülern, hrsg. von Hans Fegers, Stuttgart 1960, S. 134–160.

Ders., Das Jesuskind an der Hand Mariae auf dem Siegel des Burkard von

Winon 1277, in: Festschrift Hans R. Hahnlöser zum 60. Geburtstag 1959, hrsg. von Ellen J. Beer u. a., Basel – Stuttgart 1961, S. 251–270.

Wenzel, Horst, Die Verkündigung an Maria. Zur Visualisierung des Wortes in der Szene oder: Schriftgeschichte im Bild, in: Opitz, Röckelein, Signori, Marchal (Hrsd.), Maria in der Welt, S. 23–52.

Wimmer, Erich, Maria im Leid. Die Mater dolorosa insbesondere in der deutschen Literatur und Frömmigkeit des Mittelalters, Würzburg 1968.

Wyss, Robert L., Die Handarbeit der Maria. Eine ikonographische Studie unter Berücksichtigung der textilen Techniken, in: Artes Minores. Dank an Werner Abegg, hrsg. von Michael Stettler und Mechthild Lemberg, Bern 1973, S. 113–188.

略号

CCSL	Corpus Christianorum, Series Latina, Torhout 1953 ff.
CChr	Corpus Christianorum seu nova Patrum collectio, Torhout-Paris 1953 ff.
Cgm	Codex germanicus Monacensis
Clm	Codex latinus Monacensis
CSEL	Corpus scriptorum ecclesiasticorum Latinorum, editum consilio et impensis Academiae Vindobonensis, Wien 1866 ff.
ML	Marienlexikon, hrsg. von Remigius Bäumer u. Leo Scheffczyk, Bd. 1–5, St. Ottilien 1988–1993.
Migne PL	Patrologiae cursus completus, series Latina, ed. J.-P. Migne, Paris 1844 ff.
WA	D. Martin Luthers Werke. Kritische Gesamtausgabe (Weimarer Ausgabe), Weimar 1883 ff.